高等院校经济学管理学应用技能型精品教材

U0890715

第5版

新编经济法概论

戚伟平　主　编

上海财经大学出版社

图书在版编目(CIP)数据

新编经济法概论/戚伟平主编．—5 版．—上海：上海财经大学出版社，2022.6

（高等院校经济学管理学应用技能型精品教材）

ISBN 978-7-5642-3934-3/F·3934

Ⅰ．①新… Ⅱ．①戚… Ⅲ．①经济法-中国-高等学校-教材 Ⅳ．①D922.29

中国版本图书馆 CIP 数据核字(2021)第 281167 号

□ 责任编辑　李嘉毅
□ 封面设计　张克瑶

新编经济法概论
（第五版）

戚伟平　主　编

上海财经大学出版社出版发行
（上海市中山北一路 369 号　邮编 200083）
网　　址：http://www.sufep.com
电子邮箱：webmaster @ sufep.com
全国新华书店经销
上海新文印刷厂有限公司印刷装订
2022 年 6 月第 5 版　2022 年 6 月第 1 次印刷

787mm×1092mm　1/16　27.75 印张　675 千字
印数：30 951—34 950　　定价：59.00 元

前　言

现代社会是法治社会，社会主义市场经济是法治经济，建立和完善社会主义市场经济体系离不开经济法。

经济法是个宽泛的概念和体系，仍在不断发展。法学界对经济法的范围、内容，以及经济法与民法、商法、行政法的界限等基本理论问题有不同的看法。作为主要供高等院校经济学、管理学专业学生使用的教材，《新编经济法概论（第五版）》从专业公共课的教学需要出发，兼顾国家相关专业资格考试的要求，确定了以下内容以构成本书的体系：第一部分是与经济法有关的法学基本理论（第一章），包括经济法的概念和调整对象、经济法律关系、民事主体制度（自然人、法人和非法人组织）和民事权利制度（物权、债权和知识产权）；第二部分是市场主体法律制度（第二章至第四章），包括个人独资企业、合伙企业和公司法律制度以及企业破产法律制度；第三部分是合同法律制度（第五章），主要阐述合同的概念和分类，合同的订立和效力，合同的履行和担保，合同的变更、转让和终止，违约责任等内容，不涉及十九种典型合同（有名合同）的规定；第四部分是金融法律制度（第六章），除了金融与金融法基本理论外，主要阐述银行、保险、票据、证券、信托和反洗钱法律制度；第五部分是税收法律制度（第七章），包括税收的基本理论、增值税、消费税、关税、所得税法律制度和税收征收管理法律制度；第六部分是市场规则法律制度（第八章），包括竞争法律制度、广告法律制度、产品质量法律制度和标准化法律制度；第七部分是市场宏观监督法律制度（第九章），包括会计法律制度和会计审计法律制度；第八部分是经济纠纷处理法律制度（第十章），包括民事诉讼法律制度和仲裁法律制度。

自 2015 年《新编经济法概论（第四版）》出版以来，我国的立法工作又有了很大进展。《新编经济法概论（第五版）》根据《中华人民共和国民法典》及其他最新立法材料,在上一版的基础上逐章做了较大的修改、补充,反映了最新的立法成果,同时梳理了全书的体例、格式,使本书结构更加合理、紧凑,文句更加通顺。

鉴于编者的水平,本书的缺点、疏漏在所难免,希望使用者不吝反馈发现的问题,以便改进。

戚伟平
2022 年 3 月

目　录

第一章
经济法概述

第一节　经济法的产生、调整对象和含义

一、经济法的产生

（一）早期商品交换关系的法律调整

虽然社会经济生活与法律有着密切的联系，但是在现代法律体系的各个法律部门中，经济法是相对出现较晚的法律部门。早期人类社会处于自然经济阶段，生产的主要目的是自己消费，产品交换在社会经济生活中的地位尚不重要，还没有专门的法律来调整这种交换关系。随着社会经济的发展，社会分工越来越细，劳动产品的交换成为人们生活中必不可少的活动，商品生产和交换应运而生。然而，当时的商品经济还处于早期不甚发达的阶段，法律对它的调整还不具有专门性。

随着资本主义生产方式的确立，商品生产和交换得到空前发展，市场的资源配置作用成为社会经济生活的主动力，早期的商品交换关系发展成市场经济关系。在资本主义处于自由竞争阶段，法律调整市场经济关系的着眼点在于维护自由交易，运用的主要是民法。传统民法的原则，如当事人法律地位平等、意思自治、契约自由和保护私有财产不受侵犯等，能够完成调整市场经济关系的任务。此外，有些国家还制定了商法，以专门调整具有营利性质的商事关系。

（二）现代市场经济与经济法的产生

现代市场经济关系比起自由竞争阶段更为发达和复杂，单纯运用民商法调整市场经济关系出现了一些不尽如人意的地方。例如，民商法强调发挥市场机制的自发调节作用，强调当事人意思自治，而在市场越来越复杂多样的情况下，市场机制的自发性、滞后性和一定的盲目性往往使单纯的民商法调节失灵。有些国家开始考虑运用国家行政权力适度干预市场经济，这种做法的制度化和法律化使得现代意义的经济法应运而生。经济法的要义是国家对市场经济的适度干预。

二、经济法的调整对象

（一）经济法的调整对象是一定范围的经济关系

法律的调整对象，是指法律所规范的一定范围的社会关系。社会关系是人们在社会活动中相互之间形成的关系。经济法的调整对象与其他法律部门一样，也是一定范围的社会关系。但是，经济法的调整对象有自己的特点，即经济法的调整对象是一定范围的经济关系。经济关

系是一种具有财产内容的社会关系,或者说是一种具有直接物质利益的社会关系。经济关系的范围十分广泛,经济法调整的不是所有的经济关系,而是一定范围的经济关系。经济法不调整的经济关系可以由其他法律部门如民法、商法等调整。

(二)经济法的调整对象是国家对市场经济进行宏观调控过程中发生的经济关系

如前所述,经济法的要义是国家对市场经济的适度干预。那么,经济法调整的经济关系就具有国家宏观调控的基本特点。中国经济法调整的经济关系是国家对市场经济进行宏观调控的过程中发生的经济关系。具体地说,国家对市场经济进行宏观调控的过程中发生的经济关系主要有以下两类:

1. 国家对市场主体进行宏观管理的过程中发生的经济关系

市场主体,是指在市场上直接或间接地进行交易活动的组织或者个人。这些组织或者个人是以营利为目的的。所以,市场主体为了追求自己利益的最大化,可能会不顾市场规则,通过非法活动牟取利益。国家对市场主体进行宏观管理,是国家对市场经济进行宏观调控的切入点和主要手段。国家通过控制市场准入、制定或者认可市场规则等,对市场主体进行宏观管理。控制市场准入,就是规定市场主体的资格,规定各类企业的设立条件和设立程序;制定或者认可市场规则,就是明确市场活动的"游戏规则",并且强制性地要求市场主体遵守。中国的企业法、合同法、竞争法和金融法等,都是对这类经济关系进行调整的基本法律规范。

2. 国家对整个市场经济进行宏观管理的过程中发生的经济关系

市场经济,是指主要依靠市场规律对经济活动所需的各种资源进行配置的经济运行体制。现代市场经济并不是完全放任自流的,由于市场本身具有的自发性、滞后性和一定的盲目性,因此其对经济发展的宏观把控存在欠缺。国家通过具有行政权力的各级政府对市场经济进行宏观管理,可以在一定程度上克服市场调控的缺陷,这既是现代国家本身具有的经济职能,也是现代市场经济的客观要求。国家对市场经济进行宏观管理的基本路径是在对经济运行进行预测和分析的基础上发布产业政策,鼓励相关投资,对市场主体的经营成果进行监督和调控。目前,中国的市场经济体制还有待完善,对这类经济关系进行调整的法律规范还不甚健全。从法理上说,预算法、产业政策法、会计法、审计法、税法和国有资产管理法等都是调整这类经济关系的法律规范。

三、经济法的含义

根据上述对经济法的调整对象的分析,可以给作为法律部门的经济法下一个定义:经济法是调整国家对市场经济进行宏观调控的过程中发生的经济关系的法律规范的总称。对于经济法的概念,应当从以下两个方面来理解:

(一)经济法是调整一定经济关系的法律部门

经济法是调整经济关系的,但不是调整所有经济关系的法律部门。经济法只调整国家对市场经济进行宏观调控的过程中发生的经济关系,其他的经济关系可能需要由其他法律部门来调整。对其他经济关系的调整不是经济法的任务,而是其他法律部门的任务。

(二)经济法是一系列法律规范的总称

经济法是所有调整上述经济关系的法律规范的总和,而不是某个具体的法律规范。一系列调整一定经济关系的法律规范有机地结合,构成经济法这个法律部门。各个法律部门的有机结合，则组成一个完整的法律体系。

随着《中华人民共和国民法典》(以下称《民法典》)的颁布施行，鉴于本书不是专门进行经济法理论研究的著作，而是供高等院校经济类、管理类学生使用的实用教材，接下来本书对具体法律制度的阐述不限于以上理论界定。

第二节　经济法律关系

一、经济法律关系概述

(一)法律关系的含义

法律关系是一种特殊的社会关系，是指法律规范在调整社会关系时在当事人之间形成的权利义务关系。法律关系是法学的基本概念，也是进一步理解经济法律关系的基础。对法律关系的概念，应当从以下几个方面理解：

1. 法律关系是一种特殊的社会关系

法律关系是法律规范调整社会关系时形成的，它没有超出社会关系的范围，其本身也是一种社会关系。但是，法律关系是一种特殊的社会关系，它不完全是人们在社会活动中根据自己的意愿形成的，而是由法律规范介入后，体现了法律要求的社会关系。法律通过介入其认为需要介入的社会关系来实现对社会关系的调整。

2. 法律关系是一种权利义务关系

法律关系是由法律规范调整而形成的社会关系，法律规范调整社会关系，就是在当事人之间设定权利和义务，用权利和义务来规范当事人的行为。当社会关系上升为法律关系后，当事人要依照法律的规定享受权利、承担义务，当事人之间的关系变成了法律确认的权利义务关系，这种关系属于上层建筑，受国家强制力的保护。

3. 法律关系是法律规范调整的结果

法律关系是法律规范调整社会关系的结果，没有法律规范就没有法律关系。不同的法律部门调整不同的社会关系的结果是形成不同的法律关系，如民法调整民事关系而形成民事法律关系、行政法调整行政关系而形成行政法律关系、经济法调整一定范围的经济关系而形成经济法律关系等。

(二)经济法律关系的含义

经济法律关系是法律关系的一种，是指经济法律规范在调整一定范围的经济关系时在当事人之间形成的权利义务关系。经济法律关系和其他法律关系一样，是一种权利义务关系，属于上层建筑，受国家强制力的保护。但是，经济法律关系与其他法律关系相比，有自己的特征：一方面，经济法律关系是由经济法律规范确认的权利义务关系，发生在国家对市场经济进行宏观调控的过程中；另一方面，经济法律关系的当事人一般是国家和市场主体，国家通常由行政机关(各级政府)的经济职能部门代为行使权力，这些经济职能部门通过行使相应职权完成对市场经济进行宏观调控的职能和任务。

二、经济法律关系的构成要素

(一)经济法律关系的主体

1. 经济法律关系主体的含义

经济法律关系主体,是指参与经济法律关系,并且依据经济法享受权利和承担义务的当事人。

2. 经济法律关系主体的表现形式

经济法律关系的当事人一方是国家,由行政机关(各级政府)的经济职能部门行使职权,另一方是市场主体。

(1)行政机关及其经济职能部门

行政机关,是指各级人民政府。行政机关的经济职能部门,是指行政机关中专门行使国家对市场经济进行宏观调控职权的部门,是行政机关中的经济管理部门。行政机关的经济管理部门有综合性的,如发展和改革委员会;有职能性的,如市场监督管理局;等等。另外,经法律授权代行经济管理职权的企业性机构,如中国烟草总公司,根据《中华人民共和国烟草专卖法》,可以行使烟草专卖中的管理职权。

(2)市场主体

市场主体是以营利为目的、直接或间接从事交易活动的组织或者个人。作为市场主体的组织,一般是指各类企业。企业从其法律地位上分,包括有法人资格的法人型企业和无法人资格的非法人型企业。作为市场主体的个人,是指依法具有经营资格的自然人或者家庭,如个体工商户。

(二)经济法律关系的内容

1. 经济法律关系内容的含义

经济法律关系的内容,是指经济法律关系主体享受的权利和承担的义务。经济法律关系的内容是经济法律关系三个要素中的核心要素,也是经济法律关系与一般社会关系的区别所在。没有经过法律调整的社会关系,虽然也有主体和客体,但没有依据法律享受的权利和承担的义务。

不同经济法律关系的当事人享受权利和承担义务的情况是不同的:行政机关及其经济职能部门对市场主体进行宏观管理从而形成经济法律关系时,行政机关及其经济职能部门只享受权利,市场主体只承担义务;市场主体之间进行交易时,市场主体既享受权利,也承担义务。经济法律关系主体的身份不同,其享受的权利和承担的义务也不同:行政机关及其经济职能部门行使国家的宏观经济调控职能,其权利是一种行政职权,其义务是一种行政职责;市场主体在交易过程中相互之间的权利和义务是平等的、对应的,因为市场主体的法律地位是平等的。

2. 经济法律关系中的权利和义务

(1)权利

经济法律关系中的权利,是指经济法律关系主体依法享有的行为自由。行为,包括作为和不作为,具体包括主体自己作为或者不作为、要求他人作为或者不作为。经济法律关系主体享有的权利在此可以做宽泛的理解,既可以是行政机关及其经济职能部门的行政职权,也可以是市场主体的民事权利。行政职权包括权力和责任,不同的行政机关经济职能部门享有的行政职权是不同的。市场主体的民事权利由《民法典》规定,包括人身权利(自然人的人身自由、人格尊严、个人信息,以及生命权、身体权、健康权、姓名权、肖像权、名誉权、荣誉权、隐私权、婚姻自主权等权利,法人、非法人的名称权、名誉权和荣誉权)和财产权利(物权、债权和知识产权等权利)。鉴于经济法著述的特点,本书着重阐明市场主体的各项财产权利。民事权利是一种行为自由,因而市场主体的民事权利一般是可以放弃的;但是,行政机关经济职能部门的行政职权包含权力和责任,是不能放弃的,放弃行政职权是渎职行为。

(2)义务

经济法律关系中的义务,是指经济法律关系主体依法必须作为或者不作为的行为约束。经济法律关系中的义务,包括市场主体在经营活动过程中与其民事权利对应的民事义务,也包括行政机关经济职能部门的行政责任。义务是一种行为约束,是不能放弃的。

(三)经济法律关系的客体

1. 经济法律关系客体的含义

经济法律关系的客体,是指经济法律关系的主体享受的权利、承担的义务所共同指向的对象。经济法律关系的客体是经济法律关系的载体,没有客体,主体的权利和义务就没有目标,经济法律关系就不能产生。能够作为经济法律关系客体的有物(有形财产)、智力成果(无形财产)和行为。

2. 物

作为法律关系客体的物,是指能够为人所控制、具有经济价值、以实物形态存在的物质资料。物权关系的客体是物。物的形式多种多样,可以是自然物,如土地、森林等自然资源;也可以是制造物,如机器、产品等;还可以是一般等价物,如货币、有价证券等。法律和法理上可以从不同的角度对物进行分类:

(1)不动产和动产

根据《民法典》,不动产和动产是物的基本分类。不动产,是指不能移动或者移动后影响其性质、形状和用途的物,如土地、房屋等。《民法典》规定,不动产物权的设立、变更、转让和消灭,应当依照法律规定登记。动产,是指可以移动并在移动后不改变其性质、形状和用途的物,如机器、货币等。《民法典》规定,动产物权的设立和转让,应当依照法律规定交付。

不动产和动产分类的意义在于明确不动产物权和动产物权在权利设立、转让等方面产生效力的不同要求。根据《民法典》,不动产物权的设立、变更、转让和消灭,经依法登记,发生效力;未经登记,不发生效力,但是法律另有规定的除外。动产物权的设立和转让,自交付时发生效力,但是法律另有规定的除外。

(2)特定物和种类物

特定物,是指依照物具有的单独特征来确定、不能相互代替的物,如一件文物、一栋建筑物等。种类物,是指依照物具有的共同特征来确定、可以用其他物代替的物,这类物能用度量衡计量,如同一标号的水泥、同一规格的产品等。

特定物和种类物分类的意义在于明确物(有形财产)灭失时合同是否实际履行:合同如果以特定物为客体,当该特定物灭失时,合同可以不实际履行;如果以种类物为客体,当种类物灭失时,合同可以实际履行。

(3)可分物和不可分物

可分物,是指分割后不会损害其经济价值的物,如一匹布、一千克大米等。不可分物,是指不能分割或分割后会损害其经济价值的物,如一台电视机、一件衣服等。

可分物和不可分物分类的意义在于明确物(有形财产)的分割方式:财产分割的对象是可分物的,可以采用实物分割的方式;财产分割的对象是不可分物的,不能采用实物分割的方法,而应采用折价或者对拍卖、变卖取得的价款予以分割的方法。

(4)主物和从物

主物,是指能够独立存在、在使用过程中起主要作用的物。从物,是指能够独立存在、在使用过程中起辅助作用的物。主物和从物是根据同属一个主体的物在使用中的效用确定的,如自行车和车锁,前者是主物,后者是从物。

主物和从物分类的意义在于明确从物的归属:如果当事人没有约定,从物的归属依主物的归属而定;主物的所有权转移时,从物的所有权也随之转移。

(5)流通物和限制流通物

流通物,是指法律允许自由流通的物,绝大多数物属于流通物。限制流通物,是指法律对其流通有限制的物,如麻醉品、国有土地等。

3. 智力成果

作为经济法律关系客体的智力成果,是指人们的创造性脑力劳动所创造的精神财富,是一种无形财产。智力成果的形式多样,其范围由法律专门规定,各类作品和发明创造是智力成果的基本内容。知识产权关系的客体是智力成果。

4. 行为

作为法律关系客体的行为,是指主体为了达到一定具有法律意义的目的所实施的行为,在经济法领域通常表现为宏观管理行为和市场经营行为等。债权关系的客体主要是行为。

三、经济法律关系的发生、变更和消灭

(一)法律关系发生、变更和消灭的条件

仅有法律规范并不能直接引起法律关系的发生、变更和消灭。法律关系的发生、变更和消灭必须具备两个条件:一是相应法律规范的存在,二是具体法律事实的出现。法律关系的发生、变更和消灭是由法律事实直接引起的,经济法律关系也是如此。

(二)法律事实

1. 法律事实的含义

法律事实,是指依法能够引起法律关系发生、变更和消灭的客观情况。法律事实是客观存在的情况,而不是当事人的主观臆想。即使法律规范没有规定,法律事实也是客观存在的。但是,并非所有客观存在的情况都是法律事实。由法律规范确定,能够引起法律关系发生、变更和消灭的客观情况,才是法律事实。

2. 法律事实的分类

根据客观情况是否与当事人的意志有关,可以将法律事实分为行为和事件两大类。

(1)行为

作为法律事实的行为,是指当事人根据自己的意志实施的,能够引起法律关系发生、变更

和消灭的有目的的活动。行为按照其外在表现，可以分为作为和不作为；按照其性质，可以分为合法行为和违法行为。作为，是指当事人积极地从事具有法律意义的活动。例如，行政机关及其经济职能部门采取措施制止不正当竞争、市场主体与交易对象依法订立合同等，属于合法行为；行政机关及其经济职能部门滥用职权、市场主体违法经营，属于违法行为。不作为，是指当事人消极的活动。例如，行政机关及其经济职能部门对市场秩序应当管理而不管理、市场主体应当履行合同义务而不履行，属于违法行为；行政机关及其经济职能部门对市场主体的正常经营进行干涉、市场主体对行政机关及其经济职能部门的正常工作加以阻挠，也是违法行为。合法行为和违法行为都可以引起经济法律关系的发生、变更和消灭。

(2)事件

作为法律事实的事件，是指与当事人的意志无关，能够引起法律关系发生、变更和消灭的客观情况。事件按照其发生原因，可以分为自然事件和社会事件。自然事件，是指因自然因素引起的自然现象，如水灾、地震等自然灾害，也称绝对事件。社会事件，是指因人为因素引起，但与具体当事人的意志无关的社会现象，如战争、政策的重大调整等，也称相对事件。

有些法律关系的发生、变更和消灭是由多个法律事实引起的，法学上将引起一个法律关系发生、变更或者消灭的几个法律事实称为事实构成。例如，保险理赔关系的发生是由投保人与保险人订立保险合同以及保险事故发生这两个法律事实共同引起的，订立保险合同和保险事故发生是保险理赔关系发生的事实构成。

(三)法律事实的后果

法律事实是引起法律关系发生、变更和消灭的直接原因，从而法律事实的后果就是法律关系的发生、变更或消灭。

1. 法律关系的发生

法律关系的发生，是指根据法律的规定，在当事人之间形成具体的权利义务关系。例如，根据合同法律制度，当事人依法订立合同后，形成合同权利义务关系。

2. 法律关系的变更

法律关系的变更，是指已经存在的法律关系的变化，包括主体、内容和客体的变化。主体的变化，如合同关系主体的合并或者分立；内容的变化，如合同权利义务的增加或者减少；客体的变化，如合同标的物的变更。

3. 法律关系的消灭

法律关系的消灭，是指主体之间权利义务关系的终止。例如，当事人之间合同权利义务关系因履行而消灭的，当事人之间因合同产生的权利义务关系终止。

第三节　自然人、法人和非法人组织

一、自然人

(一)自然人概述

1. 自然人与公民

自然人，是指基于自然规律出生的、生物学意义上的人。法律使用“自然人”一词，是将自然人作为法律关系的主体提出的。自然人是一个法律概念,是法律关系的主体之一,《民法典》规定的主体还有法人和非法人组织。

公民,是指具有某国国籍的自然人。自然人的范围大于公民,“公民”一词不能涵盖外国人和无国籍人;另外,“公民”强调的是主体的身份和国籍。

中华人民共和国成立后的早期立法多用“公民(自然人)”的表述,如 1986 年的《民法通则》;后来的立法则多用“自然人(公民)”的表述,如 1999 年的《合同法》;现在的《民法典》则用“自然人”一词作为一类主体的表述。

2. 个体工商户和农村承包经营户

《民法典》规定,自然人从事工商业经营,经依法登记,为个体工商户。个体工商户可以起字号。根据国务院 2011 年公布、2016 年修订的《个体工商户条例》,个体工商户可以个人经营,也可以家庭经营。

《民法典》规定,农村集体经济组织的成员,依法取得农村土地承包经营权,从事家庭承包经营的,为农村承包经营户。

个体工商户和农村承包经营户是自然人的特殊形式,这两种自然人以营利为目的,依法从事经营活动,是市场主体。个体工商户的债务,个人经营的,以个人财产承担;家庭经营的,以家庭财产承担;无法区分的,以家庭财产承担。农村承包经营户的债务,以从事农村土地承包经营的农户的财产承担;事实上由农户的部分成员经营的,以该部分成员的财产承担。

(二)自然人的民事权利能力和民事行为能力

1. 自然人的民事权利能力

(1)自然人民事权利能力的含义和特征

自然人的民事权利能力,是指法律赋予自然人享受权利、承担义务的资格。自然人只有具备了民事权利能力,才能作为主体参与具体的经济法律关系,从中享受权利、承担义务。

自然人的民事权利能力具有以下特征:第一,平等性和完全性。自然人的民事权利能力一律平等。自然人的民事权利能力在内容和范围上是完全的,不允许因人而异、任意限制。第二,权利义务统一性。自然人在法律关系中往往既是权利主体,也是义务主体,形成权利和义务的统一。第三,不可转让性。自然人的民事权利能力是其生存和发展的必要条件,法律不允许自然人以任何形式转让其民事权利能力。

(2)自然人民事权利能力的开始和终止

《民法典》规定,自然人从出生时起到死亡时止具有民事权利能力,依法享有民事权利、承担民事义务,即自然人的民事权利能力始于出生、终于死亡。出生的法律事实标志着自然人具有民事权利能力,“活着出生”是自然人民事权利能力开始的依据;但是,根据《民法典》,涉及遗产继承、接受赠与等胎儿利益保护的,胎儿视为具有民事权利能力。死亡的法律事实标志着自然人民事权利能力的终止。为了维护死者的亲属和社会的利益,自然人死亡后的某些人身权利,如名誉权等受法律保护,但这并不意味着死者仍享有民事权利能力。

2. 自然人的民事行为能力

(1)自然人民事行为能力的含义

自然人的民事行为能力,是指自然人以自己的行为享受民事权利、承担民事义务的能力。自然人一出生就具有民事权利能力,但不是具有民事权利能力后马上就具有民事行为能力,也不是所有自然人都具有民事行为能力。

(2)自然人民事行为能力的分类

根据《民法典》,依据自然人是否成年(十八周岁以上的自然人是成年人,不满十八周岁的自然人是未成年人)和智力状况,自然人的民事行为能力有三种情况:

①完全民事行为能力。成年人为完全民事行为能力人,可以独立实施民事法律行为;十六周岁以上的未成年人,以自己的劳动收入为主要生活来源的,视为完全民事行为能力人。

②限制民事行为能力。八周岁以上的未成年人、不能完全辨认自己行为的成年人为限制民事行为能力人,实施民事法律行为由其法定代理人代理或者经其法定代理人同意、追认;但是,可以独立实施纯获利益的民事法律行为或者与其年龄、智力相适应的民事法律行为。

③无民事行为能力。不满八周岁的未成年人、不能辨认自己行为的成年人和不能辨认自己行为的八周岁以上的未成年人为无民事行为能力人,由其法定代理人代理实施民事法律行为。

(3)成年人民事行为能力的认定

《民法典》规定,不能辨认或者不能完全辨认自己行为的成年人,其利害关系人或者有关组织可以向人民法院申请认定该成年人为无民事行为能力人或者限制民事行为能力人。被人民法院认定为无民事行为能力人或者限制民事行为能力人的,经本人、利害关系人或者有关组织申请,人民法院可以根据其智力、精神健康恢复的状况,认定该成年人恢复为限制民事行为能力人或者完全民事行为能力人。

(三)自然人的住所

1. 自然人住所的含义

住所,是指自然人有久住的意思而居住的处所。《民法典》规定,自然人以户籍或者其他有效身份登记记载的居所为住所;经常居所与住所不一致的,经常居所视为住所。住所与居所不同,居所是自然人实际居住的处所,可以是长久的,如经常居住地;也可以是暂时的,如外出旅行居住的旅馆。

2. 自然人住所的法律意义

法律上明确自然人住所,可以确定与自然人有关的法律关系发生、变更和消灭的场所,确定自然人履行法定义务的地点等,具有法律意义。

二、法人

(一)法人的含义、特征和成立

1. 法人的含义

法人,顾名思义,是指法律拟制的主体人格,是法律赋予具备条件(要素)的组织主体资格。《民法典》规定,法人是具有民事权利能力和民事行为能力,依法独立享受民事权利和承担民事义务的组织。

2. 法人的特征

法人与自然人都是法律关系的主体,但是法人有自己的特征:

(1)法人是具备一定条件的组织

法人是具备法人条件(要素)的组织体在法律上的地位。法人是一种组织,但不是所有组织都是法人,成为法人的组织应当具备法人条件(要素)。法人个别成员的退出或者死亡一般不会影响法人的存续。自然人是生命体,个人生命结束就意味着主体资格终止。

(2)法人是独立于其成员的组织

法人通常由两个或者两个以上成员组成。组成法人的成员可以是法人,也可以是自然人。一个法人或者自然人可以参加多个法人组织,成为多个法人的成员。但是,法人在进行各种活动时,是以自己的名义进行的,而不是以其成员的名义进行的,法人独立享受自己的利益,也要承担自己的责任。

(3)法人是具有民事权利能力和民事行为能力的组织

法人作为法律关系的主体,必须具有民事权利能力和民事行为能力,并以自己的名义独立享受民事权利和承担民事义务。从广义上说,法人以自己的名义独立享受民事权利和承担民事义务包括独立承担法律责任的能力(责任能力)。

3. 法人的成立

法人是一种组织,但不是所有组织都是法人。组织要想成为法人,就必须符合法律规定的成立条件(要素)。《民法典》规定,法人应当依法成立。按照法人条件成立的组织才能取得法人资格。法人的成立条件包括:

(1)法人应当有自己的财产和经费

法人是组织体,如果没有自己的财产和经费,就没有进行各种活动的物质基础,也就没有承担相应法律责任的财产基础。法人应当有自己的财产和经费:一方面是指营利法人应当有可以独立支配的财产,包括自己所有的财产和其他主体授予其经营管理的财产;另一方面是指机关法人和事业单位、社会团体、基金会、社会服务机构等非营利法人应当有自己独立支配的经费,其中,机关法人的经费由财政拨付,事业单位、社会团体、基金会、社会服务机构等的经费可以是财政拨付的,也可以是自己筹集的。

(2)法人应当有自己的名称、组织机构和住所

法人是组织体,需要通过自己的外部特征、内部机构等与其他组织或者个人区别开来。

①法人的名称。名称是组织之间相互区别的外部识别标志,法人要有自己合法的名称,法人名称经过主管部门登记,依法享有名称专有权,受法律保护。

②法人的组织机构。组织机构是组织从事各种活动、管理各项事务的内部机构。法律对不同性质的法人的组织机构有不同的要求,如对于公司,要求的组织机构为股东会、董事会和监事会。

③法人的场所。场所是组织从事各种活动的地点。组织可以有多个场所,当其作为法人登记时,只能将一个场所作为法人的住所进行登记。根据《民法典》,法人以其主要办事机构所在地为住所;依法需要办理法人登记的,应当将主要办事机构所在地登记为住所。

(3)法人应当依法成立

不同性质的法人成立的具体条件和程序不尽相同。法人成立的具体条件和程序依照法律、行政法规的规定。中国法人的成立大致有以下几种:

①根据法律或者行政命令设立。行政机关及其所属职能部门根据地方各级人民政府组织法、上级行政命令成立。

②经主管部门核准登记或者批准设立。设立法人,法律、行政法规规定须经有关机关批准的,依照其规定。营利法人经主管部门核准登记成立,须经有关机关批准的,经批准办理登记。

③依照章程、标准成立。工会组织根据《中国工会章程》成立。

（二）法人的民事权利能力和民事行为能力

具有民事权利能力和民事行为能力是成为经济法律关系主体的基本条件，法人作为经济法律关系的主体，也应具有民事权利能力和民事行为能力。

1. 法人的民事权利能力

法人的民事权利能力是法律赋予法人的享受权利和承担义务的资格。

法人和自然人一样，都具有民事权利能力，但法人的民事权利能力有一定的特点：

第一，法人的民事权利能力始于成立、终于终止。《民法典》规定，法人的民事权利能力和民事行为能力从法人成立时产生，到法人终止时消灭。组织体的存续期间决定了法人民事权利能力的产生和消灭；而自然人的民事权利能力始于出生，终于死亡，生命体的存续决定了自然人民事权利能力的存续。

第二，法人的民事权利能力是不同的和不完整的。不同法人的职权范围和设立目的各异，法人的民事权利能力也各不相同，行政机关及其职能部门与市场主体不同，企业与企业也不相同；而自然人的民事权利能力是平等的、完全的。另外，法人是组织体，某些与自然人的人身不可分离的民事权利能力，如婚姻、收养等，法人是没有的。

2. 法人的民事行为能力

法人的民事行为能力是法人以自己的行为享受民事权利和承担民事义务的能力。

与自然人（公民）相比，法人的民事行为能力有一定的特点：

第一，法人的民事行为能力和民事权利能力是同时产生、同时消灭的。《民法典》规定，法人的民事权利能力和民事行为能力从法人成立时产生，到法人终止时消灭。法人具有民事权利能力，同时具有民事行为能力；而自然人的民事行为能力受自然人年龄、智力的影响，其产生晚于民事权利能力。

第二，法人的民事行为能力和民事权利能力在范围上是一致的。法人的民事行为能力因法人的职权范围和设立目的的不同而不同，其民事权利能力的范围决定了其民事行为能力的范围。

（三）法人的分类

根据《民法典》，中国的法人分为营利法人、非营利法人和特别法人。

1. 营利法人

（1）营利法人的定义

《民法典》规定，以取得利润并分配给股东等出资人为目的成立的法人为营利法人。营利不同于盈利。营利是经营目的，包括取得利润和将所获利润分配给出资人（股东）两个方面。盈利是经营的一种积极结果，经营的消极结果是亏损。营利法人是以营利为目的的法人，经营结果为亏损不影响营利法人的性质，营利法人的亏损情形符合企业破产法规定的破产条件的，按照企业破产法处理。

根据《民法典》，营利法人包括有限责任公司、股份有限公司和其他企业法人等。

（2）营利法人的成立

根据《民法典》，营利法人的成立有以下要求：

①经依法登记成立。如前所述，法人应当依法成立，营利法人的“依法成立”是指经依法登

记成立,也就是说,营利法人的成立一般采取“登记主义”;当然,法律、行政法规规定须经有关机关批准的,依照其规定。依法成立的营利法人,由登记机关发给营利法人营业执照,营业执照签发日期为营利法人的成立日期。

②应当依法制定法人章程。法人章程是法人自己制定的规定其组织和活动的“自治性”规则。依法制定的法人章程对法人、法人的成员具有约束力。制定法人章程是营利法人成立的必要条件。

③应当设权力机构、执行机构和设监督机构。营利法人的权力机构行使修改法人章程,选举或者更换执行机构、监督机构成员,以及法人章程规定的其他职权。营利法人的执行机构行使召集权力机构会议,决定法人的经营计划和投资方案,决定法人内部管理机构的设置,以及法人章程规定的其他职权。营利法人设监事会或者监事等监督机构的,监督机构依法行使检查法人财务,监督执行机构成员、高级管理人员执行法人职务的行为,以及法人章程规定的其他职权。需要指出的是,《民法典》规定营利法人“应当设”权力机构和执行机构,对于监督机构的设置则规定“设”,没有强调“应当”,可见监督机构并非营利法人的法定必设机构。

2. 非营利法人

(1)非营利法人的定义

《民法典》规定,为公益目的或者其他非营利目的成立,不向出资人、设立人或者会员分配所取得利润的法人,为非营利法人。非营利法人的目的不是营利,而是公益或者其他非营利目的。根据《民法典》,非营利法人包括事业单位、社会团体、基金会、社会服务机构等。

(2)非营利法人的成立

根据《民法典》,除了要具备法人条件外,不同非营利法人的成立有不同的要求:

①事业单位法人的成立。为适应经济社会发展的需要,为提供公益服务而设立的事业单位,经依法登记成立,取得事业单位法人资格;依法不需要办理法人登记的,从成立之日起具有事业单位法人资格。事业单位法人设理事会的,除法律另有规定外,理事会为其决策机构。

②社会团体法人的成立。基于会员共同意愿,为公益目的或者会员共同利益等非营利目的而设立的社会团体,经依法登记成立,取得社会团体法人资格;依法不需要办理法人登记的,从成立之日起具有社会团体法人资格。设立社会团体法人应当依法制定法人章程。社会团体法人应当设会员大会或者会员代表大会等权力机构、理事会等执行机构。

③捐助法人的成立。为公益目的,以捐助财产设立的基金会、社会服务机构等,经依法登记成立,取得捐助法人资格。依法设立的宗教活动场所,可以申请法人登记,取得捐助法人资格;法律、行政法规对宗教活动场所有规定的,依照其规定。设立捐助法人应当依法制定法人章程。捐助法人应当设理事会、民主管理组织等决策机构,并设执行机构;应当设监事会等监督机构。

3. 特别法人

(1)特别法人的范围

根据《民法典》,机关法人、农村集体经济组织法人、城镇农村的合作经济组织法人和基层群众性自治组织法人为特别法人。

(2)特别法人的成立

根据《民法典》,特别法人的法人资格取得有以下几种情形:

①机关法人。有独立经费的机关和承担行政职能的法定机构从成立之日起具有机关法人资格，可以从事为履行职能所需要的民事活动。

②农村集体经济组织和城镇农村的合作经济组织法人。农村集体经济组织和城镇农村的合作经济组织依法取得法人资格；法律、行政法规对农村集体经济组织和城镇农村的合作经济组织有规定的，依照其规定。例如，根据《中华人民共和国农民专业合作社法》和《农民专业合作社登记管理条例》，农民专业合作社经登记机关依法登记，领取农民专业合作社法人营业执照，取得法人资格。

③基层群众性自治组织法人。居民委员会和村民委员会具有基层群众性自治组织法人资格，可以从事为履行职能所需要的民事活动。

(四)法人的法定代表人

1. 法定代表人的产生

法人是组织体，其以主体身份从事活动时，需要有一个代表人代表其意志。法定代表人是根据法律规定或者法人章程产生的，其职权也是由法律或者法人章程规定的。《民法典》规定，依照法律或者法人章程的规定，代表法人从事民事活动的负责人为法人的法定代表人。

2. 法定代表人的职责

法定代表人对外代表法人从事民事活动，对内组织法人的日常运作。法定代表人的行为就是法人的行为，法定代表人在执行职务时产生的法律后果应由法人承担；但是，法定代表人自己有过错的，应承担相应的法律责任。

根据《民法典》，法定代表人以法人名义从事的民事活动，其法律后果由法人承受；法人章程或者法人权力机构对法定代表人代表权的限制不得对抗善意相对人。法定代表人因执行职务造成他人损害的，由法人承担民事责任；法人承担民事责任后，依照法律或者法人章程的规定，可以向有过错的法定代表人追偿。

三、非法人组织

(一)非法人组织的含义

根据《民法典》，非法人组织是不具有法人资格，但是能够依法以自己的名义从事民事活动的组织。据此，非法人组织作为经济法律关系中的一种主体，其含义包括：

1. 非法人组织是独立的主体

非法人组织是与自然人、法人不同而独立存在的主体。非法人组织不是生命体，而是不具有法人资格的组织体，与自然人不同。非法人组织不具有法人资格，可以依法以自己的名义从事民事活动，它的设立不需具备法人条件(要素)，与法人不同。非法人组织是不同于自然人、法人的独立主体。

2. 非法人组织可以自己的名义从事民事活动

非法人组织是独立的主体，但是能够以自己的名义而不是以成员的名义(如合伙企业的合伙人的名义)从事民事活动。因此，非法人组织需要承担因民事活动产生的清偿债务的责任。

《民法典》规定，非法人组织包括个人独资企业、合伙企业和不具有法人资格的专业服务机构等。

(二)非法人组织的设立

《民法典》规定,非法人组织应当依照法律的规定登记;设立非法人组织,法律、行政法规规定须经有关机关批准的,依照其规定。据此,非法人组织的设立一般采取登记主义,法律、行政法规有规定的,采取批准(审批)主义。上述个人独资企业、合伙企业的设立详见本书第二章。

(三)非法人组织的债务承担

如前所述,非法人组织能够依法以自己的名义从事民事活动,就应当承担相应的债务清偿责任。《民法典》规定,非法人组织的财产不足以清偿债务的,其出资人或者设立人承担无限责任;法律另有规定的,依照其规定。

(四)非法人组织的代表人、解散和清算

1. 非法人组织的代表人

非法人组织从事民事活动不同于自然人、法人组织,需要有自己的代表人。根据《民法典》,非法人组织可以确定一人或者数人代表该组织从事民事活动。

2. 非法人组织的解散和清算

非法人组织作为组织体,自然存在解散及解散后的清算问题。

(1)非法人组织的解散

《民法典》规定,有下列情形之一的,非法人组织解散:一是章程规定的存续期间届满或者章程规定的其他解散事由出现;二是出资人或者设立人决定解散;三是法律规定的其他情形。

(2)非法人组织的清算

根据《民法典》,非法人组织解散的,应当依法进行清算。上述个人独资企业、合伙企业的清算,本书第二章有详述。

第四节　物　权

一、物权概述

(一)物权的含义和特征

1. 物权的含义

《民法典》规定,物权是指权利人依法对特定的物享有直接支配和排他的权利,包括所有权、用益物权和担保物权。当事人因物的归属和利用而产生物权关系。物权关系的主体是对物享有直接支配权和排他权的自然人、法人或者其他组织(权利人)。物权关系的客体是物(包括不动产和动产;法律规定权利作为物权客体的,依照其规定)。物权关系的内容是对物的直接支配和排他的权利。

2. 物权的特征

物权是有形财产权的主要内容,与其他财产性权利相比,它具有以下特征:

(1)物权是权利人对物的直接支配权

物权关系是人与人之间的社会关系,反映的是人对物的占有和支配。物权是以特定物为直接支配对象的权利。直接支配,是指权利主体(权利人)无须借助他人的帮助就可以支配特定的物,实现物权。

(2)物权是权利人对物的排他权

物权关系是绝对的关系,权利主体(权利人)对物享有的权利是排他的。排他,一是指一物之上不能有两个互不兼容的物权,即“一物一权”原则,如一项房产上不能有两个所有权;二是指权利人行使物权不需要他人的积极(作为)帮助。所以,物权也是一种对世权。

(3)物权是法定的权利

物权是法定的权利,即“物权法定”。《民法典》规定,物权的种类和内容由法律规定,即物权的种类和内容不允许当事人创设,这与债权是不同的。

(二)物权的分类

1. 根据权利人支配的物的归属,物权可以分为自物权和他物权

(1)自物权

自物权是权利人依法对自己的物享有的支配权,所有权是唯一的自物权。自物权的权利人享有完全、充分的支配权,称为完全物权。

(2)他物权

他物权是权利人依法对他人的物享有的支配权,用益物权和担保物权属于他物权。他物权的权利人相对于自物权的权利人而言,享有的是不完全、不充分的支配权,是受到一定限制的物权,称为不完全物权。

2. 根据他物权的设立目的,他物权可以分为用益物权和担保物权

(1)用益物权

用益物权是以实现对他人的物的占有、使用和收益为目的而设立的他物权。《民法典》规定,用益物权人对他人所有的不动产或动产依法享有占有、使用和收益的权利。根据《民法典》,用益物权包括土地承包经营权、建设用地使用权、宅基地使用权、居住权和地役权。

(2)担保物权

担保物权是为了担保债务履行而设立的他物权。《民法典》规定,担保物权人在债务人不履行到期债务或者发生当事人约定的实现担保物权的情形时,依法享有就担保财产优先受偿的权利,但是法律另有规定的除外。根据《民法典》,担保物权包括抵押权、质权和留置权。

《民法典》规定,所有权人有权在自己的不动产或者动产上设立用益物权和担保物权;用益物权人、担保物权人行使权利,不得损害所有权人的权益。

(三)物权的设立、变更、转让和消灭

1. 不动产登记和不动产物权的生效

(1)不动产物权生效的一般规定

根据《民法典》,不动产物权的设立、变更、转让和消灭,经依法登记,发生效力;未经登记,不发生效力,但法律另有规定的除外。依法属于国家所有的自然资源,其所有权可以不登记。

(2)不动产登记制度

根据《民法典》,不动产登记由不动产所在地的登记机构办理;国家对不动产实行统一登记制度,统一登记的范围、登记机构和登记办法由法律、行政法规规定;不动产物权的设立、变更、转让和消灭,依照法律规定应当登记的,自记载于不动产登记簿时发生效力;不动产登记簿是物权归属及其内容的根据,由登记机构管理。另外,《民法典》规定,不动产权属证书是权利人享有该不动产物权的证明;不动产权属证书记载的事项应当与不动产登记簿一致,记载不一致

的,除有证据证明不动产登记簿确有错误外,以不动产登记簿为准。权利人、利害关系人认为不动产登记簿记载的事项错误的,可以申请更正登记。

2. 动产交付和动产物权的生效

(1)动产物权生效的一般规定

《民法典》规定,动产物权的设立和转让自交付时发生效力,但法律另有规定的除外。

(2)船舶、航空器和机动车等的物权登记对抗主义

《民法典》规定,船舶、航空器和机动车等的物权的设立、变更、转让和消灭未经登记,不得对抗善意第三人。

(3)动产物权生效的特殊情形

根据《民法典》,动产交付因为占有事实的特殊,动产物权的生效有以下几种特殊情形:一是动产物权设立和转让前,权利人占有该动产的,物权自民事法律行为生效时发生效力(简易交付);二是动产物权设立和转让前,第三人占有该动产的,负有交付义务的人可以通过转让请求第三人返还原物的权利代替交付(指示交付);三是动产物权转让时,双方又约定由出让人继续占有该动产的,物权自该约定生效时发生效力(占有改定)。

3. 物权生效的其他规定

除了不动产登记、动产交付外,《民法典》对物权生效的规定还包括:

(1)因人民法院、仲裁机构的法律文书或者人民政府的征收决定等,导致物权设立、变更、转让或者消灭的,自法律文书或者人民政府的征收决定等生效时发生效力。法律文书或者行政文书的效力决定物权的效力。

(2)因继承取得物权的,自继承开始时发生效力。继承开始决定相关物权的效力。

(3)因合法建造、拆除房屋等事实行为设立或者消灭物权的,自事实行为成就时发生效力。事实行为成就决定物权的效力。

(4)处分依照上述规定享有的不动产物权,依照法律规定需要办理登记的,未经登记,不发生物权的效力。

(四)物权的保护

1. 物权保护的法律途径

《民法典》规定,物权受到侵害的,权利人可以通过和解、调解、仲裁、诉讼等途径解决。

2. 物权保护的法律方式

根据《民法典》,利害关系人、权利人保护物权的方式包括以下几种:

(1)利害关系人的物权确认请求权

因物权的归属、内容发生争议的,利害关系人可以请求确认权利。

(2)权利人的返还原物请求权

无权占有不动产或动产的,权利人可以请求返还原物。

(3)权利人的排除妨害或者消除请求权

妨害物权或者可能妨害物权的,权利人可以请求排除妨害或者消除危险。

(4)权利人针对物权客体损害的请求权

造成不动产或者动产毁损的,权利人可以请求修理、重做、更换或者恢复原状。

(5)权利人的损害赔偿请求权和其他请求权的竞合

侵害物权，造成权利人损害的，权利人可以请求损害赔偿，也可以请求承担其他民事责任。

以上物权保护方式可以单独适用，也可以根据权利被侵害的情形合并适用。

二、所有权

(一)所有权的含义和内容

1. 所有权的含义

《民法典》规定，所有权是权利人对自己的不动产或者动产依法享有的占有、使用、收益和处分的权利。所有权作为物权，包括以下含义：

(1)权利人(所有权人)支配的是自己的财产(不动产或者动产)，所以，所有权是自物权，并且是唯一的自物权。

(2)权利人(所有权人)享有的支配权包括对财产(不动产或者动产)的占有、使用、收益和处分，所以，所有权是完全、充分的物权。

2. 所有权的内容

所有权的内容也称所有权的权能。如上所述，所有权是完全、充分的物权，其内容包括以下几个方面：

(1)占有

占有是人对不动产或者动产的实际控制状态。占有作为人对财产的控制状态，可以是所有权人占有，也可以是非所有权人占有。占有可能是合法的，也可能是不合法的；不合法的占有有善意和恶意之分。

(2)使用

使用是人根据不动产或者动产的性能和用途对财产的利用。使用可以是所有权人的使用，也可以是非所有权人的使用。

(3)收益

收益是人收取不动产或者动产所产生的利益。财产的收益根据其产生的原因，可以分为法定收益和自然收益。法定收益，是指根据法律的规定产生的收益，如储户在银行存款获得的存款利息、房屋所有权人将房屋出租获得的租金等。自然收益，是指根据自然规律产生的收益，如母猪生产的猪崽、果树结的果实等。收益一般由权利人(所有权人)收取，也可以由用益物权的权利人收取。

(4)处分

处分是人决定不动产或者动产事实上或者法律上的命运。事实上的处分，是指事实上改变或者消灭财产，如将布料裁剪成服装、将化肥施播在农田。法律上的处分，是指法律上改变财产的归属或者占有，如所有权人将房屋出售、出租给他人。处分权一般由所有权人行使。

(二)所有权的取得和消灭

1. 所有权的取得

(1)所有权取得的方式

根据权利人(所有权人)取得所有权依据的法律事实的不同，所有权的取得方式主要有以下两种：

①原始取得。所有权的原始取得也称初始取得,是所有权的初始产生或者不依靠原所有权人的权利而取得所有权,如国家对专属财产享有的所有权等。

②继受取得。所有权的继受取得也称传来取得,是所有权人通过行为或者事件从原所有权人处取得所有权,如买受的房产、继承的财产等。

(2)所有权取得的特殊情形

①善意受让的财产受让人取得所有权。无处分权人将不动产或者动产转让给受让人的,所有权人有权追回。除法律另有规定外,符合下列情形的,受让人取得该不动产或者动产的所有权:一是受让人受让该不动产或者动产时是善意;二是以合理的价格转让;三是转让的不动产或者动产依照法律规定应当登记的已经登记,不需要登记的已经交付受让人。受让人依据前述规定取得不动产或者动产的所有权的,原所有权人有权向无处分权人请求损害赔偿。善意,在这里是指受让人在受让不动产或者动产时,不知道或者没有义务知道转让人无权转让的主观心理状态。

②无人认领的遗失物归国家所有。拾得遗失物,应当返还权利人。拾得人应当及时通知权利人领取,或者送交公安等有关部门。有关部门收到遗失物,知道权利人的,应当及时通知其领取;不知道的,应当及时发布招领公告。遗失物自发布招领公告之日起一年内无人认领的,归国家所有。拾得漂流物、发现埋藏物或者隐藏物的,参照适用拾得遗失物的有关规定;法律另有规定的,依照其规定。

③从物的归属。主物转让的,从物随主物转让,但是当事人另有约定的除外。

④孳息的归属。天然孳息由所有权人取得;既有所有权人又有用益物权人的,由用益物权人取得;当事人另有约定的,按照其约定。法定孳息,当事人有约定的,按照约定取得;没有约定或者约定不明确的,按照交易习惯取得。

⑤添附的归属。因加工、附合、混合而产生的物的归属,有约定的,按照约定;没有约定或者约定不明确的,依照法律规定;法律没有规定的,按照充分发挥物的效用以及保护无过错当事人的原则确定。因一方当事人的过错或者确定物的归属造成另一方当事人损害的,应当给予赔偿或者补偿。

2. 所有权的消灭

(1)所有权消灭的含义

所有权消灭,是指因一定法律事实的出现,使所有权脱离原所有权人的状况。所有权消灭与所有权客体消灭不同,所有权人失去所有权,原来所有的财产(不动产或者动产)不一定消灭。

(2)所有权消灭的分类

根据所有权消灭时所有权客体是否消灭,所有权消灭可以分为绝对消灭和相对消灭。

所有权的绝对消灭,是指所有权因财产(不动产或者动产)的消灭而消灭,如房屋倒塌引起房屋所有权消灭。

所有权的相对消灭,是指所有权因财产(不动产或者动产)脱离原所有权人而使原所有权人失去所有权。所有权的相对消灭往往是所有权继受取得的原因,如房屋所有权人将房屋出售给他人后即丧失了对该房屋的所有权(相对消灭),买受人则取得了对该房屋的所有权(继受取得)。

（三）所有权的种类

《民法典》规定，所有权有国家所有权、集体所有权和私人所有权之分。国家所有权和集体所有权是公有制在法律上的反映，私人所有权则是法律对私人拥有生活资料和生产资料的保护。国家、集体、私人的物权和其他权利人的物权受法律平等保护，任何组织或者个人不得侵犯。法律平等保护不同性质的物权，涵盖了平等保护不同性质的所有权。

1. 国家所有权

（1）国家所有财产的范围

根据《民法典》，法律规定属于国家所有的财产属于国家所有即全民所有。属于国家所有的财产包括：一是矿藏、水流、海域；二是无居民海岛；三是城市的土地、法律规定属于国家所有的农村和城市郊区的土地；四是森林、山岭、草原、荒地、滩涂等自然资源，但是法律规定属于集体所有的除外；五是法律规定属于国家所有的野生动植物资源；六是无线电频谱资源；七是法律规定属于国家所有的文物；八是国防资产；九是依照法律规定为国家所有的铁路、公路、电力设施、电信设施和油气管道等基础设施。

（2）国家所有权的行使和保护

国有财产由国务院代表国家行使所有权；法律另有规定的，依照其规定。国家所有的财产受法律保护，禁止任何组织或者个人侵占、哄抢、私分、截留和破坏。

2. 集体所有权

（1）集体所有财产的范围

集体所有的不动产和动产包括：一是法律规定属于集体所有的土地、森林、山岭、草原、荒地和滩涂；二是集体所有的建筑物、生产设施、农田水利设施；三是集体所有的教育、科学、文化、卫生、体育等设施；四是集体所有的其他不动产和动产。

（2）集体所有权的行使和保护

农民集体所有的不动产和动产属于本集体成员集体所有，下列事项应当依照法定程序经本集体成员决定：一是土地承包方案以及将土地发包给本集体以外的组织或者个人承包；二是个别土地承包经营权人之间承包地的调整；三是土地补偿费等费用的使用、分配办法；四是集体出资的企业的所有权变动等事项；五是法律规定的其他事项。

对于集体所有的土地、森林、山岭、草原、荒地和滩涂等，依照下列规定行使所有权：属于村农民集体所有的，由村集体经济组织或者村民委员会依法代表集体行使所有权；分别属于村内两个以上农民集体所有的，由村内各该集体经济组织或者村民小组依法代表集体行使所有权；属于乡镇农民集体所有的，由乡镇集体经济组织代表集体行使所有权。农村集体经济组织、村民委员会或者其负责人作出的决定侵害集体成员合法权益的，受侵害的集体成员可以请求人民法院予以撤销。城镇集体所有的不动产和动产，依照法律、行政法规的规定，由本集体享有占有、使用、收益和处分的权利。集体所有的财产受法律保护，禁止任何组织或者个人侵占、哄抢、私分和破坏。

3. 私人所有权

《民法典》规定，私人对其合法的收入、房屋、生活用品、生产工具、原材料等不动产和动产享有所有权。私人的合法财产受法律保护，禁止任何组织或者个人侵占、哄抢和破坏。

除上述三种所有权外，《民法典》还对国家、集体和私人作为出资人的权利，营利法人、社会团体法人、捐助法人及其他法人所有权的保护做了规定。

（四）相邻关系

1. 相邻关系的含义

相邻关系，是指相互毗邻的不动产权利人在占有或者使用不动产的过程中发生的物权关系。《民法典》规定，不动产的相邻权利人应当按照有利生产、方便生活、团结互助、公平合理的原则，正确处理相邻关系。

2. 相邻关系的处理

《民法典》规定，法律、法规对处理相邻关系有规定的，依照其规定；法律、法规没有规定的，可以按照当地习惯。据此，处理相邻关系的依据首先是法律、法规，其次是不动产所在地的习惯。相邻关系的处理包括对不动产权利人相邻权的认可和限制，具体规定包括：

(1)相邻用水、排水、流水

不动产权利人应当为相邻权利人用水、排水提供必要的便利。对自然流水的利用，应当在不动产的相邻权利人之间合理分配；对自然流水的排放，应当尊重其自然流向。

(2)相邻通行

不动产权利人对相邻权利人因通行等必须利用其土地的，应当提供必要的便利。

(3)相邻土地利用

不动产权利人因建造、修缮建筑物以及铺设电线、电缆、水管、暖气和燃气管线等必须利用相邻土地、建筑物的，该土地、建筑物的权利人应当提供必要的便利。

(4)相邻建筑物通风、采光、日照

建造建筑物不得违反国家有关工程建设标准，不得妨碍相邻建筑物的通风、采光和日照。

(5)相邻污染制止

不动产权利人不得违反国家规定弃置固体废物，排放大气污染物、水污染物、噪声、光、电磁波辐射等有害物质。

(6)相邻建设安全

不动产权利人挖掘土地、建造建筑物、铺设管线以及安装设备等，不得危及相邻不动产的安全。

不动产权利人因用水、排水、通行、铺设管线等利用相邻不动产的，应当尽量避免对相邻不动产的权利人造成损害。

（五）共有

1. 共有的含义

共有，是指两个或者两个以上所有权人对一项财产（不动产或者动产）享有所有权。共有是所有权的一种特殊情况，也就是一项所有权的权利人是两个或者两个以上所有权人，共有的客体是一项财产。两个或者两个以上所有权人对一项财产享有所有权（共同所有）的关系即共有关系。共有关系的主体是共有人，客体是一项财产，内容是共有人依据不同的共有种类享有的对一项财产的支配权和排他权。

2. 共有的分类

《民法典》规定，不动产或者动产可以由两个以上组织、个人共有。共有包括按份共有和共同共有。

(1)按份共有

按份共有，是指共有人按照一定比例对共有不动产或者动产享有所有权。《民法典》规定，按份共有人对共有的不动产或者动产按照其份额享有所有权。按份共有人对共有财产的权利是有份额限制的。

(2)共同共有

共同共有，是指共有人对共有的不动产或者动产共同享有所有权。《民法典》规定，共同共有人对共有的不动产或者动产共同享有所有权。共同共有人对共有财产的权利是没有份额限制的。

3. 共有关系的处理

根据《民法典》，处理共有关系的规定包括：

(1)共有财产的管理

共有人按照约定管理共有的不动产或动产，没有约定或者约定不明确的，各共有人都有管理的权利和义务。

(2)共有财产的重大事项决定

处分共有的不动产或动产以及对共有的不动产或者动产做重大修缮、变更性质或者用途的，应当经占份额三分之二以上的按份共有人或者全体共同共有人同意，但是共有人之间另有约定的除外。

(3)共有物的管理费用以及其他负担

共有人对共有物的管理费用以及其他负担，有约定的，按照约定；没有约定或者约定不明确的，按份共有人按照其份额负担，共同共有人共同负担。

(4)共有财产的分割

共有人约定不得分割共有的不动产或者动产以维持共有关系的，应当按照约定；但是共有人有重大理由需要分割的，可以请求分割。共有人没有约定或者约定不明确的，按份共有人可以随时请求分割，共同共有人在共有的基础丧失或者有重大理由需要分割时可以请求分割。因分割造成其他共有人损害的，应当给予赔偿。

共有人可以协商确定分割方式。达不成协议，共有的不动产或动产可以分割且不会因分割减损价值的，应当对实物予以分割；难以分割或者因分割会减损价值的，应当对折价、拍卖或者变卖取得的价款予以分割。共有人分割所得的不动产或动产有瑕疵的，其他共有人应当分担损失。

(5)按份共有人的权利

共有人对共有的不动产或者动产没有约定为按份共有或者共同共有，或者约定不明确的，除共有人具有家庭关系等外，视为按份共有。

①按份共有人的份额转让和优先购买。按份共有人可以转让其享有的共有不动产或者动产的份额，其他共有人在同等条件下享有优先购买的权利。按份共有人转让份额的，应当将转让条件及时通知其他共有人，其他共有人应当在合理期限内行使优先购买权。两个以上其他共有人主张行使优先购买权的，协商确定各自的购买比例；协商不成的，按照转让时各自的共有份额比例行使优先购买权。

②按份共有的份额确认。按份共有人对共有的不动产或者动产享有的份额没有约定或者

约定不明确的,按照出资额确定;不能确定出资额的,视为等额享有。

(6)共有财产的债权债务

因共有的不动产或者动产产生的债权债务:一是在对外关系上,共有人享有连带债权、承担连带债务,但是法律另有规定或者第三人知道共有人不具有连带债权债务关系的除外;二是在内部关系上,除共有人另有约定外,按份共有人按照份额享有债权、承担债务,共同共有人共同享有债权、承担债务;三是偿还债务超过自己应当承担份额的按份共有人有权向其他共有人追偿。

第五节 债 权

一、债权概述

(一)债权的含义

《民法典》规定,债权是因合同、侵权行为、无因管理、不当得利以及法律的其他规定,权利人请求特定义务人为或者不为一定行为的权利。债权是一种法律关系,债权关系的主体包括债权人(权利人)和债务人(特定义务人),债权关系的客体是一定行为(作为或者不作为),债权关系的内容是债权人对债务人的请求权(债务人根据债权人的请求为或者不为一定行为)。

(二)债权的特征

与物权相比,债权具有以下特征:

1. 债权是一种请求权

债权人的权利(债权)表现为请求债务人为或者不为一定行为,以满足债权人的要求,债权的实现须借助债务人履行义务(为或者不为一定行为)。物权是一种对物的直接支配权,物权的实现无须义务人积极(作为)帮助。

2. 债权是当事人之间特定的权利义务关系

债权关系的主体(包括债权人和债务人)是特定的,权利人(债权人)只能对特定的义务人(债务人)行使请求权;请求权的内容是由合同约定或者法律规定的,特定的义务人(债务人)只对自己特定的义务予以履行。物权关系的权利主体(权利人)是特定的,但是义务主体是不特定的。

(三)债权的分类

1. 根据债权关系的发生原因,债权有合同之债和法定之债之分

(1)合同之债

合同之债,是指当事人之间因合同关系而发生的债权债务关系。自然人、法人或者非法人组织之间形成合同关系,也就形成了债权债务关系。本书有专章介绍合同法律制度。

(2)法定之债

法定之债,是指当事人之间因法律规定而发生的债权债务关系。侵权行为、无因管理、不当得利以及法律的其他规定,可以发生债权债务关系。

2. 根据债权关系的不同标的,债权有特定物之债和种类物之债之分

(1)特定物之债

以特定物作为债权关系交付标的的,是特定物之债。特定物灭失的,债务人可以不实际履

行义务。

(2)种类物之债

以种类物作为债权关系交付标的的，是种类物之债。种类物灭失的，债务人一般仍应实际履行义务。

3. 根据债权关系当事人的人数，债权有单一之债和多数之债之分

(1)单一之债

债权人和债务人都是一人的债权关系，是单一之债。单一之债的权利义务关系一一对应，相对比较简单。

(2)多数之债

债权人和债务人有一方或者双方都是两人以上的债权关系，是多数之债。多数之债的权利义务关系相对复杂，又有按份之债和连带之债之分。

4. 根据多数之债当事人之间的权利义务关系，债权有按份之债和连带之债之分

(1)按份之债

按份之债，是指债权人和债务人按照份额享受债权、承担债务的债权债务关系。根据《民法典》，债权人为两人以上，标的可分，按照份额各自享有债权的，为按份债权；债务人为两人以上，标的可分，按照份额各自负担债务的，为按份债务。按份债权人或者按份债务人的份额难以确定的，视为份额相同。

(2)连带之债

连带之债，是指债权人和债务人享受连带债权、承担连带债务的债权债务关系。根据《民法典》，债权人为两人以上，部分或者全部债权人均可以请求债务人履行债务的，为连带债权；债务人为两人以上，债权人可以请求部分或者全部债务人履行全部债务的，为连带债务。连带债权人之间的份额、连带债务人之间的份额难以确定的，视为份额相同。

连带之债的履行遵守以下规定：

第一，超份额履行连带债务人的追偿权。实际承担债务超过自己份额的连带债务人有权就超出部分在其他连带债务人未履行的份额范围内向其追偿，并相应地享有债权人的权利，但是不得损害债权人的利益。其他连带债务人对债权人的抗辩可以向该债务人主张。被追偿的连带债务人不能履行其应分担份额的，其他连带债务人应当在相应范围内按比例分担。

第二，部分连带债务人合同行为的效力。部分连带债务人履行、抵销债务或者提存标的物的，其他债务人对债权人的债务在相应范围内消灭，该债务人可以依据上述规定向其他债务人追偿。部分连带债务人的债务被债权人免除的，在该连带债务人应当承担的份额范围内，其他债务人对债权人的债务消灭。部分连带债务人的债务与债权人的债权同归于一人的，在扣除该债务人应当承担的份额后，债权人对其他债务人的债权继续存在。债权人对部分连带债务人的给付受领迟延的，对其他连带债务人发生效力。

第三，连带债权人的返还义务。实际受领债权的连带债权人应当按比例向其他连带债权人返还。

二、法定之债

(一)侵权责任之债

1. 侵权和侵权责任之债的含义

侵权也称侵权行为,是指侵权人侵害他人的民事权益,造成他人损害的行为。《民法典》规定,民事权益受到侵害的,被侵权人有权请求侵权人承担侵权责任。据此,侵权责任之债是根据法律规定发生的债权债务关系,是法定之债。

侵权责任之债,是指由法律规定的、在侵权人和被侵权人之间发生的债权债务关系。被侵权人是债权人,享有要求侵权人承担侵权责任的请求权。侵权人是债务人,负有根据法律承担侵权责任的义务。

2. 侵权责任之债的发生

《民法典》规定,行为人因过错侵害他人民事权益造成损害的,应当承担侵权责任;依照法律规定推定行为人有过错,其不能证明自己没有过错的,应当承担侵权责任;行为人造成他人民事权益损害,不论行为人有无过错,法律规定应当承担侵权责任的,依照其规定。据此,侵权责任之债的发生要件包括:

(1)过错

过错,是指行为人实施侵害他人民事权益的行为时的心理状态,包括故意和过失。行为人因为故意和过失侵害他人民事权益的,主观上有过错,造成损害的,应当承担侵权责任,称"过错责任原则"。法律规定,不论行为人有无过错,造成他人民事权益损害的,应当承担侵权责任,称"无过错责任原则"。侵权责任之债的归责一般采取"过错责任原则";采取"无过错责任原则"的,应当有法律规定。

(2)造成损害

造成损害,是指行为人实施侵害他人民事权益的行为导致的客观后果,包括财产损害和精神损害。行为人侵害他人民事权益造成损害的,应当承担侵权责任。损害赔偿包括财产损害赔偿和精神损害赔偿。对于精神损害赔偿,法律有专门的规定。

3. 侵权责任之债的损害赔偿

(1)人身损害赔偿

侵害他人造成人身损害的,应当赔偿医疗费、护理费、交通费、营养费、住院伙食补助费等为治疗和康复支出的合理费用,以及因误工减少的收入;造成残疾的,还应当赔偿辅助器具费和残疾赔偿金;造成死亡的,还应当赔偿丧葬费和死亡赔偿金。

(2)侵害人身权益赔偿

侵害他人人身权益造成财产损失的,按照被侵权人因此受到的损失或者侵权人因此获得的利益赔偿;被侵权人因此受到的损失以及侵权人因此获得的利益难以确定,被侵权人和侵权人就赔偿数额协商不一致,向人民法院提起诉讼的,由人民法院根据实际情况确定赔偿数额。

(3)精神损害赔偿

侵害自然人人身权益造成严重精神损害的,被侵权人请求精神损害赔偿;因故意或重大过失侵害自然人具有人身意义的特定物造成严重精神损害的,被侵权人有权请求精神损害赔偿。

(4)侵害财产权益赔偿

侵害他人财产的,财产损失按照损失发生时的市场价格或者其他合理方式计算。

(5)故意侵害知识产权的惩罚性赔偿

故意侵害他人知识产权,情节严重的,被侵权人有权请求相应的惩罚性赔偿。

根据《民法典》,侵权责任之债具体包括产品责任、机动车交通事故责任、医疗损害事故责任、环境污染和生态破坏责任、高度危险责任、饲养动物损害责任、建筑物和物件损害责任。

(二)无因管理之债

1. 无因管理和无因管理之债的含义

无因管理,是指没有法定或者约定义务,为避免他人利益受损而进行管理。《民法典》规定,没有法定的或者约定的义务,为避免他人利益受损而进行管理的人,有权请求受益人偿还由此支出的必要费用。据此,无因管理之债是根据法律规定发生的债权债务关系,是法定之债。

无因管理之债,是指由法律规定的、在管理人和受益人之间发生的债权债务关系。管理人是债权人,享有要求受益人偿付因管理事务而支出的必要费用、给予因管理事务而受到损失的适当补偿的请求权。受益人是债务人,负有给付义务。

2. 无因管理之债的发生

《民法典》规定,管理人没有法定的或者约定的义务,为避免他人利益受损而管理他人事务的,可以请求受益人偿还因管理事务而支出的必要费用;管理人因管理事务受到损失的,可以请求受益人给予适当补偿。管理事务不符合受益人真实意思的,管理人不享有前款规定的权利;但是,受益人的真实意思违反法律或者违背公序良俗的除外。据此,无因管理之债的发生要件包括:

(1)管理人没有义务

管理人没有替他人(受益人)进行管理的法定的或者约定的义务。

(2)管理人为避免他人利益受损而进行管理

管理人明确是为他人(受益人)利益进行管理,而不是误以为是自己的利益进行管理。

(3)受益人享有管理利益

管理人进行管理使受益人享有管理利益,符合受益人不违反法律或者不违背公序良俗的真实意思。

(4)管理人有财产付出

管理人因管理事务而支出了必要费用或者因管理事务而受到损失。

3. 管理人的义务

无因管理之债的管理人享有请求受益人偿还因管理事务而支出的必要费用、给予因管理事务而受到损失的适当补偿的权利,同时应当承担相应的义务。

第一,管理事务应当符合受益人不违反法律或者不违背公序良俗的真实意思。不符合受益人真实意思的,管理人不享有作为无因管理之债的债权人的权利。

第二,管理事务应当善良谨慎。管理人管理他人事务,应当采取有利于受益人的方法;中断管理对受益人不利的,无正当理由不得中断。

第三,管理事务应当及时通知、报告和转交。管理人管理他人事务,能够通知受益人的,应当及时通知受益人;管理的事务不需要紧急处理的,应当等待受益人的指示。管理结束后,管理人应当向受益人报告管理事务的情况,管理人管理事务取得的财产应当及时转交受益人。

(三)不当得利之债

1. 不当得利和不当得利之债的含义

不当得利,是指没有法律根据,取得不当利益,并且造成他人损失。《民法典》规定,因他人没有法律根据,取得不当利益,受损失的人有权请求其返还不当利益。据此,不当得利之债是根据法律规定发生的债权债务关系,是法定之债。

不当得利之债,是指由法律规定的、在得利人和受损失人之间发生的债权债务关系。受损失人是债权人,享有要求得利人返还取得的利益的请求权。得利人是债务人,负有返还义务。

2. 不当得利之债的发生

《民法典》规定,得利人没有法律根据取得不当利益的,受损失的人可以请求得利人返还取得的利益。据此,不当得利之债的发生要件包括:

(1)得利人取得利益没有合法的根据

得利人取得利益既没有合同的约定作为依据,也没有法律的规定作为依据。

(2)得利人取得利益造成他人损失

得利人取得利益造成他人(受损失人)损失,即得利人取得的利益原是归属于他人的,他人因为得利人的获利而受到损失。

3. 得利人、受损失人的权利和义务

(1)受损失人的返还请求及例外

得利人没有法律根据取得不当利益的,受损失的人可以请求得利人返还取得的利益,但是有下列情形之一的除外:一是为履行道德义务进行的给付;二是债务到期之前的清偿;三是明知无给付义务而进行的债务清偿。

(2)善意得利人利益不在的返还免除

得利人不知道且不应当知道取得的利益没有法律根据,取得的利益已经不存在的,不承担返还该利益的义务。

(3)恶意得利人的返还和赔偿责任

得利人知道或者应当知道取得的利益没有法律根据的,受损失的人可以请求得利人返还其取得的利益并依法赔偿损失。

(4)受损失人对第三人的返还请求

得利人已经将取得的利益无偿转让给第三人的,受损失的人可以请求第三人在相应范围内承担返还义务。

上述侵权责任之债、无因管理之债和不当得利之债不是因合同产生的债权债务关系,法理上属于法定之债。根据《民法典》,非因合同产生的债权债务关系适用有关该债权债务关系的法律规定;没有规定的,适用《民法典》合同编通则的有关规定,但根据其性质不能适用的除外。

三、债权的消灭

(一)债权因履行而消灭

债务人依照法律规定或者合同约定,已经履行自己的债务,债权人的债权已经得到清偿,债权消灭。这是债权消灭最普遍的原因。

(二)债权因抵销而消灭

抵销,是指同类型并且都已到期的债权债务相互充抵。

债权因抵销而消灭要满足以下条件:一是必须是相互对等的债权,也就是双方互为债务人;二是必须是性质相同的债权,也就是债权的类型是一样的;三是必须是都已到期的债权,一方尚未到履行期的相互对等、性质相同的债权之间不能抵销。

(三)债权因提存而消灭

提存,是指债务人在债务到期后因无法履行债务而将给付标的提交提存部门,消除自己的债务。

债权因提存而消灭要满足以下条件:一是必须是因债权人的原因导致债务人无法履行债务;二是债权交付的标的必须是便于保管的物;三是经过规定的程序。

债务人将标的提存后,与债权人的债权债务关系消灭,原债权人要取得标的,应向提存部门提出,在规定的期限内不领取提存物的,提存部门将提存物上缴国库。

(四)债权因免除而消灭

免除,是指债权人放弃对债务人的债权,双方的债权债务关系消灭。免除是债权人的单方行为,无须债务人同意。

(五)债权因混同而消灭

混同,是指债权人和债务人合而为一,债权债务同归于一人,债权消灭。

(六)债权因其他原因而消灭

法律规定或者当事人约定终止的其他情形,可以导致债权消灭。例如,有些人身特点比较突出的合同,如演出合同,可因艺人一方的死亡而导致债权消灭。另外,合同解除的,该合同的权利义务关系终止。

第六节 知识产权

一、知识产权概述

(一)知识产权的含义

知识产权是权利人对人的创造性智力劳动成果依法享有的专有权利。知识产权的客体是智力成果,因而也称智力成果权。因为智力成果是一种无形财产,所以知识产权是一种无形财产权。知识产权的具体含义包括以下两个方面:

1. 知识产权是基于人的智力成果而产生的权利

一方面,知识产权是人的创造性智力劳动的产物,没有人的创造性智力劳动就不会有智力成果,也就没有知识产权;另一方面,知识产权是针对人的创造性智力劳动成果产生的权利,如果只有创造性智力劳动的过程而没有创造性智力劳动的成果,也就不会产生知识产权。知识产权法保护的是创造性智力劳动的成果,而不是创造性智力劳动的过程。

2. 知识产权是依法产生的权利

一方面,由法律来保护智力成果并不是从来就有的,当智力成果对人类社会发展的意义越来越重要时,国家开始通过制定专门的法律来保护它;另一方面,法律保护的智力成果是有一定范围的,智力成果就是法律认可的创造性智力劳动的成果。

(二)知识产权的特征

知识产权是无形财产权,它与作为有形财产权的物权、债权相比,具有以下特征:

1. 知识产权的专有性

一项智力劳动成果只能享有一项知识产权,一项知识产权除法律另有规定外,只能由权利人或者权利人许可的他人行使;未经法律或者权利人许可行使他人的知识产权,是侵权行为。

2. 知识产权的地域性

知识产权是由国家的知识产权法专门确认的,只在该国法律管辖范围受到法律保护。知识产权要在其他国家获得法律保护,就必须在其他国家申请获得知识产权,也就是要由另一个国家的知识产权法确认其权利,才能获得该国法律保护。

3. 知识产权的时间性

法律对知识产权的保护有一定的期限,在保护期限内,权利人对智力成果享有专有权;超过保护期限,智力成果进入公有领域,公众可以使用,原权利人对它不再享有专有权。

(三)知识产权(智力成果)的范围

知识产权的范围是由专门的知识产权法规定的。中国已经参加了有关知识产权的国际公约,也制定了专门的知识产权法。

1. 世界知识产权组织规定的内容

世界知识产权组织(WIPO)是知识产权领域一个基本的、权威性的国际组织。该组织在签订的《建立世界知识产权组织公约》第二条规定,知识产权的基本范围包括:一是文学、艺术和科学作品的权利;二是与表演艺术家的表演活动、录音制品及广播有关的权利;三是人类在各个领域发明的权利;四是科学发现的权利;五是工业品外观设计的权利;六是商标、服务标记、商号及其他商业标记的权利;七是禁止不正当竞争的权利;八是其他一切来自工业、科学及文学艺术领域因智力活动而产生的权利。中国是世界知识产权组织的成员国,有义务将上述8项内容在国内知识产权法中明确规定并予以保护。

2. 世界贸易组织规定的内容

世界贸易组织(WTO)是国际经济贸易领域一个重要的国际组织。该组织在一份名为《与贸易有关的知识产权协议》的文件中,从贸易保护的角度规定知识产权的范围包括:一是著作权与邻接权;二是商标权;三是地理标记权;四是工业品外观设计权;五是专利权;六是集成电路布图设计权;七是未披露的信息权。中国是世界贸易组织的成员,有义务保护上述内容。

3. 中国法律规定的内容

《民法典》规定,知识产权是权利人依法就下列客体享有的专有权利:一是作品;二是发明、实用新型、外观设计;三是商标;四是地理标志;五是商业秘密;六是集成电路布图设计;七是植物新品种;八是法律规定的其他客体。

《民法典》对知识产权(智力成果)范围的规定采用列举和概括相结合的方式,确定了一个大致的范围。《民法典》没有将知识产权的具体内容编纂收入,从制定的知识产权单行法的内容上看,中国法律对知识产权(智力成果)范围的规定与国际上的规定基本一致。

(四)知识产权的分类及其立法

根据知识产权的客体(智力成果)所处的领域，一般将知识产权分为工业产权和文学艺术产权(著作权)。本书主要介绍工业产权制度。工业产权是商品生产和流通领域内的知识产权，主要包括商标权(商标专用权)和专利权。

《民法典》没有将知识产权的具体内容编纂收入，商标权(商标专用权)、专利权分别由单行的商标法、专利法予以规范。

1. 中国商标法概况

中国的商标法包括法律、行政法规和行政规章等多个立法层次的商标规范。此外，中国加入的有关工业产权(包括商标权)的国际条约也是中国商标法的渊源。

中国的商标法律，是指全国人大常委会制定的《中华人民共和国商标法》(以下称《商标法》)。《商标法》是 1982 年 8 月 23 日第五届全国人大常委会第二十四次会议通过的，自 1983 年 3 月 1 日起施行，1963 年 4 月 10 日国务院公布的《商标管理条例》同时废止。《商标法》施行后经多次修正，现行的是 2019 年 4 月 23 日第十三届全国人大常委会第十次会议第四次修正的《商标法》。

《商标法》是中国商标立法的基本法律，分总则，商标注册的申请，商标注册的审查和核准，注册商标的续展、变更、转让和使用许可，注册商标的无效宣告，商标使用的管理，注册商标专用权的保护和附则，共八章七十三条。限于篇幅，本书对商标权(注册商标专用权)的阐述主要依据《商标法》。

2. 中国专利法概况

中国的专利法包括法律、行政法规和行政规章等多个立法层次的专利规范。此外，中国加入的有关工业产权(包括专利权)的国际条约也是中国专利法的渊源。

中国的专利法律，是指全国人大常委会制定的《中华人民共和国专利法》(以下称《专利法》)。《专利法》是 1984 年 3 月 12 日第六届全国人大常委会第四次会议通过的，自 1985 年 4 月 1 日起施行。《专利法》施行后经多次修正，现行的是 2020 年 10 月 17 日第十三届全国人大常委会第二十二次会议第四次修正的《专利法》。

《专利法》是中国专利立法的基本法律，分总则，授予专利权的条件，专利的申请，专利申请的审查和批准，专利权的期限、终止和无效，专利实施的特别许可，专利权的保护和附则，共八章八十二条。限于篇幅，本书对专利权的阐述主要依据《专利法》。

二、商标权

(一)商标的含义和分类

1. 商标的含义

商标，是指使用在商品(包括有形商品和服务等无形商品)上的、表明提供者生产销售的商品与其他相同或者类似商品有所区别的专用标志。商标是商品的“脸面”，消费者消费商品有“认牌”的心理习惯。所以，在市场经济环境中，商标的使用和保护对于促进经济的有序发展具有重要意义。

2. 商标的分类

(1)从商标的法律效力上说,商标有注册商标和未注册商标之分

《商标法》规定,经商标局核准注册的商标为注册商标,商标注册人享有商标专用权,受法律保护。未注册商标,是指没有经商标局核准注册的商标,它在相当范围内可以使用,但它的使用人不享有商标专用权。

《商标法》在商标注册上采取的是自愿注册和强制注册相结合的做法,没有要求所有使用的商标均应当申请注册。自然人、法人或者其他组织在生产经营活动中,对其商品或者服务需要取得商标专用权的,应当向商标局申请商标注册。法律、行政法规规定必须使用注册商标的商品,必须申请商标注册;未经核准注册的,不得在市场上销售。

(2)从商标的构成上说,商标大致可以分为文字商标、图形商标和组合商标

《商标法》规定,任何能够将自然人、法人或者其他组织的商品与他人的商品区别开的标志,包括文字、图形、字母、数字、三维标志、颜色组合和声音等,以及上述要素的组合,均可以作为商标申请注册。这里的文字是指以语言的书面形式作为商标的构成要素,文字包括各种文字、各种字体的文字以及各种在艺术上有所变化的文字;图形是指在平面上表示出来的物体的形状,可以是具体描绘实际存在的人、物的形状,也可以是虚构的图形,还可以是抽象的图形;字母是指拼音文字或者注音符号的最小书写单位;数字是指表示数目的符号;三维标志是指以具有长、宽、高三种度量的立体物质形态出现的标志,由三维标志或者含有其他标志的三维标志构成的商标被称为立体商标;颜色组合是指两种或者两种以上颜色所组成的一个整体;声音是指声波通过听觉所产生的印象。

(3)从商标的使用对象上说,商标有商品商标和服务商标之分

使用在有形商品上的是商品商标,使用在无形商品(服务)上的是服务商标。

(4)从商标的使用目的上说,商标中有集体商标和证明商标两类特殊商标

集体商标,是指以团体、协会或者其他组织的名义注册,供该组织成员在商事活动中使用,以表明使用者在该组织中的成员资格的标志。证明商标,是指由对某种商品或者服务具有监督能力的组织所控制,而由该组织以外的单位或者个人使用于其商品或者服务,用以证明该商品或者服务的原产地、原料、制造方法、质量或者其他特定品质的标志。

《商标法》规定,注册商标包括商品商标、服务商标、集体商标和证明商标。

(5)驰名商标

驰名商标,是指为相关公众所熟知的商标。驰名商标也称周知商标,是对商标知名度的概括,与不为相关公众所熟知的商标相比,其知名度高、容易被他人非法用于商业目的,所以,法律对驰名商标的保护较之非驰名商标更加有力。《商标法》规定,为相关公众所熟知的商标,持有人认为其权利受到侵害时,可以依法请求驰名商标保护。

对于驰名商标的保护主要体现在对某些注册、使用行为予以禁止:一是就相同或者类似商品申请注册的商标是复制、模仿或者翻译他人未在中国注册的驰名商标,容易导致混淆的,不予注册并禁止使用;二是就不相同或者不相类似商品申请注册的商标是复制、模仿或者翻译他人已经在中国注册的驰名商标,误导公众,致使该驰名商标注册人的利益可能受到损害的,不予注册并禁止使用。另外,《商标法》对驰名商标的认定和使用等也做了规定。

（二）商标权（商标专用权）的含义

商标权在《商标法》中称“商标专用权”，是商标注册人（自然人、法人或者其他组织）对其注册商标享有的专有使用、他人未经许可不得使用的专有权利。

商标权是一系列权利的统称，具体包括以下内容：

1. 独占使用权

独占使用权是商标注册人对其注册商标享有的专有使用的权利。独占使用权是商标权的核心内容，许可使用权和转让权是从独占使用权中派生出来的权利。根据《商标法》，商标的使用是指将商标使用在商品、商品包装或者容器以及商品的交易文书上，或者将商标用于广告宣传、展览以及其他商业活动中，用于识别商品来源的行为。

2. 许可使用权

许可使用权是商标注册人将其注册商标许可他人使用的权利。被许可人取得注册商标的使用权而不是商标权。《商标法》对许可使用权的规定包括：

(1)商标注册人可以通过签订商标许可使用合同，许可他人使用其注册商标。许可人应当监督被许可人使用其注册商标的商品的质量，被许可人应当保证使用该注册商标的商品的质量。

(2)经许可使用他人注册商标的，必须在使用该注册商标的商品上标明被许可人的名称和商品产地。

(3)许可他人使用其注册商标的，许可人应当将其商标使用许可报商标局备案，由商标局公告。商标使用许可未经备案，不得对抗善意第三人。

3. 转让权

转让权是商标注册人将其注册商标转让给他人所有的权利。受让人取得商标权，成为注册商标的继受所有人。《商标法》对转让权的规定包括：

(1)转让注册商标的，转让人和受让人应当签订转让协议并共同向商标局提出申请。受让人应当保证使用该注册商标的商品的质量。

(2)转让注册商标的，商标注册人对其在同一种商品上注册的近似的商标，或者在类似商品上注册的相同或者近似的商标，应当一并转让。对容易导致混淆或者有其他不良影响的转让，商标局不予核准，书面通知申请人并说明理由。

(3)转让注册商标经核准后予以公告，受让人自公告之日起享有商标专用权。

（三）商标权的原始取得

商标权的原始取得，是指商标使用人依照《商标法》的规定，通过商标注册申请，取得商标专用权。相对于商标权的原始取得，受让人受让商标注册人的注册商标而取得商标权称为商标权的继受取得。

《商标法》规定，商标权的原始取得必须经过商标注册的申请、商标注册的审查和核准两个步骤。

1. 商标注册申请人的申请

(1)形式要求

商标注册申请人应当按规定的商品分类表填报使用商标的商品类别和商品名称，提出注册申请。商标注册申请人可以通过一份申请就多个类别的商品申请注册同一个商标。注册商标需要在核定使用范围之外的商品上取得商标专用权的，应当另行提出注册申请。商标需要改变其标志的，应当重新提出注册申请。商标注册申请等有关文件可以以书面方式或者数据电文方式提出。

(2)标志要求

申请注册的商标应当有显著特征，便于识别，并不得与他人先取得的合法权利相冲突。

①下列标志不得作为商标使用：一是同中华人民共和国的国家名称、国旗、国徽、国歌、军旗、军徽、军歌、勋章等相同或者近似的，以及同中央国家机关的名称、标志、所在地特定地点的名称或者标志性建筑物的名称、图形相同的；二是同外国的国家名称、国旗、国徽、军旗等相同或者近似的，但经该国政府同意的除外；三是同政府间国际组织的名称、旗帜、徽记等相同或者近似的，但经该组织同意或者不易误导公众的除外；四是与表明实施控制、予以保证的官方标志、检验印记相同或者近似的，但经授权的除外；五是与“红十字”和“红新月”的名称、标志相同或者近似的；六是带有民族歧视性的；七是带有欺骗性，容易使公众对商品的质量等特点或者产地产生误认的；八是有害社会主义道德风尚或者有其他不良影响的。另外，县级以上行政区划的地名或者公众知晓的外国地名，不得作为商标；但是，地名具有其他含义或者作为集体商标、证明商标组成部分的除外。已经注册的使用地名的商标继续有效。

②下列标志不得作为商标注册：一是仅有本商品的通用名称、图形、型号的；二是仅直接表示商品的质量、主要原料、功能、用途、重量、数量及其他特点的；三是其他缺乏显著特征的。上述经过使用取得显著特征，并便于识别的标志，可以作为商标注册。

③以三维标志申请注册商标的，仅由商品自身的性质产生的形状、为获得技术效果而需有的商品形状或者使商品具有实质性价值的形状，不得注册。

④商标中有商品的地理标志，而该商品并非来源于该标志所标示的地区，误导公众的，不予注册并禁止使用；但是，已经善意取得注册的继续有效。这里的“地理标志”，是指标示某商品来源于某地区，该商品的特定质量、信誉或其他特征主要由该地区的自然因素或者人文因素所决定的标志。

(3)申请日优先权

①国际申请优先权。商标注册申请人自其商标在外国第一次提出商标注册申请之日起六个月内又在中国就相同商品以同一商标提出商标注册申请的，依照该外国同中国签订的协议，或者共同参加的国际条约，或者按照相互承认优先权的原则，可以享有优先权。要求优先权的，应当在提出商标注册申请时提出书面声明，并在三个月内提交第一次提出的商标注册申请文件的副本；未提出书面声明或逾期未提交商标注册申请文件副本的，视为未要求优先权。

②国际展览优先权。商标在中国政府主办或者承认的国际展览会展出的商品上首次使用的，自该商品展出之日起六个月内，该商标的注册申请人可以享有优先权。要求优先权的，应当在提出商标注册申请时提出书面声明，并在三个月内提交展出其商品的展览会名称、在展出商品上使用该商标的证据和展出日期等证明文件；未提出书面声明或逾期未提交证明文件的，视为未要求优先权。

2. 商标局对商标注册申请的审查和核准

(1)审核原则

《商标法》对商标注册申请的审核采取申请在先为主、使用在先为辅的原则：两个或者两个以上商标注册申请人在同一种商品或者类似商品上以相同或者近似商标申请注册的，初步审定并公告申请在先的商标；同一天申请的，初步审定并公告使用在先的商标，驳回其他人的申请，不予公告。另外，申请商标注册不得损害他人现有的在先权利，也不得以不正当手段抢先注册他人已经使用并有一定影响的商标。申请注册的商标凡不符合《商标法》有关规定或者同他人在同一种商品或者类似商品上已经注册的或者初步审定的商标相同或者近似的，由商标局驳回申请，不予公告。

（2）审核程序

《商标法》对商标注册申请的审核采取两次公告的方式：对申请注册的商标，商标局应当自收到商标注册申请文件之日起九个月内审查完毕，符合有关规定的，予以初步审定公告（第一次公告）；自公告之日起三个月内，优先权利人、利害关系人或者任何人都可以依照相应的《商标法》规定提出异议，公告期满无异议的，予以核准注册，发给商标注册证，并予以公告（第二次公告）。

商标成为注册商标后，商标注册人有权标明“注册商标”或者注册标记。

3. 商标注册申请、审查和核准中的权利救济

（1）商标注册申请人的救济权利

对驳回申请、不予公告的商标，商标局应当书面通知商标注册申请人。商标注册申请人不服的，可以自收到通知之日起十五日内向商标评审委员会申请复审；商标评审委员会应当自收到申请之日起九个月内做出决定，并书面通知申请人；有特殊情况需要延长的，经国务院工商行政管理部门批准，可以延长三个月。当事人对商标评审委员会的决定不服的，可以自收到通知之日起三十日内向人民法院起诉。

（2）初步审定公告后异议期异议人和被异议人的救济权利

对初步审定公告的商标提出异议的，商标局应当听取异议人和被异议人陈述事实及理由，经调查核实后，自公告期满之日起十二个月内做出是否准予注册的决定，并书面通知异议人和被异议人；有特殊情况需要延长的，经国务院工商行政管理部门批准，可以延长六个月。

①商标局做出准予注册决定的，发给商标注册证，并予公告。异议人不服的，可以依照《商标法》的相应规定（第四十四条、第四十五条）向商标评审委员会请求宣告该注册商标无效。

②商标局做出不予注册决定，被异议人不服的，可以自收到通知之日起十五日内向商标评审委员会申请复审。商标评审委员会应当自收到申请之日起十二个月内做出复审决定，并书面通知异议人和被异议人；有特殊情况需要延长的，经国务院工商行政管理部门批准，可以延长六个月。被异议人对商标评审委员会的决定不服的，可以自收到通知之日起三十日内向人民法院起诉，人民法院应当通知异议人作为第三人参加诉讼。

（四）商标权的保护

1. 商标权的保护范围

《商标法》规定，注册商标的专用权以核准注册的商标和核定使用的商品为限。

2. 商标权的保护期限

《商标法》规定，注册商标的有效期为十年，自核准注册之日起计算。

注册商标有效期满，需要继续使用的，商标注册人应当在期满前十二个月内按照规定办理续展手续；在此期间未能办理的，可以给予六个月的宽展期。每次续展注册的有效期为十年，自该商标上一届有效期满次日起计算。期满未办理续展手续的，注销其注册商标。商标局应当对续展注册的商标予以公告。

3. 侵犯注册商标专用权的行为

《商标法》规定，有下列行为之一的，属侵犯注册商标专用权：一是未经商标注册人的许可，在同一种商品上使用与其注册商标相同的商标；二是未经商标注册人的许可，在同一种商品上使用与其注册商标近似的商标，或者在类似商品上使用与其注册商标相同或者近似的商标，容易导致混淆；三是销售侵犯注册商标专用权的商品；四是伪造、擅自制造他人注册商标标识或者销售伪造、擅自制造的注册商标标识；五是未经商标注册人同意，更换其注册商标并将该更换商标的商品投入市场；六是故意为侵犯他人商标专用权行为提供便利条件，帮助他人实施侵犯商标专用权的行为；七是给他人的注册商标专用权造成其他损害。

另外，将他人的注册商标、未注册的驰名商标作为企业名称中的字号使用，误导公众，构成不正当竞争行为的，依照《中华人民共和国反不正当竞争法》处理。

4. 对侵犯注册商标专用权行为的处理

因上述侵犯注册商标专用权的行为之一而引起纠纷的，由当事人协商解决；不愿协商或者协商不成的，商标注册人或者利害关系人可以向人民法院起诉，也可以请求工商行政管理部门处理。

(1)行政处罚

工商行政管理部门处理时，认定侵权行为成立的，责令立即停止侵权行为，没收、销毁侵权商品和主要用于制造侵权商品、伪造注册商标标识的工具。违法经营额五万元以上的，可以处违法经营额五倍以下的罚款；没有违法经营额或者违法经营额不足五万元的，可以处二十五万元以下的罚款。对五年内实施两次以上商标侵权行为或者有其他严重情节的，应当从重处罚。销售不知道是侵犯注册商标专用权的商品，能证明该商品是自己合法取得并说明提供者的，由工商行政管理部门责令停止销售。

(2)民事赔偿

对侵犯商标专用权的赔偿数额的争议，当事人可以请求进行处理的工商行政管理部门调解，也可以依照《中华人民共和国民事诉讼法》向人民法院起诉。经工商行政管理部门调解，当事人未达成协议或者调解书生效后不履行的，当事人可以依照《中华人民共和国民事诉讼法》向人民法院起诉。

三、专利权

(一)专利的含义和分类

1. 专利的含义

专利有如下三种意思相近但不完全相同的含义：

第一，专利是指取得了专利权的发明创造。《专利法》所称的发明创造，是指发明、实用新型和外观设计。据此，专利权包括发明专利权、实用新型专利权和外观设计专利权。

第二，专利是指有关专利的文献，如专利申请文件、专利证书等。

第三，专利是指专利权，即专利是专利权的简称。

通常是从第一和第三个意义上理解“专利”一词的。

2. 专利的分类

(1)发明专利

发明,是指对产品、方法或者其改进所提出的新的技术方案。发明是技术上最高端的发明创造,包括产品发明、方法发明和改进发明。发明专利权是审批相对严格,保护期限最长的专利权。

(2)实用新型专利

实用新型,是指对产品的形状、构造或者其结合所提出的适于实用的新的技术方案。实用新型只针对产品,不像发明那样有方法发明。实用新型专利权在审批程序上相对简单,保护期限相对较短。

(3)外观设计专利

外观设计,是指对产品的整体或者局部的形状、图案或者其结合、色彩与形状、图案的结合所作出的富有美感并适于工业应用的新设计。外观设计也是针对产品的,但该产品取得专利权不是因为技术上的原因,而是因为其在外观设计上富有美感并适于工业应用。外观设计专利权不要求技术创新,审批程序上相对简单,保护期限与实用新型专利权一致。

(二)专利权的含义

专利权,是指专利权人对其经国务院专利行政部门授予专利权的发明创造享有的专有实施的权利。专利权是一系列权利的统称,具体包括以下内容:

1. 独占实施权

独占实施权是专利权人独占地实施其专利、非经专利权人或者法律特别许可,他人不得实施其专利的权利。独占实施权是专利权的核心,许可实施权和转让权是从独占实施权中派生出来的权利。根据《专利法》,专利的实施,对于发明和实用新型而言,是指为生产经营目的制造、使用、许诺销售、销售、进口其专利产品,或者使用其专利方法以及使用、许诺销售、销售、进口依照该专利方法直接获得的产品;对于外观设计而言,是指为生产经营目的制造、许诺销售、销售、进口其外观设计专利产品。

2. 许可实施权

许可实施权是专利权人将自己取得了专利权的发明创造许可他人实施的权利。《专利法》规定,任何单位或者个人实施他人专利的,应当与专利权人订立书面实施许可合同,向专利权人支付专利使用费。被许可人无权允许合同规定以外的任何单位或者个人实施该专利。

3. 转让权

转让权是专利权人将自己取得了专利权的发明创造转让给他人所有的权利。《专利法》规定,中国单位或者个人向外国人、外国企业或者外国其他组织转让专利权的,应当依照有关法律、行政法规的规定办理手续;转让专利权的,当事人应当订立书面合同,并向国务院专利行政部门登记,由国务院专利行政部门予以公告。专利权的转让自登记之日起生效。

(三)专利权的原始取得

专利权的原始取得,是指专利申请人依照《专利法》的规定,向国务院专利行政部门申请取得专利权。相对于专利权的原始取得,受让人受让专利权人的专利而取得专利权,称为专利权的继受取得。

《专利法》规定,专利权的原始取得要经过专利的申请、专利申请的审查和批准两个步骤。

1. 专利申请人的专利申请

(1)专利申请人及其专利申请权

专利申请人是根据《专利法》享有专利申请资格的单位或者个人。专利申请人享有专利申请权。根据《专利法》,专利申请人有三种情况:

①职务发明创造的专利申请人。职务发明创造是执行本单位的任务或者主要利用本单位的物质技术条件完成的发明创造。职务发明创造申请专利的权利属于该单位,申请被批准后,该单位为专利权人。利用本单位的物质技术条件所完成的发明创造,单位与发明人或者设计人订有合同,对申请专利的权利归属作出约定的,从其约定。

②非职务发明创造的专利申请人。非职务发明创造的专利申请人是发明人或者设计人,申请被批准后,该发明人或者设计人为专利权人。

③合作完成的发明创造的专利申请人。两个以上单位或者个人合作完成的发明创造、一个单位或者个人接受其他单位或者个人委托完成的发明创造,除另有协议的以外,申请专利的权利属于完成或者共同完成的单位或者个人;申请被批准后,申请的单位或者个人为专利权人。

专利申请人的专利申请权可以转让,转让专利申请权的,同转让专利权一样,应当按照法律、行政法规的规定。

(2)专利申请文件及其要求

①发明和实用新型专利申请文件。申请发明或者实用新型专利的,应当提交请求书、说明书及其摘要和权利要求书等文件。请求书应当写明发明或者实用新型的名称,发明人的姓名,申请人姓名或者名称、地址,以及其他事项。说明书应当对发明或者实用新型作出清楚、完整的说明,以所属技术领域的技术人员能够实现为准;必要时,应当有附图。摘要应当简要说明发明或者实用新型的技术要点。权利要求书应当以说明书为依据,清楚、简要地限定要求专利保护的范围。另外,依赖遗传资源完成的发明创造,申请人应当在专利申请文件中说明该遗传资源的直接来源和原始来源;申请人无法说明原始来源的,应当陈述理由。

②外观设计专利申请文件。申请外观设计专利的,应当提交请求书、该外观设计的图片或者照片以及对该外观设计的简要说明等文件。申请人提交的有关图片或者照片应当清楚地显示要求专利保护的产品的外观设计。

③专利申请文件的内容限制。一件发明或者实用新型专利申请应当限于一项发明或者实用新型,属于一个总的发明构思的两项以上发明或者实用新型可以作为一件申请提出。一件外观设计专利申请应当限于一项外观设计。同一产品两项以上相似的外观设计,或者用于同一类别并且成套出售或者使用的产品的两项以上外观设计,可以作为一件申请提出。

(3)专利申请客体

申请客体,是指能够申请专利权的发明创造。专利申请客体的要求:

①属于《专利法》保护的发明创造,包括发明、实用新型和外观设计。但是,对违反法律、社会公德或者妨害公共利益的发明创造,对违反法律、行政法规的规定获取或者利用遗传资源,并依赖该遗传资源完成的发明创造,不授予专利权。另外,对下列各项,因不属于《专利法》规定的发明创造而不授予专利权:一是科学发现;二是智力活动的规则和方法;三是疾病的诊断和治疗方法;四是动物和植物品种(其生产方法可以依照《专利法》的规定授予专利权);五是原

子核变换方法以及用原子核变换方法获得的物质；六是对平面印刷品的图案、色彩或者两者的结合作出的主要起标识作用的设计。

②授予专利权的发明和实用新型应当具备新颖性、创造性和实用性。新颖性，是指该发明或者实用新型不属于现有技术，也没有任何单位或者个人就同样的发明或者实用新型在申请日前向国务院专利行政部门提出过申请，并记载在申请日以后公布的专利申请文件或者公告的专利文件中。创造性，是指与现有技术相比，该发明具有突出的实质性特点和显著的进步，该实用新型具有实质性特点和进步。实用性，是指该发明或者实用新型能够制造或者使用，并且能够产生积极效果。上述所称的现有技术，是指申请日以前在国内外为公众所知的技术。

③授予专利权的外观设计应当具备新颖性。授予专利权的外观设计应当不属于现有设计，也没有任何单位或者个人就同样的外观设计在申请日以前向国务院专利行政部门提出过申请，并记载在申请日以后公告的专利文件中。授予专利权的外观设计与现有设计或者现有设计特征的组合相比，应当具有明显区别。授予专利权的外观设计不得与他人在申请日以前已经取得的合法权利相冲突。上述所称的现有设计，是指申请日以前在国内外为公众所知的设计。

申请专利的发明创造（包括发明、实用新型和外观设计）在申请日以前六个月内有下列情形之一的，不丧失新颖性：一是在国家出现紧急状态或者非常情况时，为公共利益目的首次公开的；二是在中国政府主办或者承认的国际展览会上首次展出的；三是在规定的学术会议或者技术会议上首次发表的；四是他人未经申请人同意而泄露其内容的。

(4)专利申请日及申请日优先

专利申请日是依照《专利法》确定的专利申请人申请专利的日期。《专利法》规定，国务院专利行政部门收到专利申请文件之日为申请日；如果申请文件是邮寄的，以寄出的邮戳日为申请日。申请日优先是专利申请人在一定期限内就同一发明创造向两个以上国家或者在一个国家两次以上提出专利申请时，对申请日的优先考虑。对专利申请的审查和批准一般采取申请在先原则，所以，专利申请日和申请日优先对于专利申请人具有重要意义。

根据《专利法》，申请日优先包括：

①国际优先权。申请人自发明或者实用新型在外国第一次提出专利申请之日起十二个月内，或者自外观设计在外国第一次提出专利申请之日起六个月内，又在中国就相同主题提出专利申请的，依照该外国同中国签订的协议或者共同参加的国际条约，或者依照相互承认优先权的原则，可以享有优先权。

②国内优先权。申请人自发明或者实用新型在中国第一次提出专利申请之日起十二个月内，或者自外观设计在中国第一次提出专利申请之日起六个月内，又向国务院专利行政部门就相同主题提出专利申请的，可以享有优先权。申请人要求发明、实用新型专利优先权的，应当在申请的时候提出书面声明，并且在第一次提出申请之日起十六个月内提交第一次提出的专利申请文件的副本。申请人要求外观设计专利优先权的，应当在申请的时候提出书面声明，并且在三个月内提交第一次提出的专利申请文件的副本。申请人未提出书面声明或者逾期未提交专利申请文件副本的，视为未要求优先权。

2. 国务院专利行政部门对专利申请的审查和批准

(1)审批原则

《专利法》规定，两个以上申请人分别就同样的发明创造申请专利的，专利权授予最先申请的人。据此,中国专利申请的审查和批准采取申请在先的原则。

(2)审批内容

①发明专利申请的审批内容。对于发明专利申请有实质审查的要求。实质审查是对新颖性、创造性和实用性的审查,也称“三性”审查或专利性审查。发明专利申请自申请之日起三年内,国务院专利行政部门可以根据申请人随时提出的请求,对其申请进行实质审查;申请人无正当理由逾期不请求实质审查的,该申请即被视为撤回;国务院专利行政部门认为必要时,可以自行对发明专利申请进行实质审查。

②实用新型和外观设计专利申请的审批内容。对于实用新型和外观设计专利申请实施初步审查,不进行实质审查(新颖性、创造性和实用性的审查)。

(3)审批程序

①发明专利申请审批程序。国务院专利行政部门收到发明专利申请后,经初步审查认为符合专利法要求的,自申请日起满十八个月即行公布,也可以根据申请人的请求早日公布其申请。发明专利申请经实质审查没有发现驳回理由的,由国务院专利行政部门作出授予发明专利权的决定,发给发明专利证书,同时予以登记和公告。发明专利权自公告之日起生效。

②实用新型、外观设计专利申请审批程序。实用新型和外观设计专利申请经初步审查没有发现驳回理由的,由国务院专利行政部门作出授予实用新型专利权或外观设计专利权的决定,发给相应的专利证书,同时予以登记和公告。实用新型专利权和外观设计专利权自公告之日起生效。

3. 专利申请、审查和批准中的权利救济

根据《专利法》,专利申请人对国务院专利行政部门驳回申请的决定不服的,可以自收到通知之日起三个月内向专利复审委员会请求复审。专利复审委员会复审后作出决定,并通知专利申请人。专利申请人对专利复审委员会的复审决定不服的,可以自收到通知之日起三个月内向人民法院起诉。

(四)专利权的保护

1. 专利权的保护范围

《专利法》规定,发明和实用新型专利权的保护范围以其权利要求的内容为准,说明书及附图可以用于解释权利要求;外观设计专利权的保护范围以表示在图片或者照片中的该产品的外观设计为准,简要说明可以用于解释图片或者照片所表示的该产品的外观设计。

2. 专利权的保护期限

《专利法》规定,发明专利权的保护期限为二十年,实用新型和外观设计专利权的保护期限为十年,自申请日起计算。

自发明专利申请日起满四年且自实质审查请求之日起满三年后授予发明专利权的,国务院专利行政部门应专利权人的请求,就发明专利在授权过程中的不合理延迟给予专利权期限补偿,但由申请人引起的不合理延迟除外。

为补偿新药上市审评审批占用的时间,对在中国获得上市许可的新药相关发明专利,国务院专利行政部门应专利权人的请求给予专利权期限补偿。补偿期限不超过五年,新药批准上市后总有效专利权期限不超过十四年。

3. 侵犯专利权的行为

根据《专利法》，未经专利权人许可，实施其专利，即侵犯其专利权。另外，有下列情形之一的，不视为侵犯专利权：一是专利产品或者依照专利方法直接获得的产品，由专利权人或者经其许可的单位、个人售出后使用、许诺销售、销售、进口该产品；二是在专利申请日前已经制造相同产品、使用相同方法或者已经做好制造、使用的必要准备，并且仅在原有范围内继续制造、使用；三是临时通过中国领陆、领水、领空的外国运输工具依照其所属国同中国签订的协议或者共同参加的国际条约，或者依照互惠原则，为运输工具自身需要而在其装置和设备中使用有关专利；四是专为科学研究和实验而使用有关专利；五是为提供行政审批所需要的信息，制造、使用、进口专利药品或者专利医疗器械，以及专门为其制造、进口专利药品或者专利医疗器械。

4. 对侵犯专利权行为的处理

因侵犯专利权引起纠纷的，由当事人协商解决；不愿协商或者协商不成的，专利权人或者利害关系人可以向人民法院起诉，也可以请求管理专利工作的部门处理。

管理专利工作的部门处理时，认定侵权行为成立的，可以责令侵权人立即停止侵权行为，当事人不服的，可以自收到处理通知之日起十五日内依照《中华人民共和国行政诉讼法》向人民法院起诉；侵权人期满不起诉又不停止侵权行为的，管理专利工作的部门可以申请人民法院强制执行。进行处理的管理专利工作的部门应当事人的请求，可以就侵犯专利权的赔偿数额进行调解；调解不成的，当事人可以依照《中华人民共和国民事诉讼法》向人民法院起诉。

（五）专利实施的特别许可

1. 专利实施特别许可的含义

专利实施特别许可，是指国务院有关主管部门（包括专利行政部门）或者经批准的省级政府，根据《专利法》的特别规定，将专利权人的专利许可他人实施。专利实施特别许可的“特别”之处在于他人的专利实施权并非来源于专利权人一般意义上的许可，而是有行政部门的参与。根据《专利法》，专利实施特别许可包括国有单位发明专利的指定实施、专利权人的开放许可和强制许可。

2. 国有单位发明专利指定许可

《专利法》规定，国有企事业单位的发明专利对国家利益或者公共利益具有重大意义的，国务院有关主管部门和省、自治区、直辖市人民政府报经国务院批准，可以决定在批准的范围内推广应用，允许指定的单位实施，由实施单位按照国家规定向专利权人支付使用费。

国有单位发明专利指定许可的特点是：

第一，许可实施的主体是国务院有关主管部门和报经国务院批准的省、自治区、直辖市人民政府。

第二，许可实施的客体是国有单位对国家利益或者公共利益具有重大意义的发明专利。

第三，许可实施的范围和单位经许可实施主体的批准。

第四，实施单位按照国家规定向专利权人支付使用费。

3. 专利权人开放许可

(1)开放许可的申请和撤回

专利权人自愿以书面方式向国务院专利行政部门声明愿意许可任何单位或者个人实施其专利，并明确许可使用费支付方式、标准的，由国务院专利行政部门予以公告，实行开放许可

(就实用新型、外观设计专利提出开放许可声明的,应当提供专利权评价报告)。专利权人撤回开放许可声明的,应当以书面方式提出,并由国务院专利行政部门予以公告。开放许可声明被公告撤回的,不影响在先给予的开放许可的效力。

(2)被许可人实施意愿表示和实施许可获得

任何单位或者个人有意愿实施开放许可的专利的,以书面方式通知专利权人,并依照公告的许可使用费支付方式、标准支付许可使用费后,即获得专利实施许可。

(3)开放许可的权限

实行开放许可的专利权人可以与被许可人就许可使用费进行协商后给予普通许可,但不得就该专利给予独占或者排他许可。开放许可实施期间,对专利权人缴纳的专利年费相应给予减免。

(4)开放许可的纠纷处理

当事人就实施开放许可发生纠纷的,由当事人协商解决;不愿协商或者协商不成的,可以请求国务院专利行政部门进行调解,也可以向人民法院起诉。

4. 国务院专利行政部门专利实施强制许可

国务院专利行政部门专利实施强制许可的客体一般是发明和实用新型专利。

(1)专利实施强制许可的依据

①根据申请人的申请。有下列情形之一的,国务院专利行政部门根据具备实施条件的单位或者个人的申请,可以给予实施发明专利或者实用新型专利的强制许可:一是专利权人自专利权被授予之日起满三年,且自提出专利申请之日起满四年,无正当理由未实施或者未充分实施其专利的(专利权人不实施);二是专利权人行使专利权的行为被依法认定为垄断行为,为消除或者减少该行为对竞争产生的不利影响的(专利权人构成垄断)。

②国家出现紧急状态,或者非常情况,或者为了公共利益。在国家出现紧急状态或者非常情况时,或者为了公共利益的目的,国务院专利行政部门可以给予实施发明专利或者实用新型专利的强制许可。

③为了公共健康目的而针对药品的专利。为了公共健康目的,对取得专利权的药品,国务院专利行政部门可以给予制造并将其出口到符合中国参加的有关国际条约规定的国家或者地区的强制许可。

④后专利比前专利进步。一项取得专利权的发明或者实用新型比之前已经取得专利权的发明或者实用新型具有显著经济意义的重大技术进步,其实施又有赖于前一发明或者实用新型的实施的,国务院专利行政部门根据后一专利权人的申请,可以给予实施前一发明或者实用新型的强制许可。在依照该规定给予实施强制许可的情形下,国务院专利行政部门根据前一专利权人的申请,也可以给予实施后一发明或者实用新型的强制许可。

(2)专利实施强制许可的规则

①强制许可的范围。强制许可涉及的发明创造为半导体技术的,其实施限于公共利益的目的和消除垄断对竞争的不利影响;除为了消除垄断对竞争的不利影响和公共健康目的而针对药品的专利,强制许可的实施应当主要为了供应国内市场。

②强制许可的举证责任。因前述专利权人不实施、后专利比前专利进步而由申请人申请强制许可的,申请强制许可的单位或者个人应当提供证据,证明其以合理的条件请求专利权人

许可其实施专利，但未能在合理时间内获得许可。

③强制许可的决定和终止。国务院专利行政部门作出的给予实施强制许可的决定应当及时通知专利权人，并予以登记和公告。给予实施强制许可的决定应当根据强制许可的理由规定实施的范围和时间。强制许可的理由消除且不再发生时，国务院专利行政部门应当根据专利权人的请求，经审查后作出终止实施强制许可的决定。

④获得强制许可的单位或个人的权利和义务。取得实施强制许可的单位或者个人不享有独占的实施权，并且无权允许他人实施。取得实施强制许可的单位或者个人应当付给专利权人合理的使用费，或者依照中国参加的有关国际条约的规定处理使用费问题。付给使用费的，其数额由双方协商；双方不能达成协议的，由国务院专利行政部门裁决。

⑤当事人的权利救济。专利权人对国务院专利行政部门关于实施强制许可的决定不服的，专利权人和取得实施强制许可的单位或者个人对国务院专利行政部门关于实施强制许可的使用费的裁决不服的，可以自收到通知之日起三个月内向人民法院起诉。

本章练习

一、名词解释

法律关系　法律事实　法人　营利法人　所有权　按份共有　债权　知识产权　注册商标　职务发明创造

二、单项选择题

1. 经济法的要义是国家对________的适度干预。

A. 市场经济　　B. 国民经济　　C. 商品经济　　D. 自然经济

2. 经济法的调整对象是________的经济关系。

A. 所有

B. 国家在对市场经济进行宏观调控的过程中发生

C. 国家与市场主体发生

D. 市场主体之间发生

3. 法律关系是法律规范在调整社会关系时在当事人之间形成的________关系。

A. 利益　　B. 经济　　C. 权利义务　　D. 物质

4. 行政机关及其职能部门行使国家宏观经济调控职能的权利是________。

A. 民事权利　　B. 财产权利　　C. 人身权利　　D. 行政职权

5. 法律事实是指依法能够引起法律关系发生、变更和消灭的________。

A. 客观情况　　B. 主观要求　　C. 事实构成　　D. 不可抗力

6. 自然人的死亡作为法律事实，属于________。

A. 行为　　B. 自然事件　　C. 社会事件　　D. 意外事件

7. 依照物具有的单独特征来确定、不能相互代替的物，是________。

A. 不动产　　B. 动产　　C. 特定物　　D. 种类物

8. 个体工商户、农村承包经营户作为法律关系主体，属于________。
A. 法人 B. 其他组织 C. 企业 D. 自然人
9. 法人的民事行为能力和民事权利能力是________的。
A. 同时产生、同时消灭 B. 同时产生、先后消灭
C. 先后产生、同时消灭 D. 随意产生、随意消灭
10. 当物权的归属不明时，利害关系人可以________。
A. 请求返还原物 B. 请求确认权利 C. 请求恢复原状 D. 请求赔偿损失
11. 所有权是________。
A. 无形财产权 B. 他物权 C. 唯一的自物权 D. 担保物权
12. 矿藏、水流、海域________。
A. 可以由集体所有 B. 可以由私人所有
C. 可以由国家所有 D. 属于国家所有即全民所有
13. 相邻关系是指相互毗邻的________之间发生的物权关系。
A. 不动产所有人 B. 动产所有人 C. 物权人 D. 债权人
14. 在对外关系上，共有人________，但法律另有规定或第三人知道共有人不具有连带债权债务关系的除外。
A. 享有按份债权、承担按份债务 B. 享有连带债权、承担连带债务
C. 享有连带债权、承担按份债务 D. 享有按份债权、承担连带债务
15. 债权是________。
A. 支配权 B. 排他权 C. 请求权 D. 救济权
16. 不当得利所生之债和侵权损害之债属于________。
A. 连带之债 B. 按份之债 C. 合同之债 D. 法定之债
17.《商标法》保护的是________。
A. 注册商标 B. 正在使用的商标 C. 商品商标 D. 服务商标
18. 商标局对申请注册的商标，凡符合有关规定的予以初步审定并公告，自公告之日起________内任何人都可以提出异议。
A. 一个月 B. 三个月 C. 六个月 D. 九个月
19. 执行本单位的任务或者主要利用本单位的物质技术条件完成的发明创造，是________。
A. 非职务发明创造 B. 合作发明创造
C. 职务发明创造 D. 其他发明创造
20. 外观设计申请专利权，必须具有________。
A. 创造性 B. 实用性 C. 独立性 D. 新颖性

三、多项选择题

1. 经济法律关系的构成要素包括________。
A. 主体 B. 客体 C. 内容 D. 法律事实
2. 经济法律关系的客体包括________。

A. 物　　B. 行为　　C. 智力成果　　D. 事件

3. 始于成立，终于消灭的是________。

A. 法人的民事权利能力　　B. 法人的民事行为能力

C. 法人的住所　　D. 法人的名称

4. 法人不具有的民事权利能力是________。

A. 订立合同　　B. 婚姻　　C. 收养　　D. 取得荣誉

5. 人民大会堂这一建筑物在法律上是________。

A. 不动产　　B. 特定物　　C. 不可分物　　D. 国家财产

6. 下列关于所有权的描述中，正确的有________。

A. 所有权是物权　　B. 所有权是自物权

C. 所有权包括占有、使用、收益和处分　　D. 所有权是无形财产权

7. 用益物权包括________。

A. 土地承包经营权　　B. 建设用地使用权

C. 宅基地使用权　　D. 地役权

8. 担保物权有________。

A. 保证权　　B. 抵押权　　C. 质权　　D. 留置权

9. 私人对________等不动产和动产享有所有权。

A. 其合法的收入　　B. 矿藏、水流、海域

C. 无线电频谱资源　　D. 生产工具、原材料

10. 建造建筑物不得违反国家有关工程建设的标准，不得妨碍相邻建筑物的________。

A. 通风　　B. 采光　　C. 通信　　D. 日照

11. 形成法律规定的债权债务关系的法律事实有________。

A. 订立合同　　B. 获得不当利益

C. 发生无因管理　　D. 发生侵权行为

12. 导致债权债务关系消灭的法律事实有________。

A. 履行　　B. 抵销　　C. 提存　　D. 免除

13. 工业产权一般包括________。

A. 商标权　　B. 专利权　　C. 著作权　　D. 软件著作权

14. 知识产权的法律特征是________。

A. 创造性　　B. 专有性　　C. 地域性　　D. 时间性

15. 注册商标包括________。

A. 商品商标　　B. 服务商标　　C. 集体商标　　D. 证明商标

16. 不得作为商标使用的标志有________。

A. 人民大会堂图形　　B."羊"牌毛毯

C."上海"牌手机　　D. 缺乏显著特征的标志

17. 不授予专利权的项目有________。

A. 新的科学发现　　B. 新的动物品种

C. 杂交水稻的培育方法　　D. 新的药品

18. 专利审批部门对于发明专利的申请,需要进行________审查。

A. 新颖性　B. 创造性　C. 实用性　D. 合法性

19. 专利权是一系列权利的统称,具体包括________。

A. 独占实施权　B. 许可实施权　C. 转让权　D. 申请强制许可权

20. 专利实施强制许可的对象可以是________。

A. 发明专利　B. 实用新型专利

C. 外观设计专利　D. 保护期内的专利

四、判断题

1. 经济法是调整一切经济关系的法律规范的总称。（　）
2. 行为既是法律关系的客体,也可以是法律事实的一种。（　）
3. 市场主体的民事权利和行政机关职能部门的行政职权都是可以放弃的。（　）
4. 所有客观存在的情况都是法律事实。（　）
5. 法律关系的发生、变更和消灭只能由一个法律事实引起。（　）
6. 自然人的民事权利能力和民事行为能力是同时产生、同时终止的。（　）
7. 自然人以户籍所在地的居所为住所,经常居住地与住所不一致的,以经常居住地为住所。（　）
8. 组成法人的成员只能是自然人。（　）
9. 法人是组织体,所以法人没有与人身不可分离的民事权利能力。（　）
10. 法人企业和企业法人是同义的,企业应当具有法人资格,所以企业就是企业法人。（　）
11. 所有权是唯一的自物权。（　）
12. 用益物权和担保物权是他物权。（　）
13. 不合法的占有都是恶意的。（　）
14.《民法典》规定,除法律另有规定或合同另有约定外,财产(物)的交付时间就是所有权的转移时间。（　）
15. 共有财产的处分和重大修缮应按多数共有人的意见决定。（　）
16. 当事人对共有财产约定不得分割的,在任何情况下都不得分割。（　）
17. 债权是支配权,也是一种法律关系。（　）
18. 债权是当事人之间特定的权利义务关系。（　）
19. 根据债权关系当事人的人数,债权可以有合同之债和法定之债之分。（　）
20. 根据多数之债当事人之间的权利义务关系,债权有按份之债和连带之债之分。（　）
21. 无因管理是指没有法定或约定义务,为了避免自己的利益受损而替他人管理或服务。（　）
22. 知识产权是无形财产权,具有不同于有形财产权的特征。（　）
23. 中国还不是世界知识产权组织的成员国,不需要按照其要求保护知识产权。（　）
24. 软件著作权属于工业产权保护的范围。（　）
25. 中国的商标是有形商品上使用的专用标志。（　）

26. 商品使用的商标未经核准注册的，不得在市场上销售，也不受法律保护。 （ ）

27. 中国的商标可以是平面的颜色组合，也可以是立体的三维标志。 （ ）

28.《商标法》规定，集体商标和证明商标不能申请注册。 （ ）

29. 当事人只能通过商标注册才能取得商标权。 （ ）

30. 被许可人和受让人都应当保证使用被许可使用、被转让的注册商标的商品的质量。 （ ）

31. 只有销售明知是侵犯注册商标专用权的商品的，才属于商标侵权行为。 （ ）

32. 出现侵犯注册商标专用权行为之一而引起纠纷的，由当事人协商解决；不愿协商或者协商不成的，商标注册人或者利害关系人可以向人民法院起诉，也可以请求工商行政管理部门处理。 （ ）

33. 发明创造包括发明、实用新型和外观设计。其中，外观设计不是新的技术方案，而只是一种新的设计。 （ ）

34. 发明专利申请自申请日起一年内，国务院专利行政部门可以根据申请人随时提出的请求，对其申请进行实质审查。 （ ）

35. 发明、实用新型和外观设计专利权自公告之日起生效。 （ ）

36. 发明专利权的保护期限为二十年，实用新型和外观设计专利权的保护期限为十年，都自公告之日起计算。 （ ）

37. 中国的商标权和专利权的保护期限都是自申请之日起计算的。 （ ）

38. 中国的对专利侵权行为的制裁与对商标侵权行为的制裁一样，都采取执法和司法双轨制。 （ ）

39. 专利权人对于专利侵权行为，可以向人民法院起诉，也可以请求管理专利工作的部门处理。 （ ）

40. 取得实施强制许可的单位和个人不需要付给专利权人合理的使用费。 （ ）

五、简答题

1. 简述经济法的调整对象。
2. 简述经济法律关系的构成要素。
3. 简述法人的成立条件。
4. 简述法人民事权利能力和民事行为能力的特点。
5. 简述物权的定义和特征。
6. 简述物权的分类。
7. 简述所有权的含义和内容。
8. 简述债权的含义。
9. 简述知识产权的含义。
10. 简述商标侵权行为。

六、综合分析题

1. 市民甲购买健康保险后在保险期内不幸受到属于保险范围的意外伤害,甲要求保险公司按照保险合同理赔,保险公司同意给予理赔。

问:该保险理赔关系由哪几个法律事实引起?分别属于何种法律事实?

2. 年满十七周岁的甲在一家加工企业工作,每月有3 800元固定收入。甲购买的福利彩票中了二等奖,去兑奖时,兑奖处工作人员说甲不满十八周岁,是未成年人,不具有完全民事行为能力,所以要求甲的监护人前去领奖。

问:兑奖处工作人员的说法有法律依据吗?

3. 某公司向社会吸收连锁加盟,客户甲与该公司某连锁店发生纠纷,找到公司进行交涉,该公司表示,客户甲是与连锁店发生的纠纷,应该直接与连锁店交涉,与公司无关。

问:该公司的这种说法合法吗?

4. 甲、乙、丙三人共同出资购买一台农用拖拉机,承包农田翻耕、收割业务,事前言明按照各自三分之一的比例分担费用、分享收益。一年后,甲要到外地亲戚处合伙做服装生意,准备将自己的份额作价人民币2 500元转让给丁,乙、丙知道后希望甲将其份额以2 000元卖给他们,甲与乙、丙发生纠纷。

问:

(1)甲、乙、丙之间存在哪种法律关系?

(2)甲、乙、丙之间的纠纷应该按照怎样的法律规定处理?

5. 甲企业将"飞跃"商标用在自己生产的儿童书包上并获准注册,后来又将其用在自己生产的儿童服装上,但未申请注册。两年后,甲企业发现乙企业在其生产的儿童书包上使用的"飞腾"商标与自己的"飞跃"商标近似,并正准备申请注册,就向人民法院提起诉讼,要求人民法院制裁乙企业的侵权行为。

问:乙企业的行为是否构成对甲企业商标权的侵犯?

6. 日本公民甲于2018年8月18日就一种新型灌溉机在本国申请实用新型专利,同年9月30日,法国公民乙以同样的主题在本国申请实用新型专利。次年,甲于8月20日就同样的主题在中国申请实用新型专利,乙于8月28日就同样的主题在中国申请实用新型专利,中国公民丙也以同样的主题于6月20日在本国申请实用新型专利。假设甲、乙、丙所在国相互承认优先权,三项专利申请都符合中国专利法授予专利权的条件。

问:中国专利审批机关应将专利权授予谁?为什么?

第二章

个人独资企业与合伙企业法律制度

第一节　企业与企业法概述

一、企业概述

（一）企业的含义、特征和分类

1. 企业的含义

企业，是指以营利为目的，从事商品生产或者服务，独立核算的经营实体。从经济法的角度，企业是一种市场主体，可以成为经济法律关系的主体。

2. 企业的特征

(1)企业是经营实体

经营实体，是指通过营业获取利润，通常独立于其成员的经营体。经营实体与行政机关及其职能部门、事业单位和社会团体在设立目的（宗旨）、活动方式、作为经济法律关系主体所具有的民事权利能力等方面有本质不同。

(2)企业以营利为目的

企业经营旨在获取利润，并将所获利润分配给投资人。经营管理不是企业的目的，只是企业达到营利目的的手段。

(3)企业一般实行独立核算

企业一般依法独立设置账簿、编制财务会计报告、计算盈亏，其财产不与投资人的财产混淆。企业作为市场主体，应当实行独立核算，但是，由于个人独资企业与企业投资人（设立人）身份的合一性，因此个人独资企业不强调独立核算。

(4)企业必须依法设立

企业必须按照法律规定的设立条件和设立程序设立。企业依法设立是国家对市场经济进行宏观调控的需要，也是法律保护企业合法权益的需要。

3. 企业的分类

(1)根据投资人的人数及其承担民事责任的限度，企业分为个人独资企业、合伙企业和公司

个人独资企业是由一个自然人出资设立，投资人对企业债务承担无限责任的企业。合伙企业是由两个以上自然人、法人或者其他组织出资设立，投资人对企业债务承担无限（连带）责任或者有限责任的企业。公司是由自然人或者法人投资设立，投资人对企业债务承担有限责

任或者股份有限责任的企业。

(2)根据财产的所有制性质,企业分为国有企业、集体企业、私有企业和混合所有制企业

国有企业也称全民所有制企业,是公有制企业中国家所有或称全民所有的企业,企业财产属于全民所有,通常是指根据《中华人民共和国全民所有制工业企业法》设立的企业。集体企业是公有制企业中集体所有的企业,企业财产属于集体单位所有,根据《中华人民共和国城镇集体所有制企业条例》和《中华人民共和国乡村集体所有制企业条例》设立。私有企业是自然人私人所有的企业,如个人独资企业、自然人作为合伙人的合伙企业和自然人作为股东的公司。混合所有制企业是各种所有制混合的企业,是不同所有制主体共有的企业。

(3)根据投资人的国籍,企业分为内资企业和外商投资企业

内资企业是由中国国籍的投资人设立的企业。根据《中华人民共和国外商投资法》,外商投资企业是指全部或者部分由外国投资者投资,依照中国法律在中国境内经登记注册设立的企业。这里的"投资人"与《民法典》营利法人规定中的"出资人"应该是同义的。

(4)根据法律地位,企业分为法人企业和非法人企业

法人企业,是指具有营利法人资格(地位)的企业。根据《民法典》,营利法人包括有限责任公司、股份有限公司和其他企业法人等。非法人企业,是指不具有法人资格(地位)的企业,如个人独资企业、合伙企业等。

(5)根据信用基础,企业分为人合性企业、资合性企业和人资兼合性企业

人合性企业的信用基础是投资人的个人信用,如自然人作为合伙人的普通合伙企业,投资人个人对债务承担无限连带责任,投资人之间的关系比较紧密,外人不易加入。资合性企业的信用基础是由投资人出资构成的企业资本,如股份有限公司。人资兼合性企业的信用基础既依靠投资人的个人信用,也依靠投资人出资构成的企业资本,如有限责任公司。

(二)企业的基本原则

1. 企业形式法定

企业形式法定,是指企业的组织形式由法律明确规定,投资人设立企业应当在企业登记部门登记注册,具体含义包括:

第一,企业组织形式法定。法律对企业采取的组织形式明确规定,投资人只能在规定的企业组织形式中选择企业形式,禁止创设企业形式。根据中国目前的企业立法,可供投资人选择的企业组织形式主要有公司、合伙企业和个人独资企业等。

第二,企业主体实质法定。法律对各种组织形式的企业的内外关系的原则明确规定,禁止随意变更。

第三,企业设立、变更和终止公示。法律规定企业的设立、变更和终止应当公开,让公众知晓。企业公示与企业登记注册制度关系密切,企业在登记部门登记的事项一般应当让公众知晓;登记的事项发生变更的,应当办理变更登记。

2. 企业交易公平、安全

企业交易公平、安全,是指法律对作为市场主体的各类企业在市场交易中的公平、安全提出基本要求、给予基本保障,具体含义包括:

第一,平等、诚信交易。法律规定企业在交易中法律地位平等,并且彼此诚信对待。

第二,合法、快捷、确定交易。法律规定企业应当以合法交易达到营利目的,应当以快捷有

效的交易方式、确定无误的交易内容进行市场交易。

二、企业法概述

（一）企业法的含义和地位

1. 企业法的含义

企业法是调整企业在组织和活动过程中发生的经济关系的法律规范的总称。企业法既是组织法，也是活动法。企业法规定企业的设立条件和设立程序，以及企业设立后的法律地位，具有组织法的特点；同时，企业法规定企业的权利义务，明确企业的行为准则，体现了活动法的特点。所以，企业法是企业组织和活动的基本准则的法律形式。

2. 企业法在市场经济中的地位

企业法是市场经济法律体系中重要的法律分支。首先，企业法明确了企业的法律地位，使企业具有相应的民事权利能力和民事行为能力，能够在市场经济背景下从事必要的法律行为。其次，企业法明确了投资人对企业的债务责任，使投资人能够预先判断投资行为的后果和价值，理性做出投资决策。最后，企业法明确了企业在市场经济活动中的法律责任，使企业成为对自己的行为承担法律后果的责任主体。

（二）中国企业立法

1. 中国企业立法思路的演变

随着市场经济体制的建立和完善，中国从财产所有制的角度对各类企业进行立法，向国际通行的按照投资人的人数及其承担民事责任的限度的角度进行立法演变。

2. 中国主要的企业立法

(1)从财产所有制角度的企业立法

中国制定施行了《中华人民共和国全民所有制工业企业法》《中华人民共和国城镇集体所有制企业条例》《中华人民共和国乡村集体所有制企业条例》《中华人民共和国乡镇企业法》和《中华人民共和国私营企业暂行条例》等。

(2)从投资人人数及其承担民事责任限度角度的企业立法

中国制定施行了《中华人民共和国公司法》《中华人民共和国合伙企业法》和《中华人民共和国个人独资企业法》等。

3. 关于外商投资企业的立法

为了吸引和保护外商在中国大陆投资企业，中国曾经先后制定实施了《中华人民共和国中外合资经营企业法》《中华人民共和国外资企业法》和《中华人民共和国中外合作经营企业法》等外商投资企业法。据此设立的中外合资经营企业、外资企业和中外合作经营企业（“三资企业”），是中国的外商投资企业。

2019 年 3 月 15 日，第十三届全国人民代表大会第二次会议通过《中华人民共和国外商投资法》（以下称《外商投资法》），自 2020 年 1 月 1 日起施行，《中华人民共和国中外合资经营企业法》《中华人民共和国外资企业法》和《中华人民共和国中外合作经营企业法》同时废止。《外商投资法》不是原来“三资企业”立法的简单归并，而是为了进一步扩大对外开放，积极促进外商投资（包括直接投资和间接投资），保护外商投资合法权益，规范外商投资管理，推动形成全面开放新格局，促进社会主义市场经济健康发展的一部外商投资基本政策法。《外商投资法》

对外商投资的准入制度、投资促进、投资保护、投资管理和法律责任等做出规定，其中关于外商投资企业的规定主要有：

(1)外商投资企业的概念及现有外商投资企业的过度或者保留

外商投资企业，是指全部或者部分由外国投资者投资，依照中国法律在中国境内经登记注册设立的企业。《外商投资法》施行前依照《中华人民共和国中外合资经营企业法》《中华人民共和国外资企业法》和《中华人民共和国中外合作经营企业法》设立的外商投资企业(简称现有外商投资企业)在《外商投资法》施行后五年内可以依照《中华人民共和国公司法》和《中华人民共和国合伙企业法》等法律的规定调整其组织形式、组织机构等，并依法办理变更登记，也可以保留原企业组织形式。

现有外商投资企业是根据“三资企业”立法设立的，其组织形式和组织机构等与《中华人民共和国公司法》和《中华人民共和国合伙企业法》的规定存在诸多差异：现有外商投资企业的组织形式是有限责任公司和合伙企业，没有股份有限公司形式。现有外商投资企业中采取有限责任公司形式的，组织机构中不设股东会，董事会是权力机构；采取合伙企业形式的，设联合管理委员会或者其他机构负责经营管理。

(2)明确外商投资和外商投资企业的保护

在中国境内的外商投资适用《外商投资法》。《外商投资法》所称外商投资，是指外国的自然人、企业或者其他组织(简称外国投资者)直接或者间接在中国境内进行的投资活动，包括下列情形：一是外国投资者单独或者与其他投资者共同在中国境内设立外商投资企业；二是外国投资者取得中国境内企业的股份、股权、财产份额或者其他类似权益；三是外国投资者单独或者与其他投资者共同在中国境内投资新建项目；四是法律、行政法规或者国务院规定的其他方式的投资。据此，《外商投资法》既保护外商投资企业，也保护外国投资者在中国境内的其他形式的投资。

(3)明确外商投资企业的组织和活动规范

外商投资企业的组织形式、组织机构及其活动准则适用《中华人民共和国公司法》和《中华人民共和国合伙企业法》等法律的规定。外商投资企业开展生产经营活动，应当遵守法律、行政法规有关劳动保护、社会保险的规定，依照法律、行政法规和国家有关规定办理税收、会计、外汇等事宜，并接受相关主管部门依法实施的监督检查。据此，外商投资企业和内资企业在组织形式和活动规范方面适用和遵守同样的法律。

4. 关于企业登记管理的立法

《中华人民共和国个体工商户条例》《中华人民共和国个人独资企业法》《中华人民共和国合伙企业法》和《中华人民共和国公司法》等都有市场主体(企业)登记的规定。此外，国务院先后制定并施行了《中华人民共和国公司登记管理条例》《中华人民共和国企业法人登记管理条例》《中华人民共和国合伙企业登记管理办法》《农民专业合作社登记管理条例》和《企业法人法定代表人登记管理规定》等。这些规定分散在多部法律、行政法规中，规定也不一致。

为了规范市场主体的登记管理行为，推进法治化市场建设，维护良好市场秩序和市场主体合法权益，优化营商环境，2021 年 4 月 14 日国务院常务会议通过《中华人民共和国市场主体登记管理条例》(以下称《市场主体登记管理条例》)，自 2022 年 3 月 1 日起施行(《中华人民共和国公司登记管理条例》《中华人民共和国企业法人登记管理条例》《中华人民共和国合伙企业登记管理办法》《农民专业合作社登记管理条例》和《企业法人法定代表人登记管理规定》同时废止）。

(1)适用范围

《市场主体登记管理条例》所称的市场主体，是指在中国境内以营利为目的从事经营活动的下列自然人、法人及非法人组织：一是公司、非公司企业法人及其分支机构；二是个人独资企业、合伙企业及其分支机构；三是农民专业合作社(联合社)及其分支机构；四是个体工商户；五是外国公司分支机构；六是法律、行政法规规定的其他市场主体。市场主体应当依照《市场主体登记管理条例》办理登记；未经登记，不得以市场主体名义从事经营活动，法律、行政法规规定无须办理登记的除外。市场主体登记包括设立登记、变更登记和注销登记。

(2)登记机关及登记、备案事项

国务院市场监督管理部门主管全国市场主体登记管理工作。县级以上地方人民政府市场监督管理部门主管本辖区市场主体登记管理工作，加强统筹指导和监督管理。

①登记事项。市场主体的一般登记事项包括：一是名称；二是主体类型；三是经营范围；四是住所或者主要经营场所；五是注册资本或者出资额；六是法定代表人、执行事务合伙人或者负责人姓名。除上述规定外，还应当根据市场主体类型登记下列事项：一是有限责任公司股东、股份有限公司发起人、非公司企业法人出资人的姓名或者名称；二是个人独资企业的投资人姓名及居所；三是合伙企业的合伙人名称或者姓名、住所、承担责任方式；四是个体工商户的经营者姓名、住所、经营场所；五是法律、行政法规规定的其他事项。

②备案事项。市场主体的下列事项应当向登记机关办理备案：一是章程或者合伙协议；二是经营期限或者合伙期限；三是有限责任公司股东或者股份有限公司发起人认缴的出资数额，合伙企业合伙人认缴或者实际缴付的出资数额、缴付期限和出资方式；四是公司董事、监事和高级管理人员；五是农民专业合作社(联合社)成员；六是参加经营的个体工商户家庭成员姓名；七是市场主体登记联络员、外商投资企业法律文件送达接受人；八是公司、合伙企业等市场主体受益所有人相关信息；九是法律、行政法规规定的其他事项。

(3)登记规范

①登记材料。申请办理市场主体登记，应当提交下列材料：一是申请书；二是申请人资格文件、自然人身份证明；三是住所或者主要经营场所相关文件；四是公司、非公司企业法人、农民专业合作社(联合社)章程或者合伙企业合伙协议；五是法律、行政法规和国务院市场监督管理部门规定提交的其他材料。申请材料不齐全或者不符合法定形式的，登记机关应当一次性告知申请人需要补正的材料。

②办理期限。登记机关应当对申请材料进行形式审查。对申请材料齐全、符合法定形式的予以确认并当场登记；不能当场登记的，应当在三个工作日内予以登记；情形复杂的，经登记机关负责人批准，可以延长三个工作日。登记申请不符合法律、行政法规的规定，或者可能危害国家安全、社会公共利益的，登记机关不予登记并说明理由。

申请人申请市场主体设立登记，登记机关依法予以登记的，签发营业执照。营业执照签发日期为市场主体的成立日期。法律、行政法规或者国务院决定规定设立市场主体须经批准的，应当在批准文件的有效期内向登记机关申请登记。

第二节 个人独资企业法律制度

一、个人独资企业概述

(一)个人独资企业的含义和特征

1. 个人独资企业的含义

个人独资企业,是指依照《中华人民共和国个人独资企业法》(以下称《个人独资企业法》)在中国境内设立的,由一个自然人投资,财产为投资人个人所有,投资人以其个人财产对企业债务承担无限责任的经营实体。

2. 个人独资企业的特征

个人独资企业的特征,是指个人独资企业不同于其他企业组织形式的特性,具体包括:

(1)个人独资企业投资主体的单一性

个人独资企业由一个自然人投资设立。投资人的人数为一人,而且投资人是自然人。

(2)个人独资企业的企业资格与投资人个人主体资格的合一性

个人独资企业由一个自然人投资设立,企业资格与投资人的个人主体资格没有严格区分,进行交易活动时,企业行为就是投资人的个人行为,企业的法律责任就是投资人的法律责任。

(3)个人独资企业投资人承担民事责任的无限性

个人独资企业的投资人对个人独资企业的债务应当承担无限责任,当个人独资企业负担债务时,投资人应当将其全部个人财产用于清偿债务,而不是只将其在个人独资企业中的出资用于清偿债务。

(二)《个人独资企业法》概况

1999 年 8 月 30 日,第九届全国人大常委会第十一次会议通过《个人独资企业法》,自 2000 年 1 月 1 日起施行。该法有总则、个人独资企业的设立、个人独资企业的投资人及事务管理、个人独资企业的解散和清算、法律责任和附则,共六章四十八条。外商独资企业不适用《个人独资企业法》。

二、个人独资企业的设立

(一)个人独资企业的设立条件

1. 投资人为一个自然人

个人独资企业的投资人必须对企业债务承担无限责任。法人是承担有限责任的经济法律关系的主体,所以,个人独资企业的投资人是一个自然人。

2. 有合法的企业名称

个人独资企业的名称不能有与其责任形式、企业组织形式不符的字样,如“有限”“有限责任”或“公司”等。个人独资企业的商号(字号)不能使用法律禁止的文字。

3. 有投资人申报的出资

资本是个人独资企业经营的物质基础,个人独资企业的投资人必须在申请设立企业时申报出资。出资的方式可以是现金,也可以是非现金,如实物、知识产权和其他财产权等。

4. 有固定的生产经营场所和必要的生产经营条件

个人独资企业从事生产经营必须有固定的场所和必要的条件。企业登记部门在核发营业执照时，要查证这些条件。

5. 有必要的从业人员

有一定人数的从业人员是个人独资企业与个体工商户的主要区别。从业人员是个人独资企业雇用的劳动者，不包括个人独资企业的投资人。

（二）个人独资企业的设立程序

1. 提出申请

个人独资企业的投资人或者投资人委托的代理人向个人独资企业所在地的企业登记部门提交设立申请书、投资人身份证明、生产经营场所使用证明等文件。如果个人独资企业从事法律规定须报有关部门审批的业务，在申请设立登记时就应当提交有关部门的批准文件。

设立申请书应当载明下列事项：一是企业的名称和住所；二是投资人的姓名和居所；三是投资人的出资额和出资方式；四是经营范围。

2. 工商登记

企业登记部门应当自收到设立申请文件之日起十五日内对设立申请作出是否予以登记的决定。对符合法律规定条件的，予以登记，发给营业执照；对不符合法律规定条件的，不予登记，但应给予书面答复并说明理由。个人独资企业营业执照的签发日期为个人独资企业的成立日期。在领取营业执照前，投资人不得以个人独资企业的名义从事经营活动。另外，个人独资企业设立分支机构或者对登记事项进行变更的，也必须到原登记部门办理登记手续。

三、个人独资企业的投资人及事务管理

（一）个人独资企业的投资人

1. 投资人的条件

个人独资企业的投资人是一个自然人，但不是所有自然人都可以成为个人独资企业的投资人：

第一，不具有完全民事行为能力的自然人不能作为个人独资企业的投资人。

第二，法律禁止从事营利性活动的自然人不得作为个人独资企业的投资人。国家公务员以及商业银行工作人员等不得作为投资人申请设立个人独资企业。

2. 投资人的权利

第一，投资人对企业财产享有所有权。

第二，投资人可以自己管理企业事务，也可以委托或者聘用具有民事行为能力的人负责企业的事务管理。

3. 投资人的责任（义务）

第一，投资人必须遵守法律，诚实守信，依法纳税，不得损害社会公共利益。

第二，投资人对企业债务承担无限责任。个人独资企业的财产不足以清偿债务的，投资人应当以其个人的其他财产予以清偿；投资人在申请企业设立登记时明确以家庭共有财产作为个人出资的，依法应当以家庭共有财产对企业债务承担无限责任。

(二)个人独资企业的事务管理

1. 投资人自行管理企业事务

个人独资企业的投资人对企业财产享有所有权,有权自行管理企业事务。投资人可以自己决策、执行企业的各项事务。

2. 投资人委托或者聘用他人管理企业事务

(1)个人独资企业的投资人有权委托或者聘用他人管理企业事务

个人独资企业的投资人委托或者聘用他人管理企业事务的,应当与受托人或者被聘用人签订书面合同,明确委托的具体内容和权利范围;投资人对受托人或者被聘用人的职权限制不得对抗善意第三人。所谓“善意第三人”,是指与企业以正常市场规则进行交易,对企业内部的权利限制或者分工不知情,也没有义务知道的人。

(2)受托人或者被聘用人的义务

受托人或者被聘用人应当履行诚信、勤勉义务,按照书面合同的约定负责个人独资企业的事务管理。

受托人或者被聘用人不得有以下行为:一是利用职务便利,索取或者收受贿赂;二是利用职务或者工作上的便利,侵占企业财产;三是挪用企业的资金归个人使用或者借贷给他人;四是擅自将企业资金以个人名义或者以他人名义开立账户储存;五是擅自以企业财产提供担保;六是未经投资人同意,从事与本企业相竞争的业务(竞业);七是未经投资人同意,与本企业订立合同或者进行交易(自己交易);八是未经投资人同意,擅自将企业商标或者其他知识产权转让给他人使用;九是泄露本企业的商业秘密;十是其他法律禁止的行为。

四、个人独资企业的解散、清算和终止

(一)个人独资企业的解散

1. 企业解散的含义

企业解散,是指根据法律规定的原因,企业宣布不再从事经营活动、开始财产清算的行为,具体含义包括:

第一,企业解散是企业停止经营活动而不是企业终止。企业宣布解散后,企业的经营活动应当停止,但企业并没有终止,此时的企业称为“解散企业”。

第二,企业解散的直接后果是企业进入清算程序。企业宣布解散后必须对企业财产进行清算,在财产清算结束后,企业办理注销手续,消灭企业资格。

2. 个人独资企业解散的原因

个人独资企业解散的原因包括:一是投资人决定解散;二是投资人死亡或者宣告死亡,无继承人或者继承人决定放弃继承;三是被依法吊销营业执照;四是法律、行政法规规定的其他情形。

(二)个人独资企业的清算

1. 企业清算的含义

企业清算,是指对解散企业的财产关系进行清理,最终消灭企业资格的行为,具体含义包括:

第一,企业清算是对企业财产关系的清理。企业财产关系清理的主要目的是在明确企业债权债务关系的基础上,收取债权、清偿债务、清理企业的一切财产关系。

第二，企业清算的直接后果是企业终止。在清算期间，企业不得进行与清算无关的经营活动。清算结束后，清算人应当办理企业注销登记手续，企业终止。

2. 个人独资企业的清算

(1)清算方式及债权申报

个人独资企业解散的，由投资人自行清算或者由债权人申请人民法院指定清算人进行清算。

①自行清算及其债权申报。投资人自行清算的，应当在清算前十五日内以书面形式通知债权人，无法通知的应当公告；债权人应当自接到通知之日起三十日内、未接到通知的自公告之日起六十日内向投资人申报其债权。

②指定清算及其债权申报。人民法院指定清算的，申报债权的办法由人民法院依法确定。

(2)个人独资企业的清算顺序

个人独资企业解散的，财产应当按照下列顺序清偿：所欠职工工资和社会保险费用→所欠税款→其他债务。

(三)个人独资企业的终止

个人独资企业清算结束后，投资人或者人民法院指定的清算人应当编制清算报告，并于十五日内到登记部门办理注销登记。

个人独资企业解散后，原投资人对企业存续期间的债务仍应承担偿还责任，但债权人在五年内未向债务人提出偿债请求的，该责任消灭。

第三节 合伙企业法律制度

一、合伙企业概述

(一)合伙企业的含义和特征

1. 合伙企业的含义

合伙企业，是指依照《中华人民共和国合伙企业法》(以下称《合伙企业法》)，自然人、法人和其他组织在中国境内设立的普通合伙企业和有限合伙企业。

普通合伙企业由普通合伙人组成，合伙人对合伙企业的债务承担无限连带责任，特殊的普通合伙企业中的部分合伙人可以承担有限责任。

有限合伙企业由普通合伙人和有限合伙人组成。普通合伙人对合伙企业的债务承担无限连带责任，有限合伙人以其认缴的出资额为限对合伙企业的债务承担责任。

2. 合伙企业的特征

合伙企业的特征，是指合伙企业不同于其他企业形式的特性，具体包括：

(1)合伙企业的法律基础是合伙协议

合伙企业的法律基础是合伙人之间根据自愿、平等、公平、诚信原则，依法由全体合伙人协商一致，以书面形式订立的合伙协议。普通合伙企业和有限合伙企业都应当订立合伙协议，合伙人依据合伙协议组建合伙企业，合伙企业成立后依据合伙协议从事经营活动。

(2)合伙企业是相对独立于合伙人的经营实体

合伙企业既不同于个人独资企业,也不同于公司,它是相对独立于投资人(合伙人)的经营实体。合伙企业营业时,对外可以合伙人的名义进行;但对合伙企业的债务,普通合伙人要承担无限连带责任。

(3)合伙企业是合伙人共同出资、合伙经营、共享收益、共担风险的经营实体

合伙人在合伙企业中拥有共同的经济利益,对于合伙企业的设立,合伙人共同承担出资义务;对于合伙企业的事务管理,普通合伙人有共同的决策执行权,有限合伙人有监督权;对于合伙企业的收益,合伙人有分享的权利;对于合伙企业的债务,合伙人共同承担相应的责任。

(4)合伙企业的合伙人对合伙企业债务的责任分类和分层确定

普通合伙企业的合伙人对合伙企业债务承担无限连带责任,特殊的普通合伙企业中的部分合伙人可以承担有限责任。有限合伙企业中的有限合伙人对合伙企业债务承担有限责任,普通合伙人对合伙企业债务承担无限连带责任。

(二)《合伙企业法》概况

1.《合伙企业法》的制定和修订

1997 年 2 月 23 日,第八届全国人大常委员会第二十四次会议通过《合伙企业法》,并于同年 8 月 1 日起施行。2006 年 2 月 23 日,第十届全国人大常委员会第二十三次会议对《合伙企业法》进行修订,修订后的《合伙企业法》共六章一百零九条,分别是总则、普通合伙企业、有限合伙企业、合伙企业解散和清算、法律责任及附则。

2.《合伙企业法》修订的主要内容

(1)扩大了合伙人的范围

修订前的《合伙企业法》规定的合伙人仅限于自然人,修订后的《合伙企业法》将合伙人的范围扩大为自然人、法人和其他组织。

(2)增加有限合伙企业的企业形式

修订前的《合伙企业法》仅规定了普通合伙企业,修订后的《合伙企业法》专章规定了有限合伙企业。

(3)在普通合伙企业中增设特殊的普通合伙企业的规定

修订后的《合伙企业法》在普通合伙企业中增加了“特殊的普通合伙企业”的规定。以专业知识和专门技能为客户提供有偿服务的专业服务机构可以设立为特殊的普通合伙企业。

二、普通合伙企业

(一)合伙企业的设立

1. 合伙企业的设立条件

(1)有两个以上合伙人

合伙人为自然人的,应当具有完全民事行为能力。国有独资公司、国有企业、上市公司以及公益性的事业单位、社会团体不得成为普通合伙人。

(2)有书面合伙协议

合伙协议依法由全体合伙人协商一致,以书面形式订立。

合伙协议应当载明下列事项:一是合伙企业的名称和主要经营场所的地点;二是合伙目的

和合伙经营范围；三是合伙人的姓名或者名称、住所；四是合伙人的出资方式、数额和缴付期限；五是利润分配、亏损分担的方式；六是合伙事务的执行；七是入伙与退伙；八是争议解决办法；九是合伙企业的解散与清算；十是违约责任。

合伙协议经全体合伙人签名、盖章后生效，合伙人按照合伙协议享有权利、履行义务。修改或者补充合伙协议，应当经全体合伙人一致同意；但是，合伙协议另有约定的除外。

(3)有合伙人认缴或者实际缴付的出资

合伙人可以用货币、非货币(包括实物、知识产权、土地使用权或者其他财产权利)出资，也可以用劳务出资。合伙人用非货币出资，需要评估作价的，可以由全体合伙人协商确定，也可以由全体合伙人委托法定评估机构评估；合伙人以劳务出资的，其评估办法由全体合伙人协商确定，并在合伙协议中载明。

(4)有合伙企业的名称和生产经营场所

普通合伙企业的名称中应当标明“普通合伙”字样。

(5)法律、行政法规规定的其他条件

2. 合伙企业的设立程序

(1)提出申请

投资人申请设立合伙企业，应当向企业登记部门提交登记申请书、合伙协议书和合伙人身份证明等文件。

合伙企业的经营范围中有属于法律、行政法规规定在登记前须经批准的项目的，该项经营业务应当依法经过批准，并在登记时提交批准文件。

(2)工商登记

申请人提交的登记申请材料齐全，符合法定形式，企业登记部门能够当场登记的，应予当场登记，发给营业执照；上述情形以外的，企业登记部门应当自受理申请之日起二十日内作出是否登记的决定。予以登记的，发给营业执照；不予登记的，应当给予书面答复并说明理由。

合伙企业的营业执照签发日期为合伙企业成立日期。合伙企业领取营业执照前，合伙人不得以合伙企业名义从事合伙业务。合伙企业设立分支机构，应当向分支机构所在地的企业登记部门申请登记，领取营业执照。

(二)合伙企业的财产

1. 合伙企业财产的构成

合伙企业的财产即合伙财产，是指合伙企业有权统一经营的财产。合伙企业的财产由下列几个方面构成：

(1)合伙人的出资

合伙人的出资是合伙企业的原始财产。合伙人出资是合伙企业的设立条件之一，也是合伙企业经营的物质基础。合伙人出资的数额、方式及缴付日期可以在合伙协议中约定。

(2)以合伙企业名义取得的收益

以合伙企业名义取得的收益是合伙企业积累的财产，包括合伙企业的营业收入，如合伙企业未分配的利润和合伙企业取得的债权等。

(3)依法取得的其他财产

依法取得的其他财产包括合伙企业的营业外收入，如合伙企业接受赠与的财产等。

2. 合伙企业财产的经营管理

合伙企业财产的经营管理,是指合伙企业存续期间对合伙企业财产的经营和管理,目的是保证合伙企业营利的实现。合伙企业财产经营管理的规定包括:

(1)维持合伙企业财产稳定

合伙人在合伙企业清算前不得请求分割合伙企业的财产;但是,《合伙企业法》另有规定的除外。合伙人在合伙企业清算前私自转移或者处分合伙企业财产的,合伙企业不得以此对抗善意第三人。

(2)规范合伙企业财产转让

合伙人向合伙人以外的人转让其在合伙企业中的全部或者部分财产份额时,须经其他合伙人一致同意,在同等条件下,其他合伙人有优先购买权;但是,合伙协议另有约定的除外。合伙人以外的人依法受让合伙人在合伙企业中的财产份额的,经修改合伙协议即成为合伙企业的合伙人,依照法律规定和修改后的合伙协议享有权利、履行义务。

合伙人之间转让在合伙企业中的全部或者部分财产份额时,应当通知其他合伙人。

(3)限制合伙企业财产份额出质

合伙人以其在合伙企业中的财产份额出质的,须经其他合伙人一致同意;未经其他合伙人一致同意,其行为无效,由此给善意第三人造成损失的,由行为人依法承担赔偿责任。

(三)合伙企业的事务执行

1. 合伙企业事务执行的方式

合伙人对合伙企业的事务享有同等的权利(包括决策权、执行权和监督权),作为合伙人的法人、其他组织执行合伙事务的,由其委派的代表执行。

合伙企业的事务执行可以采取以下方式:

(1)共同执行

共同执行即全体合伙人共同行使事务执行权。

(2)委托执行

委托执行即委托一名或者数名合伙人对外代表合伙企业行使事务执行权,其他合伙人不再执行合伙企业事务。不执行合伙企业事务的合伙人有权监督执行事务的合伙人执行合伙企业事务的情况;执行事务的合伙人应当定期向其他合伙人报告事务执行情况以及合伙企业的经营和财务状况,其执行合伙事务所产生的收益归合伙企业,所产生的费用和亏损由合伙企业承担。合伙人为了解合伙企业的经营状况和财务状况,有权查阅合伙企业的会计账簿等财务资料。受委托执行合伙企业事务的合伙人不按照合伙协议或者全体合伙人的决定执行事务的,其他合伙人可以决定撤销该委托。

(3)分别执行

分别执行即各合伙人分别执行合伙企业的各项具体事务。执行事务的合伙人可以对其他合伙人执行的事务提出异议。提出异议时,应当暂停该项事务的执行。如果发生争议,按照合伙协议约定的表决办法处理;合伙协议未约定或者约定不明确的,实行合伙人一人一票并经全体合伙人过半数通过的表决办法。

(4)授权执行

授权执行即全体合伙人一致同意聘任合伙人以外的人员从事合伙企业的经营管理。被聘任的合伙企业的经营管理人员应当在合伙企业授权范围内履行职务；超越合伙企业授权范围履行职务或者在履行职务过程中因故意或者重大过失给合伙企业造成损失的，依法承担赔偿责任。

下列事项除合伙协议另有约定外，应当经全体合伙人一致同意：一是改变合伙企业的名称；二是改变合伙企业的经营范围、主要经营场所的地点；三是处分合伙企业的不动产；四是转让或者处分合伙企业的知识产权和其他财产权利；五是以合伙企业名义为他人提供担保；六是聘任合伙人以外的人担任合伙企业的经营管理人员。

2. 合伙人在事务执行中的职责

第一，在合伙企业的经营过程中，合伙人不得自营或者与他人合作经营与本合伙企业相竞争的业务（竞业）。

第二，除合伙协议另有约定或者经全体合伙人一致同意外，合伙人不得与本合伙企业进行交易（自己交易）。

第三，合伙人不得从事损害本合伙企业利益的活动（自我损害）。

3. 合伙企业的财务会计制度和盈亏分配

(1)合伙企业的财务会计制度

合伙企业应当依照法律、行政法规的规定建立企业财务会计制度。合伙企业建立企业财务会计制度有利于合伙人了解合伙企业的经营状况和财务状况，有利于保护合伙企业债权人的权益，有利于对合伙企业的税收管理。

(2)合伙企业的利润分配和亏损分担

合伙企业的利润分配和亏损分担按照合伙协议的约定办理；合伙协议未约定或者约定不明确的，由合伙人协商决定；协商不成的，由合伙人按照实缴出资比例分配和分担；无法确定出资比例的，由合伙人平均分配和分担。合伙协议不得约定将全部利润分配给部分合伙人或者由部分合伙人承担全部亏损。

（四）合伙企业与第三人的关系

1. 合伙企业与善意第三人

合伙企业对合伙人执行合伙企业事务以及对外代表合伙企业权利的限制不得对抗不知情的善意第三人。

2. 合伙企业与合伙企业的债权人

(1)合伙企业清偿债务的顺序

合伙企业对其债务应先以其全部财产进行清偿；合伙企业不能清偿到期债务的，合伙人承担无限连带责任。

(2)合伙人承担无限连带责任的追偿权

合伙人由于承担无限连带责任，清偿数额超过其规定的分担比例的，有权向其他合伙人追偿。

3. 合伙企业与合伙人的债权人

(1)合伙企业不承担合伙人的个人债务

合伙人发生与合伙企业无关的债务，相关债权人不得以其债权抵销其对合伙企业的债务，也不得代位行使合伙人在合伙企业中的权利。

(2)合伙人清偿其与合伙企业无关的债务的顺序

合伙人发生与合伙企业无关的债务,合伙人以自有财产清偿;自有财产不足以清偿的,可以其从合伙企业中分取的收益清偿,债权人也可以依法请求人民法院强制执行该合伙人在合伙企业中的财产份额用于清偿。人民法院强制执行合伙人的财产份额时,应当通知全体合伙人,其他合伙人有优先购买权;其他合伙人未购买,又不同意将该财产份额转让给他人的,依法为该合伙人办理退伙结算,或者办理削减该合伙人相应财产份额的结算。

(五)入伙和退伙

1. 入伙

(1)入伙的含义

入伙,是指合伙企业成立后,第三人加入合伙企业并取得合伙人资格。入伙与设立合伙企业不同,是加入一个既存的合伙企业,而不是设立一个新的合伙企业。

(2)入伙的规定

第一,新合伙人入伙,除合伙协议另有约定外,应当经全体合伙人一致同意,并依法订立书面入伙协议。

第二,订立入伙协议时,原合伙人应当向新合伙人如实告知原合伙企业的经营状况和财务状况。

第三,入伙的新合伙人与原合伙人享有同等权利,承担同等责任;入伙协议另有约定的,从其约定。新合伙人对入伙前合伙企业的债务承担无限连带责任。

2. 退伙

(1)退伙的含义

退伙,是指在合伙企业存续期间,合伙人失去合伙人资格。退伙与解散合伙企业不同,合伙人退伙的,合伙企业仍然存续。

(2)退伙的分类

根据退伙的原因,退伙有声明退伙、当然退伙和除名退伙之分。

①声明退伙

声明退伙也称自愿退伙,是合伙人根据自己的意愿提出的退伙,包括两种情况:

第一,合伙协议约定合伙期限的,在合伙企业存续期间有下列情形之一的,合伙人可以退伙:一是合伙协议约定的退伙事由出现;二是经全体合伙人一致同意;三是发生合伙人难以继续参加合伙的事由;四是其他合伙人严重违反合伙协议约定的义务。

第二,合伙协议未约定合伙期限的,合伙人在不给合伙企业事务的执行造成不利影响的情况下,可以退伙,但应当提前三十日通知其他合伙人。

合伙人违反规定退伙的,应当赔偿由此给合伙企业造成的损失。

②当然退伙

当然退伙也称法定退伙,是合伙人因有造成其无法具备合伙人身份的情形而导致的退伙,对当然(法定)退伙的合伙人有强制性。

导致合伙人无法具备合伙人身份的情形包括:一是作为合伙人的自然人死亡或者被依法宣告死亡;二是个人丧失偿债能力;三是作为合伙人的法人或者其他组织依法被吊销营业执照、责令关闭、撤销或者被宣告破产;四是法律规定或者合伙协议约定合伙人必须具有相关资格而丧失该资格；五是合伙人在合伙企业中的全部财产份额被人民法院强制执行。另外，合伙人被依法认定为无民事行为能力人或者限制民事行为能力人的，经其他合伙人一致同意，可以依法转为有限合伙人，普通合伙企业依法转为有限合伙企业；其他合伙人未能一致同意的，该无民事行为能力或者限制民事行为能力的合伙人退伙。

退伙事由实际发生之日为退伙生效日。

③除名退伙

除名退伙也称开除退伙，是根据法律规定，在其他合伙人一致同意的情形下，将某些合伙人除名的退伙，对被除名的合伙人有强制性。

经其他合伙人一致同意，可以决议将合伙人除名的情形包括：一是未履行出资义务；二是因故意或者重大过失给合伙企业造成损失；三是执行合伙企业事务时有不正当行为；四是发生合伙协议约定的事由。

对合伙人的除名决议应当书面通知被除名人；被除名人接到除名通知之日，除名生效，被除名人退伙。被除名人对除名决议有异议的，可以自接到除名通知之日起三十日内向人民法院起诉。

(3)退伙的后果

①合伙人身份的继承或者合伙企业财产份额的退还

合伙人死亡或者被依法宣告死亡的，对该合伙人在合伙企业中的财产份额享有合法继承权的继承人按照合伙协议的约定或者经全体合伙人一致同意，自继承开始之日起取得该合伙企业的合伙人资格。

有下列情形之一的，合伙企业应当向合伙人的继承人退还被继承合伙人的财产份额：一是继承人不愿意成为合伙人；二是法律规定或者合伙协议约定合伙人必须具有相关资格而该继承人未取得该资格；三是合伙协议约定不能成为合伙人的其他情形。另外，合伙人的继承人为无民事行为能力人或者限制民事行为能力人的，经全体合伙人一致同意，可以依法成为有限合伙人，普通合伙企业依法转为有限合伙企业；全体合伙人未能一致同意的，合伙企业应当将被继承合伙人的财产份额退还该继承人。

②合伙企业财产结算和退还退伙人财产份额

合伙人退伙，其他合伙人应当与该退伙人按照退伙时合伙企业的财产状况进行结算（退伙时有未了结的合伙企业事务的，待该事务了结后进行结算），退还退伙人的财产份额；退伙人对给合伙企业造成的损失负有赔偿责任的，相应扣减其应当赔偿的数额。退伙人在合伙企业中财产份额的退还办法由合伙协议约定或者由全体合伙人决定，可以退还货币，也可以退还实物。

③退伙人对合伙企业债务的责任

退伙人对基于其退伙前的原因而发生的合伙企业债务承担无限连带责任。合伙人退伙时，合伙企业财产少于合伙企业债务的，退伙人应当按照合伙协议的约定办理；合伙协议未约定或者约定不明确的，由合伙人协商决定；协商不成的，由合伙人按照实缴出资比例分配、分担；无法确定出资比例的，由合伙人平均分配、分担。

3. 合伙人在合伙企业中出资的变更

合伙人按照合伙协议的约定或者经全体合伙人决定，可以增加或减少对合伙企业的出资。

(六)特殊的普通合伙企业

1. 特殊的普通合伙企业的设立

特殊的普通合伙企业，是指合伙人依照《合伙企业法》第五十七条的规定承担责任的普通合伙企业。以专业知识和专门技能为客户提供有偿服务的专业服务机构(如会计师事务所、律师事务所等中介服务机构)可以设立为特殊的普通合伙企业。非企业专业服务机构依据有关法律采取合伙制的，其合伙人承担责任的形式适用关于特殊的普通合伙企业合伙人承担责任的规定。特殊的普通合伙企业的名称中应当标明“特殊普通合伙”字样。

2. 特殊的普通合伙企业的法律适用

特殊的普通合伙企业适用《合伙企业法》关于特殊的普通合伙企业的专门规定；没有专门规定的，适用《合伙企业法》关于普通合伙企业的规定。

(1)特殊的普通合伙企业合伙人的责任

一个或者数个合伙人在执业活动中因故意或者重大过失造成合伙企业债务的，应当承担无限责任或者无限连带责任，其他合伙人以其在合伙企业中的财产份额为限承担责任；以合伙企业财产对外承担责任后，该合伙人应当按照合伙协议的约定对给合伙企业造成的损失承担赔偿责任。

合伙人在执业活动中非因故意或者重大过失造成的合伙企业债务以及合伙企业的其他债务，由全体合伙人承担无限连带责任。

(2)特殊的普通合伙企业的执业风险基金和职业保险

特殊的普通合伙企业应当建立执业风险基金，办理职业保险。执业风险基金用于偿付合伙人执业活动造成的债务。执业风险基金应当单独立户管理，具体管理办法由国务院规定。

三、有限合伙企业

(一)有限合伙企业的法律适用

有限合伙企业及其合伙人适用《合伙企业法》关于有限合伙企业的专门规定；没有专门规定的，适用《合伙企业法》关于普通合伙企业及其合伙人的规定。

(二)有限合伙企业的特别规定

1. 有限合伙企业的设立

(1)有限合伙企业的合伙人人数

有限合伙企业由两个以上五十个以下的合伙人设立，但法律另有规定的除外。有限合伙企业由至少一个普通合伙人和有限合伙人组成。有限合伙企业仅剩有限合伙人的，应当解散。

(2)有限合伙企业的名称

有限合伙企业的名称中应当标明“有限合伙”字样。

(3)有限合伙企业的合伙协议

有限合伙企业的合伙协议除符合普通合伙企业合伙协议的规定外，还应当载明下列事项：一是普通合伙人和有限合伙人的姓名或者名称、住所；二是执行事务合伙人应具备的条件和选择程序；三是执行事务合伙人的权限与违约处理办法；四是执行事务合伙人的除名条件和更换程序；五是有限合伙人入伙、退伙的条件、程序以及相关责任；六是有限合伙人和普通合伙人相互转变的程序。

(4)有限合伙人的出资

①有限合伙人的出资方式。有限合伙人可以用货币、非货币财产作价出资,不得以劳务出资。

②有限合伙人的出资责任。有限合伙人应当按照合伙协议的约定按期足额缴纳出资;未按期足额缴纳的,应当承担补缴义务,并对其他合伙人承担违约责任。

(5)有限合伙企业的登记

有限合伙企业的登记事项中应当载明有限合伙人的姓名或者名称及认缴的出资数额。

2. 有限合伙企业的事务执行

(1)事务执行人

有限合伙企业的合伙事务由普通合伙人执行,执行事务的合伙人可以要求在合伙协议中确定执行事务的报酬及报酬提取方式。有限合伙人不执行合伙事务,不得对外代表有限合伙企业。

(2)有限合伙人的权利

有限合伙人不执行合伙事务,其从事的下列行为不视为执行合伙事务:一是参与决定普通合伙人入伙、退伙;二是对企业的经营管理提出建议;三是参与选择承办有限合伙企业审计业务的会计师事务所;四是获取经审计的有限合伙企业的财务会计报告;五是因涉及自身利益而查阅有限合伙企业的财务会计账簿等财务资料;六是在有限合伙企业中的利益受到侵害时,向有责任的合伙人主张权利或者提起诉讼;七是执行事务的合伙人怠于行使权利时,督促其行使权利或者为了本企业的利益以自己的名义提起诉讼;八是依法为本企业提供担保。另外,除合伙协议另有约定外,有限合伙人可以与本有限合伙企业进行交易,可以自营或者与他人合作经营与本有限合伙企业相竞争的业务,可以将其在有限合伙企业中的财产份额出质。

(3)有限合伙企业的利润分配

合伙协议可以约定有限合伙企业将全部利润分配给部分合伙人。

3. 有限合伙人处置财产份额

(1)有限合伙人财产份额的转让

有限合伙人可以按照合伙协议的约定,向合伙人以外的人转让其在有限合伙企业中的财产份额,但应当提前三十日通知其他合伙人。

(2)有限合伙人用财产份额清偿个人债务

有限合伙人的自有财产不足以清偿其与合伙企业无关的债务的,该合伙人可以将其从有限合伙企业中分取的收益用于清偿,债权人也可以依法请求人民法院强制执行该合伙人在有限合伙企业中的财产份额用于清偿。人民法院强制执行有限合伙人的财产份额时,应当通知全体合伙人;在同等条件下,其他合伙人有优先购买权。

4. 有限合伙人违规交易责任

(1)与普通合伙人同样的责任

第三人有理由相信有限合伙人为普通合伙人并与其交易的,该有限合伙人对该笔交易承担与普通合伙人同样的责任。

(2)赔偿责任

有限合伙人未经授权以有限合伙企业名义与他人进行交易,给有限合伙企业或者其他合伙人造成损失的，该有限合伙人应当承担赔偿责任。

5. 有限合伙企业的转化和变更

(1)有限合伙企业转化为普通合伙企业

有限合伙企业仅剩普通合伙人的，转为普通合伙企业。

(2)新入伙的有限合伙人对有限合伙企业债务的责任

新入伙的有限合伙人对入伙前有限合伙企业的债务，以其认缴的出资额为限承担责任。

(3)有限合伙人的当然退伙

作为有限合伙人的自然人死亡或者被依法宣告死亡，作为有限合伙人的法人或者其他组织依法被吊销营业执照、责令关闭、撤销或者被宣告破产，以及有限合伙人在合伙企业中的全部财产份额被人民法院强制执行的，有限合伙人当然退伙。但是，作为有限合伙人的自然人在有限合伙企业存续期间丧失民事行为能力的，其他合伙人不得因此要求其退伙。其中，作为有限合伙人的自然人死亡、被依法宣告死亡或者作为有限合伙人的法人及其他组织终止的，其继承人或者权利承受人可以依法取得该有限合伙人在有限合伙企业中的资格。

(4)有限合伙人退伙后的责任

有限合伙人退伙后，对基于其退伙前的原因而发生的有限合伙企业的债务，以其退伙时从有限合伙企业中取回的财产承担责任。

6. 合伙人身份的转变及其对合伙企业债务的责任

(1)合伙人身份转变的规定

除合伙协议另有约定外，普通合伙人转变为有限合伙人，或者有限合伙人转变为普通合伙人，应当经全体合伙人一致同意。

(2)合伙人身份转变后对合伙企业债务的责任

有限合伙人转变为普通合伙人的，对其作为有限合伙人期间有限合伙企业发生的债务承担无限连带责任。

普通合伙人转变为有限合伙人的，对其作为普通合伙人期间合伙企业发生的债务承担无限连带责任。

四、合伙企业的解散、清算和破产

(一)合伙企业的解散

1. 合伙企业解散的原因

合伙企业有下列情形之一的，应当解散：一是合伙期限届满，合伙人决定不再经营；二是合伙协议约定的解散事由出现；三是全体合伙人决定解散；四是合伙人已不具备法定人数满三十日；五是合伙协议约定的合伙目的已经实现或者无法实现；六是依法被吊销营业执照、责令关闭或者被撤销；七是法律、行政法规规定的其他原因。

2. 合伙企业的清算人

合伙企业解散，应当由清算人进行清算。清算期间，合伙企业存续，但不得开展与清算无关的经营活动。

(1)自行清算的清算人

合伙企业解散后，合伙企业自行清算的，清算人由全体合伙人担任；经全体合伙人过半数同意，可以自合伙企业解散事由出现后十五日内指定一个或者数个合伙人，或者委托第三人担任清算人。

(2)指定清算的清算人

合伙企业自合伙企业解散事由出现之日起十五日内未确定清算人的，合伙人或者其他利害关系人可以申请人民法院指定清算人。

(二)合伙企业的清算

1. 合伙企业的清算事务

合伙企业的清算人在清算期间执行下列事务：一是清理合伙企业财产，编制资产负债表和财产清单；二是处理与清算有关的合伙企业未了结事务；三是清缴所欠税款；四是清理债权、债务；五是处理合伙企业清偿债务后的剩余财产；六是代表合伙企业参加诉讼或者仲裁活动。

2. 合伙企业清算人的通知义务及申报债权

(1)清算人的通知义务

清算人自被确定之日起十日内将合伙企业解散事项通知债权人，并于六十日内在报纸上公告。

(2)债权人申报债权

债权人应当自接到通知书之日起三十日内、未接到通知书的自公告之日起四十五日内向清算人申报债权。债权人申报债权应当说明债权的有关事项并提供证明材料。清算人应当对债权进行登记。

3. 合伙企业清理债权、债务顺序和剩余财产分配

合伙企业财产在支付清算费用、职工工资、社会保险费用、法定补偿金，缴纳所欠税款及清偿债务后的剩余财产，按照合伙协议的约定分配；合伙协议未约定或者约定不明确的，由合伙人协商决定分配；协商不成的，由合伙人按照实缴出资比例分配；无法确定出资比例的，由合伙人平均分配。

4. 合伙企业的注销

(1)清算人编制清算报告和办理合伙企业注销登记

合伙企业清算结束，清算人应当编制清算报告，经全体合伙人签名、盖章后在十五日内向企业登记部门报送清算报告，申请办理合伙企业注销登记。

(2)合伙企业注销后普通合伙人的责任

合伙企业注销后，原普通合伙人对合伙企业存续期间的债务仍应承担无限连带责任。

(三)合伙企业的破产

1. 合伙企业破产的原因

合伙企业不能清偿到期债务的，债权人可以依法向人民法院提出破产清算申请，也可以要求普通合伙人清偿。

2. 合伙企业破产的法律适用

中国目前关于企业破产的法律是《中华人民共和国民事诉讼法》和《中华人民共和国企业破产法》。《中华人民共和国民事诉讼法》适用于法人企业的破产，合伙企业的破产不适用该法。《中华人民共和国企业破产法》第一百三十五条规定，其他法律规定企业法人以外的组织的清算，属于破产清算的，参照适用本法规定的程序，所以，合伙企业的破产可以参照适用

该法。

3. 合伙企业破产后普通合伙人的责任

合伙企业依法被宣告破产的，普通合伙人对合伙企业债务仍应承担无限连带责任。

本章练习

一、名词解释

企业　市场主体　个人独资企业　普通合伙企业　有限合伙企业

二、单项选择题

1. 企业的目的是________。

A. 营利　　B. 赢利　　C. 盈利　　D. 经营管理

2. 在个人独资企业的设立条件中，________是其他企业在设立时没有要求的。

A. 有合法的企业名称　　B. 有投资人的出资

C. 有必要的从业人员　　D. 有固定的场所

3. 企业登记部门应当自收到设立个人独资企业的申请文件之日起________日内对设立申请作出是否予以登记的决定。

A. 十五　　B. 二十　　C. 三十　　D. 四十五

4. 个人独资企业的投资人与被聘用人签订书面合同对被聘用人的职权加以限制的，不得对抗________。

A. 被聘用人　　B. 善意第三人　　C. 投资人　　D. 债权人

5. 个人独资企业解散的，财产应当按照________顺序清偿。

A. 所欠职工工资和社会保险费用、所欠税款、其他债务

B. 所欠税款、所欠职工工资和社会保险费用、其他债务

C. 债务、所欠职工工资和社会保险费用、所欠税款

D. 债务、所欠税款、所欠职工工资和社会保险费用

6. 个人独资企业清算结束后，投资人或者人民法院指定的清算人应当编制清算报告，并于________日内到登记部门办理注销登记。

A. 十五　　B. 二十　　C. 三十　　D. 四十五

7. 以专业知识和专门技能为客户提供有偿服务的专业服务机构，可以设立为________。

A. 普通合伙企业　　B. 有限合伙企业

C. 特殊的普通合伙企业　　D. 特殊的有限合伙企业

8. 退伙是指在合伙企业________，某些合伙人失去合伙人资格。

A. 设立时　　B. 终止后　　C. 变更时　　D. 存续期间

9. 合伙人在执行合伙企业事务时有不正当行为的，________。

A. 声明退伙　　B. 除名退伙　　C. 法定退伙　　D. 视为退伙

10. 作为合伙人的法人或者其他组织依法被吊销营业执照、责令关闭、撤销，或者被宣告

破产的，是________。

A. 法定退伙　　B. 自愿退伙　　C. 除名退伙　　D. 视为退伙

11. 合伙人退伙的，其他合伙人应当与该合伙人按________合伙企业的财产状况进行________。

A. 合伙企业设立时；结算　　B. 退伙时；结算

C. 退伙时；清算　　D. 合伙企业设立时；清算

12. 普通合伙企业的合伙人退伙后，对基于其________的原因发生的合伙企业债务，承担无限连带责任。

A. 退伙前　　B. 退伙后　　C. 退伙时　　D. 个人

13. 合伙人向合伙人以外的人转让其在合伙企业中的全部或者部分财产份额时，________。

A. 必须通知其他合伙人　　B. 必须经其他合伙人过半数同意

C. 必须经其他合伙人一致同意　　D. 必须经登记部门同意

14. ________的合伙协议不得约定将全部利润分配给部分合伙人或者由部分合伙人承担全部亏损。

A. 普通合伙企业　　B. 有限合伙企业

C. 所有合伙企业　　D. 自然人为合伙人的合伙企业

15. 合伙人承担无限连带责任，清偿数额超过其规定的分担比例的，有权向________追偿。

A. 合伙企业　　B. 其他合伙人

C. 承担有限责任的合伙人　　D. 债权人

16. 合伙人发生与合伙企业无关的债务，自有财产不足清偿的，可以________。

A. 其在合伙企业中的财产份额用于清偿

B. 其从合伙企业中分取的收益用于清偿

C. 让债权人代位行使其在合伙企业中的权利

D. 退伙

17. 一个或者数个合伙人在执业活动中________造成的合伙企业债务，应当承担无限责任或者无限连带责任，其他合伙人以其在合伙企业中的财产份额为限承担责任。

A. 非因故意或者重大过失　　B. 因故意或者重大过失

C. 不论何种原因　　D. 因不可抗力

18. 有限合伙人不可以________出资。

A. 货币　　B. 实物　　C. 知识产权　　D. 劳务

19. 有限合伙人退伙后，对基于其退伙前的原因而发生的有限合伙企业债务，以其________财产承担责任。

A. 退伙时从有限合伙企业中取回的　　B. 投资于企业的

C. 全部　　D. 部分

20. 合伙企业依法被宣告破产的，________对合伙企业债务仍应承担无限连带责任。

A. 合伙企业　　B. 合伙人　　C. 有限合伙人　　D. 普通合伙人

三、多项选择题

1. 根据投资人人数及其承担民事责任的限度,企业可以分为________。
A. 法人企业 B. 个人独资企业 C. 合伙企业 D. 公司
2. 根据企业对外的信用基础,企业可以分为________。
A. 人合性企业 B. 资合性企业 C. 人资兼合性企业 D. 国有企业
3. 企业的基本原则包括________。
A. 企业形式法定 B. 企业经营合法
C. 企业公平、安全交易 D. 企业利益保护
4. 关于个人独资企业的特征,下列表述中正确的是________。
A. 个人独资企业由一个自然人投资设立 B. 企业资格与投资人个人主体资格合一
C. 投资人对企业债务承担无限连带责任 D. 有必要的从业人员
5.《个人独资企业法》规定,投资人对个人独资企业享有________。
A. 所有权 B. 管理企业事务的权利
C. 要求法律保护的权利 D. 制止侵权行为的权利
6. 个人独资企业的受托人或者被聘用人不得有________的行为。
A. 泄露本企业商业秘密
B. 未经投资人同意,擅自将企业商标或者其他知识产权转让给他人使用
C. 未经投资人同意,从事与本企业相竞争的业务(竞业)
D. 未经投资人同意,与本企业订立合同或者进行交易(自己交易)
7. 合伙企业的法律特征有________。
A. 合伙企业的法律基础是合伙协议
B. 合伙企业是相对独立于合伙人的经营实体
C. 合伙企业是合伙人对企业债务承担无限责任的经营实体
D. 合伙企业是合伙人共同出资、合伙经营、共享收益、共担风险的经营实体
8. ________不得成为普通合伙人,它们只能参与设立有限合伙企业,成为有限合伙人。
A. 国有独资公司 B. 国有企业
C. 上市公司 D. 公益性的事业单位和社会团体
9. 普通合伙企业入伙的规定包括________。
A. 入伙人应当具有法人资格
B. 除合伙协议另有约定外,应当经全体合伙人一致同意并依法订立书面入伙协议
C. 原合伙人应当向新合伙人如实告知原合伙企业的经营状况和财务状况
D. 新合伙人对入伙前合伙企业的债务承担无限连带责任
10. 根据退伙的原因,退伙有________。
A. 协商退伙 B. 当然退伙 C. 声明退伙 D. 除名退伙
11. 合伙人________,可以增加或者减少对合伙企业的出资。
A. 按照《合伙企业法》的规定 B. 按照合伙协议的约定
C. 经全体合伙人决定 D. 根据债权人的要求
12. 合伙企业的财产是指合伙企业有权统一经营的财产,包括________。

A. 合伙人的出资　B. 以合伙企业名义取得的收益
C. 合伙企业依法取得的其他财产　D. 合伙人的个人财产

13. 合伙企业的事务执行，具体可以采取________的方式。
A. 全体合伙人共同行使事务执行权
B. 委托一名或者数名合伙人对外代表合伙企业行使事务执行权，其他合伙人不再执行合伙事务
C. 各合伙人分别执行合伙企业的各项具体事务
D. 全体合伙人一致同意聘任合伙人以外的人员从事合伙企业的经营管理

14. ________的事项除合伙协议另有约定外，应当经全体合伙人一致同意。
A. 改变合伙企业的名称、经营范围、主要经营场所的地点
B. 处分合伙企业的不动产
C. 转让或者处分合伙企业的知识产权和其他财产权利
D. 以合伙企业名义为他人提供担保

15. 被聘任的合伙企业的经营管理人员，________。
A. 应当在合伙企业的授权范围内履行职务
B. 超越合伙企业的授权范围履行职务给合伙企业造成损失的，依法承担赔偿责任
C. 在履行职务过程中因故意或者重大过失给合伙企业造成损失的，依法承担赔偿责任
D. 自营或者与他人合作经营与本合伙企业相竞争的业务给合伙企业造成损失的，依法承担赔偿责任

16. 有限合伙人可以________。
A. 与本有限合伙企业进行交易
B. 自营或者与他人合作经营与本有限合伙企业相竞争的业务
C. 将其在有限合伙企业中的财产份额出质
D. 依法为本企业提供担保

17. 有限合伙人当然退伙的情形包括________。
A. 作为有限合伙人的自然人死亡或者被依法宣告死亡
B. 作为有限合伙人在合伙企业中的全部财产份额被人民法院强制执行
C. 作为有限合伙人的自然人在有限合伙企业存续期间丧失民事行为能力
D. 作为有限合伙人的法人或者其他组织依法被吊销营业执照、责令关闭、撤销，或者被宣告破产

18. 合伙人身份转变后，________承担无限连带责任。
A. 有限合伙人转变为普通合伙人的，对其作为有限合伙人期间有限合伙企业发生的债务
B. 普通合伙人转变为有限合伙人的，对其作为普通合伙人期间合伙企业发生的债务
C. 对合伙企业以后发生的债务
D. 对合伙企业以前发生的债务

19. 合伙企业应当解散的情形有________。
A. 合伙期限届满，合伙人决定不再经营　B. 合伙协议约定的解散事由出现
C. 全体合伙人决定解散　D. 合伙人已不具备法定人数满三十日

20. 合伙企业的清算人在清算期间的职权有________。

A. 清理合伙企业财产，编制资产负债表和财产清单

B. 处理与清算有关的合伙企业未了结事务

C. 清缴所欠税款，清理债权债务

D. 处理合伙企业清偿债务后的剩余财产，代表合伙企业参加诉讼或者仲裁活动

四、判断题

1.《外商投资法》既是组织法，也是活动法。 ( )

2. 企业的投资人对企业债务必须承担无限责任。 ( )

3. 不具有完全民事行为能力的自然人不能作为个人独资企业的投资人。 ( )

4. 个人独资企业的业主在企业解散后，对企业存续期间的债务应当无限期承担偿还责任。 ( )

5. 合伙人之间订立的合伙协议是合伙企业的法律基础。 ( )

6. 入伙人入伙时应经全体合伙人同意，但不一定对入伙前的合伙企业债务承担清偿责任。 ( )

7. 经全体合伙人协商一致，合伙企业的合伙人都可以用劳务出资，由全体合伙人协商决定其评估方法。 ( )

8. 合伙企业对债务，可以先以其全部财产进行清偿，也可以让合伙人先承担清偿责任。 ( )

9. 特殊的普通合伙企业应当建立执业风险基金，办理职业保险。 ( )

10. 有限合伙企业由两个以上五十个以下的合伙人设立。 ( )

11. 有限合伙企业名称中可以标明“有限合伙”字样。 ( )

12. 有限合伙企业由至少一个普通合伙人和有限合伙人组成，有限合伙企业仅剩普通合伙人的，应当解散。 ( )

13. 有限合伙人不执行合伙事务，所以不得参与决定普通合伙人的入伙、退伙。 ( )

14. 合伙协议不可以约定将全部利润分配给部分合伙人。 ( )

15. 有限合伙人不执行合伙事务，不得对外代表有限合伙企业。 ( )

五、简答题

1. 简述企业的特征。

2. 简述企业的分类。

3. 简述个人独资企业的设立条件。

4. 简述普通合伙企业的设立条件。

5. 简述合伙企业剩余财产的分配。

六、综合分析题

甲、乙、丙、丁四人合伙设立一家旅馆，合伙协议约定，甲出资50万元现金，乙将私有房屋一幢出资(作价100万元)，丙负责整修和添置设备(价值100万元)，丁以劳务出资(甲、乙、丙

表示同意,但要丁一人承担全部亏损);全部出资人凭有关证明到工商行政主管部门申请登记。

问:上述过程中有哪些违法行为?法律如何规定?

合伙企业成立后,甲因家族遗传被确诊为精神病,司法鉴定中心认定甲无民事行为能力,其代理人要将财产份额转让给第三人,乙、丙、丁不同意。

问:甲的代理人能否向第三人转让甲的份额?为什么?

乙以个人名义从事贸易欠下债务50万元,债权人要求抵销自己欠合伙企业的债务,或者代为行使乙在合伙企业中的部分权利。

问:债权人的要求是否能实现?为什么?

丙担任一家独资旅馆的经营管理人,希望将其在合伙企业中的财产份额为个人债务以质押方式提供担保。

问:丙能否担任该职务?能否提供质押?

五年后,合伙企业因约定的解散事由出现而宣布解散,合伙企业财产在支付清算费用后剩余80万元,欠职工工资10万元、国家税收35万元、其他债务80万元。各债权人见不能全额受偿,要求各合伙人直接清偿。

问:各合伙人是否有义务直接清偿?为什么?假如各债权人在清算过程中未获全部清偿,各合伙人是否还需偿还?

第三章

公司法律制度

第一节　公司与公司法概述

一、公司概述

(一)公司的含义和分类

1. 公司的含义

公司,是指依照《中华人民共和国公司法》(以下称《公司法》)设立的营利法人。《公司法》所称公司,是指依照本法在中国境内设立的有限责任公司和股份有限公司。据此,中国公司的含义包括:

第一,公司应当依照《公司法》设立。

第二,公司应当设立在中国境内。

第三,公司的组织形式是有限责任公司和股份有限公司。

公司是企业法人,有独立的法人财产,享有法人财产权。公司以其全部财产对公司的债务承担责任。有限责任公司的股东以其认缴的出资额为限对公司承担责任,股份有限公司的股东以其认购的股份为限对公司承担责任。

2. 公司的分类

(1)根据投资人(股东)对公司债务承担责任的限度,公司分为无限责任公司、股份有限公司、有限责任公司、两合公司和股份两合公司

《公司法》规定的公司仅指两种股东对公司债务承担有限责任的公司,即有限责任公司和股份有限公司。有限责任公司是由股东出资设立,股东以其对公司的出资额为限对公司债务承担责任的公司。股份有限公司是由一定人数的股东出资设立,公司的全部资本划分为均等的份额(股份),股东以其认购的公司股份为限对公司债务承担责任的公司。

(2)根据对外的信用基础,公司分为资合性公司、人合性公司和人资兼合性公司

资合性公司的对外信用基础是公司资本,投资人(股东)的信用是次要的,股份有限公司是典型的资合性公司。人合性公司的对外信用基础是投资人(股东)的个人信用,无限责任公司属于人合性公司。人资兼合性公司对资本和股东同样看重,有限责任公司是人资兼合性公司。

(3)根据公司之间的相互关系,公司分为母公司和子公司

母公司,是指对其他公司享有股权并且达到可以控制其经营的程度的公司。子公司,是指被母公司控制经营的公司。母公司和子公司都具有法人资格,母公司对子公司经营的控制是

由资本(股权)的控制决定的。《公司法》规定,公司可以设立子公司,子公司具有法人资格,依法独立承担民事责任。

(4)根据内部关系,公司分为本(总)公司和分公司

设立分公司的公司可以称为本(总)公司,分公司是公司设立的分支机构。《公司法》规定,公司可以设立分公司;设立分公司应当向公司登记机关申请登记,领取营业执照。分公司不具有法人资格,其民事责任由公司承担。

(二)公司的基本规范

1. 公司股东的权利和公司的法人财产权

公司作为独立的经营实体,在财产上与其投资人(股东)是分离的,即股东作为公司的投资人享有所有权,公司作为经营者享有法人财产权和经营管理权,也就是通常所说的所有权与法人财产权、经营管理权的分离。

(1)公司股东的权利

《公司法》规定,公司股东依法享有资产收益、参与重大决策和选择管理者等权利。这是股东基于投资人身份在公司享有的基本权利。

(2)公司的法人财产权

公司作为经营者享有的法人财产权,是指公司受全体股东委托,以公司名义对公司资本享有的占有、使用和依法处分的权利。公司法人财产权主要表现在公司经营管理过程中对公司资本及其他财产的经营权和管理权。为此,法律构建了公司的组织机构,通过公司组织机构行使公司法人财产权、经营权和管理权,作为投资人的股东不能直接干预公司的日常经营管理。

2. 公司的义务

(1)公司的基本义务

公司的基本义务是公司从事经营活动必须遵守的行为约束。

第一,必须遵守法律、行政法规。公司从事经营活动必须遵守法律、行政法规,这是公司作为市场主体最重要的基本义务。

第二,必须遵守社会公德、商业道德,诚实守信。社会公德和商业道德对法律、行政法规有很好的补充作用,诚实守信是市场经济的基本要求。

第三,必须接受政府和社会公众的监督。公司作为市场主体,其经营活动是否遵守法律、行政法规,是否遵守社会公德、商业道德,是否诚实守信,必须接受监督,这是由前两个义务延伸出来的义务。公司既要接受政府及其职能部门的监督,也要接受社会公众的监督。

第四,必须承担社会责任。公司是现代社会的成员,必须承担相应的社会责任,在经营活动中不能唯利是图。当然,公司的合法权益应当受法律保护,不受侵犯。

(2)公司对职工的义务

第一,公司必须保护职工的合法权益,依法与职工签订劳动合同,参加社会保险,加强劳动保护,实现安全生产。公司应当采用多种形式,加强公司职工的职业教育和岗位培训,提高职工素质。

第二,公司应当为本公司工会提供必要的活动条件,公司工会代表职工就职工的劳动报酬、工作时间、福利、保险和劳动安全卫生等事项依法与公司签订集体合同。

第三,公司依照《中华人民共和国宪法》和有关法律的规定,通过职工代表大会或者其他形

式,实行民主管理。公司研究决定改制以及经营方面的重大问题、制定重要的规章制度时,应当听取公司工会的意见,并通过职工代表大会或者其他形式听取职工的意见和建议。

3. 公司的登记

(1)公司的设立原则

中国公司的设立一般采取登记主义,就是设立公司应当依法向公司登记机关申请设立登记,符合规定的设立条件的,由公司登记机关分别登记为有限责任公司或者股份有限公司;不符合规定的设立条件的,不得登记为有限责任公司或者股份有限公司。法律、行政法规规定设立公司必须报经批准的,采取审批主义,应当在公司登记前依法办理批准手续。

公众可以向公司登记机关申请查询公司登记事项,公司登记机关应当提供查询服务。

(2)公司的营业执照

依法设立的公司由公司登记机关发给公司营业执照,公司营业执照的签发日期为公司成立日期。公司营业执照应当载明公司的名称、住所、注册资本、经营范围和法定代表人姓名等事项。公司营业执照记载的事项发生变更的,应当依法办理变更登记,由公司登记机关换发营业执照。

①公司名称。依照《公司法》设立的有限责任公司和股份有限公司,必须在公司名称中标明"有限责任公司(有限公司)"或者"股份有限公司(股份公司)"字样。

②公司住所。公司以其主要办事机构所在地为住所。

③经营范围。公司的经营范围由公司章程规定,并依法登记。设立公司必须依法制定公司章程。公司章程对公司股东、董事、监事和高级管理人员具有约束力。公司可以修改公司章程,改变经营范围,但应当办理变更登记。公司的经营范围中属于法律、行政法规规定须经批准的项目,应当依法经过批准。

④公司法定代表人。公司法定代表人依照公司章程的规定,由董事长、执行董事或者经理担任,并依法登记。公司法定代表人变更的,应当办理变更登记。

国务院制定实施的《中华人民共和国公司登记管理条例》对公司登记有具体规定。

4. 公司的类型变更、转投资和对外担保

(1)公司的类型变更

公司的类型变更,是指有限责任公司变更为股份有限公司或者股份有限公司变更为有限责任公司。

①变更条件。有限责任公司变更为股份有限公司,应当符合《公司法》规定的股份有限公司的设立条件;股份有限公司变更为有限责任公司,应当符合《公司法》规定的有限责任公司的设立条件。

②债权、债务安排。有限责任公司变更为股份有限公司的,或者股份有限公司变更为有限责任公司的,公司变更前的债权、债务由变更后的公司承继。

(2)公司的转投资

公司的转投资,是指公司以出资或者入股的方式对其他企业进行投资,成为其他企业的投资者。

①投资人身份限制。公司可以向其他企业投资;但是,除法律另有规定外,不得成为对所投资企业的债务承担连带责任的出资人。

②投资程序和数额。公司向其他企业投资，依照公司章程的规定，由董事会或者股东会、股东大会决议；公司章程对投资的总额及单项投资有限额规定的，不得超过规定的限额。

(3)公司的对外担保

公司的对外担保，是指公司为其他市场主体的债务提供财产担保。

①担保程序和数额。公司为他人提供担保，依照公司章程的规定，由董事会或者股东会、股东大会决议；公司章程对担保的数额有限额规定的，不得超过规定的限额。

②为公司股东或者实际控制人提供担保的特别规定。公司为公司股东或者实际控制人提供担保的，必须经股东会或者股东大会决议。接受担保的公司股东或者受实际控制人支配的股东不得参加规定事项的表决，该项表决由出席会议的其他股东所持表决权的过半数通过。实际控制人，是指虽不是公司的股东，但通过投资关系、协议或者其他安排，能够实际支配公司行为的人。

5. 公司股东的义务

第一，遵守法律、行政法规和公司章程。

第二，依法行使股东权利，不得滥用股东权利损害公司或者其他股东的利益。滥用股东权利给公司或者其他股东造成损失的，应当依法承担赔偿责任。

第三，不得滥用公司法人独立地位和股东有限责任损害公司债权人的利益。滥用公司法人独立地位和股东有限责任逃避债务，严重损害公司债权人利益的，应当对公司债务承担连带责任。

6. 控股股东、实际控制人、董事、监事、高级管理人员的义务

控股股东，是指其出资额占有限责任公司资本总额百分之五十以上或者其持有的股份占股份有限公司股本总额百分之五十以上的股东；出资额或者持有股份的比例虽然不足百分之五十，但依其出资额或者持有的股份所享有的表决权已足以对股东会、股东大会的决议产生重大影响的股东。高级管理人员，是指公司的经理、副经理、财务负责人，上市公司董事会秘书和公司章程规定的其他人员。关联关系，是指公司控股股东、实际控制人、董事、监事、高级管理人员与其直接或者间接控制的企业之间的关系，以及可能导致公司利益转移的其他关系；但是，国家控股的企业之间不因为同受国家控股而具有关联关系。

公司的控股股东、实际控制人、董事、监事、高级管理人员不得利用其关联关系损害公司利益；违反规定，给公司造成损失的，公司的控股股东、实际控制人、董事、监事、高级管理人员应当承担赔偿责任。

7. 公司股东会或者股东大会、董事会决议的无效和撤销

(1)内容违法的决议无效

公司股东会或者股东大会、董事会的决议内容违反法律、行政法规的无效。

(2)程序违法或者内容违反公司章程的决议可以撤销

股东会或者股东大会、董事会的会议召集程序、表决方式违反法律、行政法规或者公司章程，或者决议内容违反公司章程的，股东可以自决议作出之日起六十日内请求人民法院撤销。股东提起诉讼的，人民法院可以应公司的请求，要求股东提供相应担保。根据股东会或者股东大会、董事会决议已办理变更登记的，人民法院宣告该决议无效或者撤销该决议后，公司应当向公司登记机关申请撤销变更登记。

二、公司法概述

(一)公司法的含义和特征

1. 公司法的含义

公司法是规范公司组织和活动,调整公司内外关系的法律规范的总称。

2. 公司法的特征

(1)公司法规范的是公司形式的企业

公司法是规定公司的法律规范,它规范的是公司形式的企业,其他的企业形式,如个人独资企业、合伙企业等,由其他法律规定。

(2)公司法是一系列有关公司的法律规范的总称

狭义的公司法是指国家立法机关制定的、综合地规定公司组织和活动的法律,如《公司法》;广义的公司法则是指有关公司组织和行为的一切法律规范的总称。在中国,广义的公司法不仅是指《公司法》,而且包括《民法典》中的有关规定和《中华人民共和国公司登记管理条例》等。

(3)公司法既是组织法,也是活动法

规范公司的公司法有相当一部分内容是规定公司组织的;同时,公司作为营利主体,公司法也有许多规定公司活动的内容。所以,公司法从内容上看,和其他的企业立法一样,既是组织法,也是活动法。

(4)公司法以保护公司营利为根本宗旨

公司是以营利为目的的企业法人,规范公司的公司法应该以保护公司营利为目的。公司面临瞬息万变的市场,为了提高公司营业的应变能力、保证公司营利目的的实现,公司法在制度设计上应当不断更新理念,如在公司日常的经营管理方面,从强调股东权利逐步向加强董事会、董事长和经理职权的方向转变。

(二)中国公司立法概况

1. 中国《公司法》的发展变迁

1993 年 12 月 29 日,第八届全国人大常委会第五次会议通过《公司法》,自 1994 年 10 月 1 日起施行。《公司法》施行后经多次修正,现行的是根据 2018 年 10 月 26 日第十三届全国人大常委会第六次会议修正的文本。

2. 中国《公司法》的完善

随着中国市场经济体制的建立和完善,经过多次修正的《公司法》在顺应市场体制、适应宏观调控等方面有了进一步的完善。

(1)观念更新

修正后的《公司法》实现了"从身份到契约"的转变:从倾向于为国有企业建立现代企业制度服务,到同等对待所有企业;从着重对公司的管控,到贯彻契约自由精神和公司自治理念,赋予公司更大的自主、自治空间。公司立法观念发生了较大的变化。

(2)体系完善

修正后的《公司法》将原《公司法》中有关证券发行的条款完善后移至《中华人民共和国证券法》,完善了《公司法》的法律体系。

(3)明确公司承担社会责任

修正后的《公司法》强化了公司的社会责任，明确“公司从事经营活动，必须遵守法律、行政法规，遵守社会公德、商业道德，诚实守信，接受政府和社会公众的监督，承担社会责任”。

(4)突出公司和股东自治

修正后的《公司法》扩大了公司和股东意思自治的空间，允许公司章程和股东协议在不违反强行性规范、诚实信用原则和公序良俗原则的前提下，就公司内部的有关事项作出安排，这点突出表现在以下三个方面：

第一，公司的经营活动更加自由。取消原《公司法》第十条“公司应当在登记的经营范围内从事经营活动”的规定。

第二，扩大公司转投资的自主权。取消原《公司法》第十二条“公司对外投资的比例不得超过公司净资产百分之五十”的限制。

第三，赋予公司章程约定应由公司自治的事项。允许公司章程约定公司的法定代表人，法定代表人可以由董事长、执行董事或者总经理担任，改变了法定代表人只能由董事长担任的规定；允许公司章程约定有限责任公司股东红利分配的比例、公司新增资本时股东优先认缴出资的比例、有限责任公司股东会议表决权行使的方式和有限责任公司股权的转让办法；允许公司章程规定临时股东大会召开的情形；允许公司章程对公司经理的职权作出约定；允许公司章程规定股份公司不按照持股比例分配利润；在“营业期限届满或者公司章程规定的其他解散事由出现”的情况下，股东会可以通过修改公司章程使公司存续。

(5)改革公司设立和资本制度

修正后的《公司法》创新和完善了公司设立及公司资本制度方面的规定，具体表现在：

第一，将注册资本实缴登记制改为认缴登记制。公司股东(发起人)自主约定认缴出资额、出资方式和出资期限等，并记载于公司章程。

第二，放宽注册资本登记条件。除法律、行政法规以及国务院决定对公司注册资本最低限额另有规定外，取消了公司最低注册资本限制；不再限制公司设立时股东(发起人)的首次出资比例；不再限制股东(发起人)的货币出资比例。

第三，简化登记事项和登记文件。有限责任公司股东认缴的出资额和公司实收资本不再作为公司登记事项。公司登记时，不需要提交验资报告。修正后的《公司法》增加了股份有限公司定向募集的设立方式；删除了提取法定公益金的条款，降低了公司运作成本；简化了公司合并、分立的程序。

(6)将“一人公司”纳入《公司法》调整的范围

修正后的《公司法》允许设立一人有限责任公司。虽然对“一人公司”做了比较严格的规定，但方便了投资。

(7)健全股东特别是中小股东利益的保护机制

修正后的《公司法》健全了对股东尤其是中小股东利益的保护机制，主要体现在以下几个方面：一是扩大股东知情权行使的范围和手段；二是规定有限责任公司有异议股东的股份回购请求权；三是赋予股东解散公司的请求权；四是建立累积投票制度；五是规定股东代表诉讼制度；六是增设股东直接起诉董事、高级管理人员的条款；七是规定股份有限公司股东的提案权；八是增设对股东会、董事会决议的请求撤销权。

(8)完善公司治理,强化公司监控

修正后的《公司法》通过完善股东会会议制度,弱化董事长的职权,强化监事会的监督职能,强调公司董事和高级管理人员的忠实和勤勉义务等,完善公司治理,强化公司监控。

第二节　有限责任公司

一、有限责任公司的设立和组织机构

(一)有限责任公司的设立

1. 有限责任公司设立的条件

《公司法》规定,设立有限责任公司应当具备下列条件:

第一,股东符合法定人数。有限责任公司由五十个以下的股东出资设立,一个股东出资设立的为"一人有限责任公司"(《公司法》有特别规定)。有限责任公司的股东可以是自然人,也可以是法人。

第二,有符合公司章程规定的全体股东认缴的出资额。有限责任公司的出资额在公司登记机关登记的,成为有限责任公司的注册资本。有限责任公司的出资额由公司章程规定,全体股东认缴。

第三,股东共同制定公司章程。有限责任公司作为营利法人,应当依法制定章程。《公司法》要求有限责任公司有股东共同制定的公司章程,该公司章程应当载明下列事项:一是公司名称和住所;二是公司经营范围;三是公司注册资本;四是股东的姓名或者名称;五是股东的出资方式、出资额和出资时间;六是公司的机构及其产生办法、职权、议事规则;七是公司法定代表人;八是股东会会议认为需要规定的其他事项。股东应当在公司章程上签名、盖章。

第四,有公司名称,建立符合有限责任公司要求的组织机构。

第五,有公司住所。

2. 有限责任公司设立的程序

(1)订立发起协议

发起协议是有限责任公司的发起人之间为了设立有限责任公司、明确各自的权利和义务的法律文件。有限责任公司设立成功的,发起人就是股东。

(2)制定公司章程

股东共同制定公司章程,公司章程对公司、股东、董事、监事、经理具有约束力。

(3)股东缴纳出资

股东应当按期足额缴纳公司章程规定的各自认缴的出资额。股东以货币出资的,应当将货币出资足额存入有限责任公司在银行开设的账户;以非货币财产出资的,应当依法办理财产权的转移手续。股东不按照规定缴纳出资的,除应当向公司足额缴纳外,还应当向已按期足额缴纳出资的股东承担违约责任。

(4)建立组织机构

股东缴纳出资后应建立公司组织机构,确定董事长、董事、监事及经理的名单。

(5)申请设立登记

股东认足公司章程规定的出资后，由全体股东指定的代表或者共同委托的代理人向公司登记机关报送公司登记申请书和公司章程等文件，申请设立登记。公司登记机关应当在受理申请文件后规定的期限内作出是否准予登记的决定。

3. 有限责任公司股东的出资

(1)有限责任公司的注册资本

注册资本，是指在公司登记机关登记的公司资本，由公司章程规定其数额，由公司股东认缴出资构成。有限责任公司的注册资本为在公司登记机关登记的全体股东认缴的出资额，法律、行政法规以及国务院决定对有限责任公司注册资本实缴和最低限额另有规定的，从其规定。公司成立后，股东不得抽逃出资。

(2)股东的出资方式

股东可以用货币出资，也可以用非货币财产作价出资。非货币财产包括实物、知识产权和土地使用权等可以用货币估价并可以依法转让的财产，但法律、行政法规规定不得作为出资的财产除外。对作为出资的非货币财产，应当评估作价，核实财产，不得高估或者低估作价；法律、行政法规对评估作价有规定的，从其规定。

(3)股东非货币财产出资补差的责任

有限责任公司成立后，发现作为设立公司出资的非货币财产的实际价额显著低于公司章程所定价额的，应当由缴付该出资的股东补足差额，公司设立时的其他股东承担连带责任。

(4)股东的出资证明

有限责任公司股东出资的证明是出资证明书。有限责任公司成立后，应当向股东签发由公司盖章的出资证明书。出资证明书应当载明下列事项：一是公司名称；二是公司成立日期；三是公司注册资本；四是股东的姓名或者名称、缴纳的出资额和出资日期；五是出资证明书的编号和核发日期。

(5)股东名册及其意义

有限责任公司应当置备记载下列事项的股东名册：一是股东的姓名或者名称及住所；二是股东的出资额；三是出资证明书编号。

记载于股东名册的股东，可以依股东名册主张行使股东权利。公司应当将股东的姓名或者名称向公司登记机关登记。登记事项发生变更的，应当办理变更登记；未经登记或者变更登记的，不得对抗第三人。

(6)股东的基本权利

①股东的知情权利：一是股东有权查阅、复制公司章程、股东会会议记录、董事会会议决议、监事会会议决议和财务会计报告。二是股东可以要求查阅公司的会计账簿。股东要求查阅公司会计账簿的，应当向公司提出书面请求，说明目的。公司有合理根据认为股东查阅公司的会计账簿有不正当目的，可能损害公司合法利益的，可以拒绝提供查阅，并应当自股东提出书面请求之日起十五日内书面答复股东并说明理由。公司拒绝提供查阅的，股东可以请求人民法院要求公司提供查阅。

②股东的资本权利：一是股东按照实缴的出资比例分取红利。二是公司新增资本时，股东有权优先按照实缴的出资比例认缴出资；但是，全体股东约定不按照出资比例分取红利或者不

按照出资比例优先认缴出资的除外。

(二)有限责任公司的组织机构

1. 股东会

(1)股东会的组成和性质

有限责任公司设立股东会。股东会由全体股东组成,是公司的权力机构,依法行使职权。有限责任公司的全体股东是有限责任公司股东会的成员,都有参加股东会、在股东会上行使股东权利的资格。作为公司的权力机构,股东会有权决议有限责任公司的一切重大事项。但是,股东会对外不代表公司,对内不执行业务,不是公司的常设机构,而是有限责任公司的必设、非常设机构。

(2)股东会的职权

股东会行使下列职权:一是决定公司的经营方针和投资计划;二是选举和更换非由职工代表担任的董事、监事,决定有关董事、监事的报酬事项;三是审议批准董事会的报告;四是审议批准监事会或者监事的报告;五是审议批准公司的年度财务预算方案和决算方案;六是审议批准公司的利润分配方案和弥补亏损方案;七是对公司增加或者减少注册资本作出决议;八是对发行公司债券作出决议;九是对公司合并、分立、解散、清算或者变更公司形式作出决议;十是修改公司章程;十一是公司章程规定的其他职权。对上述所列事项,股东以书面形式一致表示同意的,可以不召开股东会会议,直接作出决定,并由全体股东在决定文件上签名、盖章。

(3)股东会会议的召集和主持

①首次股东会会议的召集。首次股东会会议由出资最多的股东召集和主持,依照法律规定行使职权。首次股东会会议,是指有限责任公司第一次召开的股东会会议。出资最多的股东,是指投资最多、预期利益最大、承担责任和风险也最大的股东。

②股东会会议召集和主持的一般情况。股东会会议的召集和主持有以下几种情况:

第一,董事会召集、董事长主持。有限责任公司设立董事会的,股东会会议由董事会召集,董事长主持;董事长不能履行职务或者不履行职务的,由副董事长主持;副董事长不能履行职务或者不履行职务的,由半数以上董事共同推举一名董事主持。

第二,执行董事召集并主持。有限责任公司不设董事会的,股东会会议由执行董事召集并主持。

第三,监事会或者监事、股东召集并主持。董事会或者执行董事不能履行或者不履行召集股东会会议职责的,由监事会或者设监事会的公司的监事召集并主持;监事会或者监事不召集和主持的,代表十分之一以上表决权的股东可以自行召集并主持。

(4)股东会会议的形式、会议通知和会议记录

①股东会会议的形式。股东会会议分为定期会议和临时会议。定期会议应当依照公司章程的规定按时召开,临时会议应当在代表十分之一以上表决权的股东、三分之一以上的董事、监事会或者不设监事会的公司的监事提议时召开。

②股东会会议的通知。召开股东会会议,应当于会议召开十五日前通知全体股东,公司章程另有规定或者全体股东另有约定的除外。

③股东会会议的记录。股东会应当对所议事项的决定做成会议记录,出席会议的股东应当在会议记录上签名。股东会的会议记录是股东会开会时对会议议题、股东意见和最后决定

的书面记录。

(5)股东会会议的议事方式和表决

股东会会议的议事方式一般采用股东表决，但公司章程可以规定其他议事方式。股东会会议的议事方式采用股东表决的，由股东按照出资比例行使表决权，但公司章程可以规定其他表决权确定方式。股东会会议作出修改公司章程、增加或者减少注册资本，以及公司合并、分立、解散或者变更公司形式的决议，必须经代表三分之二以上表决权的股东通过。

2. 董事会(执行董事)

(1)董事会的设置、人数和组成

有限责任公司设董事会，其成员为三人至十三人；两个以上国有企业或者两个以上其他国有投资主体投资设立的有限责任公司，其董事会成员中应当有公司职工代表；其他有限责任公司董事会成员中可以有公司职工代表。董事会中的职工代表由公司职工通过职工代表大会、职工大会或者其他形式民主选举产生。

(2)董事的任期

董事的任期由公司章程规定，但每届任期不得超过三年；董事任期届满，可以连选连任。董事任期届满未及时改选，或者董事在任期内辞职导致董事会成员低于法定人数的，在改选出的董事就任前，原董事仍应当依照法律、行政法规和公司章程的规定履行董事职务。

(3)执行董事

股东人数较少或者规模较小的有限责任公司，可以设一名执行董事，不设董事会。执行董事可以兼任公司经理。执行董事的职权由公司章程规定。

(4)董事长

董事会设董事长一名，可以设副董事长。董事长和副董事长的产生办法由公司章程规定。

(5)董事会的性质和职权

有限责任公司的董事会是股东会的执行机构。董事会对股东会负责，行使下列职权：一是召集股东会会议，并向股东会报告工作；二是执行股东会决议；三是决定公司的经营计划和投资方案；四是制订公司的年度财务预算方案和决算方案；五是制订公司的利润分配方案和弥补亏损方案；六是制订公司增加或者减少注册资本以及发行公司债券的方案；七是制订公司合并、分立、解散或者变更公司形式的方案；八是决定公司内部管理机构的设置；九是决定聘任或者解聘公司经理及其报酬事项，并根据经理的提名决定聘任或者解聘公司副经理、财务负责人及其报酬事项；十是制定公司的基本管理制度；十一是公司章程规定的其他职权。

(6)董事会会议

①董事会会议的召集和主持。董事会会议由董事长召集和主持；董事长不能履行职务或者不履行职务的，由副董事长召集和主持；副董事长不能履行职务或者不履行职务的，由半数以上董事共同推举一名董事召集和主持。

②董事会的议事方式和表决程序。董事会的议事方式和表决程序除法律有规定外，由公司章程规定。

③董事会的会议记录和签名。董事会应当对所议事项的决定做成会议记录，出席会议的董事应当在会议记录上签名。

④董事会的表决。董事会决议的表决实行一人一票。

3. 经理

(1)有限责任公司经理的设置

经理不是有限责任公司的必设职位,有限责任公司可以设经理,也可以不设经理;有限责任公司设经理的,应由董事会决定聘任或者解聘。

(2)有限责任公司经理的职权

经理对董事会负责,行使下列职权:一是主持公司的生产经营管理工作;二是组织实施董事会决议;三是组织实施公司年度经营计划和投资方案;四是拟订公司内部管理机构设置方案;五是拟订公司的基本管理制度;六是制定公司的具体规章;七是提请聘任或者解聘公司副经理、财务负责人;八是决定聘任或者解聘除应由董事会决定聘任或者解聘以外的管理人员;九是董事会授予的其他职权。经理列席董事会会议。公司章程对经理的职权另有规定的,从其规定。

4. 监事会(监事)

(1)监事会的设置、人数、组成及监事会主席

①监事会的设置和人数。有限责任公司设监事会,其成员不得少于三人;股东人数较少或者规模较小的有限责任公司,可以设一至二名监事,不设监事会。

②监事会的组成。监事会应当包括股东代表和适当比例的公司职工代表,其中,职工代表的比例不得低于三分之一,具体比例由公司章程规定;监事会中的职工代表由公司职工通过职工代表大会、职工大会或者其他形式民主选举产生。

③监事会主席。监事会设主席一人,由全体监事过半数选举产生。监事会主席召集和主持监事会会议;监事会主席不能履行职务或者不履行职务的,由半数以上监事共同推举一名监事召集和主持监事会会议。

(2)监事的任期和履行职务

①监事的任期。监事的任期每届为三年,监事任期届满连选可以连任。

②监事履行职务。监事是公司的一种职务,担任公司的监事应当履行监事职务。监事任期届满未及时改选,或者监事在任期内辞职导致监事会成员低于法定人数的,在改选出的监事就任前,原监事仍应当依照法律、行政法规和公司章程的规定,履行监事职务。

(3)监事会的性质和职权

①监事会的性质。监事会是公司的监督机构,监督董事会(执行董事)、经理的工作,董事、高级管理人员不得兼任监事。

②监事会的职权。监事会、不设监事会的公司的监事行使下列职权:一是检查公司财务;二是对董事、高级管理人员执行公司职务的行为进行监督,对违反法律、行政法规、公司章程或者股东会决议的董事、高级管理人员提出罢免建议;三是当董事、高级管理人员的行为损害公司利益时,要求董事、高级管理人员予以纠正;四是提议召开临时股东会会议,在董事会不履行《公司法》规定的召集和主持股东会会议的职责时召集和主持股东会会议;五是向股东会会议提出提案;六是依法对董事、高级管理人员提起诉讼;七是公司章程规定的其他职权。

③监事会行使职权的保障。在现实中,董事会(执行董事)、经理对于监事会行使职权往往不予配合。为了保障监事会、不设监事会的公司的监事行使职权,对监事会行使职权在制度上予以保障是必要的:一是监事可以列席董事会会议,并对董事会决议事项提出质询或者建议;

二是监事会、不设监事会的公司的监事发现公司经营情况异常，可以进行调查，必要时可以聘请会计师事务所等协助其工作；三是监事会、不设监事会的公司的监事行使职权所必需的费用由公司承担。

(4)监事会会议

①监事会会议的形式。监事会每年度至少召开一次会议，监事可以提议召开临时监事会会议。

②监事会的议事方式和表决程序。监事会的议事方式和表决程序，除法律有规定的外，由公司章程规定。

③监事会的决议方式。监事会决议应当经半数以上监事通过。

④监事会的会议记录。监事会应当对所议事项的决定做成会议记录，出席会议的监事应当在会议记录上签名。

需要说明的是，现有外商投资企业中有限责任公司的组织机构采取董事会领导下的总经理负责制，不设股东会、监事会，董事会成为公司权力机构、总经理负责日常经营管理。

二、一人有限责任公司和国有独资有限责任公司

(一)一人有限责任公司

1. 一人有限责任公司概述

(1)一人有限责任公司的含义

一人有限责任公司，是指只有一个自然人股东或者一个法人股东的有限责任公司，其特殊性表现在：

第一，一人有限责任公司只有一个股东，而一般的有限责任公司有两个以上股东。

第二，一人有限责任公司的股东如果是一个自然人，则一人有限责任公司与个人独资企业不同，前者对企业债务承担有限责任，后者对企业债务承担无限责任。

(2)一人有限责任公司产生的原因

产生一人有限责任公司的原因主要有：

第一，有限责任公司的股权通过转让归于一人，形成事实上的一人有限责任公司。

第二，一个投资人设立一人有限责任公司，利用有限责任规避投资风险。

(3)一人有限责任公司的法律适用

法律承认一人有限责任公司的地位就必须在防止股东滥用有限责任原则和公司独立人格上有所安排。一人有限责任公司的设立和组织机构适用《公司法》第二章(有限责任公司的设立和组织机构)第三节(一人有限责任公司的特别规定)的规定；《公司法》第二章第三节没有规定的，适用《公司法》第二章第一节(设立)和第二节(组织机构)的规定。

2. 一人有限责任公司的特别规定

(1)设立限制

一个自然人只能投资设立一个一人有限责任公司，该一人有限责任公司不能投资设立新的一人有限责任公司。

(2)股东属性公示

一人有限责任公司应当在公司登记中注明自然人独资或者法人独资，并在公司营业执照

中载明。

(3)公司章程的制定和股东决策

一人有限责任公司的章程由一名股东制定。股东作出决定时,应当采用书面形式并由股东签名后置备于公司。

(4)法定强制审计和股东财产责任加重

一人有限责任公司由一个股东控制公司,公司财产与股东个人财产容易混淆。为了防止一人有限责任公司的财产与股东个人财产混淆、保护债权人利益:

第一,法定强制审计。一人有限责任公司应当在每一会计年度终了时编制财务会计报告,并经会计师事务所审计。

第二,股东财产责任加重。一人有限责任公司的股东不能证明公司财产独立于股东自己的财产的,应当对公司债务承担连带责任。

(二)国有独资有限责任公司

1. 国有独资有限责任公司概述

(1)国有独资有限责任公司的含义

国有独资有限责任公司,是指国家单独出资、由国务院或者地方人民政府授权本级人民政府国有资产监督管理机构履行出资人职责的有限责任公司,其特殊性表现在:

第一,国有独资有限责任公司由国家单独出资设立。国有独资有限责任公司的唯一"股东"是国家,国家是不同于自然人和法人的特殊主体。

第二,国有独资有限责任公司由国务院或者地方人民政府授权本级人民政府国有资产监督管理机构履行出资人职责。国家作为国有独资有限责任公司的唯一出资人,对国有独资有限责任公司享有权利、承担义务,由国务院或者地方人民政府授权本级人民政府国有资产监督管理机构履行出资人职责。

(2)国有独资有限责任公司与一人有限责任公司的区别

国有独资有限责任公司与一人有限责任公司都有出资人"单独"的特点,但两者有许多区别,主要是:

第一,国有独资有限责任公司的出资人是国家,一人有限责任公司的出资人是一个自然人或者一个法人。

第二,国有独资有限责任公司的所有权属于国家,是公有制企业;一人有限责任公司的所有权属于自然人,是私有制企业。

(3)国有独资有限责任公司的法律适用

国有独资有限责任公司的设立和组织机构适用《公司法》第二章(有限责任公司的设立和组织机构)第四节(国有独资有限责任公司的特别规定)的规定;第四节没有规定的,适用《公司法》第二章第一节(设立)和第二节(组织机构)的规定。

2. 国有独资有限责任公司的特别规定

(1)公司章程的制定

国有独资有限责任公司的章程由国有资产监督管理机构制定,或者由董事会制定报国有资产监督管理机构批准。

(2)公司组织机构

国有独资有限责任公司的组织机构与一般有限责任公司相比有以下几个特点：

第一，不设股东会，由国有资产监督管理机构行使股东会职权。国有资产监督管理机构可以授权公司董事会行使股东会的部分职权，决定公司的重大事项，但公司的合并、分立、解散、增加或者减少注册资本和发行公司债券，必须由国有资产监督管理机构决定；重要的公司合并、分立、解散或申请破产，应当由国有资产监督管理机构审核后，报本级人民政府批准。

第二，董事会成员由国有资产监督管理机构委派，由公司职工代表大会选举产生。国有独资公司设董事会，依法行使职权。董事每届任期不得超过三年。董事会成员由国有资产监督管理机构委派，其中应当有由公司职工代表大会选举产生的公司职工代表。董事会设董事长一人，可以设副董事长。董事长和副董事长由国有资产监督管理机构从董事会成员中指定。国有独资有限责任公司设经理，由董事会聘任或者解聘。经国有资产监督管理机构同意，董事会成员可以兼任经理。

第三，监事会成员不得少于五人，其中，职工代表的比例不得低于三分之一，具体比例由公司章程规定。监事会成员由国有资产监督管理机构委派，由公司职工代表大会选举产生。监事会主席由国有资产监督管理机构从监事会成员中指定。监事会行使《公司法》规定的职权和国务院规定的其他职权。

国有独资有限责任公司的董事长、副董事长、董事和高级管理人员未经国有资产监督管理机构同意，不得在其他有限责任公司、股份有限公司或者其他经济组织兼职。

三、有限责任公司的股权转让

(一)有限责任公司股权转让概述

1. 股权转让的含义

有限责任公司的股权转让，是指有限责任公司的股东将自己在公司中的出资(股权)份额让渡给他人的行为，具体包括以下含义：

第一，股权转让的对象是股东在公司中的出资份额，但股权转让的客体不仅是股东在公司中的出资份额，而且包括因为出资而享有的股东权利。

第二，股权转让是法律行为，股东在转让过程中应当遵守法律规定，承担法律后果。

2. 股权转让与股份转让的区别

股份有限公司的资本划分为等额股份，股东的出资凭证是作为有价证券的股票，股权已经证券化，股权转让就是股份转让，转让规则由《中华人民共和国证券法》规定；有限责任公司股东的出资凭证是出资证明书，股权没有完全证券化，股权转让的规则由《公司法》规定。

(二)有限责任公司股权转让的规定

1. 股东根据自己的意愿转让股权

(1)股东将股权转让给其他股东

有限责任公司的股东之间可以相互转让其全部或者部分股权。

(2)股东将股权转让给股东以外的人

股东向股东以外的人转让股权应当经其他股东过半数同意，股东应就其股权转让的事项书面通知其他股东征求同意，其他股东自接到书面通知之日起满三十日未答复的，视为同意转让;其他股东半数以上不同意转让的,不同意的股东应当购买该转让的股权,否则视为同意转让。经股东同意转让的股权,在同等条件下其他股东有优先购买权;两个以上股东主张行使优先购买权的,协商确定各自的购买比例;协商不成的,按照转让时各自的出资比例行使优先购买权。公司章程对股权转让另有规定的,从其规定。

2. 股东根据人民法院的强制执行程序转让股权

人民法院依照法律规定的强制执行程序转让股东的股权时,应当通知公司及全体股东,其他股东在同等条件下有优先购买权;其他股东自人民法院通知之日起满二十日不行使优先购买权的,视为放弃优先购买权。

3. 股东因行使请求收购权而转让股权

请求收购权,是指有限责任公司的股东在法律规定的情形下,要求公司收购自己的股权的请求权。

有下列情形之一的,对股东会该项决议投反对票的股东,可以请求公司按照合理的价格收购其股权:一是公司连续五年不向股东分配利润,而公司该五年连续盈利,并且符合《公司法》规定的分配利润条件的;二是公司合并、分立、转让主要财产的;三是公司章程规定的营业期限届满或者其他解散事由出现,股东会会议通过决议修改章程使公司存续的。

自股东会会议决议通过之日起六十日内股东与公司不能达成股权收购协议的,股东可以自股东会会议决议通过之日起九十日内向人民法院提起诉讼。

4. 自然人股东死亡后因股东资格继承而转让股权

自然人股东死亡后,其合法继承人可以继承股东资格,但公司章程另有规定的除外。股东资格包含股东出资和由此取得的股东权利。自然人股东死亡后,其股东资格由继承人继承的,股东权利实际上已经转让。有限责任公司具有人合性特征,其他股东不一定信任继承人成为新股东,因而允许公司章程另有规定。

因上述 1、2 原因而导致股权转让的,公司应当注销原股东的出资证明书,向新股东签发出资证明书,并相应修改公司章程和股东名册中有关股东及其出资额的记载。对公司章程的该项修改无须经股东会表决。

第三节　股份有限公司

一、股份有限公司的设立和组织机构

(一)股份有限公司的设立

1. 股份有限公司设立的方式

股份有限公司的设立可以采取发起设立或者募集设立的方式。

(1)发起设立

发起设立,是指发起人认购公司应发行的全部股份而设立公司。采取发起设立方式设立股份有限公司的,发起人首次缴纳出资后,可以选举董事会和监事会,由董事会向公司登记机关申请公司设立登记,无须召开创立大会。股份有限公司采取发起设立的,发起人在公司成立后成为公司股东。

(2)募集设立

募集设立，是指发起人认购公司应发行股份的一部分，其余股份向社会公开募集或者向特定对象募集而设立公司。募集设立方式有公开募集和定向募集两种。公开募集是发起人认购公司应发行股份的一部分，其余股份向社会公开募集而设立股份有限公司。定向募集是发起人认购公司应发行股份的一部分，其余股份向特定对象募集而设立股份有限公司。股份有限公司采取募集设立的，发起人在公司成立后成为公司股东，其他认股人也是公司股东。

2. 股份有限公司设立的条件

《公司法》规定，设立股份有限公司应当具备下列条件：

(1)发起人符合法定人数

设立股份有限公司应当有两人以上两百人以下的发起人，其中需有半数以上发起人在中国境内有住所。发起人承担股份有限公司的筹办事务，应当签订发起人协议，明确各自在公司设立过程中的权利和义务。

股份有限公司的发起人应当承担下列责任：一是公司不能设立时，对设立行为所产生的债务和费用负连带责任；二是公司不能设立时，对认股人已缴纳的股款负返还股款并加算银行同期存款利息的连带责任；三是在公司设立过程中，由于发起人的过失致使公司利益受到损害的，应当对公司承担赔偿责任。

(2)有符合公司章程规定的全体发起人认购的股本总额或者募集的实收股本总额

股份有限公司的股本总额或者实收股本总额由公司章程规定，来源于全体发起人的认购或者募集，在公司登记机关登记后成为公司的注册资本。法律、行政法规以及国务院对股份有限公司注册资本实缴和最低限额另有规定的，从其规定。

(3)股份发行和筹办事项符合法律规定

详见本书第六章的相关内容。

(4)发起人制定公司章程，采用募集方式设立的，经创立大会通过

股份有限公司作为营利法人，应当依法制定章程。《公司法》要求股份有限公司的发起人制定公司章程，该章程应当载明下列事项：一是公司名称和住所；二是公司经营范围；三是公司设立方式；四是公司股份总数、每股金额和注册资本；五是发起人的姓名或者名称、认购的股份数、出资方式和出资时间；六是董事会的组成、职权和议事规则；七是公司法定代表人；八是监事会的组成、职权和议事规则；九是公司利润分配办法；十是公司的解散事由与清算办法；十一是公司的通知和公告办法；十二是股东大会会议认为需要规定的其他事项。

(5)有公司名称，建立符合股份有限公司要求的组织机构

(6)有公司住所

3. 发起设立股份有限公司的程序

(1)发起人签订发起人协议

发起人应当签订发起人协议，明确各自在公司设立过程中的权利和义务。

(2)发起人制定公司章程

(3)发起人认购公司应发行的全部股份

发起人应当书面认足公司章程规定其认购的股份。每个发起人以书面形式承诺自己将要认购的股份数，所有发起人承诺认购的股份数之和应当等于公司应发行的全部股份。

(4)发起人缴纳股款

发起人按照公司章程的规定缴纳出资。发起人以非货币财产出资的，应当依法办理其财产权的转移手续。发起人不依照规定缴纳出资的，应当按照发起人之间的协议承担违约责任。

(5)发起人选举董事会和监事会

发起人认足公司章程规定的出资后，应当选举董事会和监事会。

(6)董事会申请设立登记

董事会向公司登记机关报送公司章程以及法律、行政法规规定的其他文件，申请设立登记。

4. 募集设立股份有限公司的程序

(1)发起人签订发起人协议

(2)发起人制定公司章程，在以后经创立大会通过

募集设立股份有限公司的，发起人只是公司全部股东的一部分，所以，发起人制订的公司章程需要经创立大会的通过。

(3)发起人认购法定数额的股份

除法律、行政法规另有规定外，以募集设立方式设立股份有限公司的，发起人认购的股份不得少于公司股份总数的百分之三十五。

(4)发起人公开或者定向募集股份

股份有限公司的发起人认购不少于公司股份总数百分之三十五的股份后，其余股份应当向社会公开募集或者向特定对象募集。发起人向社会公开募集股份，必须公告招股说明书并制作认股书。认股书应当载明招股说明书所列事项，由认股人填写认购股数、金额、住所，并签名、盖章。公告的招股说明书应当附发起人制定的公司章程，并载明发起人认购的股份数、每股的票面金额和发行价格、无记名股票的发行总数、募集资金的用途、认股人的权利义务、本次募股的起止期限及逾期未募足时认股人可以撤回所认股份的说明。

(5)发起人和认股人缴纳股款

发起人和认股人必须一次缴清股款。发起人向社会公开募集股份的，应当由依法设立的证券公司承销，签订承销协议；同时，应当与银行签订代收股款协议，代收股款的银行应当按照协议代收和保存股款，向缴纳股款的认股人出具收款单据，并履行向有关部门出具收款证明的义务。发起人、认股人缴纳股款或者交付抵作股款的出资后，除未按期募足股份、发起人未按期召开创立大会或者创立大会决议不设立公司的情形外，不得抽回其股本。

(6)发起人验资并主持召开创立大会

发行股份的股款缴足后，必须经依法设立的验资机构验资并出具证明。发起人应当自股款缴足之日起三十日内主持召开由发起人、认股人组成的公司创立大会。

创立大会行使下列职权：一是审议发起人关于公司筹办情况的报告；二是审议并通过公司章程；三是选举董事会成员；四是选举监事会成员；五是对公司的设立费用进行审核；六是对发起人用于抵作股款的财产的作价进行审核；七是发生不可抗力或者经营条件发生重大变化直接影响公司设立的，可以作出不设立公司的决议。

(7)创立大会的举行和决议

发起人应当在创立大会召开十五日前将会议日期通知各认股人或者予以公告。只有代表

股份总数过半数的发起人、认股人出席，创立大会方可举行。创立大会对职权事项作出决议，必须经出席会议的认股人所持表决权过半数通过。

(8)董事会申请设立登记

创立大会决议公司设立的，董事会应于创立大会结束后三十日内向公司登记机关报送公司登记申请书，创立大会的会议记录，公司章程，验资证明，法定代表人、董事、监事的任职文件及其身份证明，发起人的法人资格证明或者自然人身份证明和公司住所证明，申请设立登记。以募集方式设立股份有限公司并公开发行股票的，还应当向公司登记机关报送国务院证券管理机构的核准文件。公司登记机关自接到设立登记申请之日起三十日内作出是否予以登记的决定。

股份有限公司成立后，应当将公司章程、股东名册、公司债券存根、股东大会会议记录、董事会会议记录、监事会会议记录、财务会计报告置备于公司。股东有权查阅公司章程、股东名册、公司债券存根、股东大会会议记录、董事会会议决议、监事会会议决议和公司财务会计报告，对公司的经营提出建议或者质询。

5. 股份有限公司发起人的出资

(1)股份有限公司的注册资本

股份有限公司采取发起设立方式设立的，注册资本为在公司登记机关登记的全体发起人认购的股本总额，在发起人认购的股份缴足前，不得向他人募集股份。股份有限公司采取募集方式设立的，注册资本为在公司登记机关登记的实收股本总额。另外，法律、行政法规以及国务院决定对股份有限公司的注册资本实缴、注册资本最低限额另有规定的，从其规定。

(2)发起人的出资方式

发起人的出资方式有货币出资和非货币出资两种。非货币出资包括实物、知识产权、土地使用权等可以用货币估价并可以依法转让的非货币财产作价出资。

(3)发起人的出资期限

采取发起设立方式的，发起人的出资可以一次缴纳，也可以分期缴纳。采取募集设立方式的，发起人和认股人应当一次缴纳全部出资。

(4)发起人的缴资补差责任

股份有限公司成立后，发起人未按照公司章程的规定缴足出资的，应当补缴，其他发起人承担连带责任。股份有限公司成立后，发现作为设立公司出资的非货币财产的实际价额显著低于公司章程所定价额的，应当由交付该出资的发起人补足差额，其他发起人承担连带责任。

(5)认股人要求返还股款及利息

发行的股份超过招股说明书规定的截止期限尚未募足的，或者发行股份的股款缴足后发起人在三十日内未召开创立大会的，认股人可以按照所缴股款并加算银行同期存款利息，要求发起人返还。

6. 有限责任公司变更为股份有限公司

(1)净资产折合为股份有限公司股份

有限责任公司变更为股份有限公司时，折合的实收股本总额不得高于公司净资产额。

(2)为增资公开发行股份

有限责任公司变更为股份有限公司，为增加资本而公开发行股份时，应当依法办理。公司的责任形式已为股份有限公司，所以，必须按照《公司法》，特别是《中华人民共和国证券法》的规定办理公开发行股份事宜。

（二）股份有限公司的组织机构

1. 股东大会

(1)股东大会的组成和性质

股份有限公司的股东大会由全体股东组成，是公司的权力机构。股东大会是股份有限公司的必设、非常设机构。

(2)股东大会的职权

股东大会依照《公司法》行使的职权与有限责任公司股东会行使的职权一致。股东大会的职权归纳起来包括投资经营决定权、人事任免权、审议批准权、章程修改权和章程规定的其他职权五个方面。

(3)股东大会的会议形式

①年会。年会也称股东常会，应当每年召开一次。年会的召开日期一般应在每年会计年度终结后六个月或者更短的时间内。

②临时会。股东临时会在必要时召开，与年会并列。有下列情形之一的，应当在两个月内召开临时股东大会：一是董事人数不足法定人数或者公司章程所定人数的三分之二时；二是公司未弥补的亏损达实收股本总额的三分之一时；三是单独或者合计持有公司股份百分之十以上的股东请求时；四是董事会认为必要时；五是监事会提议召开时；六是公司章程规定的其他情形。

(4)股东大会的召集

①股东大会的召集和主持。股东大会会议由董事会召集，董事长主持；董事长不能履行职务或者不履行职务的，由副董事长主持；副董事长不能履行职务或者不履行职务的，由半数以上董事共同推举一名董事主持。董事会不能履行或者不履行召集股东大会会议职责的，监事会应当及时召集和主持；监事会不召集和主持的，连续九十日以上单独或者合计持有公司百分之十以上股份的股东可以自行召集和主持。

②股东大会的会议通知。召开股东大会会议，应当将会议召开的时间、地点和审议事项于会议召开二十日前通知各股东，临时会应当于会议召开十五日前通知各股东；发行无记名股票的，应当于会议召开三十日前公告会议召开的时间、地点和审议事项。

③股东临时提案权。股东临时提案权，是指持有一定比例股份的股东，在股东大会召开前一定时限内向公司董事会提交提案，要求股东大会审议的权利。单独或者合计持有公司百分之三以上股份的股东，可以在股东大会召开十日前提出临时提案并书面提交董事会，董事会应当在收到提案后两日内通知其他股东，并将该临时提案提交股东大会审议。临时提案的内容应当属于股东大会的职权范围，并有明确议题和具体决议事项。

(5)股东大会的表决

①股东大会的表决事项。股东大会的表决事项是在会议通知中列明的审议事项和董事会在收到提案后两日内通知其他股东的临时提案。股东大会不得对上述两个通知中未列明的事项作出决议。

②股东的表决权。股东的表决权，是指股东对股东大会的表决事项表达赞成与否的权利。

股东出席股东大会会议的，所持每一股份有一表决权；但是，为了防止公司与股东个人人格混淆，公司持有的本公司股份没有表决权。另外，由于持有优先股的股东在资产收益方面享有优先权，因此，其一般也没有表决权。

③股东表决权的行使。无记名股股东是合法持有股份的自然人或者法人，可能经常变化，为了确定无记名股股东出席股东大会并行使表决权的资格，无记名股票持有人出席股东大会会议的，应当于会议召开五日前至股东大会闭会时将股票交存于公司；不交存的不能出席股东大会，不能行使表决权。表决权可以由股东在出席股东大会时自己行使，也可以委托他人在出席股东大会时代理行使。股东可以委托代理人出席股东大会会议，代理人应当向公司提交股东授权委托书，并在授权范围内行使表决权。

④股东大会的表决方式。根据所议事项对公司的重要程度，股东大会的表决方式可以分为普通决议和特别决议两种，表决的事项相应地分为普通决议事项和特别决议事项。股东大会作出决议，必须经出席会议的股东所持表决权过半数通过（普通决议）；股东大会作出修改公司章程、增加或者减少注册资本的决议，以及公司合并、分立、解散或者变更公司形式的决议，必须经出席会议的股东所持表决权的三分之二以上通过（特别决议）。

⑤股东大会对公司重大资产处置事项的表决。《公司法》和公司章程规定，公司转让、受让重大资产或者对外提供担保等事项必须经股东大会作出决议的，董事会应当及时召开股东大会会议，由股东大会就上述事项进行表决，但《公司法》对表决方式没有明确规定。

⑥股东大会的会议记录。股东大会的会议记录也称议事录，是记录股东大会对所议事项的决议情况的书面文件，股东有权查阅。股东大会应当对所议事项的决定做成会议记录，主持人、出席会议的董事应当在会议记录上签名。会议记录应当与出席股东的签名册及代理出席的委托书一并保存。

（6）累积投票制

股东大会选举董事、监事，可以依照公司章程的规定或者股东大会的决议，实行累积投票制。累积投票制，是指股东大会选举董事或者监事时，每一股份拥有与应选董事或者监事人数相同的表决权，股东拥有的表决权可以集中使用。

①累积投票制的适用。股东大会选举董事、监事时，可以适用累积投票制。适用累积投票制选举董事、监事的，应当有公司章程的规定或者股东大会的决议。

②累积投票制的内涵。股东大会在选任董事和监事时，如果实行累积投票制，则每一股份有与应选董事或者监事人数相同的表决权，并且可以集中地投向一人或者数人。

2. 董事会

（1）董事的产生

股份有限公司设立时，董事由发起人或者创立大会选举产生；股份有限公司成立后，董事由股东大会选举产生和更换。但是，董事会成员如有职工代表，则另有产生办法。自然人和法人都可以被选举为董事，法人作为股份有限公司的董事，必须由具有完全民事行为能力的自然人作为代理人。

（2）董事的任期和职责

①董事的任期。股份有限公司董事的任期与有限责任公司董事适用一样的法律规定。

②董事的职责。董事的职责有一般职责和特殊职责两个方面。一般职责，即董事应该以

善良管理人应有的注意处理公司的事务，具体而言，董事应当谨慎、忠实地履行职责，以最大的努力谋求公司利益，不得损害公司的利益。特殊职责，包括董事有私人交易限制和对公司损害禁止的义务等。

(3)董事会的设置、人数和组成

①董事会的设置和人数。股份有限公司设董事会，董事会的成员人数为五人至十九人，具体人数可以由公司章程规定。

②董事会的组成。公司章程可以规定董事会成员中有公司职工代表，董事会中的公司职工代表通过职工代表大会、职工大会或者其他形式民主选举产生。

(4)董事会的性质和职权

①董事会的性质。董事会是股份有限公司的经营决策机构、业务执行机构和公司代表机构，是股份有限公司的必设、常设机构。

②董事会的职权。股份有限公司董事会的职权与有限责任公司董事会的职权适用一样的法律规定。

(5)董事长

董事会设董事长一人，可以设副董事长。董事长和副董事长由董事会以全体董事的过半数选举产生。董事长召集和主持董事会会议，检查董事会决议的实施情况。副董事长协助董事长的工作。董事长不能履行职务或者不履行职务的，由副董事长履行职务；副董事长不能履行职务或者不履行职务的，由半数以上董事共同推举一名董事履行职务。

(6)董事会会议

①董事会会议的形式。董事会会议有经常会议和临时会议两种。经常会议每年度至少召开两次，每次应当于会议召开十日前通知全体董事和监事。临时会议由代表十分之一以上表决权的股东、三分之一以上董事或者监事会提议召开，董事长应当自接到提议后十日内召集和主持董事会会议。董事会召开临时会议，可以另定召集临时董事会的通知方式和通知时限。

②董事会会议的举行和表决。董事会会议应当有过半数董事出席方可举行。董事会作出决议时，必须经全体董事过半数通过。董事会决议的表决实行一人一票制。

(7)董事会会议的出席、会议记录和对董事会决议的责任

①董事会会议的出席。董事本人应当出席董事会会议；董事因故不能出席时，可以书面形式委托其他董事代为出席，委托书中应载明授权范围。

②董事会会议的记录。董事会应当对会议所议事项的决定做成会议记录，出席会议的董事应当在会议记录上签名。会议记录一般包括会议举行的时间、地点、召集人和主持人、出席人和会议主要内容，以及决议事项、表决情况和表决结果等。

③对董事会决议的责任。董事应当对董事会的决议承担责任，董事会的决议违反法律、行政法规或者公司章程、股东大会决议，致使公司遭受严重损失的，参与决议的董事对公司负赔偿责任；但是，董事经证明在表决时对此曾表明异议并记载于会议记录的，可以免除责任。

3. 经理

(1)经理的设置

股份有限公司设经理，由董事会决定聘任或者解聘，董事会可以决定由董事会成员兼任经理。经理对董事会负责，接受董事会的监督。

(2)经理的职权

股份有限公司经理的职权与有限责任公司经理适用一样的法律规定。

4. 监事会

(1)监事会的设置、人数和组成

①监事会的设置和人数。股份有限公司设监事会，其成员不得少于三人。监事会是股份有限公司的必设、常设机构，其具体人数由公司章程规定。

②监事会的组成。股份有限公司监事会的组成人员应当包括股东代表和适当比例的公司职工代表。职工代表的具体比例由公司章程按照不低于总人数三分之一的比例规定，通过职工代表大会、职工大会或者其他形式民主选举产生。

(2)监事的任期和履行职务

股份有限公司监事的任期与股份有限公司的监事适用一样的法律规定。监事可以列席董事会会议，并对董事会决议事项提出质询或者建议。监事任期届满未及时改选，或者监事在任期内辞职导致监事会成员低于法定人数的，在改选出的监事就任前，原监事仍应当依照法律、行政法规和公司章程的规定，履行监事职务。公司的董事、高级管理人员不得兼任监事。

(3)监事会主席

①监事会主席的设置和产生。监事会设主席一人，可以设副主席；主席和副主席由全体监事过半数选举产生。

②监事会主席的职权。监事会主席召集和主持监事会会议。监事会主席不能履行职务或者不履行职务的，由监事会副主席召集和主持监事会会议；副主席不能履行职务或者不履行职务的，由半数以上监事共同推举一名监事召集和主持监事会会议。

(4)监事会的性质和职权

①监事会的性质。监事会是股份有限公司监督业务执行情况的机构。股东大会作为股份有限公司的权力机构，当然有权监督公司的业务执行情况，但是，股东大会不是常设机构，况且一般股东缺乏专业知识和经验，又大多对公司业务不够了解或者没有兴趣了解，实际上不可能由股东大会实现对公司业务的监督。所以，设置监事会以专门监督公司业务的执行情况是必要的。

②监事会的职权。股份有限公司监事会的职权与有限责任公司监事会适用一样的法律规定。监事会行使职权所必需的费用由公司承担。监事会发现公司经营情况异常，可以进行调查；必要时，可以聘请会计师事务所等协助其工作，费用由公司承担。

(5)监事会的会议

①监事会会议的形式。监事会会议的形式有经常会议和临时会议两种。经常会议每六个月至少召开一次，临时会议可以由监事提议召开。

②监事会的议事方式和表决程序。监事会的议事方式和表决程序，除《公司法》有规定的外，由公司章程规定。监事会的决议应当经半数以上监事通过。

③监事会的会议记录。监事会应当对所议事项的决定做成会议记录，出席会议的监事应当在会议记录上签名。

上述董事、监事和高级管理人员能够直接经营或者影响股份有限公司的事务，《公司法》规定，公司不得直接或者通过子公司向其提供借款，公司应当定期向股东披露其从公司获得报酬的情况。

二、股份有限公司的股份发行和转让

(一)股份概述

1. 股份的含义和法律性质

(1)股份的含义

股份有限公司的“股份”有两方面的基本含义：

第一，股份是股份有限公司资本的构成部分。股份有限公司的资本被划分为股份，每一股的金额相等。股份既是公司资本的构成部分，又是公司资本的最小计算单位，可称为“资本股”。

第二，股份是股东在股份有限公司中权利和义务的体现。股东在股份有限公司中的权利和义务的大小由其所持股份的多少决定，同种类的每一股份应当具有同等权利。股份是计算股东权利和义务的单位，可称为“权义股”。

(2)股份的法律性质

股份有限公司的股份具有以下法律性质：

第一，平等性。股份的发行实行公平、公正的原则，同种类的每一股份应当具有同等权利；同次发行的同种类股票，每股的发行条件和价格应当相同；任何单位或者个人所认购的股份，每股应当支付相同的价额。

第二，转让性。股东持有的股份可以依法转让。

第三，不可分割性。股份是计算公司资本的最小单位，因而每一股份不得再行分割，但是允许数人共同持有一单位股份。

2. 股份的分类

(1)普通股和特别股

根据持有股份的股东享有权利的不同，股份可以分为普通股和特别股。

①普通股。普通股，是指对公司财产的权利一概平等的股份，是股份有限公司最基本的股份。

②特别股。特别股，是指对公司财产的权利不同于普通股的股份，有优先股和劣后股之分。优先股是在利益分配的权利方面优先于普通股的股份，劣后股则是在利益分配的权利方面劣后于普通股的股份。优先股的“优先”一般表现在：一是持有优先股的股东有权先于普通股股东获得股息，而且其股息可以是固定的；二是持有优先股的股东有权先于普通股股东分配公司的剩余财产。《公司法》允许股份有限公司发行优先股。

(2)记名股和无记名股

根据股份是否载明股东的姓名(名称)，股份可以分为记名股和无记名股。

①记名股。记名股，是指股东的姓名或者名称记载于股票和公司股东名册上的股份。公司发行记名股票的，应当置备于股东名册。

②无记名股。无记名股，是指不将股东的姓名或者名称记载于股票和公司股东名册上的股份。发行无记名股票的，公司也应当记载其股票数量、编号及发行日期。《公司法》规定，公司向发起人、法人发行的股票，应当为记名股票，并应当记载该发起人、法人的名称或者姓名，不得另立户名或者以代表人姓名记名。

(3)额面股和无额面股

根据股份是否明示金额,股份可以分为额面股和无额面股。

①额面股。额面股也称金额股,是指由公司章程明确规定每股金额、在股票上标明其券面金额的股份。股票发行价格可以按票面金额,也可以超过票面金额,但不得低于票面金额。

②无额面股。无额面股也称比例股,是指股票票面上不标明具体金额,只标明其占公司股份总数一定比例的股份。

《公司法》不允许发行无额面股。

(4)表决权股和无表决权股

根据持有股份的股东是否有表决权,股份可以分为表决权股和无表决权股。

①表决权股。表决权股,是指享有表决权的股份。普通股一般有表决权。

②无表决权股。无表决权股,是指不享有表决权的股份。优先股一般无表决权。

3. 股票

(1)股票的含义

股份有限公司的股份采取股票的形式。股票是公司签发的、证明股东所持股份的凭证。

股票与股份既有联系,又有区别:

第一,股份是公司资本的构成部分,股票是股份的表现形式。股份采取股票形式,其发行和流通方便,股份转让通过股票转让的形式实现。

第二,股份可以由发起人发行,股票则须由公司签发。股份有限公司成立之前发行股份,不能签发股票;股份有限公司成立之后,股份发行和股票发行就形式而言没有区别。

(2)股票的法律特征

股票作为股份的形式,具有以下法律特征:

第一,股票是一种有价证券。有价证券,是指表示具有财产价值的权利的证券。《公司法》没有明确规定股票是一种有价证券,而只说它是"证明股东所持股份的凭证",这是因为中国允许发行记名股份。记名股份股东权利的享受与股票的持有并不完全一致,持有记名股票的人如果没有办理过户手续,就不能享受该记名股份所代表的股东权利,所以,记名股票不是纯粹的有价证券,或者说记名股票是不完全的有价证券。

第二,股票是一种要式证券。要式证券,是指法律对它的制作格式和内容有强制性要求的证券。股票采用纸面形式或者国务院证券监督管理机构规定的其他形式;股票应当载明公司名称、公司登记成立的日期、股票种类、票面金额及代表的股份数、股票的编号,应当由法定代表人签名、公司盖章;发起人的股票应当标明"发起人股票"字样。

第三,股票是一种不设权证券。不设权证券,是指权利的产生并不凭借证券的制作完成而完成的证券。股票是股份采取的形式,股东地位的确立以及股东权利的享有凭借的是认股人出资认购的股份而不是股票。因为股票不过是把已经存在的股东权利用证券的形式表现出来,所以,股票是一种不设权证券。

(二)股份的发行

1. 股份发行概述

(1)股份发行的含义

股份发行,是指股份有限公司设立时或者成立后以筹集公司资本(股本)为目的出售自己的股份。

(2)股份发行的目的

①设立发行。设立发行,是指为了设立公司而发行股份。采取发起设立方式的,设立发行可以发生在公司设立过程中,也可以发生在公司成立后;采取募集设立方式的,设立发行发生在公司设立过程中。

②增资发行。增资发行,是指公司章程规定的股份总数已经发行完毕,为了增加公司资本而发行股份。增资发行的股份有限公司应当召开股东大会修改公司章程,发行完毕后应当办理公司(注册资本)变更登记并公告。

2. 股份发行的原则和价格

(1)股份发行的原则

股份发行实行公平、公正的原则,同种类的每一股份应当具有同等权利。同次发行的同种类股票,每股的发行条件和价格应当相同;任何单位或者个人认购股份,每股应当支付相同的价额。

(2)股份发行的价格

股份有限公司的资本被划分为股份,每一股的金额相等。股票发行价格可以按票面金额,也可以超过票面金额,但不得低于票面金额。

3. 股票的交付

股票交付,是指股份有限公司依法制作股票并将它交给股份认购人的行为。股份发行和股票交付并不是同步的,一般是在股份发行完毕、股份有限公司登记成立之后,才能向认股人(股东)正式交付股票,公司成立前不得向股东交付股票。

(三)股份的转让

1. 股份转让概述

(1)股份转让的含义

股份(票)的转让,是指股份所代表的股东权利的转让。广义的股份转让包括股份(票)的出售、赠与、继承和抵押;狭义的股份转让仅指股份的出售,即股份买卖或者股份交易。《公司法》规定,股东持有的股份可以依法转让。

(2)股份转让的形式

股份转让通过股票转让的形式实现,但股份的转让和股票的转让并不完全相同。由于股份有限公司成立后才能交付股票,因此,股票的转让在股份有限公司成立后进行,而股份的转让可以在股票交付前进行。

2. 股份转让的场所和方式

《公司法》规定,股东转让其股份,应当在依法设立的证券交易场所进行或者按照国务院规定的其他方式进行。

(1)记名股票的转让方式

记名股票由股东以背书方式或者法律、行政法规规定的其他方式转让,转让后由公司将受让人的姓名或者名称及住所记载于股东名册。股东大会召开前二十日内或者公司决定分配股利的基准日前五日内不得进行规定的股东名册的变更登记;但是,法律对上市公司股东名册变更登记另有规定的,从其规定。

(2)无记名股票的转让方式

无记名股票由股东将该股票交付给受让人后即发生转让效力。

3. 股份转让的限制

(1)发起人股份转让的限制

发起人持有的本公司股份自公司成立之日起一年内不得转让,公司公开发行股份前已发行的股份自公司股票在证券交易所上市交易之日起一年内不得转让。

(2)公司董事、监事、高级管理人员股份转让的限制

公司董事、监事、高级管理人员应当向公司申报所持有的本公司的股份及其变动情况,在任职期间每年转让的股份不得超过其所持有本公司股份总数的百分之二十五,所持本公司股份自公司股票上市交易之日起一年内不得转让。上述人员离职后半年内不得转让其所持有的本公司股份。公司章程可以对公司董事、监事、高级管理人员转让其所持有的本公司股份作出其他限制性规定。

4. 收购本公司股份

(1)收购本公司股份的含义

收购本公司股份,是指股份有限公司购买和持有自己的股份。股份有限公司持有本公司股份,导致公司资本不实,损害公司债权人的利益,而且公司可能借此操纵股票价格,扰乱证券市场,所以,一般不允许公司拥有自己的股份;但是,在某些特殊情况下,股份有限公司可以依法收购本公司的股份,对收购的本公司股份必须作出相应的处理。

(2)收购本公司股份的情形

《公司法》规定,公司不得收购本公司股份,但有下列情形之一的除外:一是减少公司注册资本;二是与持有本公司股份的其他公司合并;三是将股份用于员工持股计划或者股权激励;四是股东因对股东大会作出的公司合并、分立决议持异议而要求公司收购其股份的;五是将股份用于转换上市公司发行的可转换为股票的公司债券;六是上市公司为维护公司价值及股东权益所必需。

(3)收购本公司股份的规定

①收购程序。公司因上述一、二项情形收购本公司股份的,应当经股东大会决议;因上述三、五、六项情形收购本公司股份的,可以依照公司章程的规定或者股东大会的授权,经三分之二以上董事出席的董事会会议决议。

②股份处理。公司依照规定收购本公司股份后,属于一项情形的,应当自收购之日起十日内注销;属于二、四项情形的,应当在六个月内转让或者注销;属于三、五、六项情形的,公司合计持有的本公司股份数不得超过本公司已发行股份总额的百分之十,并应当在三年内转让或者注销。

③上市公司收购本公司股份。上市公司收购本公司股份的,应当依照《中华人民共和国证券法》的规定履行信息披露义务。上市公司因上述三、五、六项情形收购本公司股份的,应当通过公开的集中交易方式进行。

另外,《公司法》规定,公司不得接受本公司的股票作为质押权的标的。公司若将本公司的股票作为质押权的标的,由于公司不能持有本公司的股票,因此最终无法实现担保目的。

5. 记名股票的失效和补发

《公司法》规定,记名股票被盗、遗失或者灭失,股东可以依照《中华人民共和国民事诉讼法》规定的公示催告程序,请求人民法院宣告该股票失效。人民法院宣告该股票失效后,股东可以向公司申请补发股票。

三、上市公司

(一)上市公司概述

上市公司,是指其股票在证券交易所上市交易的股份有限公司,具体含义包括:

第一,上市公司是股份有限公司,有限责任公司不能成为上市公司。

第二,上市公司是其股票在证券交易所上市交易的股份有限公司,不是所有股份有限公司都是上市公司。

(二)对上市公司的专门规定

1. 上市公司的组织机构

(1)股东大会特别决议

上市公司在一年内购买、出售重大资产或者担保金额超过公司资产总额百分之三十的,应当由股东大会作出决议,并经出席会议的股东所持表决权的三分之二以上通过。

(2)独立董事和董事会秘书

上市公司设独立董事,具体办法由国务院规定。上市公司设董事会秘书,负责公司股东大会和董事会会议的筹备、文件保管以及公司股东资料的管理,办理信息披露事务等事宜。

(3)董事会表决回避

上市公司董事与董事会会议决议事项所涉及的企业有关联关系的,不得对该项决议行使表决权,也不得代理其他董事行使表决权。该董事会会议由过半数无关联关系的董事出席即可举行,董事会会议所作决议须经无关联关系董事过半数通过。出席董事会的无关联关系董事人数不足三人的,应将该事项提交上市公司股东大会审议。

2. 上市公司的股票交易和信息公开

(1)股票交易

上市公司的股票依照有关法律、行政法规及证券交易所的交易规则上市交易。

(2)信息公开

上市公司必须依照法律、行政法规的规定,公开其财务状况、经营情况及重大诉讼,在每个会计年度内半年公布一次财务会计报告。

第四节　公司基本制度

一、公司董事、监事和高级管理人员的资格与义务

(一)董事、监事和高级管理人员的资格

1. 董事、监事和高级管理人员的任职资格

任职资格,是指担任某项职务需要具备的条件或者资质。董事、监事和高级管理人员是公

司组织机构的工作职务，需要有胜任力的人员担任。但是，法律难以从正面明确哪些人员可以担任这些职务，加之公司在用人方面的自主权利，所以，《公司法》规定的是不能担任这些职务的情形。除了法律规定的情形外，具有民事权利能力和民事行为能力的自然人、法人或者其他组织，可以担任公司的董事、监事和高级管理人员。

2. 不得担任公司董事、监事和高级管理人员的情形

《公司法》规定，有下列情形之一的，不得担任公司的董事、监事或高级管理人员：一是无民事行为能力或者限制民事行为能力；二是因贪污、贿赂、侵占财产、挪用财产或者破坏社会主义市场经济秩序，被判处刑罚，执行期满未逾五年，或者因犯罪被剥夺政治权利，执行期满未逾五年；三是担任破产清算的公司、企业的董事或者厂长、经理，对该公司、企业的破产负有个人责任的，自该公司、企业破产清算完结之日起未逾三年；四是担任因违法被吊销营业执照、责令关闭的公司、企业的法定代表人，并负有个人责任的，自该公司、企业被吊销营业执照之日起未逾三年；五是个人所负数额较大的债务到期未清偿。

公司违反上述规定选举、委派董事、监事或者聘任高级管理人员的，该选举、委派或者聘任无效。董事、监事和高级管理人员在任职期间出现上述情形的，公司应当解除其职务。

（二）董事、监事和高级管理人员的义务

1. 基本义务

董事、监事和高级管理人员的基本义务，是指基于董事、监事和高级管理人员的职务以及对公司经营管理或者监督的职责而产生的义务。

董事、监事和高级管理人员的基本义务包括：

第一，遵守法律、行政法规和公司章程的义务。

第二，忠实义务。忠实义务，是指董事、监事和高级管理人员应当以维护公司利益为准则，忠于公司利益并且诚实履行职务，不得利用法律、行政法规和公司章程赋予的权利为自己和第三人牟取利益、损害公司的利益。

第三，勤勉义务。勤勉义务也称注意义务，是指董事、监事和高级管理人员应当以善良管理人的小心、谨慎管理人的注意履行职务，不得敷衍失职。

另外，董事、监事和高级管理人员不得利用职权收受贿赂或者其他非法收入，不得侵占公司的财产，这是从上述基本义务得出的必然结论。

2. 协助义务

董事、监事和高级管理人员的协助义务，是指董事、监事和高级管理人员作为实际掌握公司经营管理和监督的人员，协助股东大会和监事会工作的义务。董事、监事和高级管理人员的协助义务包括：

第一，列席股东大会并接受股东的质询的义务。股东大会要求董事、监事和高级管理人员列席会议的，董事、监事和高级管理人员应当列席并接受股东的质询。

第二，提供情况和资料的义务。董事和高级管理人员应当如实向监事会提供有关情况和资料，不得妨碍监事会行使职权。

（三）董事和高级管理人员的职务禁止行为

1. 职务禁止行为的含义

职务禁止行为，是指公司的董事和高级管理人员在履行职务时不得有法律禁止的行为。

这是上述董事和高级管理人员的基本义务，特别是忠实义务的具体要求。由于监事的职务权利不能直接涉及公司利益，因此，职务禁止行为仅指公司董事和高级管理人员的行为。

2. 职务禁止行为的内容

《公司法》规定，董事和高级管理人员不得有下列行为：一是挪用公司资金；二是将公司资金以其个人名义或者以其他个人名义开立账户存储；三是违反公司章程的规定，未经股东会、股东大会或者董事会同意，将公司资金借贷给他人或者以公司财产为他人提供担保；四是违反公司章程的规定或者未经股东会、股东大会同意，与本公司订立合同或者进行交易(自己交易)；五是未经股东会或者股东大会同意，利用职务便利为自己或者他人牟取属于公司的商业机会，自营或者为他人经营与所任职公司同类的业务(竞业)；六是接受他人与公司交易的佣金归为己有；七是擅自披露公司秘密；八是违反对公司忠实义务的其他行为。

公司的董事和高级管理人员违反上述规定所得的收入应当归公司所有。另外，董事、监事和高级管理人员执行公司职务时违反法律、行政法规或者公司章程的规定，给公司造成损失的，应当承担赔偿责任。

二、股东诉讼

(一)股东诉讼概述

1. 股东诉讼的含义

股东诉讼，是指公司的股东针对侵犯公司合法权益、给公司造成损失或者损害股东利益的行为，间接或者直接地向侵害人提起民事诉讼。

2. 股东诉讼的意义

股东诉讼的意义在于保护公司和股东，特别是中小股东的合法权益。

(二)给公司造成损失的股东诉讼

1. 董事和高级管理人员给公司造成损失的股东诉讼

董事和高级管理人员执行公司职务时违反法律、行政法规或者公司章程的规定，给公司造成损失的，有限责任公司的股东、股份有限公司连续一百八十日以上单独或者合计持有公司百分之一以上股份的股东，可以书面请求监事会或者不设监事会的有限责任公司的监事向人民法院提起诉讼。监事执行公司职务时违反法律、行政法规或者公司章程的规定，给公司造成损失的，股东可以书面请求董事会或者不设董事会的有限责任公司的执行董事向人民法院提起诉讼。监事会、不设监事会的有限责任公司的监事，或者董事会、执行董事收到股东书面请求后拒绝提起诉讼，或者自收到请求之日起三十日内未提起诉讼，或者情况紧急，不立即提起诉讼将会使公司利益受到难以弥补的损害的，股东有权为了公司的利益以自己的名义直接向人民法院提起诉讼。这类股东诉讼的基本特点是：

第一，有权提起诉讼的是有限责任公司的股东、股份有限公司连续一百八十日以上单独或者合计持有公司百分之一以上股份的股东。

第二，股东代表应当首先以书面形式请求公司监事会或者监事、董事会或者执行董事向人民法院提起诉讼。

第三，股东代表在公司监事会或者监事、董事会或者执行董事收到上述书面请求后拒绝提起诉讼，自收到请求之日起三十日内未提起诉讼，或者情况紧急，不立即提起诉讼将会使公司利益受到难以弥补的损害时，有权为了公司的利益以自己的名义直接向人民法院提起诉讼。

2. 他人给公司造成损失的股东诉讼

他人，在这里是指董事和高级管理人员以外的人。他人侵犯公司的合法权益，给公司造成损失的，有关股东可以依照上述规定向人民法院提起诉讼。

（三）损害股东利益的股东诉讼

董事和高级管理人员违反法律、行政法规或者公司章程的规定，损害股东利益的，股东可以向人民法院提起诉讼。

三、公司债券

（一）公司债券概述

1. 公司债券的含义

公司债券，是指公司依照法定程序发行、约定在一定期限内还本付息的有价证券。公司债与公司债券既有联系，又有区别：公司债是公司债券的实质，公司债券是公司债的证券形式。

2. 公司债券与公司股份的区别

认购公司债券和公司股份都是对公司的投资，公司债券和公司股票都可以在证券交易场所依法转让；但是，公司债与公司股份是有区别的。

（1）持有人的身份、地位不同

持有公司股份的是公司的股东，由股东组成的股东大会或者股东会是公司的权力机构，有权决定公司的重大问题；持有公司债券的是公司的债权人，其无权出席股东大会或者股东会并进行表决。

（2）对公司盈余的权利不同

股东有权参与公司盈余的分配，但当公司亏损时，股东则无利可得，股东承担较大的投资风险；债权人无权参与公司盈余分配，但有权按照约定在一定期限内获得还本付息，即使公司发生亏损，也不妨碍债权人按照约定要求公司还本付息。

（3）对公司剩余财产的权利不同

股东在公司成立后无权要求公司返还缴纳的股款，但在公司清算时有权按照股份比例获得公司剩余财产；而债权人除了依照规定要求公司还本付息外，无权分配公司剩余财产。

3. 公司债券的分类

（1）记名公司债券和不记名公司债券

公司债券可以为记名债券，也可以为不记名债券。记名公司债券，是指在债券上载明债权人的姓名或者名称及住所的公司债券。不记名公司债券，是指不在债券上载明债权人的姓名或者名称及住所等事项的公司债券。公司发行公司债券的，应当置备于公司债券存根簿。发行记名公司债券的，应当在公司债券存根簿上载明的事项有债券持有人的姓名或者名称及住所、债券持有人取得债券的日期及债券的编号、债券总额、债券的票面金额、利率、还本付息的期限和方式以及债券的发行日期。发行不记名公司债券的，应当在公司债券存根簿上载明债券总额、利率、偿还期限和方式、发行日期及债券的编号。另外，记名公司债券的登记结算机构应当建立债券登记、存管、付息、兑付等相关制度。

(2)转换的公司债券和非转换的公司债券

转换的公司债券,是指可以转换成股票的公司债券。非转换的公司债券,是指不能转换成股票的公司债券。转换的公司债券的持有人有决定是否将债券转换成股份的权利,非转换的公司债券的持有人则无此权利。

对于转换的公司债券,《公司法》规定:

第一,上市公司可以发行可转换为股票的公司债券。

第二,上市公司发行可转换为股票的公司债券,必须经股东大会决议,并应当报国务院证券监督管理机构核准。

第三,上市公司发行可转换为股票的公司债券,应当在公司债券募集办法中规定具体的转换办法,应当在债券上标明"可转换公司债券"字样,并在公司债券存根簿上载明可转换公司债券的数额。

第四,上市公司发行可转换为股票的公司债券,应当按照其转换办法向债券持有人换发股票,但债券持有人对转换股票或者不转换股票有选择权。

(二)公司债券的发行和转让

1. 公司债券的发行

(1)发行条件

公司发行公司债券应当符合《中华人民共和国证券法》规定的发行条件。

(2)发行程序和文件

发行公司债券的申请经国务院授权部门核准后,应当公告载明下列主要事项的公司债券募集办法:一是公司名称;二是债券募集资金的用途;三是债券总额和债券的票面金额;四是债券利率的确定方式;五是还本付息的期限和方式;六是债券担保情况;七是债券的发行价格、发行的起止日期;八是公司净资产额;九是已发行尚未到期的公司债券总额;十是公司债券的承销机构。

(3)公司债券的制作

公司以实物券方式发行公司债券的,必须在债券上载明公司名称、债券票面金额、利率、偿还期限等事项,并由法定代表人签名、公司盖章。

2. 公司债券的转让

(1)公司债券转让的价格

公司债券可以转让,转让价格由转让人与受让人约定。公司债券在证券交易所上市交易的,按照证券交易所的交易规则转让。

(2)公司债券转让的方式

①记名公司债券的转让方式。记名公司债券由债券持有人以背书方式或者法律、行政法规规定的其他方式转让,转让后由公司将受让人的姓名或者名称及住所记载于公司债券存根簿。

②不记名公司债券的转让方式。不记名公司债券的转让由债券持有人将该债券交付给受让人后即发生转让的效力。

四、公司财务会计

(一)公司财务会计概述

1. 公司财务会计立法范围

《公司法》对公司财务会计的规定主要有以下几个方面:一是公司财务会计的基本要求;二是公积金的提取和使用;三是利润和剩余财产的分配。

2. 公司财务会计的基本要求

(1)依法建立财务会计制度

公司应当依照法律、行政法规和国务院财政部门的规定建立本公司的财务会计制度。公司除法定的会计账簿外,不得另立会计账簿。

(2)审计和制作财务会计报告

公司应当在每一会计年度终了时编制财务会计报告,并依法经会计师事务所审计。财务会计报告应当依照法律、行政法规和国务院财政部门的规定制作。

(3)股东知悉财务会计报告

有限责任公司应当依照公司章程规定的期限将财务会计报告送交各股东。股份有限公司的财务会计报告应当在召开股东大会年会的二十日前置备于本公司,供股东查阅。公开发行股票的股份有限公司必须公告其财务会计报告。

(4)与会计师事务所的关系

①聘用和解聘。公司聘用和解聘承办公司审计业务的会计师事务所,依照公司章程的规定,由股东会、股东大会或者董事会决定。公司股东会、股东大会或者董事会就解聘会计师事务所进行表决时,应当允许会计师事务所陈述意见。

②提供真实信息。公司应当向聘用的会计师事务所提供真实、完整的会计凭证、会计账簿、财务会计报告及其他会计资料,不得拒绝、隐匿、谎报。对公司资产不得以任何个人名义开立账户存储。

(二)公积金

1. 公积金的含义和种类

(1)公积金的含义

公积金,是指公司为了巩固自己的财产基础而从利润中提取的累积资金。公积金从利润中提取,不是指将公积金以现金提出另行保管,而是指在财务会计报告中将公积金列入资产负债表的贷方项下与公司资本并列,不准将它作为盈余进行分配。

(2)公积金的种类

①法定公积金。法定公积金,是指从公司利润中提取的公积金,其提取比例和用途由《公司法》规定。公司分配当年税后利润时,应当提取盈余公积金。

②资本公积金。资本公积金,是指从公司其他财产利益中提取的法定公积金,如股份有限公司以超过股票票面金额的发行价格发行股份所得的溢价款,以及国务院财政部门规定列入资本公积金的其他收入,应当列为资本公积金。

③任意公积金。任意公积金,是指由公司章程或者股东大会决议从公司利润中提取的公积金,其提取比例和用途由公司章程或者股东大会决议决定,法律没有强制性规定。

2. 公积金的提取

(1)法定公积金的提取

公司的法定公积金不足以弥补以前年度亏损的,在依照规定提取法定公积金之前,应当先用当年利润弥补亏损。公司分配当年税后利润时,应当提取利润的百分之十列入公司法定公积金;公司法定公积金累计额为公司注册资本的百分之五十以上的,可以不再提取。

(2)任意公积金的提取

公司从税后利润中提取法定公积金后,经股东会或者股东大会决议,还可以从税后利润中提取任意公积金。

(3)资本公积金

股份有限公司以超过股票票面金额的发行价格发行股份所得的溢价款,以及国务院财政部门规定列入资本公积金的其他收入,应当列为公司的资本公积金。

3. 公积金的用途

公积金用于弥补公司亏损、扩大公司生产经营规模或者转为增加公司资本。但是,资本公积金不得用于弥补公司的亏损;法定公积金转为资本时,所留存的该项公积金不得少于转增前公司注册资本的百分之二十五。

(三)利润分配

公司弥补亏损、提取公积金后,所余的税后利润按照如下规定分配:

第一,有限责任公司的股东按照实缴的出资比例分取红利,公司新增资本时股东有权优先按照实缴的出资比例认缴出资;但全体股东约定不按照出资比例分取红利或者不按照出资比例优先认缴出资的除外。

第二,股份有限公司的股东按照持有的股份比例分配,但股份有限公司章程规定不按持股比例分配的除外。

股东会、股东大会或者董事会违反规定,在公司弥补亏损和提取法定公积金之前向股东分配利润的,股东必须将违反规定分配的利润退还公司。公司持有的本公司股份不得分配利润。

五、公司合并、分立、增资和减资

(一)公司合并和分立

1. 公司合并

(1)公司合并的含义

公司合并,是指两个或者两个以上公司按照《公司法》的规定合并为一个公司的行为。公司合并可以扩大公司的经营规模,改善公司的营业状况,提高公司的竞争能力,但是,也可能产生行业垄断。没有竞争就没有市场经济的活力。为了保护正当竞争和消费者的利益,《中华人民共和国反垄断法》限制或者禁止关系国计民生行业的公司的合并。

(2)公司合并的形式

公司合并可以采取吸收合并或者新设合并。

①吸收合并。吸收合并又称兼并,也称存续合并。一个公司吸收其他公司为吸收合并,被吸收的公司解散。

②新设合并。新设合并又称联合,也称创设合并。两个以上公司合并设立一个新的公司

为新设合并，合并各方解散。

(3)签订合并协议、编制资产负债表及财产清单并告知债权人

公司合并应当由合并各方签订合并协议并编制资产负债表及财产清单。公司应当自作出合并决议之日起十日内通知债权人，并于三十日内在报纸上公告。债权人自接到通知书之日起三十日内、未接到通知书的自公告之日起四十五日内可以要求公司清偿债务或者提供相应的担保。

(4)债权和债务的承继

公司合并时，合并各方的债权和债务应当由合并后存续的公司或者新设的公司承继。

2. 公司分立

(1)公司分立的含义

公司分立，是指一个公司分立为两个或者两个以上公司的行为。公司分立有利于公司精细管理，提高业务竞争能力。

(2)公司分立的形式

公司分立有存续分立和新设分立。

①存续分立。存续分立，是指公司以其部分财产和业务另外设立一家新公司，原公司保留。此时，原公司已经发生变更，应办理变更登记手续，新公司则要办理设立登记手续。

②新设分立。新设分立，是指公司将其全部财产和业务分别归入两个或者两个以上新设的公司，原公司解散。此时，原公司应办理注销登记手续，新公司要办理设立登记手续。在新设分立时，解散的原公司的财产按不同比例归入新公司，原公司不必进行清算，但应与债权人妥善地解决或者安排债务问题。

(3)财产分割、编制资产负债表及财产清单并告知债权人

公司分立，其财产作相应的分割。公司应当编制资产负债表及财产清单；应当自作出分立决议之日起十日内通知债权人，并于三十日内在报纸上公告。

(4)债务责任

公司分立前的债务由分立后的公司承担连带责任。但是，公司在分立前与债权人就债务清偿达成的书面协议另有约定的除外。

公司合并或者分立，登记事项发生变更的，应当依法向公司登记机关办理变更登记；公司解散的，应当依法办理公司注销登记；设立新公司的，应当依法办理公司设立登记。

(二)公司增资和减资

1. 公司增资和减资概述

(1)公司资本的含义

公司资本是公司设立时由公司章程确定和公布的，来源于股东出资的公司财产总额。股份有限公司的资本划分为均等的份额(股份)，也称股本。公司资本的含义包括：

第一，公司资本由公司章程确定并公布。增加或者减少公司资本必须修改公司章程，修改公司章程必须由股东会或者股东大会表决。股东缴纳的股款之和，经过公司登记机关的登记，成为公司的注册资本。

第二，公司资本来源于股东的出资。公司的实际财产可因估价、经营好坏等因素而高于或者低于公司资本的价值。公司以资本为限而不是以实际财产为限对公司债务承担责任。

(2)公司增资和减资的含义

公司资本增加简称增资，是指公司成立后，依照法律规定的条件和程序，增加公司章程所确定的公司资本的行为。公司资本减少简称减资，是指公司成立后，依照法律规定的条件和程序，减少公司章程所确定的公司资本的行为。

2. 公司增资和减资的规定

(1)公司增资的规定

有限责任公司增加注册资本时，股东认缴新增资本的出资依照《公司法》设立有限责任公司缴纳出资的有关规定执行；股份有限公司为增加注册资本而发行新股时，股东认购新股依照《公司法》设立股份有限公司缴纳股款的有关规定执行。

(2)公司减资的规定

公司需要减少注册资本时，必须编制资产负债表及财产清单。公司应当自作出减少注册资本的决议之日起十日内通知债权人，并于三十日内在报纸上公告。债权人自接到通知书之日起三十日内、未接到通知书的自公告之日起四十五日内有权要求公司清偿债务或者提供相应担保。

公司增加或者减少注册资本，应当依法向公司登记机关办理变更登记。

六、公司解散和清算

(一)公司解散

1. 公司解散的原因

第一，公司章程规定的营业期限届满或者公司章程规定的其他解散事由出现。此时，公司可以通过修改公司章程而存续。有限责任公司须经持有三分之二以上表决权的股东通过，股份有限公司须经出席股东大会会议的股东所持表决权的三分之二以上通过。

第二，股东会或者股东大会决议解散。

第三，因公司合并或者分立而需要解散。

第四，依法被吊销营业执照、责令关闭或者被撤销。

第五，人民法院根据股东请求予以解散。公司经营管理发生严重困难、存续会使股东利益受到重大损失、通过其他途径不能解决的，持有公司全部股东表决权百分之十以上的股东可以请求人民法院解散公司。

2. 公司解散的后果

公司一经宣告解散，就被称为“解散公司”，应当停止生产经营活动，及时公告并通报债权人、债务人进行清算。

(二)公司清算

1. 成立清算组

公司除了因合并或者分立而解散的，应当自解散事由出现之日起十五日内成立清算组，开始清算。清算期间，公司不得开展与清算无关的经营活动。

(1)“解散公司”自行成立清算组

有限责任公司的清算组由股东组成，股份有限公司的清算组由董事或者股东大会确定的人员组成。

(2)人民法院指定组成清算组

逾期不成立清算组进行清算的,债权人可以申请人民法院指定有关人员组成清算组进行清算。人民法院应当受理该申请,并及时组织清算组进行清算。

2. 清算组成员的职责和责任

(1)清算组成员的职责

清算组成员应当忠于职守,依法履行清算义务。清算组成员不得利用职权收受贿赂或者其他非法收入,不得侵占公司财产。

(2)清算组成员的责任

清算组成员因故意或者重大过失给公司或者债权人造成损失的,应当承担赔偿责任。

3. 清算组的职权

《公司法》规定,清算组在清算期间行使下列职权:一是清理公司财产,编制资产负债表和财产清单;二是通知并公告债权人;三是处理与清算有关的公司未了结的业务;四是清缴所欠税款以及清算过程中产生的税款;五是清理债权、债务;六是处理公司清偿债务后的剩余财产;七是代表公司参与民事诉讼活动。

4. 清算组的清算活动

(1)告知债权人及申报债权

清算组应当自成立之日起十日内通知债权人,并于六十日内在报纸上公告。债权人应当自接到通知书之日起三十日内、未接到通知书的自公告之日起四十五日内向清算组申报其债权。债权人申报债权,应当说明债权的有关事项,并提供证明材料。清算组应当对债权进行登记。在申报债权期间,清算组不得对债权人进行清偿。

(2)制订清算方案

清算组在清理公司财产、编制资产负债表和财产清单后,应当制订清算方案,并报股东会、股东大会或者人民法院确认。

(3)进行财产清算

公司财产的清算顺序:支付清算费用→支付职工工资→支付社会保险费用和法定补偿金→缴纳所欠税款→清偿公司债务(公司财产在未依照上述规定清偿前,不得分配给股东)→清偿公司债务后的剩余财产,有限责任公司按照股东的出资比例分配,股份有限公司按照股东持有的股份比例分配。

(4)破产清算

清算组在清理公司财产、编制资产负债表和财产清单后,发现公司财产不足以清偿债务的,应当依法向人民法院申请宣告破产。公司经人民法院裁定宣告破产后,清算组应当将清算事务移交人民法院。公司被依法宣告破产的,依照有关企业破产的法律实施破产清算。

(5)制作清算报告及申请注销

公司清算结束后,清算组应当制作清算报告,报股东会、股东大会或者人民法院确认,并报送公司登记机关,申请注销公司登记,公告公司终止。

七、外国公司的分支机构

(一)外国公司分支机构概述

1. 外国公司分支机构的含义

外国公司分支机构，是指外国公司在中国境内设立的分支机构。外国公司，是指依照外国法律在中国境外设立的公司。分支机构一般是指分公司、办事处等。

2. 外国公司分支机构与外商投资企业的区别

第一，外国公司的分支机构是外国公司在中国境内设立的分支机构，虽然设立在中国境内、必须经过中国政府批准，但它只是外国公司的分支机构，不是独立的企业，不具有中国法人资格。外商投资企业是依照中国法律、在中国境内设立的企业，其中符合法律关于法人条件的规定的，是中国的企业法人。

第二，外国公司的分支机构与设立该分支机构的外国公司具有相同的国籍，外国公司对其分支机构在中国境内从事经营活动承担民事责任。外商投资企业是具有中国国籍的法律主体，根据法律规定对其经营活动承担民事责任。

(二)外国公司分支机构的规定

1. 外国公司分支机构的设立

(1)设立程序

①申请批准。外国公司在中国境内设立分支机构，必须向中国主管部门提出获得批准的申请，并提交其公司章程和所属国的公司登记证书等有关文件。

②办理登记。经中国主管部门批准后，向公司登记机关依法办理登记，领取营业执照。

(2)设立条件

①代表人、代理人和资金。外国公司在中国境内设立分支机构，必须在中国境内指定负责该分支机构的代表人或者代理人，并向该分支机构拨付与其所从事的经营活动相适应的资金(对外国公司分支机构的经营资金需要规定最低限额的，由国务院另行规定)。

②标明国籍、责任形式和置备外国公司章程。外国公司的分支机构应当在其名称中标明该外国公司的国籍及责任形式，并应当在本机构中置备该外国公司章程。

2. 外国公司分支机构的法律管辖和保护

经批准设立的外国公司分支机构在中国境内从事业务活动，必须遵守中国的法律，不得损害中国的社会公共利益，其合法权益受中国法律保护。

3. 外国公司分支机构的撤销

外国公司撤销其在中国境内的分支机构时，必须依法清偿债务，依照《公司法》有关公司清算程序的规定进行清算；未清偿债务之前，不得将其分支机构的财产移至中国境外。

本章练习

一、名词解释

有限责任公司　股份有限公司　公司资本　股份和股票　累积投票　控股股东
公积金　实际控制人　公司合并　公司分立

二、单项选择题

1. 公司是具有法人资格的企业，是________。

A. 社团法人　B. 财团法人　C. 事业单位法人　D. 公法人

2. 公司以________为公司成立日期。

A. 申请登记日　B. 受理申请登记日
C. 营业执照签发日期　D. 税务登记日

3. 公司可以对外投资，但不得成为其他企业的________。

A. 有限合伙人　B. 有限责任股东
C. 股份有限股东　D. 普通合伙人

4. 股东滥用公司法人独立地位和股东有限责任，逃避债务，严重损害公司债权人利益的，应当对公司债务承担________。

A. 连带责任　B. 按份责任　C. 有限责任　D. 无限责任

5. 控股股东包括其出资额占有限责任公司资本总额________以上或者其持有的股份占股份有限公司股本总额________以上的股东。

A. 51%　B. 50%　C. 49%　D. 45%

6. 公司股东会或者股东大会、董事会的决议内容违反法律、行政法规的，________。

A. 可以撤销　B. 可以重新表决
C. 无效　D. 可以请求人民法院撤销

7.《公司法》以保护________为根本宗旨。

A. 经营管理权　B. 财产权利　C. 股东利益　D. 公司营利

8. 设立公司________依法制定公司章程，公司章程对公司、股东、董事、监事、高级管理人员具有约束力。

A. 要求　B. 可以　C. 必须　D. 应当

9. 以下关于公司全体股东货币出资金额的表述中，正确的是________。

A.《公司法》没有统一规定　B. 不得低于注册资本的30%
C. 不得低于注册资本的40%　D. 不得低于注册资本的50%

10. 以下关于公司股东非货币出资金额的表述中，正确的是________。

A.《公司法》没有统一规定　B. 可以达到注册资本的70%
C. 可以达到注册资本的35%　D. 可以达到注册资本的30%

11. 公司合并的，应当自作出合并决议之日起________内通知债权人，并于________内在报纸上公告。

A. 十五日;三十日　　B. 十日;三十日
C. 十日;二十日　　D. 十五日;二十日
12. 公司发行可转换公司债券的,________对转换股票或者不转换股票有选择权。
A. 债券发行人　　B. 证券业监管机构
C. 债券持有人　　D. 债务人
13. 公司分配当年税后利润时,应当提取利润的________列入公司法定公积金。
A. 10%　　B. 15%　　C. 25%　　D. 5%
14. 法定盈余公积金转为资本时,所留存的该项公积金不得少于转增前公司注册资本的________。
A. 20%　　B. 25%　　C. 35%　　D. 15%
15. 有限责任公司由________股东出资设立。
A. 二至五十个　　B. 二至二百个　　C. 五十个以下　　D. 一个
16. 有限责任公司股东分批将出资额缴清的,公司全体股东的首次出资额________。
A. 法律没有统一规定　　B. 不得低于注册资本的20%
C. 不得低于注册资本的25%　　D. 不得低于注册资本的15%
17. 有限责任公司股东的出资证明是________。
A. 出资凭证　　B. 股票　　C. 股东名册　　D. 出资证明书
18. 股东会是有限责任公司的________。
A. 权力机构　　B. 执行机构　　C. 监督机构　　D. 经营机构
19. 两个以上国有企业或者两个以上其他国有投资主体投资设立的有限责任公司,其董事会成员中应当有________代表。
A. 公司股东　　B. 公司职工
C. 国有资产管理局　　D. 上级主管部门
20. 股东人数较少或者规模较小的________,可以设一名执行董事,不设董事会。
A. 公司　　B. 国有公司
C. 股份有限公司　　D. 有限责任公司
21. 公司监事的任期每届________,任期届满连选可以连任。
A. 不超过三年　　B. 三年　　C. 两年　　D. 五年
22. 一人有限责任公司的注册资本最低限额________。
A. 法律没有统一规定　　B. 不得低于人民币3万元
C. 不得低于人民币5万元　　D. 不得低于人民币10万元
23. 一人有限责任公司的股东不能证明公司财产独立于________的财产的,应当对公司债务承担连带责任。
A. 股东自己　　B. 债务人　　C. 债权人　　D. 其他人
24. 国有独资有限责任公司不设________,由国有资产监督管理机构行使股东会职权。
A. 董事会　　B. 监事会　　C. 股东会　　D. 董事长
25. 国有独资公司的监事会成员不得少于________,其中,职工代表的比例不得低于________,具体比例由公司章程规定。

A. 三人；三分之一　　B. 五人；三分之一
C. 三人；三分之二　　D. 五人；三分之二

26. 国有独资公司的监事会主席由________从监事会成员中指定。
A. 国有资产监督管理机构　　B. 国务院
C. 股东会　　D. 董事会

27. 有限责任公司股东向股东以外的人转让股权，应当经其他股东________同意，股东应就其股权转让事项书面通知其他股东征求同意。
A. 三分之一　　B. 过半数　　C. 三分之二　　D. 一致

28. 股份有限公司的发起人认购公司应发行的全部股份而设立公司的，是________。
A. 发起设立　　B. 募集设立　　C. 定向募集设立　　D. 公开募集设立

29. 股份有限公司采取募集设立的，其设立程序与发起设立不同的是________。
A. 召开创立大会　　B. 由董事会申请登记
C. 签订发起人协议　　D. 由当地人民政府批准

30. 股份有限公司设董事会，其成员人数为________，具体人数可由公司章程规定。
A. 三至十三人　　B. 三至十五人　　C. 五至十九人　　D. 五至十五人

31. 中国的股份有限公司禁止发行________。
A. 记名股　　B. 无记名股　　C. 优先股　　D. 无额面股

32. 记名股票由股东以________方式或者法律、行政法规规定的其他方式转让。
A. 交付　　B. 背书　　C. 拍卖　　D. 协议

33. 股份有限公司注册资本的最低限额________。
A. 不得低于人民币 500 万元　　B.《公司法》没有统一要求
C. 不得低于人民币 3 万元　　D. 不得低于人民币 10 万元

34. 发起人持有的本公司股份，自公司成立之日起________年内不得转让。
A. 五　　B. 三　　C. 两　　D. 一

35. 为将股份奖励给本公司职工而收购本公司股份的，公司合计持有的本公司股份数不得超过本公司已发行股份总额的________。
A. 10%　　B. 15%　　C. 5%　　D. 3%

36. 公司董事、监事和高级管理人员应当向公司申报所持有的本公司的股份及其变动情况，在任职期间每年转让的股份不得超过其所持有本公司股份总数的________。
A. 25%　　B. 20%　　C. 15%　　D. 10%

37. 募集设立股份有限公司的发起人认购不少于公司股份总数________的股份后，其余股份应当向社会公开募集或者向特定对象募集。
A. 25%　　B. 30%　　C. 35%　　D. 40%

38. 上市公司在一年内购买、出售重大资产或者担保金额超过公司资产总额的________的，应当由股东大会作出决议，并经出席会议的股东所持表决权的________以上通过。
A. 20%；三分之一　　B. 20%；三分之二
C. 30%；三分之一　　D. 30%；三分之二

39. 公司法定公积金累计额为公司注册资本的________以上的，________不再提取。

A. 50%；应当　　B. 50%；可以　　C. 30%；应当　　D. 30%；可以

40. 公司经营管理发生严重困难，存续会使股东利益受到重大损失，通过其他途径不能解决的，持有公司全部股东表决权________以上的股东可以请求人民法院解散公司。

A. 3%　　B. 5%　　C. 10%　　D. 15%

三、多项选择题

1. 公司法是________。

A. 组织法　　B. 活动法

C. 企业法的重要组成部分　　D. 规范市场主体的法律

2. 法人财产权是公司受全体股东委托，以自己的名义对公司资本享有的________权利。

A. 占有　　B. 使用　　C. 收益　　D. 依法处分

3. 股东基于投资人身份的基本权利有________。

A. 参与公司经营　　B. 资产收益　　C. 参与重大决策　　D. 选择管理者

4. 公司对职工的义务包括________。

A. 依法与职工签订劳动合同　　B. 参加社会保险

C. 加强劳动保护　　D. 遵守法律、行政法规

5. 设立公司必须依法制定公司章程，公司章程对________具有约束力。

A. 债权人　　B. 公司

C. 股东　　D. 董事、监事和高级管理人员

6. 中国有限责任公司的章程应当载明的事项包括________。

A. 股东的出资方式　　B. 公司股份总数

C. 公司法定代表人　　D. 公司注册资本

7. 有限责任公司股东缴纳出资后应建立公司组织机构，确定________名单。

A. 股东　　B. 董事长　　C. 董事、监事　　D. 经理

8. 有限责任公司股东认足公司章程规定的出资后，由全体股东指定的代表或者共同委托的代理人向公司登记部门报送公司________等文件，申请设立登记。

A. 登记申请书　　B. 公司章程　　C. 验资证明　　D. 设立协议

9. 股东出资后对有限责任公司的基本权利有________。

A. 查阅或复制公司章程、股东会会议记录、董事会会议决议、监事会会议决议和财务会计报告

B. 要求查阅公司会计账簿

C. 按照实缴的出资比例分取红利

D. 公司新增资本时，优先按照实缴的出资比例认缴出资

10. 对于有限责任公司的股东会，正确的表述是________。

A. 股东会由全体股东组成　　B. 股东会对外不代表公司，对内不执行业务

C. 股东会是公司的权力机构　　D. 股东会不是公司的常设机构

11. 有限责任公司的下列重大问题中，采用股东表决议事方式，并且必须经代表三分之二以上表决权的股东通过的有________。

A. 作出修改公司章程的决议　　B. 作出增加或者减少注册资本的决议

C. 作出公司合并、分立、解散的决议　　D. 作出变更公司形式的决议

12. 下列各项中,属于《公司法》对一人有限责任公司的特别规定的是________。

A. 注册资本最低限额为人民币 10 万元

B. 股东应当一次足额缴纳公司章程规定的出资额

C. 财务会计年度报告经会计师事务所审计

D. 一个自然人只能投资设立一家一人有限责任公司

13. 下列各项中,属于《公司法》对国有独资有限责任公司的特别规定的是________。

A. 不设股东会

B. 董事会成员由国有资产监督管理机构委派,由公司职工代表大会选举产生

C. 董事长、副董事长、董事、高级管理人员未经国有资产监督管理机构同意,不得在其他有限责任公司、股份有限公司或者其他经济组织兼职

D. 重要的国有独资公司合并、分立、解散、申请破产的,应当由国有资产监督管理机构审核后,报本级人民政府批准

14. 下列情形中,对股东会的该项决议投反对票的股东,可以请求公司按照合理的价格收购其股权的有________。

A. 公司连续五年不向股东分配利润,而公司该五年连续盈利且符合《公司法》规定的分配利润的条件的

B. 公司合并、分立、转让主要财产的

C. 对公司的经营管理状况表示满意的

D. 公司章程规定的营业期限届满或者其他解散事由出现,股东会会议通过决议修改章程使公司存续的

15. 股份有限公司的组织机构有权力机构、执行机构和监督机构,即由________组成。

A. 股东大会　　B. 董事会　　C. 监事会　　D. 经理

16. 对于股份有限公司的股东大会,下列表述中正确的有________。

A. 应当每年召开一次年会

B. 由董事会召集,经理主持

C. 应当将会议召开的时间、地点和审议的事项于会议召开二十日前通知各股东

D. 选举董事或者监事时应当实行累积投票制

17. 下列事项中,必须经股东大会出席会议的股东所持表决权三分之二以上通过的有________。

A. 变更公司章程　　B. 公司合并、分立

C. 公司资本增加、减少　　D. 公司聘任经理

18. 关于股份有限公司董事的任期,下列表述中正确的是________。

A. 董事任期由公司章程规定　　B. 每届任期不得超过三年

C. 董事任期届满,连选可以连任　　D. 董事任期由《公司法》规定

19. 董事会是股份有限公司的________。

A. 经营决策机构　　B. 业务执行机构

C. 对外代表机构　　D. 必设、常设机构

20. 股份有限公司的股份具有________。

A. 合法性　　B. 平等性　　C. 转让性　　D. 不可分割性

21. 下列情形中,不得担任公司的董事、监事或高级管理人员的有________。

A. 无民事行为能力或者限制民事行为能力

B. 因贪污、贿赂、侵占财产、挪用财产或者破坏社会主义市场经济秩序,被判处刑罚,执行期满未逾五年,或者因犯罪被剥夺政治权利,执行期满未逾五年

C. 担任破产清算的公司、企业的董事或者厂长、经理,对该公司、企业的破产负有个人责任的,自该公司、企业破产清算完结之日起未逾三年

D. 担任因违法被吊销营业执照、责令关闭的公司、企业的法定代表人,并负有个人责任的,自该公司、企业被吊销营业执照之日起未逾三年

22. 股份有限公司股份发行的原则有________。

A. 同种类的每一股份应当具有同等权利

B. 同次发行的同种类股票,每股的发行条件和价格应当相同

C. 任何单位或者个人所认购的股份,每股应当支付相同价额

D. 公平、公正

23. 股份有限公司向________发行的股票,应当为记名股票。

A. 股东　　B. 发起人　　C. 法人　　D. 其他股东

24. 股票发行价格________。

A. 可以按票面金额　　B. 可以超过票面金额

C. 不得低于票面金额　　D. 可以没有票面金额

25. 董事、高级管理人员执行公司职务时违反法律、行政法规或者公司章程的规定,给公司造成损失的,________可以书面请求监事会或者不设监事会的有限责任公司的监事向人民法院提起诉讼。

A. 有限责任公司的股东

B. 股份有限公司连续一百八十日以上单独或者合计持有公司1%以上股份的股东

C. 公司登记部门

D. 公司债权人

26. 公司的公积金用于________。

A. 弥补公司亏损　　B. 扩大公司的生产经营

C. 提供担保　　D. 转为增加公司资本

27. 公司合并,应当由合并各方签订合并协议,并编制________。

A. 清算报告　　B. 结算报告　　C. 资产负债表　　D. 财产清单

28. 公司分立的形式有________。

A. 存续分立　　B. 新设分立　　C. 财产分割　　D. 设立分公司

29. 下列情形中,公司应当进行清算的有________。

A. 股东会或者股东大会决议解散

B. 合并或者分立

C. 依法被吊销营业执照、责令关闭或者被撤销
D. 股东请求解散

30. 经批准设立的外国公司分支机构，在中国境内从事业务活动，________。
A. 必须遵守中国的法律　　B. 不得损害中国的社会公共利益
C. 合法权益受中国法律保护　　D. 享受外商投资企业待遇

四、判断题

1. 公司是指依照《公司法》设立、以营利为目的的营业法人。（　）
2.《公司法》规定的公司形式是有限责任公司和股份有限公司。（　）
3. 根据对外的信用基础，可以将公司分为资合性公司、人合性公司和人资兼合性公司。（　）
4. 母公司和子公司都是依照公司法登记设立的，具有法人资格，能够独立承担民事责任。（　）
5. 股东对公司财产享有所有权，可以对公司财产占有、使用、收益和处分。（　）
6. 中国公司的设立一般采取登记主义，申请人向公司登记部门申请设立登记；法律、行政法规规定设立公司必须报经批准的，采取审批主义，申请人应当在公司登记前依法办理批准手续。（　）
7. 公司法定代表人依照公司章程的规定，由董事长担任，并依法登记。（　）
8.《公司法》规定，公司进行转投资时，在一般情况下其累计投资额不得超过本公司注册资本的40%。（　）
9. 公司作为独立的经营实体，在财产关系上与其股东是分离的，即股东作为公司的出资者享有所有权，公司作为经营者享有法人财产权和经营管理权。（　）
10. 所谓实际控制人，是指公司的股东或者通过投资关系、协议或其他安排，能够实际支配公司行为的人。（　）
11. 股东依法享有资产收益、重大决策和选择管理者等权利，可以直接干预公司的日常经营管理。（　）
12. 公司可以设立不具有法人资格，其民事责任由公司承担的子公司；也可以设立具有法人资格，依法独立承担民事责任的分公司。（　）
13. 在中国，广义的公司法不仅指《公司法》，而且包括《民法典》中的有关规定和《市场主体登记管理条例》等。（　）
14. 设立公司应当依法向公司登记部门申请设立登记。依法设立的公司由公司登记部门发给公司营业执照。公司营业执照的签发日期为公司成立日期。（　）
15. 第三次修订后的《公司法》取消了原《公司法》中“公司应当在登记的经营范围内从事经营活动”的规定。（　）
16. 有限责任公司的股东可以是自然人（公民），也可以是法人。（　）
17. 有限责任公司的股东共同制定公司章程，股东应当在公司章程上签名、盖章。（　）
18. 有限责任公司的股东缴纳出资后，必须经企业登记部门验资并出具证明。（　）
19. 有限责任公司变更为股份有限公司，或者股份有限公司变更为有限责任公司的，公司

变更前的债权、债务由变更后的公司承继。( )

20. 有限责任公司股东依法缴纳首期出资后,其余部分由股东自公司成立之日起五年内缴足。( )

21. 有限责任公司成立后,应当向股东签发由验资机构盖章的出资证明书。( )

22. 有限责任公司的股东要求查阅公司会计账簿,公司拒绝提供查阅的,股东可以请求人民法院要求公司提供查阅。( )

23. 有限责任公司的首次股东会会议由董事会召集和主持,依照法律规定行使职权。( )

24. 有限责任公司股东会会议的议事方式一般采用股东表决,但公司章程可以规定另外的议事方式。( )

25. 两个以上国有企业或者两个以上其他国有投资主体投资设立的有限责任公司,其董事会成员中可以有公司职工代表。( )

26. 有限责任公司设经理,由董事会决定聘任或者解聘。( )

27. 一个法人投资设立的一人有限责任公司不能投资设立新的一人有限责任公司。( )

28. 一人有限责任公司的股东不能证明公司财产独立于股东自己的财产的,应当对公司债务承担全部清偿责任。( )

29. 有限责任公司的股东向股东以外的人转让股权,应当经其他股东过半数同意;其他股东半数以上不同意转让的,不同意的股东应当购买该转让的股权,否则视为同意转让。( )

30. 有限责任公司的自然人股东死亡后,其合法继承人可以继承股东资格,但公司章程另有规定的除外。( )

31. 设立股份有限公司,应当有两人以上两百人以下的股东,其中须有半数以上发起人在中国境内有住所。( )

32. 募集设立的股份有限公司召开创立大会,可以依法作出不设立公司的决议。( )

33. 股份有限公司股东人数较少或者规模较小的,可以不设董事会而设一名执行董事。( )

34. 股份有限公司的股东大会选举董事、监事,应当实行累积投票制。( )

35. 股份有限公司的董事会作出决议时,必须经全体董事过半数通过。董事会决议的表决实行一人一票。( )

36. 股份有限公司设经理,由董事会决定聘任或者解聘。( )

37. 股份有限公司向法人发起人发行的股票,应当为记名股票;向自然人发起人发行的股票,可以为不记名股票。( )

38. 股份有限公司成立前,可以发行股份,但不能签发股票。( )

39. 记名股票被盗、遗失或者灭失,股东可以依照《中华人民共和国民事诉讼法》规定的宣告程序,请求人民法院宣告该股票失效。( )

40. 上市公司董事与董事会会议决议事项所涉及的企业有关联关系的,不得对该项决议行使表决权,也不得代理其他董事行使表决权。( )

41. 担任破产清算的公司、企业的董事或者厂长、经理,对该公司、企业的破产负有个人责

任，自该公司、企业破产清算完结之日起未逾五年的，不得担任公司的董事、监事或高级管理人员。（　　）

42. 公司应当定期向股东披露董事、监事、高级管理人员从公司获得报酬的情况，便于股东知情和监督。（　　）

43. 董事、高级管理人员违反法律、行政法规或者公司章程的规定，损害股东利益的，股东可以向人民法院提起诉讼。（　　）

44. 股份有限公司可以发行可转换为股票的公司债券。（　　）

45. 公司聘用、解聘承办公司审计业务的会计师事务所，依照公司章程的规定，由股东会、股东大会或者董事会决定。（　　）

46. 股份有限公司以超过股票票面金额的发行价格发行股份所得的溢价款以及国务院财政部门规定列入资本公积金的其他收入，应当列为公司盈余公积金。（　　）

47. 公司合并时，合并各方的债权、债务应当由合并后存续的公司或者新设的公司承继。（　　）

48.《公司法》规定，公司减资后的注册资本不得低于法定的资本最低限额。（　　）

49. 公司解散后，一律由人民法院指定组成清算组进行清算。（　　）

50. 外国公司在中国境内设立分支机构，必须在中国境内指定负责该分支机构的代表人或者代理人，并向该分支机构拨付与其所从事的经营活动相适应的资金。（　　）

五、简答题

1. 简述股份有限公司(有限责任公司)的设立条件。
2. 简述股份有限公司的设立方式。
3. 简述股票与公司债券的区别。
4. 简述董事、高级管理人员给公司造成损失的股东诉讼。
5. 简述有限责任公司股东转让股权。
6. 简述公司合并与分立的形式。
7. 简述公司公积金的提取和使用。
8. 简述公司债券的转让方式。
9. 简述公司清算的顺序。
10. 简述外国公司分支机构在中国的设立条件。

六、综合分析题

中国公民甲、乙、丙、丁四人经过协商，决定设立一家从事贸易的股份有限公司，初步商定的意向中有以下内容：公司采取发起设立方式设立，注册资本为人民币 2 000 万元。甲以专利权作价 300 万元出资，乙以商标权作价 200 万元出资，丁以非专利技术作价 200 万元出资，其余由丙以货币和实物出资。公司的设立经所在地县人民政府批准。发起人制定公司章程后经创立大会通过。发起人交付全部出资并选举董事会和监事会后向登记部门申请登记，由于公司规模较小，决定不设董事会。

问：该公司的设立意向中有哪些是违法的？

上述股份有限公司经过多年经营，业绩良好，准备向公众公开发行新股，向原发起人、法人和公众统一发行无记名股，其中，部分为无额面股，对原发起人实行八折销售。

问：该公司准备的新股发行有哪些是违法的？

该股份有限公司已有法定公积金1 000万元，准备将其中部分转为资本。

问：该公司还要提取公积金吗？能将多少法定公积金转为资本？

第四章

企业破产法律制度

第一节　企业破产与企业破产法概述

一、企业破产与破产制度概述

(一)企业破产的含义和特征

1. 企业破产的含义

企业破产,是指当企业法人不能清偿到期债务时,由人民法院主持,将债务人的全部财产依法抵偿所欠的各种债务,不足部分不再清偿。这个定义揭示了破产的基本含义:破产是债务人(企业法人)不能清偿到期债务的客观状态,也是人民法院依法主持债务清偿的一种特殊程序。

2. 企业破产的特征

作为一种特殊的债务清偿制度,企业破产与一般的企业债务清偿制度相比具有以下特征:

(1)破产是以债务人主体资格消灭作为结局的债务清偿程序

债务人必须将自己的全部财产作为清偿债务的基础,并且这种清偿是一次性的,不论是否能够足额清偿,清偿程序结束后,债务人的主体资格都消灭。

(2)破产是一种以公平偿债为目的的债务清偿程序

破产是公平的债务清偿程序,它要求债务清偿与债权的性质和数额相适应,在同一顺序中平等受偿,并不是"捷足先登"者获全部清偿,后来者"望债兴叹"。

(3)破产是一种由人民法院主持的债务清偿程序

债务人破产时,一般有两个或者两个以上债权人,要对数个债权人进行公平清偿并最终消灭债务人主体资格,必须由人民法院的司法活动(行使审判权)才能实现。所以,破产程序应当由人民法院主持。

(二)破产制度的含义和性质

1. 破产制度的含义

破产制度在中国是关于企业破产的法律制度,它是债务人(企业法人)在不能清偿到期债务时,经由债权人、债务人或者其他人向人民法院提出申请,由人民法院主持将债务人(企业法人)的全部财产公平地清偿所欠的各种债务,最终消灭债务人主体资格的一系列法律制度,包括债务人的重整、和解。企业破产制度是由企业破产法确立的,没有企业破产法就没有企业破产制度。

2. 破产制度的性质

法律有实体法与程序法之分。破产制度是一种以程序内容为主、兼有实体内容的法律制度，总体上是一种诉讼制度。破产制度中有关破产申请和受理、债权申报、清偿顺序、注销登记等的规定是程序性质的法律规定，是破产制度的主要内容；破产制度中关于破产财产权和破产债权的认定，取回权、别除权及否认权的规定，是实体性质的法律规定，在破产制度中也占有重要地位。

二、企业破产法概述

(一)企业破产法的含义和适用

1. 企业破产法的含义及其立法

中国的企业破产法是规范企业破产原因、破产企业重整、和解以及破产债务清偿程序的法律规范的总称。中国的企业破产立法有以下两个方面：

第一，《中华人民共和国企业破产法》(以下称《企业破产法》)。2006 年 8 月 27 日，第十届全国人大常委会第二十三次会议通过《企业破产法》，自 2007 年 6 月 1 日起施行，于 1986 年 12 月通过、1988 年 11 月 1 日起施行的《中华人民共和国企业破产法(试行)》同时废止。

第二，《中华人民共和国民事诉讼法》(以下称《民事诉讼法》)中有关破产的规定。《民事诉讼法》第十八章为“企业法人破产还债程序”，内容过于简单。所以，中国的企业破产立法主要是《企业破产法》。

2.《企业破产法》的适用

(1)适用对象

《企业破产法》适用于企业法人，其他法律规定企业法人以外的组织(如合伙企业)的清算属于破产清算的，参照适用《企业破产法》规定的程序；破产案件审理程序在《企业破产法》中没有规定的，适用《民事诉讼法》的有关规定。金融机构实施破产的，国务院可以依据《企业破产法》和其他有关法律的规定制定实施办法。

(2)适用事项

《企业破产法》适用于企业法人破产后的债务清偿，也适用于企业法人的重整、和解。所以，从内容上看，《企业破产法》也可以说是“企业破产清偿和重整、和解法”。

(二)企业破产法的宗旨和效力

1. 企业破产法的宗旨

(1)规范企业破产程序，公平清理债权债务

企业破产后，各种债权债务都在破产程序中处理，破产程序必须由企业破产法规范，保证公平清理债权债务。

(2)保护债权人和债务人的合法权益

企业不能清偿到期债务，债权人的权益将依据企业破产法的规定得到公平实现，债务人依据企业破产法的规定进行债务清偿，不足部分不再清偿，这是企业破产法的基本原则。遵循这些原则，可使破产发生后债权人和债务人的合法权益得到保护。

(3)维护社会主义市场经济秩序

企业在市场经济环境中必然出现优胜劣汰的结果。劣汰的企业或者被兼并吸收进其他企

业，或者破产。所以，在市场经济中出现企业破产是正常现象，企业破产法使破产的企业在债务清偿过程中能够依法有序，以维护社会主义市场经济秩序。

2. 企业破产法的效力

(1)对域外财产的效力

依照《企业破产法》开始的破产程序，对债务人在中国领域外的财产发生效力。

(2)对外国法院作出的发生法律效力的破产案件的判决、裁定的承认和执行

对外国法院作出的发生法律效力的破产案件的判决、裁定，涉及债务人在中国领域内的财产申请或者请求人民法院承认和执行的，人民法院依照中国缔结或者参加的国际条约，或者按照互惠原则进行审查，认为不违反中国法律的基本原则，不损害国家主权、安全和社会公共利益，不损害中国领域内债权人的合法权益的，裁定承认和执行。

(三)企业破产、重整的原因

破产制度是由破产法确立的，既包括破产企业的债务清偿制度，也包括企业的重整制度。

1. 企业破产的原因

企业法人破产的直接判断依据是企业法人“不能清偿到期债务”，但“不能清偿到期债务”不是企业法人破产原因的完整表述。企业法人的破产原因包括：

第一，企业法人不能清偿到期债务，并且资产不足以清偿全部债务。企业法人不能清偿到期债务和资产不足以清偿全部债务的状况同时出现，企业法人可以依照《企业破产法》的规定破产。企业法人的资产不足以清偿全部债务，包含以下含义：一是企业法人的债务清偿期到了，债权人提出清偿债务的要求；二是企业法人的债务清偿能力缺乏，综合其财产、信用等各种因素仍不能清偿债务；三是企业法人的债务清偿能力缺乏处于连续状态，而不是一时的财务困难。

第二，企业法人不能清偿到期债务，并且明显缺乏清偿能力。企业法人不能清偿到期债务和明显缺乏清偿能力同时出现，企业法人可以依照《企业破产法》的规定破产。明显缺乏清偿能力，是指企业长期负债且扭亏无望，其经营所得不能清偿到期债务。

2. 企业重整的原因

企业重整是为了拯救出现债务危机的企业，利用重整程序有效地避免债务人被破产清算的活动。企业法人的重整原因包括：

第一，企业法人不能清偿到期债务，且资产不足以清偿全部债务或者明显缺乏清偿能力。

第二，企业法人有明显丧失清偿能力的可能。企业法人出现财务困难，有明显丧失清偿能力的可能，此时申请重整对债权人和债务人都比较有利，可以防止企业破产。

第二节 破产程序中的管理人和债权人会议

一、破产程序的开始

(一)破产申请

破产申请，是指债权人、债务人或者其他人向人民法院提出要求宣告企业法人破产的诉讼活动。破产申请的提出不是破产程序开始的起点，而是进入破产程序的前提。人民法院受理

破产申请前,申请人可以请求撤回申请。

1. 破产申请人

(1)债务人提出破产申请

企业法人不能清偿到期债务,并且资产不足以清偿全部债务或者明显缺乏清偿能力的,债务人可以向人民法院提出破产申请。

(2)债权人提出破产申请

债务人不能清偿到期债务,债权人可以向人民法院提出破产申请。

(3)其他人提出破产申请

企业法人已解散但未清算或者未清算完毕,资产不足以清偿债务的,依法负有清算责任的人(如清算组)应当向人民法院申请破产清算。

2. 破产申请文件

申请人向人民法院提出破产申请,应当提交破产申请书和有关证据。破产申请书应当载明下列事项:一是申请人和被申请人的基本情况;二是申请目的;三是申请的事实和理由;四是人民法院认为应当载明的其他事项。债务人提出申请的,还应当向人民法院提交财产状况说明、债务清册、债权清册、有关财务会计报告、职工安置预案以及职工工资的支付和社会保险费用的缴纳情况。

(二)破产申请的裁定

1. 破产申请裁定

人民法院对破产申请的裁定,是指人民法院经过审查,对破产申请作出受理或者不受理的决定的司法活动。破产案件由债务人住所地人民法院管辖,有管辖权的人民法院对破产申请作出裁定的期限有以下两种情况:

(1)对债权人提出的破产申请的裁定

债权人提出破产申请的,人民法院应当自收到申请之日起五日内通知债务人;债务人对申请有异议的,应当自收到人民法院的通知之日起七日内向人民法院提出。人民法院应当自异议期满之日起十日内裁定是否受理。

(2)对债务人及其他人提出的破产申请的裁定

除债权人提出破产申请外,人民法院应当自收到破产申请之日起十五日内裁定是否受理。有特殊情况需要延长上述裁定期限的,经上一级人民法院批准,可以延长十五日。

2. 破产申请裁定的送达

人民法院对破产申请的裁定结果应当送达申请人。

(1)人民法院裁定受理的送达

人民法院裁定受理破产申请,是指人民法院决定将破产申请立案,标志着破产程序的开始。人民法院受理破产申请的,应当自裁定作出之日起五日内送达申请人;债权人提出申请的,人民法院应当自裁定作出之日起五日内送达债务人,债务人应当自裁定送达之日起十五日内向人民法院提交财产状况说明、债务清册、债权清册、有关财务会计报告以及职工工资的支付和社会保险费用的缴纳情况。

(2)人民法院裁定不受理的送达

人民法院裁定不受理破产申请的,应当自裁定作出之日起五日内送达申请人并说明理由。

申请人对裁定不服的,可以自裁定送达之日起十日内向上一级人民法院提起上诉。

3. 破产申请受理后的驳回

人民法院受理破产申请后至破产宣告前,经审查发现债务人不符合破产原因的,可以裁定驳回申请。申请人对裁定不服的,可以自裁定送达之日起十日内向上级人民法院提起上诉。

(三)破产申请受理的后果

1. 人民法院的责任

(1)指定管理人

人民法院裁定受理破产申请的,应当同时指定破产企业的管理人。管理人,是指负责对债务人(破产企业)的财产进行管理、处分、分配的专门机构。

(2)告知债权人

人民法院应当自裁定受理破产申请之日起二十五日内通知已知债权人并予以公告。通知和公告应当载明下列事项:一是申请人、被申请人的名称或者姓名;二是人民法院受理破产申请的时间;三是申报债权的期限、地点和注意事项;四是管理人的名称或者姓名及其处理事务的地址;五是债务人的债务人或者财产持有人应当向管理人清偿债务或者交付财产的要求;六是第一次债权人会议召开的时间和地点;七是人民法院认为应当通知和公告的其他事项。

2. 债务人有关人员的责任

债务人的有关人员,是指企业的法定代表人,经人民法院决定,可以包括企业的财务管理人员和其他经营管理人员。自人民法院受理破产申请的裁定送达债务人之日至破产程序终结之日,债务人的有关人员承担下列义务:一是妥善保管其占有和管理的财产、印章、账簿和文书等资料;二是根据人民法院、管理人的要求工作并如实回答询问;三是列席债权人会议并如实回答债权人的询问;四是未经人民法院许可,不得离开住所地;五是不得新任其他企业的董事、监事或者高级管理人员。

3. 债务人的影响

(1)债务人对部分债权人的清偿无效

人民法院受理破产申请后,债务人对个别债权人的债务清偿无效。破产申请受理后,所有债权人为一方,除有财产担保的债权人可以就担保财产获得优先受偿之外,其他债权人必须通过破产程序才能获得清偿,债务人对部分债权人的清偿违反公平清偿目的,是无效的。

(2)债务人财产的保全措施和执行程序解除或者中止

人民法院受理破产申请后,有关债务人财产的保全措施应当解除,执行程序应当中止,以保障破产程序的执行。

(3)债务人的民事诉讼或者仲裁应当中止

人民法院受理破产申请后,已经开始但尚未终结的有关债务人的民事诉讼或者仲裁应当中止;在管理人接管债务人的财产后,该诉讼或者仲裁继续进行。

(4)债务人的民事诉讼管辖

人民法院受理破产申请后,有关债务人的民事诉讼只能向受理破产申请的人民法院提起。

4. 管理人接管破产企业

(1)管理人接受债务清偿和财产交付

人民法院受理破产申请后,债务人的债务人或者财产持有人应当向管理人清偿债务或者交付财产。债务人的债务人或者财产持有人故意违反向债务人清偿债务或者交付财产的规定,使债权人受到损失的,不免除其清偿债务或者交付财产的义务。

(2)管理人决定交易、营业是否继续

人民法院受理破产申请后,管理人对破产申请受理前成立但债务人和对方当事人均未履行完毕的合同,有权决定解除或者继续履行,并通知对方当事人。管理人自破产申请受理之日起两个月内未通知对方当事人,或者自收到对方当事人的催告之日起三十日内未答复的,视为解除合同。管理人决定继续履行合同的,对方当事人应当履行;但是,对方当事人有权要求管理人提供担保,管理人不提供担保的,视为解除合同。在第一次债权人会议召开之前,管理人决定继续或者停止债务人的营业,应当经人民法院许可。

5. 债权人申报债权

债权人应当在人民法院确定的债权申报期限内向管理人申报债权。

(1)人民法院确定申报债权的期限

人民法院受理破产申请后,应当确定债权人申报债权的期限。债权申报期限自人民法院发布受理破产申请公告之日起计算,最短不得少于三十日,最长不得超过三个月。在人民法院确定的债权申报期限内,债权人未申报债权的,可以在破产财产最后分配前补充申报;但是,此前已进行的分配不再对其补充分配。补充申报债权的费用由补充申报人承担。债权人未依照规定申报债权的,不得依照规定的程序行使权利。

(2)申报债权的规则

①债权的确定。人民法院受理破产申请时,对债务人享有债权的债权人可以申报,未到期的债权在破产申请受理时视为到期。附利息的债权自破产申请受理时起停止计息。附条件、附期限的债权和诉讼、仲裁未决的债权,债权人可以申报。

②申报的形式。债权人应当书面说明债权的数额和有无财产担保,并提交有关证据。

③不必申报的债权。债务人所欠职工的工资、医疗补助、伤残补助、抚恤费用,所欠的应当划入职工个人账户的基本养老保险、基本医疗保险费用,以及法律、行政法规规定应当支付给职工的补偿金,不必申报,由管理人调查后列出清单并予以公示。职工对清单记载有异议的,可以要求管理人更正;管理人不予更正的,职工可以向人民法院提起诉讼。

(3)连带关系中的债权申报人

申报的债权是连带债权的应当说明,连带债权人可以由其中一人代表全体连带债权人申报债权,也可以共同申报债权。连带债务人数人被裁定适用破产程序的,其债权人有权就全部债权分别在各破产案件中申报债权。

(4)申报债权的范围

债务人的保证人或者其他连带债务人已经代替债务人清偿债务的,以其对债务人的求偿权申报债权;债务人的保证人或者其他连带债务人尚未代替债务人清偿债务的,以其对债务人的将来求偿权申报债权,但债权人已经向管理人申报全部债权的除外。

管理人或者债务人依照规定解除合同的,对方当事人以因合同解除所产生的损害赔偿请求权申报债权。

债务人是委托合同的委托人,被裁定适用破产程序,受托人不知该事实,继续处理委托事务的,受托人以由此产生的请求权申报债权。

债务人是票据的出票人，被裁定适用破产程序，该票据的付款人继续付款或者承兑的，付款人以由此产生的请求权申报债权。

(5)管理人编制债权表

管理人收到债权申报材料后，应当登记造册，对申报的债权进行审查并编制债权表。债权表和债权申报材料由管理人保存，供利害关系人查阅。债权表应当提交第一次债权人会议核查。债务人和债权人对债权表记载的债权无异议的，由人民法院裁定确认；债务人和债权人对债权表记载的债权有异议的，可以向受理破产申请的人民法院提起诉讼。

二、破产程序中的管理人

(一)管理人的产生和地位

1. 管理人的产生

中国企业破产程序中的管理人由人民法院指定。人民法院裁定受理破产申请的，应当同时指定管理人。管理人应当勤勉尽责，忠实执行职务。

为了保障管理人履行职责，管理人经人民法院许可，可以聘用必要的工作人员。

2. 管理人的地位

管理人依照《企业破产法》的规定执行职务，向人民法院报告工作，并接受债权人会议和债权人委员会的监督。管理人应当列席债权人会议，向债权人会议报告职务执行情况，并回答询问。债权人会议认为管理人不能依法、公正执行职务或者有其他不能胜任职务情形的，可以申请人民法院予以更换。

管理人的报酬由人民法院确定。债权人会议对管理人的报酬有异议的，有权向人民法院提出。

(二)管理人的任职和任职资格

1. 管理人的任职

管理人可以由有关部门、机构的人员组成的清算组，或者依法设立的律师事务所、会计师事务所、破产清算事务所等社会中介机构担任；人民法院根据债务人的实际情况，可以在征询有关社会中介机构的意见后，指定该机构具备相关专业知识并取得执业资格的人员担任管理人。管理人没有正当理由不得辞去职务。管理人辞去职务应当经人民法院许可。

2. 管理人的任职资格

有下列情形之一的，不得担任管理人：一是因故意犯罪受过刑事处罚；二是曾被吊销相关专业执业证书；三是与本案有利害关系；四是人民法院认为不宜担任管理人的其他情形。个人担任管理人的，应当参加执业责任保险。

(三)管理人的职责和报告事项

1. 管理人的职责

管理人履行下列职责：一是接管债务人的财产、印章、账簿和文书等资料；二是调查债务人的财产状况，制作财产状况报告；三是决定债务人的内部管理事务；四是决定债务人的日常开支和其他必要开支；五是在第一次债权人会议召开之前决定继续或者停止债务人的营业；六是管理和处分债务人的财产；七是代表债务人参加诉讼、仲裁或者其他法律程序；八是提议召开债权人会议；九是人民法院认为管理人应当履行的其他职责。《企业破产法》对管理人的职责另有规定的,适用其规定。

2. 管理人的报告事项

管理人实施下列行为,应当及时报告债权人委员会:一是涉及土地、房屋等不动产权益的转让;二是探矿权、采矿权、知识产权等财产权的转让;三是全部库存或者营业的转让;四是借款;五是设定财产担保;六是债权和有价证券的转让;七是履行债务人和对方当事人均未履行完毕的合同;八是放弃权利;九是担保物的取回;十是对债权人利益有重大影响的其他财产处分行为。未设立债权人委员会的,管理人实施上述行为应当及时报告人民法院。

三、破产程序中的债权人会议

(一)债权人会议的含义和性质

1. 债权人会议的含义

债权人会议是破产程序中的特殊组织,是债权人依照人民法院的通知或者公告组成的行使债权和破产参与权的机构。破产申请受理后,所有债权人作为诉讼当事人,为维护自己的合法权益,享有相应的诉讼权利。但是,不可能让债权人单独地实施诉讼行为,因而必须建立一个能够协调债权人意见、统一债权人行动的债权人会议。

2. 债权人会议的性质

(1)债权人会议是清理债权债务的决议机构

债权人会议在审查债权证明材料、确认债权性质和数额、讨论通过和解协议草案以及破产财产的处理、分配方案等方面有决议权。管理人实施破产程序中的事务性工作,对上述事项没有决议权。

(2)债权人会议是监督机构

债权人会议与债务人之间的和解协议经人民法院批准生效后,在整顿期间,债权人会议有对债务人执行和解协议情况的监督权。管理人的工作要接受债权人会议的监督。

(3)债权人会议是临时机构

债权人会议根据人民法院的通知或者公告组成,随着破产程序的结束而终止,在债权人会议存续期间,只在需要讨论决定破产程序中的有关事项时才召集开会。

(二)债权人会议的职权

债权人会议的职权包括:一是核查债权;二是申请人民法院更换管理人,审查管理人的费用和报酬;三是监督管理人;四是选任和更换债权人委员会成员;五是决定继续或者停止债务人的营业;六是通过重整计划;七是通过和解协议;八是通过债务人财产的管理方案;九是通过破产财产的变价方案;十是通过破产财产的分配方案;十一是人民法院认为应当由债权人会议行使的其他职权。

上述八、九所列事项经债权人会议表决未通过的,由人民法院裁定。债权人对人民法院作出的裁定不服的,可以自裁定宣布之日或者收到通知之日起十五日内向该人民法院申请复议;十所列事项经债权人会议二次表决仍未通过的,由人民法院裁定。债权额占无财产担保债权总额二分之一以上的债权人对人民法院作出的裁定不服的,可以自裁定宣布之日或者收到通知之日起十五日内向该人民法院申请复议。复议期间不停止裁定的执行。

（三）债权人会议的会议制度

1. 债权人会议的成员及其表决权

依法申报债权的债权人为债权人会议的成员，有权参加债权人会议，享有表决权；债权尚未确定的债权人，除人民法院能够为其行使表决权而临时确定债权额外，不得行使表决权。对债务人的特定财产享有担保权的债权人，未放弃优先受偿权的，对《企业破产法》规定的有关事项不享有表决权。

2. 债权人会议的召集和通知

第一次债权人会议由人民法院召集，自债权申报期限届满之日起十五日内召开。以后的债权人会议，在人民法院认为必要时，或者管理人、债权人委员会、占债权总额四分之一以上的债权人向债权人会议主席提议时召开。

召开债权人会议，管理人应当提前十五日通知已知的债权人。

3. 债权人会议的主持和出席

债权人会议设主席一人，由人民法院从有表决权的债权人中指定，债权人会议主席主持债权人会议。

债权人可以委托代理人出席债权人会议，行使表决权。代理人出席债权人会议，应当向人民法院或者债权人会议主席提交债权人的授权委托书。债权人会议应当有债务人的职工和工会代表参加，并对有关事项发表意见。债权人会议应当对所议事项的决议做成会议记录。

4. 债权人会议的决议

债权人会议的决议，除法律另有规定外，由出席会议的有表决权的债权人过半数通过，并且其所代表的债权额占无财产担保债权总额的二分之一以上。但是，债权人认为债权人会议的决议违反法律规定，损害其利益的，可以自债权人会议作出决议之日起十五日内请求人民法院裁定撤销该决议，责令债权人会议依法重新作出决议。债权人会议的决议对于全体债权人均有约束力。

（四）债权人委员会

1. 债权人委员会的意义

债权人会议是会议性质的机构，其成员是依法申报债权的债权人，在闭会期间难以监督破产企业及管理人的活动。设立相对常设的债权人委员会对保护债权人团体的利益是有积极意义的。但是，债权人委员会不是必须设立的，可以根据具体情况由债权人会议决定是否设立。

2. 债权人委员会的设立

债权人会议可以决定设立债权人委员会，债权人委员会由债权人会议选任的债权人代表和一名债务人的职工代表或者工会代表组成。债权人委员会成员不得超过九人。债权人委员会成员应当经人民法院书面认可。

3. 债权人委员会的职权

债权人委员会行使下列职权：一是监督债务人财产的管理和处分；二是监督破产财产的分配；三是提议召开债权人会议；四是债权人会议委托的其他职权。

债权人委员会执行职务时，有权要求管理人和债务人的有关人员对其职权范围内的事务作出说明或者提供有关文件；管理人和债务人的有关人员违反规定拒绝接受监督的，债权人委员会有权就监督事项请求人民法院作出决定，人民法院应当在五日内作出决定。

第三节 债务人财产、破产费用和共益债务

一、债务人财产

(一)债务人财产概述

1. 债务人财产的含义

债务人财产，是指人民法院受理破产申请后，债务人用于重整、和解和破产清算的财产。债务人(企业法人)被宣告破产后，债务人财产成为破产财产。

2. 债务人财产的范围

债务人财产包括破产申请受理时属于债务人的全部财产，以及破产申请受理后至破产程序终结前债务人取得的财产。

债务人财产对于维护债权人的合法权益，保证破产程序的正常进行具有重要意义，维护债务人财产就是保护债权人的合法权益。

(二)人民法院的撤销、宣告无效权和管理人的追讨、取回权

人民法院受理破产申请后，债务人财产不仅包括债务人实际拥有的合法财产，而且包括其他应当属于债务人的财产。通过人民法院的撤销、宣告无效权的行使和管理人的追讨、取回行为，可以最大限度地确定债务人财产。

1. 人民法院的撤销、宣告无效权

(1)人民法院对债务人违法财产行为的撤销

人民法院受理破产申请前一年内涉及债务人财产的下列行为，管理人有权请求人民法院予以撤销：一是无偿转让财产；二是以明显不合理的价格进行交易；三是对没有财产担保的债务提供财产担保；四是对未到期的债务提前清偿；五是放弃债权。另外，人民法院受理破产申请前六个月内债务人已经有不能清偿到期债务并且资产不足以清偿全部债务或者明显缺乏清偿能力的情形，仍对个别债权人进行清偿的，管理人有权请求人民法院予以撤销，但个别清偿使债务人财产受益的除外。

(2)人民法院对债务人违法财产行为的宣告无效

涉及债务人财产的下列行为，无论何时都是无效的：一是为逃避债务而隐匿、转移财产；二是虚构债务或者承认不真实的债务。违反上述规定取得债务人财产的，管理人有权追回。

2. 管理人的追讨、取回权

(1)管理人向出资人追讨出资

人民法院受理破产申请后，债务人的出资人尚未完全履行出资义务的，管理人应当要求该出资人缴纳所认缴的出资而不受出资期限的限制。

(2)管理人向董事、监事和高级管理人员追回财产

债务人的董事、监事和高级管理人员利用职权从企业获取的非正常收入和侵占的企业财产，管理人应当追回。

(3)管理人取回担保物

人民法院受理破产申请后，管理人可以通过清偿债务或者提供为债权人接受的担保，取回

质物、留置物。债务清偿或者替代担保在质物或者留置物的价值低于被担保的债权额时，以该质物或者留置物当时的市场价值为限。

(三)权利人的取回权和债权人的抵销权

人民法院受理破产申请后，债务人占有的财产并不都属于债务人，债权人在破产申请受理前可能对债务人负有债务，权利人可以要求取回，债权人可以主张抵销。通过权利人的取回、债权人的抵销行为，可以真实地确定债务人的财产。

1. 权利人的取回权

人民法院受理破产申请后，债务人占有的不属于债务人的财产，该财产的权利人可以通过管理人取回，但法律另有规定的除外。

人民法院受理破产申请时，出卖人已将买卖标的物向作为买受人的债务人发运，债务人尚未收到且未付清全部价款的，出卖人可以取回运输途中的标的物，但管理人可以支付全部价款并请求出卖人交付标的物。

2. 债权人的抵销权

债权人在破产申请受理前对债务人负有债务的，可以向管理人主张抵销，但有下列情形之一的，不得抵销：一是债务人的债务人在破产申请受理后取得他人对债务人的债权的；二是债权人已知债务人有不能清偿到期债务或者破产申请的事实，对债务人负担债务的，但债权人因为法律规定或者有破产申请一年前所发生的原因而负担债务的除外；三是债务人的债务人已知债务人有不能清偿到期债务或者破产申请的事实，对债务人取得债权的，但债务人的债务人因为法律规定或者有破产申请一年前所发生的原因而取得债权的除外。

二、破产费用和共益债务

(一)破产费用和共益债务的含义

1. 破产费用的含义

破产费用，是指人民法院受理破产申请后发生的、与破产程序有关的管理费用。破产费用是处理破产案件过程中必须支出的费用，支出的目的在于保证破产程序的正常进行。

2. 共益债务的含义

共益债务，是指人民法院受理破产申请后，为了全体债权人的共同利益以及破产程序的顺利进行而负担的债务。

破产费用与共益债务都产生于破产程序开始之后，与破产债权不同。破产费用是管理费用，其发生有必然性；共益债务是债务，其发生有或然性。

(二)破产费用和共益债务的范围

1. 破产费用的范围

人民法院受理破产申请后发生的下列费用为破产费用：一是破产案件的诉讼费用；二是管理、变价和分配债务人财产的费用；三是管理人执行职务的费用、报酬和聘用工作人员的费用。

2. 共益债务的范围

人民法院受理破产申请后发生的下列债务为共益债务：一是因管理人或者债务人请求对方当事人履行双方均未履行完毕的合同所产生的债务；二是债务人财产受无因管理所产生的债务；三是因债务人的不当得利所产生的债务；四是为债务人继续营业而应支付的劳动报酬和

社会保险费用以及由此产生的其他债务;五是管理人或者相关人员执行职务致人损害所产生的债务;六是债务人财产致人损害所产生的债务。

(三)破产费用和共益债务的清偿

1. 清偿原则

(1)随时清偿

破产费用和共益债务由债务人财产随时清偿,无须等到破产清算。

(2)优先清偿

进入破产清算程序后,破产费用和共益债务在破产财产中优先清偿。

2. 清偿顺序

债务人财产不足以清偿所有破产费用和共益债务的,先行清偿破产费用;债务人财产不足以清偿所有破产费用或者共益债务的,按照比例清偿。债务人财产不足以清偿破产费用的,管理人应当提请人民法院终结破产程序,人民法院应当自收到请求之日起十五日内裁定终结破产程序,并予以公告。

第四节 重整与和解

一、重整

(一)重整的含义

重整是在人民法院的主持下,债务人重新管理财产和营业事务,希望通过经营恢复清偿债务的能力、避免破产清算的活动。

重整的对象是不能清偿到期债务并且资产不足以清偿全部债务或者明显缺乏清偿能力的企业法人。所以,重整的意义在于通过经营,恢复这些债务人清偿债务的能力,避免其破产清算,使其主体资格得以存续。

(二)重整的期间

1. 重整期间的确定

债务人和债权人可以依法直接向人民法院申请对债务人进行重整。债权人申请对债务人进行破产清算的,在人民法院受理破产申请后、宣告债务人破产前,债务人或者出资额占债务人注册资本十分之一以上的出资人,可以向人民法院申请重整。人民法院经审查认为重整申请符合规定的,应当裁定债务人重整,并予以公告。

自人民法院裁定债务人重整之日起至重整程序终止,为重整期间。

2. 重整期间债务人的民事权利能力

(1)自行管理财产和营业事务

经债务人申请、人民法院批准,在管理人的监督下,债务人自行管理财产和营业事务。已接管债务人财产和营业事务的管理人应当向债务人移交财产和营业事务,管理人的职权由债务人行使。管理人负责管理财产和营业事务的,可以聘任债务人的经营管理人员负责营业事务。

(2)担保暂停和设定

①担保暂停。对债务人的特定财产享有的担保权暂停行使,但担保物有损坏或者价值明

显减少的可能,足以危害担保权人权利的,担保权人可以向人民法院请求恢复行使担保权。

②担保设定。债务人或者管理人为继续营业而借款的,可以为该借款设定担保。

3. 重整期间债务人的保障

第一,债务人合法占有的他人财产,该财产的权利人要求取回的,应当符合事先约定的条件。

第二,债务人的出资人不得请求投资收益分配。

第三,债务人的董事、监事或者高级管理人员不得向第三人转让其持有的债务人的股权,但经人民法院同意的除外。

4. 重整程序的终止

在重整期间,有下列情形之一的,经管理人或者利害关系人请求,人民法院应当裁定终止重整程序,并宣告债务人破产:一是债务人的经营状况和财产状况继续恶化,缺乏挽救的可能性;二是债务人有欺诈、恶意减少债务人财产或者其他显著不利于债权人的行为;三是由于债务人的行为致使管理人无法执行职务。

(三)重整计划的生效

1. 重整计划草案的提交及其内容

(1)重整计划草案的提交

①制作和提交人。债务人自行管理财产和营业事务的,由债务人制作重整计划草案;管理人负责管理财产和营业事务的,由管理人制作重整计划草案。

②提交期限。债务人或者管理人应当自人民法院裁定债务人重整之日起六个月内同时向人民法院和债权人会议提交重整计划草案;规定的期限届满,经债务人或者管理人请求,有正当理由的,人民法院可以裁定延期三个月。债务人或者管理人未按期提出重整计划草案的,人民法院应当裁定终止重整程序并宣告债务人破产。

(2)重整计划草案的内容

重整计划草案应当包括下列内容:一是债务人的经营方案;二是债权分类;三是债权调整方案;四是债权受偿方案;五是重整计划的执行期限;六是重整计划执行的监督期限;七是有利于债务人重整的其他方案。

2. 重整计划草案的表决、通过和批准

(1)召开债权人会议

人民法院应当自收到重整计划草案之日起三十日内召开债权人会议,对重整计划草案进行表决。债务人或者管理人应当向债权人会议就重整计划草案作出说明,并回答询问。

(2)债权分类和分组表决

不同的重整措施对不同性质债权人的利益产生的影响不同,根据不同债权分类进行分组表决是必要的。

债权人参加讨论重整计划草案的债权人会议,依照下列债权分类,分组对重整计划草案进行表决:一是对债务人的特定财产享有担保权的债权;二是债务人所欠职工的工资、医疗补助、伤残补助、抚恤费用,所欠的应当划入职工个人账户的基本养老保险、基本医疗保险费用,以及法律、行政法规规定应当支付给职工的补偿金(重整计划不得减免该项债务人应当缴纳的社会保险费用,该项费用的债权人不参加重整计划草案的表决);三是债务人所欠税款;四是普通债权。人民法院在必要时,可以决定在普通债权组中设小额债权组对重整计划草案进行表决。

(3)债权人会议的表决

出席会议的同一表决组的债权人过半数同意重整计划草案,并且其所代表的债权额占该组债权总额的三分之二以上的,该组通过重整计划草案;各表决组均通过重整计划草案时,重整计划通过。另外,债务人的出资人代表可以列席讨论重整计划草案的债权人会议。重整计划草案涉及出资人权益调整事项的,应当设出资人组对该事项进行表决。

(4)表决未通过的协商再表决

部分表决组未通过重整计划草案的,债务人或者管理人可以与未通过重整计划草案的表决组协商(双方协商的结果不得损害其他表决组的利益),该表决组可以在协商后再表决一次。

(5)提出批准重整计划的申请

自重整计划通过之日起十日内债务人或者管理人应当向人民法院提出批准重整计划的申请。

(6)批准重整计划

人民法院经审查认为符合规定的,应当自收到重整计划申请之日起三十日内裁定批准,终止重整程序,并予以公告。批准后,重整计划的执行不属于重整程序。

(7)未通过的重整计划草案的批准

未通过重整计划草案的表决组拒绝再次表决或者再次表决仍未通过重整计划草案,但重整计划草案符合下列条件的,债务人或者管理人可以申请人民法院批准重整计划草案:一是按照重整计划草案,债权分类第一项所列债权就该特定财产将获得全额清偿,其因延期清偿所受的损失将得到公平补偿,并且其担保权未受到实质性损害,或者该表决组已经通过重整计划草案;二是按照重整计划草案,债权分类第二、三项所列债权将获得全额清偿,或者相应表决组已经通过重整计划草案;三是按照重整计划草案,普通债权所获得的清偿比例不低于其在重整计划草案被提请批准时依照破产清算程序所能获得的清偿比例,或者该表决组已经通过重整计划草案;四是重整计划草案对出资人权益的调整公平、公正,或者出资人组已经通过重整计划草案;五是重整计划草案公平对待同一表决组的成员,并且所规定的债权清偿顺序不违反规定;六是债务人的经营方案具有可行性。人民法院应当自收到申请之日起三十日内裁定批准,终止重整程序,并予以公告。

重整计划草案未获得通过且未依法获得批准,或者已通过的重整计划未获得批准的,人民法院应当裁定终止重整程序,并宣告债务人破产。

3. 重整计划的法律效力

经人民法院裁定批准的重整计划对债务人和全体债权人均有约束力。按照重整计划减免的债务,自重整计划执行完毕时起,债务人不再承担清偿责任。债权人未依照规定申报债权的,在重整计划执行期间不得行使权利;在重整计划执行完毕后,可以按照重整计划规定的同类债权的清偿条件行使权利。债权人对债务人的保证人和其他连带债务人所享有的权利,不受重整计划的影响。

(四)重整计划的执行、监督和终止

1. 重整计划的执行

因为重整的对象是被申请或者申请重整的企业法人(债务人),所以,重整计划由债务人负责执行。为了保证重整计划的执行，人民法院裁定批准重整计划后，已接管财产和营业事务的管理人应当向债务人移交财产和营业事务。

2. 重整计划的监督

自人民法院裁定批准重整计划之日起，在重整计划规定的监督期内，由管理人监督重整计划的执行。在监督期内，债务人应当向管理人报告重整计划的执行情况和债务人的财务状况。监督期届满时，管理人应当向人民法院提交监督报告。自监督报告提交之日起，管理人的监督职责终止。管理人向人民法院提交的监督报告，重整计划的利害关系人有权查阅。经管理人申请，人民法院可以裁定延长重整计划执行的监督期限。

3. 重整计划的终止

债务人不能执行或者不执行重整计划的，人民法院经管理人或者利害关系人请求，应当裁定终止重整计划的执行并宣告债务人破产。人民法院裁定终止重整计划的执行的，债权人在重整计划中作出的债权调整的承诺失去效力。债权人因执行重整计划所受的清偿仍然有效，债权未受清偿的部分作为破产债权。债权人只有在其他同顺位债权人与自己所受的清偿达到同一比例时才能继续接受分配。人民法院裁定终止重整计划的执行并宣告债务人破产的，为重整计划的执行提供的担保继续有效。

二、和解

（一）和解的含义

和解是在人民法院的主持下，债务人与债权人会议就债务人延期清偿到期债务、减少债务数额等问题达成的协议。

和解的当事人是债务人和债权人会议，它们之间就债务人延期清偿到期债务、减少债务数额等问题达成协议，对于债务人争取时间清偿债务、摆脱债务、避免破产清算及债权人最大限度地获得债务清偿是十分有利的。

（二）和解协议的达成

1. 债务人申请和解

和解是债务人的要求，应由债务人申请。债务人可以依法直接向人民法院申请和解，也可以在人民法院受理破产申请后、宣告债务人破产前，向人民法院申请和解。债务人申请和解，应当提出和解协议草案。

2. 人民法院裁定和解

人民法院经审查认为和解申请符合规定的，应当裁定和解，和解程序开始。人民法院裁定和解的，应予以公告，并召集债权人会议讨论和解协议草案。对债务人的特定财产享有担保权的权利人自人民法院裁定和解之日起可以行使权利。

3. 和解协议的生效

和解协议的生效必须经过以下程序：

(1)和解协议经债权人会议通过

债权人会议通过和解协议的决议由出席会议的有表决权的债权人过半数同意，并且其所代表的债权额占无财产担保债权总额的三分之二以上。

(2)人民法院裁定认可

债权人会议通过和解协议的,由人民法院裁定认可,终止和解程序并予以公告。管理人应当向债务人移交财产和营业事务,并向人民法院提交执行职务的报告。

4. 终止和解程序、宣告债务人破产

和解协议草案经债权人会议表决未获得通过,或者已经债权人会议通过的和解协议未获得人民法院认可的,人民法院应当裁定终止和解程序并宣告债务人破产。

(三)和解协议的执行

1. 和解协议的法律效力

经人民法院裁定认可的和解协议对债务人和全体和解债权人(人民法院受理破产申请时,对债务人享有无财产担保债权的人)都有约束力。因债务人的欺诈或者其他违法行为而成立的和解协议,人民法院应当裁定无效,并宣告债务人破产。和解债权人因执行该和解协议所受的清偿,在其他债权人所受清偿同等比例的范围内不予返还。和解债权人对债务人的保证人和其他连带债务人所享有的权利不受和解协议的影响。

和解债权人未依照规定申报债权的,在和解协议执行期间不得行使权利;在和解协议执行完毕后,可以按照和解协议规定的清偿条件行使权利。债务人应当按照和解协议规定的条件清偿债务。

2. 和解协议的终止执行

债务人不能执行或者不执行和解协议的,人民法院经和解债权人请求,应当裁定终止和解协议的执行,并宣告债务人破产,为和解协议的执行提供的担保继续有效。

人民法院裁定终止和解协议的执行的,和解债权人在和解协议中作出的债权调整的承诺失去效力,和解债权人因执行和解协议所受的清偿仍然有效,和解债权未受清偿的部分作为破产债权。该债权人只有在其他债权人与自己所受的清偿达到同一比例时,才能继续接受分配。

3. 和解协议执行完毕后债务人的责任

按照和解协议减免的债务,自和解协议执行完毕时起债务人不再承担清偿责任。

另外,人民法院受理破产申请后,债务人与全体债权人就债权债务的处理自行达成协议的,可以请求人民法院裁定认可并终结破产程序。

第五节　破产宣告与破产清算

一、破产宣告

(一)破产宣告的含义和法律后果

1. 破产宣告的含义

破产宣告,是指受理破产案件的人民法院对具备破产原因的债务人的破产事实予以认定,并使债务人进入破产清算程序的司法活动。人民法院宣告破产,采用裁定形式。

2. 破产宣告的法律后果

(1)破产程序进入清算阶段

债务人被宣告破产后,破产程序进入清算阶段,债权人的债权在这个阶段可能得到实现,债务人的主体资格随着清算的结束而消灭。但是,破产宣告前,有下列情形之一的,人民法院应当裁定终结破产程序并予以公告:一是第三人为债务人提供足额担保或者为债务人清偿全部到期债务;二是债务人已清偿全部到期债务。

(2)身份和关系的变化

债务人被宣告破产后,债务人被称为破产企业,债务人的财产被称为破产财产,人民法院受理破产申请时对债务人享有的债权被称为破产债权。

(二)破产宣告的情形及破产宣告裁定的送达和告知

1. 破产宣告的情形

第一,企业法人不能清偿到期债务,并且资产不足以清偿全部债务;企业法人不能清偿到期债务,并且明显缺乏清偿能力的,人民法院宣告债务人破产。

第二,债务人不能执行或者不执行重整计划的,人民法院经管理人或者利害关系人请求,应当裁定终止重整计划的执行并宣告债务人破产。

第三,和解协议草案经债权人会议表决未获得通过,或者已经债权人会议通过的和解协议未获得人民法院认可的,人民法院应当裁定终止和解程序并宣告债务人破产。

第四,因债务人的欺诈或者其他违法行为而成立的和解协议,人民法院应当裁定无效并宣告债务人破产。

第五,债务人不能执行或者不执行和解协议的,人民法院经和解债权人请求,应当裁定终止和解协议的执行并宣告债务人破产。

2. 破产宣告裁定的送达和告知

人民法院依法宣告债务人破产的,应当自裁定作出之日起五日内送达债务人和管理人,自裁定作出之日起十日内通知已知债权人并予以公告。

二、破产清算

(一)破产清算的含义和范围

1. 破产清算的含义

破产清算,是指破产宣告后,以破产财产对破产人的普通债务按照规定的顺序进行清偿。在破产清算中,用于清偿的财产是破产人的破产财产,需要清偿的债务是所有没有担保的债权(普通债权)。

2. 破产清算的范围

破产清算的范围是普通债权。有担保的债权在破产清算前优先受偿,对破产人的特定财产享有担保权的权利人对该特定财产享有优先受偿的权利。享有优先受偿权的债权人行使优先受偿权未能完全受偿的,其未受偿的债权作为普通债权;放弃优先受偿权的,其债权作为普通债权。

(二)破产财产的变价

1. 破产财产变价的含义

破产财产的变价,是指对破产财产中的实物、财产权利进行变价出售,将破产财产变为货币以方便破产财产的分配。破产财产的分配应当以货币分配方式进行,但债权人会议另有决议的除外。

2. 破产财产变价的规则

(1)管理人拟订、执行破产财产变价方案

管理人应当及时拟订破产财产变价方案,提交债权人会议讨论。管理人应当按照债权人会议通过的或者人民法院依法裁定的破产财产变价方案,适时变价出售破产财产。

(2)变价出售破产财产的方式

变价出售破产财产应当通过拍卖进行,但债权人会议另有决议的除外。按照国家规定不能拍卖或者限制转让的财产,应当按照国家规定的方式处理。破产企业可以全部或者部分变价出售。破产企业变价出售时,可以将其中的无形资产和其他财产单独变价出售。

(三)破产财产的分配

1. 管理人拟订破产财产分配方案

管理人应当及时拟订破产财产分配方案,提交债权人会议讨论。破产财产分配方案应当载明下列事项:一是参加破产财产分配的债权人的名称或者姓名、住所;二是参加破产财产分配的债权额;三是可供分配的破产财产的数额;四是破产财产分配的顺序、比例及数额;五是实施破产财产分配的方法。债权人会议通过破产财产分配方案后,由管理人将该方案提请人民法院裁定认可。

2. 破产财产的分配顺序和原则

(1)破产财产的分配顺序

破产财产在优先清偿破产费用和共益债务后,依照下列顺序清偿:

第一,破产人所欠职工的工资(破产企业的董事、监事和高级管理人员的工资按照该企业职工的平均工资计算)、医疗补助、伤残补助、抚恤费用,所欠的应当划入职工个人账户的基本养老保险、基本医疗保险费用,以及法律、行政法规规定应当支付给职工的补偿金。

第二,破产人欠缴的除上述以外的社会保险费用和税款。

第三,普通破产债权。

(2)破产财产的分配原则

破产财产不足以清偿同一顺序的清偿要求的,按照比例分配。

3. 管理人执行破产财产分配方案

破产财产分配方案经人民法院裁定认可后,由管理人执行。管理人在执行破产财产分配方案时,应遵守以下规定:

第一,管理人按照破产财产分配方案实施多次分配的,应当公告本次分配的财产额和债权额。管理人实施最后分配的,应当在公告中指明并载明规定的事项。

第二,对于附生效条件或者解除条件的债权,管理人应当将其分配额提存。管理人提存的分配额,在最后分配公告日生效条件未成就或者解除条件成就的,应当分配给其他债权人;在最后分配公告日生效条件成就或者解除条件未成就的,应当交付债权人。

第三,债权人未受领的破产财产分配额,管理人应当提存。债权人自最后分配公告日起满两个月仍不领取的,视为放弃受领分配的权利,管理人或者人民法院应当将提存的分配额分配给其他债权人。

第四,破产财产分配时,对于诉讼或者仲裁未决的债权,管理人应当将其分配额提存;自破产程序终结之日起满两年仍不能受领分配的,人民法院应当将提存的分配额分配给其他债权人。

(四)破产程序的终结

1. 破产程序终结的含义

破产程序终结，是指在破产程序进行过程中发生法律规定的应当终止破产程序的情形，由人民法院裁定终结破产程序。

2. 破产程序终结的原因

破产程序终结的原因包括：一是债务人的财产不足以支付破产费用；二是全体债权人与债务人就债权债务处理达成协议；三是债权得到全部清偿；四是破产人无财产可供分配；五是破产财产分配完毕(管理人在分配完结后，应及时向人民法院提交破产财产分配报告)。

3. 破产程序终结的后果

(1)管理人办理注销登记手续

破产人无财产可供分配的，人民法院应当自收到管理人终结破产程序的请求之日起十五日内作出是否终结破产程序的裁定。裁定终结的，应当予以公告。管理人应当自破产程序终结之日起十日内持人民法院终结破产程序的裁定向破产人的原登记机关办理注销登记。

(2)管理人终止职务

管理人于办理注销登记完毕的次日终止执行职务，但存在诉讼或者仲裁未决情况的除外。

(3)追加分配

债务人财产不足以清偿破产费用以及破产人无财产可供分配的，自终结之日起两年内有下列情形之一的，债权人可以请求人民法院按照破产财产分配方案进行追加分配：一是发现有依法规定应当追回的财产；二是发现破产人有应当供分配的其他财产。如果财产数量不足以支付分配费用的，则不再追加分配，由人民法院将其上缴国库。

(4)保证人和其他连带债务人的清偿责任

破产人的保证人和其他连带债务人在破产程序终结后，对债权人依照破产清算程序未受清偿的债权依法继续承担清偿责任。

本章练习

一、名词解释

企业破产　管理人　债权人会议　重整　和解　债务人财产　破产费用　共益债务

二、单项选择题

1. 中国的企业破产制度主要是由________确立的。

A.《企业破产法》　B.《民事诉讼法》　C. 人民法院　D.《民法典》

2. 中国的企业破产制度是一种________的法律制度，总体上是一种诉讼制度。

A. 规定程序内容　B. 以程序内容为主，兼有实体内容

C. 规定实体内容　D. 以实体内容为主，兼有程序内容

3. 债务人及其他人提出破产申请，人民法院应自收到破产申请之日起________日内裁定是否受理。

A. 五　　B. 十　　C. 十五　　D. 二十

4. 人民法院受理破产申请的,应当自________作出之日起五日内送达申请人。

A. 裁定　　B. 判决　　C. 决定　　D. 审定

5. 人民法院应当自裁定受理破产申请之日起________日内通知已知债权人并予以公告。

A. 十五　　B. 二十五　　C. 三十　　D. 四十五

6. 人民法院受理破产申请后,债务人对个别债权人的债务清偿________。

A. 有效　　B. 可以撤销　　C. 视为无效　　D. 无效

7. 人民法院受理破产申请后,债务人的债务人或者财产持有人应当向________清偿债务或者交付财产。

A. 管理人　　B. 人民法院　　C. 债权人委员会　　D. 债权人会议

8. 债权申报期限自人民法院发布受理破产申请公告之日起计算,最短不得少于三十日,最长不得超过三个月。________受理破产申请后,应当确定债权人申报债权的期限。

A. 管理人　　B. 人民法院　　C. 债权人会议　　D. 债权人委员会

9. 债权人会议的决议,除法律另有规定外,由出席会议的有表决权的债权人过半数通过,并且其所代表的债权额占无财产担保债权总额的________以上。

A. 三分之二　　B. 四分之三　　C. 二分之一　　D. 五分之三

10. 债权人委员会的成员不得超过________人,债权人委员会成员应当经人民法院书面决定认可。

A. 九　　B. 十一　　C. 十三　　D. 十五

11. 人民法院受理破产申请后,债务人的出资人尚未完全履行出资义务的,________应当要求该出资人缴纳所认缴的出资,而不受出资期限的限制。

A. 人民法院　　B. 管理人　　C. 债权人会议　　D. 债权人委员会

12. 人民法院在受理破产案件后、宣告债务人破产前,债务人或者出资额占债务人注册资本________的出资人向人民法院申请重整的,从破产清算程序向重整程序转换。

A. 二分之一以上　　B. 三分之一以上

C. 五分之一以上　　D. 十分之一以上

13. ________,债务人的出资人不得请求投资收益分配。

A. 在重整期间　　B. 在企业法人存续期间

C. 在和解期间　　D. 在清算期间

14. 债务人或者________可以依法直接向人民法院申请对债务人进行重整。

A. 债权人会议　　B. 债权人　　C. 管理人　　D. 债权人委员会

15. 在重整期间,有法定情形之一的,经管理人或者________请求,人民法院应当裁定终止重整程序,并宣告债务人破产。

A. 债权人会议　　B. 债务人　　C. 利害关系人　　D. 债权人委员会

16. 重整计划由________负责执行。

A. 债务人　　B. 管理人　　C. 债权人会议　　D. 债权人委员会

17. ________可以向人民法院申请和解。

A. 债权人　　B. 债务人

C. 管理人　　　　　　　　　　　　　D. 债务人的上级主管部门

18. 因债务人的欺诈或者其他违法行为而成立的和解协议，人民法院应当裁定无效，并宣告________。

A. 债务人进行重整　　　　　　　　　B. 债务人重新申请和解

C. 债务人破产　　　　　　　　　　　D. 破产程序终止

19. 破产财产不足以清偿同一顺序的清偿要求的，按照________分配。

A. 比例　　　　　　　　　　　　　　B. 申报的先后顺序

C. 人民法院的裁定　　　　　　　　　D. 债权人之间的协商结果

20. ________拟订并执行破产财产分配方案。

A. 债权人会议　　B. 管理人　　C. 债务人　　D. 人民法院

三、多项选择题

1. 企业破产与一般的企业债务清偿制度相比，具有的特征包括________。

A. 破产是以债务人的主体资格消灭作为最终结局的债务清偿程序

B. 破产是一种以公平偿债为目的的债务清偿程序

C. 破产是一种由人民法院主持的债务清偿程序

D. 破产是以消灭债务人的主体资格为最终目的的债务清偿程序

2. 中国的企业破产法的宗旨包括________。

A. 规范企业破产程序，公平清理债权债务

B. 保护债权人和债务人的合法权益

C. 维护社会主义市场经济秩序

D. 建立健全社会保障体制

3.《企业破产法》适用于企业法人的________。

A. 破产后债务清偿　B. 重整　　C. 和解　　D. 一般债务清偿

4. 自人民法院受理破产申请的裁定送达债务人之日起至破产程序终结日，债务人的有关人员承担的义务包括________。

A. 妥善保管其占有和管理的财产、印章、账簿和文书等资料

B. 根据人民法院和管理人的要求工作，并如实回答询问

C. 列席债权人会议并如实回答债权人的询问

D. 未经人民法院许可，不得离开住所地，不得新任其他企业的董事、监事或高级管理人员

5. 债权申报的一般规则包括________。

A. 应当说明债权的数额和有无财产担保　　B. 必须以书面形式提出

C. 应当提交有关证据　　　　　　　　　　D. 申报的债权是连带债权的应当说明

6. 在债权申报中，________不必申报。

A. 债务人所欠职工的工资、医疗补助、伤残补助和抚恤费用

B. 债务人所欠的应当划入职工个人账户的基本养老保险和基本医疗保险费用

C. 债务人所欠的税款

D. 法律、行政法规规定应当支付给职工的补偿金

7. 下列人员中,可以担任管理人的有________。

A. 审判员　B. 社会中介机构　C. 专业人员　D. 清算组

8. 管理人________,应当及时报告债权人委员会;未设立债权人委员会的,应当及时报告人民法院。

A. 实施涉及土地、房屋等不动产权益的转让

B. 聘用人员

C. 实施探矿权、采矿权、知识产权等财产权的转让

D. 履行债务人和对方当事人均未履行完毕的合同

9. 债权人会议中,债权人行使表决权的条件是________。

A. 债权已经确定

B. 债权没有担保,或者有担保但放弃优先受偿权

C. 债权没有附条件

D. 债权没有附期限

10. 债权人会议的职权包括________。

A. 通过重整计划　B. 通过和解协议

C. 通过债务人财产的管理方案　D. 通过破产财产的分配方案

11. 债权人会议应当有________参加,对有关事项发表意见。

A. 债务人上级主管部门的代表　B. 当地人民政府的代表

C. 债务人的职工　D. 债务人工会的代表

12. 债务人财产的范围包括________。

A. 破产申请受理时属于债务人的全部财产

B. 破产申请受理后至破产程序终结前债务人取得的财产

C. 债务人在破产程序终结后取得的财产

D. 债务人的其他财产

13. 人民法院受理破产申请前一年内涉及债务人财产的下列行为中,管理人有权请求人民法院予以撤销的有________。

A. 无偿转让财产、放弃债权　B. 以明显不合理的价格进行交易

C. 对没有财产担保的债务提供财产担保　D. 对未到期的债务提前清偿

14. 人民法院受理破产申请后发生的________为破产费用。

A. 破产案件的诉讼费用

B. 管理、变价和分配债务人财产的费用

C. 管理人执行职务的费用、报酬和聘用工作人员的费用

D. 债务人财产受无因管理所产生的债务

15. 经人民法院裁定批准的重整计划,对________和________均有约束力。

A. 债务人　B. 管理人　C. 全体债权人　D. 清算人

16. 债务人或者管理人应当自人民法院裁定债务人重整之日起六个月内同时向________提交重整计划草案。

A. 人民法院　B. 债权人会议

C. 债权人委员会　　D. 债务人的出资人

17. ________，人民法院经管理人或者利害关系人请求，应当裁定终止重整计划的执行。

A. 管理人对重整计划有意见　　B. 债权人会议对重整计划有意见

C. 债务人不能执行重整计划　　D. 债务人不执行重整计划

18. 和解协议生效必须经过________程序。

A. 债权人会议通过　　B. 人民法院裁定认可

C. 管理人同意　　D. 债务人同意

19. 债务人被宣告破产后，________。

A. 债务人被称为破产人

B. 债务人财产被称为破产财产

C. 人民法院受理破产申请时对债务人享有的债权被称为破产债权

D. 对债权人有担保的债权失去优先清偿权

20. ________在优先清偿破产费用和共益债务后，被列入第一顺序清偿。

A. 破产人所欠的应当划入职工个人账户的基本养老保险费用

B. 破产人所欠的应当划入职工个人账户的基本医疗保险费用

C. 破产人所欠的职工失业保险费用

D. 法律、行政法规规定应当支付给职工的补偿金

四、判断题

1.《企业破产法》适用于全民所有制企业和其他企业法人。　(　　)

2.《企业破产法》保护债权人和债务人的合法权益。　(　　)

3. 人民法院裁定企业破产的，破产企业只需清偿到期债务。　(　　)

4. 债权人和债务人都可以申请破产。　(　　)

5. 破产案件可以由债权人或者债务人所在地的人民法院管辖。　(　　)

6. 破产程序从破产申请提出时开始。　(　　)

7. 中国企业破产程序中的管理人由人民法院指定。　(　　)

8. 债权人会议由无财产担保的破产债权人组成。　(　　)

9. 债务人可以依法直接向人民法院申请和解，也可以在人民法院受理破产申请后、宣告债务人破产前，向人民法院申请和解。　(　　)

10. 破产宣告是人民法院的审判活动，以判决方式作出。　(　　)

11. 债权人提出破产申请的，人民法院应当自收到申请之日起五日内通知债务人；债务人对申请有异议的，应当自收到人民法院的通知之日起七日内向人民法院提出。人民法院应当自异议期满之日起十日内裁定是否受理。　(　　)

12. 人民法院应当自裁定受理破产申请之日起十五日内通知已知债权人，并予以公告。　(　　)

13. 人民法院受理破产申请后，债务人对个别债权人的债务清偿无效。　(　　)

14. 人民法院受理破产申请后，管理人对破产申请受理前成立而债务人和对方当事人均未履行完毕的合同有权决定解除或者继续履行，并通知对方当事人。　(　　)

15. 依据申报的债权依法编制的债权表,应当提交人民法院核查。 ( )

16.《企业破产法》规定,个人担任管理人的,可以根据本人意愿参加或执业责任保险。 ( )

17. 债权人会议设主席一人,由人民法院从所有申报债权的债权人中指定,债权人会议主席主持债权人会议。 ( )

18. 债务人的财产,在破产申请受理后、破产宣告前,被称为"债务人财产";在破产宣告后,被称为"破产财产"。 ( )

19. 为逃避债务而隐匿、转移财产以及虚构债务或者承认不真实的债务的,人民法院应当自行为发生之日起六个月内宣告无效。 ( )

20. 人民法院受理破产申请后,债务人的出资人尚未完全履行出资义务的,管理人应当要求该出资人缴纳所认缴的出资而不受出资期限的限制。 ( )

21. 管理、变价和分配债务人财产的费用属于共益债务的范围。 ( )

22. 破产费用和共益债务由债务人财产在破产宣告后清偿;债务人财产不足以清偿所有破产费用和共益债务的,先行清偿共益债务。 ( )

23. 自人民法院裁定债务人重整之日起至重整程序终止,为重整期间。 ( )

24.《企业破产法》规定,各类债权的债权人参加讨论重整计划草案的债权人会议,要依照债权分类,分组对重整计划草案进行表决。 ( )

25. 债权人会议通过和解协议的决议由出席会议的有表决权的债权人过半数同意,并且其所代表的债权额占无财产担保债权总额的二分之一以上。 ( )

26. 有下列情形之一的,人民法院应当裁定终结破产程序并予以公告:一是第三人为债务人提供足额担保或者为债务人清偿全部到期债务;二是债务人已清偿全部到期债务。 ( )

27. 对破产人的特定财产享有担保权的权利人,对该特定财产享有优先受偿的权利。债权人行使优先受偿权而未能完全受偿的,其未受偿的债权作为普通债权;放弃优先受偿权的,其债权作为普通债权。 ( )

28. 破产财产的分配应当以货币分配方式进行,没有例外。 ( )

29. 在破产财产的分配中,破产企业的董事、监事和高级管理人员的工资按照原来的实际工资水平计算。 ( )

30. 破产人的保证人和其他连带债务人在破产程序终结后,对债权人依照破产清算程序未受清偿的债权依法不再继续承担清偿责任。 ( )

五、简答题

1. 简述《企业破产法》的适用范围。
2. 简述企业破产的原因。
3. 简述破产申请受理的法律后果。
4. 简述债权人会议的职权。
5. 简述重整计划草案的制订过程及其内容。
6. 简述人民法院裁定债务人破产的情形。
7. 简述破产费用的范围。

8. 简述破产财产的分配顺序和分配原则。

六、综合分析题

国有企业甲因经营不善造成不能清偿到期债务，经上级主管部门同意，向人民法院申请破产，人民法院受理了该案。四个月后，甲通过人民法院向债权人会议提出希望和解、整顿三年。

问：根据《企业破产法》规定的和解条件，甲是否可以提出和解？为什么？

甲被人民法院裁定宣告破产时，有国家授予其经营管理的财产 1 500 万元（其中，一台价值 180 万元的设备用于 80 万元债务的抵押）、他人欠其债务 500 万元、企业自有资金 200 万元、商标权和专利权价值 300 万元。

问：甲的破产财产有多少？

甲被人民法院裁定宣告破产前，共欠债务 1 200 万元（其中的 1 000 万元为无担保债务），管理人在破产程序进行的过程中为解除合同支付赔偿金 15 万元。

问：甲的破产债权有多少？

第五章
合同法律制度

第一节　合同与合同法概述

一、合同概述

（一）合同的含义

《民法典》规定，合同是民事主体之间设立、变更、终止民事法律关系的协议，具体含义如下：

1. 合同是民事主体之间的协议

民事主体包括自然人、法人和非法人组织。自然人、法人和非法人组织可以是以营利为目的的，也可以是以公益为目的（非营利目的）的。民事主体作为合同当事人，其法律地位平等。法律地位平等的自然人、法人和非法人组织需要以合同形式明确相互之间在社会活动中的民事权利义务关系（民事法律关系）。

2. 合同是为了设立、变更、终止民事法律关系的协议

民事主体（包括以营利为目的的市场主体）之间订立合同的目的是设立、变更、终止民事法律关系（民事权利义务关系）。设立民事法律关系，是指民事主体通过订立合同，明确相互之间的民事权利和义务。变更民事法律关系，是指民事主体改变已有的民事权利和义务关系。终止民事法律关系，是指民事主体终结民事权利和义务关系。

（二）合同的特征

1. 合同体现民事主体之间平等的民事法律关系

《民法典》规定的合同是平等主体之间的合同。合同当事人之间形成的是平等主体之间的民事法律关系，合同当事人平等地享有民事权利、承担民事义务。

2. 合同是设立、变更、终止民事法律关系的协议

《民法典》规定的合同是民事主体为了设立、变更、终止民事法律关系的协议。合同是协议，但不是所有协议都是《民法典》所称的合同，如为了设立、变更、终止劳动法律关系（劳动权利和义务）而订立的协议是劳动合同，是《中华人民共和国劳动法》和《中华人民共和国劳动合同法》所规定的合同。

（三）合同的分类

1. 有名合同与无名合同

有名合同，是指法律、行政法规规定了具体名称和调整规范的合同，《民法典》中也称之为

"典型合同",包括买卖合同,供用电、水、气、热力合同,赠与合同,借款合同,保证合同,租赁合同,融资租赁合同,保理合同,承揽合同,建设工程合同,运输合同,技术合同,保管合同,仓储合同,委托合同,物业服务合同,行纪合同,中介合同和合伙合同,共十九种。

无名合同,是指法律、行政法规没有规定其名称和相应的调整规范的合同。根据《民法典》,《民法典》或者其他法律没有明文规定的合同适用《民法典》合同编通则的规定,并可以参照适用《民法典》合同编或者其他法律最相类似合同的规定。

2. 诺成合同与实践合同

诺成合同,是指合同双方当事人意思表示一致就能成立的合同。一般的买卖合同是诺成合同。诺成合同要求合同双方当事人的意思表示一致,所以是双务合同。

实践合同,是指除双方当事人意思表示一致外,还须交付标的物才能成立的合同。没有特殊约定的保管合同自保管物交付时成立,是实践合同。

3. 要式合同与不要式合同

要式合同,是指法律、行政法规规定或者当事人约定必须具备特定形式和手续才能成立的合同。城市房地产买卖合同应当到县级以上地方人民政府的登记机关办理过户登记,是要式合同。

不要式合同,是指不以特定形式为成立要件的合同。一般的买卖合同是不要式合同。

4. 双务合同与单务合同

双务合同,是指合同双方当事人都享有民事权利并承担相应义务的合同。买卖合同是比较典型的双务合同,买方的主要义务是给付买卖标的物的款项,卖方的主要义务是转移买卖标的物的所有权。

单务合同,是指合同一方当事人只享有民事权利、不承担相应义务,而另一方当事人只承担义务、不享有民事权利的合同。一般的赠与合同是单务合同,赠与人承担向受赠人转移标的物所有权的义务,受赠人没有相应的义务。

5. 有偿合同与无偿合同

有偿合同,是指必须偿付代价才能享有民事权利的合同。买卖合同是有偿合同。

无偿合同,是指不必偿付代价就能享有民事权利的合同。一般的赠与合同是无偿合同。

6. 主合同与从合同

不需要依赖其他合同即能独立存在的合同,是主合同,如借款合同;需要依赖其他合同(主合同)才能成立的合同,是从合同,如担保合同。主合同和从合同是相对而言的,没有从合同的合同无所谓主合同。

二、合同法概述

(一)中国的合同立法

1999 年 3 月 15 日,第九届全国人民代表大会第二次会议通过《中华人民共和国合同法》,自 1999 年 10 月 1 日起施行,原来的《中华人民共和国经济合同法》《中华人民共和国涉外经济合同法》和《中华人民共和国技术合同法》同时废止。2020 年 5 月 28 日,第十三届全国人民代表大会第三次会议通过《民法典》(第三编为合同),自 2021 年 1 月 1 日起施行。《民法典》合同编是中国合同制度的基本法律依据。

(二)《民法典》的合同编

1.《民法典》合同编的结构

《民法典》有七编及附则,共一千二百六十条。合同编入《民法典》第三编,分通则、典型合同和准合同三个分编,共二十九章五百二十六条。限于篇幅,本章以《民法典》合同编的通则为基础阐述合同法律制度,不涉及典型合同的内容(保证合同除外),准合同(无因管理和不当得利)已经在本书第一章第五节(债权)中述及。

2.《民法典》合同编的调整范围

《民法典》规定,合同编调整因合同产生的民事关系;婚姻、收养、监护等有关身份关系的协议适用有关该身份关系的法律规定;没有规定的,可以根据其性质参照适用合同编的规定。据此,《民法典》合同编的调整范围可以概括如下:民事主体之间产生的以财产关系为内容的合同关系,婚姻、收养、监护等有关身份关系的协议应当适用有关该身份关系的法律规定,具体是《民法典》第五编(婚姻家庭)、第一编(总则)第二章第二节(监护)等;没有规定的,可以根据其性质参照适用《民法典》合同编的规定。

另外,非因合同产生的债权债务关系适用有关该债权债务关系的法律规定;没有规定的,适用《民法典》合同编通则的有关规定,但是根据其性质不能适用的除外。

第二节　合同的订立和效力

一、合同的订立

(一)合同订立的含义、形式及内容

1. 合同订立的含义

合同订立,是指合同当事人依法就合同的主要条款经过协商一致,达成协议的法律行为。订立合同,当事人必须具备与所订立合同相适应的民事权利能力和民事行为能力,当事人也可以依法委托代理人订立合同。

2. 合同订立的形式

合同订立的形式是合同当事人明确相互之间的民事法律关系(民事权利义务)采取的外在表现形式。《民法典》规定,当事人订立合同可以采用书面形式、口头形式或者其他形式。订立合同是民事法律行为。根据《民法典》,对于民事法律行为(包括合同订立),法律、行政法规规定或者当事人约定采用特定形式的,应当采用特定形式。

(1)书面形式

书面形式是合同书、信件、电报、电传、传真等可以有形地表现所载内容的形式。以电子数据交换、电子邮件等方式能够有形地表现所载内容,并可以随时调取和查用的数据电文,视为书面形式。

(2)口头形式

口头形式是当事人就合同内容口头上达成一致的合同形式。

(3)其他形式

除了书面形式和口头形式外,合同订立还可以采取其他形式。不属于上述书面形式和口头形式，但是根据当事人的行为或者交易习惯能够推定合同成立的其他形式，可以是法律认可的合同形式。

3. 合同的内容

合同的内容，是指合同当事人约定的在合同中各自享有的债权和承担的债务。合同的内容通过合同条款体现，因合同不同而有所不同。《民法典》规定，合同的内容由当事人约定，一般包括下列条款：

(1)当事人的姓名或者名称和住所

合同当事人是合同约束的对象。当事人的姓名或者名称和住所是所有合同必须具备的条款。当事人是合同关系的主体，合同中不写明当事人，就无法确定权利的享受者和义务的承担者。订立合同不仅要把当事人都写入合同，而且要把各方当事人的姓名或者名称和住所记载准确、清楚。根据《民法典》，依法成立的合同仅对当事人具有法律约束力，但法律另有规定的除外。

(2)标的

标的，是指合同当事人的权利和义务所共同指向的对象。标的是所有合同成立必须具备的条款，没有标的，合同关系就无法成立。合同标的可以是有形财产、无形财产、劳务或者工作成果。

(3)数量

数量，是指标的的数量，是以计量单位和数字来衡量的标的的尺度。对于有形财产，数量是对标的单位个数、体积、面积、长度、容积和重量等的计量；对于无形财产，数量是标的个数、件数、字数以及使用范围等多种量度方法；对于劳务，数量为劳动量；对于工作成果，数量是工作量及成果数量。合同约定的数量要准确，应选择使用当事人共同接受的、法定的计量单位、计量方法和计量工具；根据不同情况要求不同的精确度，允许的尾差、磅差、超欠幅度和自然耗损率等。

(4)质量

质量，是指标的的具体品质特征，是标的的内在素质和外观形态的综合，如商品的品种、型号、规格、等级或者工程项目的标准等。合同应当约定质量，国家有强制性标准的，必须按照规定的标准执行。当事人可以约定质量检验的方法、质量责任的期限和条件、对质量提出异议的条件与期限等。

(5)价款或者报酬

价款或者报酬，是指一方当事人向对方当事人所付代价的货币表现。价款一般是指对提供财产的当事人支付的货币，如买卖合同的货款；报酬一般是指对提供劳务或者工作成果的当事人支付的货币，如保管合同中的保管费。在合同中应当明确约定价款或者报酬的数额、计算标准、结算方式和程序。

(6)履行期限、地点和方式

履行期限，是指合同约定的一方当事人向对方当事人履行义务的时间，是衡量合同是否按时履行的标准。

履行地点，是合同约定的当事人履行义务的地点，关系合同履行费用和风险承担，有时还是确定所有权是否转移、何时转移的依据，也是发生纠纷后确定纠纷处理管辖法院的依据。

履行方式,是指合同约定的当事人履行义务的具体做法,有的以转移一定财产的方式履行(如买卖合同),有的以提供某种劳务的方式履行(如运输合同),有的以交付一定工作成果的方式履行(如承揽合同)。对于双务合同,履行方式还包括价款或者报酬的支付方式和结算方式等。

(7)违约责任

违约责任,是指合同当事人一方或者双方不履行合同义务或者履行合同义务不符合约定时,按照法律规定或者合同约定应当承担的法律责任。

(8)解决争议的方法

解决争议的方法,是指合同当事人对合同的履行发生争议时,解决该纠纷的途径和方式。解决争议的方法一般包括当事人协商、第三人调解、仲裁和民事诉讼。解决争议的方法的选择对于纠纷发生后当事人保护自己的合法权益非常重要。

(二)合同订立的方式

《民法典》规定,当事人订立合同,可以采取要约、承诺方式或者其他方式。据此,当事人订立合同的方式包括要约、承诺和其他方式。要约、承诺方式是订立合同的主要方式。

1. 要约

(1)要约的含义

要约,是指希望与他人订立合同的意思表示。发出要约的当事人称为要约人,要约所指向的对方当事人称为受要约人。

要约作为一种意思表示,应当符合下列条件:一是内容具体确定,应当包括足以决定合同内容的主要条款,经对方接受,合同就告成立;二是表明经受要约人承诺,要约人即受该意思表示的约束。

要约是一种民事法律行为,要约人受自己要约的约束,当要约送达受要约人后,在要约的有效期限内,受要约人表示接受的,合同即告成立。

要约与要约邀请不同。要约邀请是希望他人向自己发出要约的表示,拍卖公告、招标公告、招股说明书、债券募集办法、基金招募说明书、商业广告和宣传、寄送的价目表等为要约邀请。要约以订立合同为目的,要约邀请以让他人向自己发出要约为目的;要约内容要具体确定,要约邀请的内容则不受此约束。通常,属于要约邀请的商业广告和宣传的内容符合要约条件的,构成要约。

(2)要约的生效

要约生效,是指要约产生法律约束力的时间。以对话方式作出的要约,相对人(受要约人)知道其内容时生效。以非对话方式作出的要约,到达相对人(受要约人)时生效。以非对话方式作出的采用数据电文形式的要约,相对人指定特定系统接收数据电文的,该数据电文进入该特定系统时生效;未指定特定系统的,相对人知道或者应当知道该数据电文进入其系统时生效。当事人对采用数据电文形式的要约的生效时间另有约定的,按照其约定。后述承诺的生效适用同样的规定。

(3)要约的撤回和撤销

①要约的撤回。要约的撤回,是指要约人在要约生效前,使要约不发生法律约束力的意思表示。要约在没有产生约束力时可以撤回。要约撤回的通知应当在要约到达相对人前或者与

要约同时到达相对人。撤回要约不会对受要约人产生不利影响，也不会对交易秩序产生不良影响。

②要约的撤销。要约的撤销，是指要约人在要约生效后，使要约丧失法律约束力的意思表示。要约撤销可能使受要约人利益受损，所以，要约可以撤销，但有下列情形之一的除外：一是要约人以确定承诺期限或者其他形式明示要约不可撤销；二是受要约人有理由认为要约是不可撤销的，并已经为履行合同做了合理的准备工作。撤销要约的意思表示以对话方式作出的，该意思表示的内容应当在受要约人作出承诺之前为受要约人所知道；撤销要约的意思表示以非对话方式作出的，应当在受要约人作出承诺之前到达受要约人。

(4)要约的失效

要约的失效，是指要约丧失法律约束力，要约人不受其要约的约束，受要约人终止了承诺的权利。有下列情形之一的，要约失效：一是要约被拒绝；二是要约被依法撤销；三是承诺期限届满，受要约人未作出承诺；四是受要约人对要约的内容作出实质性变更。

2. 承诺

(1)承诺的含义

承诺是受要约人同意要约的意思表示，一般包括以下含义：

第一，由受要约人向要约人作出。第三人向要约人作出的同意要约的意思表示是第三人作为要约人发出的要约，不是承诺。

第二，受要约人对要约表示同意。承诺的内容应当与要约的内容一致。

(2)承诺的方式和生效

承诺的方式，是指受要约人将其承诺的意思表示传达给要约人所采用的方式。承诺应当以通知的方式作出；但是，根据交易习惯或者要约表明可以通过行为作出承诺的除外。

承诺的生效，是指承诺产生法律约束力的时间。以通知方式作出的承诺，生效的时间适用前述要约生效的规定；承诺不需要通知的，根据交易习惯或者要约的要求作出承诺的行为时生效。

(3)承诺的期限

承诺的期限，是指承诺能够产生法律约束力的时间限制。承诺应当在要约确定的期限内到达要约人，要约没有确定承诺期限的，承诺应当依照下列规定到达：要约以对话方式作出的，应当即时作出承诺；要约以非对话方式作出的，承诺应当在合理期限内到达。要约以信件或者电报形式作出的，承诺期限自信件载明的日期或者电报交发之日开始计算，信件未载明日期的自投寄该信件的邮戳日期开始计算；要约以电话、传真、电子邮件等快速通信方式作出的，承诺期限自要约到达受要约人时开始计算。

(4)承诺的撤回

承诺的撤回，是指承诺人在承诺生效前，使要约不发生法律约束力的意思表示。承诺可以撤回，承诺撤回的通知应当在承诺到达相对人(要约人)前或者与承诺同时到达相对人(要约人)。承诺撤回的通知生效的，合同不成立。

(5)承诺的特殊情况

①承诺逾期。受要约人超过承诺期限发出承诺，或者在承诺期限内发出承诺，按照通常情形不能及时到达要约人的，为新要约；但是，要约人及时通知受要约人该承诺有效的除外。

②承诺迟到。受要约人在承诺期限内发出承诺,按照通常情形能够及时到达要约人,但因其他原因致使承诺到达要约人时超过承诺期限的,除要约人及时通知受要约人因承诺超过期限不接受该承诺外,该承诺有效。

③实质性变更的承诺。受要约人对要约的内容作出实质性变更的,为新要约。对要约内容的实质性变更,是指有关合同标的、数量、质量、价款或者报酬、履行期限、履行地点和方式、违约责任和解决争议的方法等的变更。

④非实质性变更的承诺。承诺对要约的内容作出非实质性变更的,除要约人及时表示反对或者要约表明承诺不得对要约的内容作出任何变更外,该承诺有效,合同的内容以承诺的内容为准。

(三)合同成立的时间和地点

1. 合同成立的时间

《民法典》规定,承诺生效时合同成立,但是法律另有规定或者当事人另有约定的除外。

(1)采用合同书形式的合同成立的时间

当事人采用合同书形式订立合同的,在当事人均签名、盖章或者按指印时合同成立。在签名、盖章或者按指印之前,当事人一方已经履行主要义务,对方接受时,该合同成立。法律、行政法规规定或者当事人约定合同应当采用书面形式订立,当事人未采用书面形式,但是一方已经履行主要义务,对方接受时,该合同成立。

(2)当事人要求确认书、网络订单的合同成立的时间

当事人采用信件、数据电文等形式订立合同要求签订确认书的,签订确认书时合同成立。当事人一方通过互联网等信息网络发布的商品或者服务信息符合要约条件的,对方选择该商品或者服务并提交订单成功时合同成立,但当事人另有约定的除外。

2. 合同成立的地点

《民法典》规定,承诺生效的地点为合同成立的地点。

采用数据电文形式订立合同的,收件人的主营业地为合同成立的地点;没有主营业地的,其住所地为合同成立的地点。当事人另有约定的,按照其约定。

当事人采用合同书形式订立合同的,最后签名、盖章或者按指印的地点为合同成立的地点,但当事人另有约定的除外。

(四)国家计划合同、预约合同、格式条款和悬赏广告

1. 国家计划合同

国家计划合同是根据国家抢险救灾、疫情防控或者其他需要下达的国家订货任务、指令性任务,有关民事主体之间依照法律、行政法规规定的权利和义务订立合同。《民法典》规定,国家根据抢险救灾、疫情防控或者其他需要下达国家订货任务、指令性任务的,有关民事主体之间应当依照有关法律、行政法规规定的权利和义务订立合同。依照法律、行政法规的规定,负有发出要约义务的当事人应当及时发出合理的要约,负有作出承诺义务的当事人不得拒绝对方合理的订立合同的要求。

2. 预约合同

预约合同是当事人约定将来订立合同的合同。《民法典》规定,当事人约定在将来一定期限内订立合同的认购书、订购书、预订书等,构成预约合同。当事人一方不履行预约合同约定

的订立合同义务的,对方可以请求其承担预约合同的违约责任。

3. 格式条款

格式条款是当事人为了重复使用而预先拟定,并在订立合同时未与对方协商的条款。《民法典》对格式条款提供者的义务、格式条款的效力和解释等作出规定。

(1)格式条款提供者的提示或者说明义务

采用格式条款订立合同的,提供格式条款的一方应当遵循公平原则确定当事人之间的权利和义务,并采取合理的方式提示对方注意免除或者减轻其责任等与对方有重大利害关系的条款,按照对方的要求,对该条款予以说明。提供格式条款的一方未履行提示或者说明义务,致使对方没有注意或者理解与其有重大利害关系的条款的,对方可以主张该条款不成为合同的内容。

(2)格式条款的无效

有下列情形之一的,该格式条款无效:一是具有《民法典》规定的无效情形(见后述"无效合同");二是提供格式条款的一方不合理地免除或者减轻其责任、加重对方责任、限制对方主要权利;三是提供格式条款的一方排除对方的主要权利。

(3)格式条款的解释

对格式条款的理解发生争议的,应当按照通常的理解予以解释。对格式条款有两种以上解释的,应当作出不利于提供格式条款一方的解释。格式条款与非格式条款不一致的,应当采用非格式条款。

4. 悬赏广告

悬赏广告是悬赏人以公开方式声明对完成特定行为的人支付报酬的意思表示。《民法典》规定,悬赏人以公开方式声明对完成特定行为的人支付报酬的,完成该行为的人可以请求其支付。

(五)合同订立中的法律责任

1. 缔约过错责任

(1)缔约过错责任的含义

缔约过错责任,是指当事人在合同订立的过程中,因违背诚实信用原则给对方造成损失时,应当承担的法律责任。当事人根据自愿和诚实信用等原则进行协商,决定是否订立合同,协商不成无须承担法律责任。但是,当事人在合同订立过程违背诚实信用原则,给对方造成损失的,应当承担损害赔偿责任。

(2)承担缔约过错责任的情形

当事人在订立合同过程中有下列情形之一,造成对方损失的,应当承担赔偿责任:一是假借订立合同,恶意进行磋商;二是故意隐瞒与订立合同有关的重要事实或者提供虚假情况;三是有其他违背实信用原则的行为。

2. 泄密责任

泄密责任是当事人将在合同订立的过程中知悉的保密信息泄露或者不正当地使用,给对方造成损害时应当承担的法律责任。《民法典》规定,当事人在订立合同过程中知悉的商业秘密或者其他应当保密的信息,无论合同是否成立,都不得泄露或者不正当地使用;泄露、不正当地使用该商业秘密或者信息,造成对方损失的,应当承担赔偿责任。

二、合同的效力

(一)合同效力的含义与有效条件

1. 合同效力的含义

合同效力,是指合同是否具有法律约束力的状况。《民法典》规定,依法成立的合同,仅对当事人具有法律约束力,但是法律另有规定的除外。据此,合同效力的含义包括:一是合同依法成立,这是合同具有法律约束力的前提;二是合同的法律约束力及与当事人,但是法律另有规定的除外。

根据《民法典》,合同效力状况包括有效合同、无效合同、可以撤销合同和效力待定合同。

2. 合同有效的条件

订立合同是一种民事法律行为,根据《民法典》,具备下列条件的民事法律行为(合同)有效:一是行为人具有相应的民事行为能力;二是意思表示真实;三是不违反法律、行政法规的强制性规定,不违背公序良俗。

具备民事法律行为有效条件的合同是有效合同。另外,法人的法定代表人或者非法人组织的负责人超越权限订立的合同,除相对人知道或者应当知道其超越权限外,该代表行为有效,订立的合同对法人或者非法人组织发生效力;当事人超越经营范围订立的合同的效力应当依照《民法典》的有关规定确定,不得仅以超越经营范围确认合同无效。

(二)合同生效

合同生效,是指合同产生法律约束力。《民法典》规定,依法成立的合同自成立时生效,但法律另有规定或者当事人另有约定的除外。依照法律、行政法规的规定,合同应当办理批准等手续的,依照其规定;未办理批准等手续影响合同生效的,不影响合同中履行报批等义务条款以及相关条款的效力。应当办理申请批准等手续的当事人未履行义务的,对方可以请求其承担违反该义务的责任。

根据《民法典》,民事法律行为(合同)除了根据其性质不得附条件、附期限的,可以附条件或者附期限。附条件或者附期限合同的生效情形如下:

第一,合同附条件。附生效条件的合同,自条件成就时生效;附解除条件的合同,自条件成就时失效。附条件的合同,当事人为自己的利益不正当地阻止条件成就的,视为条件已经成就;不正当地促成条件成就的,视为条件不成就。

第二,合同附期限。附生效期限的合同,自期限届至时生效。附终止期限的合同,自期限届满时失效。

(三)无效合同

1. 无效合同的含义

无效合同,是指因违反法律、行政法规的规定,国家不予承认和保护的、不具有法律约束力的合同。《民法典》规定,无效合同自始没有法律约束力。

根据无效合同的程度和范围,有部分无效合同和全部无效合同之别。根据《民法典》,合同部分无效,不影响其他部分效力的,其他部分仍然有效。

2. 合同无效的情形

根据《民法典》,合同无效的情形包括:一是无民事行为能力人订立的合同。无民事行为能力人包括不满八周岁的未成年人、不能辨认自己行为的成年人、八周岁以上不能辨认自己行为的未成年人。二是当事人以虚假的意思表示订立的合同。三是违反法律、行政法规的强制性规定的合同。违反法律、行政法规的强制性规定的合同无效，但该强制性规定不导致该合同无效的除外。四是违背公序良俗的合同。五是当事人恶意串通，损害他人合法权益的合同。

另外，《民法典》规定，合同中的下列免责条款无效：一是造成对方人身损害的；二是因故意或者重大过失造成对方财产损失的。

（四）可以撤销合同

1. 可以撤销合同的含义

可以撤销合同，是指因当事人意思表示不真实而订立的合同，有请求权的当事人可以行使撤销权，使生效的合同归于无效的合同。《民法典》规定，被撤销的合同自始没有法律约束力。

可以撤销合同与上述无效合同有以下不同：

第一，可以撤销合同是相对无效的合同，无效合同是绝对无效的合同。可以撤销合同由享有撤销权的当事人申请撤销的，该合同归于无效；不申请撤销的，为有效合同。无效合同则不需要当事人的申请，是当然无效的合同。

第二，可以撤销合同主要是当事人订立时意思表示不真实或者有瑕疵的合同，无效合同主要是当事人违反法律、行政法规的规定的合同。可以撤销合同造成的损害一般限于相对的当事人，所以当事人有权选择是否申请撤销。无效合同造成的后果危及国家、社会和他人，所以由法律确认其无效，不由当事人选择。

2. 合同可以撤销的情形

根据《民法典》，合同可以撤销的情形包括：

（1）因重大误解订立的合同

基于重大误解订立的合同，当事人有权请求人民法院或者仲裁机构予以撤销。

（2）一方当事人欺诈订立的合同

一方以欺诈手段使对方在违背真实意思的情况下订立的合同，受欺诈方有权请求人民法院或者仲裁机构予以撤销。

（3）第三人欺诈订立的合同

第三人实施欺诈行为使一方在违背真实意思的情况下订立的合同，对方知道或者应当知道该欺诈行为的，受欺诈方有权请求人民法院或者仲裁机构予以撤销。

（4）一方当事人或者第三人胁迫订立的合同

一方或者第三人以胁迫手段使对方在违背真实意思的情况下订立的合同，受胁迫方有权请求人民法院或者仲裁机构予以撤销。

（5）乘人之危、显失公平的合同

一方利用对方处于危困状态、缺乏判断能力等情形，致使合同成立时显失公平的，受损害方有权请求人民法院或者仲裁机构予以撤销。

3. 撤销权的消灭

《民法典》规定，有下列情形之一的，撤销权消灭：一是当事人自知道或者应当知道撤销事由之日起一年内、重大误解的当事人自知道或者应当知道撤销事由之日起九十日内没有行使撤销权；二是当事人受胁迫，自胁迫行为终止之日起一年内没有行使撤销权；三是当事人知道撤销事由后明确表示或者以自己的行为表明放弃撤销权。另外,当事人自民事法律行为发生之日起五年内没有行使撤销权的,撤销权消灭。

(五)效力待定合同

1. 效力待定合同的含义

对于某些方面不符合合同有效条件,但不属于前述的无效合同或者可以撤销合同,法律允许根据情况采取补救措施的合同,为效力待定合同。

2. 效力待定合同的情形

根据《民法典》,下列合同允许采取补救措施:

(1)限制民事行为能力人订立的合同

限制民事行为能力人订立的纯获利益的合同或者与其年龄、智力、精神健康状况相适应的合同有效;订立的其他合同经法定代理人同意或者追认后有效。相对人可以催告法定代理人自收到通知之日起三十日内予以追认,法定代理人未作表示的,视为拒绝追认。合同被追认前,善意相对人有撤销的权利,撤销应当以通知的方式作出。善意相对人,是指订立合同时不知道也不可能知道对方当事人是限制民事行为能力人的当事人。

(2)无权代理人订立的合同

无权代理人以被代理人的名义订立合同,被代理人已经开始履行合同义务或者接受相对人履行的,视为对合同的追认。

《民法典》规定,民事法律行为(合同)无效、被撤销或者确定不发生效力后,行为人因该行为取得的财产应当返还;不能返还或者没有必要返还的,应当折价补偿。有过错的一方应当赔偿对方由此所受到的损失;各方都有过错的,应当各自承担相应的责任。法律另有规定的,依照其规定。

第三节 合同的履行和担保

一、合同的履行

(一)合同履行的含义和原则

1. 合同履行的含义

合同履行,是指合同生效后,当事人按照约定的各项条款履行自己的义务、实现自己的权利,使当事人的合同目的得以实现的行为。合同履行是合同法律约束力的体现,当事人应当按照约定履行自己的义务,不得因姓名、名称的变更或者法定代表人、负责人、承办人的变动而不履行合同义务。

2. 合同履行的原则

合同履行原则,是指当事人履行合同必须遵守的准则。根据《民法典》,合同履行原则包括以下几个方面:

(1)全面履行

当事人应当按照约定全面履行自己的义务,也就是按照约定的各项条款履行自己的义务。

(2)诚信履行

当事人应当遵循诚信原则,根据合同的性质、目的和交易习惯履行通知、协助、保密等义务。

(3)绿色履行

当事人在履行合同的过程中,应当避免浪费资源、污染环境和破坏生态。

(二)合同履行的规则

合同履行的规则,是指《民法典》合同编规定的,当合同约定不明确时,当事人履行合同的方法。当事人在按照合同履行规则履行合同时,也应遵守合同履行原则。

1. 有关合同内容约定不明确时的确定规则

合同生效后,当事人就质量、价款或者报酬、履行地点等内容没有约定或者约定不明确的,可以协议补充;不能达成补充协议的,按照合同相关条款或者交易习惯确定;仍不能确定的,适用下列规定:

第一,质量要求不明确的,按照强制性国家标准履行;没有强制性国家标准的,按照推荐性国家标准履行;没有推荐性国家标准的,按照行业标准履行;没有国家标准、行业标准的,按照通常标准或者符合合同目的的特定标准履行。

第二,价款或者报酬不明确的,按照订立合同时履行地的市场价格履行;依法应当执行政府定价或者政府指导价的,依照规定履行。

第三,履行地点不明确,给付货币的,在接受货币一方所在地履行;交付不动产的,在不动产所在地履行;其他标的,在履行义务一方所在地履行。

第四,履行期限不明确的,债务人可以随时履行,债权人也可以随时要求履行,但应当给对方必要的准备时间。

第五,履行方式不明确的,按照有利于实现合同目的的方式履行。

第六,履行费用的负担不明确的,由履行义务一方负担;因债权人原因增加的履行费用,由债权人负担。

2. 电子合同交付方式及时间的确定规则

(1)线下交付

通过互联网等信息网络订立的电子合同的标的为交付商品并采用快递物流方式交付的,收货人的签收时间为交付时间。电子合同的标的为提供服务的,生成的电子凭证或者实物凭证中载明的时间为提供服务的时间;前述凭证没有载明时间或者载明时间与实际提供服务的时间不一致的,以实际提供服务的时间为准。

(2)线上交付

电子合同的标的物为采用在线传输方式交付的,合同标的物进入对方当事人指定的特定系统且能够检索识别的时间为交付时间。电子合同当事人对交付商品或者提供服务的方式、时间另有约定的,按照其约定。

3. 执行政府定价或者政府指导价的合同的价格履行规则

执行政府定价或者政府指导价的,在合同约定的交付期限内政府价格调整时,按照交付时的价格计价。逾期交付标的物的,遇价格上涨时,按照原价格执行;价格下降时,按照新价格执行。逾期提取标的物或者逾期付款的,遇价格上涨时,按照新价格执行;价格下降时,按照原价格执行。

4. 金钱履行币种的确定

以支付金钱为内容的债,除法律另有规定或者当事人另有约定外,债权人可以请求债务人以实际履行地的法定货币履行。

(三)选择之债、涉及第三人之债的履行

合同履行,当事人应当按照履行原则、合同约定和履行规则等进行。除此之外,对于选择之债、涉及第三人之债的履行,《民法典》作出相应规定。

1. 选择之债的履行

选择之债是当事人对多项履行标的有选择权的债权债务关系。

(1)债务人的选择权

标的有多项而债务人只需履行其中一项的,债务人享有选择权;但是,法律另有规定、当事人另有约定或者另有交易习惯的除外。

(2)选择权的转移

享有选择权的当事人在约定期限内或者履行期限届满未作选择,经催告后在合理期限内仍未选择的,选择权转移至对方。

(3)选择权的行使

当事人行使选择权应当及时通知对方,通知到达对方时,标的确定;标的确定后不得变更,但是经对方同意的除外。

(4)选择权的限制

可选择的标的发生不能履行情形的,享有选择权的当事人不得选择不能履行的标的,但是该不能履行的情形是由对方造成的除外。

2. 涉及第三人之债的履行

涉及第三人之债,在这里是指向第三人履行、第三人履行和第三人代为履行的债权债务关系。

(1)债务人未向第三人履行的责任

①债务人向债权人承担违约责任。当事人约定由债务人向第三人履行债务,债务人未向第三人履行债务或者履行债务不符合约定的,应当向债权人承担违约责任。

②债务人向第三人承担违约责任。法律规定或者当事人约定第三人可以直接请求债务人向其履行债务,第三人未在合理期限内明确拒绝,债务人未向第三人履行债务或者履行债务不符合约定的,第三人可以请求债务人承担违约责任;债务人对债权人的抗辩可以向第三人主张。

(2)第三人不按约定履行时债务人的责任

当事人约定由第三人向债权人履行债务,第三人不履行债务或者履行债务不符合约定的,债务人应当向债权人承担违约责任。

(3)第三人代为履行债务的权利

①第三人代为履行权。债务人不履行债务,第三人对履行该债务具有合法利益的,第三人有权向债权人代为履行;但根据债务性质、按照当事人约定或者依照法律规定只能由债务人履行的除外。

②第三人享有债权。债权人接受第三人履行后,其对债务人的债权转让给第三人,但是债

务人和第三人另有约定的除外。

(四)合同履行的抗辩权

抗辩权，是指双务合同中，一方当事人有依法对抗对方要求或者否认对方权利主张的权利。《民法典》规定的抗辩权包括同时履行抗辩权、先履行抗辩权和不安抗辩权，目的是保护双方当事人的权利。

1. 同时履行抗辩权

当事人互负债务，没有先后履行顺序的，应当同时履行。一方在对方履行前有权拒绝其履行请求；一方在对方履行债务不符合约定时，有权拒绝其相应的履行请求。

当事人行使同时履行抗辩权的，一般应当具备以下条件：一是当事人因同一合同互负债务，在履行上存在关联性，形成对价关系，这是同时履行抗辩权成立的前提条件；二是根据合同约定或者合同性质，没有先后履行顺序的，应当同时履行；三是当事人行使同时履行抗辩权时，债务已届清偿期；四是一方当事人有证据证明应当同时履行债务的对方当事人未履行或者履行债务不符合约定。

2. 先履行抗辩权

当事人互负债务，有先后履行顺序，应当先履行债务的一方未履行的，后履行一方有权拒绝其履行请求；先履行的一方履行债务不符合约定的，后履行一方有权拒绝其相应的履行请求。

当事人行使后履行抗辩权的，一般应当具备以下条件：一是基于同一个合同；二是合同有先后履行顺序，但应当先履行的当事人未履行或者履行债务不符合约定；三是行使抗辩权的是履行债务顺序在后的当事人。

3. 不安抗辩权

应当先履行债务的当事人，有确切证据证明对方有法定情形之一的，可以中止履行。

(1)当事人的举证责任

应当先履行债务的当事人有确切证据证明对方有下列情形之一的，可以中止履行：一是经营状况严重恶化；二是转移财产、抽逃资金，以逃避债务；三是丧失商业信誉；四是有丧失或者可能丧失履行债务能力的其他情形。只有当事人一方丧失或者可能丧失履行债务的能力，也就是根本违约，另一方当事人才能行使不安抗辩权。

(2)当事人的义务和权利

①承担的义务。当事人依据上述情形中止履行的，应当及时通知对方；对方提供适当担保的，应当恢复履行。

②享有的权利。中止履行后，对方在合理期限内未恢复履行能力且未提供适当担保的，视为以自己的行为表明不履行主要债务，中止履行的一方可以解除合同并请求对方承担违约责任。

(五)合同的债务人中止、提前、部分履行和情势变更

1. 合同的债务人中止、提前和部分履行

(1)债务人中止履行

合同履行的合理中止，是指债务人因债权人的原因中止履行或者提存标的物。《民法典》规定，债权人分立、合并或者变更住所，没有通知债务人，致使履行债务发生困难的，债务人可

以中止履行或者将标的物提存。合同履行的合理中止与前述不安抗辩权不同,虽然有关当事人都可以中止履行,但合理中止的原因是债权人违反通知义务的行为造成债务人履行困难,而不安抗辩权的行使原因是对方当事人的履约能力出现重大障碍。

(2)债务人提前或者部分履行

债务人提前履行,是指债务人在约定的履行时间之前履行债务。债务人部分履行,是指债务人只履行约定的部分债务。债务人提前或者部分履行债务,可能使债权人利益受损。债权人可以拒绝债务人提前履行或者部分履行债务,但提前履行、部分履行不损害债权人利益的除外。债务人提前履行或者部分履行给债权人增加的费用,由债务人负担。

2. 合同情势变更

(1)情势变更的含义

合同情势变更,是指合同成立后,因合同的基础条件发生重大变化,继续履行将对一方当事人明显不公平的情形,其具体含义包括:一是合同订立的基础条件发生重大变化;二是基础条件重大变化是当事人在合同订立时无法预见并且不属于商业风险的;三是情势变更发生在合同成立之后;四是情势变更合同的继续履行对一方当事人明显不公平。

(2)合同情势变更的处理

受不利影响的当事人可以与对方重新协商;在合理期限内协商不成的,当事人可以请求人民法院或者仲裁机构变更或者解除合同。人民法院或者仲裁机构应当结合案件的实际情况,依据公平原则变更或者解除合同。

(六)合同的保全

为防止因债务人财产不当减少而损害债权人利益,允许债权人为保全到期债权而采取的法律措施,称为合同保全措施。《民法典》规定的合同保全包括代位权和撤销权。

1. 代位权

(1)代位权的含义

代位权,是指债权人因债务人怠于行使其债权或者与该债权有关的从权利,影响其到期债权实现的,可以向人民法院请求以自己的名义代位行使债务人对相对人的权利,但是该权利专属于债务人自身的除外,具体含义包括:

第一,债务人对债权人的债务已经迟延履行。

第二,债务人怠于行使对相对人非专属于债务人的债权。

第三,债务人怠于行使对相对人的债权而影响债权人到期债权的实现。

第四,债权人可以向人民法院请求以自己的名义代位行使债务人对相对人的债权或者与该债权有关的从权利。

(2)代位权的规定

①代位权的范围、费用负担和相对人的抗辩权。代位权的行使范围以债权人的到期债权为限;债权人行使代位权的必要费用由债务人负担。相对人对债务人的抗辩权可以向债权人主张。

②代位权的提前主张。债权人的债权到期前,债务人的债权或者与该债权有关的从权利存在诉讼时效期间即将届满或者未及时申报破产债权等情形,影响债权人的债权实现的,债权人可以代位向债务人的相对人请求其向债务人履行、向破产管理人申报或者作出其他必要的

行为。

③代位权的后果。人民法院认定代位权成立的，由债务人的相对人向债权人履行义务，债权人接受履行后，债权人与债务人、债务人与相对人之间相应的权利和义务终止。债务人对相对人的债权或者与该债权有关的从权利被采取保全、执行措施，或者债务人破产的，依照相关法律的规定处理。

2. 撤销权

(1)撤销权的含义

撤销权，是指债权人因债务人实施影响其债权实现的行为而请求人民法院撤销债务人相关行为的权利，具体含义包括：

第一，债权人针对债务人实施的影响其债权实现的行为可以请求撤销。

第二，债权人通过人民法院请求撤销债务人的相关行为。

(2)撤销权的规定

①可以请求撤销的债务人行为。债务人以放弃其债权、放弃债权担保、无偿转让财产等方式无偿处分财产权益，或者恶意延长其到期债权的履行期限，影响债权人的债权实现的，债权人可以请求人民法院撤销。债务人以明显不合理的低价转让财产、以明显不合理的高价受让他人财产或者为他人的债务提供担保，影响债权人的债权实现，债务人的相对人知道或者应当知道该情形的，债权人可以请求人民法院撤销。债务人影响债权人的债权实现的行为被撤销的，自始没有法律约束力。

②撤销权的范围和费用负担。撤销权的行使范围以债权人的债权为限。债权人行使撤销权的必要费用由债务人负担。

③撤销权的期限。撤销权自债权人知道或者应当知道撤销事由之日起一年内行使；自债务人的行为发生之日起五年内没有行使撤销权的，该撤销权消灭。

二、合同的担保

(一)合同担保概述

1. 合同担保的含义

合同担保，是指为保障合同债权实现或者合同债务履行，由当事人依照法律规定，经过协商一致而采取的法律措施。

2. 合同担保的特征

(1)从属性

担保合同是从属于主合同的从合同，除担保合同另有约定外，主合同无效，担保合同也无效。

(2)补充性

担保对债权人债权的实现仅具有补充作用，债务人不履行债务时，债权人行使担保权。

(3)相对独立性

担保可以相对独立于所担保的债权而发生及存在。

3. 合同担保的法律依据

1995年6月30日，第八届全国人大常委会第十四次会议通过《中华人民共和国担保法》，规定在借贷、买卖、货物运输、加工承揽等经济活动中，债权人需要以担保方式保障其债权的实现，可以设定保证、抵押、质押、留置和定金五种方式的担保。2007 年 3 月 16 日，第十届全国人民代表大会第五次会议通过《中华人民共和国物权法》，其中规定了担保物权的抵押权、质押权和留置权。《民法典》施行后，上述两部法律废止，合同担保的法律依据是《民法典》的相关规定。《民法典》规定的合同担保包括担保物权担保（抵押权、质权和留置权）、保证合同担保和金钱担保（定金）。

（二）担保物权

1. 担保物权概述

（1）担保物权的含义

担保物权人在债务人不履行到期债务或者发生当事人约定的实现担保物权的情形时，依法享有就担保财产优先受偿的权利，但法律另有规定的除外。

（2）担保物权的适用

债权人在借贷、买卖等民事活动中，为保障实现其债权，需要担保的，可以依照《民法典》和其他法律的规定设立担保物权。第三人为债务人向债权人提供担保的，可以要求债务人提供反担保。

（3）担保物权的设立

设立担保物权，应当依照《民法典》和其他法律的规定订立担保合同。担保合同包括抵押合同、质押合同和其他具有担保功能的合同。担保合同是主债权债务合同的从合同。主债权债务合同无效的，担保合同无效，但法律另有规定的除外。

（4）担保物权的担保范围

担保物权的担保范围包括主债权及其利息、违约金、损害赔偿金、保管担保财产和实现担保物权的费用；当事人另有约定的，按照其约定。

（5）担保物权的物上代位权

担保期间，担保财产毁损、灭失或者被征收等，担保物权人可以就获得的保险金、赔偿金或者补偿金等优先受偿；被担保债权的履行期限未届满的，也可以提存该保险金、赔偿金或者补偿金等。

（6）担保物权的担保人责任免除

第三人提供担保，未经其书面同意，债权人允许债务人转移全部或者部分债务的，担保人不再承担相应的担保责任。

（7）担保物权与其他担保的竞合

被担保的债权既有物的担保又有人的担保的，债务人不履行到期债务或者发生当事人约定的实现担保物权的情形，债权人应当按照约定实现债权；没有约定或者约定不明确，债务人自己提供物的担保的，债权人应当先就该物的担保实现债权；第三人提供物的担保的，债权人可以就物的担保实现债权，也可以请求保证人承担保证责任。提供担保的第三人承担担保责任后，有权向债务人追偿。

（8）担保物权的消灭

有下列情形之一的，担保物权消灭：一是主债权消灭；二是担保物权实现；三是债权人放弃担保物权；四是法律规定担保物权消灭的其他情形。

2. 抵押权

《民法典》规定，为担保债务的履行，债务人或者第三人不转移财产的占有，将该财产抵押给债权人的，债务人不履行到期债务或者发生当事人约定的实现抵押权的情形，债权人有权就该财产优先受偿。债务人或者第三人为抵押人，债权人为抵押权人，提供担保的财产为抵押财产。

据此，作为合同物权担保方式之一的抵押权具有以下特征：一是抵押人可以是主合同的债务人或者第三人；二是抵押人占有抵押财产，抵押权人不占有抵押财产；三是抵押权人在债务人不履行到期债务或者发生当事人约定的实现抵押权的情形时，有权就该财产（抵押财产）优先受偿。

（1）抵押财产

抵押是合同的物权担保方式，属于“物的担保”，抵押财产是这种担保的物质基础。《民法典》从正反两个方面对抵押财产的范围作出界定：

①债务人或者第三人有权处分的下列财产可以抵押：一是建筑物和其他土地附着物；二是建设用地使用权；三是海域使用权；四是生产设备、原材料、半成品、产品；五是正在建造的建筑物、船舶、航空器；六是交通运输工具；七是法律、行政法规未禁止抵押的其他财产。抵押人可以将上述所列财产一并抵押。

②下列财产不得抵押：一是土地所有权；二是宅基地、自留地、自留山等集体所有土地的使用权，但法律规定可以抵押的除外；三是学校、幼儿园、医疗机构等为公益目的成立的非营利法人的教育设施、医疗卫生设施和其他公益设施；四是所有权、使用权不明或者有争议的财产；五是依法被查封、扣押、监管的财产；六是法律、行政法规规定不得抵押的其他财产。

另外，作为抵押权担保的物质基础，抵押人对抵押财产的价值负有维持责任。抵押人的行为足以使抵押财产价值减少的，抵押权人有权请求抵押人停止其行为；抵押财产价值减少的，抵押权人有权请求恢复抵押财产的价值，或者提供与减少的价值相应的担保（抵押财产保全）。抵押人不恢复抵押财产的价值，也不提供担保的，抵押权人有权请求债务人提前清偿债务。

（2）抵押规则

①动产浮动抵押。企业、个体工商户、农业生产经营者可以将现有的以及将有的生产设备、原材料、半成品、产品抵押，债务人不履行到期债务或者发生当事人约定的实现抵押权的情形，债权人有权就抵押财产确定时的动产优先受偿。当事人依据前述规定设定抵押的，抵押财产自下列情形之一发生时确定：一是债务履行期限届满，债权未实现；二是抵押人被宣告破产或者解散；三是当事人约定的实现抵押权的情形；四是严重影响债权实现的其他情形。

②建筑物与建设用地使用权一并抵押。以建筑物抵押的，该建筑物占用范围内的建设用地使用权一并抵押；以建设用地使用权抵押的，该土地上的建筑物一并抵押。乡镇、村企业的建设用地使用权不得单独抵押；以乡镇、村企业的厂房等建筑物抵押的，其占用范围内的建设用地使用权一并抵押。

（3）抵押权的设立与抵押合同

设立抵押权，当事人应当采取书面形式订立抵押合同。抵押合同一般包括下列条款：一是被担保债权的种类和数额；二是债务人履行债务的期限；三是抵押财产的名称、数量等情况；四是担保的范围。

以应当办理抵押登记的抵押财产(不动产)抵押的,抵押权自登记时设立。以动产抵押的,抵押权自抵押合同生效时设立;未经登记的,不得对抗善意第三人。

(4)抵押权的效力

抵押权的效力,在这里是指设立的抵押权与其他法律关系之间的关系。

①抵押动产买卖。以动产抵押的,不得对抗正常经营活动中已经支付合理价款并取得抵押财产的买受人。

②抵押财产租赁。抵押权设立前,抵押财产已经出租并转移占有的,原租赁关系不受该抵押权的影响。

③抵押财产转让。抵押期间,抵押人可以转让抵押财产。抵押财产转让的,抵押权不受影响。抵押人转让抵押财产的,应当及时通知抵押权人。抵押权人能够证明抵押财产转让可能损害抵押权的,可以请求抵押人将转让所得的价款向抵押权人提前清偿债务或者提存;转让的价款超过债权数额的部分归抵押人所有,不足部分由债务人清偿。

④抵押权与主债权一并转让。抵押权不得与债权分离而单独转让或者作为其他债权的担保。债权转让的,担保该债权的抵押权一并转让,但法律另有规定或者当事人另有约定的除外。

⑤流押条款。抵押权人在债务履行期限届满前,与抵押人约定债务人不履行到期债务时抵押财产归债权人所有的,只能依法就抵押财产优先受偿。

(5)抵押权的行使

抵押权的行使,是指债务人不履行到期债务或者发生当事人约定的实现抵押权的情形时,债权人(抵押权人)就抵押财产优先受偿。综合起来,抵押权的行使应当遵守以下规则:

①抵押权的放弃或者变更。抵押权人可以放弃抵押权或者抵押权的顺位。抵押权人与抵押人可以协议变更抵押权顺位以及被担保的债权数额等内容。但是,抵押权的变更未经其他抵押权人书面同意的,不得对其他抵押权人产生不利影响。

②抵押权的实现方式和程序。债务人不履行到期债务或者发生当事人约定的实现抵押权的情形,抵押权人可以与抵押人协议以抵押财产折价或者以拍卖、变卖该抵押财产所得的价款优先受偿。协议损害其他债权人利益的,其他债权人可以请求人民法院撤销该协议。抵押权人与抵押人未就抵押权实现方式达成协议的,抵押权人可以请求人民法院拍卖、变卖抵押财产。抵押财产被人民法院依法扣押的,自扣押之日起,抵押权人有权收取该抵押财产的天然孳息或者法定孳息,但抵押权人未通知应当清偿法定孳息的义务人的除外。上述孳息应当先充抵收取孳息的费用。

③抵押财产清偿债务。抵押财产折价或者拍卖、变卖后,其价款超过债权数额的部分归抵押人所有,不足部分由债务人清偿。

④抵押财产上多项抵押权的清偿顺序。同一财产向两个以上债权人抵押的,拍卖、变卖抵押财产所得的价款依照下列规定清偿:一是抵押权已经登记的,按照登记的时间先后确定清偿顺序;二是抵押权已经登记的先于未登记的受偿;三是抵押权未登记的,按照债权比例清偿。其他可以登记的担保物权的清偿顺序参照适用上述规定。

⑤抵押权和质权竞合的清偿顺序。同一财产既设立抵押权又设立质权的,拍卖、变卖该财产所得的价款按照登记、交付的时间先后确定清偿顺序。

⑥动产抵押担保的优先受偿。动产抵押担保的主债权是抵押物的价款，标的物交付后十日内办理抵押登记的，该抵押权人优先于抵押物买受人的其他担保物权人受偿，但是留置权人除外。

⑦新增建筑物抵押权人无权优先受偿。建设用地使用权抵押后，该土地上新增的建筑物不属于抵押财产。该建设用地使用权实现抵押权时，应当将该土地上新增的建筑物与建设用地使用权一并处分；但是，新增建筑物所得的价款，抵押权人无权优先受偿。

⑧集体所有土地的使用权不得改变性质和用途。以集体所有土地的使用权依法抵押的，实现抵押权后，未经法定程序，不得改变土地所有权的性质和用途。

⑨抵押权的期限。抵押权人应当在主债权诉讼时效期间行使抵押权；未行使的，人民法院不予保护。

（6）最高额抵押权

为担保债务的履行，债务人或者第三人对一定期间内将要连续发生的债权提供担保财产的，债务人不履行到期债务或者发生当事人约定的实现抵押权的情形，抵押权人有权在最高债权额限度内就该担保财产优先受偿。最高额抵押权设立前已经存在的债权，经当事人同意，可以转入最高额抵押担保的债权范围。

①最高额抵押权担保的部分债权转让。最高额抵押担保的债权确定前，部分债权转让的，最高额抵押权不得转让，但当事人另有约定的除外。

②最高额抵押权的确定。最高额抵押担保的债权确定前，抵押权人与抵押人可以通过协议变更债权确定的期间、债权范围以及最高债权额；但是，变更的内容不得对其他抵押权人产生不利影响。

有下列情形之一的，抵押权人的债权确定：一是约定的债权确定期间届满；二是没有约定债权确定期间或者约定不明确，抵押权人或者抵押人自最高额抵押权设立之日起满两年后请求确定债权；三是新的债权不可能发生；四是抵押权人知道或者应当知道抵押财产被查封、扣押；五是债务人、抵押人被宣告破产或者解散；六是法律规定债权确定的其他情形。

3. 质权

质权包括动产质权和权利质权。为担保债务的履行，债务人或者第三人将其动产或者（财产）权利出质给债权人占有的，债务人不履行到期债务或者发生当事人约定的实现质权的情形，债权人有权就该动产或者（财产）权利优先受偿；债务人或者第三人为出质人，债权人为质权人，交付的动产或者（财产）权利为质押财产。

据此，质权与抵押权相比具有以下特征：一是质押财产是动产，当然，法律、行政法规禁止转让的动产不得出质；二是质押财产由质权人占有，出质人应当将质押财产（动产或者权利凭证）移交质权人占有。

（1）质权的设立和质押合同

当事人应当采用书面形式订立质押合同。质押合同一般包括下列条款：一是被担保债权的种类和数额；二是债务人履行债务的期限；三是质押财产的名称、数量等情况；四是担保的范围；五是质押财产交付的时间和方式。

①动产质权的设立。质权自出质人交付质押财产时设立。

②权利质权的设立。以汇票、本票、支票、债券、存款单、仓单、提单出质的，质权自权利凭

证交付质权人时设立;没有权利凭证的,质权自办理出质登记时设立;法律另有规定的,依照其规定。以基金份额、股权出质的,质权自办理出质登记时设立。以注册商标专用权、专利权、著作权等知识产权中的财产权出质的,质权自办理出质登记时设立。以应收账款出质的,质权自办理出质登记时设立。

(2)动产质权的行使

①流质条款。质权人在债务履行期限届满前,与出质人约定债务人不履行到期债务时质押财产归债权人所有的,只能依法就质押财产优先受偿。

②质押财产孳息归属。质权人有权收取质押财产的孳息,但合同另有约定的除外。孳息应当先充抵收取孳息的费用。

③质押财产的维持和保管。质权人在质权存续期间,未经出质人同意,擅自使用、处分质押财产,造成出质人损害的,应当承担赔偿责任。质权人负有妥善保管质押财产的义务,因保管不善致使质押财产毁损、灭失的,应当承担赔偿责任。质权人的行为可能使质押财产毁损、灭失的,出质人可以请求质权人将质押财产提存,或者请求提前清偿债务并返还质押财产。

④质押财产保全。因不可归责于质权人的事由可能使质押财产毁损或者价值明显减少,足以危害质权人权利的,质权人有权请求出质人提供相应的担保;出质人不提供的,质权人可以拍卖、变卖质押财产,并与出质人协议将拍卖、变卖所得的价款提前清偿债务或者提存。

⑤转质责任。质权人在质权存续期间,未经出质人同意转质,造成质押财产毁损、灭失的,应当承担赔偿责任。

⑥质权放弃。质权人可以放弃质权。债务人以自己的财产出质,质权人放弃该质权的,其他担保人在质权人丧失优先受偿权的范围内免除担保责任,但其他担保人承诺仍然提供担保的除外。

⑦质押财产返还。债务人履行债务或者出质人提前清偿所担保的债权的,质权人应当返还质押财产。

⑧质押财产清偿债务。债务人不履行到期债务或者发生当事人约定的实现质权的情形,质权人可以与出质人协议以质押财产折价,也可以就拍卖、变卖质押财产所得的价款优先受偿。质押财产折价或者变卖的,应当参照市场价格。质押财产折价或者拍卖、变卖后,其价款超过债权数额的部分归出质人所有,不足部分由债务人清偿。

⑨出质人的请求权。出质人可以请求质权人在债务履行期限届满后及时行使质权;质权人不行使的,出质人可以请求人民法院拍卖、变卖质押财产。出质人请求质权人及时行使质权,因质权人怠于行使权利造成出质人损害的,由质权人承担赔偿责任。

⑩最高额质权。出质人与质权人可以协议设立最高额质权。

(3)权利质权的行使

①权利质押的范围。债务人或者第三人有权处分的下列权利可以出质:汇票、本票、支票,债券、存款单,仓单、提单,可以转让的基金份额、股权,可以转让的注册商标专用权、专利权、著作权等知识产权中的财产权,现有的以及将有的应收账款,法律、行政法规规定可以出质的其他财产权利。

②提前行使的权利质权。汇票、本票、支票、债券、存款单、仓单、提单的兑现日期或者提货日期先于主债权到期的,质权人可以兑现或者提货,并与出质人协议将兑现的价款或者提取的

货物提前清偿债务或者提存。

③基金份额、股权出质。基金份额、股权出质后，不得转让，但出质人与质权人协商同意的除外。出质人转让基金份额、股权所得的价款，应当向质权人提前清偿债务或者提存。

④知识产权中的财产权出质。知识产权中的财产权出质后，出质人不得转让或者许可他人使用，但出质人与质权人协商同意的除外。出质人转让或者许可他人使用出质的知识产权中的财产权所得的价款，应当向质权人提前清偿债务或者提存。

⑤应收账款出质。应收账款出质后，不得转让，但出质人与质权人协商同意的除外。出质人转让应收账款所得的价款，应当向质权人提前清偿债务或者提存。

4. 留置权

债务人不履行到期债务，债权人可以留置已经合法占有的债务人的动产，并有权就该动产优先受偿。债权人为留置权人，占有的动产为留置财产。

留置权与抵押权、质权都是担保物权，留置权的特征在于：留置财产是合法占有的债务人的动产；留置财产可以是合同约定的，也可以是其他原因形成的。

(1)留置财产

①留置的对象。债权人留置的动产应当与债权属于同一法律关系，但企业之间留置的除外。当然，法律规定或者当事人约定不得留置的动产，不得留置。

②留置的价值。留置财产为可分物的，留置财产的价值应当相当于债务的金额。

(2)留置权人的权利和义务

①保管义务。留置权人负有妥善保管留置财产的义务。因保管不善致使留置财产毁损、灭失的，应当承担赔偿责任。

②孳息收益。留置权人有权收取留置财产的孳息。孳息应当先充抵收取孳息的费用。

③留置期限。留置权人与债务人应当约定留置财产后的债务履行期限；没有约定或者约定不明确的，留置权人应当给债务人六十日以上履行债务的期限，但是鲜活易腐等不易保管的动产除外。债务人逾期未履行的，留置权人可以与债务人协议以留置财产折价，也可以就拍卖、变卖留置财产所得的价款优先受偿。留置财产折价或者变卖的，应当参照市场价格。

④债务人请求权。债务人可以请求留置权人在债务履行期限届满后行使留置权；留置权人不行使的，债务人可以请求人民法院拍卖、变卖留置财产。

⑤留置财产清偿债务。留置财产折价或者拍卖、变卖后，其价款超过债权数额的部分归债务人所有，不足部分由债务人清偿。

⑥担保物权竞合的优先。同一动产上已经设立抵押权或者质权，该动产又被留置的，留置权人优先受偿。

⑦留置权的消灭。留置权人对留置财产丧失占有或者留置权人接受债务人另行提供担保的，留置权消灭。

(三)保证合同

1. 保证合同概述

《民法典》规定，保证合同是为保障债权的实现，保证人和债权人约定，当债务人不履行到期债务或者发生当事人约定的情形时，保证人履行债务或者承担责任的合同。

据此，作为合同担保方式的保证合同具有以下特征：

第一,保证合同的当事人是保证人和主合同的债权人,内容是约定由保证人(第三人)对主合同的债务人履行债务等进行担保。

第二,保证人的担保责任是履行债务或者承担责任。履行债务,是指保证人履行主合同债务人的债务,要求遵守合同履行原则。承担责任,是指保证人为主合同债务人不履行合同承担法律责任。

保证合同是主债权债务合同的从合同。主债权债务合同无效的,保证合同无效,但法律另有规定的除外。保证合同被确认无效后,债务人、保证人、债权人有过错的,应当根据其过错各自承担相应的民事责任。

2. 保证人资格及保证合同的订立

(1)保证人资格

保证人是在保证合同中对主合同的债务人履行债务承担保证责任的当事人。保证合同是保证人对主合同债务人履行债务作出的担保,属于"人的担保",法理上具有代为清偿债务能力的民事主体都可以作保证人。机关法人不得为保证人,但经国务院批准为使用外国政府或者国际经济组织贷款进行转贷的除外。以公益为目的的非营利法人、非法人组织不得为保证人。

(2)保证合同的订立

保证合同可以是单独订立的书面合同,也可以是主债权债务合同中的保证条款;第三人单方面以书面形式向债权人作出保证,债权人接收且未提出异议的,保证合同成立。保证合同的内容一般包括被保证的主债权的种类、数额,债务人履行债务的期限,保证的方式、范围和期间等条款。

3. 保证方式

保证方式包括一般保证和连带责任保证。当事人在保证合同中对保证方式没有约定或者约定不明确的,按照一般保证承担保证责任。

(1)一般保证

当事人在保证合同中约定,债务人不能履行债务时,由保证人承担保证责任的,为一般保证。一般保证的保证人在主合同纠纷未经审判或者仲裁,并就债务人财产依法强制执行仍不能履行债务前,有权拒绝向债权人承担保证责任,但有下列情形之一的除外:一是债务人下落不明,且无财产可供执行;二是人民法院已经受理债务人破产案件;三是债权人有证据证明债务人的财产不足以履行其全部债务或者丧失履行债务的能力;四是保证人书面表示放弃上述规定的拒绝的权利。

(2)连带责任保证

当事人在保证合同中约定保证人和债务人对债务承担连带责任的,为连带责任保证。连带责任保证的债务人不履行到期债务或者发生当事人约定的情形时,债权人可以请求债务人履行债务,也可以请求保证人在其保证范围内承担保证责任。为了保障保证人的利益,保证人可以要求债务人提供反担保。另外,保证人与债权人可以协商订立最高额保证合同,约定在最高债权额限度内就一定期间连续发生的债权提供保证。

4. 保证责任

(1)保证责任的范围

保证责任的范围包括主债权及其利息、违约金、损害赔偿金和实现债权的费用;当事人另有约定的,按照其约定。

(2)免除保证责任的情形

一般保证的债权人未在保证期间对债务人提起诉讼或者申请仲裁的,保证人不再承担保证责任;连带责任保证的债权人未在保证期间请求保证人承担保证责任的,保证人不再承担保证责任。另外,一般保证的保证人在主债务履行期限届满后,向债权人提供债务人可供执行财产的真实情况,债权人放弃或者怠于行使权利致使该财产不能被执行的,保证人在其提供可供执行财产的价值范围内不再承担保证责任(部分免责)。

(3)主合同变更时的保证责任

债权人和债务人未经保证人书面同意,协商变更主债权债务合同内容,减轻债务的,保证人仍对变更后的债务承担保证责任;加重债务的,保证人对加重的部分不承担保证责任。

(4)主合同转让时的保证责任

债权人转让全部或者部分债权,未通知保证人的,该转让对保证人不发生效力。保证人与债权人约定禁止债权转让,债权人未经保证人书面同意转让债权的,保证人对受让人不再承担保证责任。债权人未经保证人书面同意,允许债务人转移全部或者部分债务,保证人对未经其同意转移的债务不再承担保证责任,但债权人和保证人另有约定的除外。第三人加入债务的,保证人的保证责任不受影响。

(5)多个保证人的保证责任

同一债务有两个以上保证人的,保证人应当按照保证合同约定的保证份额承担保证责任;没有约定保证份额的,债权人可以请求任何一个保证人在其保证范围内承担保证责任。

5. 保证期间

保证期间是确定保证人承担保证责任的期间,不发生中止、中断和延长。

债权人与保证人可以约定保证期间,但约定的保证期间早于主债务履行期限或者与主债务履行期限同时届满的,视为没有约定;没有约定或者约定不明确的,保证期间为自主债务履行期限届满之日起六个月。债权人与债务人对主债务履行期限没有约定或者约定不明确的,保证期间自债权人请求债务人履行债务的宽限期届满之日起计算。

另外,债权人和债务人变更主债权债务合同的履行期限,未经保证人书面同意的,保证期间不受影响。

6. 保证人的权利

(1)追偿权

保证人承担保证责任后,除当事人另有约定外,有权在其承担保证责任的范围内向债务人追偿,享有债权人对债务人的权利,但不得损害债权人的利益。

(2)抗辩权

保证人可以主张债务人对债权人的抗辩;债务人放弃抗辩的,保证人仍有权向债权人主张抗辩。

另外,债务人对债权人享有抵销权或者撤销权的,保证人可以在相应范围内拒绝承担保证责任。

(四)定金

1. 定金概述

定金,是指合同当事人约定一方向对方给付一定数额货币的债权担保方式。保证是“人的担保”,抵押权、质权和留置权是“物的担保”,定金则是“货币(金钱)的担保”。

2. 定金的约定

当事人可以约定一方向对方给付定金作为债权的担保。定金合同自实际交付定金时成立。定金的数额由当事人约定;但不得超过主合同标的额的百分之二十,超过部分不产生定金的效力。实际交付的定金数额多于或者少于约定数额的,视为变更约定的定金数额。

3. 定金的作用

(1)抵作价款或者收回

债务人履行债务的,定金应当抵作价款或者收回。

(2)担保

给付定金的一方不履行债务或者履行债务不符合约定,致使不能实现合同目的的,无权请求返还定金。收受定金的一方不履行债务或者履行债务不符合约定,致使不能实现合同目的的,应当双倍返还定金(定金制裁)。定金的担保作用体现在定金制裁上。

(3)违约赔偿

定金不足以弥补一方违约造成的损失的,对方可以请求赔偿超过定金数额的损失。

4. 定金与违约金竞合的处理

当事人既约定违约金,又约定定金的,一方违约时,对方可以选择适用违约金或者定金条款。

定金也是一种合同违约责任。关于定金的法律规定已经在此详细阐述,本章第五节(违约责任)将不再具体述及。

第四节　合同的变更、转让和终止

一、合同的变更

(一)合同变更的含义

合同变更,是指合同成立后,没有履行或者履行完毕前,当事人依照法律规定的条件和程序,对原合同进行修改或者补充。合同变更是在合同当事人不改变的前提下,对合同条款的变更,合同性质和标的性质并不改变。有关标的物数量的增减、质量标准的修改、履行地点的变动、标的物包装要求的改变等,都属于合同变更。

合同变更的含义包括:

1. 合同变更发生在合同成立后、履行完毕前

合同订立过程中没有变更问题。合同履行完毕后,当事人之间的权利义务关系终止,也没有变更问题。成立后、履行完毕前的合同可以依法变更。

2. 合同变更是对合同条款的修改或者补充

合同变更不涉及当事人的变动,是对合同具体条款的修改或者补充,也就是当事人之间民事权利义务的变更。

(二)合同变更的规定

依法订立的合同具有法律约束力,受法律保护,当事人必须全面履行合同约定的义务,任

何一方不得擅自变更合同。

《民法典》规定，当事人协商一致，可以变更合同。当事人对合同变更的内容约定不明确的，推定为未变更合同。合同由当事人协商一致订立，当然可以由当事人协商一致变更。合同依法变更后，当事人按照变更后的合同享受权利、承担义务。

二、合同的转让

(一)合同转让的含义

合同转让，是指当事人将其由合同约定的权利义务全部或者部分转让给第三人。合同转让由当事人自主决定，但是，法律、行政法规规定转让权利或者转移义务应当办理批准、登记等手续的，依照其规定。

(二)合同转让的形式

合同的转让包括债权转让、债务转移和权利义务一并转让。

1. 债权转让

债权转让，是指当事人在不改变合同内容的前提下，将合同权利全部或者部分转让给第三人。转让债权的人称为让与人，受让债权的第三人称为受让人。

债权转让包括合同权利全部转让和部分转让。合同权利全部转让的，受让人取代原债权人的地位，成为新的债权人，原债权人脱离合同关系。合同权利部分转让的，受让人作为第三人加入合同关系中，与原债权人共同享有债权。

债权转让的规定主要有：

(1)债权转让的限制

债权人可以将债权的全部或者部分转让给第三人，但有下列情形之一的除外：一是根据债权性质不得转让；二是按照当事人约定不得转让；三是依照法律规定不得转让。其中，当事人约定非金钱债权不得转让的，不得对抗善意第三人；当事人约定金钱债权不得转让的，不得对抗第三人。

(2)债权人的通知义务

债权人转让债权，未通知债务人的，该转让对债务人不发生效力。债权转让的通知不得撤销，但经受让人同意的除外。债务人接到债权转让通知后，债务人对让与人的抗辩可以向受让人主张。

(3)主债权和从债权一并转让

债权人转让债权的，受让人取得与债权有关的从权利，但该从权利专属于债权人自身的除外。受让人取得从权利不因该从权利未办理转移登记手续或者未转移占有而受到影响。

(4)债务人的抵销权

有下列情形之一的，债务人可以向受让人主张抵销：一是债务人接到债权转让通知时，债务人对让与人享有债权，且债务人的债权先于转让的债权到期或者同时到期；二是债务人的债权与转让的债权是基于同一合同产生。

(5)债权转让产生费用的负担

因债权转让增加的履行费用由让与人负担。

2. 债务转移

债务转移就是合同义务的转移，是指经债权人同意，债务人将合同义务全部或者部分转移给第三人。

债务转移包括全部转移和部分转移。转移合同义务是债务人的一项权利，但合同关系是建立在相互信任的基础上的，债权人对债务人资信情况和偿还能力有一定的了解，而对于取代债务人或者加入债务人的第三人的资信情况及履行债务的能力不可能完全了解，所以，债务转移给第三人的，应当经债权人同意。

债务转移的规定主要有：

(1)债务人催告债权人的权利

债务人或者第三人可以催告债权人在合理期限内同意，债权人未作表示的，视为不同意。

(2)债权人要求债务人承担连带责任的权利

债权人在以下两种情形下，可以请求第三人在其愿意承担的债务范围内和债务人承担连带债务：一是第三人与债务人约定加入债务并通知债权人；二是第三人向债权人表示愿意加入债务，债权人未在合理期限内明确拒绝的。

(3)新债务人的抗辩权

债务人转移债务的，新债务人可以主张原债务人对债权人的抗辩。原债务人对债权人享有债权的，新债务人不得向债权人主张抵销。

(4)从债务和主债务一并转移

债务人转移债务的，新债务人应当承担与主债务有关的从债务，但该从债务专属于原债务人自身的除外。

3. 权利义务一并转让

权利义务一并转让也称合同承受，是指当事人一方经对方同意，将自己在合同中的权利和义务一并转让给第三人。当事人一方经对方同意，可以将自己在合同中的权利和义务一并转让给第三人。合同的权利和义务一并转让的，适用债权转让、债务转移的有关规定。

三、合同的终止

(一)合同终止的含义

合同终止就是合同的权利义务终止，是指合同当事人之间的债权债务终止，合同关系结束，一般还包括当事人后合同义务产生、从权利消灭等后果。但是，合同的权利义务关系终止不影响合同中结算和清理条款的效力。

1. 当事人后合同义务

债权债务终止后，当事人应当遵循诚信等原则，根据交易习惯履行通知、协助、保密、旧物回收等义务。

2. 从权利消灭

债权债务终止时，债权的从权利同时消灭，但法律另有规定或者当事人另有约定的除外。

(二)合同终止的情形

《民法典》规定，有下列情形之一的，债权债务终止：一是债务已经履行；二是债务相互抵销；三是债务人依法将标的物提存；四是债权人免除债务；五是债权债务同归于一人；六是法律规定或者当事人约定终止的其他情形。另外，合同解除的，该合同的权利义务关系终止。合同是一种债权债务关系，本书第一章第五节（债权）的阐述一般也适用于合同终止。

1. 债务履行

债务已经履行的，合同中的债权债务终止。

（1）债务人对一个债权人负担数项债务的履行

债务人对同一债权人负担的数项债务种类相同，债务人的给付不足以清偿全部债务的，除当事人另有约定外，由债务人在清偿时指定其履行的债务；债务人未作指定的，应当优先履行已经到期的债务；数项债务均到期的，优先履行对债权人缺乏担保或者担保最少的债务；均无担保或者担保相等的，优先履行债务人负担较重的债务；负担相同的，按照债务到期的先后顺序履行；到期时间相同的，按照债务比例履行。

（2）债务人履行债务的顺序

债务人在履行主债务外，还应当支付利息和实现债权的有关费用，其给付不足以清偿全部债务的，除当事人另有约定外，应当按照下列顺序履行：实现债权的有关费用→利息→主债务。

2. 合同解除

合同解除，是指合同依法成立后，当事人依法提前终止合同的权利义务。合同解除包括协议解除和法定解除。协议解除，是指当事人协商一致解除合同，或者约定的合同解除事由发生时解除合同。法定解除，是指当事人根据法律规定的情形解除合同。

（1）法定解除的情形

有下列情形之一的，当事人可以解除合同：一是因不可抗力致使不能实现合同目的；二是在履行期限届满前，当事人一方明确表示或者以自己的行为表明不履行主要债务；三是当事人一方迟延履行主要债务，经催告后在合理期限内仍未履行；四是当事人一方迟延履行债务或者有其他违约行为致使不能实现合同目的；五是法律规定的其他情形。

另外，以持续履行的债务为内容的不定期合同，当事人可以随时解除合同，但应当在合理期限内通知对方。

（2）合同解除权的消灭

法律规定或者当事人约定解除权行使期限，期限届满当事人不行使的，该权利消灭。法律没有规定或者当事人没有约定解除权行使期限，自解除权人知道或者应当知道解除事由之日起一年内不行使，或者经对方催告后在合理期限内不行使的，该权利消灭。

（3）合同解除权的效力

①解除权人通知对方的解除。当事人一方依法主张解除合同的，应当通知对方，合同自通知到达对方时解除；通知载明债务人在一定期限内不履行债务则合同自动解除，债务人在该期限内未履行债务的，合同自通知载明的期限届满时解除。对方对解除合同有异议的，任何一方当事人均可以请求人民法院或者仲裁机构确认解除行为的效力。

②解除权人通过民事诉讼或者仲裁的解除。当事人一方未通知对方，直接以提起诉讼或者申请仲裁的方式依法主张解除合同，人民法院或者仲裁机构确认该主张的，合同自起诉状副本或者仲裁申请书副本送达对方时解除。

（4）合同解除的后果

第一，合同解除后，尚未履行的，终止履行；已经履行的，根据履行情况和合同性质，当事人可以请求恢复原状或者采取其他补救措施，并有权请求赔偿损失。

第二，合同因违约解除的，解除权人可以请求违约方承担违约责任，但当事人另有约定的除外。

第三，主合同解除后，担保人对债务人应当承担的民事责任仍应当承担担保责任，但担保合同另有约定的除外。

3. 债务相互抵销

当事人互负债务，该债务的标的物种类、品质相同的，任何一方可以将自己的债务与对方的债务抵销；但是，根据债务性质、按照当事人约定或者依照法律规定不得抵销的除外。

(1)当事人的通知义务

当事人主张抵销的，应当通知对方，通知自到达对方时生效。抵销不得附条件或者附期限。

(2)当事人约定抵销

当事人互负债务，标的物种类、品质不相同的，经双方协商一致，也可以抵销。

4. 债务人依法将标的物提存

当有下列情形之一，难以履行债务的，债务人可以将标的物提存：一是债权人无正当理由拒绝受领；二是债权人下落不明；三是债权人死亡且未确定继承人、遗产管理人，或者丧失民事行为能力且未确定监护人；四是法律规定的其他情形。标的物不适于提存或者提存费用过高的，债务人依法可以拍卖或者变卖标的物，提存所得的价款。

(1)提存成立

债务人将标的物或者将标的物依法拍卖、变卖所得价款交付提存部门时，提存成立。提存成立的，视为债务人在其提存范围内已经交付标的物。

(2)提存通知

标的物提存后，债务人应当及时通知债权人或者债权人的继承人、遗产管理人、监护人、财产代管人。

(3)提存物风险、费用的承担

标的物提存后，毁损、灭失的风险由债权人承担。提存期间，标的物的孳息归债权人所有，提存费用由债权人负担。

(4)提存物的领取

债权人可以随时领取提存物；但是，债权人对债务人负有到期债务的，在债权人未履行债务或者提供担保之前，提存部门根据债务人的要求，应当拒绝其领取提存物。债权人领取提存物的权利自提存之日起五年内不行使而消灭，提存物扣除提存费用后归国家所有；但是，债权人未履行对债务人的到期债务，或者债权人向提存部门书面表示放弃领取提存物权利的，债务人负担提存费用后有权取回提存物。

5. 债权人免除债务

债权人免除债务人的部分或者全部债务的，债权债务部分或者全部终止，但债务人在合理期限内拒绝的除外。

6. 债权债务同归于一人

债权债务同归于一人的，债权债务终止，但损害第三人利益的除外。

第五节 违约责任

一、违约责任概述

(一)违约责任的含义

违约责任即违反合同的民事责任,是指当事人不履行合同义务或者履行合同义务不符合约定时,依照法律规定或者合同约定应当承担的民事责任,具体含义包括:

第一,违约责任是一种民事责任。当事人的违约责任是一种民事责任,不是行政责任或者刑事责任。违约责任的承担者也是合同当事人,必须有违约行为,必须具有民事责任能力。

第二,违约责任由法律规定或者当事人约定。当事人违约的,应当承担法律规定的继续履行、采取补救措施或者赔偿损失等违约责任。另外,当事人可以约定违约金、定金等违约责任。

当事人一方明确表示或者以自己的行为表明不履行合同义务的,对方可以在履行期限届满之前请求其承担违约责任。当事人承担预期违约责任时,可能尚未到债务履行期限,但是,因为有明确表示或者以自己的行为表明不履行合同义务的行为,对方获得在履行期限届满之前请求其承担违约责任的权利。

(二)产生违约责任的条件

1. 有效合同的存在

有效合同的存在是发生违约责任的前提。没有有效合同,就不存在合同的权利义务关系;没有应当履行的合同义务,也就没有违约和违约责任。

2. 当事人有违约行为

当事人在合同生效后,不履行合同义务或者履行合同义务不符合约定。当事人的违约行为不论有无故意或者过失,都应当承担违约责任,采取严格责任原则。

二、违约责任的形式

《民法典》规定的违约责任包括继续履行、采取补救措施、赔偿损失、支付违约金和定金制裁等。

(一)继续履行

1. 继续履行的含义

继续履行,是指违约的当事人在对方当事人要求时,按照法律规定或者合同约定继续履行自己的合同义务。

2. 继续履行的规定

(1)金钱债务的继续履行

当事人一方未支付价款、报酬、租金、利息,或者不履行其他金钱债务的,对方可以请求其支付。

(2)非金钱债务的继续履行

当事人一方不履行非金钱债务或者履行非金钱债务不符合约定的,对方可以请求履行,但有下列情形之一的除外:一是法律上或者事实上不能履行;二是债务的标的不适于强制履行或者履行费用过高;三是债权人在合理期限内未请求履行。有上述规定的除外情形之一,致使不能实现合同目的的,人民法院或者仲裁机构可以根据当事人的请求终止合同权利义务关系,但不影响违约责任的承担。

(3)第三人替代履行

当事人一方不履行债务或者履行债务不符合约定,根据债务的性质不得强制履行的,对方可以请求其负担由第三人替代履行的费用。

第一,对于不得强制履行的债务(合同),债务人违约的,对方可以让第三人替代履行。

第二,替代履行的费用由违约方负担。

(二)补救措施

1. 补救措施的含义

补救措施,是指要求违约方针对其履行质量、价款或者报酬等条款的违约行为承担修理、重做、更换、退货、减少价款或者报酬等违约责任。

2. 补救措施的规定

履行不符合约定的,应当按照当事人的约定承担违约责任;对违约责任没有约定或者约定不明确,依据《民法典》合同编有关规定仍不能确定违约责任的,受损害方根据标的的性质以及损失的大小,可以合理选择请求对方承担修理、重做、更换、退货、减少价款或者报酬等违约责任。

据此,作为法定违约责任的补救措施,其适用应当具备以下条件:一是针对当事人履行质量、价款或者报酬等内容不符合约定的违约行为;二是该违约行为应当承担的违约责任当事人没有约定、事后无法补充确定;三是受损害方根据标的的性质以及损失的大小,可以合理选择请求对方(违约方)承担修理、重做、更换、退货、减少价款或者报酬等违约责任,违约方应当根据受损害方的选择,承担相应的违约责任。

(三)赔偿损失

1. 赔偿损失的含义

赔偿损失,是指违约方向对方赔偿因其违约行为造成的损失。赔偿损失一般采取货币形式,即向对方支付赔偿金。当事人一方不履行合同义务或者履行合同义务不符合约定的,在履行义务或者采取补救措施后,对方还有其他损失的,应当赔偿损失。

据此,赔偿损失的含义包括:一是当事人有违约行为;二是承担继续履行和补救措施责任后对方还有其他损失;三是违约方以货币形式赔偿对方因违约产生的损失。

2. 损失赔偿额的确定

当事人一方不履行合同义务或者履行合同义务不符合约定,造成对方损失的,损失赔偿额应当相当于因违约所造成的损失,包括合同履行后可以获得的利益;但不得超过违约一方订立合同时预见到或者应当预见到的因违约可能造成的损失。据此,损失赔偿额的确定采取赔偿实际损失的原则,赔偿额包括直接损失(违约所造成的损失)和间接损失(合同履行后可以获得的利益),不包括不能预见的损失。

当事人可以约定因违约产生的损失赔偿额的计算方法。

(四)违约金

1. 违约金的含义

违约金,是指当事人约定一方违约时向对方支付一定数额的货币,具体含义包括:一是违约金的当事人约定的违约责任不是法定的违约责任;二是违约金应当根据违约情况向对方支付,不一定按照约定的金额支付;三是违约金的支付不以给对方造成损失为前提,是对违约行为的惩罚。

2. 违约金的规则

(1)违约金的约定和支付

当事人可以约定一方违约时根据违约情况向对方支付一定数额的违约金。

第一,违约金的数额由当事人约定。

第二,违约金的支付应当根据违约情况。

(2)违约金的调整

约定的违约金低于造成的损失的,人民法院或者仲裁机构可以根据当事人的请求予以增加。约定的违约金过分高于造成的损失的,人民法院或者仲裁机构可以根据当事人的请求予以适当减少。

(3)违约金不能替代继续履行

当事人就迟延履行约定违约金的,违约方支付违约金后,还应当履行债务。

(五)定金制裁

关于定金,见本章第三节(合同的履行和担保)。

合同债务人违约的,应当承担违约责任;债权人无正当理由拒绝受领债务人履行的,也应当承担相应法律责任。《民法典》规定,债务人按照约定履行债务,债权人无正当理由拒绝受领的,债务人可以请求债权人赔偿增加的费用;在债权人受领迟延期间,债务人无须支付利息。

三、违约责任的承担

(一)违约责任承担概述

违约责任承担,是指当事人发生违约行为后,依照法律规定或者合同约定,承担相应违约责任的实际状况。违约方承担违约责任是常态,但在法律规定的一些情况下,违约方承担违约责任的实际状况发生变化,当事人可能出现免除、无责或者减轻责任等情况,也可能出现应当强调其承担的责任的情况。

(二)违约责任承担的几种情况

1. 不可抗力

不可抗力,是指不能预见、不能避免且不能克服的客观情况。《民法典》规定,当事人一方因不可抗力而不能履行合同的,根据不可抗力的影响,部分或者全部免除责任,但法律另有规定的除外。因不可抗力不能履行合同的,应当及时通知对方,以减轻可能给对方造成的损失,并应当在合理期限内提供证明。当事人迟延履行后发生不可抗力的,不免除其违约责任。

据此,当事人不可抗力免责的要件包括:一是当事人不能履行合同是不可抗力造成的;二是当事人遭受不可抗力时处于履行期限内,没有迟延履行(违约);三是当事人根据不可抗力的影响,部分或者全部免除责任,法律另有规定的除外;四是当事人因不可抗力不能履行合同的,负有及时通知对方、在合理期限内提供证明的义务。

2. 非违约方放任损失

当事人一方违约后,对方应当采取适当措施防止损失的扩大;没有采取适当措施致使损失扩大的,不得就扩大的损失请求赔偿。当事人因防止损失扩大而支出的合理费用由违约方负担。据此,非违约方没有采取适当措施致使损失扩大的,违约方就扩大部分的损失免除赔偿责任,但应当负担非违约方为了防止损失扩大而支出的合理费用。

3. 双方违约和对方过错

当事人都违反合同的,应当各自承担相应的责任;当事人一方违约造成对方损失,对方对损失的发生有过错的,可以减少相应的损失赔偿额。

4. 第三人原因

当事人一方因第三人的原因造成违约的,应当依法向对方承担违约责任,当事人一方和第三人之间的纠纷依照法律规定或者按照约定处理。

本章练习

一、名词解释

合同　要约和承诺　代位权　无效合同　抵押　质押　留置　定金　违约责任
不可抗力

二、单项选择题

1. 合同是指民事主体之间设立、变更、终止________的协议。

A. 民事权利义务关系　B. 权利义务关系
C. 各种权利义务关系　D. 民事法律关系

2. 与诺成合同对应的合同是________。

A. 无名合同　B. 实践合同　C. 双务合同　D. 无偿合同

3. 预约合同是当事人约定将来________合同的合同。

A. 解除　B. 变更　C. 订立　D. 履行

4. 合同的书面形式是指可以________表现所载内容的合同形式。

A. 有形地　B. 用文字　C. 用纸面　D. 有效

5. 根据当事人的行为或者交易习惯能够________合同成立的其他形式是法律上认可的合同形式。

A. 促进　B. 推定　C. 假定　D. 认定

6. 要约在________时生效。

A. 要约人发出　B. 受要约人实际收到
C. 到达受要约人　D. 要约人认可

7. 承诺是指________同意要约的意思表示。

A. 要约人　B. 要约人和其他人

C. 受要约人的代理人　　D. 受要约人

8. 当事人采用________形式订立合同的，双方当事人签字或者盖章的地点为合同成立的地点。

A. 合同书　　B. 数据电文　　C. 要约和承诺　　D. 书面

9. 可撤销合同是一种________的合同。

A. 绝对无效　　B. 效力拟定　　C. 效力待定　　D. 相对无效

10. 根据国家抢险救灾、疫情防控或者其他需要下达的国家订货任务、指令性任务，有关民事主体之间依照法律、行政法规规定的权利和义务订立合同，是________。

A. 预约合同　　B. 格式合同

C. 国家计划合同　　D. 悬赏合同

11. 重大误解的当事人自知道或者应当知道撤销事由之日起________内没有行使撤销权的，该撤销权消灭。

A. 九十日　　B. 一年　　C. 三年　　D. 五年

12. 保证人的保证方式有一般保证和________。

A. 重复责任保证　　B. 连带责任保证

C. 赔偿责任保证　　D. 加重责任保证

13. 合同采用抵押和质押担保的，当债务人不履行债务时，债权人有权依照法律规定，以抵押物、质押财产折价或者以拍卖、变卖该财产的价款________。

A. 优先受偿　　B. 获得受偿　　C. 普通受偿　　D. 一般受偿

14. 定金的数额由当事人约定，但不得超过主合同标的额的________。

A. 10%　　B. 20%　　C. 30%　　D. 35%

15. 债权人领取提存物的权利自提存之日起________年内不行使而消灭，提存物扣除提存费用后归国家所有。

A. 一　　B. 两　　C. 三　　D. 五

16.《民法典》规定的赔偿损失是具有________的违约责任形式。

A. 惩罚性质　　B. 补偿性质

C. 惩罚和补偿性质　　D. 补偿性质为主、惩罚性质为辅

17. 一方以欺诈、胁迫的手段订立合同，损害国家利益的，是________合同。

A. 无效　　B. 可撤销　　C. 效力待定　　D. 相对无效

18. 超越代理权而以被代理人名义订立的合同是________合同。

A. 无效　　B. 可撤销　　C. 效力待定　　D. 相对无效

19. 无效合同的效力________无效。

A. 自当事人发生争议时起　　B. 自始

C. 自人民法院裁判起　　D. 自人民法院受理起

20. 对于效力待定合同，经相对人催告，追认人应在________内作出是否追认的决定。

A. 十五日　　B. 一个月　　C. 两个月　　D. 三个月

三、多项选择题

1. 有关________等身份关系的协议是以规范人身关系为主的,由相关的法律调整,不适用《民法典》合同编。

A. 婚姻　B. 收养　C. 监护　D. 劳动

2. 中国合同法的基本原则包括________。

A. 平等、自愿

B. 公平、诚实信用

C. 守法、不得损害社会公共利益

D. 依法成立的合同对当事人具有法律约束力

3.《民法典》根据自然人的民事行为能力,将自然人分为________。

A. 完全民事行为能力人　B. 限制民事行为能力人

C. 无民事行为能力人　D. 民事行为能力待定人

4. 当事人订立合同可以有________形式。

A. 书面　B. 口头　C. 公证　D. 其他

5.《民法典》合同编规定,合同的主要条款除了当事人的名称(姓名)和住所、标的、数量、质量外,一般还包括________。

A. 价款或者报酬　B. 履行期限、地点和方式

C. 违约责任　D. 解决争议的方法

6.《民法典》合同编规定,下列情况中,要约失效的有________。

A. 拒绝要约的通知到达要约人

B. 要约人依法撤销要约

C. 承诺期限届满,受要约人未作出承诺

D. 受要约人对要约的内容作出实质性变更

7.《民法典》合同编规定,下列情形中,承担缔约过错责任的有________。

A. 标的质量不符合标准

B. 假借订立合同进行恶意磋商

C. 故意隐瞒与订立合同有关的重要事实或者提供虚假情况

D. 违反保密义务

8.《民法典》合同编规定,合同中针对________的免责条款是无效的。

A. 造成对方人身伤害

B. 因故意或者重大过失造成对方财产损失

C. 过失造成对方人身伤害

D. 故意造成对方人身伤害

9. 在通常情况下,一般的买卖合同有________。

A. 有名合同　B. 诺成合同　C. 双务合同　D. 有偿合同

10. 合同的书面形式包括________。

A. 电子邮件　B. 传真　C. 推定　D. 合同书

11. 一般来说,一份有效的合同应该具备的条件包括________。

A. 合同当事人具有相应的民事权利能力和民事行为能力
B. 合同当事人的意思表示真实
C. 合同内容不违反法律或者社会公共利益
D. 合同的形式符合法律规定的要求
12.《民法典》规定，下列情形中，合同可以申请撤销的有________。
A. 因重大误解订立的合同
B. 显失公平的合同
C. 一方以欺诈、胁迫的手段或者乘人之危，使对方在违背真实意思的情况下订立的合同
D. 一方以欺诈、胁迫的手段订立合同，损害国家利益的
13. 合同无效的法律后果包括________。
A. 承担违约责任　　B. 返还或者折价补偿
C. 赔偿损失　　D. 没收财产或者返还
14. 根据《民法典》，下列效力待定合同中，允许采取补救措施使之成为有效合同的有________。
A. 限制民事行为能力人订立的合同
B. 行为人没有代理权、超越代理权或者代理权终止后以被代理人名义订立的合同
C. 无处分权的人处分他人财产的合同
D. 法定代表人订立的合同
15. 当事人对合同的效力可以约定________。
A. 有效　　B. 附条件　　C. 无效　　D. 附期限
16. 履行地点不明确的履行规则包括________。
A. 给付货币的，在接受货币一方所在地履行
B. 交付不动产的，在不动产所在地履行
C. 其他标的，在履行义务一方所在地履行
D. 按照有利于实现合同目的的方式履行
17. 双务合同履行的抗辩权包括________。
A. 同时履行抗辩权　　B. 后履行抗辩权
C. 不安抗辩权　　D. 特别抗辩权
18. 用物(财产)进行担保的合同担保方式有________。
A. 保证　　B. 抵押　　C. 质押　　D. 留置
19. 不得作保证人的有________。
A. 以公益为目的的社会团体　　B. 公司的分公司
C. 商业银行　　D. 中国人民银行
20. ________以及法律规定可以留置的其他合同发生的债权，债务人不履行债务的，债权人有留置权。
A. 买卖合同　　B. 保管合同　　C. 运输合同　　D. 承揽合同
21. 权利质押的质押对象包括________。
A. 汇票、支票、本票

B. 债券、存款单、仓单、提单

C. 可以转让的基金份额、股权

D. 可以转让的注册商标专用权、专利权、著作权等知识产权中的财产权

22. 根据《民法典》的规定，下列财产中，不得抵押的有________。

A. 土地所有权

B. 耕地、宅基地、自留地、自留山等集体所有的土地使用权，但法律规定可以抵押的除外

C. 所有权、使用权不明或者有争议的财产

D. 抵押人继承的房产

23. 主合同标的为 1 000 万元人民币，下列金额中，作为定金是合法的有________。

A. 200 万元　　B. 250 万元　　C. 100 万元　　D. 800 万元

24. 对于________，债权人是不能行使代位权的。

A. 基于扶养关系、赡养关系、继承关系而产生的给付请求权

B. 退休金、养老金、抚恤金、安置费请求权

C. 人寿保险、人身伤害赔偿请求权

D. 合同债权请求权

25.《民法典》合同编规定，下列情形中，当事人可以解除合同的有________。

A. 因不可抗力致使不能实现合同目的

B. 在履行期限届满之前，当事人一方明确表示或者以自己的行为表明不履行主要债务的

C. 当事人一方迟延履行主要债务，经催告后在合理期限内仍未履行的

D. 当事人一方迟延履行债务或者有其他违约行为致使不能实现合同目的

26. 债务人依法可将标的物提存的情形有________。

A. 债权人处于清算期间　　B. 债权人下落不明

C. 债权人无正当理由拒绝受领　　D. 债权人死亡且无继承人

27. 合同当事人承担违约责任的条件是________。

A. 有效合同的存在　　B. 发生不可抗力

C. 当事人不履行合同约定的义务　　D. 当事人履行义务不符合合同约定

28. 当事人一方不履行非金钱债务或者履行非金钱债务不符合约定的，对方可以要求履行，但________的除外。

A. 法律上或者事实上不能履行

B. 债务的标的不适于强制履行或者履行费用过高

C. 债权人在合理期限内未要求履行

D. 债权人有过错

29. 补救措施作为一种违约责任形式，包括________。

A. 修理、重做　　B. 退货

C. 迟延履行　　D. 减少价款或者报酬

30.《民法典》合同编所规定的不可抗力，是指________的客观情况。

A. 不能预见　　B. 不能避免　　C. 不能克服　　D. 不能想象

四、判断题

1.《民法典》合同编中的合同，是指平等主体之间关于身份关系和财产关系的协议。（　）

2. 实践合同是指除双方当事人意思表示一致外，还须交付标的物才能成立的合同。（　）

3. 合同订立是双方(多方)的法律行为。（　）

4.《民法典》合同编规定，合同都应当采用书面形式订立。（　）

5. 提供格式条款的一方免除其责任、加重对方责任、排除对方主要权利的，该条款无效。（　）

6. 发出要约的当事人是要约人，要约指向的对方当事人是承诺人。（　）

7. 要约邀请是以订立合同为目的的意思表示。（　）

8. 要约和承诺都在到达对方时生效。（　）

9. 要约和承诺都可以撤回，也都可以撤销。（　）

10. 受要约人超过规定期限发出承诺的，除要约人及时通知受要约人该承诺有效外，为新要约。（　）

11. 附生效条件的合同自条件成就时合同失效。（　）

12.《民法典》合同编规定，无效合同自始没有法律约束力。（　）

13. 具有撤销权的当事人自知道或者应当知道撤销事由之日起三年内没有行使撤销权的，撤销合同的请求权消灭。（　）

14."全面履行"是合同的履行规则。（　）

15. 按照合同的履行规则，价款或者报酬不明确的，按照履行合同时履行地的市场价格履行。（　）

16. 债权人行使代位权时应向人民法院请求以其债务人的名义行使债务人的债权。（　）

17. 一般情况下，担保合同是主合同的从合同，主合同无效，担保合同也无效。（　）

18. 企业法人的分支机构有法人书面授权的，可以提供保证。（　）

19. 抵押合同自签订之日起生效。（　）

20. 质押物可以是动产，也可以是不动产。（　）

21. 债务人履行债务后，定金只能抵作价款。（　）

22. 留置权人与债务人应当约定留置财产后的债务履行期间，没有约定或者约定不明确的，留置权人应当给债务人三个月以上履行债务的期间，但鲜活易腐等不易保管的动产除外。（　）

23. 合同依法变更后，当事人按照变更后的合同享受权利和承担义务；当事人对合同变更的内容约定不明确的，推定为已经变更。（　）

24. 合同当事人将合同权利和义务一并转让给第三人的，必须经过对方同意。（　）

25. 约定的违约金过分低于造成的损失的，当事人可以请求人民法院或者仲裁机构予以增加；约定的违约金高于造成的损失的，当事人可以请求人民法院或者仲裁机构予以减少。（　）

26. 合同当事人在合同中既约定违约金，又约定定金的，一方违约时，对方可以选择适用违约金或定金条款。（ ）

五、简答题

1. 简述合同的基本原则。
2. 简述《民法典》合同编的适用范围。
3. 简述承担缔约过错责任的情形。
4. 简述无效合同的种类。
5. 简述效力待定合同的种类。
6. 简述合同履行的规则。
7. 简述抗辩权的种类。
8. 简述合同转让的形式。
9. 简述当事人单方解除合同的情形。
10. 简述承担违约责任的主要形式。

六、综合分析题

1. 甲与乙有常年的业务联系。甲于6月6日去函：可供×号钢材1 500吨，每吨人民币××元，运输方式为送货上门，同意后五日内送货。乙于6月10日回函：同意来函条件，但将每吨价格降低50元，6月20日前答复。甲于6月18日复函：同意价格降低，但要上门提货，6月28日前答复。乙于6月26日答复：同意。

问：分析双方信函的法律意义并判断合同是否成立。

2. 甲企业拥有一座临近码头的三层厂房，已被规划局通知列入拆迁规划。乙看中该厂房交通便利，与甲协商签订为期五年的厂房租赁合同。甲企业没有告诉乙厂房即将拆迁的情况。一年后，该厂房按规划拆迁，乙企业被迫中断生产另找厂房，六个月后重新恢复生产，在此期间共损失人民币35万元，乙企业要求甲企业赔偿。

问：乙企业能否要求赔偿？为什么？

3. 甲与乙订有货物买卖合同，合同到期后，甲按照约定向乙交付了货物，乙没有按照约定向甲支付货款。此时，乙根据相关合同可以向丙收取一笔货物款项，但乙因为内部原因没有及时行使债权，导致无法向甲支付货款。甲可以收取的货款为1万元，丙应当向乙支付的货款为2万元。

问：甲应如何实现自己的权利？为什么？

4. 2018年3月初，市民张某急需一笔资金从事服装批发和零售业务，遂找到邻居李某，想借款人民币6万元。李某同意，双方于3月13日签订了借款合同，合同约定：张某向李某借款人民币6万元，从3月23日起，借期为六个月。3月23日，李某将钱交给张某后，感到不放心，遂要求张某提供担保，张某便找到从事汽车服务业的朋友王某，要其向李某担保，王某立即写了一份担保书，写明：如果张某到期不还款，其愿承担全部还款责任，并在担保书上签了字。2018年9月23日，李某按约定向张某要求还款6万元，并要求支付利息。张某妻子声称张某生意做得不顺，到深圳打工去了，要过年才能回来。李某遂找到王某要求其承担担保责任，王某声称李某没有在担保书上签字，担保合同无效，其不应承担还款责任，李某遂诉至法院，要求王某承担还款责任及利息。

问：

(1)上述案件所涉及的是何种形式的担保？是否有效？

(2)李某是否可以直接起诉王某要求还款？

5. 某年，万某以1 000元入股某企业。几年后，该企业改为股份制企业，并发给股权证。当时，企业内部经核算，万某的股份已增值为7 000余元。五年后，万某辞职经商，将股权证交给该企业的副厂长汪某，汪某付给万某2 000元，以后的红利就由汪某领取。2018年4月，该企业再次改制，清算了原有股份。企业要收回原股权证，并按股权证所载股份的现值金额退还股权人，万某的股份现价值近2万元。万某于2018年8月找汪某返还股权证，汪某以万某已将股权证转让给自己为由拒绝退还。因发生纠纷，企业未收回原股权证。为此，万某诉至法院，表示自己将股权证质押给汪某，要求归还尚欠汪某的2 000元借款并收回质押给汪某的股权证及汪某取得的红利。双方均未举出书面合同，也没有办理质押或者转让股权证的登记手续。

问：万某与汪某的关系是否为以股权证为标的的质押关系？为什么？

6. 甲公司与乙公司依法订立一份总货款为30万元的购销合同。合同约定违约金为货款总值的5%，同时，甲公司向乙公司给付定金7万元。后乙公司违约，甲公司损失8万元。

问：

(1)该合同的约定是否有效？

(2)该合同纠纷应如何解决？

第六章
金融法律制度

第一节　金融与金融法概述

一、金融概述

（一）金融的含义

金融，从字面上解释，“金”是指货币资金，“融”是指融通，金融就是融通货币资金的意思；从内容上解释，金融包括货币的发行与回笼，存款的存取，贷款的放收，金银、外汇的买卖，有价证券的发行与交易，国际国内的货币支付与结算，票据的贴现和银行同业拆借，以及信托投资、金融租赁、商业保险等经济活动。

金融活动是市场经济活动的重要内容。金融市场的健康发展对国家宏观经济的运行、企业的投融资和个人理财等方面都有极为重要的意义。

（二）金融机构与金融体系

1. 金融机构

金融机构，是指依法设立的、从事金融业务活动的各类信用机构的总称。金融业务活动是由金融机构依法进行的，金融业务活动的多样性决定了金融机构的多样性。根据业务活动内容的不同，金融机构可以分为银行业金融机构和非银行业金融机构。银行业金融机构依法开展银行业务，非银行业金融机构依法从事证券、商业保险、信托等业务。

2. 金融体系

金融体系，是指按照依法从事各类金融业务活动的当事人之间的分工、协作及其各自职责，确立当事人在金融领域中的地位和功能，进而对各类金融机构进行管理和监督所形成的有机联系的统一体系。中国的金融体系由下列机构组成：

(1)中央银行

中国人民银行是中国的中央银行，是整个金融体系的核心，享有法律赋予的各项金融宏观调控和监管职权。

(2)金融监督管理机构

中国的金融监督管理机构包括国务院银行保险监督管理机构和国务院证券监督管理机构。

①国务院银行保险监督管理机构。2018 年 3 月，第十三届全国人民代表大会第一次会议通过《国务院机构改革方案》，决定不再保留原来的中国银行业监督管理委员会和中国保险业监督管理委员会，组建中国银行保险监督管理委员会（简称中国银保监会）。中国银保监会主

要承担由中国人民银行划转出来的银行业监管职能、保险法规定的保险业监管职能，统一监督管理银行、保险业的金融机构及信托投资公司等其他金融机构。商业银行、政策性银行、金融资产管理公司、信托投资公司及其他存款类金融机构等金融机构、商业保险公司及保险代理机构等都是中国银保监会的监督管理对象。

②国务院证券监督管理机构。中国证券监督管理委员会(简称中国证监会)依法对证券、期货业实施监督管理。

(3)商业性金融机构

商业性金融机构，是指以营利为目的的金融机构。中国的商业性金融机构主要包括银行业金融机构、证券机构和保险机构三大类。

①银行业金融机构。银行业金融机构包括商业银行、信用合作机构和非银行金融机构。商业银行，是指以吸收存款、发放贷款和从事中间业务为主的营利性机构，是金融体系中的重要主体。信用合作机构包括城市信用合作社和农村信用合作社。非银行金融机构主要包括金融资产管理公司、信托投资公司、财务公司和租赁公司等。

②证券机构。证券机构，是指为证券市场参与者(投资者、融资者)提供中介服务的机构，包括证券公司、证券交易所、证券登记结算公司、证券投资咨询公司和基金管理公司等。

③保险机构。保险机构，是指专门经营商业保险业务的机构，包括商业保险公司和商业保险代理机构等。

(4)政策性金融机构

政策性金融机构是由政府设立、专门从事某一方面政策性金融(银行)业务、不以营利为目的的金融机构。中国的政策性金融机构主要是政策性银行，包括直属于国务院领导的中国农业发展银行、中国进出口银行和国家开发银行。

二、金融法概述

(一)金融法的含义

金融法是调整金融业务活动及金融管理活动中发生的金融关系的法律规范的总称。金融业务活动的多样性决定了金融法内容的丰富多样。金融业务活动和金融管理活动如其他市场行为及市场监督管理一样，必须有法律的规范，金融法是金融业务活动和金融监督管理的法律依据，是金融业健康运行的法治保障。

(二)中国金融立法概况

金融法是一系列规范金融业务活动及金融监督管理的法律规范，不是单一的一部法律。金融法内容丰富，既包括金融机构设立、运营的法律规范，也包括金融市场监督管理的法律规范。中国的金融法主要由下列法律组成：

1.《中华人民共和国中国人民银行法》

1995年3月18日，第八届全国人民代表大会第三次会议通过《中华人民共和国人民银行法》(以下称《中国人民银行法》)，并于同日起施行。《中国人民银行法》的目的是确立中国人民银行的地位，明确其职责，保证国家货币政策的正确制定和执行，建立和完善中央银行宏观调控体系，维护金融稳定。2003年12月27日，第十届全国人大常委会第六次会议通过《关于修改〈中华人民共和国中国人民银行法〉的决定》，对《中国人民银行法》进行第一次修正。

2.《中华人民共和国商业银行法》

1995年5月10日,第八届全国人大常委会第十三次会议通过《中华人民共和国商业银行法》(以下称《商业银行法》),于同年7月1日起施行。《商业银行法》的目的是保护商业银行、存款人和其他客户的合法权益,规范商业银行的行为,提高信贷资产的质量,加强监督管理,保障商业银行的稳健运行,维护金融秩序,促进社会主义市场经济的发展。该法施行后经几次修正,现行的是根据2015年8月29日第十二届全国人大常委员会第十六次会议《关于修改〈中华人民共和国商业银行法〉的决定》第二次修正的《商业银行法》。

3.《中华人民共和国票据法》

1995年5月10日,第八届全国人大常委会第十三次会议通过《中华人民共和国票据法》(以下称《票据法》),于1996年1月1日起施行。2004年8月28日,第十届全国人大常委会第十一次会议《关于修改〈中华人民共和国票据法〉的决定》修正《票据法》。《票据法》的目的是规范票据行为,保障票据活动中当事人的合法权益,维护社会经济秩序,促进社会主义市场经济的发展。

4.《中华人民共和国保险法》

1995年6月30日,第八届全国人大常委会第十四次会议通过《中华人民共和国保险法》(以下称《保险法》),于同年10月1日起施行。《保险法》的目的是规范保险活动,保护保险活动当事人的合法权益,加强对保险业的监督管理,维护社会经济秩序和社会公共利益,促进保险事业的健康发展。该法施行后经多次修正,现行的是2015年4月24日第十二届全国人大常委会第十四次会议《关于修改〈中华人民共和国计量法〉等五部法律的决定》第三次修正的《保险法》。

5.《中华人民共和国证券法》

1998年12月29日,第九届全国人大常委会第六次会议通过《中华人民共和国证券法》(以下称《证券法》),于1999年7月1日起施行。《证券法》的目的是规范证券发行和交易行为,保护投资者的合法权益,维护社会经济秩序和社会公共利益,促进社会主义市场经济的发展。该法施行后经多次修正,现行的是2019年12月28日第十三届全国人大常委会第十五次会议修订的《证券法》。

6.《中华人民共和国信托法》

2001年4月28日,第九届全国人大常委会第二十一次会议通过《中华人民共和国信托法》(以下称《信托法》),于同年10月1日起施行。《信托法》的目的是调整信托关系,规范信托行为,保护信托当事人的合法权益,促进信托事业的健康发展。

7.《中华人民共和国证券投资基金法》

2003年10月28日,第十届全国人大常委会第五次会议通过《中华人民共和国证券投资基金法》(以下称《证券投资基金法》),于2004年6月1日起施行。2015年4月24日,第十二届全国人大常委会第十四次会议《关于修改〈中华人民共和国港口法〉等七部法律的决定》修正《证券投资基金法》。《证券投资基金法》的目的是规范证券投资基金活动,保护投资人及相关当事人的合法权益,促进证券投资基金和资本市场的健康发展。

8.《中华人民共和国反洗钱法》

2006年10月31日,第十届全国人大常委会第二十四次会议通过《中华人民共和国反洗钱法》(以下称《反洗钱法》),于2007年1月1日起施行。《反洗钱法》的目的是预防洗钱活动,维护金融秩序,遏制洗钱犯罪及相关犯罪。

9.《中华人民共和国银行业监督管理法》

2003年12月27日,第十届全国人大常委会第六次会议通过《中华人民共和国银行业监督管理法》(以下称《银行业监督管理法》),于2004年2月1日起施行。2006年10月31日,第十届全国人大常委会第二十四次会议《关于修改〈中华人民共和国银行业监督管理法〉的决定》修正《银行业监督管理法》。《银行业监督管理法》的目的是加强对银行业的监督管理,规范监督管理行为,防范和化解银行业风险,保护存款人和其他客户的合法权益,促进银行业健康发展。

第二节　银行法律制度

一、中央银行法律制度

(一)中央银行概述

1. 中央银行的地位及起源

(1)中央银行的地位

中央银行是一个国家银行体系的主导,负责制定和执行国家货币政策,是控制货币流通和信用活动的核心金融机构。中央银行垄断货币发行,是发行银行;集中商业银行的存款准备金,是储备银行、银行的银行;中央银行制定和执行国家货币政策、代理国库,是国家银行。

(2)中央银行的起源

中央银行出现于17世纪60年代的欧洲大陆,最先执行中央银行职能的是成立于1694年的英国英格兰银行,并在1849年通过的《比尔条例》中第一次用法律形式确立了其中央银行的地位。之后,各国纷纷效仿。19世纪初至20世纪中叶是中央银行制度的普遍推行时期,这一时期成立的中央银行有美国联邦储备体系(美联储)、加拿大银行、印度准备银行和阿根廷中央银行等。尽管名称各异,但它们的地位是相同的。目前,世界上绝大多数国家的金融体系以中央银行作为金融管理中心。

2. 中国的中央银行(中国人民银行)

中国的中央银行是于1948年12月1日在河北省石家庄市成立的中国人民银行。它由原先的华北银行、北海银行和西北农民银行合并建立,中华人民共和国成立后迁至北京。中国人民银行曾经具有商业银行的功能,随着中国金融(银行)体制改革的深入,其商业银行职能被剔除,承担中央银行职责。

《中国人民银行法》规定,中国人民银行是中国的中央银行;中国人民银行在国务院的领导下制定和执行货币政策,防范和化解金融风险,维护金融稳定。中国的货币政策目标是保持货币币值的稳定,并以此促进经济增长。中国人民银行的全部资本由国家出资,属于国家所有。据此,中国人民银行作为中央银行的性质、地位和基本任务等有了明确的法律依据。

(二)职责和职权

《中国人民银行法》规定,中国人民银行在国务院领导下依法独立执行货币政策,履行职责,开展业务,不受地方政府、各级政府部门、社会团体和个人的干涉。

1. 中国人民银行的职责

中国人民银行履行下列职责:一是发布与履行其职责有关的命令和规章;二是依法制定和执行货币政策;三是发行人民币,管理人民币流通;四是监督管理银行间同业拆借市场和银行间债券市场;五是实施外汇管理,监督管理银行间外汇市场;六是监督管理黄金市场;七是持有、管理、经营国家外汇储备、黄金储备;八是经理国库;九是维护支付、清算系统的正常运行;十是指导、部署金融业反洗钱工作,负责反洗钱的资金监测;十一是负责金融业的统计、调查、分析和预测;十二是作为国家的中央银行,从事有关的国际金融活动;十三是国务院规定的其他职责。

2018 年 3 月,第十三届全国人民代表大会第一次会议通过《国务院机构改革方案》,将中国银行业监督管理委员会和中国保险监督管理委员会拟订银行业、保险业重要法律法规草案和审慎监管基本制度的职责划入中国人民银行。

2. 中国人民银行的职权

(1)金融业务活动职权

中国人民银行为执行货币政策,可以依照《中国人民银行法》的有关规定从事金融业务活动。

(2)年度货币政策决定和执行

中国人民银行就年度货币供应量、利率、汇率和国务院规定的其他重要事项作出的决定,报国务院批准后执行。中国人民银行就上述以外的其他有关货币政策事项作出决定后,即予执行,并报国务院备案。

(3)报告

中国人民银行应当向全国人民代表大会常务委员会提出有关货币政策情况和金融业运行情况的工作报告。

(三)组织机构

1. 中国人民银行的管理体制

中国人民银行实行行长负责制。行长领导中国人民银行的工作,副行长协助行长工作。

(1)行长、副行长的产生

中国人民银行设行长一人,副行长若干人。行长的人选根据国务院总理的提名,由全国人民代表大会决定;全国人民代表大会闭会期间,由全国人民代表大会常务委员会决定,由中华人民共和国主席任免。副行长由国务院总理任免。

(2)行长等工作人员的职业操守

中国人民银行的行长、副行长及其他工作人员应当恪尽职守,不得滥用职权、徇私舞弊,不得在任何金融机构、企业、基金会兼职;应当依法保守国家秘密,并有责任为与履行其职责有关的金融机构及当事人保守秘密。

2. 货币政策委员会

中国人民银行设立货币政策委员会。货币政策委员会的职责、组成和工作程序由国务院规定,报全国人民代表大会常务委员会备案。中国人民银行的货币政策委员会应当在国家宏观调控、货币政策制定和调整中发挥重要作用。

3. 分支机构

中国人民银行根据履行职责的需要设立分支机构，作为中国人民银行的派出机构。中国人民银行对分支机构实行统一领导和管理。中国人民银行的分支机构根据中国人民银行的授权，维护本辖区的金融稳定，承办有关业务。

1998 年 11 月，中国人民银行管理体制改革，撤销所有省级分行，设立跨省分行。

(四)人民币

1. 人民币的地位

中国的法定货币是人民币。以人民币支付中国境内的一切公共的和私人的债务，任何单位和个人不得拒收。

2. 人民币的印制和发行

人民币的单位为元，人民币辅币的单位为角和分。

人民币由中国人民银行统一印制、发行。中国人民银行发行新版人民币，应当将发行时间、面额、图案、式样、规格予以公告。

3. 人民币的管理

(1)人民币印制的管理

禁止伪造、变造人民币。

(2)人民币使用的管理

禁止出售、购买伪造、变造的人民币。禁止运输、持有、使用伪造、变造的人民币。禁止故意毁损人民币。禁止在宣传品、出版物或者其他商品上非法使用人民币图样。

(3)人民币流通的管理

任何单位和个人不得印制、发售代币票券以代替人民币在市场上流通。残缺、污损的人民币，按照中国人民银行的规定兑换，并由中国人民银行负责收回、销毁。

4. 人民币的发行库

中国人民银行设立人民币发行库，在其分支机构设立分支库。分支库调拨人民币发行基金，应当按照上级库的调拨命令办理。任何单位和个人不得违反规定动用发行基金。

(五)业务

1. 执行货币政策业务

中国人民银行为执行货币政策，可以运用下列货币政策工具：一是要求银行业金融机构按照规定的比例交存存款准备金；二是确定中央银行基准利率；三是为在中国人民银行开立账户的银行业金融机构办理再贴现；四是向商业银行提供贷款（中国人民银行可以决定对商业银行贷款的数额、期限、利率和方式，但贷款的期限不得超过一年）；五是在公开市场上买卖国债、其他政府债券、金融债券及外汇（中国人民银行不得对政府财政透支，不得直接认购、包销国债和其他政府债券）；六是国务院确定的其他货币政策工具。

中国人民银行为执行货币政策，运用上述所列货币政策工具时，可以规定具体的条件和程序。

2. 其他业务

(1)经理国库

中国人民银行依照法律、行政法规的规定经理国库。

(2)开立账户

中国人民银行可以根据需要,为银行业金融机构开立账户,但不得对银行业金融机构的账户透支。

(3)提供清算服务

中国人民银行应当组织或者协助组织银行业金融机构相互之间的清算系统,协调银行业金融机构相互之间的清算事项,提供清算服务。中国人民银行会同国务院银行监督管理机构制定支付结算规则。

3. 贷款和担保业务禁止

(1)贷款禁止

中国人民银行不得向地方政府、各级政府部门提供贷款,不得向非银行金融机构以及其他单位和个人提供贷款,但国务院决定中国人民银行可以向特定的非银行金融机构提供贷款的除外。

(2)担保禁止

中国人民银行不得向任何单位和个人提供担保。

(六)金融监督管理

《中国人民银行法》规定,中国人民银行依法监测金融市场的运行情况,对金融市场实施宏观调控,促进其协调发展。

1. 检查监督事项

(1)依照职权检查监督的事项

中国人民银行有权对金融机构及其他单位和个人的下列行为进行检查监督:一是执行有关存款准备金管理规定的行为;二是与中国人民银行特种贷款有关的行为(中国人民银行特种贷款是指国务院决定的由中国人民银行向金融机构发放的用于特定目的的贷款);三是执行有关人民币管理规定的行为;四是执行有关银行间同业拆借市场、银行间债券市场管理规定的行为;五是执行有关外汇管理规定的行为;六是执行有关黄金管理规定的行为;七是代理中国人民银行经理国库的行为;八是执行有关清算管理规定的行为;九是执行有关反洗钱规定的行为。

(2)对银行业金融机构的检查监督

根据《银行业监督管理法》,对银行业金融机构的检查监督是中国银保监会的职责。但是,《中国人民银行法》规定:一是中国人民银行根据执行货币政策和维护金融稳定的需要,可以建议国务院银行业监督管理机构对银行业金融机构进行检查监督;国务院银行业监督管理机构应当自收到建议之日起三十日内予以回复。二是当银行业金融机构出现支付困难,可能引发金融风险时,为了维护金融稳定,中国人民银行经国务院批准,有权对银行业金融机构进行检查监督。

2. 检查监督职权

中国人民银行根据履行职责的需要,有权要求银行业金融机构报送必要的资产负债表、利润表以及其他财务会计、统计报表和资料。中国人民银行应当和国务院银行业监督管理机构、国务院其他金融监督管理机构建立监督管理信息共享机制。

另外,中国人民银行负责统一编制全国金融统计数据报表,并按照国家有关规定予以公布。

3. 内部监督管理

中国人民银行应当建立、健全本系统的稽核、检查制度，加强内部的监督管理。

(七)财务会计

1. 预算管理制度

中国人民银行实行独立的财务预算管理制度。中国人民银行的预算经国务院财政部门审核后，纳入中央预算，接受国务院财政部门的预算执行监督。

2. 利润及亏损处理制度

中国人民银行每一会计年度的收入减除该年度的支出，并按照国务院财政部门核定的比例提取总准备金后的净利润全部上缴中央财政。中国人民银行的亏损由中央财政拨款弥补。

3. 会计及审计制度

中国人民银行的财务收支和会计事务应当执行法律、行政法规和国家统一的财务会计制度，接受国务院审计机关和财政部门依法分别进行的审计和监督。中国人民银行应当于每一会计年度结束后的三个月内编制资产负债表、损益表和相关的财务会计报表，并编制年度报告，按照国家有关规定予以公布。

二、商业银行法律制度

(一)商业银行概述

1. 商业银行的含义

商业银行，是指依照《商业银行法》和《公司法》设立的，吸收公众存款、发放贷款、办理结算等业务的企业法人。据此，商业银行的设立条件、设立程序和业务等由《商业银行法》规定，商业银行的组织形式、组织机构等由《公司法》规定。

2. 商业银行的业务

《商业银行法》规定，商业银行可以经营下列部分或者全部业务：一是吸收公众存款；二是发放短期、中期和长期贷款；三是办理国内外结算；四是办理票据承兑与贴现；五是发行金融债券；六是代理发行、代理兑付、承销政府债券；七是买卖政府债券、金融债券；八是从事同业拆借；九是买卖、代理买卖外汇；十是从事银行卡业务；十一是提供信用证服务及担保；十二是代理收付款项及保险业务；十三是提供保管箱服务；十四是经国务院银行业监督管理机构批准的其他业务。

商业银行的经营范围由商业银行章程规定，报国务院银行业监督管理机构批准。商业银行经中国人民银行批准，可以经营结汇和售汇业务。

3. 商业银行的基本原则

(1)商业银行经营的基本原则

商业银行以安全性、流动性、效益性为经营原则，实行自主经营、自担风险、自负盈亏、自我约束。商业银行依法开展业务，不受任何单位和个人的干涉。商业银行以其全部法人财产独立承担民事责任。

(2)商业银行业务的基本原则

第一，平等、自愿、公平和诚实信用的业务往来。商业银行与客户的业务往来应当遵循平等、自愿、公平和诚实信用的原则。

第二,对存款人合法权益的保护。商业银行应当保障存款人的合法权益不受任何单位和个人的侵犯。

第三,信贷业务的资信和担保。商业银行开展信贷业务,应当严格审查借款人的资信,实行担保,保障按期收回贷款。商业银行依法向借款人收回到期贷款的本金和利息受法律保护。

第四,依法经营。商业银行开展业务,应当遵守法律、行政法规的有关规定,不得损害国家利益、社会公共利益;应当遵守公平竞争的原则,不得从事不正当竞争。

第五,接受监管。商业银行依法接受国务院银行业监督管理机构的监督管理,但法律规定其有关业务接受其他监督管理部门或者机构的监督管理的,依照其规定。

(二)设立和组织机构

1. 商业银行的设立程序

《商业银行法》规定,设立商业银行,应当经国务院银行业监督管理机构的审查的批准;未经批准,任何单位和个人不得从事吸收公众存款等商业银行业务,任何单位不得在名称中使用“银行”字样。据此,中国商业银行的设立采取审批主义。

(1)申请文件

设立商业银行,申请人应当向国务院银行业监督管理机构提交下列文件、资料:一是申请书,应当载明拟设立的商业银行的名称、所在地、注册资本和业务范围等;二是可行性研究报告;三是国务院银行业监督管理机构规定提交的其他文件、资料。

(2)填写正式申请表,提交文件、资料

设立商业银行的申请经审查符合申请文件规定的,申请人应当填写正式申请表并提交下列文件、资料:一是章程草案;二是拟任职的董事、高级管理人员的资格证明;三是法定验资机构出具的验资证明;四是股东名册及其出资额和股份;五是持有注册资本百分之五以上的股东的资信证明和有关资料;六是经营方针和计划;七是营业场所、安全防范措施和与业务有关的其他设施的资料;八是国务院银行业监督管理机构规定的其他文件、资料。

(3)颁发经营许可证、办理登记

经批准设立的商业银行由国务院银行业监督管理机构颁发经营许可证,并凭该许可证向工商行政管理部门办理登记,领取营业执照。

2. 商业银行的设立条件

《商业银行法》规定,设立商业银行应当具备下列条件:

(1)有符合《商业银行法》和《公司法》规定的章程

(2)有符合《商业银行法》规定的注册资本最低限额

设立全国性商业银行的注册资本最低限额为十亿元人民币,设立城市商业银行的注册资本最低限额为一亿元人民币,设立农村商业银行的注册资本最低限额为五千万元人民币。注册资本应当是实缴资本。国务院银行业监督管理机构根据审慎监管的要求可以调整注册资本最低限额,但不得少于上述规定的限额。

(3)有具备任职专业知识和业务工作经验的董事和高级管理人员

有下列情形之一的,不得担任商业银行的董事或者高级管理人员:一是因犯有贪污、贿赂、侵占财产、挪用财产罪或者破坏社会经济秩序罪被判处刑罚,或者因犯罪被剥夺政治权利的;

二是担任因经营不善而破产清算的公司、企业的董事或者厂长、经理，并对该公司、企业的破产负有个人责任的；三是担任因违法被吊销营业执照的公司、企业的法定代表人并负有个人责任的；四是个人所负数额较大的债务到期未清偿的。

(4)有健全的组织机构和管理制度

商业银行的组织形式和组织机构适用《公司法》的规定。《商业银行法》施行前设立的商业银行，其组织形式和组织机构不完全符合《公司法》规定的，可以沿用原有的规定，适用前款规定的日期由国务院规定。根据《公司法》，公司的组织形式是有限责任公司和股份有限公司，所以，商业银行的组织形式是有限责任公司或者股份有限公司。公司的组织机构包括股东(大)会、董事会和监事会，商业银行也应当设立相应的组织机构。另外，《商业银行法》专门对国有独资商业银行设立监事会明确规定，监事会对国有独资商业银行的信贷资产质量、资产负债比例、国有资产保值增值等情况以及高级管理人员违反法律、行政法规或者章程的行为和损害银行利益的行为进行监督。

(5)有符合要求的营业场所、安全防范措施和与业务有关的其他设施

设立商业银行还应当符合其他审慎性条件。

3. 商业银行的分支机构

(1)商业银行分支机构的设立

①设立分支机构的原则。商业银行根据业务需要可以在中国境内外设立分支机构。设立分支机构必须经国务院银行业监督管理机构审查和批准。在中国境内的分支机构不按行政区划设立。

②设立分支机构的程序。经批准设立的商业银行及其分支机构由国务院银行业监督管理机构予以公告、颁发经营许可证，并凭该许可证向工商行政管理部门办理登记，领取营业执照。

③设立分支机构的文件、资料。申请人应当向中国银监会提交下列文件、资料：一是申请书，应当载明拟设立的分支机构的名称、营运资金额、业务范围、总行及分支机构所在地等；二是申请人最近两年的财务会计报告；三是拟任职的高级管理人员的资格证明；四是经营方针和计划；五是营业场所、安全防范措施和与业务有关的其他设施的资料；六是国务院银行业监督管理机构规定的其他文件、资料。

(2)商业银行分支机构的营运

①营运资金。商业银行在中国境内设立分支机构，应当按规定拨付与其经营规模相适应的营运资金，拨付各分支机构营运资金的总和不得超过总行资本金总额的百分之六十。

②财务制度。商业银行对其分支机构实行全行统一核算、统一调度资金、分级管理的财务制度。商业银行分支机构不具有法人资格，在总行的授权范围内依法开展业务，其民事责任由总行承担。

③歇业和停业。商业银行及其分支机构自取得营业执照之日起无正当理由超过六个月未开业的，或者开业后自行停业连续六个月以上的，由国务院银行业监督管理机构吊销其经营许可证并予以公告。

4. 商业银行的变更

商业银行有下列变更事项之一的，应当经国务院银行业监督管理机构批准：一是变更名称；二是变更注册资本；三是变更总行或者分支行所在地；四是调整业务范围；五是变更持有资

本总额或者股份总额百分之五以上的股东(任何单位和个人购买商业银行股份总额百分之五以上的,应当事先经国务院银行业监督管理机构批准);六是修改章程;七是国务院银行业监督管理机构规定的其他变更事项。

另外,更换董事、高级管理人员时,应当报经国务院银行业监督管理机构审查其任职资格。

(三)对存款人的保护

1. 个人储蓄存款业务

商业银行办理个人储蓄存款业务,应当遵循存款自愿、取款自由、存款有息、为存款人保密的原则。对个人储蓄存款,商业银行有权拒绝任何单位或者个人查询、冻结、扣划,但法律另有规定的除外。

2. 单位存款业务

对单位存款,商业银行有权拒绝任何单位或者个人查询,但法律、行政法规另有规定的除外;有权拒绝任何单位或者个人冻结、扣划,但法律另有规定的除外。

3. 公告存款利率

商业银行应当按照中国人民银行规定的存款利率的上下限确定存款利率,并予以公告。

4. 存款准备金和备付金

商业银行应当按照中国人民银行的规定向中国人民银行缴存存款准备金,留足备付金。

5. 支付本金和利息

商业银行应当保证存款本金和利息的支付,不得拖延、拒绝支付存款本金和利息。

(四)贷款和其他业务的基本规则

1. 贷款业务

《商业银行法》规定,商业银行根据国民经济和社会发展的需要,在国家产业政策指导下开展贷款业务。

(1)贷款审查的内容和制度

商业银行贷款应当对借款人的借款用途、偿还能力、还款方式等情况进行严格审查。商业银行贷款应当实行审贷分离、分级审批制度。

(2)贷款业务的基本规则

①借款人提供担保。商业银行贷款,借款人应当提供担保。商业银行应当对保证人的偿还能力,抵押物、质物的权属和价值以及实现抵押权、质权的可行性进行严格审查。经商业银行审查、评估,确认借款人资信良好,确能偿还贷款的,可以不提供担保。

②当事人订立书面合同。商业银行贷款,应当与借款人订立书面合同。合同应当约定贷款种类、借款用途、金额、利率、还款期限、还款方式、违约责任和双方认为需要约定的其他事项。

③确定贷款利率。商业银行应当按照中国人民银行规定的贷款利率的上下限确定贷款利率。

④遵守资产负债比例。商业银行贷款应当遵守下列资产负债比例管理的规定:一是资本充足率不得低于百分之八;二是流动性资产余额与流动性负债余额的比例不得低于百分之二十五;三是对同一借款人的贷款余额与商业银行资本余额的比例不得超过百分之十;四是国务院银行业监督管理机构对资产负债比例管理的其他规定。

⑤不得向关系人发放信用贷款。商业银行不得向关系人发放信用贷款，向关系人发放担保贷款的条件不得优于其他借款人同类贷款的条件。关系人，是指商业银行的董事、监事、管理人员、信贷业务人员及其近亲属，前项所列人员投资或者担任高级管理职务的公司、企业和其他经济组织。

⑥依法自主经营。任何单位或个人不得强令商业银行发放贷款或者提供担保。商业银行有权拒绝任何单位或个人强令要求其发放贷款或者提供担保。

⑦权益保障。借款人到期不归还担保贷款的，商业银行依法享有要求保证人归还贷款本金和利息或者就该担保物优先受偿的权利。商业银行因行使抵押权、质权而取得的不动产或者股权应当自取得之日起两年内予以处分。借款人到期不归还信用贷款的，应当按照合同约定承担责任。

2. 其他业务

(1)禁忌从事的业务

商业银行在中国境内不得从事信托投资和证券经营业务，不得向非自用不动产投资或者向非银行金融机构和企业投资，但国家另有规定的除外。

(2)结算业务

商业银行办理票据承兑、汇兑、委托收款等结算业务，应当按照规定的期限兑现，收付入账，不得压单、压票或者违反规定退票。有关兑现、收付入账期限的规定应当公布。

(3)发行金融债券或者到境外借款业务

商业银行发行金融债券或者到境外借款，应当依照法律、行政法规的规定报经批准。

(4)同业拆借业务

同业拆借，应当遵守中国人民银行的规定。禁止利用拆入资金发放固定资产贷款或者用于投资。拆出资金限于交足存款准备金、留足备付金和归还中国人民银行到期贷款后的闲置资金。拆入资金用于弥补票据结算、联行汇差头寸的不足和解决临时性周转资金的需要。

(5)吸收存款、发放贷款业务

商业银行不得违反规定提高或者降低利率以及采用其他不正当手段吸收存款、发放贷款。

(6)开立账户业务

企事业单位可以自主选择一家商业银行的营业场所开立一个办理日常转账结算和现金收付的基本账户，不得开立两个以上基本账户。任何单位和个人不得将单位的资金以个人名义开立账户存储。

3. 服务规则

(1)公告营业时间

商业银行的营业时间应当方便客户并予以公告。商业银行应当在公告的营业时间内营业，不得擅自停止营业或者缩短营业时间。

(2)依法收取手续费

商业银行办理业务、提供服务，按照规定收取手续费。收费项目和标准由国务院银行业监督管理机构、中国人民银行根据职责分工，分别会同国务院价格主管部门制定。

(3)保存资料

商业银行应当按照国家有关规定保存财务会计报表、业务合同以及其他资料。

(4)工作人员保密义务

商业银行的工作人员不得泄露其在任职期间知悉的国家秘密和商业秘密。

(五)财务会计和监督管理

1. 商业银行的财务会计

(1)建立健全财务会计制度

商业银行应当依照法律和国家统一的会计制度以及国务院银行业监督管理机构的有关规定,建立、健全本行的财务会计制度。

(2)编制财务会计报告

商业银行应当按照国家的有关规定,真实记录并全面反映其业务活动和财务状况,编制年度财务会计报告,及时向国务院银行业监督管理机构、中国人民银行和国务院财政部门报送。商业银行不得在法定的会计账册外另立会计账册。

(3)公布经营业绩和审计报告

商业银行应当于每一会计年度终了的三个月内按照国务院银行业监督管理机构的规定,公布其上一年度的经营业绩和审计报告。

(4)提取呆账准备金

商业银行应当按照国家有关规定,提取呆账准备金,冲销呆账。

2. 商业银行的监督管理

(1)建立健全内部监管

第一,商业银行应当按照有关规定,制定本行的业务规则,建立健全本行的风险管理和内部控制制度。

第二,商业银行应当建立健全本行对存款、贷款、结算、呆账等各项情况的稽核、检查制度。商业银行对分支机构应当进行经常性的稽核和检查监督。

(2)配合接受外部监管

第一,商业银行应当按照规定向国务院银行业监督管理机构和中国人民银行报送资产负债表、利润表以及其他财务会计报表、统计报表和资料。

第二,国务院银行业监督管理机构依法对商业银行的存款、贷款、结算、呆账等情况进行检查监督时,检查监督人员应当出示合法的证件。商业银行应当按照国务院银行业监督管理机构的要求提供财务会计资料、业务合同和有关经营管理方面的其他信息。另外,中国人民银行有权依照《中国人民银行法》的规定对商业银行进行检查监督。

第三,商业银行应当依法接受审计机关的审计监督。

(六)接管、解散、清算和终止

1. 商业银行的接管

(1)接管依据和目的

①接管依据。商业银行已经或者可能发生信用危机,严重影响存款人的利益时,国务院银行业监督管理机构可以对该银行实行接管。

②接管目的。接管目的是对被接管的商业银行采取必要措施,以保护存款人的利益,恢复商业银行的正常经营能力。被接管的商业银行的债权债务关系不因接管而变化。

(2)接管决定

接管由国务院银行业监督管理机构决定,并组织实施。国务院银行业监督管理机构的接管决定应当载明下列内容:一是被接管的商业银行的名称;二是接管理由;三是接管组织;四是接管期限。接管决定由国务院银行业监督管理机构予以公告。接管自接管决定实施之日起,由接管组织行使商业银行的经营管理权力。

(3)接管延期

接管期限届满,国务院银行业监督管理机构可以决定延期,但最长不得超过两年。

(4)接管终止

有下列情形之一的,接管终止:一是接管决定规定的期限届满或者国务院银行业监督管理机构决定的接管延期届满;二是接管期限届满前,该商业银行已恢复正常经营能力;三是接管期限届满前,该商业银行被合并或者被依法宣告破产。

2. 商业银行的解散

商业银行因分立、合并或者出现公司章程规定的解散事由而需要解散的,应当向国务院银行业监督管理机构提出申请,并附解散的理由和支付存款的本金、利息等债务清偿计划,经国务院银行业监督管理机构批准后解散。

3. 商业银行的清算

(1)普通清算

①自己清算。商业银行解散的,应当依法成立清算组进行清算,按照清偿计划及时偿还存款本金和利息等债务,国务院银行业监督管理机构监督清算过程。

②依职权清算。商业银行因吊销经营许可证而被撤销的,国务院银行业监督管理机构应当依法及时组织并成立清算组进行清算,按照清偿计划及时偿还存款本金和利息等债务。

(2)破产清算

商业银行不能支付到期债务,经国务院银行业监督管理机构同意,由人民法院依法宣告其破产。商业银行被宣告破产的,由人民法院组织国务院银行业监督管理机构等有关部门和有关人员成立清算组进行清算。商业银行破产清算时,在支付清算费用、所欠职工工资和劳动保险费用后,应当优先支付个人储蓄存款的本金和利息。

4. 商业银行的终止

商业银行因解散、被撤销和被宣告破产而终止。

三、政策性银行法律制度

(一)政策性银行概述

1. 政策性银行的含义

政策性银行是由政府设立,专门从事某一方面政策性银行业务,不以营利为目的的银行业金融机构。政策性银行以保底经营、不与商业银行竞争的原则开展业务,其业务直接体现政府宏观调控意图。政府通过政策性银行引导资金投向、参与资源配置、进行宏观控制与干预,这是一般金融机构不能胜任的。

2. 中国的政策性银行

为了实现政策性金融与商业性金融相分离,1994 年中国先后建立了三家政策性银行:国家开发银行、中国农业发展银行和中国进出口银行。

2007 年初召开的全国金融工作会议决定推进国家开发银行、中国农业发展银行和中国进出口银行三大政策性银行改革。国家开发银行按照建立现代金融企业制度的要求,全面推行商业化运作,自主经营、自担风险、自负盈亏,主要从事中长期业务。

(二)国家开发银行

1. 国家开发银行概况

国家开发银行成立于 1994 年,是直属国务院领导的政策性金融机构,2008 年 12 月改制为国家开发银行股份有限公司。2015 年 3 月,国务院明确国家开发银行定位为开发性金融机构。2017 年 4 月,国家开发银行股份有限公司的名称变更为“国家开发银行”,其组织形式由股份有限公司变更为有限责任公司。

国家开发银行目前的注册资本为 4 212.48 亿元,股东是中国财政部、中央汇金投资有限责任公司、梧桐树投资平台有限公司和全国社会保障基金理事会,持股比例分别为 36.54%、34.68%、27.19%和 1.59%。

2. 主要任务

国家开发银行主要通过开展中长期信贷与投资等金融业务为国民经济重大中长期发展战略服务。

国家开发银行的主要任务:根据国民经济发展的战略目标和发展方向,以国家信用为基础,依靠市场发债,筹集和引导境内外资金,遵循金融规则,利用各种现代金融工具,为国家基础设施、基础产业、支柱产业和高新技术产业重点建设项目提供金融服务,促进国民经济持续、快速、健康发展。

根据国务院 1998 年 4 月下发的关于政府机构改革和职能转换的文件,国家开发银行被授权负责世界银行和亚洲开发银行给中国政府贷款的转贷工作。

3. 主要业务

国家开发银行的贷款主要用于国家基础设施、基础产业、支柱产业、重大技术改造和高新技术产业化项目建设。贷款主要投向的行业包括:一是基础设施,如铁路、公路、民航、城市基础设施、电信、水利等;二是基础产业,如电力、石油等;三是支柱产业,如石化、机械(重大技术装备)、电子等;四是其他,如环境保护、高科技产业等。

(三)中国农业发展银行

1. 中国农业发展银行概况

中国农业发展银行成立于 1994 年 4 月 19 日,直属国务院领导。中国农业发展银行实行独立核算,自主、保本经营,企业化管理。中国农业发展银行在业务上接受中国人民银行和中国银保监会的指导与监督。中国农业发展银行在机构设置上实行总行、一级分行、二级分行和支行制;在管理上实行总行一级法人制,总行行长为法定代表人;系统内实行垂直领导的管理体制,各分支机构在总行的授权范围内依法、依规开展经营活动。

中国农业发展银行目前的注册资本为 570 亿元人民币。中国农业发展银行运营资金的来源包括:一是业务范围内开户企事业单位的存款;二是发行金融债券;三是财政支农资金;四是向中国人民银行申请再贷款;五是境外筹资。中国农业发展银行目前的运营资金来源主要依靠中国人民银行的再贷款,暂未开展境外筹资业务。

2. 主要任务

中国农业发展银行的主要任务：按照国家的法律、法规和方针、政策，以国家信用为基础，筹集农业政策性信贷资金，承担国家规定的农业政策性金融业务，代理财政性支农资金的拨付，为农业和农村经济发展服务。

1998 年 3 月以后，为适应以“三项政策、一项改革”为主要内容的粮食流通体制改革的需要，根据国务院的决定，中国农业发展银行开始专司粮棉油收购、调销、储备贷款业务。

3. 主要业务

中国农业发展银行的具体业务范围由国务院根据一个时期国民经济发展和宏观调控的需要并考虑农业发展银行的承办能力来界定。中国农业发展银行自成立以来，国务院对其业务范围进行过多次调整，目前的主要业务包括：一是办理由国务院确定的粮食、油料、棉花收购、储备、调销贷款；二是办理肉类、食糖、烟叶、羊毛等国家专项储备贷款；三是办理中央财政对上述主要农产品补贴资金的拨付，为中央和省级政府共同建立的粮食风险基金开立专户并办理拨付；四是办理粮食企业简易建仓贷款；五是办理业务范围内开户企事业单位的存款；六是办理开户企事业单位的结算；七是发行金融债券；八是办理粮棉油政策性贷款企业进出口贸易项下的国际结算业务以及与国际业务相配套的外汇存款、外汇汇款、同业外汇拆借、代客外汇买卖、结汇和售汇业务；九是办理经国务院批准的其他业务。

(四)中国进出口银行

1. 中国进出口银行概况

中国进出口银行成立于 1994 年，直属国务院领导，实行自主、保本经营，企业化管理。该银行在业务上接受财政部、商务部、中国人民银行、中国银保监会的指导和监督。中国进出口银行的国际信用评级与国家主权评级一致，为国内金融机构最高级别，目前在国内设有营业性分支机构和代表处，在境外也设有代表处，与一百多家外资银行建立了代理行关系。

中国进出口银行目前的注册资本为 1 500 亿元人民币，政府全资拥有。中国进出口银行的资金来源除财政核拨外，主要以财政专项资金和发行金融债券为主。

2. 主要任务

中国进出口银行的主要任务：依托国家信用支持，积极发挥在稳增长、调结构、支持外贸发展、实施“走出去”战略等方面的重要作用，加大对重点领域和薄弱环节的支持力度，促进经济社会持续健康发展。

3. 主要业务

中国进出口银行的经营范围：一是经批准办理配合国家对外贸易和“走出去”领域的短期、中期和长期贷款，含出口信贷、进口信贷、对外承包工程贷款、境外投资贷款、中国政府援外优惠贷款和优惠出口买方信贷等；二是办理国务院指定的特种贷款；三是办理外国政府和国际金融机构转贷款(转赠款)业务中的三类项目及人民币配套贷款；四是吸收授信客户项下存款；五是发行金融债券；六是办理国内外结算和结售汇业务；七是办理保函、信用证、福费廷等其他方式的贸易融资业务；八是办理与对外贸易相关的委托贷款业务；九是办理与对外贸易相关的担保业务；十是办理经批准的外汇业务；十一是买卖、代理买卖和承销债券；十二是从事同业拆借、存放业务；十三是办理与金融业务相关的资信调查、咨询、评估、见证业务；十四是办理票据承兑与贴现；十五是代理收付款项及代理保险业务；十六是买卖、代理买卖金融衍生产品；十七是资产证券化业务;十八是企业财务顾问服务;十九是组织或参加银团贷款;二十是海外分支机构在中国进出口银行授权范围内经营当地法律许可的银行业务;二十一是按程序经批准后以子公司形式开展股权投资及租赁业务;二十二是经国务院银行业监督管理机构批准的其他业务。

第三节 保险法律制度

一、保险和保险法概述

(一)保险概述

1. 商业保险的含义

《保险法》规定,保险,是指投保人根据合同约定,向保险人支付保险费,保险人对于合同约定的可能发生的事故因其发生所造成的财产损失承担赔偿保险金责任,或者当被保险人死亡、伤残、疾病或者达到合同约定的年龄、期限时承担给付保险金责任的商业保险行为。据此,《保险法》规定的保险是商业保险,业务内容包括财产保险和人身保险。

2. 商业保险与社会保险的区别

社会保险,是指国家通过立法强制征集专门资金用于被保险人在丧失劳动能力或者劳动机会时满足其基本生活需求的一种物质帮助制度。

商业保险与社会保险的区别是:

第一,商业保险是自愿的,社会保险是强制的。商业保险的投保人和保险人自愿订立书面保险合同;社会保险则是政府通过立法强制实施的,无须订立书面合同。

第二,商业保险的对象可以是人身和财产,社会保险的对象只能是人身。

第三,商业保险的保费由投保人承担,社会保险的保费一般由政府、企业和个人共同承担。

第四,商业保险依据《保险法》经营,社会保险则依据《中华人民共和国社会保险法》实施。

(二)保险法概述

1. 中国的商业保险立法

1995 年 6 月 30 日,第八届全国人大常委会第十四次会议通过《保险法》,自 1995 年 10 月 1 日起施行。《保险法》施行后经多次修正,其规范的是商业保险,海上保险由《中华人民共和国海商法》规定,农业保险由法律另行规定。中国还制定了《保险经纪公司管理规定》《保险公估机构管理规定》和《再保险公司设立规定》等行政规章。

2. 保险法的基本原则

(1)依法从业原则

从事保险活动必须遵守法律、行政法规,尊重社会公德,不得损害社会公共利益。

(2)保险诚信原则

保险活动的当事人行使权利、履行义务,应当遵循诚实信用原则。

(3)经营资格法定原则

保险业务由依照《保险法》设立的保险公司以及法律、行政法规规定的其他保险组织经营,其他单位和个人不得经营保险业务。

(4)境内保险专属经营原则

在中国境内的法人和其他组织需要办理境内保险的，应当向中国境内的保险公司投保。

(5)保险业务专业经营原则

保险业和银行业、证券业、信托业实行分业经营、分业管理，保险公司与银行、证券、信托业务机构分别设立；国家另有规定的除外。

(6)接受监管原则

国务院保险监督管理机构依法对保险业实施监督管理。

二、保险合同

(一)一般规定

1. 保险合同当事人及关系人

(1)保险合同当事人

保险合同，是指投保人与保险人约定保险权利义务关系的协议。据此，保险合同当事人包括：

①投保人。投保人，是指与保险人订立保险合同，并按照合同约定负有支付保险费义务的人。

②保险人。保险人，是指与投保人订立保险合同，并按照合同约定承担赔偿或者给付保险金责任的保险公司。

(2)保险合同关系人

保险合同关系中，除了投保人和保险人作为保险合同当事人外，还有被保险人、受益人等作为保险合同关系人。

①被保险人。被保险人，是指其财产或者人身受保险合同保障，享有保险金请求权的人。投保人可以为被保险人。

②受益人。受益人，是指人身保险合同中由被保险人或者投保人指定的享有保险金请求权的人。投保人、被保险人可以为受益人。

2. 保险利益

保险利益，是指投保人或者被保险人对保险标的具有的法律上承认的利益。

(1)人身保险的保险利益

人身保险，是指以人的寿命和身体为保险标的的保险。人身保险的投保人在保险合同订立时，对被保险人应当具有保险利益。

(2)财产保险的保险利益

财产保险，是指以财产及其有关利益为保险标的的保险。财产保险的被保险人在保险事故发生时，对保险标的应当具有保险利益。

3. 保险合同的成立和效力

(1)保险合同的成立

投保人提出保险要求，经保险人同意承保，保险合同成立。保险人应当及时向投保人签发保险单或者其他保险凭证。保险单或者其他保险凭证应当载明当事人双方约定的合同内容。当事人也可以约定采用其他书面形式载明合同内容。

(2)保险合同的效力

依法成立的保险合同自成立时生效，投保人和保险人可以对合同的效力约定附条件或者附期限。保险合同成立后,投保人按照约定交付保险费,保险人按照约定的时间开始承担保险责任。

4. 投保人告知义务

(1)投保人如实告知义务

订立保险合同,保险人就保险标的或者被保险人的有关情况提出询问的,投保人应当如实告知。

(2)投保人未如实告知时保险人的合同解除权

投保人故意或者因重大过失未履行规定的如实告知义务,足以影响保险人决定是否同意承保或者提高保险费率的,保险人有权解除合同。合同解除权自保险人知道有解除事由之日起超过三十日不行使而消灭。自合同成立之日起超过两年的,保险人不得解除合同;发生保险事故的,保险人应当承担赔偿或者给付保险金的责任。

(3)投保人未如实告知时保险人的保险责任

第一,投保人故意不履行如实告知义务的,保险人对于合同解除前发生的保险事故不承担赔偿或者给付保险金的责任,且不退还保险费。

第二,投保人因重大过失而未履行如实告知义务,对保险事故的发生有严重影响的,保险人对于合同解除前发生的保险事故不承担赔偿或者给付保险金的责任,但应当退还保险费。

第三,保险人在合同订立时已经知道投保人未如实告知的情况的,保险人不得解除合同;发生保险事故的,保险人应当承担赔偿或者给付保险金的责任。保险事故,是指保险合同约定的保险责任范围内的事故。

5. 保险人说明和提示义务

(1)保险人格式条款的说明义务

订立保险合同,采用保险人提供的格式条款的,保险人向投保人提供的投保单应当附格式条款,保险人应当向投保人说明合同的内容。

(2)保险人免责条款的提示义务

对保险合同中免除保险人责任的条款,保险人在订立合同时应当在投保单、保险单或者其他保险凭证上作出足以引起投保人注意的提示,并对该条款的内容以书面或者口头形式向投保人作出明确说明;未作提示或者明确说明的,该条款不产生效力。

6. 保险合同的内容

保险合同是投保人和保险人依照《保险法》订立的财产保险合同和人身保险合同。订立保险合同应当协商一致,遵循公平原则确定各方的权利和义务。

(1)保险合同应当包括的事项

保险合同应当包括下列事项:一是保险人的名称和住所;二是投保人、被保险人的姓名或者名称、住所,以及人身保险的受益人的姓名或者名称、住所;三是保险标的;四是保险责任和责任免除;五是保险期间和保险责任开始时间;六是保险金额;七是保险费以及支付办法;八是保险金赔偿或者给付办法;九是违约责任和争议处理;十是订立合同的年、月、日。

(2)无效格式条款及格式条款解释

①无效格式条款。采用保险人提供的格式条款订立的保险合同中,下列条款无效:一是免除保险人依法应承担的义务或者加重投保人、被保险人责任的;二是排除投保人、被保险人或

者受益人依法享有的权利的。

②格式条款解释。采用保险人提供的格式条款订立的保险合同，保险人与投保人、被保险人或者受益人对合同条款有争议的，应当按照通常理解予以解释；对合同条款有两种以上解释的，人民法院或者仲裁机构应当作出有利于被保险人和受益人的解释。

(3)保险合同内容变更

投保人和保险人可以协商变更保险合同的内容。变更保险合同的，应当由保险人在保险单或者其他保险凭证上批注或者附贴批单，或者由投保人和保险人订立变更的书面协议。

7. 保险事故与保险理赔

保险事故，是指保险合同约定的保险责任范围内的事故。保险事故发生，保险人依法承担保险理赔责任，即承担赔偿或者给付保险金的责任。

(1)投保人、被保险人或者受益人的义务

①及时通知义务。投保人、被保险人或者受益人知道保险事故发生后，应当及时通知保险人。投保人、被保险人或者受益人故意或者因重大过失未及时通知，致使保险事故的性质、原因、损失程度等难以确定的，保险人对无法确定的部分不承担赔偿或者给付保险金的责任，但保险人通过其他途径已经及时知道或者应当及时知道保险事故发生的除外。

②提供有关证明和资料的义务。保险事故发生后，按照保险合同请求保险人赔偿或者给付保险金时，投保人、被保险人或者受益人应当向保险人提供其所能提供的与确认保险事故的性质、原因、损失程度等有关的证明和资料。保险人按照合同的约定，认为有关的证明和资料不完整的，应当及时一次性通知投保人、被保险人或者受益人补充提供。

(2)保险人的核定和理赔责任

①核定。保险人收到被保险人或者受益人的赔偿或者给付保险金的请求后，应当及时作出核定；情形复杂的，应当在三十日内作出核定，但合同另有约定的除外。保险人作出核定后，对不属于保险责任的，应当自作出核定之日起三日内向被保险人或者受益人发出拒绝赔偿或者拒绝给付保险金的通知书并说明理由。

②理赔。保险人应当将核定结果通知被保险人或者受益人。对属于保险责任的，在与被保险人或者受益人达成赔偿或者给付保险金的协议后十日内履行赔偿或者给付保险金义务；保险合同对赔偿或者给付保险金的期限有约定的，保险人应当按照约定履行赔偿或者给付保险金义务。保险人未及时履行上述规定义务的，除支付保险金外，应当赔偿被保险人或者受益人因此受到的损失。任何单位和个人不得非法干预保险人履行赔偿或者给付保险金的义务，也不得限制被保险人或者受益人取得保险金的权利。

③先予支付。保险人自收到赔偿或者给付保险金的请求和有关证明、资料之日起六十日内对其赔偿或者给付保险金的数额不能确定的，应当根据已有证明和资料可以确定的数额先予支付；保险人最终确定赔偿或者给付保险金的数额后，应当支付相应的差额。

(3)保险理赔的诉讼时效

诉讼时效，是指权利人向人民法院提起民事诉讼的时效期间。人寿保险以外的其他保险的被保险人或者受益人向保险人请求赔偿或者给付保险金的诉讼时效期间为两年。人寿保险的被保险人或者受益人向保险人请求给付保险金的诉讼时效期间为五年。以上诉讼时效自权利人知道或者应当知道保险事故发生之日起计算。

8. 骗保

(1)骗保的含义

骗保，是指被保险人或者受益人在未发生保险事故的情况下，谎称发生了保险事故，向保险人提出赔偿或者给付保险金的请求，或者故意制造保险事故，或者在保险事故发生后伪造、变造有关证明、资料或者其他证据，编造虚假的事故原因或者夸大损失程度。

(2)骗保的法律后果

①保险人解除合同且不退还保险费。被保险人或者受益人谎称发生了保险事故，向保险人提出赔偿或者给付保险金的请求的，保险人有权解除保险合同，且不退还保险费。

②保险人解除合同、不承担理赔责任且不退还保险费。投保人、被保险人或者受益人故意制造保险事故的，保险人有权解除保险合同，不承担赔偿或者给付保险金的责任，除人身保险的相关情况外，也不退还保险费。

③保险人不承担部分理赔责任。保险事故发生后，投保人、被保险人或者受益人伪造、变造有关证明、资料或者其他证据，编造虚假的事故原因或者夸大损失程度的，保险人对其虚报的部分不承担赔偿或者给付保险金的责任。

另外，投保人、被保险人或者受益人有前述三种行为之一，致使保险人支付保险金或者支出费用的，应当退回或者赔偿。

9. 再保险

(1)再保险的含义

保险人将其承担的保险业务以分保形式部分转移给其他保险人的，为再保险。应再保险接受人的要求，再保险分出人应当将其自负责任及原保险的有关情况告知再保险接受人。

(2)再保险的规定

第一，再保险接受人不得向原保险的投保人要求支付保险费。

第二，原保险的被保险人或者受益人不得向再保险接受人提出赔偿或者给付保险金的请求。

第三，再保险分出人不得以再保险接受人未履行再保险责任为由，拒绝履行或者迟延履行其原保险责任。

(二)人身保险合同

1. 人身保险合同的含义

人身保险合同是以人的寿命和身体为保险标的的保险合同。人身保险的保险标的是人的寿命和身体，这是人身保险合同与财产保险合同的主要区别。

2. 人身保险合同的规定

(1)投保人对被保险人应当有保险利益

订立合同时，投保人对被保险人不具有保险利益的，合同无效。投保人对下列人员具有保险利益：一是本人；二是配偶、子女、父母；三是前项以外与投保人有抚养、赡养或者扶养关系的家庭其他成员、近亲属；四是与投保人有劳动关系的劳动者。除上述规定外，被保险人同意投保人为其订立合同的，视为投保人对被保险人具有保险利益。

(2)投保人申报的被保险人年龄应当真实

投保人申报的被保险人年龄不真实的，产生以下后果：

①保险人解除合同。投保人申报的被保险人年龄不真实，并且其真实年龄不符合合同约定的年龄限制的，保险人可以解除合同，并按照合同约定退还保险单的现金价值。

②保险人请求补交保险费。投保人申报的被保险人年龄不真实，致使投保人支付的保险费少于应付保险费的，保险人有权更正并要求投保人补交保险费，或者在给付保险金时按照实付保险费与应付保险费的比例支付。

③保险人退还保险费。投保人申报的被保险人年龄不真实，致使投保人支付的保险费多于应付保险费的，保险人应当将多收的保险费退还投保人。

(3)投保人不得为无民事行为能力人投保以死亡为给付保险金条件的人身保险，保险人也不得承保

父母为其未成年子女投保的人身保险不受该规定的限制，但死亡给付保险金额的总和不得超过国务院保险监督管理机构规定的限额。

(4)以死亡为给付保险金条件的合同应当经被保险人同意和认可

①合同生效条件。以死亡为给付保险金条件的合同，未经被保险人同意并认可保险金额的，合同无效。父母为其未成年子女投保的人身保险不受该规定的限制。

②保险单转让或者质押条件。按照以死亡为给付保险金条件的合同所签发的保险单，未经被保险人书面同意，不得转让或者质押。

(5)投保人应当支付保险费

投保人可以按照合同约定向保险人一次支付全部保险费或者分期支付保险费。

①投保人未按分期约定支付保险费的后果。投保人支付首期保险费后，除合同另有约定外，自保险人催告之日起超过三十日未支付当期保险费，或者超过约定的期限六十日未支付当期保险费的，合同效力中止，或者由保险人按照合同约定的条件减少保险金额。被保险人在上述规定期限内发生保险事故的，保险人应当按照合同约定给付保险金，但可以扣减欠交的保险费。

②投保人补交保险费后恢复合同效力。合同效力依照上述规定中止的，经保险人与投保人协商并达成协议，在投保人补交保险费后，合同效力恢复。但是，自合同效力中止之日起满两年双方未达成协议的，保险人有权解除合同。保险人依照前述规定解除合同的，应当按照合同约定退还保险单的现金价值。另外，保险人对人寿保险的保险费不得用诉讼方式要求投保人支付。

(6)被保险人或者投保人应当指定受益人

①指定受益人的一般规定。人身保险的受益人由被保险人或者投保人指定。投保人指定受益人时须经被保险人同意，投保人为与其有劳动关系的劳动者投保人身保险，不得指定被保险人及其近亲属以外的人为受益人；被保险人为无民事行为能力人或者限制民事行为能力人的，可以由其监护人指定受益人。

②指定数人为受益人。被保险人或者投保人可以指定一人或者数人为受益人。受益人为数人的，被保险人或者投保人可以确定受益顺序和受益份额；未确定受益份额的，受益人按照相等份额享有受益权。

③变更受益人。被保险人或者投保人可以变更受益人并书面通知保险人。保险人收到变更受益人的书面通知后，应当在保险单或者其他保险凭证上批注或者附贴批单。投保人变更

受益人时须经被保险人同意。

(7)依照《民法典》继承编处理作为被保险人遗产的保险金

被保险人死亡后,有下列情形之一的,保险金作为被保险人的遗产,由保险人依照《民法典》继承编的规定履行给付保险金的义务:一是没有指定受益人,或者受益人指定不明,无法确定的;二是受益人先于被保险人死亡,没有其他受益人的;三是受益人依法丧失受益权或者放弃受益权,没有其他受益人的。受益人与被保险人在同一事件中死亡,且不能确定死亡先后顺序的,推定受益人死亡在先。

(8)投保人、受益人故意造成被保险人死亡、伤残或者疾病的处理

投保人故意造成被保险人死亡、伤残或者疾病的,保险人不承担给付保险金的责任。投保人已交足两年以上保险费的,保险人应当按照合同约定向其他权利人退还保险单的现金价值。受益人故意造成被保险人死亡、伤残、疾病的,或者故意杀害被保险人未遂的,该受益人丧失受益权。

(9)被保险人自杀的处理

以被保险人死亡为给付保险金条件的合同,自合同成立或者合同效力恢复之日起两年内被保险人自杀的,保险人不承担给付保险金的责任,但被保险人自杀时为无民事行为能力人的除外。保险人依照前述规定不承担给付保险金责任的,应当按照合同约定退还保险单的现金价值。

(10)被保险人故意犯罪或者抗拒依法采取的刑事强制措施导致其伤残或者死亡的处理

因被保险人故意犯罪或者抗拒依法采取的刑事强制措施导致其伤残或者死亡的,保险人不承担给付保险金的责任。投保人已交足两年以上保险费的,保险人应当按照合同约定退还保险单的现金价值。

(11)被保险人因第三人的行为而发生死亡、伤残或者疾病等的处理

被保险人因第三人的行为而发生死亡、伤残或者疾病等保险事故的,保险人向被保险人或者受益人给付保险金后,不享有向第三人追偿的权利,但被保险人或者受益人仍有权向第三人请求赔偿。

(12)合同解除的后果

投保人解除保险合同的,保险人应当自收到解除合同通知之日起三十日内按照合同约定退还保险单的现金价值。

(三)财产保险合同

1. 财产保险合同的含义

财产保险合同是以财产及其有关利益为保险标的的保险合同。财产保险的保险标的是被保险人的财产及其有关利益,这是财产保险合同与人身保险合同的主要区别。

2. 财产保险合同的规定

(1)保险标的的保险利益

保险标的是保险人承担保险责任的财产及其有关利益。保险事故发生时,被保险人对保险标的不具有保险利益的,不得向保险人请求赔偿保险金。

(2)保险标的的依法转让

保险标的转让的,保险标的的受让人承继被保险人的权利和义务。保险标的转让的,被保

险人或者受让人应当及时通知保险人，但货物运输保险合同和另有约定的合同除外。因保险标的转让导致危险程度显著增加的，保险人自收到前款规定的通知之日起三十日内可以按照合同约定增加保险费或者解除合同。保险人解除合同的，应当将已收取的保险费按照合同约定扣除自保险责任开始之日起至合同解除之日应收的部分后，退还投保人。被保险人、受让人未履行规定的通知义务的，因转让导致保险标的危险程度显著增加而发生的保险事故，保险人不承担赔偿保险金的责任。

(3)保险标的的安全维护

被保险人应当遵守国家有关消防、安全、生产操作、劳动保护等方面的规定，维护保险标的的安全。保险人可以按照合同约定对保险标的的安全状况进行检查，及时向投保人、被保险人提出消除不安全因素和隐患的书面建议。投保人、被保险人未按照约定履行其对保险标的的安全应尽的责任的，保险人有权要求增加保险费或者解除合同。保险人为维护保险标的的安全，经被保险人同意，可以采取安全预防措施。

(4)保险费的增加或者减少

①保险费的增加。在合同有效期内，保险标的的危险程度显著增加的，被保险人应当按照合同约定及时通知保险人，保险人可以按照合同约定增加保险费或者解除合同。保险人解除合同的，应当将已收取的保险费按照合同约定扣除自保险责任开始之日起至合同解除之日应收的部分后退还投保人。被保险人未履行规定的通知义务的，因保险标的的危险程度显著增加而发生的保险事故，保险人不承担赔偿保险金的责任。

②保险费的减少。有下列情形之一的，除合同另有约定外，保险人应当降低保险费，并按日计算和退还相应的保险费：一是据以确定保险费率的有关情况发生变化，保险标的的危险程度明显减少；二是保险标的的保险价值明显减少。保险费率，是指保险人按照保险金额向被保险人或者投保人收取的保险费的比例。保险价值，是指保险标的的议定价值。

(5)合同解除

合同解除，是指当事人依法提前终止财产保险合同的效力。保险责任，是指保险人需要承担赔偿或者给付保险金的责任。

关于财产保险合同解除的规定主要包括保险责任开始后和开始前的情形：

①保险责任开始后的解除规定。保险责任开始后，投保人要求解除合同的，保险人应当将已收取的保险费按照合同约定扣除自保险责任开始之日起至合同解除之日应收的部分后退还投保人。货物运输保险合同和运输工具航程保险合同，保险责任开始后，合同当事人不得解除合同。

②保险责任开始前的解除规定。保险责任开始前，投保人要求解除合同的，应当按照合同约定向保险人支付手续费，保险人应当退还保险费。另外，保险标的发生部分损失的，自保险人赔偿之日起三十日内投保人可以解除合同；除合同另有约定外，保险人也可以解除合同，但应当提前十五日通知投保人；保险人应当将保险标的未受损失部分的保险费按照合同约定扣除自保险责任开始之日起至合同解除之日应收的部分后退还投保人。

(6)保险理赔的计算

保险标的发生损失时投保人和保险人约定保险标的的保险价值并在合同中载明的，以约定的保险价值为赔偿计算标准；投保人和保险人未约定保险标的的保险价值的，以保险事故发生时保险标的的实际价值为赔偿计算标准。保险金额不得超过保险价值;超过保险价值的,超过部分无效,保险人应当退还相应的保险费。保险金额低于保险价值的,除合同另有约定外,保险人按照保险金额与保险价值的比例承担赔偿保险金的责任。

另外,保险人、被保险人为查明和确定保险事故的性质、原因以及保险标的的损失程度所支付的必要的、合理的费用,由保险人承担。

(7)重复保险

重复保险,是指投保人对同一保险标的、同一保险利益、同一保险事故分别与两个以上保险人订立保险合同,且保险金额总和超过保险价值的保险。重复保险的投保人应当将重复保险的有关情况通知各保险人。重复保险的各保险人赔偿保险金的总和不得超过保险价值。除合同另有约定外,各保险人按照其保险金额与保险金额总和的比例承担赔偿保险金的责任。重复保险的投保人可以就保险金额总和超过保险价值的部分请求各保险人按比例返还保险费。

(8)被保险人的止损义务和止损费用

保险事故发生时,被保险人应当尽力采取必要的措施,防止或者减少损失。被保险人为防止或者减少保险标的的损失所支付的必要的、合理的费用由保险人承担,保险人所承担的费用数额在保险标的损失赔偿金额以外另行计算,最高不超过保险金额的数额。

(9)保险人的权利

保险人在承担保险责任或者被保险人有不当行为的,享有相应的权利。

①保险人对受损保险标的的全部或者部分权利。保险事故发生后,保险人已支付全部保险金额,并且保险金额等于保险价值的,受损保险标的的全部权利归于保险人;保险金额低于保险价值的,保险人按照保险金额与保险价值的比例取得受损保险标的的部分权利。

②保险人代位请求赔偿权。因第三人对保险标的的损害而造成保险事故的,保险人自向被保险人赔偿保险金之日起,在赔偿金额范围内代位行使被保险人对第三人请求赔偿的权利;该权利不影响被保险人就未取得赔偿的部分向第三人请求赔偿的权利,规定的保险事故发生后,被保险人已经从第三人取得损害赔偿的,保险人赔偿保险金时,可以相应扣减被保险人从第三人已取得的赔偿金额。

③保险人因被保险人不当行为产生的权利。保险事故发生后,保险人未赔偿保险金前,被保险人放弃对第三人请求赔偿的权利的,保险人不承担赔偿保险金的责任;保险人向被保险人赔偿保险金后,被保险人未经保险人同意放弃对第三人请求赔偿的权利的,该行为无效。被保险人故意或者因重大过失致使保险人不能行使代位请求赔偿的权利的,保险人可以扣减或者要求返还相应的保险金。

(10)责任保险

责任保险,是指以被保险人对第三人依法应负的赔偿责任为保险标的的保险。保险人在责任保险中的责任包括:

第一,保险人对责任保险的被保险人给第三人造成的损害,可以依照法律的规定或者合同的约定,直接向该第三人赔偿保险金。

第二,责任保险的被保险人给第三人造成损害,被保险人对第三人应负的赔偿责任确定的,根据被保险人的请求,保险人应当直接向该第三人赔偿保险金;被保险人怠于请求的,第三人有权就其应获赔偿部分直接向保险人请求赔偿保险金。

第三，责任保险的被保险人给第三人造成损害，被保险人未向该第三人赔偿的，保险人不得向被保险人赔偿保险金。

另外，责任保险的被保险人因给第三人造成损害的保险事故而被提起仲裁或者诉讼的，被保险人支付的仲裁或者诉讼费用以及其他必要的、合理的费用，除合同另有约定外，由保险人承担。

三、保险公司和保险经营规则

(一)保险公司

1. 保险公司的设立

保险公司，是指经国务院保险监督管理机构批准、从事保险业务的非银行金融机构。中外合资保险公司、外资独资保险公司、外国保险公司分公司适用《保险法》的规定；法律、行政法规另有规定的，适用其规定。保险公司应当加入作为保险业的自律性组织的保险行业协会，保险行业协会是社会团体法人。

(1)保险公司的设立条件

设立保险公司应当具备下列条件：

第一，主要股东具有持续盈利能力，信誉良好，最近三年内无重大违法违规记录，净资产不低于人民币两亿元。

第二，有符合《保险法》和《公司法》规定的章程。

第三，有符合规定的注册资本。设立保险公司，其注册资本的最低限额为人民币两亿元；国务院保险监督管理机构根据保险公司的业务范围、经营规模，可以调整其注册资本的最低限额，但不得低于人民币两亿元的限额。保险公司的注册资本必须为实缴货币资本。

第四，有具备任职专业知识和业务工作经验的董事、监事和高级管理人员。

第五，有健全的组织机构和管理制度。

第六，有符合要求的营业场所和与经营业务有关的其他设施。

第七，法律、行政法规和国务院保险监督管理机构规定的其他条件。

(2)保险公司的设立程序

设立保险公司应当经国务院保险监督管理机构批准。国务院保险监督管理机构审查保险公司的设立申请时，应当考虑保险业的发展和公平竞争的需要。据此，保险公司的设立采取审批主义原则。

①申请人书面申请。申请设立保险公司应当向国务院保险监督管理机构提出书面申请，并提交下列材料：一是设立申请书，应当载明拟设立的保险公司的名称、注册资本、业务范围等；二是可行性研究报告；三是筹建方案；四是投资人的营业执照或者其他背景资料，经会计师事务所审计的上一年度财务会计报告；五是投资人认可的筹备组负责人和拟任董事长、经理名单及本人认可证明；六是国务院保险监督管理机构规定的其他材料。

②国务院保险监督管理机构审批。国务院保险监督管理机构应当对设立保险公司的申请进行审查，自受理之日起六个月内作出批准或者不批准筹建的决定，并书面通知申请人。决定不批准的，应当书面说明理由。

③申请人筹建。申请人应当自收到批准筹建通知之日起一年内完成筹建工作,筹建期间不得从事保险经营活动。

④申请人开业申请。筹建工作完成后,申请人具备上述设立条件的,可以向国务院保险监督管理机构提出开业申请。

⑤国务院保险监督管理机构颁发经营保险业务许可证。国务院保险监督管理机构应当自受理开业申请之日起六十日内作出批准或者不批准开业的决定。决定批准的,颁发经营保险业务许可证;决定不批准的,应当书面通知申请人并说明理由。

⑥办理工商登记。经批准设立的保险公司(包括保险公司分支机构),凭经营保险业务许可证向工商行政管理机关办理登记,领取营业执照。自取得经营保险业务许可证之日起六个月内无正当理由未向工商行政管理机关办理登记的,其经营保险业务许可证失效。

(3)保险公司分支机构的设立

保险公司在中国境内设立分支机构,应当经保险监督管理机构批准;保险公司的分支机构不具有法人资格,其民事责任由保险公司承担。

①提交申请材料。保险公司申请设立分支机构,应当向保险监督管理机构提出书面申请,并提交下列材料:一是设立申请书;二是拟设机构的三年业务发展规划和市场分析材料;三是拟任高级管理人员的简历及相关证明材料;四是国务院保险监督管理机构规定的其他材料。

②审批。保险监督管理机构应当对保险公司设立分支机构的申请进行审查,自受理之日起六十日内作出批准或者不批准的决定。决定批准的,颁发分支机构经营保险业务许可证;决定不批准的,应当书面通知申请人并说明理由。

③办理工商登记。经批准设立的保险公司及其分支机构,凭经营保险业务许可证向工商行政管理机关办理登记,领取营业执照。另外,保险公司在境外设立子公司、分支机构,应当经国务院保险监督管理机构批准;外国保险机构在中国境内设立代表机构,应当经国务院保险监督管理机构批准,代表机构不得从事保险经营活动。

2. 保险公司的内部管理

(1)业务报告制度

①精算、合规报告制度。保险公司应当聘用专业人员,建立精算报告制度和合规报告制度。

②业务材料报送制度。保险公司应当按照保险监督管理机构的规定,报送有关报告、报表、文件和资料。保险公司的偿付能力报告、财务会计报告、精算报告、合规报告及其他有关报告、报表、文件和资料必须如实记录保险业务事项,不得有虚假记载、误导性陈述和重大遗漏。

(2)财务会计资料保管制度

保险公司应当按照国务院保险监督管理机构的规定妥善保管业务经营活动的完整账簿、原始凭证和有关资料。上述规定的账簿、原始凭证和有关资料的保管期限自保险合同终止之日起计算,保险期间在一年以下的不得少于五年,保险期间超过一年的不得少于十年。

(3)外聘专业服务报告制度

保险公司聘请或者解聘会计师事务所、资产评估机构、资信评级机构等中介服务机构,应当向保险监督管理机构报告;解聘会计师事务所、资产评估机构、资信评级机构等中介服务机构,应当说明理由。

3. 保险公司的变更、解散和终止

(1)保险公司的变更

保险公司有下列情形之一的,应当经保险监督管理机构批准:一是变更名称;二是变更注册资本;三是变更公司或者分支机构的营业场所;四是撤销分支机构;五是公司分立或者合并;六是修改公司章程;七是变更出资额占有限责任公司资本总额百分之五以上的股东,或者变更持有股份有限公司股份百分之五以上的股东;八是国务院保险监督管理机构规定的其他情形。

(2)保险公司的普通解散和清算

①解散依据。保险公司因分立、合并而需要解散,或者股东会、股东大会决议解散,或者公司章程规定的解散事由出现,经国务院保险监督管理机构批准后解散。经营有人寿保险业务的保险公司,除因分立、合并或者被依法撤销外,不得解散。

②解散清算。保险公司解散,应当依法成立清算组进行清算。

(3)保险公司的破产清算

①破产清算依据。保险公司有《企业破产法》规定情形的,经国务院保险监督管理机构同意,保险公司或者其债权人可以依法向人民法院申请重整、和解或者破产清算;国务院保险监督管理机构也可以依法向人民法院申请对该保险公司进行重整或者破产清算。

②破产清算的顺序和原则。破产财产在优先清偿破产费用和共益债务后,按照下列顺序清偿:一是所欠职工工资和医疗、伤残补助,抚恤费用,所欠应当划入职工个人账户的基本养老保险、基本医疗保险费用,以及法律、行政法规规定应当支付给职工的补偿金;二是赔偿或者给付保险金;三是保险公司欠缴的上述以外的社会保险费用和所欠税款;四是普通破产债权。破产财产不足以清偿同一顺序的清偿要求的,按照比例分配。破产保险公司的董事、监事和高级管理人员的工资按照该公司职工的平均工资计算。

另外,经营有人寿保险业务的保险公司被依法撤销或者被依法宣告破产的,其持有的人寿保险合同及责任准备金必须转让给其他经营有人寿保险业务的保险公司;不能同其他保险公司达成转让协议的,由国务院保险监督管理机构指定经营有人寿保险业务的保险公司接受转让。转让或者由国务院保险监督管理机构指定接受转让前款规定的人寿保险合同及责任准备金的,应当维护被保险人、受益人的合法权益。

(4)保险公司的终止

保险公司依法终止其业务活动,应当注销其经营保险业务许可证。

保险公司除了上述《保险法》的规定外,适用《公司法》的规定。

(二)保险经营规则

1. 保险公司的业务范围

保险公司应当在国务院保险监督管理机构依法批准的业务范围内从事保险经营活动。

保险公司的业务范围包括:一是人身保险业务,包括人寿保险、健康保险、意外伤害保险等保险业务;二是财产保险业务,包括财产损失保险、责任保险、信用保险、保证保险等保险业务;三是国务院保险监督管理机构批准的与保险有关的其他业务。

经国务院保险监督管理机构批准,保险公司可以经营上述规定的保险业务的下列再保险业务:分出保险和分入保险。

保险人不得兼营人身保险业务和财产保险业务。但是,经营财产保险业务的保险公司经国务院保险监督管理机构批准,可以经营短期健康保险业务和意外伤害保险业务。

2. 保险公司的保证金、责任准备金、公积金和保险保障基金

(1)保证金

保证金是保险公司清算时用于清偿债务的资金。保险公司应当按照其注册资本总额的百分之二十提取保证金,存入国务院保险监督管理机构指定的银行,除公司清算时用于清偿债务外,不得动用。

(2)责任准备金

责任准备金是保险公司用于承担保险责任的准备资金。保险公司应当根据保障被保险人利益、保证偿付能力的原则,提取各项责任准备金。保险公司提取和结转责任准备金的具体办法由国务院保险监督管理机构制定。

(3)公积金

保险公司应当依法提取公积金。公积金的规定参见本书公司法律制度的相关内容。

(4)保险保障基金

保险保障基金是保险公司解散时用于保障相关当事人、关系人利益的救济资金。保险公司应当缴纳保险保障基金。保险保障基金应当集中管理,并在下列情形下统筹使用:一是保险公司被撤销或者被宣告破产时,向投保人、被保险人或者受益人提供救济;二是在保险公司被撤销或者被宣告破产时,向依法接受其人寿保险合同的保险公司提供救济;三是国务院规定的其他情形。保险保障基金筹集、管理和使用的具体办法由国务院制定。

3. 保险公司的最低偿付能力

保险公司应当具有与其业务规模和风险程度相适应的最低偿付能力。保险公司的认可资产减去认可负债的差额不得低于国务院保险监督管理机构规定的数额;低于规定数额的,应当按照国务院保险监督管理机构的要求采取相应措施达到规定的数额。

(1)当年自留保险费的限额

经营财产保险业务的保险公司当年自留的保险费不得超过其实有资本金和公积金总和的四倍。

(2)承担保险责任的限额

保险公司对每一危险单位,即对一次保险事故可能造成的最大损失范围所承担的责任不得超过其实有资本金和公积金总和的百分之十;超过的部分应当办理再保险(保险公司应当按照国务院保险监督管理机构的规定办理再保险,并审慎选择再保险接受人)。保险公司对危险单位的划分应当符合国务院保险监督管理机构的规定;对危险单位的划分方法和巨灾风险安排方案,应当报国务院保险监督管理机构备案。

4. 保险公司的资金运用

(1)资金运用的原则

保险公司的资金运用必须稳健,遵循安全性原则。

(2)资金运用的形式

保险公司的资金运用限于下列形式:一是银行存款;二是买卖债券、股票、证券投资基金份额等有价证券;三是投资不动产;四是国务院规定的其他资金运用形式。保险公司资金运用的具体管理办法由国务院保险监督管理机构依照前两款的规定制定。

另外，经国务院保险监督管理机构会同国务院证券监督管理机构批准，保险公司可以设立保险资产管理公司。保险资产管理公司从事证券投资活动的，应当遵守《证券法》等法律、行政法规的规定。保险资产管理公司的管理办法由国务院保险监督管理机构会同国务院有关部门制定。

5. 保险公司的风险管控

(1)关联交易管理和信息披露

保险公司应当按照国务院保险监督管理机构的规定，建立对关联交易的管理和信息披露制度。保险公司的控股股东、实际控制人、董事、监事、高级管理人员不得利用关联交易损害公司的利益。保险公司应当按照国务院保险监督管理机构的规定，真实、准确、完整地披露财务会计报告、风险管理状况、保险产品的经营情况等重大事项。

(2)人员和许可证管理

①保险销售人员行为规范。保险公司从事保险销售的人员应当品行良好，具有保险销售所需的专业能力。保险销售人员的行为规范和管理办法由国务院保险监督管理机构规定。

②保险代理人登记管理。保险公司应当建立保险代理人登记管理制度，加强对保险代理人的培训和管理，不得唆使、诱导保险代理人从事违背诚信义务的活动。

③经营保险业务许可证管理。保险公司及其分支机构应当依法使用经营保险业务许可证，不得转让、出租、出借经营保险业务许可证。

(3)保险条款和保险费率的拟订

保险公司应当按照国务院保险监督管理机构的规定，公平、合理地拟订保险条款和保险费率，不得损害投保人、被保险人和受益人的合法权益。

(4)履行赔偿或者给付保险金义务

保险公司应当按照合同约定和《保险法》的规定，及时履行赔偿或者给付保险金义务。

(5)业务开展

保险公司开展业务，应当遵循公平竞争的原则，不得从事不正当竞争。

保险公司及其工作人员在保险业务活动中不得有下列行为：一是欺骗投保人、被保险人或者受益人；二是对投保人隐瞒与保险合同有关的重要情况；三是阻碍投保人履行《保险法》规定的如实告知义务，或者诱导其不履行《保险法》规定的如实告知义务；四是给予或者承诺给予投保人、被保险人、受益人保险合同约定以外的保险费回扣或者其他利益；五是拒不依法履行保险合同约定的赔偿或者给付保险金义务；六是故意编造未曾发生的保险事故、虚构保险合同或者故意夸大已经发生的保险事故的损失程度进行虚假理赔，骗取保险金或者牟取其他不正当利益；七是挪用、截留、侵占保险费；八是委托未取得合法资格的机构从事保险销售活动；九是利用开展保险业务为其他机构或者个人牟取不正当利益；十是利用保险代理人、保险经纪人或者保险评估机构从事以虚构保险中介业务或者编造退保等方式套取费用等违法活动；十一是以捏造、散布虚假事实等方式损害竞争对手的商业信誉，或者以其他不正当竞争行为扰乱保险市场秩序；十二是泄露在业务活动中知悉的投保人、被保险人的商业秘密；十三是违反法律、行政法规和国务院保险监督管理机构规定的其他行为。保险公司及其工作人员在保险业务活动中有上述行为的，承担法律责任。

四、保险代理人和保险经纪人

(一)保险代理人和保险经纪人概述

1. 保险代理人和保险经纪人的含义

保险代理人和保险经纪人不是保险关系必须具有的当事人。但是,由于保险业务市场化、专业化服务的需要,保险代理人(保险代理业务)和保险经纪人(保险经纪业务)已经成为保险业务的重要组成部分。

(1)保险代理人

保险代理人是根据保险人的委托,向保险人收取佣金,并在保险人授权的范围内代为办理保险业务的机构或者个人。保险代理机构包括专门从事保险代理业务的保险专业代理机构和兼营保险代理业务的保险兼业代理机构。保险代理人的被代理人是保险人(保险公司)。

(2)保险经纪人

保险经纪人是基于投保人的利益,为投保人与保险人订立保险合同提供中介服务,并依法收取佣金的机构。保险经纪人是保险活动的中介服务机构。

2. 保险代理人和保险经纪人的条件

保险经纪人应当具备国务院保险监督管理机构规定的条件,取得保险监督管理机构颁发的经营保险代理业务许可证、保险经纪业务许可证。

以公司形式设立保险专业代理机构、保险经纪人,其注册资本或者出资额必须为实缴货币资本。国务院保险监督管理机构根据保险专业代理机构、保险经纪人的业务范围和经营规模,可以调整其注册资本的最低限额。

(1)从业人员

①高级管理人员。保险专业代理机构、保险经纪人的高级管理人员应当品行良好,熟悉保险法律、行政法规,具有履行职责所需的经营管理能力,并在任职前取得保险监督管理机构核准的任职资格。

②其他从业人员。个人保险代理人、保险代理机构的代理从业人员、保险经纪人的经纪从业人员应当品行良好,具有从事保险代理业务或者保险经纪业务所需的专业能力。

(2)经营场所和账簿设置

保险代理机构、保险经纪人应当有自己的经营场所,设立专门账簿记载保险代理业务、保险经纪业务的收支情况。

(3)执业和职业保障

保险代理机构、保险经纪人应当按照国务院保险监督管理机构的规定缴存保证金或者投保职业责任保险。

(二)保险代理人和保险经纪人的权利和义务

1. 保险代理关系当事人的权利和义务

保险人委托保险代理人代为办理保险业务,应当与保险代理人签订委托代理协议,依法约定双方的权利和义务。个人保险代理人在代为办理人寿保险业务时,不得同时接受两个以上保险人的委托。

(1)保险代理人有权代理

保险代理人根据保险人的授权代为办理保险业务的行为，由保险人承担责任。

(2)保险代理人无权代理

保险代理人没有代理权、超越代理权或者代理权终止后以保险人名义订立合同，使投保人有理由相信其有代理权的，该代理行为有效。保险人可以依法追究越权的保险代理人的责任。

2. 保险经纪人的权利和义务

保险经纪人因过错给投保人、被保险人造成损失的，依法承担赔偿责任。

保险代理人、保险经纪人可以收取保险佣金。保险佣金只限于向保险代理人、保险经纪人支付，不得向其他人支付。

3. 保险代理人和保险经纪人及其从业人员的禁止行为

保险代理人、保险经纪人及其从业人员在办理保险业务活动中不得有下列行为：一是欺骗保险人、投保人、被保险人或者受益人；二是隐瞒与保险合同有关的重要情况；三是阻碍投保人履行《保险法》规定的如实告知义务，或者诱导其不履行《保险法》规定的如实告知义务；四是给予或者承诺给予投保人、被保险人或者受益人保险合同约定以外的利益；五是利用行政权力、职务或者职业便利以及其他不正当手段强迫、引诱或者限制投保人订立保险合同；六是伪造、擅自变更保险合同，或者为保险合同当事人提供虚假证明材料；七是挪用、截留、侵占保险费或者保险金；八是利用业务便利为其他机构或者个人牟取不正当利益；九是串通投保人、被保险人或者受益人，骗取保险金；十是泄露在业务活动中知悉的保险人、投保人、被保险人的商业秘密。

(三)保险公估机构

与保险业务有关的保险活动中，还有对保险事故独立进行评估和鉴定的保险公估机构等间接参与保险业务的机构。

保险活动当事人可以委托保险公估机构等依法设立的独立评估机构或者具有相关专业知识的人员，对保险事故进行评估和鉴定。接受委托对保险事故进行评估和鉴定的机构和人员应当依法、独立、客观、公正地进行评估和鉴定，任何单位和个人不得干涉。上述规定的机构和人员因故意或者过失给保险人或者被保险人造成损失的，依法承担赔偿责任。

五、保险业监督管理

(一)保险业监督管理概述

《保险法》规定，保险监督管理机构依照《保险法》和国务院规定的职责，遵循依法、公开、公正的原则，对保险业实施监督管理，维护保险市场秩序，保护投保人、被保险人和受益人的合法权益。据此，中国保险业的监督管理机构是中国银保监会；保险业的监督管理原则是依法、公开、公正；保险业的监督管理目的是维护保险市场秩序，保护投保人、被保险人和受益人的合法权益。

(二)监督管理职责

1. 制定并发布规范性文件

国务院保险监督管理机构依照法律、行政法规制定并发布有关保险业监督管理的规章。

2. 保险条款和保险费率审批或者备案

(1)保险条款和保险费率审批

关系社会公众利益的保险险种、依法实行强制保险的险种和新开发的人寿保险险种等的保险条款和保险费率,应当报国务院保险监督管理机构批准。国务院保险监督管理机构审批时,应当遵循保护社会公众利益和防止不正当竞争的原则。

(2)保险条款和保险费率审批备案

上述之外其他保险险种的保险条款和保险费率,应当报国务院保险监督管理机构备案。

保险条款和保险费率审批、备案的具体办法由国务院保险监督管理机构依照保护社会公众利益和防止不正当竞争的原则制定。

3. 建立健全保险公司偿付能力监管体系

国务院保险监督管理机构应当建立健全保险公司偿付能力监管体系,对保险公司的偿付能力实施监控。

4. 处罚违反经营规则的行为

国务院保险监督管理机构对保险公司等违反经营规则的行为,有权采取行政处罚。

(三)监督管理措施

1. 对保险公司保险条款和保险费率违法的措施

保险公司使用的保险条款和保险费率违反法律、行政法规或者国务院保险监督管理机构的有关规定的,由保险监督管理机构责令停止使用,限期修改。上述行为情节严重的,可以在一定期限内禁止申报新的保险条款和保险费率。

2. 对保险公司偿付能力不足的措施

对偿付能力不足的保险公司,国务院保险监督管理机构应当将其列为重点监管对象,并可以根据具体情况采取下列措施:一是责令增加资本金、办理再保险;二是限制业务范围;三是限制向股东分红;四是限制固定资产购置或者经营费用规模;五是限制资金运用的形式、比例;六是限制增设分支机构;七是责令拍卖不良资产、转让保险业务;八是限制董事、监事、高级管理人员的薪酬水平;九是限制商业性广告;十是责令停止接受新业务。

3. 对保险公司有关人员的措施

(1)要求股东提供信息和资料

国务院保险监督管理机构有权要求保险公司的股东、实际控制人在指定期限内提供有关信息和资料。

(2)干预股东关联交易

保险公司的股东利用关联交易严重损害公司利益,危及公司偿付能力的,由国务院保险监督管理机构责令改正。在按照要求改正前,国务院保险监督管理机构可以限制其股东权利;拒不改正的,可以责令其转让所持的保险公司股权。

(3)约谈管理者

保险监督管理机构根据履行监督管理职责的需要,可以与保险公司董事、监事和高级管理人员进行监督管理谈话,要求其就公司业务活动和风险管理的重大事项作出说明。

4. 履行监督管理职责的措施

保险监督管理机构依法履行职责,可以采取下列措施:一是对保险公司、保险代理人、保险经纪人、保险资产管理公司、外国保险机构的代表机构进行现场检查;二是进入涉嫌违法行为发生场所调查取证;三是询问当事人及与被调查事件有关的单位和个人,要求其对与被调查事件有关的事项作出说明;四是查阅、复制与被调查事件有关的财产权登记等资料;五是查阅、复制保险公司、保险代理人、保险经纪人、保险资产管理公司、外国保险机构的代表机构以及与被调查事件有关的单位和个人的财务会计资料及其他相关文件和资料，对可能被转移、隐匿或者毁损的文件和资料予以封存；六是查询涉嫌违法经营的保险公司、保险代理人、保险经纪人、保险资产管理公司、外国保险机构的代表机构以及与涉嫌违法事项有关的单位和个人的银行账户；七是对有证据证明已经或者可能转移、隐匿违法资金等涉案财产或者隐匿、伪造、毁损重要证据的，经保险监督管理机构主要负责人批准，申请人民法院予以冻结或者查封。

保险监督管理机构采取上述一、二、五项措施的，应当经保险监督管理机构负责人批准；采取六项措施的，应当经国务院保险监督管理机构负责人批准。保险监督管理机构依法进行监督检查或者调查，其监督检查、调查的人员不得少于两人，并应当出示合法证件和监督检查、调查通知书；监督检查、调查人员少于两人或者未出示合法证件和监督检查、调查通知书的，被检查、调查的单位和个人有权拒绝。保险监督管理机构依法履行职责，被检查、调查的单位和个人应当配合。

（四）整顿、接管和撤销

1. 整顿

（1）整顿依据

保险公司未依法提取或者结转各项责任准备金，或者未依法办理再保险，或者严重违反关于资金运用的规定的，由保险监督管理机构责令限期改正，并可以责令调整负责人及有关管理人员。保险公司逾期未改正的，国务院保险监督管理机构可以决定选派保险专业人员和指定该保险公司的有关人员组成整顿组，对公司进行整顿。整顿决定应当载明被整顿公司的名称、整顿理由、整顿组成员和整顿期限，并予以公告。

（2）被整顿保险公司的职权

整顿组有权监督被整顿保险公司的日常业务；被整顿保险公司的负责人及有关管理人员应当在整顿组的监督下行使职权。

（3）被整顿保险公司的业务

整顿过程中，被整顿保险公司的原有业务继续进行。但是，国务院保险监督管理机构可以责令被整顿保险公司停止部分原有业务、停止接受新业务、调整资金运用。

（4）整顿结束

被整顿保险公司经整顿已纠正其违反《保险法》的行为，恢复正常经营状况的，由整顿组提出报告，经国务院保险监督管理机构批准，结束整顿，并由国务院保险监督管理机构予以公告。

2. 接管

（1）接管依据

保险公司有下列情形之一的，国务院保险监督管理机构可以对其实行接管：一是保险公司的偿付能力严重不足；二是违反《保险法》的规定，损害社会公共利益，可能严重危及或者已经严重危及保险公司的偿付能力。被接管的保险公司的债权债务关系不因接管而变化。

（2）接管期限

接管期限届满，国务院保险监督管理机构可以决定延长接管期限，但接管期限最长不得超过两年。

(3)接管终止

接管期限届满,被接管的保险公司已恢复正常经营能力的,由国务院保险监督管理机构决定终止接管,并予以公告。

另外,被整顿、被接管的保险公司有《企业破产法》规定的情形的,国务院保险监督管理机构可以依法向人民法院申请对该保险公司进行重整或者破产清算。

3. 撤销

(1)撤销依据

第一,保险公司因违法经营被依法吊销经营保险业务许可证。

第二,保险公司偿付能力低于国务院保险监督管理机构规定的标准,不予撤销将严重危害保险市场秩序、损害公共利益。

(2)公告和清算

国务院保险监督管理机构对相关保险公司予以撤销并公告,依法及时组织清算组进行清算。

保险公司在整顿、接管、撤销并清算期间,或者出现重大风险时,国务院保险监督管理机构可以对该公司直接负责的董事、监事、高级管理人员和其他直接责任人员采取以下措施:一是通知出境管理机关依法阻止其出境;二是申请司法机关禁止其转移、转让或者以其他方式处分财产,或者在财产上设定其他权利。

第四节 证券法律制度

一、证券与证券法概述

(一)证券概述

1. 证券的含义

广义的证券,是指证明或者设定持有者享有一定权益(所有权或者债权)的凭证的总称。据此,证券包括商品证券、货币证券和资本证券。商品证券的持有者凭据证券,可以获得一定商品的所有权,如提单、仓单等。货币证券的持有者凭据证券,可以获得一定的票面金额,如汇票、本票和支票等。资本证券的持有者凭据证券,可以获得一定收益权(股权或者债权),如股票、债券等。

狭义的证券,主要是指资本证券。《证券法》没有给证券定义,而是采用列举的办法规定适用的对象,并且重心在于对"证券"发行和交易的规范。

2.《证券法》调整的证券

《证券法》规定,在中国境内,股票、公司债券、存托凭证和国务院依法认定的其他证券的发行和交易适用本法;本法未规定的,适用《公司法》和其他法律、行政法规的规定。政府债券、证券投资基金份额的上市交易适用本法;其他法律、行政法规另有规定的,适用其规定。据此,《证券法》调整的证券包括股票、公司债券、存托凭证和国务院依法认定的其他证券,调整的证券行为包括发行和交易;另外,政府债券、证券投资基金份额的上市交易也适用《证券法》。

资产支持证券、资产管理产品发行、交易的管理办法由国务院依照《证券法》的原则规定。

(二)证券法概述

1. 证券法的含义

证券法是调整证券机构组织运行、证券发行和交易、证券行为监督管理等过程中发生的经济关系的法律规范的总称。中国的证券立法主要包括《证券法》和《证券投资基金法》。除上述两部法律外,中国证监会等有关部门还制定了大量规章以规范中国的证券市场,如《证券公司管理办法》和《证券公司债券管理暂行办法》等。

2.《证券法》的基本规范

(1)证券发行和交易原则

①公开、公平、公正。证券的发行和交易活动必须遵循公开、公平、公正的原则。

②当事人法律地位平等和自愿、有偿、诚实信用。证券的发行和交易活动的当事人具有平等的法律地位,应当遵守自愿、有偿、诚实信用的原则。

③守法。证券的发行和交易活动必须遵守法律、行政法规,禁止欺诈、内幕交易和操纵证券市场的行为。

(2)与其他金融业务分业经营、分业管理

证券业和银行业、信托业、保险业实行分业经营、分业管理,证券公司与银行、信托、保险业务机构分别设立;国家另有规定的除外。

(3)接受监督管理

①专门监督管理。中国证监会依法对全国证券市场实行集中统一监督管理。中国证监会根据需要,可以设立派出机构按照授权履行监督管理职责。

②审计监督管理。国家审计机关依法对证券交易场所、证券公司、证券登记结算机构和证券监督管理机构进行审计监督。

二、证券发行

(一)证券发行概述

1. 证券发行的含义

证券发行,是指发行人依照法律规定的条件和程序向他人出售其股票或者公司债券的行为。从不同的角度,证券发行可以分为:

(1)股票发行和公司债券发行

根据发行人出售的证券的属性,证券发行包括股票发行和公司债券发行。《证券法》对股票发行和公司债券发行的要求不完全相同。

(2)向特定人发行和向不特定人发行

根据发行人出售的对象,证券发行可以分为向特定人发行和向不特定人发行。向特定人发行是发行人向特定人(如公司原来的证券持有人)出售证券。向不特定人发行是发行人向不特定人(认购人)出售证券,向社会公众公开发行,一般采取承销方式。

另外,根据发行人出售证券的方式,证券发行有公开发行和不公开发行之分。公开发行是向不特定认购人出售证券,是证券发行的基本形式,《证券法》对公开发行证券的规定具体、明确。非公开发行证券的,不得采用广告、公开劝诱和变相公开方式。

2. 公开发行证券的程序和认定

(1)公开发行证券的程序

公开发行证券必须符合法律、行政法规规定的条件,并依法报经国务院证券监督管理机构或者国务院授权的部门注册。未经依法注册,任何单位和个人不得公开发行证券。证券发行注册制的具体范围和实施步骤由国务院规定。据此,公开发行证券一要符合法定条件,二要报经注册,即公开发行证券采取符合条件的注册制度。

(2)公开发行证券的认定

有下列情形之一的,为公开发行:一是向不特定对象发行证券;二是向特定对象发行证券累计超过两百人,但依法实施员工持股计划的员工人数不计算在内;三是法律、行政法规规定的其他发行行为。

(二)证券发行的条件

1. 保荐人

保荐人,是指为了保证发行人证券发行和交易行为的质量而采取的由证券机构保证、推荐的制度。保荐人制度包括证券发行保荐和证券上市保荐。

(1)证券发行保荐人制度

发行人申请公开发行股票、可转换为股票的公司债券,依法采取承销方式的,或者公开发行法律、行政法规规定实行保荐制度的其他证券的,应当聘请证券公司担任保荐人。

(2)保荐人的职责

保荐人应当遵守业务规则和行业规范,诚实守信,勤勉尽责,对发行人的申请文件和信息披露资料进行审慎核查,督导发行人规范运作。保荐人的管理办法由国务院证券监督管理机构规定。

2. 股票发行

根据《公司法》,股票发行是股份有限公司的证券发行行为,包括设立发行和新股发行。设立发行是为了设立股份有限公司而发行股票。新股发行是股份有限公司成立后为了增加资本而发行股票。

(1)设立公开发行

设立股份有限公司公开发行股票,应当符合《公司法》规定的条件和经国务院批准的国务院证券监督管理机构规定的其他条件,向国务院证券监督管理机构报送募股申请和下列文件:一是公司章程;二是发起人协议;三是发起人姓名或者名称,发起人认购的股份数、出资种类及验资证明;四是招股说明书;五是代收股款银行的名称及地址;六是承销机构名称及有关协议。依法聘请保荐人的,应当报送保荐人出具的发行保荐书。法律、行政法规规定设立公司必须报经批准的,还应当提交相应的批准文件。

(2)新股公开发行

①首次公开发行新股的条件。公司首次公开发行新股,应当符合下列五个条件:一是具备健全且运行良好的组织机构;二是具有持续经营能力;三是最近三年财务会计报告被出具无保留意见审计报告;四是发行人及其控股股东、实际控制人最近三年不存在贪污、贿赂、侵占财产、挪用财产或者破坏社会主义市场经济秩序的刑事犯罪;五是经国务院批准的国务院证券监督管理机构规定的其他条件。另外,上市公司发行新股,应当符合经国务院批准的国务院证券

监督管理机构规定的条件，具体管理办法由国务院证券监督管理机构规定；公开发行存托凭证的，应当符合首次公开发行新股的条件以及国务院证券监督管理机构规定的其他条件。

②公开发行新股的申请文件。公司公开发行新股，应当报送募股申请和下列文件：一是公司营业执照；二是公司章程；三是股东大会决议；四是招股说明书或者其他公开发行募集文件；五是财务会计报告；六是代收股款银行的名称及地址。另外，依法聘请保荐人的，还应当报送保荐人出具的发行保荐书；依法实行承销的，还应当报送承销机构名称及有关协议。

(3)公开发行募集资金的使用及公开发行新股的禁止

公司对公开发行股票所募集的资金必须按照招股说明书或者其他公开发行募集文件所列资金的用途使用；改变资金用途的，必须经股东大会作出决议。公司擅自改变公开发行股票所募集资金的用途，未作纠正的，或者未经股东大会认可的，不得公开发行新股。

3. 公司债券发行

根据《公司法》，公司债券发行是公司的证券发行行为，其中，上市公司可以发行可转换为股票的公司债券。

(1)公开发行公司债券

公开发行公司债券应当符合下列条件：一是具备健全且运行良好的组织机构；二是最近三年的平均可分配利润足以支付公司债券一年的利息；三是国务院规定的其他条件。

(2)公开发行筹集的资金的使用

公开发行公司债券筹集的资金必须按照公司债券募集办法所列资金用途使用；改变资金用途的，必须经债券持有人会议作出决议。公开发行公司债券筹集的资金不得用于弥补亏损和非生产性支出。

(3)上市公司发行可转换为股票的公司债券

上市公司发行可转换为股票的公司债券，除应当符合公开发行公司债券规定的条件外，还应当符合经国务院批准的国务院证券监督管理机构规定的条件；但是，按照公司债券募集办法，上市公司通过收购本公司股份的方式进行公司债券转换的除外。

(4)公开发行公司债券的申请文件

申请公开发行公司债券，应当向国务院授权的部门或者国务院证券监督管理机构报送下列文件：一是公司营业执照；二是公司章程；三是公司债券募集办法；四是国务院授权部门或者国务院证券监督管理机构规定的其他文件。依法聘请保荐人的，还应当报送保荐人出具的发行保荐书。

(5)再次公开发行公司债券的禁止

有下列情形之一的，不得再次公开发行公司债券：一是对已公开发行的公司债券或者其他债务有违约或者延迟支付本息的事实，仍处于继续状态；二是违反规定，改变公开发行公司债券所募资金的用途。

(三)证券发行的程序

1. 申请

(1)申请文件的格式及报送方式

发行人依法申请公开发行证券所报送的申请文件的格式和报送方式由依法负责注册的机构或者部门规定。

(2)申请文件真实、准确、完整

发行人报送的证券发行申请文件应当充分披露投资者作出价值判断和投资决策所必需的信息,内容应当真实、准确、完整。为证券发行出具有关文件的证券服务机构和人员必须严格履行法定职责,保证所出具文件的真实性、准确性和完整性。

(3)申请文件预先披露

发行人申请首次公开发行股票的,在提交申请文件后,应当按照国务院证券监督管理机构的规定预先披露有关申请文件。

2. 注册

(1)注册机构及职责

国务院证券监督管理机构或者国务院授权的部门依照法定条件负责证券发行申请的注册,证券公开发行注册的具体办法由国务院规定。按照国务院的规定,证券交易所等可以审核公开发行证券申请,判断发行人是否符合发行条件和信息披露要求,督促发行人完善信息披露内容。

依照上述规定参与证券发行申请注册的人员不得与发行申请人有利害关系,不得直接或者间接接受发行申请人的馈赠,不得持有所注册的发行申请的证券,不得私下与发行申请人接触。

(2)注册期限及依据

国务院证券监督管理机构或者国务院授权的部门应当自受理证券发行申请文件之日起三个月内依照法定条件和法定程序作出予以注册或者不予注册的决定,发行人根据要求补充、修改发行申请文件的时间不计算在内;不予注册的,应当说明理由。

(3)注册撤销及后果

①停止发行、返还。国务院证券监督管理机构或者国务院授权的部门对已作出的证券发行注册的决定,发现不符合法定条件或者法定程序,尚未发行证券的,应当予以撤销,停止发行;已经发行尚未上市的,撤销发行注册决定,发行人应当按照发行价并加算银行同期存款利息返还证券持有人。发行人的控股股东、实际控制人以及保荐人,应当与发行人承担连带责任,但能够证明自己没有过错的除外。

②回购、买回。股票的发行人在招股说明书等证券发行文件中隐瞒重要事实或者编造重大虚假内容,已经发行并上市的,国务院证券监督管理机构可以责令发行人回购证券,或者责令负有责任的控股股东、实际控制人买回证券。

3. 公告募集文件

证券发行申请经注册后,发行人应当依照法律、行政法规的规定,在证券公开发行前公告公开发行募集文件,并将该文件置备于指定场所供公众查阅。发行证券的信息依法公开前,任何知情人不得公开或者泄露该信息。

发行人不得在公告公开发行募集文件前发行证券。

4. 发行

(1)证券公司承销

发行人向不特定对象发行的证券,法律、行政法规规定应当由证券公司承销的,发行人应当同证券公司签订承销协议。证券承销业务采取代销或者包销方式。

①代销。证券代销,是指证券公司代发行人发售证券,在承销期结束时,将未售出的证券全部退还给发行人的承销方式。

②包销。证券包销，是指证券公司将发行人的证券按照协议全部购入或者在承销期结束时将售后剩余证券全部自行购入的承销方式。

公开发行证券的发行人有权依法自主选择承销的证券公司；向不特定对象发行证券并聘请承销团承销的，承销团应当由主承销和参与承销的证券公司组成。

(2)承销协议

证券公司承销证券，应当同发行人签订代销或者包销协议，载明下列事项：一是当事人的名称、住所及法定代表人姓名；二是代销、包销证券的种类、数量、金额及发行价格；三是代销、包销的期限及起止日期；四是代销、包销的付款方式及日期；五是代销、包销的费用和结算办法；六是违约责任；七是国务院证券监督管理机构规定的其他事项。

(3)承销商的责任

①核查、注意义务。证券公司承销证券，应当对公开发行募集文件的真实性、准确性、完整性进行核查。发现有虚假记载、误导性陈述或者重大遗漏的，不得进行销售活动；已经销售的，必须立即停止销售活动并采取纠正措施。

②禁止行为。证券公司承销证券，不得有下列行为：一是进行虚假的或者误导投资者的广告宣传或者其他宣传推介活动；二是以不正当竞争手段招揽承销业务；三是其他违反证券承销业务规定的行为。证券公司有上述行为，给其他证券承销机构或者投资者造成损失的，应当依法承担赔偿责任。

(4)承销期限

证券的代销、包销期限最长不得超过九十日。证券公司在代销、包销期内对所代销、包销的证券应当保证先行出售给认购人，证券公司不得为本公司预留所代销的证券和预先购入并留存所包销的证券。

(5)溢价发行

股票发行采取溢价发行的，其发行价格由发行人与承销的证券公司协商确定。

(6)发行失败

股票发行采用代销方式，代销期限届满，向投资者出售的股票的数量未达到拟公开发行股票数量的百分之七十的，为发行失败。发行人应当按照发行价并加算银行同期存款利息返还股票认购人。

(7)发行备案

公开发行股票，代销、包销期限届满，发行人应当在规定的期限内将股票发行情况报国务院证券监督管理机构备案。

股票依法发行后，发行人经营与收益的变化由发行人自行负责，由此变化引致的投资风险由投资者自行负责。

三、证券交易

(一)证券交易概述

1. 证券交易的含义

证券交易，是指依法发行的证券在不同投资者之间进行买卖的行为。证券市场包括证券发行市场和证券交易市场。证券发行市场是一级市场，证券交易市场是二级市场。这里说的证券交易是指二级市场的证券交易。

2. 证券交易的分类

证券交易可以分为场内交易和场外交易。场内交易，是指在证券交易所通过证券经营机构，采用集中竞价方式，对经批准上市的公司证券进行交易。场外交易，是指在证券交易所进行的非集中竞价的证券交易。场外交易方式多样，交易当事人可以采用协议或者证券监督管理机构允许的其他方式确定交易价格。

(二)证券交易的一般规定

1. 证券交易(买卖)的对象

证券交易当事人依法买卖的证券必须是依法发行并交付的证券。非依法发行的证券不得买卖。为了防止内幕交易、操纵市场和保护中小股东利益，对公司内部某些证券(股票)持有人的证券交易(买卖)进行限制。

(1)《公司法》规定的转让限制(限定期限内不得转让)

依法发行的证券，《公司法》和其他法律对其转让期限有限制性规定的，在限定的期限内不得转让，如公司发起人持有的本公司股份自公司成立之日起一年内不得转让。

(2)大股东、实际控制人、董事、监事、高级管理人员的转让限制

上市公司中持有百分之五以上股份的股东、实际控制人、董事、监事、高级管理人员，以及其他持有发行人首次公开发行前发行的股份或者上市公司向特定对象发行的股份的股东，转让其持有的本公司股份的，不得违反法律、行政法规和国务院证券监督管理机构关于持有期限、卖出时间、卖出数量、卖出方式和信息披露等的规定，并应当遵守证券交易所的业务规则。

2. 证券交易的场所、方式及标的的形式

(1)交易场所

公开发行的证券应当在依法设立的证券交易所上市交易或者在国务院批准的其他全国性证券交易场所交易。非公开发行的证券可以在证券交易所、国务院批准的其他全国性证券交易场所、按照国务院规定设立的区域性股权市场转让。

(2)交易方式

证券在证券交易所上市交易，应当采用公开的集中交易方式或者国务院证券监督管理机构批准的其他方式。集中交易方式，即在集中交易市场以竞价方式(价格优先、时间优先)进行交易。公开的集中交易方式是证券交易的基本方式。为了适应证券市场投资者结构变化和多样化交易的需求，证券交易可以采取集中交易方式之外的其他方式，但需要经国务院证券监督管理机构批准。

(3)交易标的的形式

证券交易当事人买卖的证券可以采用纸面形式或者国务院证券监督管理机构规定的其他形式。纸面形式的证券，在纸面上记载证券应该载明的法定事项，并以此作为证明或者设定相关权利的凭证。为了适应电子化(无纸化)交易的需要，允许证券交易当事人采用包括电子凭证在内的其他证券形式，但需要经国务院证券监督管理机构批准。

3. 证券机构及其从业人员的持股和交易禁止

(1)证券交易从业人员的持股禁止

证券交易场所、证券公司和证券登记结算机构的从业人员，证券监督管理机构的工作人员

以及法律、行政法规规定禁止参与股票交易的其他人员，在任期或者法定限期内，不得直接或者以化名、借他人名义持有、买卖股票或者其他具有股权性质的证券，也不得收受他人赠送的股票或者其他具有股权性质的证券。任何人在成为上述所列人员时，其原已持有的股票或者其他具有股权性质的证券，必须依法转让。实施股权激励计划或者员工持股计划的证券公司的从业人员，可以按照国务院证券监督管理机构的规定持有、卖出本公司股票或者其他具有股权性质的证券。

(2)证券服务机构和人员的证券交易(买卖)禁止

为证券发行出具审计报告或者法律意见书等文件的证券服务机构和人员，在该证券承销期内和期满后六个月内不得买卖该证券。除上述情形外，为发行人及其控股股东、实际控制人，或者收购人、重大资产交易方出具审计报告或者法律意见书等文件的证券服务机构和人员，自接受委托之日起至上述文件公开后五日内不得买卖该证券；实际开展上述有关工作之日早于接受委托之日的，自实际开展上述有关工作之日起至上述文件公开后五日内不得买卖该证券。

4. 公司高层人员的短线交易禁止

上市公司、股票在国务院批准的其他全国性证券交易场所交易的公司持有百分之五以上股份的股东、董事、监事、高级管理人员，将其持有的该公司的股票或者其他具有股权性质的证券在买入后六个月内卖出，或者在卖出后六个月内又买入，由此所得收益归该公司所有，公司董事会应当收回其所得收益；但是，证券公司因购入包销售后剩余股票而持有百分之五以上股份，以及有国务院证券监督管理机构规定的其他情形的除外。上述董事、监事、高级管理人员、自然人股东持有的股票或者其他具有股权性质的证券包括其配偶、父母、子女持有的及利用他人账户持有的股票或者其他具有股权性质的证券。公司董事会应当按照规定收回违法交易的收益。

(1)股东的请求和诉讼权利

公司董事会不按照规定执行的，股东有权要求董事会在三十日内执行。公司董事会未在上述期限内执行的，股东有权为了公司的利益以自己的名义直接向人民法院提起诉讼。

(2)董事的连带责任

公司董事会不按照规定执行的，负有责任的董事依法承担连带责任。

5. 证券机构及其从业人员的保密责任

证券交易场所、证券公司、证券登记结算机构、证券服务机构及其工作人员应当依法为投资者的信息保密，不得非法买卖、提供或者公开投资者的信息。证券交易场所、证券公司、证券登记结算机构、证券服务机构及其工作人员不得泄露所知悉的商业秘密。

另外，证券交易可以收费，但收费必须合理，并公开收费项目、收费标准和管理办法。

6. 程序化交易的合规和报告

通过计算机程序自动生成或者下达交易指令进行程序化交易的，应当符合国务院证券监督管理机构的规定，并向证券交易所报告，不得影响证券交易所系统安全或者正常交易秩序。

(三)证券上市

证券上市，是指已经发行的证券依照法定程序和条件，在依法设立的证券交易所挂牌交易(买卖)的行为。证券上市的条件、终止等规则由证券交易所依法制定。

1. 证券上市的程序

申请证券上市交易应当向证券交易所提出申请，由证券交易所依法审核同意，并由双方签订上市协议。证券交易所根据国务院授权部门的决定安排政府债券上市交易。

一般的公司证券上市交易需要经过申请和证券交易所依法审核并同意两个步骤，申请人和证券交易所应当签订上市协议。

政府债券上市由证券交易所根据国务院授权部门的决定安排，不需要申请。

2. 证券上市的条件

申请证券上市交易应当符合证券交易所上市规则规定的上市条件。证券交易所上市规则规定的上市条件应当对发行人的经营年限、财务状况、最低公开发行比例、公司治理和诚信记录等提出要求。

3. 证券上市的终止

上市交易的证券有证券交易所规定的终止上市情形的，由证券交易所按照业务规则终止其上市交易。证券交易所决定终止证券上市交易的，应当及时公告，并报国务院证券监督管理机构备案。

4. 申请人救济权

对证券交易所作出的不予上市交易、终止上市交易的决定不服的，可以向证券交易所设立的复核机构申请复核。

(四)禁止的交易行为

1. 禁止的交易行为的含义

禁止的交易行为，是指违反《证券法》公开、公平、公正原则的证券交易行为。对这些行为，不仅禁止其进行，而且予以法律制裁。禁止的交易行为包括内幕交易，操纵市场，编造、传播虚假信息或者误导性信息，损害客户利益等违法行为。

2. 内幕交易

内幕交易，是指内幕信息的知情人和非法获取内幕信息的人利用内幕信息从事证券交易活动。《证券法》规定，禁止证券交易内幕信息的知情人和非法获取内幕信息的人利用内幕信息从事证券交易活动。

(1)内幕信息知情人

证券交易内幕信息的知情人包括：一是发行人及其董事、监事、高级管理人员；二是持有公司百分之五以上股份的股东及其董事、监事、高级管理人员，公司的实际控制人及其董事、监事、高级管理人员；三是发行人控股或者实际控制的公司及其董事、监事、高级管理人员；四是由于所任公司职务或者因与公司业务往来而可以获取公司有关内幕信息的人员；五是上市公司收购人或者重大资产交易方及其控股股东、实际控制人、董事、监事和高级管理人员；六是因职务、工作而可以获取内幕信息的证券交易场所、证券公司、证券登记结算机构、证券服务机构的有关人员；七是因职责、工作而可以获取内幕信息的证券监督管理机构的工作人员；八是因法定职责对证券的发行、交易或者对上市公司及其收购、重大资产交易进行管理从而可以获取内幕信息的有关主管部门、监管机构的工作人员；九是国务院证券监督管理机构规定的可以获取内幕信息的其他人员。

(2)内幕信息

在证券交易活动中,涉及发行人的经营、财务或者对该发行人证券的市场价格有重大影响的尚未公开的信息,为内幕信息。内幕信息包括投资者尚未得知而可能对上市公司、股票在国务院批准的其他全国性证券交易场所交易的公司的股票交易价格产生较大影响的重大事件,以及可能对上市交易公司债券的交易价格产生较大影响的重大事件。

①可能对公司股票的交易价格产生较大影响的重大事件(十二项):一是公司的经营方针和经营范围的重大变化;二是公司的重大投资行为,公司在一年内购买、出售重大资产超过公司资产总额百分之三十,或者公司营业用主要资产的抵押、质押、出售或报废一次超过该资产的百分之三十;三是公司订立重要合同、提供重大担保或者从事关联交易,可能对公司的资产、负债、权益和经营成果产生重要影响;四是公司发生重大债务和未能清偿到期重大债务的违约情况;五是公司发生重大亏损或者重大损失;六是公司生产经营的外部条件发生重大变化;七是公司的董事、三分之一以上监事或者经理发生变动,董事长或者经理无法履行职责;八是持有公司百分之五以上股份的股东或实际控制人持有股份或者控制公司的情况发生较大变化,公司的实际控制人及其控制的其他企业从事与公司相同或者相似业务的情况发生较大变化;九是公司分配股利、增资的计划,公司股权结构的重要变化,公司减资、合并、分立、解散及申请破产的决定,或者依法进入破产程序、被责令关闭;十是涉及公司的重大诉讼、仲裁,股东大会、董事会决议被依法撤销或者宣告无效;十一是公司涉嫌犯罪被依法立案调查,公司的控股股东、实际控制人、董事、监事、高级管理人员涉嫌犯罪被依法采取强制措施;十二是国务院证券监督管理机构规定的其他事项。

②可能对公司债券的交易价格产生较大影响的重大事件(十一项):一是公司股权结构或者生产经营状况发生重大变化;二是公司债券的信用评级发生变化;三是公司重大资产抵押、质押、出售、转让、报废;四是公司发生未能清偿到期债务的情况;五是公司新增借款或者对外提供担保超过上年年末净资产的百分之二十;六是公司放弃债权或者财产超过上年年末净资产的百分之十;七是公司发生超过上年年末净资产百分之十的重大损失;八是公司分配股利,作出减资、合并、分立、解散及申请破产的决定,或者依法进入破产程序、被责令关闭;九是涉及公司的重大诉讼、仲裁;十是公司涉嫌犯罪被依法立案调查,公司的控股股东、实际控制人、董事、监事、高级管理人员涉嫌犯罪被依法采取强制措施;十一是国务院证券监督管理机构规定的其他事项。

(3)禁止内幕交易

证券交易内幕信息的知情人和非法获取内幕信息的人在内幕信息公开前不得买卖该公司的证券,或者泄露该信息,或者建议他人买卖该证券。持有或者通过协议、其他安排与他人共同持有公司百分之五以上股份的自然人、法人、非法人组织收购上市公司的股份,《证券法》另有规定的,适用其规定。内幕交易行为给投资者造成损失的,应当依法承担赔偿责任。

交易场所、证券公司、证券登记结算机构、证券服务机构和其他金融机构的从业人员、有关监管部门或者行业协会的工作人员利用因职务便利获取的内幕信息以外的其他未公开的信息从事证券交易活动,或者明示、暗示他人从事相关交易活动的,也在《证券法》禁止之列。

3. 操纵市场

操纵市场,是指利用违法手段影响或者意图影响证券交易价格或者证券交易量的证券交易行为。

(1)违法操纵证券市场的手段

禁止任何人以下列手段操纵证券市场，影响或者意图影响证券交易价格或者证券交易量：一是单独或者通过合谋，集中资金优势、持股优势或者利用信息优势联合或者连续买卖；二是与他人串通，以事先约定的时间、价格和方式相互进行证券交易；三是在自己实际控制的账户之间进行证券交易；四是不以成交为目的，频繁或者大量申报并撤销申报；五是利用虚假或者不确定的重大信息诱导投资者进行证券交易；六是对证券发行人公开作出评价、预测或者投资建议，并进行反向证券交易；七是利用在其他相关市场的活动操纵证券市场；八是操纵证券市场的其他手段。

(2)操纵证券市场行为的责任

操纵证券市场的行为给投资者造成损失的，行为人应当依法承担赔偿责任。

4. 编造、传播虚假信息或者误导性信息

(1)编造、传播扰乱证券市场的虚假信息或者误导性信息

禁止任何单位和个人编造、传播虚假信息或者误导性信息，扰乱证券市场。禁止证券交易场所、证券公司、证券登记结算机构、证券服务机构及其从业人员，证券业协会、证券监督管理机构及其工作人员，在证券交易活动中作出虚假陈述或者信息误导。各种传播媒介传播证券市场信息必须真实、客观，禁止误导。传播媒介及其从事证券市场信息报道的工作人员不得从事与其工作职责发生利益冲突的证券买卖。

(2)编造、传播扰乱证券市场的虚假信息或者误导性信息的责任

编造、传播虚假信息或者误导性信息，扰乱证券市场，给投资者造成损失的，应当依法承担赔偿责任。

5. 损害客户利益

损害客户利益，是指证券公司及其从业人员直接损害特定客户利益的证券交易行为。

禁止证券公司及其从业人员从事下列损害客户利益的行为：一是违背客户的委托为其买卖证券；二是不在规定时间内向客户提供交易的确认文件；三是未经客户的委托，擅自为客户买卖证券，或者假借客户的名义买卖证券；四是为牟取佣金收入，诱使客户进行不必要的证券买卖；五是其他违背客户真实意思表示，损害客户利益的行为。

违反上述规定给客户造成损失的，应当依法承担赔偿责任

6. 其他与证券交易有关的违法行为

(1)违法使用证券账户从事证券交易

任何单位和个人不得违反规定，出借自己的证券账户或者借用他人的证券账户从事证券交易。

(2)资金违规流入股市

依法拓宽资金入市渠道，禁止资金违规流入股市。禁止投资者违规利用财政资金和银行信贷资金买卖证券。

7. 对禁止交易行为的报告

证券交易场所、证券公司、证券登记结算机构、证券服务机构及其从业人员对证券交易中发现的禁止交易行为应当及时向证券监督管理机构报告。

四、上市公司收购

(一)上市公司收购概述

1. 上市公司收购的含义

上市公司收购,是指投资者通过公开购买上市交易的股份有限公司的股票,获得或者巩固对该上市公司的控制权的行为。收购上市公司的目的和结果是实际控制该上市公司。

2. 上市公司收购的方式

投资者可以采取要约收购、协议收购及其他合法方式收购上市公司。

要约收购是投资者向被收购公司(目标公司)的所有股东发出收购要约,表明愿意以要约载明的条件购买目标公司的股票。

协议收购是投资者与被收购公司(目标公司)持有股份较多的股东以协商方式购买其股票。

要约收购和协议收购是上市公司收购的主要方式。随着资本市场的繁荣发展,上市公司收购的方式将呈现多样化。

(二)上市公司实际控制的改变

投资者(收购人)通过证券交易所的证券交易或者其他途径持有上市公司的股份达到一定比例、可能对该上市公司实际控制时,《证券法》要求该投资者(收购人)履行一定的法定义务,防止影响正常的股票交易。

1. 收购人通过证券交易所的证券交易持有上市公司股份

通过证券交易所的证券交易,投资者持有或者通过协议、其他安排与他人共同持有一个上市公司已发行的有表决权股份达到百分之五时,应当自该事实发生之日起三日内向国务院证券监督管理机构、证券交易所作出书面报告,通知该上市公司,并予公告,在上述期限内不得再行买卖该上市公司的股票,但国务院证券监督管理机构规定的情形除外。据此,收购人的义务包括:一是书面报告国务院证券监督管理机构和证券交易所,通知上市公司并予公告;二是期限内不得再行买卖该上市公司的股票。

2. 收购人通过其他途径持有上市公司股份

(1)股份增减百分之五时的义务

投资者持有或者通过协议、其他安排与他人共同持有一个上市公司已发行的有表决权股份达到百分之五后,其所持该上市公司已发行的有表决权股份的比例每增加或者减少百分之五,应当依照上述规定进行报告和公告,自该事实发生之日起至公告后三日内不得再行买卖该上市公司的股票,但国务院证券监督管理机构规定的情形除外。

(2)股份增减百分之一时的义务

投资者持有或者通过协议、其他安排与他人共同持有一个上市公司已发行的有表决权股份达到百分之五后,其所持该上市公司已发行的有表决权股份的比例每增加或者减少百分之一,应当在该事实发生的次日通知该上市公司并予公告。

违反以上两项规定买入上市公司有表决权的股份的,在买入后的三十六个月内对该超过规定比例部分的股份不得行使表决权。

3. 公告内容

依照上述规定所作的公告应当包括下列内容：一是持股人的名称、住所；二是持有的股票的名称、数额；三是持股达到法定比例或者持股增减变化达到法定比例的日期、增持股份的资金来源；四是在上市公司中拥有有表决权的股份变动的时间及方式。

(三)要约收购

1. 要约收购的发生

通过证券交易所的证券交易，投资者持有或者通过协议、其他安排与他人共同持有一个上市公司已发行的有表决权股份达到百分之三十时，继续进行收购的，应当依法向该上市公司所有股东发出收购上市公司全部或者部分股份的要约。据此，投资者通过证券交易所的交易、与他人共同持有一个上市公司已发行的有表决权股份达到百分之三十时，继续进行收购的，强制采取要约收购方式。另外，收购上市公司部分股份的要约应当约定，被收购公司的股东承诺出售的股份数额超过预定收购的股份数额的，收购人按比例进行收购。

2. 收购报告书的内容

依照上述规定发出收购要约，收购人必须公告上市公司收购报告书，并载明下列事项：一是收购人的名称、住所；二是收购人关于收购的决定；三是被收购的上市公司名称；四是收购目的；五是收购股份的详细名称和预定收购的股份数额；六是收购期限和收购价格(其中，收购要约约定的收购期限不得少于三十日，且不得超过六十日)；七是收购所需资金额及资金保证；八是公告上市公司收购报告书时持有被收购公司股份数占该公司已发行股份总数的比例。

收购要约提出的各项收购条件适用于被收购公司的所有股东；上市公司发行不同种类股份的，收购人可以针对不同种类的股份提出不同的收购条件。

3. 收购要约的撤销和变更

(1)收购要约的撤销

在收购要约确定的承诺期限内，收购人不得撤销其收购要约。

(2)收购要约的变更及公告

收购人需要变更收购要约的，应当及时公告，载明具体变更事项，且不得存在下列情形：一是降低收购价格；二是减少预定收购股份的数额；三是缩短收购期限；四是国务院证券监督管理机构规定的其他情形。

4. 收购期限内收购人股票买卖的限制

采取要约收购方式的，收购人在收购期限内不得卖出被收购公司的股票，也不得采取要约规定以外的形式和超出要约的条件买入被收购公司的股票。

(四)协议收购

1. 协议收购的发生

采取协议收购方式的，收购人可以依照法律、行政法规的规定与被收购公司的股东以协议方式进行股份转让。以协议方式收购上市公司时，达成协议后，收购人必须在三日内将该收购协议向国务院证券监督管理机构及证券交易所作出书面报告并予以公告，在公告前不得履行收购协议。

2. 收购协议的保全措施

采取协议收购方式的，协议双方可以临时委托证券登记结算机构保管协议转让的股票，并将资金存放于指定的银行。

3. 收购达到一定比例时收购人的强制要约收购义务

采取协议收购方式的，收购人收购或者通过协议、其他安排与他人共同收购一个上市公司已发行的有表决权股份达到百分之三十时，继续进行收购的，应当依法向该上市公司所有股东发出收购上市公司全部或者部分股份的要约，但按照国务院证券监督管理机构的规定免除发出要约的除外。

（五）上市公司收购的其他规定

1. 被收购公司的股权分布及形式变更

（1）股权分布变更导致股票终止上市

收购期限届满，被收购公司的股权分布不符合证券交易所规定的上市交易要求的，该上市公司的股票应当由证券交易所依法终止上市交易；其余仍持有被收购公司股票的股东有权向收购人以收购要约的同等条件出售其股票，收购人应当收购。

（2）公司形式变更

收购完成后，被收购的公司不再具备股份有限公司的条件的，应当依法变更企业形式。

2. 收购人股票转让的限制

在上市公司收购中，收购人持有的被收购的上市公司的股票在收购行为完成后的十八个月内不得转让。

3. 收购人的后续责任

收购行为完成后，收购人与被收购公司合并，且将该公司解散的，被解散公司的原有股票由收购人依法更换，收购人应当在十五日内将收购情况报告国务院证券监督管理机构和证券交易所，并予公告。

五、信息披露

（一）信息披露概述

1. 信息披露的含义

信息披露，是指证券发行人或者上市公司对涉及投资者利益的信息公布于众。信息披露是保护投资者利益和监管证券市场的要求。证券的发行和交易环节都有信息披露的要求。

2. 信息披露的基本规则

（1）及时披露

发行人及法律、行政法规和国务院证券监督管理机构规定的其他信息披露义务人应当及时依法履行信息披露义务。

（2）真实、准确、完整披露

信息披露义务人披露的信息应当真实、准确、完整，简明清晰，通俗易懂，不得有虚假记载、误导性陈述或者重大遗漏。

（3）境内外同时披露

证券同时在境内外公开发行、交易的，其信息披露义务人在境外披露的信息应当在境内同时披露。

(二)信息披露义务人的披露

1. 信息披露义务人的法定披露义务

上市公司、公司债券上市交易的公司、股票在国务院批准的其他全国性证券交易场所交易的公司,应当按照国务院证券监督管理机构和证券交易场所规定的内容及格式编制定期报告,并按照以下规定报送和公告:

第一,在每一会计年度结束之日起四个月内报送并公告年度报告,其中的年度财务会计报告应当经符合《证券法》规定的会计师事务所审计。

第二,在每一会计年度的上半年结束之日起两个月内报送并公告中期报告。另外,发行人及其控股股东、实际控制人、董事、监事、高级管理人员等作出公开承诺的,应当披露;不履行承诺而给投资者造成损失的,应当依法承担赔偿责任。

2. 信息披露义务人的自愿披露

除依法需要披露的信息外,信息披露义务人可以自愿披露与投资者作出价值判断和投资决策有关的信息,但不得与依法披露的信息相冲突,不得误导投资者。

3. 信息披露义务人的披露规则

信息披露义务人披露的信息应当同时向所有投资者披露,不得提前向任何单位和个人泄露,但法律、行政法规另有规定的除外。另外,任何单位和个人不得非法要求信息披露义务人提供依法需要披露但尚未披露的信息,提前获知的上述信息在依法披露前应当保密。

(三)影响股票、公司债券交易价格的重大事件的披露

发生可能对上市公司、股票在国务院批准的其他全国性证券交易场所交易的公司的股票或者上市交易公司债券的交易价格产生较大影响的重大事件,投资者尚未得知时,公司应当立即将有关该重大事件的情况向国务院证券监督管理机构和证券交易场所报送临时报告并予公告,说明事件的起因、目前的状态和可能产生的法律后果。

这里所谓的“重大事件”,见本节禁止的交易行为关于内幕信息的相关内容。

(四)董事、监事及高级管理人员的责任

1. 签署书面确认意见

发行人的董事和高级管理人员应当对证券发行文件和定期报告签署书面确认意见。发行人的监事会应当对董事会编制的证券发行文件和定期报告进行审核并提出书面审核意见,监事应当签署书面确认意见。

2. 保证信息质量并公平、及时披露

发行人的董事、监事和高级管理人员应当保证发行人及时、公平地披露信息,所披露的信息真实、准确、完整。

3. 异议及其披露

董事、监事和高级管理人员无法保证证券发行文件和定期报告内容的真实性、准确性、完整性或者有异议的,应当在书面确认意见中发表意见并陈述理由,发行人应当披露;发行人不予披露的,董事、监事和高级管理人员可以直接申请披露。

(五)违反信息披露规定的责任

1. 信息披露义务人的赔偿责任

信息披露义务人未按照规定披露信息,或者公告的证券发行文件、定期报告、临时报告及

其他信息披露资料存在虚假记载、误导性陈述或者重大遗漏，致使投资者在证券交易中遭受损失的，信息披露义务人应当承担赔偿责任。

2. 其他信息披露主体的责任

发行人的控股股东、实际控制人、董事、监事、高级管理人员和其他直接责任人员以及保荐人、承销的证券公司及其直接责任人员，应当与发行人承担连带赔偿责任，但能够证明自己没有过错的除外。

（六）信息披露平台和监管

1. 信息披露平台

依法披露的信息应当在证券交易场所的网站和符合国务院证券监督管理机构规定条件的媒体发布，同时置备于公司住所和证券交易场所，供社会公众查阅。

2. 信息披露监管

国务院证券监督管理机构对信息披露义务人的信息披露行为进行监督管理。证券交易场所应当对其组织交易的证券的信息披露义务人的信息披露行为进行监督，督促其依法及时、准确地披露信息。

六、投资者保护

（一）投资者保护概述

投资者保护，是指《证券法》对购买证券的投资者的保护。作为《证券法》的新增内容，投资者保护包括证券投资谨慎、投资者分类、征集委托、上市公司股票投资者现金股利保障、公司债券持有人利益保护及当事人投资纠纷的处理等内容。

（二）证券投资谨慎

1. 证券公司证券投资业务的谨慎要求

证券公司向投资者销售证券、提供服务时，应当按照下列规定：一是充分了解投资者的基本情况、财产状况、金融资产状况、投资知识和经验、专业能力等相关信息；二是如实说明证券、服务的重要内容，充分揭示投资风险；三是销售、提供与投资者上述状况相匹配的证券和服务。

证券公司违反以上规定导致投资者损失的，应当承担相应的赔偿责任。

2. 投资者投资证券的谨慎要求

投资者在购买证券或者接受服务时，应当按照证券公司明示的要求提供前述所列真实信息。拒绝提供或者未按照要求提供信息的，证券公司应当告知其后果，并按照规定拒绝向其销售证券、提供服务。

（三）投资者分类

根据财产状况、金融资产状况、投资知识和经验、专业能力等因素，投资者可以分为普通投资者和专业投资者。专业投资者的标准由国务院证券监督管理机构规定。

普通投资者与证券公司发生纠纷的，证券公司应当证明其行为符合法律、行政法规以及国务院证券监督管理机构的规定，不存在误导、欺诈等情形；证券公司不能证明的，应当承担相应的赔偿责任。

（四）征集委托

征集委托，是指上市公司的董事会等公开征集中小股东的委托，代其行使股东权利的制度。

上市公司股东众多,中小股东行使股东权利较为不便。投资者保护机构征集中小股东委托,代为行使股东权利,有利于保护中小投资者(股东)利益。

1. 征集委托的内容

上市公司董事会、独立董事、持有百分之一以上有表决权股份的股东或者依照法律、行政法规或国务院证券监督管理机构的规定设立的投资者保护机构(简称投资者保护机构)可以作为征集人,自行或者委托证券公司和证券服务机构公开请求上市公司股东委托其代为出席股东大会,并代为行使提案权、表决权等股东权利。据此,征集委托作为投资者保护的一项制度,包括以下内容:

(1)征集人

上市公司董事会、独立董事、持有百分之一以上有表决权股份的股东或者依照法律、行政法规或国务院证券监督管理机构的规定设立的投资者保护机构可以作为征集人。征集人应当披露征集文件,上市公司应当予以配合。

(2)征集事项

征集人征集上市公司股东委托,代为出席股东大会,并代为行使股东权利。

(3)征集方式

征集人可以自己或者委托其他证券机构公开征集。

2. 征集委托的规则

投资者保护机构征集委托应当公开,但禁止以有偿或者变相有偿的方式公开征集股东权利。公开征集股东权利违反法律、行政法规或者国务院证券监督管理机构的有关规定,导致上市公司或者其股东遭受损失的,应当依法承担赔偿责任。

(五)投资者财产利益保障

1. 上市公司股票投资者现金股利保障

针对上市公司获取利润而不向投资者分配现金股利的情况,《证券法》明确股票投资者现金股利的保障。

上市公司应当在章程中明确分配现金股利的具体安排和决策程序,依法保障股东的资产收益权。

上市公司当年税后利润在弥补亏损及提取法定公积金后有盈余的,应当按照公司章程的规定分配现金股利。

2. 公司债券持有人利益保障

为了保护广大公司债券持有人的利益,《证券法》明确公开发行公司债券的持有人会议和债券受托管理人等保障制度。

(1)设立债券持有人会议

公开发行公司债券的,应当设立债券持有人会议,并应当在募集说明书中说明债券持有人会议的召集程序、会议规则和其他重要事项。债券持有人会议作为法定机构,可以有力保障广大公司债券持有人的利益。

(2)债券受托管理

公开发行公司债券的,发行人应当为债券持有人聘请债券受托管理人,并订立债券受托管理协议。受托管理人应当由本次发行的承销机构或者其他经国务院证券监督管理机构认可的机构担任,债券持有人会议可以决议变更债券受托管理人。债券受托管理人应当勤勉尽责,公正履行受托管理职责,不得损害债券持有人利益。债券发行人未能按期兑付债券本息的,债券受托管理人可以接受全部或者部分债券持有人的委托,以自己的名义代表债券持有人提起和参加民事诉讼或者清算程序。

3. 欺诈发行、虚假陈述或者其他重大违法行为的责任

发行人因欺诈发行、虚假陈述或者其他重大违法行为给投资者造成损失的,发行人的控股股东、实际控制人、相关的证券公司可以委托投资者保护机构,就赔偿事宜与受到损失的投资者达成协议,予以先行赔付;先行赔付后,可以依法向发行人及其他连带责任人追偿。

(六)当事人投资纠纷的处理

1. 调解

投资者与发行人、证券公司等发生纠纷的,双方可以向投资者保护机构申请调解。普通投资者与证券公司发生证券业务纠纷,普通投资者提出调解请求的,证券公司不得拒绝。

2. 诉讼

(1)投资者保护机构支持诉讼

投资者保护机构对损害投资者利益的行为可以依法支持投资者向人民法院提起诉讼。

(2)投资者保护机构提起诉讼

发行人的董事、监事、高级管理人员执行公司职务时违反法律、行政法规或者公司章程的规定给公司造成损失,发行人的控股股东、实际控制人等侵犯公司合法权益给公司造成损失,投资者保护机构持有该公司股份的,可以为公司的利益以自己的名义向人民法院提起诉讼,持股比例和持股期限不受《公司法》规定的限制。

(3)投资者推选代表人诉讼

投资者提起虚假陈述等证券民事赔偿诉讼时,诉讼标的是同一种类且当事人一方人数众多的,可以依法推选代表人进行诉讼。对按照此项规定提起的诉讼,可能存在有相同诉讼请求的其他众多投资者的,人民法院可以发出公告,说明该诉讼请求的案件情况,通知投资者在一定期间向人民法院登记。人民法院作出的判决、裁定对参加登记的投资者发生效力。另外,投资者保护机构受五十名以上投资者委托,可以作为代表人参加诉讼,并为经证券登记结算机构确认的权利人依照前款规定向人民法院登记,但投资者明确表示不愿意参加该诉讼的除外。

七、证券交易场所

(一)证券交易场所概述

1. 证券交易场所的含义

《证券法》规定,证券交易所、国务院批准的其他全国性证券交易场所为证券集中交易提供场所和设施,组织和监督证券交易,实行自律管理,依法登记,取得法人资格。据此,证券交易场所的具体含义是:

第一,证券交易场所包括证券交易所、国务院批准的其他全国性证券交易场所。除了证券交易所(上海证券交易所、深圳证券交易所和北京证券交易所)外,国务院批准的全国性证券交易场所也是《证券法》规定的证券交易场所。

第二，证券交易场所的功能是为证券集中交易提供场所和设施，组织和监督证券交易。

第三，证券交易场所的性质是实行自律管理，依法登记，取得法人资格的组织。

2. 证券交易场所的市场分工

证券交易所、国务院批准的其他全国性证券交易场所可以根据证券品种、行业特点、公司规模等因素设立不同的市场层次。

另外，按照国务院规定设立的区域性股权市场为非公开发行证券的发行、转让提供场所和设施，具体管理办法由国务院规定。

3. 证券交易所的分类

证券交易所可以分为会员制证券交易所和公司制证券交易所。

(1)会员制证券交易所

会员制证券交易所由会员自愿出资设立，由会员所有和控制，为会员提供证券集中交易服务。会员制证券交易所从性质上说，不是营利法人。在会员制证券交易所的存续期间，会员不能从中获取财产收益。

(2)公司制证券交易所

公司制证券交易所由股东投资设立，按照公司组建，为客户提供证券集中交易服务。公司制证券交易所是营利法人。

(二)证券交易场所的组建

证券交易所、国务院批准的其他全国性证券交易场所的设立、变更和解散由国务院决定；国务院批准的其他全国性证券交易场所的组织机构、管理办法等由国务院规定。据此，《证券法》主要规定证券交易所组建的基本规范。

1. 证券交易所的职能、章程和名称

(1)自律管理职能

证券交易所履行自律管理职能，应当遵守社会公共利益优先原则，维护市场的公平、有序、透明。

(2)制定章程

设立证券交易所必须制定章程。证券交易所章程的制定和修改必须经国务院证券监督管理机构批准。

(3)标明名称

证券交易所必须在其名称中标明“证券交易所”字样。其他任何单位或者个人不得使用“证券交易所”或者近似的名称。

2. 证券交易所的收入使用和财产归属

证券交易所可以自行支配的各项费用和收入应当首先用于保证其证券交易场所和设施的正常运行并逐步改善。

实行会员制的证券交易所的财产积累归会员所有，其权益由会员共同享有，在其存续期间，不得将其财产积累分配给会员。

3. 证券交易所的机构

(1)机构设置

实行会员制的证券交易所设理事会和监事会。证券交易所设总经理一人，由国务院证券

监督管理机构任免。据此,关于证券交易所的机构设置包括以下含义:

第一,会员制的证券交易所设理事会和监事会;公司制的证券交易所按照《公司法》设置组织机构,一般包括股东(大)会、董事会和监事会。

第二,证券交易所设由国务院证券监督管理机构任免的总经理一人，作为证券交易所必设、常设的职务。

(2)任职限制

①证券交易所负责人任职资格限制。有《公司法》规定的情形或者下列情形之一的,不得担任证券交易所的负责人:一是因违法行为或者违纪行为被解除职务的证券交易场所、证券登记结算机构的负责人或者证券公司的董事、监事、高级管理人员,自被解除职务之日起未逾五年;二是因违法行为或者违纪行为被吊销执业证书或者被取消资格的律师、注册会计师或者其他证券服务机构的专业人员,自被吊销执业证书或者被取消资格之日起未逾五年。《公司法》对公司董事、监事和高级管理人员任职资格的限制参见本书公司法律制度的相关内容。

②从业人员任职资格限制。因违法行为或者违纪行为被开除的证券交易场所、证券公司、证券登记结算机构、证券服务机构的从业人员和被开除的国家机关工作人员,不得招聘为证券交易所的从业人员。

(3)职务回避

证券交易所的负责人和其他从业人员执行与证券交易有关的职务时,与其本人或者其亲属有利害关系的,应当回避。

(三)组织证券交易

1. 会员制证券交易所的业务对象

进入实行会员制的证券交易所参与集中交易的,必须是证券交易所的会员。证券交易所不得允许非会员直接参与股票的集中交易。证券交易所的会员是依法设立、符合证券交易所会员要求的证券公司。

2. 投资者委托证券公司代其买卖证券

投资者应当与证券公司签订证券交易委托协议,并在证券公司实名开立账户,以书面、电话、自助终端、网络等方式委托该证券公司代其买卖证券。

证券公司为投资者开立账户,应当按照规定对投资者提供的身份信息进行核对。证券公司不得将投资者的账户提供给他人使用。投资者应当使用实名开立的账户进行交易。

3. 证券公司根据委托参与证券交易所场内集中交易

证券公司根据投资者的委托,按照证券交易规则提出交易申报,参与证券交易所场内的集中交易,并根据成交结果承担相应的清算交收责任。证券登记结算机构根据成交结果,按照清算交收规则,与证券公司进行证券和资金的清算交收,并为证券公司客户办理证券的登记过户手续。

4. 证券交易所实时公布证券交易即时行情

证券交易所应当为组织公平的集中交易提供保障,实时公布证券交易即时行情,并按交易日制作证券市场行情表予以公布。证券交易即时行情的权益由证券交易所依法享有,未经证券交易所许可,任何单位和个人不得发布证券交易即时行情。

5. 证券交易的中止或者终止

(1)根据申请决定停牌或者复牌

上市公司可以向证券交易所申请其上市交易股票的停牌或者复牌,但不得滥用停牌或者复牌以损害投资者的合法权益。证券交易所可以按照业务规则的规定,决定上市交易股票的停牌或者复牌。

(2)技术性停牌和临时停市

因不可抗力、意外事件、重大技术故障、重大人为差错等突发性事件而影响证券交易正常进行时,为维护证券交易正常秩序和市场公平,证券交易所可以按照业务规则采取技术性停牌、临时停市等处置措施,并应当及时向国务院证券监督管理机构报告。因上述规定的突发性事件导致证券交易结果出现重大异常,按交易结果进行交收将对证券交易的正常秩序和市场公平造成重大影响的,证券交易所按照业务规则可以采取取消交易、通知证券登记结算机构暂缓交收等措施,并应当及时向国务院证券监督管理机构报告和公告。证券交易所对其依照上述规定采取措施造成的损失不承担民事赔偿责任,但存在重大过错的除外。

(四)监督证券交易

1. 实时监控证券交易

证券交易所对证券交易实行实时监控,并按照国务院证券监督管理机构的要求,对异常的交易情况提出报告。证券交易所根据需要,可以按照业务规则对出现重大异常交易情况的证券账户的投资者限制交易,并及时报告国务院证券监督管理机构。

2. 证券交易风险监测

证券交易所应当加强对证券交易的风险监测,出现重大异常波动的,证券交易所可以按照业务规则采取限制交易、强制停牌等处置措施,并向国务院证券监督管理机构报告;严重影响证券市场稳定的,证券交易所可以按照业务规则采取临时停市等处置措施并公告。证券交易所对其依照上述规定采取措施造成的损失不承担民事赔偿责任,但存在重大过错的除外。

3. 设立风险基金

证券交易所应当从其收取的交易费用和会员费、席位费中提取一定比例的金额设立风险基金。风险基金由证券交易所理事会管理,提取的具体比例和使用办法由国务院证券监督管理机构会同国务院财政部门规定。证券交易所应当将收存的风险基金存入开户银行专门账户,不得擅自使用。风险基金由证券交易所理事会管理,一般用于弥补证券交易所的重大经济损失,以防范与证券交易所业务活动有关的重大风险事故。

4. 制定规则

证券交易所依照法律、行政法规和国务院证券监督管理机构的规定制定上市规则、交易规则、会员管理规则和其他有关业务规则,并报国务院证券监督管理机构批准。制定完善、有针对性的各项规则既是证券交易所自律管理的要求,也可以在一定程度上避免制度性风险。

按照依法制定的交易规则进行的交易不得改变其交易结果,但技术性停牌和临时停市的除外。对交易中违规交易者应负的民事责任不得免除,在违规交易中所获的利益依照有关规定处理。

八、证券公司

(一)证券公司的设立、变更和终止

证券公司,是指依照《公司法》和《证券法》的规定设立,经营证券业务的有限责任公司或者股份有限公司。证券公司必须在其名称中标明“证券有限责任公司”或者“证券股份有限公司”字样。

1. 证券公司的设立

(1)证券公司的设立条件

设立证券公司应当具备下列条件:一是有符合法律、行政法规规定的公司章程;二是主要股东及公司的实际控制人具有良好的财务状况和诚信记录,最近三年无重大违法违规记录;三是有符合规定的公司注册资本(根据证券公司经营业务的不同规定不同的最低注册资本额);四是董事、监事、高级管理人员、从业人员符合规定的条件;五是有完善的风险管理与内部控制制度;六是有合格的经营场所、业务设施和信息技术系统;七是法律、行政法规和经国务院批准的国务院证券监督管理机构规定的其他条件。

(2)证券公司的设立程序

设立证券公司应当经国务院证券监督管理机构批准;未经国务院证券监督管理机构批准,任何单位和个人不得以证券公司名义开展证券业务活动。

①国务院证券监督管理机构审查批准。国务院证券监督管理机构应当自受理证券公司设立申请之日起六个月内依照法定条件和法定程序并根据审慎监管原则进行审查,作出批准或者不予批准的决定,并通知申请人;不予批准的,应当说明理由。

②申请人申请设立登记。证券公司的设立申请获得批准的,申请人应当在规定的期限内向公司登记机关申请设立登记,领取营业执照。

③证券公司申请经营证券业务许可证。证券公司应当自领取营业执照之日起十五日内向国务院证券监督管理机构申请经营证券业务许可证;未取得经营证券业务许可证,证券公司不得经营证券业务。

(3)证券公司的业务核准

经国务院证券监督管理机构核准,取得经营证券业务许可证,证券公司可以经营下列部分或者全部证券业务:一是证券经纪;二是证券投资咨询;三是与证券交易、证券投资活动有关的财务顾问;四是证券承销与保荐;五是证券融资融券;六是证券做市交易;七是证券自营;八是其他证券业务。

国务院证券监督管理机构应当自受理上述规定事项申请之日起三个月内依照法定条件和程序进行审查,作出核准或者不予核准的决定,并通知申请人;不予核准的,应当说明理由。证券公司经营证券资产管理业务的,应当符合《证券投资基金法》等法律、行政法规的规定。除证券公司外,任何单位和个人不得从事证券承销、证券保荐、证券经纪和证券融资融券业务。另外,证券公司从事证券融资融券业务,应当采取措施,严格防范和控制风险,不得违反规定向客户出借资金或者证券。

(4)证券公司的注册资本

根据证券公司经营业务的不同规定不同的最低注册资本额。证券公司经营上述一至三项

业务的,注册资本最低限额为人民币五千万元;经营四至八项业务之一的,注册资本最低限额为人民币一亿元;经营四至八项业务中两项以上的,注册资本最低限额为人民币五亿元。证券公司的注册资本应当是实缴资本。国务院证券监督管理机构根据审慎监管原则和各项业务的风险程度,可以调整注册资本最低限额,但不得少于规定的限额。

2. 证券公司的变更和终止

证券公司变更证券业务范围,变更主要股东或者公司的实际控制人,合并、分立、停业、解散、破产,应当经国务院证券监督管理机构核准。

(二)证券公司的基本规范

1. 风险控制和业务禁止

(1)规定风险控制指标

国务院证券监督管理机构应当对证券公司的净资本和其他风险控制指标作出规定。

(2)业务禁止

证券公司除依照规定为其客户提供融资融券外,不得为其股东或者股东的关联人提供融资或者担保。

2. 董事、监事和高级管理人员的任职资格

证券公司的董事、监事和高级管理人员应当正直诚实、品行良好,熟悉证券法律、行政法规,具有履行职责所需的经营管理能力。证券公司任免董事、监事和高级管理人员,应当报国务院证券监督管理机构备案。

证券公司的董事、监事和高级管理人员的任职限制参见前述证券交易所负责人的任职限制。

3. 从业人员的任职资格

证券公司中从事证券业务的人员应当品行良好,具备从事证券业务所需的专业能力。

因违法行为或者违纪行为被开除的证券交易场所、证券公司、证券登记结算机构、证券服务机构的从业人员和被开除的国家机关工作人员,不得招聘为证券公司的从业人员。另外,国家机关工作人员和法律、行政法规规定的禁止在证券公司中兼职的其他人员,不得在证券公司中兼任职务。

4. 设立证券投资者保护基金和交易风险准备金

(1)证券投资者保护基金

国家设立证券投资者保护基金。证券投资者保护基金由证券公司缴纳的资金及其他依法筹集的资金组成,其规模以及筹集、管理和使用的具体办法由国务院规定。

(2)交易风险准备金

证券公司从每年的业务收入中提取交易风险准备金用于弥补证券经营的损失,其提取的具体比例由国务院证券监督管理机构会同国务院财政部门规定。

5. 防范利益冲突、禁止混合操作

证券公司应当建立健全内部控制制度,采取有效隔离措施,防范公司与客户之间、不同客户之间的利益冲突。

证券公司必须将其证券经纪业务、证券承销业务、证券自营业务、证券做市业务和证券资产管理业务分开办理,不得混合操作。

6. 经营规则

(1)一般经营规则

证券公司的业务活动应当遵守以下规则：一是依法审慎经营，勤勉尽责，诚实守信；二是与其治理结构、内部控制、合规管理、风险管理以及风险控制指标、从业人员构成等情况相适应，符合审慎监管和保护投资者合法权益的要求；三是依法享有自主经营的权利，其合法经营不受干涉。

(2)自营业务规则

证券公司的自营业务是证券公司以自己的名义从事证券交易行为，经营结果由证券公司自己承担。证券公司的自营业务应当遵守以下规则：一是必须以自己的名义进行，不得假借他人名义或者以个人名义进行；二是必须使用自有资金和依法筹集的资金；三是不得将其自营账户借给他人使用。

(3)经纪业务规则

证券经纪业务是证券公司收取佣金、促成买卖双方证券交易的业务。

第一，不得接受全权委托。证券公司办理经纪业务，不得接受客户的全权委托而决定证券买卖、选择证券种类、决定买卖数量或者买卖价格。

第二，不得允许他人以自己的名义直接参与集中交易。证券公司不得允许他人以证券公司的名义直接参与证券的集中交易。

证券经纪业务是中介业务，违反上述规则的，与中介业务的性质相悖。

7. 业务中的义务

(1)禁止承诺交易结果

证券公司不得对客户证券买卖的收益或者赔偿证券买卖的损失作出承诺。

(2)承担从业人员职务行为后果

证券公司的从业人员在证券交易活动中执行所属证券公司的指令或者利用职务违反交易规则的，由所属证券公司承担全部责任。证券公司的从业人员不得私下接受客户委托买卖证券。

(3)建立客户信息查询制度，保存客户资料

证券公司应当建立客户信息查询制度，确保客户能够查询其账户信息、委托记录、交易记录以及其他与接受服务或者购买产品有关的重要信息。证券公司应当妥善保存客户的开户资料、委托记录、交易记录和与内部管理、业务经营有关的各项信息，任何人不得隐匿、伪造、篡改或者毁损。上述信息的保存期限不得少于二十年。

(三)国务院证券监督管理机构的监督管理

1. 监督管理的一般职权

(1)要求证券公司报送经营管理信息和资料

证券公司应当按照规定向国务院证券监督管理机构报送业务、财务等经营管理信息和资料。国务院证券监督管理机构有权要求证券公司及其主要股东、实际控制人在指定的期限内提供有关信息、资料。证券公司及其主要股东、实际控制人向国务院证券监督管理机构报送或者提供的信息、资料必须真实、准确、完整。

(2)进行审计或者评估

国务院证券监督管理机构认为有必要时，可以委托会计师事务所、资产评估机构对证券公

司的财务状况、内部控制状况和资产价值进行审计或者评估。

2. 监督管理措施

(1)证券公司合规监管措施

证券公司的治理结构、合规管理、风险控制指标不符合规定的,国务院证券监督管理机构应当责令其限期改正。逾期未改正,或者其行为严重危及该证券公司的稳健运行、损害客户合法权益的,国务院证券监督管理机构可以区别情形对其采取下列措施:一是限制业务活动,责令暂停部分业务,停止核准新业务;二是限制分配红利,限制向董事、监事和高级管理人员支付报酬、提供福利;三是限制转让财产或者在财产上设定其他权利;四是责令更换董事、监事和高级管理人员或者限制其权利;五是撤销有关业务许可;六是认定负有责任的董事、监事和高级管理人员为不适当人选;七是责令负有责任的股东转让股权,限制负有责任的股东行使股东权利。证券公司整改后,应当向国务院证券监督管理机构提交报告。国务院证券监督管理机构经验收,治理结构、合规管理、风险控制指标符合规定的,应当自验收完毕之日起三日内解除对其采取的有关限制措施。

(2)证券公司股东违规监管措施

证券公司的股东有虚假出资、抽逃出资行为的,国务院证券监督管理机构应当责令其限期改正,并可责令其转让所持证券公司的股权;在股东按照要求改正违法行为、转让所持证券公司的股权前,国务院证券监督管理机构可以限制其股东权利。

(3)证券公司的董事、监事和高级管理人员渎职监管措施

证券公司的董事、监事和高级管理人员未能勤勉尽责,致使证券公司存在重大违法违规行为或者重大风险的,国务院证券监督管理机构可以责令证券公司予以更换。

(4) 证券公司违法经营监管措施

证券公司违法经营或者出现重大风险,严重危害证券市场秩序、损害投资者利益的,国务院证券监督管理机构可以对该证券公司采取责令停业整顿、指定其他机构托管、接管或者撤销等监管措施。在证券公司被责令停业整顿,被依法指定托管、接管或者清算期间,或者出现重大风险时,经国务院证券监督管理机构批准,可以对该证券公司直接负责的董事、监事、高级管理人员和其他直接责任人员采取以下措施:一是通知出入境管理机关依法阻止其出境;二是申请司法机关禁止其转移、转让或者以其他方式处分财产,或者在财产上设定其他权利。

九、证券登记结算机构

(一)证券登记结算机构的性质、法律地位及设立

1. 证券登记结算机构的性质、法律地位及设立程序

证券登记结算机构为证券交易提供集中登记、存管与结算服务,不以营利为目的,依法登记,取得法人资格。设立证券登记结算机构必须经国务院证券监督管理机构批准。据此,证券登记结算机构的职能范围是为证券交易提供集中登记、存管与结算服务。证券登记结算机构的法律地位是法人,但不是营利法人。证券登记结算机构的设立程序是经国务院证券监督管理机构批准后登记,即采取审批主义原则设立。另外,证券登记结算机构申请解散,应当经国务院证券监督管理机构批准。

2. 证券登记结算机构的设立条件

设立证券登记结算机构应当具备下列条件：一是自有资金不少于人民币两亿元；二是具有证券登记、存管和结算服务所必需的场所和设施；三是国务院证券监督管理机构规定的其他条件。证券登记结算机构的名称中应当标明“证券登记结算”字样。

（二）证券登记结算机构的业务规范

1. 证券登记结算机构的职能及运营方式

（1）证券登记结算机构的职能

证券登记结算机构具体履行下列职能：一是证券账户和结算账户的设立；二是证券的存管和过户；三是证券持有人名册的登记；四是证券交易的清算和交收；五是受发行人的委托派发证券权益；六是办理与上述业务有关的查询、信息服务；七是国务院证券监督管理机构批准的其他业务。

（2）证券登记结算机构的运营方式

根据证券交易场所的不同，证券登记结算机构的运营方式也不同。

①全国集中统一。在证券交易所和国务院批准的其他全国性证券交易场所交易的证券的登记结算，应当采取全国集中统一的运营方式。

②委托。上述以外的证券的登记和结算可以委托证券登记结算机构或者其他依法从事证券登记和结算业务的机构办理。

2. 证券登记结算机构制定章程和业务规则

证券登记结算机构应当依法制定章程和业务规则，并经国务院证券监督管理机构批准。证券登记结算业务的参与人应当遵守证券登记结算机构制定的业务规则。

3. 证券登记结算机构的基本业务规范

（1）证券存管及不得挪用客户证券

在证券交易所或者国务院批准的其他全国性证券交易场所交易的证券应当全部存管在证券登记结算机构，证券登记结算机构不得挪用客户的证券。

（2）提供证券持有人资料及基本信息质量保障

证券登记结算机构应当向证券发行人提供证券持有人名册及有关资料。证券登记结算机构应当根据证券登记结算的结果，确认证券持有人持有证券的事实，提供证券持有人登记资料。证券登记结算机构应当保证证券持有人名册和登记过户记录真实、准确、完整，不得隐匿、伪造、篡改或者毁损。

（3）采取保障正常业务措施

证券登记结算机构应当采取下列措施以保证业务的正常进行：一是具有必备的服务设备和完善的数据安全保护措施；二是建立完善的业务、财务和安全防范等管理制度；三是建立完善的风险管理系统。

（4）保存原始资料

证券登记结算机构应当妥善保存登记、存管和结算的原始凭证及有关文件和资料，保存期限不得少于二十年。

（5）设立证券结算风险基金

①证券结算风险基金的用途。证券登记结算机构应当设立证券结算风险基金，用于垫付

或者弥补因违约交收、技术故障、操作失误、不可抗力造成的证券登记结算机构的损失。证券登记结算机构以证券结算风险基金赔偿后,应当向有关责任人追偿。

②证券结算风险基金的来源。证券结算风险基金从证券登记结算机构的业务收入和收益中提取,并可以由结算参与人按照证券交易业务量的一定比例缴纳。

③证券结算风险基金的管理。证券结算风险基金应当存入指定银行的专门账户,实行专项管理。证券结算风险基金的筹集和管理办法由国务院证券监督管理机构会同国务院财政部门规定。

(6)开立投资者证券账户

投资者委托证券公司进行证券交易,应当通过证券公司申请在证券登记结算机构开立证券账户。证券登记结算机构应当按照规定为投资者开立证券账户。投资者申请开立账户,应当持有证明中国公民、法人、合伙企业身份的合法证件,国家另有规定的除外。

(7)净额结算业务

①作为中央对手方的净额结算提供集中履约保障。证券登记结算机构作为中央对手方提供证券结算服务的,是结算参与人共同的清算交收对手,进行净额结算,为证券交易提供集中履约保障。证券登记结算机构作为中央对手方,是指证券登记结算机构介入证券买卖双方之间,成为"买方的卖方"和"卖方的买方"。

②按照货银对付原则提供净额结算。证券登记结算机构为证券交易提供净额结算服务时,应当要求结算参与人按照货银对付的原则,足额交付证券和资金并提供交收担保。在交收完成前,任何人不得动用用于交收的证券、资金和担保物。结算参与人未按时履行交收义务的,证券登记结算机构有权按照业务规则处理上述财产。

(8)资金和证券清算交收

证券登记结算机构按照业务规则收取的各类结算资金和证券必须存放于专门的清算交收账户,只能按业务规则用于已成交的证券交易的清算交收,不得被强制执行。

十、证券服务机构

(一)证券服务资格的取得

1. 核准的证券服务业务

从事证券投资咨询服务业务,应当经国务院证券监督管理机构核准;未经核准,不得为证券的交易及相关活动提供服务。

2. 备案的证券服务业务

从事其他证券服务业务,应当报国务院证券监督管理机构和国务院有关主管部门备案。

3. 证券服务基本规范

会计师事务所、律师事务所以及从事证券投资咨询、资产评估、资信评级、财务顾问、信息技术系统服务的证券服务机构,应当勤勉尽责、恪尽职守,按照相关业务规则为证券的交易及相关活动提供服务。

(二)证券交易服务机构的业务规则

1. 证券投资咨询机构及其从业人员的禁止行为

证券投资咨询机构及其从业人员从事证券服务业务不得有下列行为:一是代理委托人从

事证券投资；二是与委托人约定分享证券投资收益或者分担证券投资损失；三是买卖本证券投资咨询机构提供服务的证券；四是法律、行政法规禁止的其他行为。有上述所列行为之一，给投资者造成损失的，应当依法承担赔偿责任。

2. 证券服务机构保存信息资料

证券服务机构应当妥善保存客户委托文件、核查和验证资料、工作底稿以及与质量控制、内部管理、业务经营有关的信息和资料，任何人不得泄露、隐匿、伪造、篡改或者毁损。上述信息和资料的保存期限不得少于十年，自业务委托结束之日起算。

3. 证券服务机构制作和出具法定报告

(1)报告的范围

证券服务机构为证券的发行、上市、交易等证券业务活动制作和出具审计报告及其他鉴证报告、资产评估报告、财务顾问报告、资信评级报告或者法律意见书等文件。

(2)报告的质量

证券服务机构制作和出具法定报告，应当勤勉尽责，对所依据的文件资料内容的真实性、准确性、完整性进行核查和验证。

(3)法律责任

证券服务机构制作、出具的文件有虚假记载、误导性陈述或者重大遗漏，给他人造成损失的，应当与委托人承担连带赔偿责任，但能够证明自己没有过错的除外。

十一、证券业协会

(一)证券业协会的性质

证券业协会是证券业的自律性组织，是社会团体法人。证券公司应当加入证券业协会。

(二)证券业协会的组织及职责

1. 证券业协会的组织

证券业协会的章程由会员大会制定，并报国务院证券监督管理机构备案。

证券业协会的权力机构为全体会员组成的会员大会。

证券业协会设理事会。理事会成员依章程的规定由选举产生。

2. 证券业协会的职责

证券业协会履行下列职责：一是教育和组织会员及其从业人员遵守证券法律、行政法规，组织开展证券行业诚信建设，督促证券行业履行社会责任；二是依法维护会员的合法权益，向证券监督管理机构反映会员的建议和要求；三是督促会员开展投资者教育和保护活动，维护投资者合法权益；四是制定和实施证券行业自律规则，监督、检查会员及其从业人员行为，对违反法律、行政法规、自律规则或者协会章程的，按照规定给予纪律处分或者实施其他自律管理措施；五是制定证券行业业务规范，组织从业人员的业务培训；六是组织会员就证券行业的发展、运作及有关内容进行研究，收集、整理和发布证券相关信息，提供会员服务，组织行业交流，引导行业创新发展；七是对会员之间、会员与客户之间发生的证券业务纠纷进行调解；八是证券业协会章程规定的其他职责。

十二、证券监督管理机构

(一)证券监督管理机构的监督管理及其目的

国务院证券监督管理机构依法对证券市场实行监督管理,维护证券市场秩序,保障证券市场的合法运行;维护证券市场公开、公平、公正,防范系统性风险,维护投资者合法权益,促进证券市场健康发展。

(二)证券监督管理机构的职责和职权

1. 国务院证券监督管理机构的职责

国务院证券监督管理机构在对证券市场实施监督管理的过程中,履行下列职责:一是依法制定有关证券市场监督管理的规章、规则,并依法进行审批、核准、注册,办理备案;二是依法对证券的发行、上市、交易、登记、存管、结算等行为进行监督管理;三是依法对证券发行人、证券公司、证券服务机构、证券交易场所、证券登记结算机构的证券业务活动进行监督管理;四是依法制定从事证券业务的人员的行为准则,并监督实施;五是依法监督检查证券发行、上市、交易的信息披露;六是依法对证券业协会的自律管理活动进行指导和监督;七是依法监测并防范、处置证券市场风险;八是依法开展投资者教育;九是依法对证券违法行为进行查处;十是法律、行政法规规定的其他职责。

2. 国务院证券监督管理机构的职权

国务院证券监督管理机构依法履行职责,有权采取下列措施:一是对证券发行人、证券公司、证券服务机构、证券交易场所、证券登记结算机构进行现场检查;二是进入涉嫌违法行为发生场所调查取证;三是询问当事人和与被调查事件有关的单位和个人,要求其对与被调查事件有关的事项作出说明,或者要求其按照指定的方式报送与被调查事件有关的文件和资料;四是查阅、复制与被调查事件有关的财产权登记、通讯记录等文件和资料;五是查阅、复制当事人和与被调查事件有关的单位及个人的证券交易记录、登记过户记录、财务会计资料及其他相关文件和资料,对可能被转移、隐匿或者毁损的文件和资料可以予以封存、扣押;六是查询当事人和与被调查事件有关的单位和个人的资金账户、证券账户、银行账户以及其他具有支付、托管、结算等功能的账户信息,可以对有关文件和资料进行复制,对有证据证明已经或者可能转移或隐匿违法资金、证券等涉案财产或者隐匿、伪造、毁损重要证据的,经国务院证券监督管理机构主要负责人或者其授权的其他负责人批准,可以冻结或者查封,期限为六个月,因特殊原因需要延长的,每次延长期限不得超过三个月,冻结、查封期限最长不得超过两年;七是在调查操纵证券市场、内幕交易等重大证券违法行为时,经国务院证券监督管理机构主要负责人或者其授权的其他负责人批准,可以限制被调查的当事人的证券买卖,但限制的期限不得超过三个月,案情复杂的,可以延长三个月;八是通知出入境管理机关依法阻止涉嫌违法人员、涉嫌违法单位的主管人员和其他直接责任人员出境。另外,为防范证券市场风险,维护市场秩序,国务院证券监督管理机构可以采取责令改正、监管谈话、出具警示函等措施。

(三)证券监督管理机构的工作规范

1. 中止、恢复及终止调查

国务院证券监督管理机构对涉嫌证券违法的单位或者个人进行调查期间,被调查的当事人书面申请,承诺在国务院证券监督管理机构认可的期限内纠正涉嫌违法行为、赔偿有关投资者损失、消除损害或者不良影响的，国务院证券监督管理机构可以决定中止调查。被调查的当事人履行承诺的，国务院证券监督管理机构可以决定终止调查；被调查的当事人未履行承诺或者有国务院规定的其他情形的，应当恢复调查，具体办法由国务院规定。国务院证券监督管理机构决定中止或者终止调查的，应当按照规定公开相关信息。

2. 检查、调查人员配备及文书依据

国务院证券监督管理机构依法履行职责，进行监督检查或者调查，其监督检查、调查的人员不得少于两人，并应当出示合法证件和监督检查、调查通知书或者其他执法文书。监督检查、调查人员少于两人或者未出示合法证件和监督检查、调查通知书或其他执法文书的，被检查、调查的单位和个人有权拒绝。

另外，国务院证券监督管理机构依法履行职责，进行监督检查或者调查时，被检查、调查的单位和个人应当配合，如实提供有关文件和资料，不得拒绝、阻碍和隐瞒，有关部门也应当予以配合。

3. 信息公开

国务院证券监督管理机构制定的规章、规则和监督管理工作制度应当依法公开。国务院证券监督管理机构依据调查结果，对证券违法行为作出的处罚决定应当公开。另外，国务院证券监督管理机构应当与国务院其他金融监督管理机构建立监督管理信息共享机制。

4. 举报奖励与保密

对涉嫌证券违法、违规的行为，任何单位和个人都有权向国务院证券监督管理机构举报。对涉嫌重大违法、违规行为的实名举报线索经查证属实的，国务院证券监督管理机构按照规定给予举报人奖励。国务院证券监督管理机构应当对举报人的身份信息保密。

5. 跨境监管

国务院证券监督管理机构可以和其他国家或者地区的证券监督管理机构建立监督管理合作机制，实施跨境监督管理。

境外证券监督管理机构不得在中国境内直接进行调查取证等活动。未经国务院证券监督管理机构和国务院有关主管部门同意，任何单位和个人不得擅自向境外提供与证券业务活动有关的文件和资料。

6. 移送司法或者监察机关

国务院证券监督管理机构依法履行职责，发现证券违法行为涉嫌犯罪的，应当依法将案件移送司法机关处理；发现公职人员涉嫌职务违法或者职务犯罪的，应当依法移送监察机关处理。

7. 工作人员职业操守及从业回避

国务院证券监督管理机构工作人员必须忠于职守、依法办事、公正廉洁，不得利用职务便利牟取不正当利益，不得泄露所知悉的有关单位和个人的商业秘密。

国务院证券监督管理机构工作人员在任职期间，或者离职后在《中华人民共和国公务员法》规定的期限内，不得到与原工作业务直接相关的企业或者其他营利性组织任职，不得从事与原工作业务直接相关的营利性活动。

第五节 信托法律制度

一、信托和信托法概述

(一)信托概述

1. 信托的含义

信托,是指委托人基于对受托人的信任,将其财产权委托给受托人,由受托人按委托人的意愿以自己的名义为受益人的利益或者特定目的进行管理或者处分的行为。据此,信托的含义包括:一是委托人将其财产权委托给受托人;二是受托人应当按委托人的意愿,以自己的名义进行管理或者处分;三是受托人应当为受益人的利益或者特定目的进行管理或者处分;四是信托收益归受益人。信托是一种理财行为,受托人为委托人理财,收益归受益人所有。

2. 信托的种类

委托人、受托人和受益人在中国境内从事民事、营业、公益信托活动,都适用《信托法》。据此,中国的信托可以分为民事信托、营业信托和公益信托。

(1)民事信托

民事信托也称私人信托、"非营业信托",是民事关系当事人之间设立的、受托人的信托行为没有营利目的的信托关系。

(2)营业信托

营业信托是受托人以商业行为从事信托业务的信托关系。信托投资公司的主营业务通常是营业信托。

(3)公益信托

公益信托是为了公共利益目的而设立的信托关系。

另外,从民事角度来看,信托活动包括财产托管、子女监护、老人赡养、遗嘱执行、遗产管理等内容;从商事角度来看,信托业务除了前述信托活动之外,还可以包括财产信托、财务咨询、中长期融资服务等。

(二)信托法概述

1. 信托法的含义

信托法是调整委托人、受托人与受益人之间因信托关系而产生的权利义务关系的法律规范的总称。《信托法》于 2001 年 10 月 1 日起施行,中国第一次从法律上确立信托制度,为中国信托业的发展铺平了道路,该法调整在中国境内进行的民事、营业和公益信托活动。2002 年 6 月 5 日,中国人民银行颁布了《信托投资公司管理办法》,同年 6 月 26 日颁布了《信托投资公司资金信托管理暂行办法》。这些法律、规章对中国信托业的规范和完善起到了很大的作用。

2. 信托法的基本原则

信托当事人从事信托活动,必须遵守法律、行政法规,遵循自愿、公平和诚实信用原则,不得损害国家利益和社会公共利益。

二、信托设立

(一)信托设立的条件

1. 必须有合法的信托目的

设立信托必须有合法的目的。设立信托可以为他人的利益(他益信托),也可以为自己的利益(自益信托),还可以为公益目的(公益信托)。他益、自益和公益的"利益"应当是合法的。合法的信托目的是信托关系具有法律效力的前提;信托目的不合法的信托关系是无效信托,不产生效力。

2. 必须有确定、合法的信托财产

设立信托必须有确定的信托财产,并且该信托财产必须是委托人合法所有的财产,包括合法的财产权利。

第一,信托财产应当是确定的,即信托财产是客观存在的、委托人明确交付给受托人管理、处分的财产。

第二,信托财产应当是委托人合法所有的财产,即委托人转移给受托人的信托财产是委托人享有所有权的财产(包括财产权利)。

3. 应当采取书面形式

设立信托应当采取书面形式。书面形式包括信托合同、遗嘱或者法律、行政法规规定的其他书面文件等。采取信托合同形式设立信托的,信托合同签订时,信托成立。采取其他书面形式设立信托的,受托人承诺信托时,信托成立。

另外,设立遗嘱信托的,应当遵守继承法关于遗嘱的规定,包括遗嘱的形式和内容应当合法。遗嘱指定的人拒绝或者无能力担任受托人的,由受益人另行选任受托人;受益人为无民事行为能力人或者限制民事行为能力人的,依法由其监护人代行选任;遗嘱对选任受托人另有规定的,从其规定。

(二)信托设立文件及信托登记

1. 信托设立文件

(1)信托设立文件的法定事项

设立信托的书面文件上应当载明下列事项:一是信托目的;二是委托人、受托人的姓名或者名称、住所;三是受益人或者受益人的范围;四是信托财产的范围、种类及状况;五是受益人取得信托利益的形式和方法。

(2)信托设立文件的约定事项

信托设立书面文件上还可以载明信托期限、信托财产的管理方法、受托人的报酬、新受托人的选任方式和信托终止事由等事项。

2. 信托登记

信托登记是涉及信托的信托财产的登记。设立信托的,对于信托财产,有关法律、行政法规规定应当办理登记手续的,应当依法办理信托登记;未依照规定办理信托登记的,应当补办登记手续;不补办的,该信托不产生效力。据此,关于信托登记,以下两点需注意:

第一,信托登记不是信托业务必须经过的法定程序。有关法律、行政法规规定对于信托财产应当办理登记手续的,应当依法办理信托登记。

第二,信托登记不是信托成立必须经过的法定程序。信托成立与信托设立的具体形式相关;应当依法办理信托登记而未办理、未补办的,导致信托设立不产生效力。

(三)信托的无效和撤销

1. 信托无效

信托无效,是指设立的信托因违反信托原则或者设立条件等原因,不产生效力的情形。有下列情形之一的,信托无效:一是信托目的违反法律、行政法规或者损害社会公共利益;二是信托财产不能确定;三是委托人以非法财产或者法律规定不得设立信托的财产设立信托;四是专以诉讼或者讨债为目的而设立信托;五是受益人或者受益人的范围不能确定;六是法律、行政法规规定的其他情形。

2. 信托撤销

信托撤销,是指利益相关人对于他人设立的信托提出撤销请求。委托人设立信托损害其债权人利益的,债权人有权申请人民法院撤销该信托。人民法院依法撤销信托的,不影响善意受益人已经取得的信托利益。债权人的申请权自债权人知道或者应当知道撤销原因之日起一年内不行使的,归于消灭。据此,信托撤销的含义包括:

第一,信托撤销的原因是委托人设立信托损害其债权人利益。

第二,信托撤销申请人是利益受损的信托委托人的债权人。

第三,信托撤销期限是知道或者应当知道撤销原因之日起一年内。

第四,信托撤销不影响善意受益人已经取得的信托利益。

三、信托财产

(一)信托财产的来源和性质

1. 信托财产的来源

信托财产的来源(范围)包括:一是受托人因承诺信托而取得的财产;二是受托人因信托财产的管理、运用、处分或者其他情形而取得的财产。

法律、行政法规禁止流通的财产不得作为信托财产;法律、行政法规限制流通的财产,依法经有关主管部门批准后,可以作为信托财产。

2. 信托财产的性质

信托是一种财产转移和管理制度,作为信托制度的对象,信托财产具有独立性,不同于其他财产转移和管理制度中的财产。信托财产的独立性表现为信托财产不同于委托人没有设立信托的其他财产,也不同于受托人所有的财产(固有财产)。

(1)信托财产与委托人其他财产的区别

信托财产与委托人未设立信托的其他财产有区别。设立信托后,委托人死亡或者依法解散、撤销、宣告破产时,委托人是唯一受益人的,信托终止,信托财产作为其遗产或者清算财产;委托人不是唯一受益人的,信托存续,信托财产不作为其遗产或者清算财产,但作为共同受益人的委托人死亡或者依法解散、撤销、宣告破产时,其信托受益权作为其遗产或者清算财产。

(2)信托财产与受托人固有财产的区别

信托财产与属于受托人所有的财产(固有财产)相区别。信托财产不得归入受托人的固有财产或者成为固有财产的一部分。受托人死亡或者依法解散、撤销、宣告破产而终止,信托财产不属于其遗产或者清算财产。受托人管理、运用、处分信托财产所产生的债权不得与其固有财产所产生的债务相抵销。

(二)信托财产的保护

1. 限制信托财产强制执行

强制执行是人民法院在民事诉讼过程中对于有关财产采取冻结、扣留、变卖、拍卖等措施,以保障民事诉讼活动正常进行。除因下列四种情形之一外,对信托财产不得强制执行:一是设立信托前债权人已对该信托财产享有优先受偿的权利,并依法行使该权利;二是债权人要求清偿受托人处理信托事务所产生的债务;三是信托财产本身应担负的税款;四是法律规定的其他情形。对于违反上述规定而强制执行信托财产的,委托人、受托人或者受益人有权向人民法院提出异议。

2. 限制信托财产抵销

受托人管理、运用、处分信托财产所产生的债权不得与其固有财产产生的债务相抵销;受托人管理、运用、处分不同委托人的信托财产所产生的债权债务不得相互抵销。

四、信托当事人

(一)委托人

1. 委托人的资格

委托人应当是具有完全民事行为能力的自然人、法人或者依法成立的其他组织。

2. 委托人的权利

(1)知情

委托人有权了解其信托财产的管理、运用、处分及收支情况,并有权要求受托人作出说明。委托人有权查阅、抄录或者复制与其信托财产有关的信托账目以及处理信托事务的其他文件。

(2)要求受托人调整信托财产管理方法

因设立信托时未能预见的特别事由,致使信托财产的管理方法不利于实现信托目的或者不符合受益人的利益时,委托人有权要求受托人调整该信托财产的管理方法。

(3)请求受托人撤销处分行为并要求赔偿

受托人违反信托目的处分信托财产或者因违背管理职责、处理信托事务不当致使信托财产受到损失的,委托人有权申请人民法院撤销该处分行为,并有权要求受托人恢复信托财产的原状或者予以赔偿;该信托财产的受让人明知是违反信托目的而接受该财产的,应当予以返还或者予以赔偿。该申请权自委托人知道或者应当知道撤销原因之日起一年内不行使的,归于消灭。

(4)解任受托人

受托人违反信托目的处分信托财产或者管理、运用、处分信托财产有重大过失的,委托人有权依照信托文件的规定解任受托人,或者申请人民法院解任受托人。

(二)受托人

1. 受托人的资格

受托人应当是具有完全民事行为能力的自然人、法人;法律、行政法规对受托人的条件另有规定的,从其规定。

2. 受托人的基本义务

(1)处理信托事务

受托人应当遵守信托文件的规定，为受益人的最大利益处理信托事务。

(2)管理信托财产

受托人管理信托财产，必须恪尽职守，履行诚实、信用、谨慎、有效管理的义务。

(3)支付信托利益

受托人以信托财产为限向受益人承担支付信托利益的义务。

3. 受托人的报酬

受托人除依照规定取得报酬外，不得利用信托财产为自己牟取利益。受托人违反规定、利用信托财产为自己牟取利益的，所得利益归入信托财产。

(1)报酬依据

受托人有权依照信托文件的约定取得报酬；信托文件未作事先约定的，经信托当事人协商同意，可以作出补充约定；未作事先约定和补充约定的，不得收取报酬。约定的报酬经信托当事人协商同意，可以增减其数额。

(2)报酬请求权停滞

受托人违反信托目的处分信托财产或者因违背管理职责、处理信托事务不当致使信托财产受到损失的，在未恢复信托财产的原状或者未予赔偿前，不得请求给付报酬。

4. 受托人管理信托财产的一般规则

(1)不得将信托财产转为其固有财产

受托人将信托财产转为其固有财产的，必须恢复该信托财产的原状；造成信托财产损失的，应当承担赔偿责任。

(2)不得混淆交易

受托人不得将其固有财产与信托财产进行交易或者将不同委托人的信托财产进行相互交易；但信托文件另有规定或者经委托人或受益人同意，并以公平的市场价格进行交易的除外。受托人违反规定，造成信托财产损失的，应当承担赔偿责任。

(3)分别管理信托财产与其固有财产

受托人必须将信托财产与其固有财产分别管理、分别记账，并将不同委托人的信托财产分别管理、分别记账。

(4)处理信托事务和转托

受托人应当自己处理信托事务；但信托文件另有规定或者有不得已事由的，可以委托他人代为处理。受托人依法将信托事务委托他人代理的，应当对他人处理信托事务的行为承担责任。

5. 共同受托人

同一信托的受托人有两个以上的，为共同受托人。

(1)处理信托事务的规则

共同受托人应当共同处理信托事务；但信托文件规定对某些具体事务由受托人分别处理的，从其规定。共同受托人共同处理信托事务，意见不一致时，按信托文件的规定处理；信托文件未规定的，由委托人、受益人或者其利害关系人决定。

（2）承担法律责任的规则

共同受托人处理信托事务对第三人所负债务应当承担连带清偿责任，第三人对共同受托人之一所作的意思表示对其他受托人同样有效。共同受托人之一违反信托目的处分信托财产或者因违背管理职责、处理信托事务不当致使信托财产受到损失的，其他受托人应当承担连带赔偿责任。

6. 受托人处理信托事务的报告和保密

受托人必须保存处理信托事务的完整记录。受托人应当每年定期将信托财产的管理、运用、处分及收支情况报告委托人和受益人。受托人对委托人、受益人以及处理信托事务的情况和资料负有依法保密的义务。

7. 受托人处理信托事务的支出和债务

（1）信托财产承担

受托人因处理信托事务所支出的费用和对第三人所负的债务，以信托财产承担；受托人以其固有财产先行支付的，对信托财产享有优先受偿的权利。

（2）固有财产承担

受托人违背管理职责或者处理信托事务不当，对第三人所负债务或者自己所受到的损失，以其固有财产承担。

8. 受托人的辞任

设立信托后，经委托人和受益人同意，受托人可以辞任。法律对公益信托的受托人辞任有专门规定。受托人辞任的，在新受托人选出前仍应履行管理信托事务的职责。

9. 受托人的职责终止

（1）受托人职责终止的情形

受托人有下列情形之一的，其职责终止：一是死亡或者被依法宣告死亡；二是被依法宣告为无民事行为能力人或者限制民事行为能力人；三是被依法撤销或者被宣告破产；四是依法解散或者法定资格丧失；五是辞任或者被解任；六是法律、行政法规规定的其他情形。

（2）受托人职责终止的后果

受托人职责终止时，其继承人或者遗产管理人、监护人、清算人应当妥善保管信托财产，协助新受托人接管信托事务。因上述三至六项所列情形之一而职责终止的，应当作出处理信托事务的报告，并向新受托人办理信托财产和信托事务的移交手续。报告经委托人或者受益人认可，原受托人就报告中所列事项解除责任，但原受托人有不正当行为的除外。共同受托人之一职责终止的，信托财产由其他受托人管理和处分。

10. 选任新受托人

受托人职责终止的，依照信托文件的规定选任新受托人；信托文件未规定的，由委托人选任；委托人不指定或者无能力指定的，由受益人选任；受益人为无民事行为能力人或者限制民事行为能力人的，依法由其监护人代行选任。原受托人处理信托事务的权利和义务由新受托人承继。

（三）受益人

1. 受益人的含义

受益人，是指在信托中享有信托受益权的人。受益人可以是自然人、法人或者依法成立的其他组织。委托人可以是受益人,也可以是同一信托的唯一受益人;受托人可以是受益人,但不得是同一信托的唯一受益人。受益人可以行使委托人享有的权利,与委托人意见不一致时,可以申请人民法院作出裁定。共同受益人之一申请人民法院撤销受托人的处分行为的,人民法院所作出的撤销裁定对全体共同受益人有效。

2. 受益人的信托受益权

(1)信托受益权的取得

受益人自信托生效之日起享有信托受益权;信托文件另有规定的,从其规定。共同受益人按照信托文件的规定享受信托利益。信托文件对信托利益的分配比例或者分配方法未作规定的,各受益人按照均等的比例享受信托利益。

(2)信托受益权的放弃

受益人可以放弃信托受益权。全体受益人放弃信托受益权的,信托终止。部分受益人放弃信托受益权的,被放弃的信托受益权按下列顺序确定归属:信托文件规定的人→其他受益人→委托人或者其继承人。

(3)信托受益权的财产权属性

①用于清偿债务。受益人不能清偿到期债务的,其信托受益权可以用于清偿债务,但法律、行政法规以及信托文件有限制性规定的除外。

②转让和继承。受益人的信托受益权可以依法转让和继承,但信托文件有限制性规定的除外。

五、信托变更和终止

(一)信托的解除和变更

1. 委托人解除信托

(1)委托人是唯一受益人的信托解除

委托人是唯一受益人的,委托人或者其继承人可以解除信托;信托文件另有规定的,从其规定。

(2)委托人不是唯一受益人的信托解除

受益人对委托人有重大侵权行为、经受益人同意、信托文件规定的情形出现时,委托人可以解除信托。

2. 委托人变更受益人或者处分受益人的信托受益权

设立信托后,有下列情形之一的,委托人可以变更受益人或者处分受益人的信托受益权:一是受益人对委托人有重大侵权行为;二是受益人对其他共同受益人有重大侵权行为;三是经受益人同意;四是信托文件规定的其他情形。

(二)信托终止

1. 信托终止的情形

信托不因委托人或者受托人的死亡、丧失民事行为能力、依法解散、被依法撤销或者被宣告破产而终止,也不因受托人的辞任而终止,但法律或者信托文件另有规定的除外。

有下列法定情形之一的,信托终止:一是信托文件规定的终止事由发生;二是信托的存续违反信托目的;三是信托目的已经实现或者不能实现;四是信托当事人协商同意;五是信托被撤销；六是信托被解除。

2. 信托终止后信托财产的归属

信托终止的，信托财产归属于信托文件规定的人；信托文件未规定的，按下列顺序确定归属：受益人或者其继承人→委托人或者其继承人。

依照规定，信托财产的归属确定后，在该信托财产转移给权利归属人的过程中，信托视为存续，权利归属人视为受益人。信托终止后，人民法院依法对原信托财产强制执行的，以权利归属人为被执行人。

3. 信托终止后受托人的权利和义务

(1)受托人的权利

信托终止后，受托人依法行使请求给付报酬、从信托财产中获得补偿的权利时，可以留置信托财产或者对信托财产的权利归属人提出请求。

(2)受托人的义务

信托终止的，受托人应当作出处理信托事务的清算报告。受益人或者信托财产的权利归属人对清算报告无异议的，受托人就清算报告所列事项解除责任，但受托人有不正当行为的除外。

六、公益信托

(一)公益信托概述

1. 公益信托的范围

为了下列公共利益目的之一而设立的信托属于公益信托：一是救济贫困；二是救助灾民；三是扶助残疾人；四是发展教育、科技、文化、艺术、体育事业；五是发展医疗卫生事业；六是发展环境保护事业，维护生态环境；七是发展其他社会公益事业。公益信托的信托财产及其收益不得用于非公益目的。

2. 公益信托的法律适用和基本政策

公益信托除下述专门规定，适用《信托法》关于信托的其他规定。国家鼓励发展公益信托。

(二)公益信托的规定

1. 公益信托的设立和公益事业管理机构

(1)公益信托的设立

公益信托的设立和确定其受托人应当经公益事业管理机构批准；未经公益事业管理机构的批准，不得以公益信托的名义进行活动。

(2)公益事业管理机构

公益事业管理机构对公益信托活动应当给予支持。公益事业管理机构违反公益信托规定的，委托人、受托人或者受益人有权向人民法院起诉。

2. 公益信托监察人

(1)公益信托监察人的设置

公益信托应当设置监察人。公益信托监察人由信托文件规定；信托文件未规定的，由公益事业管理机构指定。

(2)公益信托监察人的权利

公益信托监察人有权以自己的名义为维护受益人的利益而提起诉讼或者实施其他法律行为。

3. 公益信托受托人

公益事业管理机构对受托人的监督:一是受托人未经公益事业管理机构批准,不得辞任;二是公益事业管理机构应当检查受托人处理公益信托事务的情况及财产状况;三是公益信托的受托人违反信托义务或者无能力履行其职责的,由公益事业管理机构变更受托人。

受托人应当至少每年一次作出信托事务处理情况及财产状况报告,经公益信托监察人认可后,报公益事业管理机构核准,并由受托人予以公告。

4. 公益信托的变更和终止

(1)公益信托的变更

公益信托成立后,发生设立信托时不能预见的情形的,公益事业管理机构可以根据信托目的,变更信托文件中的有关条款。

(2)公益信托的终止

①受托人报告。公益信托终止的,受托人应当于终止事由发生之日起十五日内将终止事由和终止日期报告公益事业管理机构。

②受托人清算。公益信托终止的,受托人作出的处理信托事务的清算报告应当经公益信托监察人认可后,报公益事业管理机构核准,并由受托人予以公告。

③受托人转移信托财产。公益信托终止,没有信托财产权利归属人或者信托财产权利归属人是不特定的社会公众的,经公益事业管理机构批准,受托人应当将信托财产用于与原公益目的相近似的目的,或者将信托财产转移给具有近似目的的公益组织或其他公益信托。

第六节 票据法律制度

一、票据与票据法概述

(一)票据概述

1. 票据的含义

票据是发票人依照《票据法》发行的,无条件支付或者委托他人无条件支付一定金额给收款人或者持票人的一种有价证券。《票据法》所称的票据包括汇票、本票和支票。

2. 票据的特征

票据作为有价证券,有以下特征:一是票据是设权证券,即票据权利经过出票人的出票行为而产生;二是票据是文义证券,即票据权利和义务只依票据上记载的文义而确定;三是票据是要式证券,即票据必须按照法定格式设立,否则无效;四是票据是无因证券,即票据上权利和义务的存在不以任何实质原因为有效条件;五是票据是流通证券,即票据权利可以通过背书或者交付等方式转让,一般无须登记或者过户;六是票据是金钱证券,即票据以支付一定金额的货币为目的。

(二)票据法概述

1. 票据法的含义

票据法是指规定票据的种类、签发、转让和票据当事人的权利义务等内容的法律规范的总和。票据法有广义与狭义之分。广义的票据法是所有关于票据方面的法律、行政法规的总称;狭义的票据法是关于票据的专门立法。中国票据的专门立法是《票据法》。1997 年 10 月 1 日起又施行中国人民银行制定的《票据管理实施办法》。

2. 票据法律关系

票据法律关系是票据当事人之间因票据的签发、转让等行为而发生的权利义务关系。票据法律关系包括票据关系和票据法上的非票据关系。

(1)票据关系

票据关系是指当事人之间因票据行为而发生的债权债务关系,如出票人与收款人之间的关系,背书人与被背书人之间的关系。票据关系是票据当事人之间的基本法律关系。票据关系当事人有基本当事人与非基本当事人之分。

①基本当事人。票据关系的基本当事人是指票据出票时已经存在的当事人,如汇票的基本当事人有出票人、收款人和付款人,本票的基本当事人有出票人和收款人,支票的基本当事人有出票人和付款人。

②非基本当事人。票据关系的非基本当事人是指票据出票后通过其他票据活动加入票据关系的当事人,如被背书人和保证人等。

(2)票据法上的非票据关系

票据法上的非票据关系,是指不是基于票据行为直接发生的,而是由《票据法》规定的法律关系,如票据的真正权利人要求恶意取得票据的持票人返还票据而发生的法律关系。规定这种法律关系的目的是保障票据关系中权利义务的实现。

票据关系与票据的基础关系不是同一个概念。票据的基础关系,是指授受票据的原因关系或者前提关系。例如,《票据法》规定,票据的签发、取得和转让应当遵循诚实信用原则,具有真实的交易关系和债权债务关系。交易关系和债权债务关系就是票据的基础关系。另外,在《支付结算办法》中也规定,票据的取得必须给付相应的对价;除非是因税收、继承、赠与,才可无偿取得。可见,中国对票据的无因性是有限制的。票据的基础关系无效并不必然导致票据关系的无效,票据关系因一定原因失效也不影响票据基础关系的效力。

二、票据活动的一般规定

(一)票据活动的原则

1. 票据活动的一般原则

票据活动应当遵守法律、行政法规,不得损害社会公共利益。

2. 票据的签发、取得和转让原则

票据的签发、取得和转让应当遵循诚实信用原则,具有真实的交易关系和债权债务关系。票据的取得必须给付对价,即应当给付票据双方当事人认可的相对应的代价。

(二)票据的签章

1. 当事人的签章及其责任

(1)出票人制作票据的签章

出票人,是指做成票据并将票据交付收款人的人。出票,是指出票人签发票据并将其交付收款人的票据活动。票据出票人制作票据,应当按照法定条件在票据上签章并按照所记载的事项承担票据责任。所谓票据责任,是指票据债务人向持票人支付票据金额的义务。

(2)持票人行使票据权利的签章

持票人,是指占有票据的收款人和被背书人等。持票人行使票据权利应当按照法定程序在票据上签章并出示票据。所谓票据权利,是指持票人向票据债务人请求支付票据金额的权利,包括付款请求权和追索权。

(3)其他票据债务人的签章

其他票据债务人在票据上签章的,按照票据所记载的事项承担票据责任。

(4)代理人在票据上签章

票据当事人可以委托其代理人在票据上签章,并应当在票据上表明其代理关系。没有代理权而以代理人名义在票据上签章的,应当由签章人承担票据责任;代理人超越代理权限的,应当就其超越权限的部分承担票据责任。

(5)无民事行为能力人或者限制民事行为能力人在票据上签章

无民事行为能力人或者限制民事行为能力人在票据上签章的,其签章无效,但不影响其他签章的效力。

2. 签章的形式

票据上的签章为签名、盖章或者签名加盖章。法人和其他使用票据的单位在票据上的签章为该法人或者该单位的盖章加其法定代表人或者其授权代理人的签章。在票据上的签名应当为该当事人的本名。

(三)票据记载事项

1. 票据记载事项的要求

(1)记载事项合法

票据上的记载事项必须符合《票据法》的规定。票据金额、日期、收款人名称不得更改,更改的票据无效。对票据上的其他记载事项,原记载人可以更改,更改时应当由原记载人签章证明。

(2)记载事项真实

票据上的记载事项应当真实,不得伪造、变造。伪造、变造票据上的签章和其他记载事项的,应当承担法律责任。票据上有伪造、变造的签章的,不影响票据上其他真实签章的效力。票据上其他记载事项被变造的,在变造前签章的人对原记载事项负责;在变造后签章的人对变造后的记载事项负责;不能辨别是在票据被变造前还是后签章的,视同在变造前签章。

2. 票据金额记载的要求

票据金额以中文大写和数码同时记载的,两者必须一致;两者不一致的,票据无效。

(四)票据丧失和票据权利

1. 票据丧失

票据丧失,是指票据被盗、遗失、灭失。由于行使票据权利必须持有票据,而票据持有人丧失票据后，票据体现的权利并不消灭，因此，法律有保护票据权利的补救措施。

(1)挂失止付

挂失止付是指失票人在票据丧失后向付款人申请挂失，要求付款人暂时停止支付票款。传统上，失票人一般还会在媒体上刊登票据丧失的公告。挂失止付对票据权利的保护效力是有限的：一是不是所有票据都可以挂失止付，未记载付款人或者无法确定付款人及其代理付款人的票据不能挂失止付；二是收到挂失止付通知的付款人只有暂停支付的义务。失票人应当在通知挂失止付后三日内，也可以在票据丧失后，依法向人民法院申请公示催告，或者向人民法院提起诉讼。

(2)公示催告

公示催告，是指可以背书的票据持有人在票据丧失后向票据支付地的基层人民法院提出申请，由人民法院发布公告，催促利害关系人在规定期限内申报权利的特殊诉讼程序。与挂失止付不同，公示催告由人民法院通知付款人（支付人）停止支付；催告期限内无人申报权利的，人民法院可以判决形式宣告票据无效。公示催告程序终结后，申请人或者申报人还可以向人民法院起诉。

2. 票据权利

(1)票据权利消灭

票据权利在下列期限内不行使而消灭：一是持票人对票据出票人和承兑人的权利自票据到期日起两年；二是见票即付的汇票、本票自出票日起两年；三是持票人对支票出票人的权利自出票日起六个月；四是持票人对前手的追索权自被拒绝承兑或者被拒绝付款之日起六个月；五是持票人对前手的再追索权自清偿日或者被提起诉讼日起三个月。票据的出票日和到期日由票据当事人依法确定。所谓前手，是指在票据签章人或者持票人前签章的其他票据债务人。

(2)票据权利丧失

以欺诈、偷盗或者胁迫等手段取得票据的，或者明知有前述情形，出于恶意而取得票据的，不得享有票据权利。持票人因重大过失取得不符合法律规定的票据的，也不得享有票据权利。

(3)票据权利的行使场所和时间

持票人对票据债务人行使票据权利或者保全票据权利应当在票据当事人的营业场所和营业时间内进行；票据当事人无营业场所的，应当在其住所进行。

(4)抗辩

所谓抗辩，是指票据债务人根据《票据法》的规定对票据债权人拒绝履行义务的行为。票据债务人不得以自己与出票人或者与持票人的前手之间的抗辩事由对抗持票人，但持票人明知存在抗辩事由而取得票据的除外。票据债务人可以对不履行约定义务的与自己有直接债权债务关系的持票人进行抗辩。

(5)票据权利消灭和丧失后的民事权利

持票人因超过票据权利时效或者因票据记载事项欠缺而丧失票据权利的，仍享有民事权利，可以请求出票人或者承兑人返还其与未支付的票据金额相当的利益。

三、汇票

(一)汇票概述

1. 汇票的含义

汇票是出票人签发的,委托付款人在见票时或者在指定日期无条件支付确定的金额给收款人或者持票人的票据。汇票的基本当事人有出票人、收款人和付款人。

出票人,是指做成汇票并将汇票交付收款人的人。

收款人,是指汇票出票时接受汇票并享有向付款人请求付款的权利的人。

付款人,是指受汇票出票人委托付款并记载于票据的人。

2. 汇票的种类

根据汇票签发人的不同,汇票可以分为银行汇票和商业汇票。

(1)银行汇票

银行汇票,是指汇款人将款项交存当地银行,由银行签发给汇款人持往异地办理转账结算或者支取现金的票据。

(2)商业汇票

商业汇票,是指收款人或者付款人签发,由承兑人承兑,并于到期日向收款人或者被背书人支付款项的票据。根据商业汇票承兑人的不同,商业汇票又分为商业承兑汇票和银行承兑汇票。商业承兑汇票由收款人签发,经付款人承兑,或者由付款人签发并承兑。银行承兑汇票由收款人或者承兑申请人签发,由承兑申请人向开户银行申请,经银行审查同意后承兑。

(二)出票

1. 出票的基本要求

汇票的出票人必须与付款人具有真实的委托付款关系,并且具有支付汇票金额的可靠资金来源,不得签发无对价的汇票骗取银行或者其他票据当事人的资金。

2. 汇票的记载事项

(1)汇票的必须记载事项

汇票必须记载下列事项:一是表明“汇票”的字样;二是无条件支付的委托;三是确定的金额;四是付款人名称;五是收款人名称;六是出票日期;七是出票人签章。汇票上未记载规定的必须记载事项之一的,汇票无效。汇票上可以记载必须记载事项以外的其他出票事项,但该记载事项不具有汇票上的效力。

(2)付款日期、付款地和出票地的确定

汇票上记载付款日期、付款地和出票地等事项的,应当清楚、明确。汇票上未记载付款日期的,为见票即付;未记载付款地的,付款人的营业场所、住所或者经常居住地为付款地;未记载出票地的,出票人的营业场所、住所或者经常居住地为出票地。

(3)付款日期的记载形式

付款日期可以按照下列形式之一记载:一是见票即付;二是定日付款;三是出票后定期付款;四是见票后定期付款。上述规定的付款日期为汇票到期日。

3. 出票的法律效力

出票人签发汇票后即承担保证该汇票承兑和付款的责任。出票人在汇票得不到承兑或者付款时，应当向持票人清偿《票据法》规定的金额和费用。

（三）背书

1. 背书的含义

背书，是指票据收款人或者持有人在票据背面或者粘单上记载有关事项并签章的票据行为。背书是票据转让的法律手续，在交付后完成。

2. 背书的依据和操作

（1）背书的依据

持票人有权将汇票权利转让给他人或者将一定的汇票权利授予他人行使。除了出票人在汇票上记载“不得转让”字样的汇票不得转让外，持票人可以将汇票权利转让给他人或者将一定的汇票权利授予他人行使。持票人行使汇票转让、授予他人行使权利时，应当背书并交付汇票。

（2）背书的操作

票据凭证不能满足背书人记载事项的需要，可以加附黏单，黏附于票据凭证上，黏单上的第一记载人应当在汇票和黏单的黏接处签章。

3. 背书的规定

（1）记载背书日期和被背书人名称

背书由背书人签章并记载背书日期；背书未记载日期的，视为在汇票到期日前背书。汇票背书转让或者以背书将一定的汇票权利授予他人行使的，必须记载被背书人名称。

（2）背书应当连续

以背书转让的汇票，背书应当连续（在票据转让过程中，转让汇票的背书人与受让汇票的被背书人在汇票上的签章前后衔接）。持票人以背书的连续证明其汇票权利；非经背书转让，而以其他合法方式取得汇票的，须依法举证，证明其汇票权利。

（3）后手的责任

以背书转让的汇票，后手应当对其直接前手背书的真实性负责。所谓后手，是指在票据签章人后签章的其他票据债务人。

（4）背书不得附有条件

背书不得附有条件，背书时附有条件的，所附条件不具有汇票上的效力。

（5）背书无效

将汇票金额的一部分转让的背书或者将汇票金额分别转让给两个人以上的背书无效。

（6）背书人不承担保证责任

背书人在汇票上记载“不得转让”字样，其后手背书转让的，原背书人对其后手的被背书人不承担保证责任。

（7）行使委托的汇票权利

背书记载“委托收款”字样的，被背书人有权代背书人行使被委托的汇票权利，但被背书人不得再背书转让汇票权利。

（8）汇票的质押

汇票可以设定质押，质押时应当以背书记载“质押”字样。被背书人依法实现其质权时，可以行使汇票权利。

(9)不得背书转让

汇票被拒绝承兑、付款或者超过付款提交期限的,不得背书转让;背书转让的,背书人应当承担汇票责任。

(10)背书人的责任

背书人背书转让汇票后,即承担保证其后手所持汇票承兑和付款的责任。背书人在汇票得不到承兑或者付款时,应当向持票人清偿《票据法》追索权规定的金额和费用。

(四)承兑

1. 承兑的含义

承兑,是指票据付款人承诺在汇票到期日支付汇票金额的票据行为。

2. 承兑的规定

(1)持票人提示承兑

提示承兑,是指持票人向付款人出示汇票并要求付款人承诺付款的行为。定日付款或者出票后定期付款的汇票,持票人应当在汇票到期日前向付款人提示承兑;见票后定期付款的汇票,持票人应当自出票日起一个月内向付款人提示承兑;见票即付的汇票,无须提示承兑。汇票未按照规定期限提示承兑的,持票人丧失对其前手的追索权。

(2)付款人承兑或者拒绝承兑

承兑或者拒绝承兑,是指付款人对提示承兑的汇票表示承诺付款或者拒绝付款的行为。付款人对向其提示承兑的汇票,应当自收到提示承兑的汇票之日起三日内承兑或者拒绝承兑。付款人收到持票人提示承兑的汇票时,应当向持票人签发收到汇票的回单,回单上应当记明汇票提示承兑的日期并签章。

(3)付款人承兑

付款人承兑汇票的,应当在汇票正面记载"承兑"字样和承兑日期并签章。见票后定期付款的汇票,应当在承兑时记载付款日期。汇票上未记载承兑日期的,以规定期限的最后一日为承兑日期。付款人承兑汇票后,应当承担到期付款的责任。

(4)付款人拒绝承兑

付款人拒绝承兑的,制作拒绝证书。承兑不得附有条件;若附有条件,则视为拒绝承兑。

(五)保证

1. 保证的含义

保证,是指汇票的债务由汇票债务人以外的他人(保证人)表示承担保证责任的附属票据行为。汇票的债务可以由保证人承担保证责任。《票据法》上的保证具有独立性的特点,即除非汇票债务人(被保证人)的债务因欠缺记载事项而使汇票无效、保证人的保证责任也随之无效,保证人不因其他原因免除保证责任。保证不得附有条件;附有条件的,不影响对汇票的保证责任。

2. 保证的规定

(1)保证人的条件

保证人必须是汇票债务人以外的他人。保证人必须在汇票或者黏单上记载下列事项:一是表明"保证"的字样;二是保证人的名称和住所;三是被保证人的名称(保证人未记载、已承兑的汇票,承兑人为被保证人;未承兑的汇票,出票人为被保证人);四是保证日期(保证人未记载的,出票日期为保证日期);五是保证人签章。

(2)保证人的责任和权利

①保证责任的范围。保证人对合法取得汇票的持票人所享有的汇票权利承担保证责任,但被保证人的债务因汇票记载事项欠缺而无效的除外。

②保证人与被保证人的连带责任。被保证的汇票,保证人应当与被保证人对持票人承担连带责任;汇票到期后得不到付款的,持票人有权向保证人请求付款,保证人应当足额付款。

③保证人之间的连带责任。保证人为两人以上的,保证人之间承担连带责任。

④保证人的追索权。保证人清偿汇票债务后,可以行使持票人对被保证人及其前手的追索权。

(六)付款

1. 付款的含义

付款,是指汇票债务人在规定期限内将票据款项支付给持票人的票据行为。付款的程序包括提示付款和支付票款。

2. 付款的规定

(1)提示付款

提示付款,是指持票人按照法定期限向付款人或者承兑人出示汇票、请求付款的行为。持票人应当按照下列期限提示付款:一是见票即付的汇票自出票日起一个月内向付款人提示付款;二是定日付款、出票后定期付款或者见票后定期付款的汇票自到期日起十日内向承兑人提示付款。持票人未按照规定期限提示付款的,在作出说明后,承兑人或者付款人仍应当继续对持票人承担付款责任。通过委托收款银行或者通过票据交换系统向付款人提示付款的,视同持票人提示付款。

(2)支付票款

支付票款,是指付款人将汇票金额支付给持票人的行为。持票人依照规定提示付款的,付款人必须在当日足额付款。付款人依法足额付款后,全体汇票债务人的责任解除。持票人获得付款的,应当在汇票上签收,并将汇票交给付款人。汇票金额以外币表示的,按照付款日的市场汇价,以人民币支付;汇票当事人对汇票支付的货币种类另有约定的,从其约定。持票人委托银行收款的,受委托的银行将代收的汇票金额转账收入持票人账户,视同签收。

(3)银行的责任

持票人委托的收款银行的责任限于按照汇票上的记载事项将汇票金额转入持票人账户。付款人委托的付款银行的责任限于按照汇票上的记载事项从付款人账户支付汇票金额。

(4)付款人及其代理付款人的责任

付款人及其代理付款人付款时,应当审查汇票背书的连续性并审查提示付款人的合法身份证明或者有效证件;付款人及其代理付款人以恶意或者有重大过失付款的,应当自行承担责任。对定日付款、出票后定期付款或者见票后定期付款的汇票,付款人在到期日前付款的,由付款人自行承担所产生的责任。

(七)追索权

1. 追索权的含义

持票人的票据权利,是指持票人因合法持有汇票等票据,依据《票据法》享有的权利,包括付款请求权和追索权。

付款请求权，是指持票人向票据主债务人或者其他付款义务人请求按票据上记载的金额付款的权利，是票据上的第一次请求权。

追索权，是指发生持票人票据到期不获付款或者期前不获承兑等法定原因后，依照法定程序向前手请求偿还票据金额的一种票据权利，是票据上的第二次请求权。

《票据法》规定的双重请求权是由票据的特征决定的，目的是保护票据债权人的合法权益。

2. 追索权的规定

(1)行使追索权的情形

①汇票到期后的追索。汇票到期被拒绝付款的，持票人可以对背书人、出票人以及汇票的其他债务人行使追索权。

②汇票到期前的追索。汇票到期日前，有下列情形之一的，持票人可以行使追索权：一是汇票被拒绝承兑；二是承兑人或者付款人死亡、逃匿；三是承兑人或者付款人被依法宣告破产或者因违法被责令终止业务。

(2)行使追索权的证据

①承兑人或者付款人出具拒绝证明。持票人行使追索权时，应当提供被拒绝承兑或者被拒绝付款的有关证明(持票人提示承兑或者提示付款被拒绝的，承兑人或者付款人必须出具拒绝证明，或者出具退票理由书；未出具拒绝证明或者退票理由书的，应当承担由此产生的民事责任)。

②承兑人或者付款人死亡、逃匿的证明。持票人因承兑人或者付款人死亡、逃匿或者其他原因不能取得拒绝证明的，可以依法取得其他有关证明。

③司法文书证明。承兑人或者付款人被人民法院依法宣告破产的，人民法院的有关司法文书具有拒绝证明的效力。

④处罚决定证明。承兑人或者付款人因违法被责令终止业务活动的，有关行政主管部门的处罚决定具有拒绝证明的效力。持票人不能出示拒绝证明、退票理由书或者未按照规定期限提供其他合法证明的，丧失对其前手的追索权，承兑人或者付款人仍应当对持票人承担责任。

(3)证据通知

①证据通知的期限。持票人应当自收到被拒绝承兑或者被拒绝付款的有关证明之日起三日内将被拒绝事由书面通知其前手。其前手应当自收到通知之日起三日内书面通知其再前手。持票人也可以同时向各汇票债务人发出书面通知。未按照规定期限通知的，持票人仍可以行使追索权。在规定期限内将通知按照法定地址或者约定地址邮寄的，视为已经发出通知。

②延期通知的责任。因延期通知而给其前手或者出票人造成损失的，由没有按照规定期限通知的汇票当事人承担对该损失的赔偿责任，但所赔偿的金额以汇票金额为限。

③通知的内容。书面通知应当记明汇票的主要记载事项并说明该汇票已被退票。

(4)追索对象

汇票的出票人、背书人、承兑人和保证人对持票人承担连带责任。持票人可以不按照汇票债务人的先后顺序，对其中任何一人、数人或者全体行使追索权。持票人对汇票债务人中的一人或者数人已经进行追索的，对其他汇票债务人仍可以行使追索权。被追索人清偿债务后，与持票人享有同一权利。持票人为出票人的，对其前手无追索权。持票人为背书人的，对其后手无追索权。

(5)追索金额和费用

①持票人追索的金额和费用。持票人行使追索权，可以请求被追索人支付下列金额和费用：一是被拒绝付款的汇票金额；二是汇票金额自到期日或者提示付款日起至清偿日，按照中国人民银行规定的利率计算的利息；三是取得有关拒绝证明和发出通知书的费用。被追索人清偿债务时，持票人应当交出汇票和有关拒绝证明，并出具所收到利息和费用的收据。

②被追索人再追索的金额和费用。被追索人依照规定清偿后，可以向其他汇票债务人行使再追索权，请求其他汇票债务人支付下列金额和费用：一是已清偿的全部金额；二是前项金额自清偿日起至再追索清偿日，按照中国人民银行规定的利率计算的利息；三是发出通知书的费用。被追索人依照前面两项规定清偿债务后，其责任解除。

四、本票

(一)本票概述

1. 本票的含义

本票，是指由出票人签发、承诺自己在见票时无条件支付确定金额给收款人或者持票人的票据。本票的基本当事人是出票人和收款人。

2. 本票的种类

本票有商业本票和银行本票之分，中国仅规定了银行本票，且必须为记名本票和即期本票，由银行签发。银行本票有定额银行本票和不定额银行本票。

(二)本票的法律规定

1. 适用关于汇票的规定

本票的出票、背书、保证、付款行为和追索权的行使，除《票据法》对本票的规定外，适用《票据法》有关汇票的规定。

2. 出票的规定

(1)出票人的资金

本票的出票人(银行)必须具有支付本票金额的可靠资金来源并保证支付。

(2)本票的记载事项

本票必须记载下列事项：一是表明“本票”的字样；二是无条件支付的承诺；三是确定的金额；四是收款人名称；五是出票日期；六是出票人签章。本票上未记载规定事项之一的，本票无效。

(3)本票的付款地和出票地

本票上记载付款地和出票地等事项的，应当清楚、明确。本票上未记载付款地的，出票人的营业场所为付款地；本票上未记载出票地的，出票人的营业场所为出票地。

3. 付款的规定

本票的出票人在持票人提示付款时，必须承担付款责任。本票自出票日起，付款期限最长不得超过两个月。本票的持票人未按照规定期限提示付款的，丧失对出票人以外的前手的追索权。

五、支票

(一)支票概述

1. 支票的含义

支票,是指由出票人签发的,委托办理支票存款业务的银行或者其他金融机构在见票时无条件支付确定金额给收款人或者持票人的票据。支票限于见票即付,不得另行记载付款日期;另行记载付款日期的,该记载无效。支票的基本当事人是出票人、付款人和收款人。

2. 支票的种类

支票分为现金支票和转账支票。

(二)支票的法律规定

1. 适用关于汇票的规定

支票的出票、背书、付款行为和追索权的行使,除《票据法》对支票的规定外,适用《票据法》有关汇票的规定。

2. 出票的规定

(1)开立支票存款账户

开立支票存款账户,申请人必须使用其本名,并提交证明其身份的合法证件。开立支票存款账户和领用支票应当有可靠的资信,并存入一定的资金。开立支票存款账户,申请人应当预留其本名的签名式样和印鉴(支票的出票人不得签发与其预留本名的签名式样或者印鉴不符的支票)。

(2)现金支票和转账支票

支票可以支取现金,也可以转账;用于转账时,应当在支票正面注明。支票中专门用于支取现金的,可以另行制作现金支票。现金支票只能用于支取现金。支票中专门用于转账的,可以另行制作转账支票。转账支票只能用于转账,不得支取现金。

(3)支票记载事项

支票必须记载下列事项:一是表明"支票"的字样;二是无条件支付的委托;三是确定的金额;四是付款人名称;五是出票日期;六是出票人签章。支票上未记载规定事项之一的,支票无效。

(4)授权补记

支票上的金额可以由出票人授权补记,未补记的支票不得使用。支票上未记载收款人名称的,经出票人授权,可以补记。

(5)支票的付款地、出票地和收款人

支票上未记载付款地的,付款人的营业场所为付款地;支票上未记载出票地的,出票人的营业场所、住所或者经常居住地为出票地。出票人可以在支票上记载自己为收款人。

(6)金额限制和禁止签发空头支票

支票的出票人所签发的支票金额不得超过其付款时在付款人处实有的存款金额。出票人签发的支票金额超过其付款时在付款人处实有的存款金额的,为空头支票,禁止签发空头支票。

3. 付款的规定

(1)出票人的付款责任

出票人必须按照签发的支票金额承担保证向该持票人付款的责任。出票人在付款人处的存款足以支付支票金额的,付款人应当在当日足额付款。

(2)提示付款

支票的持票人应当自出票日起十日内提示付款;异地使用的支票,其提示付款的期限由中国人民银行另行规定。超过提示付款期限的,付款人可以不予付款;付款人不予付款的,出票人仍应当对持票人承担票据责任。

(3)支付票款

付款人依法支付支票金额的,对出票人不再承担受托付款责任,对持票人不再承担付款责任,但付款人以恶意或者有重大过失付款的除外。

六、涉外票据的法律适用

(一)涉外票据的法律适用概述

1. 涉外票据的含义

涉外票据,是指出票、背书、承兑、保证、付款等行为中既有发生在中国境内,又有发生在中国境外的票据。

2. 涉外票据法律适用的规则

对于涉外票据,首先适用中国缔结或者参加的国际条约,中国缔结或者参加的国际条约与中国法律有不同规定的,适用国际条约的规定,但中国声明保留的除外;其次适用中国的有关法律;中国法律和中国缔结或者参加的国际条约均没有规定的,可以适用国际惯例。

(二)中国法律对涉外票据法律适用的规定

1. 适用出票地法律

适用出票地法律的事项包括:一是汇票、本票出票时的记载事项;二是票据追索权的行使期限;三是支票出票时的记载事项。

支票出票时的记载事项经当事人协议,也可以适用付款地法律。

2. 适用行为地法律

票据的背书、承兑、付款和保证行为适用行为地法律。

3. 适用其本国法律

票据债务人的民事行为能力适用其本国法律;但是,票据债务人的民事行为能力依照其本国法律为无民事行为能力或者限制民事行为能力而依照行为地法律为完全民事行为能力的,适用行为地法律。

4. 适用付款地法律

适用付款地法律的事项包括:一是票据的提示期限、有关拒绝证明的方式和出具拒绝证明的期限;二是票据丧失时,失票人请求保全票据权利的程序。

第七节 反洗钱法律制度

一、反洗钱与反洗钱法概述

(一)反洗钱概述

1. 洗钱的含义

洗钱也称洗黑钱,是指掩饰、隐瞒多种犯罪所得及其收益的来源和性质的违法犯罪行为。违法犯罪人所洗的“黑钱”主要来源于毒品犯罪、黑社会性质的组织犯罪、恐怖活动犯罪、走私犯罪、贪污贿赂犯罪、破坏金融管理秩序犯罪、金融诈骗犯罪等犯罪行为。

2. 反洗钱的含义

反洗钱,是指为了预防通过各种方式掩饰、隐瞒毒品犯罪、黑社会性质的组织犯罪、恐怖活动犯罪、走私犯罪、贪污贿赂犯罪、破坏金融管理秩序犯罪、金融诈骗犯罪等犯罪所得及其收益的来源和性质的洗钱活动,依照法律规定采取相关措施的行为。简单地说,反洗钱就是对洗钱活动依照法律规定采取相关措施的行为。

(二)反洗钱法概述

1. 反洗钱立法

2006 年 10 月 31 日,第十届全国人大常委会第二十四次会议通过《反洗钱法》,这是中国的第一部反洗钱法。

2. 反洗钱法概述

(1)反洗钱法的目的

反洗钱法的目的是预防洗钱活动,维护金融秩序,遏制洗钱犯罪及相关犯罪。

(2)反洗钱工作的主管部门

国务院反洗钱行政主管部门负责全国的反洗钱监督管理工作。国务院有关部门、机构在各自的职责范围内履行反洗钱监督管理职责。国务院反洗钱行政主管部门、相关部门、机构和司法机关在反洗钱工作中应当相互配合。

(3)履行反洗钱义务的主体

中国境内设立的金融机构和按照规定应当履行反洗钱义务的特定非金融机构履行反洗钱义务。这里所称的金融机构,是指依法设立的从事金融业务的政策性银行、商业银行、信用合作社、邮政储汇机构、信托投资公司、证券公司、期货经纪公司、保险公司以及国务院反洗钱行政主管部门确定并公布的从事金融业务的其他机构。

(4)反洗钱义务主体的反洗钱基本制度

金融机构和按照规定应当履行反洗钱义务的特定非金融机构应当依法采取预防、监控措施,建立健全客户身份识别制度、客户身份资料和交易记录保存制度、大额交易和可疑交易报告制度。

(5)客户身份资料和交易信息的使用管理

①保密。对依法履行反洗钱职责或者义务获得的客户身份资料和交易信息应当予以保密,非依法律规定,不得向任何单位和个人提供。

②使用。反洗钱行政主管部门和其他依法负有反洗钱监督管理职责的部门、机构履行反洗钱职责获得的客户身份资料和交易信息只能用于反洗钱行政调查。司法机关依法获得的客户身份资料和交易信息只能用于反洗钱刑事诉讼。

(6)保护和举报

履行反洗钱义务的机构及其工作人员依法提交大额交易和可疑交易报告，受法律保护。任何单位和个人发现洗钱活动，都有权向反洗钱行政主管部门或者公安部门举报；接受举报的部门应当对举报人和举报内容保密。

二、反洗钱法的主要内容

(一)反洗钱监督管理

1. 反洗钱主管部门的职责

(1)反洗钱行政主管部门的职责

国务院反洗钱行政主管部门组织、协调全国的反洗钱工作，负责反洗钱的资金监测，制定或者会同国务院有关金融监督管理机构制定金融机构反洗钱规章，监督、检查金融机构履行反洗钱义务的情况，在职责范围内调查可疑交易活动，履行法律和国务院规定的有关反洗钱的其他职责。国务院反洗钱行政主管部门应当向国务院有关部门、机构定期通报反洗钱工作情况。

(2)反洗钱行政主管部门的派出机构的职责

国务院反洗钱行政主管部门的派出机构在国务院反洗钱行政主管部门的授权范围内对金融机构履行反洗钱义务的情况进行监督、检查。

(3)反洗钱信息中心的职责

国务院反洗钱行政主管部门设立反洗钱信息中心，负责大额交易和可疑交易报告的接收与分析，并按照规定向国务院反洗钱行政主管部门报告分析结果，履行国务院反洗钱行政主管部门规定的其他职责。

国务院反洗钱行政主管部门为履行反洗钱资金监测职责，可以从国务院有关部门和机构获取所需的信息，国务院有关部门和机构应当提供。

2. 金融监督管理机构反洗钱工作的职责

国务院有关金融监督管理机构参与制定所监督管理的金融机构反洗钱规章，对所监督管理的金融机构提出按照规定建立健全反洗钱内部控制制度的要求，履行法律和国务院规定的有关反洗钱的其他职责。

3. 海关反洗钱工作的职责

海关发现个人出入境携带的现金和无记名有价证券超过规定金额的，应当及时向反洗钱行政主管部门通报。应当通报的金额标准由国务院反洗钱行政主管部门会同海关总署规定。

反洗钱行政主管部门和其他依法负有反洗钱监督管理职责的部门、机构发现涉嫌洗钱犯罪的交易活动，应当及时向侦查机关报告。

(二)金融机构的反洗钱制度

1. 金融机构反洗钱的内部控制制度

反洗钱内部控制制度是设立金融机构的条件之一。国务院有关金融监督管理机构审批新设金融机构或者金融机构增设分支机构时，应当审查新机构反洗钱内部控制制度的方案，对于不符合规定的设立申请不予批准。

金融机构的负责人应当对反洗钱内部控制制度的有效实施负责。金融机构应当按照反洗钱预防和监控制度的要求开展反洗钱培训和宣传工作。金融机构应当设立反洗钱专门机构或者指定内设机构负责反洗钱工作。

2. 客户身份识别制度

(1)建立客户身份识别制度是金融机构的责任

金融机构应当按照规定建立客户身份识别制度。金融机构不得为身份不明的客户提供服务或者与其进行交易,不得为客户开立匿名账户或者假名账户。

(2)金融机构在金融活动中应当遵守客户身份识别制度

金融机构在与客户建立业务关系或者为客户提供规定金额以上的现金汇款、现钞兑换、票据兑付等一次性金融服务时,应当要求客户出示真实、有效的身份证件或者其他身份证明文件进行核对并登记。客户由他人代理业务的,金融机构应当同时对代理人和被代理人的身份证件或者其他身份证明文件进行核对并登记。与客户建立人身保险、信托等业务关系,合同的受益人不是客户本人的,金融机构还应当对受益人的身份证件或者其他身份证明文件进行核对并登记。

(3)客户必须遵守客户身份识别制度

任何单位和个人在与金融机构建立业务关系或者要求金融机构为其提供一次性金融服务时,都应当提供真实、有效的身份证件或者其他身份证明文件。

(4)第三方识别客户身份的责任

金融机构通过第三方识别客户身份的,应当确保第三方已经采取符合法律要求的客户身份识别措施;第三方未采取符合要求的客户身份识别措施的,由该金融机构承担未履行客户身份识别义务的责任。

(5)客户身份资料的查实

金融机构对先前获得的客户身份资料的真实性、有效性和完整性有疑问的,应当重新识别客户身份。金融机构进行客户身份识别,认为必要时,可以向公安、工商行政管理等部门核实客户的有关身份信息。

3. 客户身份资料和交易记录保存制度

金融机构应当按照规定建立客户身份资料和交易记录保存制度。在业务关系存续期间,客户身份资料发生变更的,应当及时更新客户身份资料。在业务关系结束后,客户的交易信息在交易结束后应当至少保存五年。金融机构破产和解散时,应当将客户身份资料和客户交易信息移交国务院有关部门指定的机构。

4. 大额交易和可疑交易报告制度

金融机构应当按照规定执行大额交易和可疑交易报告制度。金融机构办理的单笔交易或者在规定期限内的累计交易超过规定金额或者发现可疑交易的,应当及时向反洗钱信息中心报告。

(三)反洗钱调查

1. 反洗钱调查概述

(1)调查主体、依据和对象

国务院反洗钱行政主管部门或者其省一级派出机构发现可疑交易活动,需要调查核实的,可以向金融机构进行调查，金融机构应当予以配合，如实提供有关文件和资料。

(2)调查规则

调查可疑交易活动时，调查人员不得少于两人并出示合法证件和国务院反洗钱行政主管部门或者其省一级派出机构出具的调查通知书；调查人员少于两人或者未出示合法证件和调查通知书的，金融机构有权拒绝调查。

2. 调查措施

(1)询问

调查可疑交易活动，可以询问金融机构有关人员，要求其说明情况。询问应当制作询问笔录，询问笔录应当交被询问人核对，记载有遗漏或者差错的，被询问人可以要求补充或者更正。被询问人确认笔录无误后，应当签名或者盖章，调查人员也应当在笔录上签名。

(2)查阅和封存

调查中需要进一步核查的，经国务院反洗钱行政主管部门或者其省一级派出机构的负责人批准，可以查阅、复制被调查对象的账户信息、交易记录和其他有关资料，对可能被转移、隐藏、篡改或者毁损的文件、资料，可以予以封存。调查人员封存文件、资料，应当会同在场的金融机构工作人员查点清楚，当场开列清单一式两份，由调查人员和在场的金融机构工作人员签名或者盖章，一份交金融机构，另一份附卷备查。

3. 报案

(1)报案义务

经调查仍不能排除洗钱嫌疑的，应当立即向有管辖权的侦查部门报案。客户要求将调查所涉及的账户资金转往境外的，经国务院反洗钱行政主管部门负责人批准，可以采取临时冻结措施。

(2)资金冻结

侦查部门接到报案后，对已依规定临时冻结的资金，应当及时决定是否继续冻结。侦查部门认为需要继续冻结的，依照《中华人民共和国刑事诉讼法》的规定采取冻结措施；认为不需要继续冻结的，应当立即通知国务院反洗钱行政主管部门，国务院反洗钱行政主管部门应当立即通知金融机构解除冻结。临时冻结不得超过四十八小时；金融机构在按照国务院反洗钱行政主管部门的要求采取临时冻结措施后四十八小时内未接到侦查机关继续冻结的通知的，应当立即解除冻结。

(四)反洗钱国际合作

1. 反洗钱国际合作的依据

中国开展反洗钱国际合作的依据是中国缔结或者参加的国际条约，或者按照平等互惠的原则。

2. 反洗钱国际合作的中方合作主体

国务院反洗钱行政主管部门根据国务院授权，代表中国政府与外国政府和有关国际组织开展反洗钱合作，依法同境外反洗钱机构交换与反洗钱有关的信息和资料。涉及追究洗钱犯罪的司法协助，由中国司法机关依照有关法律的规定办理。

(五)法律责任

1. 政府职能部门的法律责任

反洗钱行政主管部门和其他依法负有反洗钱监督管理职责的部门、机构从事反洗钱工作的人员有下列行为之一的,依法给予行政处分:一是违反规定进行检查、调查或者采取临时冻结措施;二是泄露因反洗钱而知悉的国家秘密、商业秘密或者个人隐私;三是违反规定对有关机构和人员实施行政处罚;四是其他不依法履行职责的行为。

2. 金融机构的法律责任

(1)行政处分

金融机构有下列行为之一的,由国务院反洗钱行政主管部门或者其授权的设区的市级以上派出机构责令限期改正;情节严重的,建议有关金融监督管理机构依法责令金融机构对直接负责的董事、高级管理人员和其他直接责任人员给予纪律处分:一是未按照规定建立反洗钱内部控制制度;二是未按照规定设立反洗钱专门机构或者指定内设机构负责反洗钱工作;三是未按照规定对职工进行反洗钱培训。

(2)行政处罚

金融机构有下列行为之一的,由国务院反洗钱行政主管部门或者其授权的设区的市级以上派出机构责令限期改正;情节严重的处二十万元以上五十万元以下罚款,并对直接负责的董事、高级管理人员和其他直接责任人员处一万元以上五万元以下罚款:一是未按照规定履行客户身份识别义务;二是未按照规定保存客户身份资料和交易记录;三是未按照规定报送大额交易报告或者可疑交易报告;四是与身份不明的客户进行交易或者为客户开立匿名账户、假名账户;五是违反保密规定,泄露有关信息;六是拒绝、阻碍反洗钱检查、调查;七是拒绝提供调查材料或者故意提供虚假材料。金融机构有上述行为,致使洗钱后果发生的,处五十万元以上五百万元以下罚款,并对直接负责的董事、高级管理人员和其他直接责任人员处五万元以上五十万元以下罚款;情节特别严重的,反洗钱行政主管部门可以建议有关金融监督管理机构责令停业整顿或者吊销其经营许可证。对有上述规定情形的金融机构直接负责的董事、高级管理人员和其他直接责任人员,反洗钱行政主管部门可以建议有关金融监督管理机构依法责令金融机构给予纪律处分,或者建议依法取消其任职资格、禁止其从事有关金融行业的工作。

违反反洗钱规定,构成犯罪的,依法追究刑事责任。

本章练习

一、名词解释

金融　商业银行　政策性银行　商业保险　再保险　证券　信托　信托财产　票据　洗钱与反洗钱

二、单项选择题

1. 在中国的金融体系中,________是商业性金融机构。

A. 证券公司　　B. 中国人民银行

C. 中国农业发展银行　　D. 中国银监会

2. 中国人民银行是中国的________。

A. 商业银行　B. 中央银行　C. 政策性银行　D. 银监会

3. 第十三届全国人民代表大会第一次会议通过《国务院机构改革方案》,决定不再保留原来的中国银行业监督管理委员会和中国保险业监督管理委员会,组建________。

A. 中国金融监督管理委员会　　B. 中国人民银行金融监督管理委员会
C. 国家金融监督管理委员会　　D. 中国银行保险监督管理委员会

4. 中国人民银行在________的领导下制定和执行货币政策,防范和化解金融风险,维护金融稳定。

A. 中国银监会　　B. 财政部　　C. 国务院　　D. 中国人民银行行长

5. ________设立货币政策委员会。

A. 中国人民银行　　B. 国务院　　C. 财政部　　D. 中国银监会

6. 设立商业银行应当经________审查批准。

A. 国务院　　B. 中国人民银行　　C. 银监会　　D. 财政部

7. 设立全国性商业银行的注册资本最低限额为________元人民币。

A. 1 000 万　　B. 5 000 万　　C. 1 亿　　D. 10 亿

8. 商业银行应当按照中国人民银行的规定向________交存存款准备金,留足备付金。

A. 中国人民银行　　B. 银监会　　C. 财政部　　D. 国务院

9. 商业银行及其分支机构自取得________之日起无正当理由超过六个月未开业的,或者开业后自行停业连续六个月以上的,由国务院银行业监督管理机构吊销其经营许可证,并予以公告。

A. 批准　　B. 营业执照　　C. 许可　　D. 资格

10. 商业银行已经或者可能发生________,严重影响存款人的利益时,国务院银行业监督管理机构可以对该银行实行接管。

A. 财务危机　　B. 债务危机　　C. 信用危机　　D. 信任危机

11. 国家开发银行、中国农业发展银行和中国进出口银行是国务院设立的________。

A. 金融专门监督管理机构　　B. 商业性金融机构
C. 商业银行　　D. 政策性银行

12. ________是其财产或者人身受保险合同保障、享有赔偿金或者保险金请求权的人。

A. 被保险人　　B. 受益人　　C. 投保人　　D. 保险人

13. ________是人身保险合同中由被保险人或者投保人指定的享有保险金请求权的人。

A. 受益人　　B. 被保险人　　C. 投保人　　D. 保险人

14. 投保人故意隐瞒事实,不履行如实告知义务的,或者因过失未履行如实告知义务,足以影响保险人决定是否同意承保或者提高保险费率的,保险人有权________。

A. 变更保险合同　　B. 转让保险合同
C. 解除保险合同　　D. 重订保险合同

15. 保险人对属于保险责任的事故,在与被保险人或者受益人达成有关赔偿或者给付保险金额的协议后________日内履行赔偿或者给付保险金义务。

A. 三十　　B. 二十　　C. 十五　　D. 十

16. 保险人将其承担的保险业务以分保形式部分转移给其他保险人的,为________。

A. 骗保　　B. 再保险　　C. 重复保险　　D. 保险合同的变更

17. 以被保险人对第三人依法应负的赔偿责任为保险标的的保险是________。

A. 财产保险　B. 人身保险　C. 责任保险　D. 重复保险

18. 投保人不得为无民事行为能力人投保以________为给付保险金条件的人身保险。

A. 伤残　B. 意外事故　C. 疾病　D. 死亡

19. 投保人或受益人________造成被保险人死亡、伤残或者疾病的，保险人不承担给付保险金的责任。

A. 间接　B. 直接　C. 过失　D. 故意

20. 人身保险合同的投保人解除合同，已缴足________年以上保险费的，保险人应当自接到解除合同通知之日起三十日内退还保险单的现金价值。

A. 一　B. 两　C. 三　D. 四

21. 保险公司应当按照已经提出的保险赔偿或者给付金额，以及已经发生保险事故但尚未提出的保险赔偿或者给付金额提取________。

A. 责任准备金　B. 保险保障基金

C. 保险费　D. 未决赔款准备金

22. 保险公司违反规定，损害社会公共利益，可能严重危及或者已经危及保险公司的偿付能力的，保险监督管理机构可以对该保险公司________。

A. 实行接管　B. 宣告破产　C. 提起诉讼　D. 宣告解散

23. 保险人和被保险人可以聘请依法设立的独立的评估机构或者具有法定资格的专家对________进行评估和鉴定。

A. 保险价值　B. 保险事故　C. 保险标的　D. 保险财产

24. 票据法律关系是________之间因票据的签发、转让等行为而发生的权利义务关系。

A. 银行　B. 收款人与付款人　C. 票据当事人　D. 出票人与付款人

25. 由收款人或者付款人签发，承兑人承兑，并于到期日向收款人或者被背书人支付款项的票据，是________。

A. 银行汇票　B. 银行承兑汇票　C. 商业承兑汇票　D. 商业汇票

26. 本票是出票人签发的，承诺________在见票时无条件支付确定金额给收款人或者持票人的票据。

A. 自己　B. 由他人　C. 由银行　D. 由买方

27. 信托是委托人基于对受托人的信任，将其财产权委托给受托人，由受托人按委托人的意愿以________为受益人的利益或者特定目的进行管理或者处分的行为。

A. 特定人的名义　B. 受益人的名义　C. 委托人的名义　D. 自己的名义

28. 任何单位和个人发现洗钱活动，都有权向反洗钱行政主管部门或者公安机关举报，接受举报的机关应当对举报人和举报内容________。

A. 保密　B. 保护　C. 保证　D. 保障

三、多项选择题

1. 下列机构中，组成中国金融体系的有________。

A. 中央银行　B. 金融专门监督管理机构

C. 商业性金融机构　　D. 政策性金融机构

2. 中国的商业性金融机构包括________。

A. 中央银行　　B. 银行业金融机构　　C. 证券机构　　D. 保险机构

3. 中国人民银行的法定业务包括________。

A. 执行货币政策　　B. 经理国库

C. 制定支付结算规则　　D. 提供清算服务

4. 商业银行以________为经营原则，实行自主经营、自担风险、自负盈亏、自我约束。

A. 安全性　　B. 流动性　　C. 合法性　　D. 效益性

5. 商业银行贷款业务的原则有________。

A. 接受国家产业政策指导　　B. 严格审查

C. 存款自愿　　D. 审贷分离、分级审批

6. 1994 年，中国先后建立的三家政策性银行分别是________。

A. 国家开发银行　　B. 中国农业发展银行

C. 中国进出口银行　　D. 国家人才银行

7. 商业保险与社会保险的区别主要表现在________。

A. 保险事故是不同的

B. 商业保险是自愿的，社会保险是强制的

C. 商业保险的对象可以是人身和财产，社会保险的对象只能是人身

D. 商业保险的保费由投保人承担，社会保险的保费一般由政府、企业和个人共同承担

8. 对于保险合同的条款，保险人与________有争议时，人民法院或者仲裁机关应当作有利于被保险人和受益人的解释。

A. 投保人　　B. 被保险人　　C. 受益人　　D. 其他人

9. 保险标的是人的________是人身保险合同与财产保险合同的主要区别。

A. 寿命　　B. 身体　　C. 健康　　D. 安全

10. 保险公司的财产保险业务包括________。

A. 财产损失保险　　B. 责任保险　　C. 信用保险　　D. 重复保险

11. 同一保险人不得同时兼营财产保险和人身保险业务；但是，经营财产保险业务的保险公司经中国保监会核定，可以经营________业务。

A. 保险　　B. 再保险　　C. 短期健康保险　　D. 意外伤害保险

12. 票据上的记载事项应当真实，不得________。

A. 伪造　　B. 修改　　C. 变造　　D. 仿造

13. 汇票的基本当事人有________。

A. 背书人　　B. 出票人　　C. 收款人　　D. 付款人

14. 本票的基本当事人有________。

A. 背书人　　B. 出票人　　C. 收款人　　D. 付款人

15. 支票必须记载的事项包括________。支票上未记载规定事项之一的，支票无效。

A. 表明“支票”的字样　　B. 无条件支付的委托

C. 确定的金额、付款人名称、出票日期　　D. 出票人签章

16.《证券法》规定的公开发行是指________。

A. 向不特定对象发行证券
B. 向累计超过 200 人的特定对象发行证券
C. 向原来的公司股东发行证券
D. 法律、行政法规规定的其他发行行为

17.《证券法》规定，不得再次公开发行公司债券的情形有________。

A. 前一次公开发行的公司债券尚未募足
B. 对已公开发行的公司债券或者其他债务有违约或者延迟支付本息的事实，仍处于继续状态
C. 违反法律规定，改变公开发行公司债券所募资金的用途
D. 对已公开发行的公司债券非法转让

18. 股份有限公司申请股票上市，应当符合的条件包括________。

A. 股票经国务院证券监督管理机构核准已公开发行
B. 公司股本总额不少于人民币 3 000 万元
C. 公开发行的股份达到公司股份总数的 25%以上；公司股本总额超过人民币 4 亿元的，公开发行股份的比例为 10%以上
D. 公司最近三年无重大违法行为，财务会计报告无虚假记载

19. 根据《信托法》，设立信托的条件是________。

A. 必须有合法的信托目的
B. 必须有确定且合法的信托财产
C. 应当采取书面形式
D. 应当依法办理信托登记

20. 根据《信托法》，信托无效的情形有________。

A. 信托目的违反法律、行政法规或者损害社会公共利益
B. 信托财产不能确定
C. 委托人以非法财产或者法律规定不得设立信托的财产设立信托
D. 专以诉讼或者讨债为目的设立信托

四、判断题

1. 从字面上理解，金融是货币资金融通的意思。（ ）

2. 政策性金融机构是由政府设立、专门从事某一方面政策性业务的、以营利为目的的金融机构。（ ）

3.《银行业监督管理法》明确提出了审慎监管的银行业全面风险监管理念。（ ）

4. 中央银行垄断货币发行，是发行银行；集中商业银行的存款准备金，是储备银行、银行的银行；制定和执行国家的货币信用政策、代理国库，是国家银行。（ ）

5. 中国人民银行行长的人选根据财政部的提名，由全国人民代表大会决定；全国人民代表大会闭会期间，由全国人民代表大会常务委员会决定，国务院总理任免。（ ）

6. 国务院设立货币政策委员会。（ ）

7. 中国的法定货币是人民币，人民币的单位为元，人民币辅币单位为角、分。（ ）

8. 中国人民银行根据执行货币政策的需要，可以决定对商业银行贷款的数额、期限、利率和方式，但贷款的期限不得超过两年。（ ）

9. 中国人民银行可以向单位和个人提供担保。（ ）

10. 商业银行经国务院银行业监督管理机构批准，可以经营结汇、售汇业务。　(　　)

11. 商业银行以其全部法人财产独立承担民事责任。　(　　)

12. 商业银行贷款余额与存款余额的比例不得超过75%。　(　　)

13. 商业银行应当在公告的营业时间内营业，不得擅自停止营业或者缩短营业时间。　(　　)

14. 商业银行破产清算时，在支付清算费用、所欠职工工资和劳动保险费用后，应当优先支付个人储蓄存款的本金和利息。　(　　)

15. 投保人是指与保险人订立保险合同，并按照保险合同负有支付保险金义务的人。　(　　)

16. 对于保险合同的条款，保险人与投保人、被保险人或者受益人有争议时，人民法院或者仲裁机关应当作有利于保险人的解释。　(　　)

17. 投保人故意不履行如实告知义务的，保险人对于保险合同解除前发生的保险事故不承担赔偿或者给付保险金的责任，且不退还保险费。　(　　)

18. 人寿保险的被保险人或者受益人对保险人请求给付保险金的权利自其知道保险事故发生之日起两年不行使而消灭。　(　　)

19. 再保险接受人可以向原保险的投保人要求支付保险费。　(　　)

20. 保险标的是指保险人(保险公司)承担保险责任的事故原因。　(　　)

21. 保险事故发生后，保险人未赔偿保险金前，被保险人放弃对第三人的请求赔偿的权利的，保险人不承担赔偿保险金的责任。　(　　)

22. 父母为其未成年子女投保的人身保险，未经被保险人书面同意并认可保险金额的，合同无效。　(　　)

23. 设立保险公司的注册资本最低额为人民币1亿元，且必须为实缴货币资本。　(　　)

24. 经营财产保险业务的保险公司当年自留的保险费不得超过其实有资本金加公积金总和的四倍。　(　　)

25. 保险代理人和保险经纪人不得承诺向投保人、被保险人或者受益人给予保险合同规定以外的其他利益。　(　　)

26.《票据法》所称的票据包括汇票、本票、支票和股票。　(　　)

27. 票据的基础关系无效并不必然导致票据关系无效，票据关系因一定原因失效也不影响票据基础关系的效力。　(　　)

28. 票据金额、日期和收款人名称不得更改，更改的票据无效。　(　　)

29. 付款请求权是指持票人向票据主债务人或者其他付款义务人请求按票据上记载的金额付款的权利，是票据上的第二次请求权。　(　　)

30. 持票人行使追索权只能在汇票到期后。　(　　)

31. 本票必须记载下列事项：一是表明“本票”的字样；二是无条件支付的承诺；三是确定的金额；四是收款人名称；五是出票日期；六是出票人签章。本票上未记载规定事项之一的，本票无效。　(　　)

32. 支票的出票人不得签发与其预留本名的签名式样或者印鉴不符的支票。　(　　)

33. 涉外票据的背书、承兑、付款和保证行为适用付款地法律。　(　　)

34. 国务院证券监督管理机构设发行审核委员会，依法审核股票的发行申请。（　）

35. 向不特定对象公开发行的证券票面总值超过人民币1亿元的，应当由承销团承销；承销团应当由主承销和参与承销的证券公司组成。（　）

36. 依法公开发行的股票、公司债券及其他证券应当在依法设立的证券交易所上市交易。（　）

37.《证券法》禁止证券交易内幕信息的知情人和非法获取内幕信息的人利用内幕信息从事证券交易活动。（　）

38. 信托委托人设立信托损害其债权人利益的，债权人有权申请人民法院撤销该信托。（　）

39. 信托财产可以归入信托受托人的固有财产或者成为其固有财产的一部分。（　）

40. 信托受托人应当是具有完全民事行为能力或者限制民事行为能力的自然人、法人。（　）

41. 设立信托后，经委托人和受益人同意，受托人可以辞任。（　）

42. 信托不因委托人或者受托人的死亡、丧失民事行为能力、依法解散、被依法撤销或者被宣告破产而终止，也不因受托人的辞任而终止。（　）

43. 公益信托的信托财产及其收益可以用于非公益目的。（　）

44. 公益信托可以设置信托监察人。信托监察人由信托文件规定；信托文件未规定的，由公益事业管理机构指定。（　）

45. 国务院反洗钱行政主管部门的派出机构在国务院反洗钱行政主管部门的授权范围内对金融机构履行反洗钱义务的情况进行监督、检查。（　）

46. 国务院反洗钱行政主管部门或者其省级派出机构发现可疑交易活动，需要调查核实的，可以向金融机构进行调查，金融机构应当予以配合，如实提供有关文件和资料。（　）

47. 国务院反洗钱行政主管部门或者其省级派出机构调查可疑交易活动时，调查人员不得少于三人，并出示合法证件和国务院反洗钱行政主管部门或者其省级派出机构出具的调查通知书。调查人员少于三人或者未出示合法证件和调查通知书的，金融机构有权拒绝调查。（　）

48. 经国务院反洗钱行政主管部门负责人批准，可以依法采取临时冻结措施，临时冻结不得超过二十四小时。（　）

49. 国务院反洗钱行政主管部门根据国务院授权，代表中国政府与外国政府和有关国际组织开展反洗钱合作，依法与境外反洗钱机构交换与反洗钱有关的信息和资料。（　）

50. 金融机构未按照规定建立反洗钱内部控制制度的，由国务院反洗钱行政主管部门或者其授权的省级派出机构责令限期改正。（　）

五、简答题

1. 简述中国的金融体系。
2. 简述商业银行的设立条件。
3. 简述商业保险与社会保险的区别。
4. 简述保险合同应当订明的事项。

5. 简述保险公司的设立条件。
6. 简述票据作为有价证券的特征。
7. 简述公开发行公司债券的条件。
8. 简述反洗钱主管部门的职责。

六、综合分析题

1. A 公司由 B 企业、C 企业、D 公司、E 企业和 F 公司共同以发起设立方式设立。A 公司成立时的股本总额为人民币 35 000 万元(每股面值为人民币 1 元,下同)。2018 年 5 月 20 日,A 公司获准发行 7 000 万股社会公众股,由某证券公司独家包销,争取在年底上市。此次发行完毕后,股本总额增至人民币 42 000 万元。

问:发行社会公众股后,A 公司的股本结构、股票发行的承销方式是否合法?是否符合上市条件?

2. 甲向乙开出一张银行汇票用以支付货款。乙将汇票背书后转让给丙,丙又背书后转让给丁。

问:

(1)如果甲和乙因合同履行而发生纠纷,甲可否拒绝支付汇票金额?

(2)如果丁到期未获得汇票金额,可以向哪些人行使票据权利?

第七章

税收法律制度

第一节　税收与税法概述

一、税收概述

(一)税收的含义

税收,是国家凭借其政治权力,依据税法的规定,无偿向纳税人征收货币或者实物,以实现国家职能的一种特殊的分配形式。税收的含义具体包括:一是税收以国家名义征收,政府行使国家行政管理权,具体负责税收的征收;二是国家凭借政治权力征收税收,与纳税人形成特殊的分配关系;三是国家征收税收是实现国家职能、满足社会公共需求的要求。

(二)税收的特征

税收不同于其他财政收入,具有以下特征:

1. 强制性

国家为了实现其职能,依据税法的规定征收税收。税法的强制性决定了税收的强制性。《中华人民共和国宪法》规定,纳税是公民的基本义务之一,不依法纳税者将受到法律的制裁。

2. 无偿性

国家满足社会公共需求经常是以无偿的方式付出的,所以,国家获得收入也应当是无偿的。依法征收的税款归国家所有,国家对纳税人不直接支付任何对价。

3. 固定性

国家依据税法征收税款,征税范围、纳税人、税率、纳税环节等都在税法中预先明确,因此,税收具有相对稳定性;但是,税收并不是一成不变的,它可以通过法定程序进行调整。

(三)税收的作用

1. 组织财政收入

国家的经济建设、科教文卫建设、民主与法制建设、国防建设等都需要强有力的资金作保障。通过税收聚集国家发展所需的资金是税收最重要和最初的作用。

2. 调节经济

国家可以通过税种的开征和停征、税率的提高和降低、税收的减免和加成等税收手段,体现国家的产业政策,引导投资者和纳税人的行为,最终优化资源的合理配置。国家适时调整税收政策,能够对行业调整、地区发展等起到很好的指引和调节作用。

3. 公平税负

税收是对社会财富的再分配，应当尽量体现社会经济公平，即收入水平相当的纳税人承担的税负应当相同，收入水平不同的纳税人承担的税负应当有差别。所以，应当尽量避免税负不公平，及时调整税负。

4. 维护国家主权，促进对外交流

在国际经济交往中，对外来商品征收反倾销、反补贴关税，制定关税配额等，都是税收制度的内容。国家遵循平等互利外交原则，在对外贸易上遵循对等原则。任何国家或者地区对中国采取歧视性禁止、限制或者类似税收措施的，中国都可以根据实际情况对该国采取相应的税收措施。

（四）税收的分类

1. 流转税、所得税、财产税、资源税和特定行为税

按照税收征收对象，税收可以分为流转税、所得税、财产税、资源税和特定行为税。征收对象是税种之间相互区别的主要标志。按照税收的征收对象对税收进行分类是常见、基本的一种税收分类方式。

流转税是以商品或者服务等的流转额，如销售额、转让额等作为征税对象的一类税。中国的流转税包括增值税、消费税和关税等。

所得税是以所得额或者收益额作为征税对象的一类税。中国的所得税包括企业所得税和个人所得税。

财产税是以房屋等特定纳税财产的价值作为征税对象的一类税。中国的财产税包括房产税和契税等。

资源税是以纳税人开采和利用各种自然资源的量作为征收对象的一类税。中国的资源税主要包括资源税、城镇土地使用税、耕地占用税和土地增值税等。

特定行为税是以国家需要调节的各种特殊行为作为征税对象的一类税。中国的特定行为税主要包括印花税、城市维护建设税和车辆购置使用税等。

2. 中央税、地方税和中央地方共享税

按照税收管辖和收入归属，税收可以分为中央税、地方税和中央地方共享税。中国曾经实行分税制，即按照中央和地方政府的事权划分各级财政的支出范围，根据财权和事权相统一原则合理划分中央和地方收入。

中央税包括消费税、关税、海关代征的增值税和消费税等。

地方税包括城镇土地使用税、城市维护建设税、房产税、契税和印花税等。

中央地方共享税包括增值税和证券交易印花税等。

3. 直接税和间接税

按照税负能否转嫁，税收可以分为直接税和间接税。

直接税，是指税负不能转嫁给他人、由纳税人负担的税收，如所得税。

间接税，是指纳税人可以通过价格等方式转嫁税负的税收，如流转税。

4. 从价税、从量税和复合税

按照计税依据，税收可以分为从价税、从量税和复合税。

从价税以销售额、收入额等为计税依据，如增值税、企业所得税等。

从量税以征税对象的数量为计税依据,如资源税、城镇土地使用税和车船税等。

复合税以征税对象的金额和数量为计税依据,如消费税中对卷烟和白酒的税收等。

二、税法概述

(一)税法的含义和作用

1. 税法的含义

税法是调整国家征税机关与纳税人之间税收征纳关系的法律规范的总称。在法治国家,税收制度应当通过税收立法(税法)确立,并按照法定程序依法征纳得以实施。税法从内容看,包括各种税种的立法以及税收征收管理的立法。

税收是一种特殊的社会财富分配形式,税法是税收的法律化、制度化。国家通过立法程序确定的征税依据和规范形成税收法律制度。

2. 税法的作用

税法的基本作用是使税收法律化、制度化。

税法的具体作用主要表现为:一是税法是国家向纳税人无偿征收税款、积累资金的法律依据;二是税法是调整征纳双方权利义务关系的准则;三是税法是国家经济政策和产业政策得以实现的保障;四是税法是维护国内外贸易秩序、打击走私及其他违法犯罪行为的重要手段。

(二)税法的要素

1. 纳税义务人

纳税义务人也称纳税主体、纳税人,是指税法规定的直接负有纳税义务的单位或者个人。

与纳税义务人相关的,有扣缴义务人和负税人。扣缴义务人,是指负有代扣或者代收税款、将税款代缴给税务机关义务的单位或个人。负税人,是指最终负担税款的单位或者个人。

纳税义务人对应的征税主体,是指代表国家征收税收的机关、部门,如税务机关、海关和财政部门等。

2. 征税客体

征税客体又称征税对象,是指税收的征收目的物,是征税的依据,即确定对什么对象征税。征税客体规定了征税的范围,是一种税区别于另一种税的主要标志。

与征税客体相关的,包括税源、税目和计税依据等重要概念。

(1)税源

税源,是指税收的经济来源。有些税种的征税客体与税源是一致的,如所得税的征税客体和税源都是纳税人的所得;有些税种的课税对象与税源则是不一致的,如财产税的征税客体是纳税人的财产,而税源一般是纳税人的收入。

(2)税目

税目是根据征税客体确定的具体征税项目和范围,也称征税品目,是对征税客体的具体化。多数税种的征税客体比较复杂,在征税时,对这些税种的征税客体需要进一步划分,形成具体税目。

(3)计税依据

计税依据,是指征税客体的计量单位和征收标准,包括从价计税和从量计税两种。

（4）税基

税基又称征税基础，是指税收的经济基础或依据，是明确征收客体、确定计税依据、划分税收类型的主要根据，也是调整政府税收收入和纳税人税收负担的重要政策工具。

3. 税率

税率，是指应纳税额与征税对象之间的比例。税率是税法中的核心要素，税率的高低直接影响国家财政收入和纳税人税负。国家通过税率调整，可以实现对经济的宏观调控。

中国目前的税率包括以下三种主要形式：

（1）比例税率

比例税率是对不同征税客体的数额只规定一个百分比的税率。在具体运用时，比例税率可以分为统一比例税率、差别比例税率和幅度比例税率。

（2）累进税率

累进税率是按征税客体数额的大小规定不同等级的税率，数额越大，税率越高。累进税率按累进的依据不同，可分为依额累进税率和依率累进税率。

①依额累进税率。以课税对象的绝对数（通常用数额表示，如个人所得税的所得额等）为依据的累进税率，称为依额累进税率。

②依率累进税率。以课税对象的相对数（通常用比率表示，如土地增值税中土地增值额与扣除项目的比率）为依据的累进税率，称为依率累进税率。

（3）定额税率

定额税率是对征税客体的每一单位直接规定固定的税额，一般适用于从量计征的税收，如车船税、资源税和城镇土地使用税等均采用这种税率形式。

4. 纳税环节

纳税环节，是指税法规定的纳税人应当缴纳税款的环节。广义的纳税环节，是指全部征收客体在再生产环节中的分布，如资源税分布在生产环节、流转税分布在流通环节、所得税分布在分配环节。狭义的纳税环节是指在流通过程中，流转税应缴纳税额的环节，即商品从生产到消费的流通过程中的生产、销售、批发、零售等环节。

5. 纳税期限

纳税期限，是指税法规定的纳税义务人应当缴纳税款的时限。不同的税种纳税期限不尽相同，一般可以分为按期纳税、按次纳税和按年计征、分期预缴三种。

6. 税负调整

税负调整是对税率和税基的重要补充措施，包括减轻税负和加重税负的措施。

（1）起征点和免征额

①起征点。起征点是税法规定的征收客体达到一定数额时开始征税，未达到规定数额不征税；一旦达到一定数额，全部征收客体都要征税。

②免征额。免征额是税法规定的征收客体中免予征税的数额，纳税人先从其征收客体中减去一部分，这部分不课税；其余部分按规定的税率纳税。

确定起征点是照顾收入较少的纳税人，规定免征额是考虑所有纳税人的最低需要。

（2）附加和加成

①附加。附加也称地方附加，是在中央财政按基本税率征收的正税外加征一定比例的税

额,其归属地方财政收入,往往规定了特定用途。

②加成。加成是加成征税的简称,是在按基本税率计算税额的基础上加征一定成数的税额,加一成等于加征税额的百分之十 ,加十成相当于加征一倍的税额。加成征收是对特定纳税人的一种加税措施,以实现某种限制政策或调节目的。

(3)减税和免税

减税是减征部分税款,免税是免缴全部税款。减税是对纳税人依率计征的税额少征一定的数额,免税是对纳税人的税额全部免征。减税和免税的形式主要有以下几种:

①税基式减免。税基式减免是通过缩小计税依据的方式实现的减税,主要包括起征点、免征额和项目扣除等具体方式。项目扣除是在依照规定计算税款时,按项目一次性扣除一定数额后缴纳税款。

②税率式减免。税率式减免是通过直接降低税率的方式实现减税和免税,具体包括低税率和零税率等。

③税额式减免。税额式减免是通过直接减少应纳税款的方式实现的减税和免税,具体包括全部免税、减半征收和核定减免等。

7. 法律责任

法律责任是对违反税法规定的纳税人、税收征收部门或者相关单位和个人采取的惩罚措施,主要包括行政责任和刑事责任。

(1)行政责任

①加收滞纳金。纳税人不按规定的纳税期限缴纳税款,称为滞纳。发生滞纳行为后,税收征收部门除限期催缴所欠税款外,从滞纳之日起,按日加收所欠税款一定比例的滞纳金。

②处以罚款。纳税人发生偷税、抗税、欠税和违反税收管理制度等行为,税收征收部门除限期追缴所偷、所抗、所漏税款和纠正其违反税收管理制度的行为外,可根据情节轻重处以一定数额或数倍的罚款。

(2)刑事责任

纳税人违反税收法规,偷税、抗税情节严重,构成犯罪的,依法追究其刑事责任。

第二节 增值税、消费税法律制度

一、增值税法律制度

(一)增值税概述

1. 增值税的含义

增值税是对在中国境内销售货物、劳务、服务、无形资产、不动产以及进口货物的单位和个人,就其取得货物、劳务、服务、无形资产、不动产的增值额和货物进口金额为计税依据征收的一种流转税。

增值税于 1954 年起源于法国,由于其具有征税对象普遍性,税率、计税依据、纳税环节公平合理性,课税收入稳定性等诸多优点,因此为各国广泛采用。中国于 1994 年 1 月起普遍征收增值税。目前,增值税是中国所有税种中给国家带来财政收入最多的一个税种。

2. 增值税的类型

按照对固定资产税务处理的不同，增值税可分为以下三种类型：

(1)消费型增值税

消费型增值税允许将购置物质资料的价值和用于生产、经营的固定资产价值中所含的税款在购置当期全部一次扣除。这种增值税的征税对象不包括生产资料部分，仅限于当期生产销售的所有消费品，故这种增值税被称为消费型增值税。中国自2009年1月1日起实行消费型增值税。

(2)收入型增值税

收入型增值税除允许扣除外购物质资料的价值外，对于购置生产、经营用的固定资产，允许将已提折旧的价值予以扣除。由于这个法定增值额相当于国民收入，因此这种增值税被称为收入型增值税。

(3)生产型增值税

生产型增值税是以纳税人的销售收入(或劳务收入)减去用于生产、经营的外购原材料、燃料、动力等物质资料价值后的余额作为法定增值额，但对购入的固定资产及其折旧均不予扣除。由于这个法定增值额相当于国民生产总值，因此这种增值税被称为生产型增值税。中国原来的增值税是生产型增值税。

3. 中国的增值税立法

中国目前增值税法律制度的主要依据是国务院制定的《中华人民共和国增值税暂行条例》(以下称《增值税暂行条例》，2017年11月19日第二次修订)；另外，财政部、国家税务总局制定了一系列增值税规章、政策。

限于篇幅，本节介绍的增值税法律制度以《增值税暂行条例》为主要依据，另外选用财政部、国家税务总局制定的《增值税暂行条例实施细则》、发布的“营改增”通知等的部分内容。

(二)增值税法律制度的主要内容

1. 纳税人与扣缴义务人

(1)纳税人

在中国境内销售货物或者加工、修理修配劳务(简称劳务)，销售服务、无形资产、不动产以及进口货物的单位和个人，为增值税的纳税人，应当缴纳增值税。单位，是指企业、行政单位、事业单位、军事单位、社会团体及其他单位。个人，是指个体工商户和其他个人。另外，单位以承包、承租、挂靠方式经营的，承包人、承租人、挂靠人以发包人、出租人、被挂靠人名义对外经营并由发包人、出租人、被挂靠人承担相关法律责任的，以该发包人、出租人、被挂靠人为纳税人；否则，以承包人、承租人、挂靠人为纳税人。资管产品运营过程中发生的增值税应税销售行为，以资管产品管理人为增值税纳税人。

(2)扣缴义务人

中国境外的单位或者个人在境内销售劳务，在境内未设有经营机构的，以其境内代理人为扣缴义务人；在境内没有代理人的，以购买方为扣缴义务人。中国境外的单位或者个人在境内销售服务、无形资产、不动产，在境内未设有经营机构的，以购买方为扣缴义务人；财政部和国家税务总局另有规定的除外。

在中国境内销售货物、劳务，是指销售货物的起运地或者所在地在中国境内以及提供的应税劳务发生在中国境内。在中国境内销售服务、无形资产、不动产,包括:一是服务(租赁不动产除外)或者无形资产(自然资源使用权除外)的销售方或者购买方在中国境内;二是所销售或者租赁的不动产在中国境内;三是所销售的自然资源使用权所属的自然资源在中国境内;四是财政部和国家税务总局规定的其他情形。

(3)一般纳税人和小规模纳税人

依据纳税人的经营规模及会计核算健全与否,增值税纳税人可以分为一般纳税人和小规模纳税人。增值税纳税人的年应税销售额超过财政部、国家税务总局规定的小规模纳税人标准的,一般应当向主管税务机关办理一般纳税人登记。对小规模纳税人的确认由主管税务机关依税法规定的标准认定。2017 年 11 月 30 日,国家税务总局审议通过《增值税一般纳税人登记管理办法》,自 2018 年 2 月 1 日起施行。

2. 征税对象(范围)

(1)征税对象的一般范围

增值税的征税对象一般包括:

①销售货物。货物,是指有形动产,包括电力、热力和气体在内。销售货物,是指有偿转让各种有形动产的所有权,并从购买方取得货款、货物和其他经济利益的行为。

②销售劳务。劳务,是指纳税人提供的加工、修理修配劳务。加工,是指受托加工货物,即委托方提供原料及主要材料,受托方按照委托方的要求制造货物并收取加工费的业务。修理修配,是指受托对损伤和丧失功能的货物进行修复,使其恢复原状和功能的业务。提供加工、修理修配劳务,是指有偿提供加工、修理修配劳务,单位或者个体工商户聘用的员工为本单位或者雇主提供的加工、修理修配劳务不包括在内。有偿,是指从购买方取得货币、货物或者其他经济利益。

③销售服务。服务包括交通运输服务、邮政服务、电信服务、建筑服务、金融服务、现代服务和生活服务。

④销售无形资产。销售无形资产,是指转让无形资产所有权或者使用权的业务。无形资产,是指不具有实物形态,但能带来经济利益的资产,包括技术、商标、著作权、商誉、自然资源使用权和其他权益性无形资产。技术包括专利技术和非专利技术。自然资源使用权包括土地使用权、海域使用权、探矿权、采矿权、取水权和其他自然资源使用权。其他权益性无形资产包括基础设施资产经营权、公共事业特许权、配额、经营权(包括特许经营权、连锁经营权、其他经营权)、经销权、分销权、代理权、会员权、席位权、网络游戏虚拟道具、域名、名称权、肖像权、冠名权、转会费等。

⑤销售不动产。销售不动产,是指转让不动产所有权的业务活动。不动产,是指不能移动或者移动后会引起性质、形状改变的财产,包括建筑物、构筑物等。建筑物包括住宅、商业营业用房、办公楼等可供居住、工作或者进行其他活动的建造物。构筑物包括道路、桥梁、隧道、水坝等建造物。转让建筑物有限产权或者永久使用权的,转让在建的建筑物或者构筑物所有权的,以及在转让建筑物或者构筑物时一并转让其所占土地的使用权的,按照销售不动产缴纳增值税。

⑥进口货物。进口货物,是指将货物从中国境外移送到中国境内的行为。凡进入中国国境或关境的货物(免税的除外),进口者在报关进口时均应向海关缴纳增值税。

(2)征税范围的其他情形

①视同销售货物行为。单位或个体经营者的下列行为视同销售货物:一是将货物交付其他单位或者个人代销;二是销售代销货物;三是设有两个以上机构并实行统一核算的纳税人,将货物从一个机构移送至其他机构用于销售,但相关机构设在同一县(市)的除外;四是将自产或者委托加工的货物用于非应税项目;五是将自产、委托加工的货物用于集体福利或者个人消费;六是将自产、委托加工或者购进的货物作为投资,提供给其他单位或者个体工商户;七是将自产、委托加工或者购进的货物分配给股东或者投资者;八是将自产、委托加工或者购进的货物无偿赠送给其他单位或者个人;九是单位或者个体工商户向其他单位或者个人无偿销售应税服务、无偿转让无形资产或者不动产,但用于公益事业或者以社会公众为对象的除外;十是财政部和国家税务总局规定的其他情形。

②混合销售行为。混合销售,是指一项销售行为既涉及货物又涉及服务。从事货物的生产、批发或零售的单位和个体工商户的混合销售,按照“销售货物”缴纳增值税;其他单位和个体工商户的混合销售,按照“销售服务”缴纳增值税。上述从事货物的生产、批发或零售的单位和个体工商户包括以从事货物的生产、批发或零售为主,兼营销售服务的单位和个体工商户。

3. 税率及小规模纳税人征收率

(1)税率

①基本税率。纳税人销售货物、劳务、有形动产租赁服务或者进口货物,除另有规定外,适用税率为13%。纳税人销售交通运输、邮政、基础电信、建筑、不动产租赁服务,销售不动产,转让土地使用权,销售或者进口下列货物,税率为9%:一是粮食等农产品、食用植物油、食用盐;二是自来水、暖气、冷气、热水、煤气、石油液化气、天然气、二甲醚、沼气、居民用煤炭制品;三是图书、报纸、杂志、音像制品、电子出版物;四是饲料、化肥、农药、农机、农膜;五是国务院规定的其他货物。

②低税率。纳税人销售服务、无形资产,除另有规定外,税率为6%。

③出口零税率。纳税人出口货物,适用税率为零,但国务院另有规定的除外。增值税的零税率,是指对出口货物除了在出口环节不征收增值税外,还要对该产品在出口前已经缴纳的增值税进行退税,使该出口产品在出口时完全不含增值税,以无税产品进入国际市场。另外,境内单位和个人跨境销售国务院规定范围内的服务、无形资产,税率为零。

税率的调整由国务院决定。在计算缴纳增值税时,应当了解征税范围内国务院增值税税率的最新调整政策。

纳税人兼营不同税率的项目,应当分别核算不同税率项目的销售额;未分别核算销售额的,从高适用税率。

(2)小规模纳税人征收率

小规模纳税人增值税征收率为3%,国务院另有规定的除外。一般纳税人发生应税销售行为按照规定可以选择简易计税方法计税的,也适用征收率。

4. 免税和减税

(1)免征增值税

下列项目免征增值税:一是农业生产者销售的自产农业产品;二是避孕药品和用具;三是古旧图书;四是直接用于科学研究、科学试验和教学的进口仪器、设备;五是外国政府、国际组织无偿援助的进口物资和设备；六是由残疾人组织直接进口供残疾人专用的物品；七是销售的自己使用过的物品。除上述规定外，增值税的免税和减税项目由国务院规定，任何地区和部门均不得规定免税和减税项目。

(2)兼营免税和减税项目的税率

纳税人兼营免税和减税项目的，应当分别核算免税和减税项目的销售额；未分别核算销售额的，不得免税和减税。

5. 一般纳税人增值税应纳税额的计算

增值税一般纳税人销售货物、劳务、服务、无形资产、不动产(简称应税销售行为)，除适用简易计税方法外，应纳税额为当期销项税额抵扣当期进项税额后的余额。应纳税额的计算公式如下：

$$\text{应纳税额}=\text{当期销项税额}-\text{当期进项税额}$$

当期销项税额小于当期进项税额不足抵扣时，其不足部分可以结转下期继续抵扣。

(1)销项税额

纳税人发生应税销售行为，按照销售额和规定的税率计算收取的增值税税额，为销项税额。销项税额的计算公式如下：

$$\text{销项税额}=\text{销售额}\times\text{税率}$$

销售额为纳税人发生应税销售行为收取的全部价款和价外费用，但不包括收取的销项税额。销售额以人民币计算；纳税人以人民币以外的货币结算销售额的，应当折合成人民币计算。

价外费用，是指价外向购买方收取的手续费、补贴、基金、集资费、返还利润、奖励费、违约金、滞纳金、延期付款利息、赔偿金、代收款项、代垫款项、包装费、包装物租金、储备费、优质费、运输装卸费以及其他各种性质的价外收费，但下列项目不包括在内：

第一，受托加工应征消费税的消费品所代收代缴的消费税。

第二，同时符合以下条件的代垫运输费用：一是承运部门的运输费用发票开具给购买方的；二是纳税人将该项发票转交给购买方的。

第三，同时符合以下条件代为收取的政府性基金或者行政事业性收费：一是由国务院或者财政部批准设立的政府性基金，由国务院或者省级政府及其财政、价格主管部门批准设立的行政事业性收费；二是收取时开具省级以上财政部门印制的财政票据；三是所收款项全额上缴财政。

第四，销售货物的同时代办保险而向购买方收取的保险费，以及向购买方收取的代购买方缴纳的车辆购置税和车辆牌照费。

增值税是价外税，公式中的销售额不包括收取的销项税额。一般纳税人销售货物或者应税劳务，采用销售额和销项税额合并定价的方法的，按下列公式计算销售额：

$$\text{销售额}=\frac{\text{含税销售额}}{1+\text{增值税税率}}$$

纳税人发生应税销售行为的价格明显偏低并无正当理由的，由主管税务机关按下列顺序确定销售额：按纳税人最近时期同类货物的平均销售价格确定→按其他纳税人最近时期同类货物的平均销售价格确定→按组成计税价格确定。

组成计税价格的计算公式如下：

$$组成计税价格=成本\times(1+成本利润率)$$

属于应征消费税的货物，其组成计税价格中应加计消费税税额。公式中的成本分两种情况：销售自产货物的，为实际生产成本；销售外购货物的，为实际采购成本。公式中的成本利润率由国家税务总局确定。

(2)进项税额

纳税人购进货物、劳务、服务、无形资产、不动产支付或者负担的增值税税额为进项税额。

下列进项税额准予从销项税额中抵扣：

第一，从销售方取得的增值税专用发票上注明的增值税税额。

第二，从海关取得的海关进口增值税专用缴款书上注明的增值税税额。

第三，购进农产品，除取得增值税专用发票或者海关进口增值税专用缴款书外，按照农产品收购发票或者销售发票上注明的农产品买价和9%的扣除率计算的进项税额；国务院另有规定的除外。进项税额的计算公式如下：

$$进项税额=买价\times扣除率$$

第四，自境外单位或者个人购进劳务、服务、无形资产或者境内的不动产，从税务机关或者扣缴义务人取得的代扣代缴税款的完税凭证上注明的增值税税额。

准予抵扣的项目和扣除率的调整由国务院决定。

下列进项税额不得抵扣：

第一，扣税凭证不符合规定。纳税人购进货物、劳务、服务、无形资产、不动产，取得的增值税扣税凭证不符合法律、行政法规或者国务院税务主管部门的有关规定的，其进项税额不得从销项税额中抵扣。

第二，不属于抵扣项目。下列项目的进项税额不得从销项税额中抵扣：一是用于简易计税方法计税项目、免征增值税项目、集体福利或者个人消费的购进货物、劳务、服务、无形资产和不动产；二是非正常损失的购进货物，以及相关的劳务和交通运输服务；三是非正常损失的在产品、产成品所耗用的购进货物(不包括固定资产)、劳务和交通运输服务；四是国务院规定的其他项目。

6. 小规模纳税人增值税应纳税额的计算

小规模纳税人发生应税销售行为，实行按照销售额和征收率计算应纳税额的简易办法，且不得抵扣进项税额。应纳税额的计算公式如下：

$$应纳税额=销售额\times征收率$$

7. 进口货物增值税应纳税额的计算

纳税人进口货物，按照组成计税价格和规定的税率计算应纳税额。组成计税价格和应纳税额的计算公式如下：

$$组成计税价格=关税完税价格+关税+消费税$$

$$应纳税额=组成计税价格\times税率$$

8. 增值税专用发票

增值税专用发票是销售方和购买方经济往来的凭证，更是购买方法定的进项税额抵扣凭证。

纳税人发生应税销售行为，应当向索取增值税专用发票的购买方开具增值税专用发票，并在增值税专用发票上分别注明销售额和销项税额。属于下列情形之一的,不得开具增值税专用发票:一是应税销售行为的购买方为消费者个人;二是发生的应税销售行为适用免税规定。

9. 征收和缴纳

(1)征收机关

增值税由税务机关征收,进口货物的增值税由海关代征。个人携带或者邮寄进境自用物品的增值税,连同关税一并计征,具体办法由国务院关税税则委员会会同有关部门制定。

(2)纳税地点

第一,固定业户应当向其机构所在地的主管税务机关申报纳税。总机构和分支机构不在同一县(市)的,应当分别向各自所在地的主管税务机关申报纳税;经国务院财政、税务主管部门或者其授权的财政、税务机关批准,可以由总机构汇总向总机构所在地的主管税务机关申报纳税。

第二,固定业户到外县(市)销售货物或者劳务,应当向其机构所在地的主管税务机关报告外出经营事项,并向其机构所在地的主管税务机关申报纳税;未报告的,应当向销售地或者劳务发生地的主管税务机关申报纳税;未向销售地或者劳务发生地的主管税务机关申报纳税的,由其机构所在地的主管税务机关补征税款。

第三,非固定业户销售货物或者劳务,应当向销售地或者劳务发生地的主管税务机关申报纳税;未向销售地或者劳务发生地的主管税务机关申报纳税的,由其机构所在地或者居住地的主管税务机关补征税款。

第四,进口货物应当向报关地海关申报纳税。扣缴义务人应当向其机构所在地或者居住地的主管税务机关申报缴纳其扣缴的税款。

(3)纳税期限

①按期或者按次纳税。增值税的纳税期限分别为一日、三日、五日、十日、十五日、一个月或者一个季度。纳税人的具体纳税期限由主管税务机关根据纳税人应纳税额的大小分别核定;不能按照固定期限纳税的,可以按次纳税。

②申报纳税。纳税人以一个月或者一个季度为一个纳税期的,自期满之日起十五日内申报纳税;以一日、三日、五日、十日或者十五日为一个纳税期的,自期满之日起五日内预缴税款,于次月一日起十五日内申报纳税并结清上月应纳税款。扣缴义务人解缴税款的期限依照上述规定执行。另外,纳税人进口货物,应当自海关填发海关进口增值税专用缴款书之日起十五日内缴纳税款。

10. 出口退(免)税

纳税人出口货物适用退(免)税规定的,应当向海关办理出口手续,凭出口报关单等有关凭证,在规定的出口退(免)税申报期内按月向主管税务机关申报办理该项出口货物的退(免)税;境内单位和个人跨境销售服务和无形资产适用退(免)税规定的,应当按期向主管税务机关申报办理退(免)税。具体办法由国务院财政、税务主管部门制定。

出口货物办理退税后发生退货或者退关的,纳税人应当依法补缴已退的税款。

二、消费税法律制度

(一)消费税概述

1. 消费税的含义

消费税是对部分最终消费品和消费行为的流转额征收的一种流转税。

消费税可以分为一般消费税和特别消费税。一般消费税对所有消费品征税，特别消费税是对特定消费品或者消费行为征税。中国实行特别消费税。消费者是消费税的实际负税人和间接纳税人。

2. 消费税的意义

历史上的消费税多侧重于增加财政收入，而现代消费税除了收入目的外，更重要的是发挥其独特的调节功能。

3. 中国消费税的立法

中国消费税法律制度的主要依据是国务院制定的《中华人民共和国消费税暂行条例》(以下称《消费税暂行条例》，2008 年 11 月 5 日修订)。另外，财政部、国家税务总局制定消费税规章、政策。

(二)消费税法律制度的主要内容

1. 纳税义务人

在中国境内生产、委托加工和进口规定的消费品的单位和个人，以及国务院确定的销售规定的消费品的其他单位和个人，为消费税的纳税人，应当缴纳消费税。

在中国境内，是指生产、委托加工和进口属于应当缴纳消费税的消费品的起运地或者所在地在中国境内。

2. 税目和税率

消费税的税目和税率依照《消费税暂行条例》所附的“消费税税目税率表”执行(参见表 7—1)。消费税税目和税率的调整由国务院决定。应税消费品的具体征税范围由财政部、国家税务总局确定。

表 7—1　　消费税的税目和税率(税额)

税　目	税率(税额)
一、烟	
1. 卷烟	
(1)甲类卷烟(生产或进口环节)	56%加 0.003 元/支
(2)乙类卷烟(生产或进口环节)	36%加 0.003 元/支
(3)批发环节	11%加 0.003 元/支
2. 雪茄烟	36%
3. 烟丝	30%
二、酒	

续表

税　目	税率(税额)
1. 白酒	20%加 0.5 元/500 克(或者 500 毫升)
2. 黄酒	240 元/吨
3. 啤酒	
(1)甲类啤酒	250 元/吨
(2)乙类啤酒	220 元/吨
4. 其他酒	10%
三、高档化妆品	15%
四、贵重首饰及珠宝玉石	
1. 金银首饰、铂金首饰和钻石及钻石饰品	5%
2. 其他贵重首饰及珠宝、玉石	10%
五、鞭炮、焰火	15%
六、成品油	
1. 汽油	1.52 元/升
2. 柴油	1.20 元/升
3. 航空煤油	1.20 元/升
4. 石脑油	1.52 元/升
5. 溶剂油	1.52 元/升
6. 润滑油	1.52 元/升
7. 燃料油	1.20 元/升
七、小汽车	
1. 乘用车	
(1)气缸容量(排气量,下同)在 1.0 升(含 1.0 升)以下	1%
(2)气缸容量在 1.0 升以上至 1.5 升(含 1.5 升)	3%
(3)气缸容量在 1.5 升以上至 2.0 升(含 2.0 升)	5%
(4)气缸容量在 2.0 升以上至 2.5 升(含 2.5 升)	9%
(5)气缸容量在 2.5 升以上至 3.0 升(含 3.0 升)	12%
(6)气缸容量在 3.0 升以上至 4.0 升(含 4.0 升)	25%
(7)气缸容量在 4.0 升以上	40%
2. 中轻型商用客车	5%
3. 超豪华小汽车(零售环节)	10%

续表

税　目	税率(税额)
八、摩托车	
1. 气缸容量(排气量,下同)在250毫升(含250毫升)以下	3%
2. 气缸容量在250毫升以上	10%
九、高尔夫球及球具	10%
十、高档手表	20%
十一、游艇	10%
十二、木制一次性筷子	5%
十三、实木地板	5%
十四、电池	4%
十五、涂料	4%

消费税的税率采用比例税率与定额税率相结合的形式。

纳税人兼营不同税率的应当缴纳消费税的消费品(简称应税消费品),应当分别核算不同税率应税消费品的销售额和销售数量;未分别核算销售额和销售数量,或者将不同税率的应税消费品组成成套消费品销售的,从高适用税率。纳税人兼营不同税率的应当缴纳消费税的消费品,是指纳税人生产销售两种税率以上的应税消费品。

3. 纳税义务的发生时间

(1)纳税义务

第一,纳税人生产的应税消费品,于纳税人销售时纳税。纳税人自产自用的应税消费品,用于连续生产应税消费品的,不纳税;用于其他方面的,于移送使用时纳税。

第二,委托加工的应税消费品,除受托方为个人外,由受托方在向委托方交货时代收代缴税款。委托加工的应税消费品,委托方用于连续生产应税消费品的,所纳税款准予按规定抵扣。

第三,进口的应税消费品,于报关进口时纳税。

用于连续生产应税消费品,是指纳税人将自产自用的应税消费品作为直接材料生产最终应税消费品,自产自用应税消费品构成最终应税消费品的实体。用于其他方面,是指纳税人将自产自用应税消费品用于生产非应税消费品、在建工程、管理部门、非生产机构、提供劳务、馈赠、赞助、集资、广告、样品、职工福利、奖励等方面。委托加工的应税消费品,是指由委托方提供原料和主要材料,受托方只收取加工费和代垫部分辅助材料加工的应税消费品。对于由受托方提供原材料生产的应税消费品,或者受托方先将原材料卖给委托方,再接受加工的应税消费品,以及由受托方以委托方名义购进原材料生产的应税消费品,不论在财务上是否作销售处理,都不得作为委托加工应税消费品,而应当按照销售自制应税消费品缴纳消费税。委托加工的应税消费品直接出售的,不再缴纳消费税。委托个人加工的应税消费品,由委托方收回后缴纳消费税。

(2)纳税义务发生时间

第一,纳税人销售应税消费品的,按不同的销售结算方式确定纳税义务发生时间,具体为:一是采取赊销和分期收款结算方式的,为书面合同约定的收款日期的当天,书面合同没有约定收款日期或者无书面合同的,为发出应税消费品的当天;二是采取预收货款结算方式的,为发出应税消费品的当天;三是采取托收承付和委托银行收款方式的,为发出应税消费品并办妥托收手续的当天;四是采取其他结算方式的,为收讫销售款或者取得索取销售款凭据的当天。

第二,纳税人自产自用应税消费品的,为移送使用的当天。

第三,纳税人委托加工应税消费品的,为纳税人提货的当天。

第四,纳税人进口应税消费品的,为报关进口的当天。

4. 应纳税额的计算公式

消费税实行从价定率、从量定额,或者从价定率和从量定额复合计税(简称复合计税)的办法计算应纳税额。

(1)从价定率消费税的应纳税额

实行从价定率征收消费税的,应纳税额的计算公式如下:

$$\text{应纳税额}=\text{销售额}\times\text{税率}$$

销售额为纳税人销售应税消费品而向购买方收取的全部价款和价外费用,不包括应向购货方收取的增值税税款。如果纳税人应税消费品的销售额中未扣除增值税税款或者因不得开具增值税专用发票而发生价款和增值税税款合并收取的,在计算消费税时,应当换算为不含增值税税款的销售额。其换算公式如下:

$$\text{应税消费品的销售额}=\frac{\text{含增值税的销售额}}{1+\text{增值税税率或者征收率}}$$

(2)从量定额消费税的应纳税额

实行从量定额征收消费税的,应纳税额的计算公式如下:

$$\text{应纳税额}=\text{销售数量}\times\text{单位税额}$$

销售数量,是指应税消费品的数量,具体为:一是销售应税消费品的,为应税消费品的销售数量;二是自产自用应税消费品的,为应税消费品的移送使用数量;三是委托加工应税消费品的,为纳税人收回的应税消费品数量;四是进口应税消费品的,为海关核定的应税消费品进口征税数量。

(3)复合计税办法的应纳税额

实行复合计税办法的,应纳消费税的计算公式如下:

$$\text{应纳税额}=\text{销售额}\times\text{比例税率}+\text{销售数量}\times\text{定额税率}$$

纳税人销售的应税消费品以人民币计算销售额。纳税人以人民币以外的货币结算销售额的,应当折合成人民币计算。

5. 应纳税额的计算依据

(1)自产自用应税消费品

纳税人自产自用的应税消费品按照纳税人生产的同类消费品的销售价格计算纳税;没有同类消费品销售价格的,按照组成计税价格计算纳税。

实行从价定率办法计算纳税的,组成计税价格的计算公式如下:

$$组成计税价格=\frac{成本+利润}{1-比例税率}$$

实行复合计税办法计算纳税的，组成计税价格的计算公式如下：

$$组成计税价格=\frac{成本+利润+自产自用数量\times 定额税率}{1-比例税率}$$

(2)委托加工应税消费品

委托加工的应税消费品按照受托方的同类消费品的销售价格计算纳税；没有同类消费品销售价格的，按照组成计税价格计算纳税。

实行从价定率办法计算纳税的，组成计税价格的计算公式如下：

$$组成计税价格=\frac{材料成本+加工费}{1-比例税率}$$

实行复合计税办法计算纳税的，组成计税价格的计算公式如下：

$$组成计税价格=\frac{材料成本+加工费+委托加工数量\times 定额税率}{1-比例税率}$$

(3)进口应税消费品

进口的应税消费品按照组成计税价格计算纳税。

实行从价定率办法计算纳税的组成计税价格的计算公式如下：

$$组成计税价格=\frac{关税完税价格+关税}{1-消费税比例税率}$$

实行复合计税办法计算纳税的组成计税价格的计算公式如下：

$$组成计税价格=\frac{关税完税价格+关税+进口数量\times 消费税定额税率}{1-消费税比例税率}$$

纳税人应税消费品的计税价格明显偏低且无正当理由的，由主管税务机关核定其计税价格。

对纳税人出口应税消费品免征消费税，国务院另有规定的除外。出口应税消费品的免税办法由国务院财政、税务主管部门规定。

6. 征收和缴纳

(1)征收机关

消费税由税务机关征收，进口的应税消费品的消费税由海关代征。个人携带或者邮寄进境的应税消费品的消费税连同关税一并计征，具体办法由国务院关税税则委员会会同有关部门制定。

(2)纳税地点

第一，纳税人销售的应税消费品和自产自用的应税消费品，除国务院财政、税务主管部门另有规定外，应当向纳税人机构所在地或者居住地的主管税务机关申报纳税。

第二，委托加工的应税消费品，除受托方为个人外，由受托方向机构所在地或者居住地的主管税务机关解缴消费税税款。

第三，进口的应税消费品，应当向报关地海关申报纳税。

(3)纳税期限

①按期或者按次纳税。消费税的纳税期限分别为一日、三日、五日、十日、十五日、一个月或者一个季度。纳税人的具体纳税期限由主管税务机关根据纳税人应纳税额的大小分别核

定;不能按照固定期限纳税的,可以按次纳税。

②申报纳税。纳税人以一个月或者一个季度为一个纳税期的,自期满之日起十五日内申报纳税;以一日、三日、五日、十日或者十五日为一个纳税期的,自期满之日起五日内预缴税款,于次月一日起十五日内申报纳税并结清上月应纳税款。另外,纳税人进口应税消费品,应当自海关填发海关进口消费税专用缴款书之日起十五日内缴纳税款。

第三节 关税法律制度

一、关税与关税法概述

(一)关税概述

1. 关税的含义

关税是海关依法对进出境货物、物品征收的一种税,具体含义包括:一是关税是由海关征收的一种税收;二是关税是对进出境货物、物品征收的一种税。

进出境货物、物品是关税的征收对象。"境",是指关境,又称海关境域或关税领域。关境和国境是两个既有联系,又不完全相同的概念。国境,是指一个主权国家行使行政权力的领域范围。关境,是指一个主权国家行使关税权力的领域范围。一般情况下,国境和关境是一致的;但是,当存在自由港、自由贸易区时,这些区域就进出口关税而言处在关境之外,这时,国境大于关境,如中国的香港和澳门保持自由港地位,是单独的关税地区,即单独关境区;当几个国家结成关税同盟,组成一个共同的关境,实施统一的关税和统一的对外税则时,这些国家彼此之间货物的进出国境免征关税,只对来自或运往其他国家的货物进出共同关境时征收关税,这些国家的国境小于关境,如欧盟各国。

2. 关税的分类

(1)进口税、出口税和过境税

按征税商品的流向,可以把关税分为进口税、出口税和过境税。

①进口税。进口税是对进口商品征收的关税。进口税在外国商品进入关境或国境时征收,或者在外国商品由自由港、自由贸易区、海关保税仓库运往进口国国内市场销售时征收。进口税是各国政府限制进口、保护国内市场、增加财政收入的重要工具。

②出口税。出口税是对出口商品征收的关税。征收出口税会提高本国商品在国际市场上的销售价格,削弱出口商品的国际竞争力,不利于出口,各国一般不征收出口税;但是,一些发展中国家为了增加财政收入,保证国内生产所需原材料和国内消费品市场的供应,依然征收出口税。

③过境税。过境税是对进入本国港口停留、转运他国的货物征收的关税。过境货物对本国生产和市场不产生影响。征收过境税的主要目的是从交通运输、港口使用、仓储保管等方面获得收益,增加财政收入。大多数国家为了促进转口贸易的发展,已不再征收过境税,仅收取少量行政费用或服务费用。

(2)财政性关税和保护性关税

按征税目的的不同,关税可以分为财政性关税和保护性关税。

①财政性关税。财政性关税的目的是增加国家的财政收入。这类关税一般选择进口数量大、消费量大、负担能力强的非生活必需品，或本国不能生产又无替代品的消费品作为主要征税对象。

②保护性关税。保护性关税的目的是保护国内经济。随着财政性关税地位的削弱，保护性关税的地位日益加强。

（二）关税法概述

1. 关税法律

1987 年 1 月 22 日，第六届全国人大常委会第十九次会议通过《中华人民共和国海关法》（以下称《海关法》），自 1987 年 7 月 1 日起施行。《海关法》施行后经多次修正，现行的是 2021 年 4 月 2 日第十三届全国人大常委会第二十八次会议第六次修正文本。《海关法》对进出境运输工具、进出境货物及物品、关税等作出明确规定。

2. 关税行政法规

2003 年 11 月 23 日，国务院公布《中华人民共和国进出口关税条例》（以下称《进出口关税条例》），自 2004 年 1 月 1 日起施行。《进出口关税条例》施行后经多次修订，现行的是 2017 年 3 月 1 日第四次修订文本。另外，《中华人民共和国海关进出口税则》（以下称《海关进出口税则》）、《中华人民共和国进境物品进口税税率表》（以下称《进境物品进口税税率表》）作为《进出口关税条例》的组成部分，由国务院制定。

3. 国务院关税税则委员会的规范性文件

国务院设立关税税则委员会负责《海关进出口税则》和《进境物品进口税税率表》的税目、税则号列和税率的调整与解释，报国务院批准后执行；决定实行暂定税率的货物、税率和期限；决定关税配额税率；决定征收反倾销税、反补贴税、保障措施关税、报复性关税以及其他关税措施；决定特殊情况下税率的适用，以及履行国务院规定的其他职责。

二、关税法律制度的主要内容

（一）纳税义务人和征税对象

1. 纳税义务人

进口货物的收货人、出口货物的发货人和进出境物品的所有人是关税的纳税义务人。

2. 征税对象

关税的征税对象是准许进出境的货物和物品。货物，是指贸易性商品。物品包括入境旅客随身携带的行李和物品、个人邮递物品、各种运输工具上的服务人员携带进口的自用物品、馈赠物品及以其他方式进境的个人物品。

（二）税率

1. 进口关税税率

进口关税设置最惠国税率、协定税率、特惠税率、普通税率、关税配额税率等税率。对进口货物在一定期限内可以实行暂定税率。

（1）进口关税的适用

①最惠国税率的适用。原产于共同适用最惠国待遇条款的世界贸易组织成员的进口货物，原产于与中国签订含有相互给予最惠国待遇条款的双边贸易协定的国家或者地区的进口

货物,以及原产于中国境内的进口货物,适用最惠国税率。

②协定税率的适用。原产于与中国签订含有关税优惠条款的区域性贸易协定的国家或者地区的进口货物,适用协定税率。

③特惠税率的适用。与中国签订含有特殊关税优惠条款的贸易协定的国家或者地区的进口货物,适用特惠税率。

④普通税率的适用。原产于上述①、②和③所列以外国家或者地区的进口货物,以及原产地不明的进口货物,适用普通税率。

⑤暂定税率的适用。适用最惠国税率的进口货物有暂定税率的,应当适用暂定税率;适用协定税率、特惠税率的进口货物有暂定税率的,应当从低适用税率;适用普通税率的进口货物,不适用暂定税率。适用出口税率的出口货物有暂定税率的,应当适用暂定税率。

⑥关税配额税率的适用。按照国家规定实行关税配额管理的进口货物,在关税配额内的,适用关税配额税率;在关税配额外的,其税率的适用按照最惠国税率、协定税率、特惠税率或普通税率适用的规定执行。

(2)特定情形的税率适用

①依据其他法律、行政法规适用进口关税税率。按照有关法律、行政法规的规定对进口货物采取反倾销、反补贴、保障措施的,其税率的适用按照《中华人民共和国反倾销条例》《中华人民共和国反补贴条例》和《中华人民共和国保障措施条例》的有关规定执行。

②适用报复性关税税率。任何国家或者地区违反与中国签订或者共同参加的贸易协定及相关协定,对中国在贸易方面采取禁止、限制、加征关税或者其他影响正常贸易的措施的,对原产于该国家或者地区的进口货物可以征收报复性关税,适用报复性关税税率。征收报复性关税的货物、适用国别、税率、期限和征收办法由国务院关税税则委员会决定并公布。

2. 出口关税税率

出口关税设置出口税率。对出口货物在一定期限内可以实行暂定税率。中国对少数资源性产品及易于竞相杀价、需要规范出口秩序的半制成品征收出口关税。

(三)进出口货物完税价格的确定

1. 进口货物完税价格

(1)进口货物完税价格的审查确定

①进口货物完税价格的确定基础。进口货物的完税价格由海关以符合《进出口关税条例》所列条件的成交价格以及该货物运抵中国境内输入地点起卸前的运输及其相关费用、保险费为基础,审查确定。

②进口货物成交价格的条件。进口货物的成交价格,是指卖方向中国境内销售该货物时买方为进口该货物向卖方实付、应付的,并按照《进出口关税条例》规定调整后的价款总额,包括直接支付的价款和间接支付的价款。

进口货物的成交价格应当符合下列条件:一是对买方处置或者使用该货物不予限制,但法律、行政法规规定实施的限制、对货物转售地域的限制和对货物价格无实质性影响的限制除外;二是该货物的成交价格没有因搭售或者其他因素的影响而无法确定;三是卖方不得从买方直接或者间接获得因该货物进口后转售、处置或者使用而产生的任何收益,或者虽有收益但能够按照《进出口关税条例》的规定进行调整;四是买卖双方没有特殊关系,或者虽有特殊关系但未对成交价格产生影响。

③进口货物的税收、费用与完税价格。

第一，计入完税价格的费用。进口货物的下列费用应当计入完税价格：一是由买方负担的购货佣金以外的佣金和经纪费；二是由买方负担的在审查确定完税价格时与该货物视为一体的容器的费用；三是由买方负担的包装材料费用和包装劳务费用；四是与该货物的生产和向中国境内销售有关的，由买方以免费或者以低于成本的方式提供并可以按适当比例分摊的料件、工具、模具、消耗材料及类似货物的价款，以及在境外开发、设计等相关服务的费用；五是作为该货物向中国境内销售的条件，买方必须支付的、与该货物有关的特许权使用费；六是卖方直接或者间接从买方获得的该货物进口后转售、处置或者使用的收益。

第二，不计入完税价格的费用。进口时在货物的价款中列明的下列税费不计入该货物的完税价格：一是厂房、机械、设备等货物进口后进行建设、安装、装配、维修和技术服务的费用；二是进口货物运抵境内输入地点起卸后的运输及其相关费用和保险费；三是进口关税及国内税收。

(2)进口货物完税价格的估定

进口货物的成交价格不符合上述规定条件的，或者成交价格不能确定的，海关经了解有关情况，并与纳税义务人进行价格磋商后，依次以下列价格估定该货物的完税价格：

第一，与该货物同时或者大约同时向中国境内销售的相同货物的成交价格。

第二，与该货物同时或者大约同时向中国境内销售的类似货物的成交价格。

第三，与该货物进口的同时或者大约同时将该进口货物、相同或者类似进口货物在第一级销售环节销售给无特殊关系买方最大销售总量的单位价格，但应当扣除规定的项目。应当扣除的项目包括：一是同等级或者同种类货物在中国境内第一级销售环节销售时通常的利润和一般费用以及通常支付的佣金；二是进口货物运抵境内输入地点起卸后的运输及其相关费用和保险费；三是进口关税及国内税收。

第四，按照下列各项总和计算的价格：一是生产该货物所使用的料件成本和加工费用；二是向中国境内销售同等级或者同种类货物通常的利润和一般费用；三是该货物运抵境内输入地点起卸前的运输及其相关费用和保险费。

第五，以合理方法估定的价格。

纳税义务人向海关提供有关资料后，可以提出申请，颠倒上述第三和第四项的适用次序。

(3)其他贸易方式进口的完税价格的确定

①租赁货物进口。以租赁方式进口的货物，以海关审查确定的该货物的租金作为完税价格。纳税义务人要求一次性缴纳税款的，纳税义务人可以选择按照上述规定估定的完税价格或者按照海关审查确定的租金总额作为完税价格。

②加工复运进境。运往境外加工的货物，出境时已向海关报明并在海关规定的期限内复运进境的，应当以境外加工费和料件费以及复运进境的运输及其相关费用和保险费审查确定完税价格。

③修理复运进境。运往境外修理的机械器具、运输工具或者其他货物，出境时已向海关报明并在海关规定的期限内复运进境的，应当以境外修理费和料件费审查确定完税价格。

2. 出口货物完税价格

(1)出口货物完税价格的审查确定

出口货物的完税价格由海关以该货物的成交价格以及该货物运至中国境内输出地点装载前的运输及其相关费用和保险费为基础审查确定。出口货物的成交价格,是指该货物出口时卖方为出口该货物而应当向买方直接收取和间接收取的价款总额。出口关税不计入完税价格。

(2)出口货物完税价格的估定

出口货物的成交价格不能确定的,海关经了解有关情况,并与纳税义务人进行价格磋商后,依次以下列价格估定该货物的完税价格:

第一,与该货物同时或者大约同时向同一国家或者地区出口的相同货物的成交价格。

第二,与该货物同时或者大约同时向同一国家或者地区出口的类似货物的成交价格。

第三,按照下列各项总和计算的价格:一是境内生产相同或者类似货物的料件成本和加工费用;二是通常的利润和一般费用;三是境内发生的运输及其相关费用和保险费。

第四,以合理方法估定的价格。

上述按照《进出口关税条例》规定计入或者不计入完税价格的成本、费用和税收应当以客观、可量化的数据为依据。

(四)进出口货物关税的征收

1. 征收管理

(1)纳税义务人申报

①申报期限。进口货物的纳税义务人应当自运输工具申报进境之日起十四日内,出口货物的纳税义务人除海关特准的外,应当在货物运抵海关监管区后、装货的二十四小时前,向货物的进出境地海关申报。进出口货物转关运输的,按照海关总署的规定执行。进口货物到达前,纳税义务人经海关核准可以先行申报,具体办法由海关总署另行规定。

②申报材料。纳税义务人应当依法如实向海关申报,并按照海关的规定提供有关确定完税价格、进行商品归类、确定原产地以及采取反倾销、反补贴或者保障措施等所需的资料;必要时,海关可以要求纳税义务人补充申报。

(2)商品归类

纳税义务人应当按照《海关进出口税则》规定的目录条文和归类总规则、类注、章注、子目注释以及其他归类注释对其申报的进出口货物进行商品归类,并归入相应的税则号列。海关应当依法审核确定该货物的商品归类。海关可以要求纳税义务人提供确定商品归类所需的有关资料;必要时,海关可以组织化验、检验,并将海关认定的化验、检验结果作为商品归类的依据。

(3)海关的职权和职责

①查阅、复制相关资料。海关为审查申报价格的真实性和准确性,可以查阅、复制与进出口货物有关的合同、发票、账册、结付汇凭证、单据、业务函电、录音录像制品和其他反映买卖双方关系及交易活动的资料。

②查询银行资金。海关对纳税义务人申报的价格有怀疑并且所涉关税数额较大的,经直属海关关长或者其授权的隶属海关关长批准,凭海关总署统一格式的协助查询账户通知书及有关工作人员的工作证件,可以查询纳税义务人在银行或者其他金融机构开立的单位账户的

资金往来情况，并向银行业监督管理机构通报有关情况。

③要求书面答疑及依法估定完税价格。海关对纳税义务人申报的价格有怀疑的，应当将怀疑的理由书面告知纳税义务人，要求其在规定的期限内书面作出说明并提供有关资料。纳税义务人在规定的期限内未作说明、未提供有关资料的，或者海关仍有理由怀疑申报价格的真实性和准确性的，海关可以不接受纳税义务人申报的价格，并按照规定估定完税价格。

④确定完税价格的书面说明。海关审查确定进出口货物的完税价格后，纳税义务人可以以书面形式要求海关就如何确定其进出口货物的完税价格作出书面说明，海关应当向纳税义务人作出书面说明。

2. 征收方式

进出口货物的关税以从价计征、从量计征或者国家规定的其他方式征收。

从价计征的计算公式如下：

应纳税额＝完税价格×关税税率

从量计征的计算公式如下：

应纳税额＝货物数量×单位税额

复合税应纳税额的计算公式如下：

关税税额＝货物税额＋完税价格×税率

3. 税款缴纳

(1)缴纳期限及滞纳金

纳税义务人应当自海关填发税款缴款书之日起十五日内向指定银行缴纳税款。纳税义务人未按期缴纳税款的，从滞纳税款之日起按日加收滞纳税款万分之五的滞纳金。海关可以对纳税义务人欠缴税款的情况予以公告。海关征收关税、滞纳金等，应当制发缴款凭证。缴款凭证的格式由海关总署规定。

(2)缴纳币种

海关征收关税、滞纳金等，应当按人民币计征。进出口货物的成交价格以及有关费用以外币计价的，以中国人民银行公布的基准汇率折合为人民币计算完税价格；以基准汇率币种以外的货币计价的，按照国家有关规定套算为人民币计算完税价格。适用汇率的日期由海关总署规定。

(3)延期缴纳

纳税义务人因不可抗力或者在国家税收政策调整的情形下，不能按期缴纳税款的，经依法提供税款担保后，可以延期缴纳税款，但最长不得超过六个月。

(4)责令担保及税收保全、强制措施

进出口货物的纳税义务人在规定的纳税期限内有明显的转移、藏匿其应税货物以及其他财产的迹象的，海关可以责令纳税义务人提供担保；纳税义务人不能提供担保的，海关可以按照《海关法》的相关规定采取税收保全措施。纳税义务人、担保人自缴纳税款期限届满之日起超过三个月仍未缴纳税款的，海关可以按照《海关法》的相关规定采取强制措施。

4. 其他原因进出口货物关税的征收和缴纳

(1)加工贸易的进口料件

加工贸易的进口料件按照国家规定保税进口，其制成品或者进口料件未在规定的期限内出口的,海关按照规定征收进口关税。加工贸易的进口料件进境时按照国家规定征收进口关税,其制成品或者进口料件在规定的期限内出口的,海关按照有关规定退还进境时已征收的关税税款。

(2)暂时进出境货物

暂时进境或者暂时出境的下列货物在进境或者出境时,纳税义务人向海关缴纳相当于应纳税款的保证金或者提供其他担保的,可以暂不缴纳关税,并应当自进境或者出境之日起六个月内复运出境或者复运进境;需要延长复运出境或者复运进境期限的,纳税义务人应当根据海关总署的规定向海关办理延期手续:一是在展览会、交易会、会议及类似活动中展示或者使用的货物;二是文化、体育交流活动中使用的表演、比赛用品;三是进行新闻报道或者摄制电影、电视节目使用的仪器、设备及用品;四是开展科研、教学、医疗活动使用的仪器、设备及用品;五是在上述活动中使用的交通工具及特种车辆;六是货样;七是供安装、调试、检测设备时使用的仪器、工具;八是盛装货物的容器;九是其他用于非商业目的的货物。

上述所列暂时进境货物在规定的期限内未复运出境的,或者暂时出境货物在规定的期限内未复运进境的,海关应当依法征收关税;上述所列可以暂时免征关税范围以外的其他暂时进境货物,应当按照该货物的完税价格和其在境内滞留时间与折旧时间的比例计算征收进口关税,具体办法由海关总署规定。

(3)无代价原因复运进出境

因品质或者规格原因,出口货物自出口之日起一年内原状复运进境的,不征收进口关税。因品质或者规格原因,进口货物自进口之日起一年内原状复运出境的,不征收出口关税。

(4)损坏原因进出口

因残损、短少、品质不良或者规格不符原因,由进出口货物的发货人、承运人或者保险公司免费补偿或者更换的相同货物,进出口时不征收关税。被免费更换的原进口货物不退运出境或者原出口货物不退运进境的,海关应当对原进出口货物重新按照规定征收关税。

5. 关税优惠

(1)关税优惠政策

①法定减免税。法定减免税是《进出口关税条例》明确规定的关税减免。下列进出口货物免征关税:一是关税税额在人民币五十元以下的一票货物;二是无商业价值的广告品和货样;三是外国政府、国际组织无偿赠送的物资;四是在海关放行前损失的货物;五是进出境运输工具装载的途中必需的燃料、物料和饮食用品。在海关放行前遭受损坏的货物,可以根据海关认定的受损程度减征关税。法律规定的其他免征或者减征关税的货物,海关根据规定予以免征或者减征。

②特定、临时减免税。特定、临时减免税是《进出口关税条例》原则规定、授权国务院执行的针对特殊情况或者临时性采取的关税减免。特定地区、特定企业或者有特定用途的进出口货物减征或者免征关税,以及临时减征或者免征关税,按照国务院的有关规定执行。

(2)关税减免的审批和监管

①减免税的审批。纳税义务人进出口减免税货物的,除另有规定外,应当在进出口该货物前,按照规定持有关文件向海关办理减免税审批手续。经海关审查符合规定的,予以减征或者免征关税。

②关税减免的监管。需由海关监管使用的减免税进口货物，在监管年限内转让或者移作他用需要补税的，海关应当根据该货物的进口时间折旧估价，补征进口关税。特定减免税进口货物的监管年限由海关总署规定。

6. 关税的退税及补征

(1)退税

①纳税义务人申请退还税款。有下列情形之一的，纳税义务人自缴纳税款之日起一年内可以申请退还关税，并应当以书面形式向海关说明理由，提供原缴款凭证及相关资料：一是已征进口关税的货物，因品质或者规格原因，原状退货复运出境的；二是已征出口关税的货物，因品质或者规格原因，原状退货复运进境，并已重新缴纳因出口而退还的国内环节有关税收的；三是已征出口关税的货物因故未装运出口而申报退关的。另外，纳税义务人发现多缴税款的，自缴纳税款之日起一年内可以以书面形式要求海关退还多缴的税款并加算银行同期活期存款利息。海关应当自受理退税申请之日起三十日内查实并通知纳税义务人办理退还手续。纳税义务人应当自收到通知之日起三个月内办理有关退税手续。

②海关通知退税。海关发现多征税款的，应当立即通知纳税义务人办理退还手续。纳税义务人应当自收到通知之日起三个月内办理有关退税手续。

(2)补征

进出口货物放行后，海关发现少征或者漏征税款的，应当自缴纳税款或者货物放行之日起一年内向纳税义务人补征税款。但因纳税义务人违反规定造成少征或者漏征税款的，海关可以自缴纳税款或者货物放行之日起三年内追征税款，并自缴纳税款或者货物放行之日起按日加收少征或者漏征税款万分之五的滞纳金。海关发现海关监管货物因纳税义务人违反规定而造成少征或者漏征税款的，应当自纳税义务人应缴纳税款之日起三年内追征税款，并从应缴纳税款之日起按日加收少征或者漏征税款万分之五的滞纳金。

7. 他人纳税的连带责任

(1)报关企业纳税的连带责任

报关企业接受纳税义务人的委托，以纳税义务人的名义办理报关纳税手续，因报关企业违反规定而造成海关少征、漏征税款的，报关企业对少征或者漏征的税款、滞纳金与纳税义务人承担纳税的连带责任。报关企业接受纳税义务人的委托，以报关企业的名义办理报关纳税手续的，报关企业与纳税义务人承担纳税的连带责任。

(2)保管义务人的纳税责任

除不可抗力外，在保管海关监管货物期间，海关监管货物损毁或者灭失的，对海关监管货物负有保管义务的人应当承担相应的纳税责任。

8. 税款清缴

欠税的纳税义务人有合并、分立情形的，在合并、分立前，应当向海关报告，依法缴清税款。纳税义务人合并时未缴清税款的，由合并后的法人或者其他组织继续履行未履行的纳税义务；纳税义务人分立时未缴清税款的，分立后的法人或者其他组织对未履行的纳税义务承担连带责任。

纳税义务人在减免税货物和保税货物监管期间有合并、分立或者其他资产重组情形的，应当向海关报告。按照规定需要缴税的，应当依法缴清税款；按照规定可以继续享受减免税、保税待遇的，应当到海关办理变更纳税义务人的手续。

纳税义务人欠税或者在减免税货物和保税货物监管期间有撤销、解散、破产或者其他依法终止经营情形的，应当在清算前向海关报告。海关应当依法对纳税义务人的应缴税款予以清缴。

(五)进境物品进口税的征收

1. 征收机关

进境物品的关税以及进口环节海关代征税合并为进口税，由海关依法征收。

2. 征收政策

(1)免征

海关总署规定数额以内的个人自用进境物品，免征进口税。

(2)按照进境物品征收

超过海关总署规定数额但仍在合理数量以内的个人

自用进境物品，由进境物品的纳税义务人在进境物品放行前按照规定缴纳进口税。

(3)按照进口货物征收

超过合理、自用数量的进境物品应当按照进口货物依法办理相关手续。

国务院关税税则委员会规定按货物征税的进境物品，按照《进出口关税条例》的规定征收关税。

3. 纳税义务人及其纳税手续

进境物品的纳税义务人，是指携带物品进境的入境人员、进境邮递物品的收件人以及以其他方式进口物品的收件人。进境物品的纳税义务人可以自行办理纳税手续，也可以委托他人办理纳税手续。接受委托的人应当遵守相关法律法规对纳税义务人的各项规定。

4. 征收方式

进口税从价计征，计算公式如下：

进口税税额＝完税价格×进口税税率

5. 征收管理

(1)归类及确定完税价格和适用税率

海关应当按照《进境物品进口税税率表》及海关总署制定的《中华人民共和国进境物品归类表》《中华人民共和国进境物品完税价格表》对进境物品进行归类、确定完税价格和适用税率。进境物品适用海关填发税款缴款书之日实施的税率和完税价格。

(2)按照进口货物进口税的征收规定

进口税的减征、免征、补征、追征、退还以及对暂准进境物品征收进口税参照《进出口关税条例》对货物征收进口关税的有关规定执行。

第四节 所得税法律制度

一、所得税与所得税法概述

(一)所得税概述

1. 所得税的含义

所得税,是指以纳税人的所得额、收益额为征税对象的一种税。中国明确征收的所得税包括企业所得税和个人所得税。

2. 所得税的特点

所得税与增值税、消费税等流转税相比,具有以下特点:

(1)税负的直接性

所得税属于直接税,税负不易转嫁,税款由纳税人承担。

(2)分配的累进性

个人所得税实行累进税率,税率随个人收入上升而提高,可以调节纳税人的收入水平,符合税收公平原则。

(3)管理的复杂性

所得税征收管理的成本高、难度大。在征收所得税时,要核算企业的收入、成本、费用、利润和个人的收入、免征额、扣除额等,增加了成本核算和管理的难度。

(4)税款收入的弹性

所得税对企业和个人所得征税。所得税税额随着国民经济的发展和国民收入的变化而变化,税款收入具有弹性,缺乏稳定性。

(二)所得税法概述

1. 企业所得税立法

(1)企业所得税法律

2007 年 3 月 16 日,第十届全国人民代表大会通过《中华人民共和国企业所得税法》(以下称《企业所得税法》),自 2008 年 1 月 1 日起施行。

(2)企业所得税行政法规

2007 年 11 月 28 日,国务院常务会议通过《中华人民共和国企业所得税法实施条例》(以下称《企业所得税法实施条例》),自 2008 年 1 月 1 日起施行。2019 年 4 月 23 日,国务院对《企业所得税法实施条例》的部分条款予以修改。

2. 个人所得税立法

(1)个人所得税法律

1980 年 9 月 10 日,第五届全国人民代表大会第三次会议通过并公布《中华人民共和国个人所得税法》(以下称《个人所得税法》),自公布之日起实施。该法施行后经多次修改、修正。2018 年 8 月 13 日,第十三届全国人大常委会第五次会议第七次修订《个人所得税法》,自 2019 年 1 月 1 日起施行。

(2)个人所得税行政法规

1980 年 12 月 14 日,经国务院批准,财政部公布的《中华人民共和国个人所得税法施行细则》是根据 1980 年《个人所得税法》制定的规章。1994 年 1 月 28 日国务院发布的《中华人民共和国个人所得税法实施条例》(以下称《个人所得税法实施条例》)是根据 1993 年 10 月 31 日第八届全国人大常委会第四次会议通过的《关于修改〈中华人民共和国个人所得税法〉的决定》修改后的《个人所得税法》制定的行政法规,自 1994 年 1 月 1 日起施行,《中华人民共和国个人所得税法施行细则》同时废止。《个人所得税法实施条例》随《个人所得税法》经多次修改、修正,现行的是 2018 年第四次修正文本。

限于篇幅,本节介绍的所得税法律制度以《企业所得税法》和《个人所得税法》为主要依据,较少涉及税收行政法规、规章的规定。

二、企业所得税法律制度

(一)纳税义务人、征税对象及税率

企业所得税是对中国境内的企业和其他取得收入的组织的生产经营所得和其他所得征收的所得税。

1. 纳税义务人

在中国境内的企业和其他取得收入的组织(统称企业)为企业所得税的纳税人,依法缴纳企业所得税。《企业所得税法》将企业分为居民企业和非居民企业。

(1)居民企业

居民企业,是指依法在中国境内成立,或者依照外国(地区)法律成立但实际管理机构在中国境内的企业。实际管理机构,是指对企业的生产经营、人员、账务、财产等实施实质性全面管理和控制的机构。

(2)非居民企业

非居民企业,是指依照外国(地区)法律成立且实际管理机构不在中国境内,但在中国境内设立机构、场所的,或者在中国境内未设立机构、场所,但有来源于中国境内所得的企业。机构、场所,是指在中国境内从事生产经营活动的机构、场所,包括:一是管理机构、营业机构和办事机构;二是工厂、农场、开采自然资源的场所;三是提供劳务的场所;四是从事建筑、安装、装配、修理、勘探等工程作业的场所;五是其他从事生产经营活动的机构、场所。

个人独资企业和合伙企业不适用《企业所得税法》,即个人独资企业和合伙企业不按照《企业所得税法》缴纳企业所得税。个人独资企业的投资人和合伙企业的自然人合伙人(投资人)按照《个人所得税法》缴纳个人所得税;合伙企业的投资人(合伙人)是法人或者其他组织的,缴纳企业所得税。

2. 征税对象

(1)居民企业的征税对象

居民企业应当就其来源于中国境内外的所得缴纳企业所得税。居民企业的所得税的征税对象是不论来源地的一切所得,居民企业承担无限纳税义务。

(2)非居民企业的征税对象

①境内外所得。非居民企业在中国境内设立机构、场所的,应当就其所设机构、场所取得

的来源于中国境内的所得，以及发生在中国境外但与其所设机构、场所有实际联系的所得，缴纳企业所得税。

②境内所得。非居民企业在中国境内未设立机构、场所的，或者虽设立机构、场所但取得的所得与其所设机构、场所没有实际联系的，应当就其来源于中国境内的所得缴纳企业所得税。

3. 税率

(1)基本税率

企业所得税的税率为百分之二十五。

(2)低税率

非居民企业在中国境内未设立机构、场所的，或者虽设立机构、场所但取得的所得与其所设机构、场所没有实际联系的，就其来源于中国境内的所得缴纳企业所得税，适用税率为百分之二十。

(3)优惠税率

《企业所得税法》规定了特殊情况下可享受的税率优惠。

(二)应纳税所得额

1. 应纳税所得额的含义

应纳税所得额是企业所得税的计税依据。企业每一纳税年度的收入总额，减除不征税收入、免税收入、各项扣除以及允许弥补的以前年度亏损后的余额，为应纳税所得额，计算公式如下：

应纳税所得额＝收入总额－不征税收入－免税收入－各项扣除－允许弥补的以前年度亏损

2. 收入总额

(1)范围

企业以货币形式和非货币形式从各种来源取得的收入为收入总额，包括：一是销售货物的收入；二是提供劳务的收入；三是转让财产的收入；四是股息、红利等权益性投资的收益；五是利息的收入；六是租金的收入；七是特许权使用费的收入；八是接受捐赠的收入；九是其他收入。

(2)不征税收入

收入总额中的下列收入为不征税收入：一是财政拨款；二是依法收取并纳入财政管理的行政事业性收费和政府性基金；三是国务院规定的其他不征税收入。

3. 各项扣除

(1)基本扣除

企业实际发生的与取得收入有关的、合理的支出，包括成本、费用、税金、损失和其他支出，准予在计算应纳税所得额时扣除。

①成本。成本，是指企业在生产经营活动中发生的销售成本、销货成本、业务支出以及其他耗费。

②费用。费用，是指企业在生产经营活动中发生的销售费用、管理费用和财务费用，已经计入成本的有关费用除外。

③税金。税金，是指企业发生的除企业所得税和允许抵扣的增值税以外的各项税金及其

附加。

④损失。损失，是指企业在生产经营活动中发生的固定资产和存货的盘亏、毁损、报废损失，转让财产损失，呆账损失，坏账损失，自然灾害等不可抗力因素造成的损失以及其他损失。企业发生的损失减去责任人赔偿和保险赔款后的余额，依照国务院财政、税务主管部门的规定扣除。企业已经作为损失处理的资产，在以后纳税年度又全部收回或者部分收回时，应当计入当期收入。

⑤其他支出。其他支出，是指除成本、费用、税金、损失外，企业在生产经营活动中发生的与生产经营活动有关的、合理的支出。

(2)其他扣除

除了上述基本扣除外，《企业所得税法》准予扣除的项目还包括：

第一，企业发生的公益性捐赠支出，在年度利润总额百分之十二以内的部分，准予在计算应纳税所得额时扣除。

第二，企业按照规定计算的固定资产折旧，准予扣除。

第三，企业按照规定计算的无形资产摊销费用，准予扣除。

第四，企业发生的作为长期待摊费用的支出，按照规定摊销的，准予扣除：一是已足额提取折旧的固定资产的改建支出；二是租入固定资产的改建支出；三是固定资产的大修理支出；四是其他应当作为长期待摊费用的支出。

第五，企业使用或者销售存货，按照规定计算的存货成本准予在计算应纳税所得额时扣除。

第六，企业转让资产，该项资产的净值准予在计算应纳税所得额时扣除。

(3)日常经营的必要扣除

除了上述《企业所得税法》规定的基本扣除、其他扣除外，计算应纳税所得时可以据实或者按照规定扣除的项目还包括：

①工资薪金。企业发生的合理的工资、薪金支出，准予据实扣除。

②社会保险及商业补充保险费。企业依照国务院有关主管部门或者省级人民政府规定的范围和标准为职工缴纳的基本养老保险费、基本医疗保险费、失业保险费、工伤保险费、生育保险费等基本社会保险费和住房公积金准予扣除；企业为投资者或者职工支付的补充养老保险费和补充医疗保险费，在国务院财政、税务主管部门规定的范围和标准内准予扣除。

③借款费用。企业在生产经营活动中发生的合理的、不需要资本化的借款费用。

④利息费用。企业在生产经营活动中发生的利息费用(非金融企业向金融企业借款的利息支出、金融企业的各项存款利息支出和同业拆借利息支出、企业经批准发行债券的利息支出；非金融企业向非金融企业借款的利息支出，不超过按照金融企业同期同类贷款利率计算的数额的部分)准予扣除。

⑤汇兑损失。企业在货币交易中，以及纳税年度终了时将人民币以外的货币性资产、负债按照期末即期人民币汇率中间价折算为人民币时产生的汇兑损失，除已经计入有关资产的成本以及与向所有者进行利润分配相关的部分外，准予扣除。

⑥福利费用。企业发生的职工福利费支出，不超过工资薪金总额百分之十四的部分准予扣除。

⑦工会经费。企业拨缴的工会经费，不超过工资薪金总额百分之二的部分准予扣除。

⑧职工教育经费。企业发生的职工教育经费支出，除国务院财政、税务主管部门另有规定外，不超过工资薪金总额百分之八的部分准予扣除。

⑨业务招待费。企业发生的与生产经营活动有关的业务招待费支出，按照发生额的百分之六十扣除，但最高不得超过当年销售(营业)收入的千分之五。

⑩广告费和业务宣传费。企业发生的符合条件的广告费和业务宣传费支出，除国务院财政、税务主管部门另有规定外，不超过当年销售(营业)收入百分之十五的部分准予扣除，超过部分准予在以后纳税年度结转扣除。

⑪环保专项资金。企业依照法律、行政法规的有关规定提取的用于环境保护、生态恢复等方面的专项资金准予扣除；提取后改变用途的，不得扣除。

⑫财产保险费。企业参加财产保险，按照规定缴纳的保险费准予扣除。

⑬固定资产租赁费。企业根据生产经营活动的需要租入固定资产支付的租赁费，按照规定扣除。

⑭劳动保护费用。企业发生的合理的劳动保护支出准予扣除。

(4)不得扣除的项目

在计算应纳税所得额时，下列支出不得扣除：一是向投资者支付的股息、红利等权益性投资收益款项；二是企业所得税税款；三是税收滞纳金；四是罚金、罚款和被没收财物的损失；五是超过规定标准的捐赠支出；六是赞助支出，即企业发生的与生产经营活动无关的各种非广告性支出；七是未经核定的准备金支出；八是与取得收入无关的其他支出。

下列固定资产不得计算折旧扣除：一是房屋、建筑物以外未投入使用的固定资产；二是以经营租赁方式租入的固定资产；三是以融资租赁方式租出的固定资产；四是已足额提取折旧仍继续使用的固定资产；五是与经营活动无关的固定资产；六是单独估价作为固定资产入账的土地；七是其他不得计算折旧扣除的固定资产。

下列无形资产不得计算摊销费用扣除：一是自行开发的支出已在计算应纳税所得额时扣除的无形资产；二是自创商誉；三是与经营活动无关的无形资产；四是其他不得计算摊销费用扣除的无形资产。

4. 亏损弥补

亏损，是指企业将每一个纳税年度的收入总额减除不征税收入、免税收入和各项扣除后小于零的数额。企业纳税年度发生的亏损准予向以后年度结转，用以后年度的所得弥补，但结转年限最长不得超过五年。

5. 非居民企业适用百分之二十低税率的所得确定

非居民企业在中国境内未设立机构、场所的，或者虽设立机构、场所，但取得的所得与其所设机构、场所没有实际联系的，按照下列方法计算其应纳税所得额：一是股息、红利等权益性投资收益和利息、租金、特许权使用费所得，以收入全额为应纳税所得额；二是转让财产所得，以收入全额减除财产净值后的余额为应纳税所得额；三是其他所得，参照前两项规定的方法计算应纳税所得额。

6. 应纳税所得额的税务处理

在计算应纳税所得额时，企业财务会计处理办法与税收法律、行政法规的规定不一致的，应当依照税收法律、行政法规的规定计算。

7. 应纳税所得额的计算

应纳税所得额是计算企业所得税税额的基础。实际中,应纳税所得额的计算可以有以下两种办法:

(1)直接计算法

在直接计算法下,企业每一个纳税年度的收入总额减除不征税收入、免税收入、各项扣除以及允许弥补的以前年度亏损后的余额为应纳税所得额,计算公式如下:

应纳税所得额=收入总额-不征税收入-免税收入-各项扣除金额-允许弥补的以前年度亏损

(2)间接计算法

在间接计算法下,应纳税所得额是在会计利润总额的基础上加或减按照税法规定调整的项目的金额,计算公式如下:

应纳税所得额=会计利润总额±纳税调整项目金额

(三)应纳所得税税额

1. 计算公式

企业的应纳税所得额乘以适用税率,减去依法减免和抵免的税额后的余额为应纳税额,计算公式如下:

应纳所得税税额=应纳税所得额×适用税率-减免税额-抵免税额

2. 抵免税额

(1)境外已纳税额的抵免

居民企业来源于中国境外的应税所得,以及非居民企业在中国境内设立机构、场所,取得发生在中国境外但与该机构、场所有实际联系的应税所得,已在境外缴纳的所得税税额可以从其当期应纳税额中抵免,抵免限额为该项所得依照《企业所得税法》的规定计算的应纳税额,超过抵免限额的部分可以在以后五个年度内用每个年度的抵免限额抵免当年应抵税额后的余额抵补。

(2)居民企业境外权益性投资收益已纳税额的抵免

居民企业从其直接或者间接控制的外国企业分得的来源于中国境外的股息、红利等权益性投资收益,外国企业在境外实际缴纳的所得税税额中属于该项所得负担的部分,可以作为该居民企业的可抵免境外所得税税额,在上述抵免限额内抵免。

(四)税收优惠

1. 优惠对象及优惠措施

国家对重点扶持及鼓励发展的产业和项目给予企业所得税优惠。企业所得税的优惠措施包括税基优惠、税率优惠和税额抵免等。

2. 税基优惠

企业的下列收入为免税收入:一是国债利息收入;二是符合条件的居民企业之间的股息、红利等权益性投资收益;三是在中国境内设立机构、场所的非居民企业从居民企业取得与该机构、场所有实际联系的股息、红利等权益性投资收益;四是符合条件的非营利组织的收入;等等。

企业的下列所得可以免征、减征企业所得税:一是从事农、林、牧、渔业项目的所得;二是从事国家重点扶持的公共基础设施项目投资经营的所得;三是从事符合条件的环境保护、节能节水项目的所得;四是符合条件的技术转让所得;等等。

企业的下列支出可以在计算应纳税所得额时加计扣除:一是开发新技术、新产品、新工艺发生的研究开发费用;二是安置残疾人员及国家鼓励安置的其他就业人员所支付的工资。另外,创业投资企业从事国家需要重点扶持和鼓励的创业投资,可以按投资额的一定比例抵扣应纳税所得额。企业的固定资产由于技术进步等原因,确需加速折旧的,可以缩短折旧年限或者采取加速折旧的方法。企业综合利用资源生产符合国家产业政策规定的产品所取得的收入,可以在计算应纳税所得额时减计收入。

另外,民族自治地方的自治机关对本民族自治地方的企业应缴纳的企业所得税中属于地方分享的部分,可以决定减征或者免征。自治州、自治县决定减征或者免征的,须报省、自治区、直辖市人民政府批准。

3. 税率优惠

第一,符合条件的小型微利企业,减按百分之二十的税率征收企业所得税。

第二,国家需要重点扶持的高新技术企业,减按百分之十五的税率征收企业所得税。

第三,非居民企业在中国境内未设立机构、场所的,或者虽设立机构、场所但取得的所得与其所设机构、场所没有实际联系的,就其来源于中国境内的所得缴纳企业所得税,适用税率为百分之二十。

4. 税额抵免

企业购置用于环境保护、节能节水、安全生产等专用设备的投资额,可以按一定比例实行税额抵免。

上述《企业所得税法》规定的税收优惠的具体办法由国务院规定。

5. 其他优惠

根据国民经济和社会发展的需要,或者由于突发事件等原因对企业经营活动产生重大影响的,国务院可以制定企业所得税专项优惠政策,报全国人民代表大会常务委员会备案。

(五)源泉扣缴

1. 扣缴义务人

对非居民企业在中国境内未设立机构、场所的,或者虽设立机构、场所但取得的所得与其所设机构、场所没有实际联系的所得,实行源泉扣缴,以支付人为扣缴义务人。税款由扣缴义务人在每次支付或者到期应支付时,从支付或者到期应支付的款项中扣缴。

对非居民企业在中国境内取得工程作业和劳务所得应缴纳的所得税,税务机关可以指定工程价款或者劳务费的支付人为扣缴义务人。

2. 扣缴方法

扣缴义务人应当依照规定扣缴所得税。扣缴义务人未依法扣缴或者无法履行扣缴义务的,由纳税人在所得发生地缴纳。纳税人未依法缴纳的,税务机关可以从该纳税人在中国境内其他收入项目的支付人应付的款项中追缴该纳税人的应纳税款。

扣缴义务人每次代扣的税款应当自代扣之日起七日内缴入国库,并向所在地的税务机关报送扣缴企业所得税报告表。

（六）特别纳税调整

1. 特别纳税调整的对象

企业与其关联方之间的业务往来不符合独立交易原则而减少企业或者其关联方应纳税收入或者所得额的，税务机关有权按照合理的方法调整。企业与其关联方共同开发、受让无形资产，或者共同提供、接受劳务而发生的成本，在计算应纳税所得额时应当按照独立交易原则进行分摊。据此，特别纳税调整的主体是税务机关，特别纳税调整的对象是因为业务往来不符合独立交易原则而减少应纳税收入或者所得额的企业，特别纳税调整的结果是由税务机关调整乃至核定企业的应纳税所得额。

2. 税务机关核定应纳税所得额

企业可以向税务机关提出与其关联方之间业务往来的定价原则和计算方法，税务机关与企业协商并确认后，达成预约定价安排。

企业向税务机关报送年度企业所得税纳税申报表时，应当就其与关联方之间的业务往来附送年度关联业务往来报告表。税务机关在进行关联业务调查时，企业及其关联方，以及与关联业务调查有关的其他企业，应当按照规定提供相关资料。企业不提供与其关联方之间业务往来的资料，或者提供虚假、不完整的资料，未能真实反映其关联业务往来情况的，税务机关有权依法核定其应纳税所得额。

3. 税务机关调整规则

由居民企业，或者由居民企业和中国居民控制的设立在实际税负明显低于《企业所得税法》规定税率水平的国家(地区)的企业，并非由于合理的经营需要而对利润不作分配或者减少分配的，上述利润中应归属于该居民企业的部分应当计入该居民企业的当期收入。

企业从其关联方接受的债权性投资与权益性投资的比例超过规定标准而发生的利息支出不得在计算应纳税所得额时扣除。

企业实施其他不具有合理商业目的的安排而减少其应纳税收入或者所得额的，税务机关有权按照合理方法调整。

4. 税务机关补征税款

税务机关依照规定作出纳税调整，需要补征税款的，应当补征税款，并按照国务院规定加收利息。

（七）征收管理

1. 纳税地点

(1)居民企业的纳税地点

除税收法律、行政法规另有规定外，居民企业以企业登记注册地为纳税地点；但登记注册地在境外的，以实际管理机构所在地为纳税地点。居民企业在中国境内设立不具有法人资格的营业机构的，应当汇总计算并缴纳企业所得税。

(2)非居民企业的纳税地点

非居民企业在中国境内设立机构、场所的，就其所设机构、场所取得的来源于中国境内的所得，以及发生在中国境外但与其所设机构、场所有实际联系的所得，以机构、场所所在地为纳税地点。非居民企业在中国境内设立两个或者两个以上机构、场所的，经税务机关审核批准，可以选择由其主要机构、场所汇总缴纳企业所得税。非居民企业在中国境内未设立机构、场所的，或者虽设立机构、场所但取得的所得与其所设机构、场所没有实际联系的，就其来源于中国境内的所得，以扣缴义务人所在地为纳税地点。除国务院另有规定外，企业之间不得合并缴纳企业所得税。

2. 纳税期限

企业所得税按纳税年度计算，分月或者分季预缴，年终汇算清缴、多退少补。

(1)纳税年度

纳税年度自公历1月1日起至12月31日。企业在一个纳税年度中间开业，或者终止经营活动，使该纳税年度的实际经营期不足十二个月的，应当以其实际经营期为一个纳税年度。企业依法清算时，应当以清算期间作为一个纳税年度。

(2)预缴税款

企业所得税分月或者分季预缴。企业应当自月份或者季度终了之日起十五日内向税务机关报送预缴企业所得税纳税申报表，预缴税款。

(3)汇算清缴

企业应当自年度终了之日起五个月内向税务机关报送年度企业所得税纳税申报表，并汇算清缴，结清应缴应退税款。另外，企业在年度中间终止经营活动的，应当自实际经营终止之日起六十日内向税务机关办理当期企业所得税汇算清缴。企业应当在办理注销登记前，就其清算所得向税务机关申报并依法缴纳企业所得税。

三、个人所得税法律制度

(一)纳税义务人、征税对象及税率

1. 纳税义务人

中国对个人所得税纳税人身份的确定采用住所和居住时间两个标准。

(1)居民纳税人

在中国境内有住所，或者无住所而一个纳税年度内在中国境内居住累计满一百八十三天的个人为居民个人。居民个人从中国境内和境外取得的所得依照《个人所得税法》缴纳个人所得税。居民个人承担无限纳税义务，即对其来源于境内外所得征收个人所得税，称为居民纳税人。

①因住所的居民纳税人。在中国境内有住所的个人，是指因户籍、家庭、经济利益关系而在中国境内习惯性居住的个人。

②因居住时间的居民纳税人。一个纳税年度内在中国境内居住累计满一百八十三天，是指在一个纳税年度(从公历1月1日起至12月31日)内在中国境内居住累计满一百八十三天的个人。

(2)非居民纳税人

在中国境内无住所又不居住，或者无住所而一个纳税年度内在中国境内居住累计不满一百八十三天的个人，为非居民个人。非居民个人从中国境内取得的所得依照《个人所得税法》缴纳个人所得税。非居民个人承担有限纳税义务，即对其来源于境内的所得征收个人所得税，称为非居民纳税人。

2. 征税对象

个人所得税的征税对象是个人所得，但并非所有个人所得都是个人所得税的征税对象。

(1)应征个人所得税的个人所得

下列各项个人所得应当缴纳个人所得税：一是工资、薪金所得；二是劳务报酬所得；三是稿酬所得；四是特许权使用费所得；五是经营所得；六是利息、股息、红利所得；七是财产租赁所得；八是财产转让所得；九是偶然所得。

居民个人取得一至四项所得(简称综合所得)，按纳税年度合并计算个人所得税；非居民个人取得综合所得，按月或者按次分项计算个人所得税。纳税人取得五至九项所得，依照《个人所得税法》分别计算个人所得税。

(2)免征个人所得税的个人所得

下列各项个人所得免征个人所得税：一是省级人民政府、国务院部委和中国人民解放军军以上单位，以及外国组织、国际组织颁发的科学、教育、技术、文化、卫生、体育、环境保护等方面的奖金；二是国债和国家发行的金融债券利息；三是按照国家统一规定发给的补贴、津贴；四是福利费、抚恤金、救济金；五是保险赔款；六是军人的转业费、复员费、退役金；七是按照国家统一规定发给干部、职工的安家费、退职费、基本养老金或者退休费、离休费、离休生活补助费；八是依照有关法律规定应予免税的各国驻华使馆、领事馆的外交代表、领事官员和其他人员的所得；九是中国政府参加的国际公约、签订的协议中规定免税的所得；十是国务院规定的其他免税所得。

上述免税规定由国务院报全国人民代表大会常务委员会备案。

3. 税率

(1)综合所得的税率

综合所得适用百分之三至百分之四十五的超额累进税率(见表7—2)。

表7—2　　个人所得税税率表一

(综合所得适用)

级数	全年应纳税所得额	税率(%)
1	不超过36 000元的	3
2	超过36 000元至144 000元的部分	10
3	超过144 000元至300 000元的部分	20
4	超过300 000元至420 000元的部分	25
5	超过420 000元至660 000元的部分	30
6	超过660 000元至960 000元的部分	35
7	超过960 000元的部分	45

注：本表所称全年应纳税所得额是指依照《个人所得税法》的规定，居民个人取得综合所得以每一纳税年度收入额减除费用六万元以及专项扣除、专项附加扣除和依法确定的其他扣除后的余额。非居民个人取得工资、薪金所得，劳务报酬所得，稿酬所得和特许权使用费所得，依照本表按月换算后计算应纳税额。

(2)经营所得的税率

经营所得适用百分之五至百分之三十五的超额累进税率(见表7—3)。

表 7—3　　**个人所得税税率表二**

（经营所得适用）

级数	全年应纳税所得额	税率(%)
1	不超过 30 000 元的	5
2	超过 30 000 元至 90 000 元的部分	10
3	超过 90 000 元至 300 000 元的部分	20
4	超过 300 000 元至 500 000 元的部分	30
5	超过 500 000 元的部分	35

注：本表所称全年应纳税所得额是指依照《个人所得税法》的规定，以每一纳税年度的收入总额减除成本、费用以及损失后的余额。

(3)其他所得的税率

利息、股息、红利所得，财产租赁所得，财产转让所得和偶然所得，适用比例税率，税率为百分之二十。

4. 减征

有下列情形之一的，可以减征个人所得税，具体幅度和期限由省、自治区、直辖市人民政府规定，并报同级人民代表大会常务委员会备案：一是残疾、孤老人员和烈属的所得；二是因自然灾害而遭受重大损失的。

国务院可以规定其他减税情形，报全国人民代表大会常务委员会备案。

(二)应纳税所得额

1. 应纳税所得额的计算依据

(1)居民个人的综合所得

居民个人的综合所得以每一纳税年度的收入额减除费用六万元以及专项扣除、专项附加扣除和依法确定的其他扣除后的余额为应纳税所得额。

①专项扣除。专项扣除包括居民个人按照国家规定的范围和标准缴纳的基本养老保险、基本医疗保险、失业保险等社会保险费和住房公积金等。

②专项附加扣除。专项附加扣除包括子女教育、继续教育、大病医疗、住房贷款利息或者住房租金、赡养老人等支出，具体范围、标准和实施步骤由国务院确定，并报全国人民代表大会常务委员会备案。

③依法确定的其他扣除。依法确定的其他扣除包括个人缴付符合国家规定的企业年金、职业年金，个人购买符合国家规定的商业健康保险、税收递延型商业养老保险的支出，以及国务院规定可以扣除的其他项目。

上述专项扣除、专项附加扣除和依法确定的其他扣除以居民个人一个纳税年度的应纳税所得额为限额；一个纳税年度扣除不完的，不结转以后年度扣除。

(2)非居民个人的工资、薪金所得

非居民个人的工资、薪金所得以每月收入额减除费用五千元后的余额为应纳税所得额；劳务报酬所得、稿酬所得、特许权使用费所得以每次收入额为应纳税所得额。

(3)经营所得

经营所得以每一纳税年度的收入总额减除成本、费用以及损失后的余额为应纳税所得额。

①成本、费用。成本、费用,是指生产、经营活动中发生的各项直接支出、分配计入成本的间接费用以及销售费用、管理费用和财务费用。

②损失。损失,是指生产、经营活动中发生的固定资产和存货的盘亏、毁损、报废损失,转让财产损失,坏账损失,自然灾害等不可抗力因素造成的损失以及其他损失。

取得经营所得的个人,没有综合所得的,计算其每一纳税年度的应纳税所得额时,应当减除费用六万元、专项扣除、专项附加扣除以及依法确定的其他扣除。专项附加扣除在办理汇算清缴时减除。另外,从事生产、经营活动,未提供完整、准确的纳税资料,不能正确计算应纳税所得额的,由主管税务机关核定应纳税所得额或者应纳税额。个人独资企业的投资者以全部生产经营所得为应纳税所得额。合伙企业的投资者按照合伙企业的全部生产经营所得和合伙协议约定的分配比例确定应纳税所得额,合伙协议没有约定分配比例的,以全部生产经营所得和合伙人数量平均计算每个投资者的应纳税所得额。上述所称的生产经营所得包括企业分配给投资者个人的所得和企业当年留存的所得(利润)。

(4)财产租赁所得

财产租赁所得,每次收入不超过四千元的,减除费用八百元;四千元以上的,减除百分之二十的费用,其余额为应纳税所得额。

(5)财产转让所得

财产转让所得以转让财产的收入额减除财产原值和合理费用后的余额为应纳税所得额。

①财产原值。有价证券,为买入价以及买入时按照规定缴纳的有关费用;建筑物,为建造费或者购进价格以及其他有关费用;土地使用权,为取得土地使用权所支付的金额、开发土地的费用以及其他有关费用;机器设备、车船,为购进价格、运输费、安装费以及其他有关费用;其他财产,参照以上方法确定。纳税人未提供完整、准确的财产原值凭证,不能按照上述规定的方法确定财产原值的,由主管税务机关核定财产原值。

②合理费用。合理费用,是指卖出财产时按照规定支付的有关费用。

(6)利息、股息、红利所得,偶然所得,劳务报酬所得,稿酬所得,特许权使用费所得

利息、股息、红利所得和偶然所得以每次收入额为应纳税所得额。劳务报酬所得、稿酬所得、特许权使用费所得以收入减除百分之二十的费用后的余额为收入额。稿酬所得的收入额减按百分之七十计算。

个人将其所得对教育、扶贫、济困等公益慈善事业进行捐赠,捐赠额未超过纳税人申报的应纳税所得额百分之三十的部分,可以从其应纳税所得额中扣除;国务院规定对公益慈善事业捐赠实行全额税前扣除的,从其规定。

各项所得的计算以人民币为单位。所得为人民币以外的货币的,按照人民币汇率中间价折合成人民币缴纳税款。

2. 专项附加扣除的标准

目前,国务院确定并报全国人民代表大会常务委员会备案的专项附加扣除的具体范围和标准如下:

(1)子女教育

纳税人年满三岁的子女接受学前教育和学历教育的相关支出,按照每个子女每月一千元(每年一万两千元)的标准定额扣除。父母可以选择由其中一方按扣除标准的百分之一百扣除,也可以选择由双方分别按扣除标准的百分之五十扣除,具体扣除方式在一个纳税年度内不能变更。

(2)继续教育

纳税人在中国境内接受学历(学位)继续教育的支出,在学历(学位)教育期间按照每月四百元(每年四万八千元)定额扣除。同一学历(学位)继续教育的扣除期限不能超过四十八个月(四年)。纳税人接受技能人员职业资格继续教育、专业技术人员职业资格继续教育的支出,在取得相关证书的当年,按照三千六百元定额扣除。个人接受本科及以下学历(学位)继续教育,符合税法规定的扣除条件的,可以选择由其父母扣除,也可以选择由本人扣除。

(3)大病医疗

在一个纳税年度内,纳税人发生的与基本医保相关的医药费用支出,扣除医保报销后个人负担(指医保目录范围内的自付部分)累计超过一万五千元的部分,由纳税人在办理年度汇算清缴时,在八万元限额内据实扣除。纳税人发生的医药费用支出可以选择由本人或者其配偶扣除。未成年子女发生的医药费用支出可以选择由其父母一方扣除。纳税人及其配偶、未成年子女发生的医药费用支出,应按前述规定分别计算扣除额。

(4)住房贷款利息

纳税人本人或者配偶单独或者共同使用商业银行或者住房公积金个人住房贷款,为本人或者其配偶购买中国境内住房,发生的首套住房贷款利息支出,在实际发生贷款利息的年度,按照每月一千元(每年一万两千元)的标准定额扣除,扣除期限最长不超过二百四十个月(二十年)。纳税人只能享受一次首套住房贷款的利息扣除。首套住房贷款,是指购买住房享受首套住房贷款利率的住房贷款。经夫妻双方约定,住房贷款利息附加扣除可以选择由其中一方扣除,具体扣除方式在一个纳税年度内不能变更。夫妻双方婚前分别购买住房发生的首套住房贷款,婚后可以选择其中一套购买的住房由购买方按扣除标准的百分之一百扣除其贷款利息支出,也可以由夫妻双方对各自购买的住房分别按扣除标准的百分之五十扣除,具体扣除方式在一个纳税年度内不能变更。

(5)住房租金

纳税人在主要工作城市没有自有住房而发生的住房租金支出,可以按照以下标准定额扣除:一是直辖市、省会(首府)城市、计划单列市以及国务院确定的其他城市,扣除标准为每月一千五百元(每年一万八千元);二是除上述所列城市外,市辖区户籍人口超过一百万人的城市,扣除标准为每月一千一百元(每年一万三千两百元),市辖区户籍人口不超过一百万人的城市,扣除标准为每月八百元(每年九千六百元)。市辖区户籍人口以国家统计局公布的数据为准。住房租金支出由签订租赁住房合同的承租人扣除。纳税人及其配偶在一个纳税年度内不能同时分别享受住房贷款利息和住房租金专项附加扣除。

(6)赡养老人

被赡养人,是指年满六十岁的父母,以及子女均已去世的年满六十岁的祖父母、外祖父母。纳税人赡养一位及以上被赡养人的赡养支出统一按照以下标准定额扣除:一是纳税人为独生子女的，按照每月二千元(每年二万四千元)的标准定额扣除；二是纳税人为非独生子女的，由其与兄弟姐妹分摊每月二千元(每年二万四千元)的扣除额度，每人分摊的额度最高不得超过每月一千元(每年一万两千元)。赡养支出附加扣除可以由赡养人均摊或者约定分摊，也可以由被赡养人指定分摊。约定或者指定分摊的须签订书面分摊协议，指定分摊优先于约定分摊，具体分摊方式和额度在一个纳税年度内不能变更。

(三)应纳税额

1. 居民个人综合所得应纳税额的计算

(1)计算公式

居民个人综合所得应纳税额的计算公式如下：

应纳税额＝∑每一级数的全年应纳税所得额×对应级数的适用税率

＝∑(每一级数的全年收入额－60 000－专项扣除－专项附加扣除－其他扣除)×对应级数的适用税率

(2)速算扣除数计算法

居民个人的全年综合所得在计算应纳个人所得税税额时，适用的超额累进税率计算比较烦琐，因此，可以运用速算扣除数计算法以简化计算过程(如表 7—4 所示)。

表 7—4　　综合所得个人所得税税率表

(含速算扣除数)

级数	全年应纳税所得额	税率(%)	速算扣除数
1	不超过 36 000 元的	3	0
2	超过 36 000 元至 144 000 元的部分	10	2 520
3	超过 144 000 元至 300 000 元的部分	20	16 920
4	超过 300 000 元至 420 000 元的部分	25	31 920
5	超过 420 000 元至 660 000 元的部分	30	52 920
6	超过 660 000 元至 960 000 元的部分	35	85 920
7	超过 960 000 元的部分	45	181 920

居民个人综合所得应纳税额的计算公式如下：

应纳税额＝全年应纳税所得额×适用税率－速算扣除数

＝(全年收入额－60 000－社保、住房公积金费用－专项附加扣除－其他扣除)×适用税率－速算扣除数

2. 非居民个人取得工资、薪金、劳务报酬、稿酬和特许权使用费所得应纳税额的计算

非居民个人工资、薪金、劳务报酬、稿酬、特许权使用费的所得适用税率及速算扣除数如表 7—5 所示。

表 7—5　非居民个人工资、薪金、劳务报酬、稿酬、特许权使用费所得适用税率表
（含速算扣除数）

级数	应纳税所得额	税率(%)	速算扣除数
1	不超过 3 000 元的	3	0
2	超过 3 000 元至 12 000 元的部分	10	210
3	超过 12 000 元至 25 000 元的部分	20	1 410
4	超过 25 000 元至 35 000 元的部分	25	2 660
5	超过 35 000 元至 55 000 元的部分	30	4 410
6	超过 55 000 元至 80 000 元的部分	35	7 160
7	超过 80 000 元的部分	45	15 160

非居民个人工资、薪金所得应纳税额的计算公式如下：

应纳税额＝应纳税所得额×适用税率－速算扣除数

＝(每月收入额－5 000)×适用税率－速算扣除数

非居民个人劳务报酬所得应纳税额的计算公式如下：

应纳税额＝应纳税所得额×适用税率－速算扣除数

＝每次收入额×(1－20%)×适用税率－速算扣除数

非居民个人稿酬所得应纳税额的计算公式如下：

应纳税额＝应纳税所得额×适用税率－速算扣除数

＝每次收入额×(1－20%)×70%×适用税率－速算扣除数

非居民个人特许权使用费所得应纳税额的计算公式如下：

应纳税额＝应纳税所得额×适用税率－速算扣除数

＝每次收入额×(1－20%)×适用税率－速算扣除数

3. 经营所得应纳税额的计算

经营所得个人所得税税率及速算扣除数如表 7—6 所示。

表 7—6　经营所得个人所得税税率表
（含速算扣除数）

级数	全年应纳税所得额	税率(%)	速算扣除数
1	不超过 30 000 元的	5	0
2	超过 30 000 元至 90 000 元的部分	10	1 500
3	超过 90 000 元至 300 000 元的部分	20	10 500
4	超过 30 000 元至 500 000 元的部分	30	40 500
5	超过 500 000 元的部分	35	65 500

经营所得应纳税额的计算公式如下：

应纳税额＝全年应纳税所得额×适用税率－速算扣除数

或＝(全年收入总额－成本、费用以及损失)×适用税率－速算扣除数

4. 财产租赁所得应纳税额的计算

(1)应纳税所得额

财产租赁所得一般以个人每次取得的收入定额或定率减除规定费用后的余额为应纳税所得额。每次收入不超过四千元的,定额减除费用为八百元;每次收入在四千元以上的,定率减除百分之二十的费用。财产租赁所得以一个月内取得的收入为一次。财产租赁所得应纳税所得额的计算公式如下:

每次(月)收入不超过四千元的:

应纳税所得额=每次(月)收入额-准予扣除项目-修缮费用(以800元为限)-800

每次(月)收入超过四千元的:

应纳税所得额=[每次(月)收入额-准予扣除项目-修缮费用(以800元为限)]×(1-20%)

(2)个人房屋转租应纳税额的计算

个人将承租房屋转租取得的租金收入属于个人所得税应税所得,应按"财产租赁所得"项目计算缴纳个人所得税。

(3)应纳税额的计算方法

财产租赁所得适用20%的比例税率;但对个人按市场价格出租的居民住房取得的所得,自2001年1月1日起暂减按10%的税率征收个人所得税。其应纳税额的计算公式如下:

应纳税额=应纳税所得额×适用税率

5. 财产转让所得应纳税额的计算

财产转让所得按照一次转让财产的收入额减除财产原值和合理费用后的余额计算纳税。其应纳税额的计算公式如下:

应纳税额=应纳税所得额×适用税率

=(收入总额-财产原值-合理税费)×20%

6. 利息、股息、红利所得应纳税额的计算

利息、股息、红利所得应纳税额的计算公式如下:

应纳税额=应纳税所得额×适用税率

=每次收入额×20%

对储蓄存款利息所得开征、减征、停征个人所得税及其具体办法由国务院规定,并报全国人民代表大会常务委员会备案。

7. 偶然所得应纳税额的计算

偶然所得应纳税额的计算公式如下:

应纳税额= 纳税所得额×适用税率

=每次收入额×20%

8. 境外纳税抵免

居民个人从中国境外取得的所得,可以从其应纳税额中抵免已在境外缴纳的个人所得税税额,但抵免额不得超过该纳税人境外所得依照《个人所得税法》规定计算的应纳税额。

(四)征收管理

1. 纳税调整

有下列情形之一的,税务机关有权按照合理方法进行纳税调整:一是个人与其关联方之间

的业务往来不符合独立交易原则而减少本人或者其关联方应纳税额，且无正当理由；二是居民个人控制的，或者居民个人和居民企业共同控制的设立在实际税负明显偏低的国家（地区）的企业，无合理经营需要，对应当归属于居民个人的利润不作分配或者减少分配；三是个人实施其他不具有合理商业目的的安排而获取不当税收利益。

税务机关依照前款规定作出纳税调整，需要补征税款的，应当补征税款，并依法加收利息。

2. 扣缴义务及纳税人识别号

（1）扣缴义务人及其扣缴义务

个人所得税以所得人为纳税人，以支付所得的单位或者个人为扣缴义务人。对扣缴义务人按照所扣缴的税款付给百分之二的手续费。扣缴义务人每月或者每次预扣、代扣的税款，应当在次月 15 日内缴入国库，并向税务机关报送扣缴个人所得税申报表。

（2）纳税人识别号

纳税人有中国公民身份号码的，以中国公民身份号码为纳税人识别号；纳税人没有中国公民身份号码的，由税务机关赋予其纳税人识别号。扣缴义务人扣缴税款时，纳税人应当向扣缴义务人提供纳税人识别号。

3. 纳税申报

（1）法定纳税申报情形

有下列情形之一的，纳税人应当依法办理纳税申报：一是取得综合所得，需要办理汇算清缴；二是取得应税所得，没有扣缴义务人；三是取得应税所得，扣缴义务人未扣缴税款；四是取得境外所得；五是因移居境外而注销中国户籍；六是非居民个人在中国境内从两处以上取得工资、薪金所得；七是国务院规定的其他情形。

另外，扣缴义务人应当按照国家规定办理全员全额扣缴申报，并向纳税人提供其个人所得和已扣缴税款等信息。

（2）其他纳税申报要求

居民个人从中国境外取得所得的，应当在取得所得的次年 3 月 1 日至 6 月 30 日内申报纳税。非居民个人在中国境内从两处以上取得工资、薪金所得的，应当在取得所得的次月 15 日内申报纳税。

4. 税款缴纳及纳税期限

居民个人取得综合所得，按年计算个人所得税；有扣缴义务人的，由扣缴义务人按月或者按次预扣预缴税款；需要办理汇算清缴的，应当在取得所得的次年 3 月 1 日至 6 月 30 日内办理汇算清缴。居民个人向扣缴义务人提供专项附加扣除信息的，扣缴义务人按月预扣预缴税款时应当按照规定予以扣除，不得拒绝。

非居民个人取得工资、薪金所得，劳务报酬所得，稿酬所得和特许权使用费所得，有扣缴义务人的，由扣缴义务人按月或者按次代扣代缴税款，不办理汇算清缴。预扣预缴办法由国务院税务主管部门制定。

纳税人取得经营所得，按年计算个人所得税，由纳税人在月度或者季度终了后十五日内向税务机关报送纳税申报表并预缴税款；在取得所得的次年 3 月 31 日前办理汇算清缴。

纳税人取得利息、股息、红利所得，财产租赁所得，财产转让所得和偶然所得，按月或者按次计算个人所得税，有扣缴义务人的，由扣缴义务人按月或者按次代扣代缴税款。

纳税人取得应税所得没有扣缴义务人的，应当在取得所得的次月 15 日内向税务机关报送纳税申报表并缴纳税款。

纳税人取得应税所得，扣缴义务人未扣缴税款的，纳税人应当在取得所得的次年 6 月 30 日前缴纳税款；税务机关通知限期缴纳的，纳税人应当按照期限缴纳税款。

纳税人办理汇算清缴退税或者扣缴义务人为纳税人办理汇算清缴退税的，税务机关审核后，按照国库管理的有关规定办理退税。

5. 与纳税有关的信息

(1)相关部门信息支持

公安、人民银行、金融监督管理等相关部门应当协助税务机关确认纳税人的身份、金融账户信息。教育、卫生、医疗保障、民政、人力资源和社会保障、住房城乡建设、公安、人民银行、金融监督管理等相关部门应当向税务机关提供纳税人子女教育、继续教育、大病医疗、住房贷款利息、住房租金、赡养老人等专项附加扣除信息。

(2)相关纳税信息的依据

个人转让不动产的，税务机关应当根据不动产登记等相关信息核验应缴的个人所得税，登记机构办理转移登记时，应当查验与该不动产转让相关的个人所得税的完税凭证。个人转让股权办理变更登记的，市场主体登记机关应当查验与该股权交易相关的个人所得税完税凭证。

(3)纳税情况纳入信用信息系统

有关部门依法将纳税人、扣缴义务人遵守《个人所得税法》的情况纳入信用信息系统，并实施联合激励或者惩戒。

第五节　税收征收管理法律制度

一、税收征收管理法概述

(一)税收征收管理和税收征收管理法的含义

1. 税收征收管理的含义

税收征收管理是税务机关根据税法在税收征收过程中实施的组织、管理、监督等活动的总称，是国家税收制度的重要组成部分。

2. 税收征收管理法的含义

税收征收管理法是调整税务机关征税和纳税人在缴纳税收过程中发生的社会关系的法律规范的总称。

1992 年 9 月 4 日，第七届全国人大常委会第二十七次会议通过《中华人民共和国税收征收管理法》(以下称《税收征收管理法》)，自 1993 年 1 月 1 日起施行。该法施行后经多次修改、修正，现在施行的是 2015 年 4 月 24 日第十二届全国人大常委会第十四次会议第三次修正的文本。

根据《税收征收管理法》，国务院制定《中华人民共和国税收征收管理实施细则》(以下称《税收征收管理法实施细则》)。《税收征收管理法实施细则》施行后经几次修改、修正，现在施行的是 2016 年 2 月 6 日的修正文本。

(二)税收征收管理机关及其管理体制

1. 税收征收管理机关的含义

税收征收管理机关，是指依法具有税收征收管理职责和职权的政府职能部门。广义的税收征收管理机关既包括税务机关，也包括海关、财政机关等依法进行税收征收的其他政府职能部门。狭义的税收征收管理机关，是指各级人民政府的税务机关。

2. 中国的税务机关

(1)税务机关的职责分工

税务机关，是指各级税务局、税务分局、税务所和按照国务院规定设立并向社会公告的税务机构。国务院税务主管部门主管全国税收征收管理工作，各地国家税务局和地方税务局应当按照国务院规定的税收征收管理范围分别进行征收管理。各有关部门和单位应当支持、协助税务机关依法执行职务。税务机关依法执行职务，任何单位和个人不得阻挠。

(2)税务机关的监督体制

①内部监督。各级税务机关应当建立健全内部制约和监督管理制度。各级税务机关应当对其工作人员执行法律、行政法规和廉洁自律准则的情况进行监督检查。

②上级监督。上级税务机关应当对下级税务机关的执法活动依法进行监督。

二、税收征收管理法律制度的主要内容

(一)税务管理

1. 税务登记

(1)税务登记的期限

企业，企业在外地设立的分支机构和从事生产、经营的场所，个体工商户和从事生产、经营的事业单位(统称从事生产、经营的纳税人)，自领取营业执照之日起三十日内持有关证件，向税务机关申报办理税务登记。税务机关应当于收到申报的当日办理登记并发给税务登记证件。工商行政管理机关应当将办理登记注册、核发营业执照的情况定期向税务机关通报。

(2)税务登记的变更及注销

从事生产、经营的纳税人，税务登记内容发生变化的，自工商行政管理机关办理变更登记之日起三十日内或者在向工商行政管理机关申请办理注销登记前持有关证件向税务机关申报办理变更或者注销税务登记。

(3)税务登记与纳税人存款账户

从事生产、经营的纳税人应当按照国家有关规定，持税务登记证件，在银行或者其他金融机构开立基本存款账户和其他存款账户，并将其全部账号向税务机关报告；银行和其他金融机构应当在从事生产、经营的纳税人的账户中录入税务登记证件号码，并在税务登记证件中录入从事生产、经营的纳税人的账户账号。另外，税务机关依法查询从事生产、经营的纳税人开立账户的情况时，有关银行和其他金融机构应当予以协助。

(4)税务登记证件

纳税人按照国务院税务主管部门的规定使用税务登记证件。税务登记证件不得转借、涂改、损毁、买卖或者伪造。

2. 账簿、凭证管理

(1)账簿管理

①账簿管理的一般要求。纳税人、扣缴义务人按照有关法律、行政法规和国务院财政、税务主管部门的规定设置账簿，根据合法、有效的凭证记账，进行核算。

②纳税人财务会计制度、办法报备及纳税依据。从事生产、经营的纳税人的财务会计制度或者财务会计处理办法和会计核算软件应当报送税务机关备案。纳税人、扣缴义务人的财务会计制度或者财务会计处理办法与国务院或者国务院财政、税务主管部门有关税收的规定相抵触的，依照国务院或者国务院财政、税务主管部门有关税收的规定计算应纳税款、代扣代缴和代收代缴税款。

(2)凭证管理

①发票管理的一般要求。税务机关是发票的主管机关，负责发票印制、领购、开具、取得、保管、缴销的管理和监督。单位和个人在购销商品、提供或者接受经营服务以及从事其他经营活动过程中，应当按照规定开具、使用、取得发票。发票的管理办法由国务院规定。

②发票印制。增值税专用发票由国务院税务主管部门指定的企业印制；其他发票按照国务院税务主管部门的规定，分别由省、自治区、直辖市国家税务局、地方税务局指定的企业印制。未经规定的税务机关指定，不得印制发票。

③税控装置。国家根据税收征收管理的需要，积极推广使用税控装置。纳税人应当按照规定安装、使用税控装置，不得损毁或者擅自改动税控装置。

(3)账簿和凭证的保管

从事生产、经营的纳税人、扣缴义务人必须按照国务院财政、税务主管部门规定的保管期限保管账簿、记账凭证、完税凭证及其他有关资料，不得伪造、变造或者擅自损毁账簿、记账凭证、完税凭证及其他有关资料。

3. 纳税申报

(1)一般要求

①纳税人申报。纳税人必须依照法律、行政法规的规定或者税务机关依照法律、行政法规的规定确定的申报期限、申报内容如实办理纳税申报，报送纳税申报表、财务会计报表以及税务机关根据实际需要要求纳税人报送的其他纳税资料。

②扣缴义务人申报。扣缴义务人必须依照法律、行政法规的规定或者税务机关依照法律、行政法规的规定确定的申报期限、申报内容如实报送代扣代缴、代收代缴税款报告表以及税务机关根据实际需要要求扣缴义务人报送的其他有关资料。

(2)申报方式及延期申报

①申报方式。纳税人、扣缴义务人可以直接到税务机关办理纳税申报或者报送代扣代缴、代收代缴税款报告表，也可以按照规定采取邮寄、数据电文或者其他方式办理上述申报、报送事项。

②延期申报及税款结算。纳税人、扣缴义务人不能按期办理纳税申报或者报送代扣代缴、代收代缴税款报告表的，经税务机关核准，可以延期申报。经核准延期办理前款规定的申报、报送事项的，应当在纳税期内按照上期实际缴纳的税额或者税务机关核定的税额预缴税款，并在核准的延期内办理税款结算。

（二）税款征收

1. 征收（扣缴）依据

（1）征收依据

税务机关依照法律、行政法规的规定征收税款，不得违反法律、行政法规的规定开征、停征、多征、少征、提前征收、延缓征收或者摊派税款。另外，除税务机关、税务人员以及经税务机关依照法律、行政法规委托的单位和人员外，任何单位和个人不得进行税款征收活动。

（2）扣缴依据

扣缴义务人依照法律、行政法规的规定履行代扣、代收税款的义务。对法律、行政法规没有规定负有代扣、代收税款义务的单位和个人，税务机关不得要求其履行代扣、代收税款义务。扣缴义务人依法履行代扣、代收税款义务时，纳税人不得拒绝。纳税人拒绝的，扣缴义务人应当及时报告税务机关处理。税务机关按照规定付给扣缴义务人代扣、代收手续费。

2. 缴纳（扣缴）期限

（1）期限及延期缴纳

纳税人、扣缴义务人按照法律、行政法规的规定或者税务机关依照法律、行政法规的规定确定的期限缴纳或者解缴税款。纳税人因有特殊困难，不能按期缴纳税款的，经省、自治区、直辖市国家税务局、地方税务局批准，可以延期缴纳税款，但最长不得超过三个月。

（2）逾期缴纳滞纳金

纳税人未按照规定期限缴纳税款的，扣缴义务人未按照规定期限解缴税款的，税务机关除责令限期缴纳外，从滞纳税款之日起按日加收滞纳税款万分之五的滞纳金。

3. 减免税依据

（1）依法减免税

纳税人依照法律、行政法规的规定办理减税、免税。

（2）无权减免税

地方各级人民政府、各级人民政府主管部门、单位和个人违反法律、行政法规的规定擅自作出的减税、免税决定无效，税务机关不得执行，并向上级税务机关报告。

4. 完税凭证

税务机关征收税款时，必须给纳税人开具完税凭证。扣缴义务人代扣、代收税款时，纳税人要求扣缴义务人开具代扣、代收税款凭证的，扣缴义务人应当开具。

5. 应纳税额核定和应纳税所得（收入）调整

（1）应纳税额核定

纳税人有下列情形之一的，税务机关有权核定其应纳税额：一是依照法律、行政法规的规定可以不设置账簿的；二是依照法律、行政法规的规定应当设置账簿但未设置的；三是擅自销毁账簿或者拒不提供纳税资料的；四是虽设置账簿，但账目混乱或者成本资料、收入凭证、费用凭证残缺不全，难以查账的；五是发生纳税义务，未按照规定的期限办理纳税申报，经税务机关责令限期申报，逾期仍不申报的；六是纳税人申报的计税依据明显偏低，又无正当理由的。税务机关核定应纳税额的具体程序和方法由国务院税务主管部门规定。

（2）应纳税所得（收入）调整

企业或者外国企业在中国境内设立的从事生产、经营的机构、场所与其关联企业之间的业务往来应当按照独立企业之间的业务往来收取或者支付价款、费用;不按照独立企业之间的业务往来收取或者支付价款、费用而减少其应纳税的收入或者所得额的,税务机关有权进行合理调整。

6. 强制措施

(1)责令缴纳、扣押及拍卖、变卖

对未按照规定办理税务登记的从事生产、经营的纳税人以及临时从事经营的纳税人,由税务机关核定其应纳税额,责令缴纳;不缴纳的,税务机关可以扣押其价值相当于应纳税款的商品、货物。扣押后缴纳应纳税款的,税务机关必须立即解除扣押,并归还所扣押的商品、货物;扣押后仍不缴纳应纳税款的,经县以上税务局(分局)局长批准,依法拍卖或者变卖所扣押的商品、货物,以拍卖或者变卖所得抵缴税款。

(2)责令先缴、税收担保及保全措施

税务机关有根据认为从事生产、经营的纳税人有逃避纳税义务行为的,可以在规定的纳税期前责令限期缴纳应纳税款;在限期内发现纳税人有明显转移、隐匿其应纳税的商品、货物以及其他财产或者应纳税的收入的迹象的,税务机关可以责成纳税人提供纳税担保。如果纳税人不能提供纳税担保,经县以上税务局(分局)局长批准,税务机关可以采取下列税收保全措施:一是书面通知纳税人开户银行或者其他金融机构冻结纳税人的金额相当于应纳税款的存款;二是扣押、查封纳税人的价值相当于应纳税款的商品、货物或者其他财产。个人及其所扶养家属维持生活必需的住房和用品不在税收保全措施的范围内。

纳税人在上述规定的限期内缴纳税款的,税务机关必须立即解除税收保全措施;限期期满仍未缴纳税款的,经县以上税务局(分局)局长批准,税务机关可以书面通知纳税人开户银行或者其他金融机构从其冻结的存款中扣缴税款,或者依法拍卖或者变卖所扣押、查封的商品、货物或者其他财产,以拍卖或者变卖所得抵缴税款。

另外,纳税人在限期内已缴纳税款,税务机关未立即解除税收保全措施,使纳税人的合法利益遭受损失的,税务机关应当承担赔偿责任。

(3)针对纳税担保人的保全措施

从事生产、经营的纳税人、扣缴义务人未按照规定的期限缴纳或者解缴税款,纳税担保人未按照规定的期限缴纳所担保的税款,由税务机关责令限期缴纳但逾期仍未缴纳的,经县以上税务局(分局)局长批准,税务机关可以采取下列强制执行措施:一是书面通知其开户银行或者其他金融机构从其存款中扣缴税款;二是扣押、查封、依法拍卖或者变卖其价值相当于应纳税款的商品、货物或者其他财产,以拍卖或者变卖所得抵缴税款。税务机关采取强制执行措施时,对纳税人、扣缴义务人、纳税担保人未缴纳的滞纳金同时强制执行。个人及其所扶养家属维持生活必需的住房和用品不在强制执行措施的范围内。

(4)阻止出境

欠缴税款的纳税人或者其法定代表人需要出境的,应当在出境前向税务机关结清应纳税款、滞纳金或者提供担保。未结清税款、滞纳金,又不提供担保的,税务机关可以通知出境管理机关阻止其出境。

(5)执行机关及其责任

采取税收保全措施、强制执行措施的权力不得由法定的税务机关以外的单位和个人行使。

税务机关采取税收保全措施和强制执行措施必须依照法定权限和法定程序，不得查封、扣押纳税人个人及其所扶养家属维持生活必需的住房和用品。

税务机关滥用职权违法采取税收保全措施、强制执行措施，或者采取税收保全措施、强制执行措施不当而使纳税人、扣缴义务人或者纳税担保人的合法权益遭受损失的，应当依法承担赔偿责任。

7. 税收优先

税务机关征收税款，税收优先于无担保债权，法律另有规定的除外。纳税人欠缴的税款发生在纳税人以其财产设定抵押、质押或者纳税人的财产被留置前的，税收应当先于抵押权、质权、留置权执行。纳税人欠缴税款，同时被行政机关决定处以罚款、没收违法所得的，税收优先于罚款、没收违法所得。

税务机关应当对纳税人欠缴税款的情况定期予以公告。

8. 相关规则

(1)纳税人欠税说明

纳税人有欠税情形而以其财产设定抵押、质押的，应当向抵押权人、质权人说明其欠税情况。抵押权人、质权人可以请求税务机关提供有关欠税的情况。

(2)税务机关开具收据、清单

税务机关扣押商品、货物或者其他财产时，必须开具收据；查封商品、货物或者其他财产时，必须开具清单。

(3)纳税人合并、分立报告

纳税人有合并、分立情形的，应当向税务机关报告，并依法缴清税款。纳税人合并时未缴清税款的，应当由合并后的纳税人继续履行未履行的纳税义务；纳税人分立时未缴清税款的，分立后的纳税人对未履行的纳税义务应当承担连带责任。

(4)纳税人财产处分报告

欠缴税款数额较大的纳税人在处分其不动产或者大额资产前，应当向税务机关报告。

(5)税务机关的代位权、撤销权

欠缴税款的纳税人因怠于行使到期债权，或者放弃到期债权，或者无偿转让财产，或者以明显不合理的低价转让财产而受让人知道该情形，对国家税收造成损害的，税务机关可以依照《民法典》有关合同的规定行使代位权、撤销权，并且不免除欠缴税款的纳税人尚未履行的纳税义务和应承担的法律责任。

(6)税款退还

纳税人超过应纳税额缴纳的税款，税务机关发现后应当立即退还；纳税人自结算缴纳税款之日起三年内发现的，可以向税务机关要求退还多缴的税款并加算银行同期存款利息，税务机关及时查实后应当立即退还；涉及从国库中退库的，依照法律、行政法规有关国库管理的规定退还。

(7)补缴及追征期限

因税务机关的责任，致使纳税人、扣缴义务人未缴或者少缴税款的，税务机关在三年内可以要求纳税人、扣缴义务人补缴税款，但不得加收滞纳金。因纳税人、扣缴义务人计算错误等失误而未缴或者少缴税款的，税务机关在三年内可以追征税款、滞纳金；有特殊情况的，追征期可以延长到五年。对偷税、抗税、骗税的,税务机关追征其未缴或者少缴的税款、滞纳金或者所骗取的税款不受上述期限的限制。

(8)税款入库

国家税务局和地方税务局应当按照国家规定的税收征收管理范围和税款入库预算级次,将征收的税款缴入国库。对审计机关、财政机关依法查出的税收违法行为,税务机关应当根据有关机关的决定、意见书,依法将应收的税款、滞纳金按照税款入库预算级次缴入国库,并将结果及时回复有关机关。

(三)税务检查

1. 检查职权及后续措施

(1)检查职权

税务机关有权进行下列税务检查:一是检查纳税人的账簿、记账凭证、报表和有关资料,检查扣缴义务人代扣代缴、代收代缴税款账簿、记账凭证和有关资料;二是到纳税人的生产、经营场所和货物存放地检查纳税人应纳税的商品、货物或者其他财产,检查扣缴义务人与代扣代缴、代收代缴税款有关的经营情况;三是责成纳税人、扣缴义务人提供与纳税或者代扣代缴、代收代缴税款有关的文件、证明材料和资料;四是询问纳税人、扣缴义务人与纳税或者代扣代缴、代收代缴税款有关的问题和情况;五是到车站、码头、机场、邮政企业及其分支机构检查纳税人托运、邮寄应纳税商品、货物或者其他财产的有关单据、凭证和资料;六是经县以上税务局(分局)局长批准,凭全国统一格式的检查存款账户许可证明,查询从事生产、经营的纳税人、扣缴义务人在银行或者其他金融机构的存款账户。税务机关在调查税收违法案件时,经设区的市、自治州以上税务局(分局)局长批准,可以查询案件涉嫌人员的储蓄存款。税务机关查询所获得的资料不得用于税收以外的用途。

(2)采取税收保全措施或者强制执行措施

税务机关对从事生产、经营的纳税人以前纳税期的纳税情况依法进行税务检查时,发现纳税人有逃避纳税义务的行为,并有明显的转移、隐匿其应纳税的商品、货物以及其他财产或者应纳税的收入的迹象的,可以按照规定的批准权限采取税收保全措施或者强制执行措施。

2. 检查对象配合义务及检查手段

(1)相关当事人的配合义务

纳税人、扣缴义务人必须接受税务机关依法进行的税务检查,如实反映情况,提供有关资料,不得拒绝、隐瞒。

(2)检查手段

税务机关依法进行税务检查时,有权向有关单位和个人调查纳税人、扣缴义务人和其他当事人与纳税或者代扣代缴、代收代缴税款有关的情况,有关单位和个人有义务向税务机关如实提供有关资料及证明材料。税务机关调查税务违法案件时,对与案件有关的情况和资料可以记录、录音、录像、照相和复制。

3. 检查纪律

税务机关派出的人员进行税务检查时,应当出示税务检查证和税务检查通知书,并有责任为被检查人保守秘密;未出示税务检查证和税务检查通知书的,被检查人有权拒绝检查。

(四)法律责任

1. 违反《税收征收管理法》的法律责任

法律责任是行为人违反法律应当承担的法律后果。法律责任包括民事责任、行政责任和刑事责任。

违反《税收征收管理法》的法律责任,是指纳税人、扣缴义务人、税务机关、有关国家机关及其工作人员违反《税收征收管理法》关于税务管理、税款征收、税务检查等的规定应当承担的法律后果,主要是行政责任(包括行政处罚、行政处分)和刑事责任。

对于违反《税收征收管理法》的行为,行政处罚的主要手段是罚款。根据《税收征收管理法》,罚款额在两千元以下的,可以由税务所决定,税务机关和司法机关的涉税罚没收入应当按照税款入库预算级次上缴国库。

对于违反《税收征收管理法》的行为,构成犯罪的,依法追究刑事责任。限于篇幅,本节对涉税刑事法律不作介绍。

2. 违反税务管理的法律责任

(1)违反税务管理一般规定的法律责任

纳税人有下列行为之一的,由税务机关责令限期改正,可以处两千元以下的罚款;情节严重的,处两千元以上一万元以下的罚款:一是未按照规定的期限申报办理税务登记、变更或者注销登记的;二是未按照规定设置、保管账簿或者保管记账凭证和有关资料的;三是未按照规定将财务会计制度或者财务会计处理办法和会计核算软件报送税务机关备查的;四是未按照规定将其全部银行账号向税务机关报告的;五是未按照规定安装、使用税控装置,或者损毁或者擅自改动税控装置的。另外,纳税人不办理税务登记的,由税务机关责令限期改正;逾期不改正的,经税务机关提请,由工商行政管理机关吊销其营业执照。纳税人未按照规定使用税务登记证件,或者转借、涂改、损毁、买卖、伪造税务登记证件的,处两千元以上一万元以下的罚款;情节严重的,处一万元以上五万元以下的罚款。吊销营业执照应当由工商行政管理机关(市场监督管理机关)依法办理。

(2)违反凭证、账簿管理的法律责任

扣缴义务人未按照规定设置、保管代扣代缴、代收代缴税款账簿或者保管代扣代缴、代收代缴税款记账凭证及有关资料的,由税务机关责令限期改正,可以处两千元以下的罚款;情节严重的,处两千元以上五千元以下的罚款。

(3)违反纳税申报的法律责任

纳税人未按照规定的期限办理纳税申报和报送纳税资料的,或者扣缴义务人未按照规定的期限向税务机关报送代扣代缴、代收代缴税款报告表和有关资料的,由税务机关责令限期改正,可以处两千元以下的罚款;情节严重的,可以处两千元以上一万元以下的罚款。

3. 违反税款征收管理的法律责任

(1)偷税的法律责任

纳税人伪造、变造、隐匿、擅自销毁账簿、记账凭证,或者在账簿上多列支出或者不列、少列收入,或者经税务机关通知申报而拒不申报或者进行虚假的纳税申报,不缴或者少缴应纳税款的,是偷税。对纳税人偷税的,由税务机关追缴其不缴或者少缴的税款、滞纳金,并处不缴或者少缴的税款百分之五十以上五倍以下的罚款;构成犯罪的,依法追究刑事责任。另外,扣缴义务人采取上述所列手段,不缴或者少缴已扣、已收税款,由税务机关追缴其不缴或者少缴的税款、滞纳金,并处不缴或者少缴的税款百分之五十以上五倍以下的罚款;构成犯罪的,依法追究刑事责任。

(2)虚假申报或者不申报的法律责任

①虚假申报的法律责任。纳税人、扣缴义务人编造虚假计税依据的,由税务机关责令限期改正,并处五万元以下的罚款。

②不申报的法律责任。纳税人不进行纳税申报,不缴或者少缴应纳税款的,由税务机关追缴其不缴或者少缴的税款、滞纳金,并处不缴或者少缴税款百分之五十以上五倍以下的罚款。

(3)逃避欠缴税款追缴的法律责任

纳税人欠缴应纳税款,采取转移或者隐匿财产的手段,妨碍税务机关追缴欠缴的税款的,由税务机关追缴欠缴的税款、滞纳金,并处欠缴税款百分之五十以上五倍以下的罚款;构成犯罪的,依法追究刑事责任。

(4)骗取出口退税的法律责任

以假报出口或者其他欺骗手段骗取国家出口退税款的,由税务机关追缴其骗取的退税款,并处骗取税款一倍以上五倍以下的罚款;构成犯罪的,依法追究刑事责任。另外,对骗取国家出口退税款的,税务机关可以在规定期间内停止为其办理出口退税。

(5)抗税的法律责任

以暴力、威胁方法拒不缴纳税款的,是抗税,除由税务机关追缴其拒缴的税款、滞纳金外,依法追究刑事责任;情节轻微,未构成犯罪的,由税务机关追缴其拒缴的税款、滞纳金,并处拒缴税款一倍以上五倍以下的罚款。

(6)违反纳税期限规定的法律责任

纳税人、扣缴义务人在规定期限内不缴或者少缴应纳或者应解缴的税款,经税务机关责令限期缴纳,逾期仍未缴纳的,税务机关除依照规定采取强制执行措施追缴其不缴或者少缴的税款外,可以处不缴或者少缴的税款百分之五十以上五倍以下的罚款。

(7)违反扣缴义务的法律责任

扣缴义务人应扣未扣、应收而不收税款的,由税务机关向纳税人追缴税款,对扣缴义务人处应扣未扣、应收未收税款百分之五十以上三倍以下的罚款。

(8)税务机关违反税款征收规定的法律责任

违反法律、行政法规的规定提前征收、延缓征收或者摊派税款的,由其上级机关或者行政监察机关责令改正,对直接负责的主管人员和其他直接责任人员依法给予行政处分。违反法律、行政法规的规定,擅自作出税收的开征、停征或者减税、免税、退税、补税以及其他同税收法律、行政法规相抵触的决定的,除依法撤销其擅自作出的决定外,补征应征未征税款,退还不应征收而征收的税款,并由上级机关追究直接负责的主管人员和其他直接责任人员的行政责任;构成犯罪的,依法追究刑事责任。

4. 违反税务检查规定的法律责任

(1)纳税人、扣缴义务人不履行配合义务的法律责任

纳税人、扣缴义务人逃避、拒绝或者以其他方式阻挠税务机关检查的,由税务机关责令改正,可以处一万元以下的罚款;情节严重的,处一万元以上五万元以下的罚款。

(2)违反发票印制规定的法律责任

违反发票印制规定，非法印制发票的，由税务机关销毁非法印制的发票，没收违法所得和作案工具，并处一万元以上五万元以下的罚款；构成犯罪的，依法追究刑事责任。

另外，从事生产、经营的纳税人、扣缴义务人有规定的税收违法行为，拒不接受税务机关处理的，税务机关可以收缴其发票或者停止向其发售发票。

(3)金融机构不履行配合义务的法律责任

纳税人、扣缴义务人的开户银行或者其他金融机构拒绝接受税务机关依法检查纳税人、扣缴义务人存款账户，或者拒绝执行税务机关作出的冻结存款或者扣缴税款的决定，或者在接到税务机关的书面通知后帮助纳税人、扣缴义务人转移存款，造成税款流失的，由税务机关处十万元以上五十万元以下的罚款，对直接负责的主管人员和其他直接责任人员处一千元以上一万元以下的罚款。

5. 税务机关及其工作人员违法的法律责任

(1)税务机关擅改征收管理范围等的法律责任

税务机关违反规定擅自改变税收征收管理范围和税款入库预算级次的，责令限期改正，对直接负责的主管人员和其他直接责任人员依法给予降级或者撤职的行政处分。

(2)税务人员不移交涉嫌犯罪人员的法律责任

税务机关应当将前述涉嫌犯罪的纳税人、扣缴义务人依法移交司法机关追究刑事责任。税务人员徇私舞弊，对依法应当移交司法机关追究刑事责任的不移交，情节严重的，依法追究刑事责任。

(3)税务人员违法履职的法律责任

①收受、索取不正当利益。税务人员利用职务便利，收受或者索取纳税人、扣缴义务人财物或者牟取其他不正当利益，构成犯罪的，依法追究刑事责任；尚不构成犯罪的，依法给予行政处分。

②徇私舞弊、玩忽职守。税务人员徇私舞弊或者玩忽职守，不征或者少征应征税款，致使国家税收遭受重大损失，构成犯罪的，依法追究刑事责任；尚不构成犯罪的，依法给予行政处分。

③滥用职权、故意刁难。税务人员滥用职权，故意刁难纳税人、扣缴义务人的，调离税收工作岗位，并依法给予行政处分。

④打击报复。税务人员对控告、检举税收违法违纪行为的纳税人、扣缴义务人以及其他检举人进行打击报复的，依法给予行政处分；构成犯罪的，依法追究刑事责任。

⑤不依法回避。税务人员在征收税款或者查处税收违法案件时，未按照规定进行回避的，对直接负责的主管人员和其他直接责任人员，依法给予行政处分。

另外，未按照规定为纳税人、扣缴义务人、检举人保密的，对直接负责的主管人员和其他直接责任人员，由所在单位或者有关单位依法给予行政处分。

6. 税务争议

(1)税务争议处理规则

纳税人、扣缴义务人、纳税担保人同税务机关在纳税上发生争议时，必须先依照税务机关的纳税决定缴纳或者解缴税款及滞纳金或者提供相应的担保，然后可以依法申请行政复议；对行政复议决定不服的,可以依法向人民法院起诉。

(2)行政复议或者提起诉讼

当事人对税务机关的处罚决定、强制执行措施或者税收保全措施不服的,可以依法申请行政复议,也可以依法向人民法院起诉。

(3)强制执行

当事人对税务机关的处罚决定逾期不申请行政复议也不向人民法院起诉,又不履行的,作出处罚决定的税务机关可以采取《税收征收管理法》规定的强制执行措施,或者申请人民法院强制执行。

本章练习

一、名词解释

税收　增值税　消费税　关税　个人所得税　企业所得税　企业应纳税所得额　税收征收管理

二、单项选择题

1. 税收是国家凭借其政治权力,依据税法的规定,无偿向纳税人征收货币或者实物,以实现国家职能的一种特殊的________形式。

A. 生产　B. 分配　C. 交换　D. 消费

2. 税种之间相互区别的主要标志是________。

A. 计税依据　B. 税负能否转嫁

C. 税收管辖和收入归属　D. 征收对象

3. 关税属于________。

A. 流转税　B. 所得税　C. 财产税　D. 资源税

4. 下列各项中,不属于流转税的是________。

A. 增值税　B. 消费税　C. 关税　D. 契税

5. 下列关于流转税的表述中,正确的是________。

A. 以国家需要调节的各种特殊行为为征税对象的税

B. 属于中央税

C. 纳税人可以通过价格等方式转嫁税负的税

D. 同时按照征税对象的金额和数量征税

6. 税法的核心要素是________。

A. 征税对象　B. 计税依据　C. 税率　D. 法律责任

7. 税法已经不采用的税率是________。

A. 全额累进税率　B. 超额累进税率

C. 超率累进税率　D. 比例税率

8. 在减免税措施中,对征税对象开始征税的数额加以规定,未达到该数额的不征税,达到或者超过该数额的全额征税,是________。

A. 免征额 B. 起征点 C. 税额式减免 D. 税率式减免

9. 减免税措施中,免征额是在征税对象中免予征税的数额,未超过免征额的不征税,仅对________的部分征税。

A. 免征额 B. 起征点以下 C. 超过免征额 D. 全额

10. 减免税措施中,全部免税、减半征收、核定减免等属于________。

A. 一次性优惠 B. 税基式减免 C. 税率式减免 D. 税额式减免

11. 中国自2009年1月1日起实行________。

A. 消费型增值税 B. 收入型增值税

C. 生产型增值税 D. 营业税改增值税

12. 增值税是________。

A. 从量税 B. 从价税 C. 复合税 D. 行为税

13. 增值税的税率采用________。

A. 议定税率 B. 比例税率 C. 累进税率 D. 定额税率

14. 销售自然资源使用权,在增值税法中属于________。

A. 销售货物 B. 销售劳务 C. 销售无形资产 D. 销售服务

15. 银行销售金银、典当业销售死当物品、寄售业销售寄售物品、货物期货(包括商品期货和贵金属期货)等,均属于________的征税范围。

A. 契税 B. 消费税 C. 关税 D. 增值税

16. 一项销售行为如果既涉及增值税的货物又涉及非增值税应税劳务,则为________。

A. 混合销售行为 B. 兼营行为

C. 视同销售货物行为 D. 视同提供劳务行为

17. 单位或者个体经营者将货物交付其他单位或者个人代销,在增值税法中属于________。

A. 视同销售货物行为 B. 销售货物

C. 销售劳务 D. 视同提供劳务行为

18. 小规模纳税人在计算缴纳增值税时,不得抵扣任何________。

A. 受托加工应征消费税的消费品所代收代缴的消费税

B. 符合税法规定的代垫运费

C. 进项税额

D. 税款和费用

19. 中国实行特别消费税,对________征税。

A. 所有消费品 B. 所有货物

C. 特定消费品或者消费行为 D. 特定财产

20. 消费税中酒及酒精的税率实行________。

A. 复合征收 B. 定额税率

C. 从价定率征收 D. 从量定额征收

21. 纳税人兼营不同税率的应税消费品,应当分别核算不同税率应税消费品的销售额和销售数量;未分别核算销售额和销售数量的,________适用税率。

A. 从低　　B. 从高　　C. 选择　　D. 核定

22. 应税消费品的计税价格明显偏低又无正当理由的,由________核定其计税价格。

A. 纳税人　　B. 海关　　C. 主管税务部门　　D. 财政部门

23. 纳税人自产自用的应税消费品用于________的,不纳税。

A. 馈赠、赞助、集资　　B. 职工福利、奖励

C. 广告、样品　　D. 连续生产应税消费品的

24. 消费税的税率采用比例税率与________相结合的形式。

A. 定额税率　　B. 累进税率　　C. 议定税率　　D. 定量税额

25. 关税是________依法对进出境货物、物品征收的一种税。

A. 海关　　B. 税务机关

C. 边境地区政府　　D. 边境地区财政机关

26. 关税的征税对象是进出境货物和________。

A. 服务　　B. 物品　　C. 货币　　D. 有价证券

27. 关税的纳税义务人应当自海关填发税款缴款书之日起十五日内向指定________缴纳税款。

A. 银行　　B. 海关　　C. 税务机关　　D. 财政机关

28. 依照外国(地区)法律成立且实际管理机构不在中国境内,但在中国境内设立机构、场所的,或者在中国境内未设立机构、场所,但有来源于中国境内所得的企业,是企业所得税的________。

A. 居民企业　　B. 非居民企业

C. 扣缴义务人　　D. 税款负担人

29. 非居民企业就其来源于中国境内的所得缴纳企业所得税,适用税率为________%。

A. 20　　B. 25　　C. 30　　D. 15

30. 企业发生的职工福利费支出,不超过工资薪金总额________的部分,准予扣除。

A. 2%　　B. 2.5%　　C. 15%　　D. 14%

31. 企业纳税年度发生的亏损准予向以后年度结转,用以后年度的所得弥补,但结转年限最长不得超过________年。

A. 一　　B. 二　　C. 三　　D. 五

32. 符合条件的小型微利企业,减按________的税率征收企业所得税。

A. 15%　　B. 20%　　C. 10%　　D. 5%

33. 非居民企业在中国境内未设立机构、场所的,或者虽设立机构、场所但取得的所得与其所设机构、场所没有实际联系的,就其来源于中国境内的所得,以________为纳税地点。

A. 非居民企业登记注册地　　B. 所得来源地

C. 扣缴义务人所在地　　D. 非居民企业实际管理机构所在地

34. 在中国境内有住所,或者无住所而在境内居住满________年的个人,从中国境内和境外取得的所得,应依法缴纳个人所得税。

A. 一　　B. 二　　C. 三　　D. 五

35. 个体工商户的生产、经营所得，以________的收入总额减去成本、费用以及损失后的余额为应纳税所得额。

A. 每一纳税年度　　B. 每月

C. 每次　　D. 实际生产、经营期限

36. 工资、薪金所得以每月收入额减去费用________后的余额为应纳税所得额。

A. 800 元　　B. 2 000 元　　C. 3 500 元　　D. 5000 元

37. 中国税收征收的主管部门是________。

A. 财政部　　B. 海关　　C. 国家税务局　　D. 国家税务总局

38. 从事生产、经营的纳税人应当自________之日起三十日内向生产、经营地或者纳税义务发生地的主管税务部门申报办理税务登记。

A. 开立基本存款账户或者其他存款账户　　B. 领取营业执照

C. 扣缴义务发生　　D. 办理变更登记

39. 以暴力、威胁方法拒不缴纳税款的，是________。

A. 偷税　　B. 抗税　　C. 漏税　　D. 逃税

40. 税务机关征收税款时，必须给纳税人开具________。

A. 完税收据　　B. 完税发票　　C. 完税证明　　D. 完税凭证

三、多项选择题

1. 税收不同于其他财政收入，其特征包括________。

A. 强制性　　B. 无偿性　　C. 固定性　　D. 预定性

2. 中国的流转税主要包括________。

A. 增值税　　B. 消费税　　C. 房地产税　　D. 关税

3. 中央税包括________。

A. 消费税　　B. 关税

C. 海关代征的增值税和消费税　　D. 房产税

4. 按照税收的征收对象，税收分为________和行为税。

A. 流转税　　B. 所得税　　C. 财产税　　D. 资源税

5. 税法的要素包括________。

A. 负税人　　B. 征税客体

C. 税目和计税依据　　D. 税率

6. 减免税的形式主要有________。

A. 起征点　　B. 免征额　　C. 税率式减免　　D. 税额式减免

7. 下列各项中，属于增值税征税范围的视同销售货物行为包括________。

A. 将货物交付他人代销

B. 销售代销货物

C. 兼营非应税劳务

D. 将自产、委托加工的货物用于集体福利或者个人消费

8. 纳税人销售或者进口________，增值税税率为 11%。

A. 饲料、化肥、农药、农机(不包括农机零部件)、农膜
B. 小汽车
C. 图书、报纸、杂志
D. 自来水、暖气、冷气、热水、煤气、石油液化气、天然气、沼气、居民用煤炭制品
9. 下列各项中,不得从销项税额中抵扣的进项税额包括________。
A. 用于非增值税应税项目、免征增值税项目、集体福利或者个人消费的购进货物或者应税劳务
B. 非正常损失的购进货物及相关的应税劳务
C. 非正常损失的在产品、产成品所耗用的购进货物或者应税劳务
D. 国务院财政、税务主管部门规定的纳税人自用消费品
10. 消费税的征税对象包括________。
A. 甲类卷烟　　B. 汽车轮胎　　C. 手机　　D. 实木地板
11. 按征税商品的流向,可以把关税分为________。
A. 进口税　　B. 出口税　　C. 过境税　　D. 保护性关税
12. 进口关税设置最惠国税率、________。
A. 协定税率　　B. 特惠税率　　C. 普通税率　　D. 关税配额税率
13. 企业收入总额中的下列收入中,为不征税收入的有________。
A. 财政拨款
B. 依法收取并纳入财政管理的行政事业性收费、政府性基金
C. 特许权使用费收入
D. 接受捐赠收入
14. 下列支出中,在计算应纳税所得额时不得扣除的有________。
A. 向投资者支付的股息、红利等权益性投资收益款项
B. 企业所得税税款
C. 税收滞纳金
D. 罚金、罚款和被没收财物的损失
15. 企业在计算应纳税所得额时准予扣除的项目有________。
A. 企业依照国务院有关主管部门或者省级人民政府规定的范围和标准为职工缴纳的基本养老保险费、基本医疗保险费、失业保险费、工伤保险费、生育保险费等基本社会保险费和住房公积金
B. 企业参加财产保险,按照规定缴纳的保险费
C. 企业为劳动者投保的商业保险
D. 企业发生的合理的劳动保护支出
16. 纳税人的下列收入中,应纳个人所得税的有________。
A. 工资、薪金所得
B. 个体工商户的生产、经营所得
C. 对企事业单位的承包经营、承租经营所得
D. 劳务报酬所得、稿酬所得、特许权使用费所得

17. 个人将其所得通过中国境内的社会团体、国家机关向________的捐赠，捐赠额未超过纳税义务人申报的应纳税所得额30%的部分，可以从其应纳税所得额中扣除。

A. 教育　　B. 其他社会公益事业

C. 遭受严重自然灾害地区、贫困地区　　D. 个人

18. 税务管理是税务部门实施征税管理活动的基础制度，包括________。

A. 税款征收　　B. 税务登记管理

C. 账簿、凭证管理　　D. 纳税申报

19. 如果纳税人不能提供纳税担保，经县以上税务局(分局)局长批准，税务部门可以采取的税收保全措施包括________。

A. 书面通知纳税人的开户银行或者其他金融机构冻结纳税人的金额相当于应纳税款的存款

B. 扣押、查封纳税人的价值相当于应纳税款的商品、货物或者其他财产

C. 依法限制出境

D. 追究连带责任

20. 纳税人________，不缴或者少缴应纳税款的，是偷税行为。

A. 伪造、变造、隐匿、擅自销毁账簿、记账凭证

B. 在账簿上多列支出或者不列、少列收入

C. 经税务部门通知申报而拒不申报或者进行虚假的纳税申报

D. 未按照规定设置、保管账簿或者记账凭证和有关资料

四、判断题

1. 按照税收管辖和收入归属，税收可分为直接税和间接税。　(　　)

2. 按照计税依据，税收可分为从价税、从量税和复合税。　(　　)

3. 税目是税法规定的征税的具体项目，是征税对象在质的方面的具体化，反映的是征税的广度，解决如何征税问题。　(　　)

4. 税基式减免是指通过缩小计税依据来实现减税，主要包括起征点、免征额、项目扣除、跨期结转等具体方式。　(　　)

5. 流转税是间接税，其纳税人和实际负税人往往是分离的。　(　　)

6. 中国流转税的立法主要是国务院制定的行政法规。　(　　)

7. 增值税纳税申报期限由十日延长至十五日，增加一个季度的纳税期限。　(　　)

8. 提供加工、修理修配劳务是混合销售行为，既要缴纳增值税，也要缴纳消费税。(　　)

9. 将自产、委托加工或者购买的货物无偿赠送他人的，不需要缴纳增值税。　(　　)

10. 购进免税农业产品准予抵扣的进项税额的计算方法是买价×扣除率，现在规定的扣除率是7%。　(　　)

11. 销售或者购进货物所支付的运费，按运费和建设基金扣除率计算进项税额，即运输费用×扣除率，现在规定的扣除率是13%。　(　　)

12. 金银首饰消费税的纳税人是在中国境内从事商业零售金银首饰的单位和个人。　(　　)

13. 在中国境内从事商业零售金银首饰的单位和个人不需要缴纳增值税。 ( )

14. 中国对白酒、卷烟的税率进行了调整,实行从量定额征收和从价定率征收的复合征收形式。 ( )

15. 进口的应税消费品实行从量定额办法计算应税税额的,按照组成计税价格计算纳税。 ( )

16. 销售自产货物并同时提供建筑业劳务的混合销售行为,对其采用分别核算、分别征收增值税和消费税的办法。 ( )

17. 纳税人从事旅游业务的,以其取得的全部价款和价外费用扣除替旅游者支付给其他单位或者个人的住宿费、餐费、交通费、旅游景点门票和支付给其他接团旅游企业的旅游费后的余额为销售额。 ( )

18. 企业所得税的税率为25%,但外商投资经营企业的企业所得税的税率为20%。 ( )

19. 企业在汇总计算缴纳企业所得税时,其境外营业机构的亏损可以抵减境内营业机构的盈利。 ( )

20. 职工获得公司的现金奖励,可以免征个人所得税。 ( )

21. 广义的税收征收管理机构是指各级税务部门。 ( )

22. 中国省以下税务部门分为国家税务局和地方税务局两个系统。 ( )

23. 从事生产、经营的纳税人应当自领取营业执照或者发生纳税义务之日起三十日内按照国家有关规定设置账簿。 ( )

24. 纳税人在纳税期内没有应纳税款的,也应当按照规定办理纳税申报。 ( )

25. 税务部门到纳税人的生产经营场所对纳税人申报的应税产品进行查验后征税,贴上完税凭证。这种税款征收方式是查定征收。 ( )

26. 税务部门到纳税人的生产经营场所对纳税人申报的应税产品进行查验后征税,贴上完税凭证。这种税款征收方式是核定征收。 ( )

27. 纳税人因有特殊困难,不能按期缴纳税款的,经县级国家税务局、地方税务局批准,可以延期缴纳税款,但最长不得超过五个月。 ( )

28. 税务部门有根据认为从事生产、经营的纳税人有逃避纳税义务的行为的,可以在规定的纳税期前责令限期缴纳应纳税款。 ( )

29. 欠缴税款的纳税人或者其法定代表人需要出境的,应当在出境前向税务部门结清应纳税款、滞纳金或者提供担保;未结清税款、滞纳金,又不提供担保的,税务部门可以通知出境管理部门阻止其出境。 ( )

30. 欠缴税款的纳税人因怠于行使到期债权,或者放弃到期债权,或者无偿转让财产,或者以明显不合理的低价转让财产而受让人知道该情形,对国家税收造成损害的,税务部门可以依照规定行使代位权和撤销权。 ( )

五、简答题

1. 简述税收的作用。
2. 简述准予从销项税额中抵扣的进项税额。

3. 简述增值税视同销售货物的行为。

4. 简述关税的概念。

5. 简述企业在计算应纳税所得额时，不得扣除的项目。

6. 简述税务部门的税款征收优先。

六、综合分析题

1. 某商业企业10月份以每台2 500元的价格销售冰箱100台；另外，将20台冰箱交其他公司代销，每台价格2 400元。

问：该企业该月份的销售额是多少？

2. 某公司是增值税一般纳税人，10月份开具增值税专用发票销售货物取得不含税销售额100万元，开具普通发票销售货物取得含税销售额113万元。

问：该公司10月份的销售额是多少？

3. 某企业是增值税一般纳税人，10月份向农业生产者购买农产品，税务部门批准的收购凭证上注明的买价为200万元；销售食用植物油取得含税销售额450万元。

问：该企业10月份的增值税应纳税额是多少？

4. 某鞭炮企业是增值税一般纳税人，10月份以不含税价格对外销售鞭炮1 000箱，每箱180元；另外，将500箱鞭炮交给本企业非独立核算的门市部对外销售，当月销售400箱，每箱280元。

问：该企业10月份的消费税应纳税额是多少？

5. 某制造企业从业员工50人，资本500万元。2020年的相关情况如下：(1)产品销售收入100万元；(2)其他应征税收入17万元；(3)销售成本、税金50万元；(4)有关费用、其他支出36万元；(5)审查发现企业多列支福利费5万元。

问：2020年该企业的应纳税所得额及所得税税额是多少？

第八章

市场规则法律制度

第一节　竞争法律制度

一、市场竞争与竞争法概述

(一)市场竞争概述

1. 市场及市场竞争的含义

市场,是指由人们的需要及为满足需要所形成的交易机会和场所。市场既是交易的场所,也是交易的机会。市场主体在交易过程中为了获取交易机会和有利的交易条件,相互之间必然产生竞争。

市场竞争,是指市场主体(经营者)为获取交易机会,占有市场优势,追求利益最大化,以其他市场主体为对手而从事的较量。市场竞争的本质是逐利性,市场竞争的特点是对抗性和非理性。随着市场规模的扩大和市场竞争的日益激烈,国家需要运用法律来规范市场竞争行为。

市场竞争是市场经济体制活力的所在,公平竞争对于优化资源配置、保护和促进经营者创新、增进消费者福利及保持市场活力具有重要意义。没有市场竞争就没有市场经济,市场竞争是市场经济的本质特征,垄断是扼杀市场竞争的行为,也是阻遏市场经济的"杀手"。所以,国家规范市场竞争的法律(竞争法)既要保护正当竞争(制止不正当竞争),也要制止垄断。

2. 正当竞争与不正当竞争

市场竞争的手段有正当竞争与不正当竞争之分。正当竞争,是指经营者采用符合法律、公序良俗及诚实信用原则的商业手段进行的竞争活动。在竞争过程中采用虚假、欺诈、损人利己等违反法律、公序良俗及诚实信用原则的手段进行的竞争是不正当的竞争活动。不正当竞争行为损害其他经营者的合法权益,扰乱社会经济秩序,竞争法予以制裁。

3. 市场竞争的基本规则

国家应当制定和实施与社会主义市场经济相适应的竞争规则,完善宏观调控,健全统一、开放、竞争、有序的市场体系。

市场竞争的基本规则包括以下几个方面:一是竞争应当公平、自愿、平等、诚信;二是为了维护市场竞争秩序,应当制止垄断行为。

(二)竞争法概述

1. 竞争法的含义

竞争法是由国家制定或者认可的、维护市场竞争秩序、调整经营者之间的竞争关系及相关的市场竞争管理关系的法律规范的总称。

按照法学界的一般共识，竞争法是由反垄断法和反不正当竞争法构成的。从广义上说，反不正当竞争法和反垄断法都以竞争行为或者竞争关系为调整对象，可以统称为竞争法。

2. 竞争法的特点

竞争法的特点包括以下几个方面：一是竞争法既规范市场主体的市场行为，也规范经营者具体的竞争行为；二是竞争法既有实体法的内容，也包括程序法的内容，是实体法与程序法的结合；三是竞争法既包括国家对市场及市场竞争的意志，也有对市场主体（经营者）权利的保护，是公法与私法的结合。

3. 竞争法的宗旨和原则

（1）竞争法的宗旨

在市场经济条件下，要使竞争产生优化资源配置的作用，就必须使竞争秩序合理化。竞争法的宗旨应当是维护市场竞争秩序，保持与增进市场经济的健康发展。

（2）竞争法的原则

在竞争法律秩序中，经营者的利益、消费者的利益和公共利益都能得到公平的确认和保护。为此，竞争法应当确立平等、自愿、公正、公平和维护充分有效竞争的基本原则。

4. 中国竞争立法概况

中国在 20 世纪 80 年代后期启动竞争立法工作，曾试图将反垄断和反不正当竞争的内容合并在一起制定竞争法，起草过《禁止垄断和不正当竞争条例》（草稿），但各方面对此的意见和分歧较大。后来的立法实践将反垄断与反不正当竞争分开，采取分立式立法模式。

1993 年 9 月 2 日，第八届全国人大常委会第三次会议通过《中华人民共和国反不正当竞争法》（以下称《反不正当竞争法》），2019 年 4 月 23 日第十三届全国人大常委会第十次会议进行修正。2007 年 8 月 30 日，第十届全国人大常委会第二十九次会议通过《中华人民共和国反垄断法》（以下称《反垄断法》）。中国的竞争立法框架基本形成。

二、反垄断法律制度

（一）垄断与反垄断法概述

1. 垄断概述

（1）垄断的含义

垄断，是指一个或者几个经营者利用其在市场上对某一产品具有排他性的控制权，通过制定垄断价格来获得超过社会平均利润率的超额利润（或称垄断利润），通过设置行业壁垒阻止资源在某行业的进出，从而限制该行业本应出现的自由竞争。

（2）垄断的条件

垄断与市场相伴生，没有市场，或者产品具有消费的非排他性的领域是不存在垄断的市场结构的。垄断与垄断价格、垄断利润相伴生，没有垄断价格就不存在垄断利润，也就不存在垄断。因此，判定某一领域（行业）存在垄断，必须同时满足以下两个条件：一是某一领域（行业）具有市场垄断性，即经济、法律、技术和自然等原因导致该领域只有一个（垄断）或者若干个（寡头垄断）企业或者企业联合体为该领域的市场提供不可替代的商品；二是具有操纵市场价格的行为，即这些不可替代的商品的价格主要是由一个或者若干个企业或者企业联合体来决定，或者这些不可替代的商品的价格中包含超过社会平均利润率的超额利润,即生产者凭借垄断地位把一部分消费者剩余转化为生产者剩余,从而获得超额利润。当某领域满足第一个条件而不满足第二个条件时,可以判定这个领域具有市场垄断性,但并不构成垄断,因为在该领域内并没有价格操纵行为,居垄断地位的企业也没获得垄断利润。只有同时满足这两个条件,才可判定该领域存在垄断。

(3)垄断与市场经济

在市场条件下,垄断并非一无是处。垄断形成的规模效应有利于生产效率的提高,有利于交易成本的降低,有利于促进相关的研究开发及技术创新。但是,垄断也造成价格扭曲和资源的低效配置,违背公平竞争原则,破坏市场竞争秩序,妨碍生产力进步等消极后果。现实中,垄断的形成和表现是复杂和多变的,广义的垄断包括自然垄断、经济垄断和行政垄断,它们既有区别,又有联系,在一定条件下和一定程度上是可以相互转化的。所以,广义的反垄断应当制止所有垄断,使市场经济因为没有垄断之扰而保持竞争活力。

2. 反垄断法概述

(1)反垄断法的含义

反垄断法,是指调整反垄断经济关系的法律规范的总称。反垄断法是现代市场经济国家调节社会经济活动的基本法律之一,在发达市场经济国家被称为"市场经济宪章""现代企业制度基石",居于经济法体系的核心地位。中国实行社会主义市场经济,反垄断法同样成为调节社会经济活动的重要法律。

(2)中国反垄断法的施行

《反垄断法》自 2008 年 8 月 1 日起施行。中国反垄断法的目的是预防和制止垄断行为,保护市场公平竞争,提高经济运行效率,维护消费者利益和社会公共利益,促进社会主义市场经济健康发展。中国反垄断法的适用范围包括:一是中国境内经济活动中的垄断行为;二是对境内市场竞争产生排除、限制影响的境外的垄断行为。

(二)反垄断法律制度的主要内容

1. 垄断行为及反垄断主管部门

(1)垄断行为的范围

反垄断法所称的垄断行为包括:一是经营者达成垄断协议;二是经营者滥用市场支配地位;三是具有或者可能具有排除、限制竞争效果的经营者集中。据此,中国反垄断法所称的垄断行为的具体含义包括:

第一,垄断行为的主体(行为人)是经营者。经营者,是指从事商品生产、经营或者提供服务的自然人、法人和其他组织。

第二,垄断行为包括达成垄断协议、滥用市场支配地位和具有或者可能具有排除、限制竞争效果的经营者集中。

(2)国有控制或者实行专营专卖行业的经营者保护

国有经济占控制地位的关系国民经济命脉和国家安全的行业以及依法实行专营专卖的行业,国家对其经营者的合法经营活动予以保护,并对经营者的经营行为及其商品和服务的价格依法实施监管和调控,维护消费者利益,促进技术进步。行业的经营者应当依法经营,诚实守信,严格自律,接受社会公众的监督,不得利用其控制地位或者专营专卖地位损害消费者利益。

①保护的对象。关系国民经济命脉和国家安全的行业以及依法实行专营专卖的行业，国有经济占控制地位的关系国民经济命脉和国家安全的行业的经营者，以及依法实行专营专卖的行业的经营者，国家对其合法经营活动予以保护。

②行业经营者经营活动的底线。行业经营者应当依法经营，诚实守信，严格自律，接受社会公众的监督，不得利用其控制地位或者专营专卖地位损害消费者利益。

(3)反垄断主管部门

①国务院反垄断委员会。国务院设立反垄断委员会，负责组织、协调、指导反垄断工作，履行下列职责：一是研究和拟订有关竞争政策；二是组织调查、评估市场总体竞争状况，发布评估报告；三是制定、发布反垄断指南；四是协调反垄断行政执法工作；五是国务院规定的其他职责。

②国务院反垄断执法机构。国务院规定的承担反垄断执法职责的机构依法负责反垄断执法工作。国务院反垄断执法机构根据工作需要，可以授权省、自治区、直辖市人民政府相应的机构依法负责有关反垄断执法工作。

另外，行业协会应当加强行业自律，引导本行业的经营者依法竞争，维护市场竞争秩序。

2. 垄断协议

垄断协议，是指排除、限制竞争的协议、决定或者其他协同行为。达成垄断协议的，构成反垄断法规定的垄断行为。

(1)具有竞争关系的经营者之间的垄断协议

禁止具有竞争关系的经营者达成下列垄断协议：一是固定或者变更商品价格；二是限制商品的生产数量或者销售数量；三是分割销售市场或者原材料采购市场；四是限制购买新技术、新设备或者限制开发新技术、新产品；五是联合抵制交易；六是反垄断执法机构认定的其他垄断协议。

(2)经营者与交易相对人之间的垄断协议

禁止经营者与交易相对人达成下列垄断协议：一是固定向第三人转售商品的价格；二是限定向第三人转售商品的最低价格；三是反垄断执法机构认定的其他垄断协议。

行业协会不得组织本行业的经营者从事上述禁止的垄断行为。

(3)不属于垄断协议的行为

经营者能够证明所达成的协议属于下列情形之一的，不适用上述规定：一是为改进技术、研究开发新产品；二是为提高产品质量、降低成本、增进效率而统一产品规格、标准或者实行专业化分工；三是为提高中小经营者的经营效率，增强中小经营者的竞争力；四是为实现节约能源、保护环境、救灾救助等社会公共利益；五是因经济不景气，为缓解销售量严重下降或者生产明显过剩；六是为保障对外贸易和对外经济合作中的正当利益；七是法律和国务院规定的其他情形。出现一至五种情形，经营者还应当证明所达成的协议不会严重限制相关市场的竞争，并且能够使消费者分享由此产生的利益。

3. 滥用市场支配地位

市场支配地位，是指经营者在相关市场内具有能够控制商品价格、数量或者其他交易条件，或者能够阻碍、影响其他经营者进入相关市场能力的市场地位。滥用市场支配地位的，构成反垄断法规定的垄断行为。

(1)滥用市场支配地位的行为

禁止具有市场支配地位的经营者从事下列滥用市场支配地位的行为:一是以不公平的高价销售商品或者以不公平的低价购买商品;二是没有正当理由,以低于成本的价格销售商品;三是没有正当理由,拒绝与交易相对人进行交易;四是没有正当理由,限定交易相对人只能与其进行交易或者只能与其指定的经营者进行交易;五是没有正当理由搭售商品,或者在交易时附加其他不合理的交易条件;六是没有正当理由,对条件相同的交易相对人在交易价格等交易条件上实行差别待遇;七是反垄断执法机构认定的其他滥用市场支配地位的行为。

(2)认定经营者具有市场支配地位的依据

认定经营者具有市场支配地位,应当依据下列因素:一是该经营者在相关市场的市场份额,以及相关市场的竞争状况;二是该经营者控制销售市场或者原材料采购市场的能力;三是该经营者的财力和技术条件;四是其他经营者对该经营者在交易上的依赖程度;五是其他经营者进入相关市场的难易程度;六是与该经营者的市场支配地位有关的其他因素。

(3)推定经营者具有市场支配地位的情形

有下列情形之一的,可以推定经营者具有市场支配地位:一是一个经营者在相关市场的市场份额达到二分之一以上;二是两个经营者在相关市场的市场份额达到三分之二以上;三是三个经营者在相关市场的市场份额达到四分之三以上。有二、三项规定的情形,其中,有的经营者的市场份额不足十分之一的,不应当推定该经营者具有市场支配地位。相关市场,是指经营者在一定时期内就特定商品或者服务(统称商品)进行竞争的商品范围和地域范围。

4. 经营者集中

经营者集中是指下列情形:一是经营者合并;二是经营者通过取得股权或者资产的方式取得对其他经营者的控制权;三是经营者通过合同等方式取得对其他经营者的控制权或者能够对其他经营者施加决定性影响。违法的经营者集中构成反垄断法所称的垄断行为。

(1)经营者集中的申报

经营者集中达到国务院规定的申报标准的,应当事先向反垄断执法机构申报,未申报的不得实施集中。但是,经营者集中有下列情形之一的,可以不向反垄断执法机构申报:一是参与集中的一个经营者拥有其他每个经营者百分之五十以上有表决权的股份或者资产;二是参与集中的每个经营者百分之五十以上有表决权的股份或者资产被同一个未参与集中的经营者拥有的。

(2)反垄断执法机构的审查

①初步审查。反垄断执法机构应当自收到经营者提交的文件、资料之日起三十日内对申报的经营者集中进行初步审查,作出是否实施进一步审查的决定,并书面通知经营者。反垄断执法机构作出决定前,经营者不得实施集中;反垄断执法机构作出不实施进一步审查的决定或者逾期未作出决定的,经营者可以实施集中。

②进一步审查。反垄断执法机构决定实施进一步审查的,应当自决定之日起九十日内审查完毕,作出是否禁止经营者集中的决定,并书面通知经营者;作出禁止经营者集中的决定,应当说明理由。审查期间,经营者不得实施集中。有下列情形之一的,反垄断执法机构经书面通知经营者,可以延长规定的审查期限,但最长不得超过六十日:一是经营者同意延长审查期限;二是经营者提交的文件、资料不准确,需要进一步核实;三是经营者申报后有关情况发生重大

变化。反垄断执法机构逾期未作出决定的，经营者可以实施集中。

③禁止经营者集中。经营者集中具有或者可能具有排除、限制竞争效果的，反垄断执法机构应当作出禁止经营者集中的决定。但是，经营者能够证明该集中对竞争产生的有利影响明显大于不利影响，或者符合社会公共利益的，反垄断执法机构可以作出对经营者集中不予禁止的决定。对不予禁止的经营者集中，反垄断执法机构可以决定附加减少集中对竞争产生不利影响的限制性条件，及时向社会公布。另外，对外资并购境内企业或者以其他方式参与经营者集中，涉及国家安全的，除依照规定进行经营者集中审查外，还应当按照国家有关规定进行国家安全审查。

5. 滥用行政权力排除、限制竞争

行政机关和法律、法规授权的具有管理公共事务职能的组织不得滥用行政权力，排除、限制竞争。行政机关滥用行政权力，排除、限制竞争的，构成反垄断法所称的垄断行为。

行政机关和法律、法规授权的具有管理公共事务职能的组织滥用行政权力，排除、限制竞争的具体形式包括：

第一，限定或者变相限定单位或者个人经营、购买、使用其指定的经营者提供的商品。

第二，妨碍商品在地区之间自由流通和充分竞争：一是对外地商品设定歧视性收费项目、实行歧视性收费标准，或者规定歧视性价格；二是对外地商品规定与本地同类商品不同的技术要求和检验标准，或者对外地商品采取重复检验、重复认证等歧视性技术措施，限制外地商品进入本地市场；三是采取专门针对外地商品的行政许可，限制外地商品进入本地市场；四是设置关卡或者采取其他手段，阻碍外地商品进入或者本地商品运出；五是妨碍商品在地区之间自由流通的其他行为。

第三，以设定歧视性资质要求、评审标准或者不依法发布信息等方式排斥或者限制外地经营者参加本地的招投标活动。

第四，以采取与本地经营者不平等待遇等方式排斥或者限制外地经营者在本地投资或者设立分支机构。

第五，强制经营者从事垄断行为。

6. 对涉嫌垄断行为的调查

(1)调查机构

反垄断执法机构依法对涉嫌垄断行为进行调查。对涉嫌垄断行为，任何单位和个人都有权向反垄断执法机构举报；反垄断执法机构应当为举报人保密。举报采用书面形式并提供相关事实和证据的，反垄断执法机构应当进行必要的调查。

(2)调查措施

反垄断执法机构调查涉嫌垄断行为，可以采取下列措施：一是进入被调查的经营者的营业场所或者其他有关场所进行检查；二是询问被调查的经营者、利害关系人或者其他有关单位或者个人，要求其说明有关情况；三是查阅、复制被调查的经营者、利害关系人或者其他有关单位或者个人的有关单证、协议、会计账簿、业务函电、电子数据等文件、资料；四是查封、扣押相关证据；五是查询经营者的银行账户。采取上述规定的措施，应当向反垄断执法机构的主要负责人书面报告并经批准。

(3)调查对象的义务和权利

①调查对象的义务。被调查的经营者、利害关系人或者其他有关单位或者个人应当配合反垄断执法机构依法履行职责,不得拒绝、阻碍反垄断执法机构的调查。

②调查对象的权利。被调查的经营者、利害关系人有权陈述意见,反垄断执法机构应当对被调查的经营者、利害关系人提出的事实、理由和证据进行核实。

(4)处理决定

反垄断执法机构对涉嫌垄断的行为调查核实后,认为构成垄断行为的,应当依法作出处理决定并向社会公布。

(5)中止调查、终止调查和恢复调查

①中止调查。对反垄断执法机构调查的涉嫌垄断行为,被调查的经营者承诺在反垄断执法机构认可的期限内采取具体措施消除该行为后果的,反垄断执法机构可以决定中止调查。中止调查的决定应当载明被调查的经营者承诺的具体内容。

②终止调查。反垄断执法机构决定中止调查的,应当对经营者履行承诺的情况进行监督。经营者履行承诺的,反垄断执法机构可以决定终止调查。

③恢复调查。有下列情形之一的,反垄断执法机构应当恢复调查:一是经营者未履行承诺;二是作出中止调查决定所依据的事实发生重大变化;三是中止调查的决定是基于经营者提供的不完整或者不真实的信息作出的。

三、反不正当竞争法律制度

(一)竞争与反不正当竞争法概述

1. 竞争概述

(1)竞争的含义

反不正当竞争法所说的竞争,是指经济竞争和市场竞争,是在市场经济条件下,经营者之间以市场为中心,为争取有利的产销条件和投资场所而进行的利益角逐。市场竞争实际上是生产技术、产品质量、产品价格的竞争,优胜劣汰是经济竞争的必然规律。

(2)竞争的原则

经营者在市场交易中应当遵循自愿、平等、公平、诚信的原则,遵守公认的商业道德。

(3)不正当竞争

不正当竞争,是指经营者违反法律的规定,损害其他经营者的合法利益,扰乱社会秩序的行为。经营者,是指从事商品经营或者营利性服务(以下所称商品包括服务)的法人、其他经济组织和个人。广义的不正当竞争行为,是指一切损害竞争机制有效发挥作用的行为,包括垄断和图谋垄断、限制竞争行为和不正当竞争方法。狭义的不正当竞争行为,是指不正当竞争的方法。不正当竞争的方法是竞争者违反诚实信用原则、违反公认的商业道德与竞争者进行竞争的行为。《反不正当竞争法》明文列出了七类应予禁止的不正当竞争行为。

2. 反不正当竞争法概述

(1)中国反不正当竞争法的目的

《反不正当竞争法》自 1993 年 12 月 1 日起施行,其目的是促进社会主义市场经济健康发展,鼓励和保护公平竞争,制止不正当竞争行为,保护经营者和消费者的合法权益。

(2)中国反不正当竞争法的施行机制

①经营者守法。经营者在生产经营活动中,应当遵循自愿、平等、公平、诚信的原则,遵守法律和商业道德。

②行政机关监管。各级人民政府应当采取措施,制止不正当竞争行为,为公平竞争创造良好的环境和条件。县级以上人民政府履行工商行政管理职责的部门对不正当竞争行为进行查处;法律、行政法规规定由其他部门查处的,依照其规定。

③社会监督。国家鼓励、支持和保护一切组织和个人对不正当竞争行为进行社会监督。

④行业协会配合。行业组织应当加强行业自律,引导、规范会员依法竞争,维护市场竞争秩序。

(二)反不正当竞争法律制度的主要内容

1. 不正当竞争行为

(1)经营者实施混淆行为

经营者不得实施下列混淆行为引人误认为是他人商品或者与他人存在特定联系:一是擅自使用与他人有一定影响的商品名称、包装、装潢等相同或者近似的标识;二是擅自使用他人有一定影响的企业名称(包括简称、字号等)、社会组织名称(包括简称等)、姓名(包括笔名、艺名、译名等);三是擅自使用他人有一定影响的域名主体部分、网站名称、网页等;四是其他足以引人误认为是他人商品或者与他人存在特定联系的混淆行为。

(2)经营者贿赂

经营者不得采用财物或者其他手段贿赂下列单位或者个人以牟取交易机会或者竞争优势:一是交易相对方的工作人员;二是受交易相对方委托办理相关事务的单位或者个人;三是利用职权或者影响力影响交易的单位或者个人。经营者在交易活动中可以以明示方式向交易相对方支付折扣,或者向中间人支付佣金;向交易相对方支付折扣、向中间人支付佣金的,应当如实入账。接受折扣、佣金的经营者也应当如实入账。经营者的工作人员进行贿赂的,应当认定为经营者的行为,但经营者有证据证明该工作人员的行为与为经营者牟取交易机会或者竞争优势无关的除外。

(3)经营者虚假或者引人误解的商业宣传

经营者不得对其商品的性能、功能、质量、销售状况、用户评价、曾获荣誉等作虚假或者引人误解的商业宣传,欺骗、误导消费者。经营者不得通过组织虚假交易等方式帮助其他经营者进行虚假或者引人误解的商业宣传。

(4)经营者侵犯商业秘密

反不正当竞争法所称的商业秘密,是指不为公众所知悉、具有商业价值并经权利人采取相应保密措施的技术信息、经营信息等商业信息。

经营者不得实施下列侵犯商业秘密的行为:一是以盗窃、贿赂、欺诈、胁迫、电子侵入或者其他不正当手段获取权利人的商业秘密;二是披露、使用或者允许他人使用以前项手段获取的权利人的商业秘密;三是违反保密义务或者违反权利人有关保守商业秘密的要求,披露、使用或者允许他人使用其所掌握的商业秘密;四是教唆、引诱、帮助他人违反保密义务或者违反权利人有关保守商业秘密的要求,获取、披露、使用或者允许他人使用权利人的商业秘密。经营者以外的其他自然人、法人和非法人组织实施前款所列违法行为的,视为侵犯商业秘密。第三人明知或者应知商业秘密权利人的员工、前员工或者其他单位、个人实施上述所列违法行为,仍获取、披露、使用或者允许他人使用该商业秘密的,视为侵犯商业秘密。

(5)经营者违法有奖销售

经营者进行有奖销售不得存在下列情形:一是所设奖的种类、兑奖条件、奖金金额或者奖品等有奖销售信息不明确,影响兑奖;二是采用谎称有奖或者故意让内定人员中奖的欺骗方式进行有奖销售;三是抽奖式的有奖销售,最高奖的金额超过五万元。

(6)经营者损害竞争对手的商业信誉、商品声誉

经营者不得编造、传播虚假信息或者误导性信息,损害竞争对手的商业信誉、商品声誉。

(7)经营者违法利用网络从事生产经营

经营者利用网络从事生产经营活动,应当遵守《反不正当竞争法》的各项规定。经营者不得利用技术手段,通过影响用户选择或者其他方式实施下列妨碍、破坏其他经营者合法提供的网络产品或者服务正常运行的行为:一是未经其他经营者同意,在其合法提供的网络产品或者服务中插入链接,强制进行目标跳转;二是误导、欺骗、强迫用户修改、关闭、卸载其他经营者合法提供的网络产品或者服务;三是恶意对其他经营者合法提供的网络产品或者服务实施不兼容;四是其他妨碍、破坏其他经营者合法提供的网络产品或者服务正常运行的行为。

2. 对涉嫌不正当竞争行为的调查

(1)调查措施及其实施

监督检查部门调查涉嫌不正当竞争行为,可以采取下列措施:一是进入涉嫌不正当竞争行为的经营场所进行检查;二是询问被调查的经营者、利害关系人及其他有关单位、个人,要求其说明有关情况或者提供与被调查行为有关的其他资料;三是查询、复制与涉嫌不正当竞争行为有关的协议、账簿、单据、文件、记录、业务函电和其他资料;四是查封、扣押与涉嫌不正当竞争行为有关的财物;五是查询涉嫌不正当竞争行为的经营者的银行账户。采取上述措施,应当向监督检查部门的主要负责人书面报告并经批准。采取四、五项措施,应当向设区的市级以上人民政府监督检查部门主要负责人书面报告并经批准。监督检查部门调查涉嫌不正当竞争行为应当遵守《中华人民共和国行政强制法》和其他有关法律、行政法规的规定,并应当将查处结果及时向社会公开。

(2)调查对象配合义务

监督检查部门调查涉嫌不正当竞争行为,被调查的经营者、利害关系人及其他有关单位、个人应当如实提供有关资料或者情况。

(3)监督检查部门及其工作人员保密义务

监督检查部门及其工作人员对调查过程中知悉的商业秘密负有保密义务。

(4)社会监督(举报)

对涉嫌不正当竞争行为,任何单位和个人都有权向监督检查部门举报,监督检查部门接到举报后应当依法及时处理。监督检查部门应当向社会公开受理举报的电话、信箱或者电子邮件地址,并为举报人保密。对实名举报并提供相关事实和证据的,监督检查部门应当将处理结果告知举报人。

第二节　广告法律制度

一、广告与广告法概述

(一)广告概述

广告法中的"广告",是指商业广告。在中国境内,商品经营者或者服务提供者通过一定媒介和形式直接或者间接地介绍自己所推销的商品或者服务的商业广告活动,适用广告法。据此,广告的含义包括:一是广告是商品经营者或者服务提供者的商业推销行为;二是广告的内容是介绍自己推销的商品或者服务;三是广告通过一定媒介和形式向公众传播。另外,中国境内的广告活动应当适用广告法的规定,也就是应当遵守广告法的规定。

(二)广告法概述

1. 广告法的含义

广告法是调整因广告活动而发生的社会关系的法律规范的总称。

(1)狭义的广告法

狭义的广告法,是指《中华人民共和国广告法》(以下称《广告法》)。该法自 1995 年 2 月 1 日起施行;2015 年 4 月 24 日,第十二届全国人大常委会第十四次会议修改《广告法》,修改内容从 2015 年 9 月 1 日起施行;2018 年 10 月 26 日,第十三届全国人大常委会第六次会议对《广告法》进行修正。本节介绍的广告法律制度的依据是狭义的广告法。

(2)广义的广告法

广义的广告法不仅包括《广告法》,而且包括调整广告关系的其他法律和行政法规。《民法典》是广义广告法的重要渊源,在《中华人民共和国产品质量法》《反不正当竞争法》《中华人民共和国消费者权益保护法》《中华人民共和国药品管理法》《中华人民共和国食品卫生法》和《中华人民共和国烟草专卖法》等法律中也有关于广告的法律规范。

2.《广告法》的施行

(1)立法目的

《广告法》的立法目的是规范广告活动,保护消费者的合法权益,促进广告业的健康发展,维护社会经济秩序。

(2)广告活动当事人

广告主、广告经营者、广告发布者和广告代言人是广告法中的广告活动当事人。

①广告主。广告主,是指为推销商品或者服务,自行或者委托他人设计、制作、发布广告的自然人、法人或者其他组织。

②广告经营者。广告经营者,是指接受委托提供广告设计、制作、代理服务的自然人、法人或者其他组织。

③广告发布者。广告发布者,是指为广告主或者广告主委托的广告经营者发布广告的自然人、法人或者其他组织。

④广告代言人。广告代言人,是指广告主以外的,在广告中以自己的名义或者形象对商品、服务作推荐、证明的自然人、法人或者其他组织。上述广告主、广告经营者、广告发布者从

事广告活动,应当遵守法律、法规,诚实信用,公平竞争。

(3)广告活动的基本要求

广告应当真实、合法,以健康的形式表达广告内容,符合社会主义精神文明建设和弘扬中华民族优秀传统文化的要求。广告不得含有虚假或者引人误解的内容,不得欺骗、误导消费者。广告主应当对广告内容的真实性负责。

(4)广告活动的监督管理

国务院市场监督管理部门主管全国的广告监督管理工作,国务院有关部门在各自的职责范围内负责广告管理相关工作。县级以上地方市场监督管理部门主管本行政区域的广告监督管理工作,县级以上地方人民政府有关部门在各自的职责范围内负责广告管理相关工作。另外,广告行业组织依照法律、法规和章程的规定,制定行业规范,加强行业自律,促进行业发展,引导会员依法从事广告活动,推动广告行业诚信建设。

二、广告法的主要内容

(一)广告内容准则

1. 广告内容的基本准则

广告内容是广告对其推销的商品或者服务的具体特征所作的表述。广告作为推销商品或者服务的商业行为,也是市场竞争的手段,其内容的明示性、真实性和识别性是广告法的基本要求。

(1)广告内容表述明示性

广告内容表述明示性是指广告内容要准确、清楚、明白表述,消费者可据此了解商品或者服务的基本特征。

①商品或者服务特征的准确、清楚、明白表述。广告中对商品的性能、功能、产地、用途、质量、成分、价格、生产者、有效期限、允诺等或者对服务的内容、提供者、形式、质量、价格、允诺等有表示的,应当准确、清楚、明白。

②附带赠送的明示。广告中表明推销的商品或者服务附带赠送的,应当明示所附带赠送商品或者服务的品种、规格、数量、期限和方式。

③法定的明示。法律、行政法规规定广告中应当明示的内容,应当显著、清晰表示。

(2)广告引证内容真实性

广告引证内容真实性是指广告引用其他材料用以推销商品或者服务的,引用的材料、依据应当真实、准确。

①行政许可。广告内容涉及的事项需要取得行政许可的,应当与许可的内容相符合。

②引证材料。广告使用数据、统计资料、调查结果、文摘、引用语等引证内容的,应当真实、准确,并表明出处;引证内容有适用范围和有效期限的,应当明确表示。

③专利证书。广告中涉及专利产品或者专利方法的,应当标明专利号和专利种类;未取得专利权的,不得在广告中谎称取得专利权。禁止使用未授予专利权的专利申请和已经终止、撤销、无效的专利做广告。

(3)广告内容识别性

广告内容识别性是指广告内容及其发布应当使消费者明确了解广告属性。广告应当具有可识别性，能够使消费者辨明其为广告。大众传播媒介不得以新闻报道的形式变相发布广告；通过大众传播媒介发布的广告应当显著标明“广告”，与其他非广告信息相区别，不得使消费者产生误解。另外，广播电台、电视台发布广告，应当遵守国务院有关部门关于时长、方式的规定，并应当对广告时长作出明显提示。

（4）广告内容不得具有的情形

广告内容不得有下列情形：一是使用或者变相使用中国的国旗、国歌、国徽，军旗、军歌、军徽；二是使用或者变相使用国家机关、国家机关工作人员的名义或者形象；三是使用“国家级”“最高级”“最佳”等用语；四是损害国家的尊严或者利益，泄露国家秘密；五是妨碍社会安定，损害社会公共利益；六是危害人身、财产安全，泄露个人隐私；七是妨碍社会公共秩序或者违背社会良好风尚；八是含有淫秽、色情、赌博、迷信、恐怖、暴力的内容；九是含有民族、种族、宗教、性别歧视的内容；十是妨碍环境、自然资源或者文化遗产保护；十一是法律、行政法规规定禁止的其他情形。

此外，广告不得损害未成年人和残疾人的身心健康，不得贬低其他生产经营者的商品或者服务。

2. 医疗、药品、医疗器械广告

（1）禁止或者限制的广告

麻醉药品、精神药品、医疗用毒性药品、放射性药品等特殊药品，药品类易制毒化学品，以及戒毒治疗的药品、医疗器械和治疗方法，不得做广告。上述规定以外的处方药只能在国务院卫生行政部门和国务院药品监督管理部门共同指定的医学、药学专业刊物上做广告。

（2）禁止的广告内容

医疗、药品、医疗器械广告不得含有下列内容：一是表示功效、安全性的断言或者保证；二是说明治愈率或者有效率；三是与其他药品、医疗器械的功效和安全性或者其他医疗机构比较；四是利用广告代言人作推荐、证明；五是法律、行政法规规定禁止的其他内容。

（3）广告内容的要求

①药品。药品广告的内容不得与国务院药品监督管理部门批准的说明书不一致，并应当显著标明禁忌和不良反应。处方药广告应当显著标明“本广告仅供医学药学专业人士阅读”，非处方药广告应当显著标明“请按药品说明书或者在药师指导下购买和使用”。

②推荐给个人自用的医疗器械。推荐给个人自用的医疗器械的广告应当显著标明“请仔细阅读产品说明书或者在医务人员的指导下购买和使用”。医疗器械产品注册证明文件中有禁忌内容、注意事项的，广告中应当显著标明“禁忌内容或者注意事项详见说明书”。

除医疗、药品、医疗器械广告外，禁止其他任何广告涉及疾病治疗功能，且不得使用医疗用语或者易使推销的商品与药品、医疗器械相混淆的用语。

3. 保健食品广告

保健食品广告不得含有下列内容：一是表示功效、安全性的断言或者保证；二是涉及疾病预防、治疗功能；三是声称或者暗示广告商品为保障健康所必需；四是与药品、其他保健食品进行比较；五是利用广告代言人作推荐、证明；六是法律、行政法规规定禁止的其他内容。另外，保健食品广告应当显著标明“本品不能代替药物”。

广播电台、电视台、报刊音像出版单位、互联网信息服务提供者不得以介绍健康、养生知识等形式变相发布医疗、药品、医疗器械、保健食品广告。

4. 婴儿乳制品、饮料和其他食品广告

禁止在大众传播媒介或者公共场所发布声称全部或者部分替代母乳的婴儿乳制品、饮料和其他食品广告。

5. 农药、兽药、饲料和饲料添加剂广告

农药、兽药、饲料和饲料添加剂广告不得含有下列内容:一是表示功效、安全性的断言或者保证;二是利用科研单位、学术机构、技术推广机构、行业协会或者专业人士、用户的名义或者形象作推荐、证明;三是说明有效率;四是违反安全使用规程的文字、语言或者画面;五是法律、行政法规规定禁止的其他内容。

6. 烟草广告

禁止在大众传播媒介或者公共场所、公共交通工具、户外发布烟草广告。禁止向未成年人发送任何形式的烟草广告。

禁止利用其他商品或者服务的广告、公益广告,宣传烟草制品名称、商标、包装、装潢以及类似内容。烟草制品生产者或者销售者发布的迁址、更名、招聘等启事中,不得含有烟草制品名称、商标、包装、装潢以及类似内容。

7. 酒类广告

酒类广告不得含有下列内容:一是诱导、怂恿饮酒或者宣传无节制饮酒;二是出现饮酒的动作;三是表现驾驶车、船、飞机等活动;四是明示或者暗示饮酒有消除紧张和焦虑、增加体力等功效。

8. 教育、培训广告

教育、培训广告不得含有下列内容:一是对升学、通过考试、获得学位学历或者合格证书,或者对教育、培训的效果作出明示或者暗示的保证性承诺;二是明示或者暗示有相关考试机构或者其工作人员、考试命题人员参与教育、培训;三是利用科研单位、学术机构、教育机构、行业协会、专业人士、受益者的名义或者形象作推荐、证明。

9. 招商等有投资回报预期的商品或者服务广告

招商等有投资回报预期的商品或者服务广告应当对可能存在的风险以及风险责任承担有合理提示或者警示,且不得含有下列内容:一是对未来效果、收益或者与其相关的情况作出保证性承诺,明示或者暗示保本、无风险或者保收益等,国家另有规定的除外;二是利用学术机构、行业协会、专业人士、受益者的名义或者形象作推荐、证明。

10. 房地产广告

房地产广告的房源信息应当真实,面积应当表明为建筑面积或者套内建筑面积,且不得含有下列内容:一是升值或者投资回报的承诺;二是以项目到达某一具体参照物的所需时间表示项目位置;三是违反国家有关价格管理的规定;四是对规划或者建设中的交通、商业、文化教育设施以及其他市政条件作误导宣传。

11. 种苗广告

农作物种子、林木种子、草种子、种畜禽、水产苗种和种养殖广告关于品种名称、生产性能、生长量或者产量、品质、抗性、特殊使用价值、经济价值、适宜种植或者养殖的范围和条件等方面的表述应当真实、清楚、明白,且不得含有下列内容:一是做科学上无法验证的断言;二是表示功效的断言或者保证；三是对经济效益进行分析、预测或者作保证性承诺；四是利用科研单位、学术机构、技术推广机构、行业协会或者专业人士、用户的名义或者形象作推荐、证明。

12. 虚假广告

广告以虚假或者引人误解的内容欺骗、误导消费者的，构成虚假广告。广告有下列情形之一的，为虚假广告：一是商品或者服务不存在；二是商品的性能、功能、产地、用途、质量、规格、成分、价格、生产者、有效期限、销售状况、曾获荣誉等信息，或者服务的内容、提供者、形式、质量、价格、销售状况、曾获荣誉等信息，以及与商品或者服务有关的允诺等信息与实际情况不符，对购买行为有实质性影响；三是使用虚构、伪造或者无法验证的科研成果、统计资料、调查结果、文摘、引用语等信息作证明材料；四是虚构使用商品或者接受服务的效果；五是以虚假或者引人误解的内容欺骗、误导消费者的其他情形。

（二）广告行为规范

1. 广告行为的基本规范

广告行为是广告主、广告经营者、广告发布者及广告代言人等从事的广告活动，包括广告制作、发布等环节。广告行为规范是《广告法》规定的广告活动当事人在从事广告活动时应当遵守的行为规范。

（1）传统媒体从事广告发布的条件

广播电台、电视台、报刊出版单位从事广告发布业务的条件包括：一是设有专门从事广告业务的机构，配备必要的人员；二是具有与发布广告相适应的场所、设备；三是向县级以上地方市场监督管理部门办理广告发布登记。

（2）广告活动的形式

广告主、广告经营者、广告发布者之间在广告活动中应当依法订立书面合同。

（3）广告活动的原则

广告主、广告经营者、广告发布者不得在广告活动中进行任何形式的不正当竞争。

2. 当事人的广告活动

（1）广告主业务委托

广告主委托设计、制作、发布广告，应当委托具有合法经营资格的广告经营者和广告发布者。

（2）广告主、广告经营者涉及他人人身权益的授权

广告主或者广告经营者在广告中使用他人名义或者形象的，应当事先取得其书面同意；使用无民事行为能力人、限制民事行为能力人的名义或者形象的，应当事先取得其监护人的书面同意。

（3）广告经营者、广告发布者的业务规范

①业务承接制度。广告经营者、广告发布者应当按照国家有关规定，建立健全广告业务的承接登记、审核、档案管理制度。

②业务查核制度。广告经营者、广告发布者依据法律、行政法规查验有关证明文件，核对广告内容。对内容不符或者证明文件不全的广告，广告经营者不得提供设计、制作、代理服务，广告发布者不得发布。

③业务收费制度。广告经营者、广告发布者应当公布其收费标准和收费办法。

④广告发布者业务资料真实。广告发布者向广告主、广告经营者提供的覆盖率、收视率、点击率、发行量等资料应当真实。

法律、行政法规规定禁止生产、销售的产品或者提供的服务,以及禁止发布广告的商品或者服务,任何单位或者个人不得设计、制作、代理、发布广告。

(4)广告代言人

①广告代言人的代言规范。广告代言人在广告中对商品、服务做推荐、证明,应当依据事实,符合《广告法》和有关法律、行政法规的规定,且不得为其未使用过的商品或者未接受过的服务做推荐、证明。

②广告代言人资格。不得利用不满十周岁的未成年人作为广告代言人。对在虚假广告中作推荐、证明而受到行政处罚未满三年的自然人、法人或者其他组织,不得利用其作为广告代言人。

3. 广告发布

(1)涉及教育及未成年人的广告发布

①涉及教育机构及教育活动的广告发布禁忌。不得在中小学校、幼儿园内开展广告活动,不得利用中小学生和幼儿的教材、教辅材料、练习册、文具、教具、校服、校车等发布或者变相发布广告,但公益广告除外。

②针对未成年人的广告发布禁忌。在针对未成年人的大众传播媒介上不得发布医疗、药品、保健食品、医疗器械、化妆品、酒类、美容,以及不利于未成年人身心健康的网络游戏广告。

③针对不满十四周岁未成年人的广告内容禁忌。针对不满十四周岁的未成年人的商品或者服务的广告不得含有下列内容:一是劝诱其要求家长购买广告商品或者服务;二是可能引发其模仿不安全行为。

(2)户外广告设置

①户外广告设置管理。县级以上地方人民政府应当组织有关部门加强对利用户外场所、空间、设施等发布户外广告的监督管理,制定户外广告设置规划和安全要求。

②户外广告设置禁止。有下列情形之一的,不得设置户外广告:一是利用交通安全设施、交通标志的;二是影响市政公共设施、交通安全设施、交通标志、消防设施、消防安全标志使用的;三是妨碍生产或者人民生活,损害市容市貌的;四是在国家机关、文物保护单位、风景名胜区等的建筑控制地带,或者县级以上地方人民政府禁止设置户外广告的区域设置的。

(3)投送广告、电子广告的发布

①投送广告。任何单位或者个人未经当事人同意或者请求,不得向其住宅、交通工具等发送广告,也不得以电子信息方式向其发送广告。

②电子广告。以电子信息方式发送广告的,应当明示发送者的真实身份和联系方式,并向接收者提供拒绝继续接收的方式。

(4)互联网广告

利用互联网发布、发送广告,不得影响用户正常使用网络;在互联网页面以弹出等形式发布的广告,应当显著标明关闭标志,确保一键关闭。

公共场所的管理者或者电信业务经营者、互联网信息服务提供者对其明知或者应知的利用其场所或者信息传输、发布平台发送、发布违法广告的,应当予以制止。

（三）监督管理

1. 广告的审查、批准

（1）广告审查对象

发布医疗、药品、医疗器械、农药、兽药和保健食品广告，以及法律、行政法规规定应当进行审查的其他广告，应当在发布前由有关部门（简称广告审查机关）对广告内容进行审查；未经审查，不得发布。

（2）广告审查的申请和批准

广告主申请广告审查，应当依照法律、行政法规向广告审查机关提交有关证明文件。广告审查机关应当依照法律、行政法规的规定作出审查决定，并应当将审查批准文件抄送同级市场监督管理部门。广告审查机关应当及时向社会公布批准的广告。任何单位或者个人不得伪造、变造或者转让广告审查批准文件。

2. 广告的监督管理

（1）市场监督管理部门的行政监管

①市场监督管理部门广告监管的职责和职权。市场监督管理部门履行广告监督管理职责，可以行使下列职权：一是对涉嫌从事违法广告活动的场所实施现场检查；二是询问涉嫌违法当事人或者其法定代表人、主要负责人和其他有关人员，对有关单位或者个人进行调查；三是要求涉嫌违法当事人限期提供有关证明文件；四是查阅、复制与涉嫌违法广告有关的合同、票据、账簿、广告作品和其他有关资料；五是查封、扣押与涉嫌违法广告直接相关的广告物品、经营工具、设备等财物；六是责令暂停发布可能造成严重后果的涉嫌违法广告；七是法律、行政法规规定的其他职权。

②市场监督管理部门的履职保障和义务。市场监督管理部门依法行使职权，当事人应当协助、配合，不得拒绝、阻挠。市场监督管理部门和有关部门及其工作人员对其在广告监督管理活动中知悉的商业秘密负有保密义务。市场监督管理部门应当建立健全广告监测制度，完善监测措施，及时发现和依法查处违法广告行为。国务院市场监督管理部门会同国务院有关部门制定大众传播媒介广告发布行为规范。

（2）投诉、举报制度

①投诉、举报的处理。任何单位或者个人有权向市场监督管理部门和有关部门投诉、举报违反广告法的行为。市场监督管理部门和有关部门应当向社会公开受理投诉、举报的电话、信箱或者电子邮件地址，接到投诉、举报的部门应当自收到投诉之日起七个工作日内，予以处理并告知投诉、举报人。有关部门应当为投诉、举报人保密。

②投诉、举报的监察。市场监督管理部门和有关部门不依法履行职责的，任何单位或者个人都有权向其上级机关或者监察机关举报。接到举报的机关应当依法作出处理，并将处理结果及时告知举报人。

（3）消费者协会的社会监督

消费者协会和其他消费者组织对违反规定发布虚假广告侵害消费者合法权益，以及其他损害社会公共利益的行为，依法进行社会监督。

第三节 产品质量法律制度

一、产品质量与产品质量法概述

(一)产品质量概述

1. 产品的含义

在产品质量法中,产品,是指经过加工、制作,用于销售的产品。据此,产品质量法所说的产品具体包括以下含义:

第一,必须经过加工、制作,未经加工、制作的天然物品不是这里所说的产品,如矿产品、农产品。加工、制作包括工业上的或者手工业上的加工、制作。

第二,必须用于销售,只是为了自己使用而加工、制作的产品不属于产品质量法所说的产品。可见,产品成为商品,产品质量法就要对其质量予以规范。

另外,由于建设工程的特殊性,建设工程不适用产品质量法;但是,建设工程使用的建筑材料、建筑构配件和设备,属于上述产品范围的,适用产品质量法的规定。

2. 产品质量的含义

产品质量从产品质量管理和消费学的角度,包括以下含义:

第一,产品的有用性,是指产品能满足人们生产或者生活消费的需要。

第二,产品的适用性,是指产品对消费需求的满足程度。

第三,产品的安全性,是指产品本身及其使用过程中对人体无伤害,对环境无污染。

第四,产品的可靠性,是指在一定的时间和使用条件下,其功能能顺利地发挥而不发生故障的可靠程度。

第五,产品的经济性,是指产品在使用过程中满足消费需求,省时、省力、省原料投入、省能源、操作简单易学、功能齐全、维修方便等。

3. 产品质量责任的含义

产品质量责任包括两个方面的含义:一是产品生产者、销售者对受害人的损害赔偿责任(狭义);二是因违反产品质量法而承担的法律责任(广义)。

(1)狭义的产品质量责任

狭义的产品质量责任又称产品责任、产品损害赔偿责任,是指产品存在可能危及人身、财产安全的缺陷,造成消费者人身或者除缺陷产品以外的其他财产损失后,缺陷产品的生产者、销售者应当承担的特殊的损害赔偿(侵权)法律责任。产品损害赔偿责任产生于损害结果发生后,是一种民事责任。

(2)广义的产品质量责任

广义的产品质量责任,是指生产者、销售者以及其他对产品质量负有责任的人违反产品质量法规定的产品义务,应当承担的法律责任。认定产品质量责任的依据主要有以下几个方面:一是国家法律、行政法规明确规定的产品质量必须满足的条件;二是明示采用的产品标准作为认定产品质量责任的依据;三是产品缺陷。广义的产品质量责任产生于产品的生产、销售、管理、使用和消费等任何一个环节,可以是民事责任,也可以是行政责任或者刑事责任。

（二）产品质量法概述

1. 产品质量法的含义

产品质量法是调整产品质量监督管理和产品质量责任而发生的各种社会关系的法律规范的总称。狭义的产品质量法，是指《中华人民共和国产品质量法》（以下称《产品质量法》）；广义的产品质量法不仅包括《产品质量法》，而且包括有关产品质量的其他法律、行政法规及规章等。

2. 中国的产品质量立法

1993 年 2 月 22 日，第七届全国人大常委会第三十次会议通过《产品质量法》，同年 9 月 1 日施行。《产品质量法》施行后经多次修正，现在施行的是 2018 年 12 月 29 日第十三届全国人大常委会第七次会议第三次修正的文本。

从内容上看，中国的《产品质量法》既规定了国家及其行政机关对产品质量监督管理的职责和职权，也规定了生产者、销售者承担的产品质量责任和义务。所以，《产品质量法》既是一部产品质量监管法，也是一部产品质量责任法。《民法典》施行后，产品质量损害赔偿问题依据特别法优先于一般法的原则处理。

3.《产品质量法》概况

（1）立法目的及适用范围

①立法目的。《产品质量法》的立法目的是加强对产品质量的监督管理，提高产品质量水平，明确产品质量责任，保护消费者的合法权益，维护社会经济秩序。

②适用范围。在中国境内从事产品生产、销售活动，必须遵守《产品质量法》。

（2）生产者、销售者的产品质量责任

①建立内部产品质量管理制度。生产者、销售者应当建立健全内部产品质量管理制度，严格实施岗位质量规范、质量责任以及相应的考核办法。

②承担产品质量责任。生产者、销售者依照《产品质量法》的规定承担产品质量责任。

③严格遵守“三禁止”。禁止伪造或者冒用认证标志等质量标志；禁止伪造产品的产地，伪造或者冒用他人的厂名、厂址；禁止在生产、销售的产品中掺杂、掺假，以假充真，以次充好。

（3）国家的产品质量管理政策

①鼓励达标、超标。国家鼓励推行科学的质量管理方法，采用先进的科学技术，鼓励企业产品质量达到并且超过行业标准、国家标准和国际标准。

②奖励先进。对产品质量管理先进和产品质量达到国际先进水平、成绩显著的单位和个人给予奖励。

（4）政府的产品质量管理措施

各级人民政府应当把提高产品质量纳入国民经济和社会发展规划，加强对产品质量工作的统筹规划和组织领导，引导、督促生产者、销售者加强产品质量管理，提高产品质量，组织各有关部门依法采取措施，制止产品生产、销售中违反《产品质量法》规定的行为，保障《产品质量法》的施行。

（5）产品质量监督行政主管部门

市场监督管理部门是产品质量监督的行政主管部门。国务院市场监督管理部门主管全国产品质量监督工作，国务院有关部门在各自的职责范围内负责产品质量监督工作。县级以上地方市场监督管理部门主管本行政区域内的产品质量监督工作；县级以上地方人民政府有关部门在各自的职责范围内负责产品质量监督工作。另外,法律对产品质量的监督部门另有规定的,依照有关法律的规定执行。

(6)政府工作人员的履职责任

各级人民政府工作人员和其他国家机关工作人员不得滥用职权、玩忽职守或者徇私舞弊,包庇、放纵本地区、本系统发生的产品生产、销售中违反《产品质量法》规定的行为,或者阻挠、干预依法对产品生产、销售中违反《产品质量法》规定的行为进行查处。各级地方人民政府和其他国家机关有包庇、放纵产品生产、销售中违反《产品质量法》规定的行为的,依法追究其主要负责人的法律责任。

(7)产品质量检举制度

任何单位和个人都有权对违反《产品质量法》规定的行为向市场监督管理部门或者其他有关部门检举。市场监督管理部门和有关部门应当为检举人保密,并按照省、自治区、直辖市人民政府的规定给予奖励。

另外,任何单位和个人都不得排斥非本地区或者非本系统企业生产的质量合格产品进入本地区、本系统。

二、产品质量法律制度的主要内容

(一)产品质量监督

1. 产品质量监督的基本要求

(1)产品质量应当检验合格

产品质量应当检验合格,不得以不合格产品冒充合格产品。

(2)特殊产品应当符合质量标准

可能危及人体健康和人身、财产安全的工业产品,必须符合保障人体健康和人身、财产安全的国家标准和行业标准;未制定国家标准、行业标准的,必须符合保障人体健康和人身、财产安全的要求。禁止生产、销售不符合保障人体健康和人身、财产安全标准与要求的工业产品。

2. 国家推行企业质量体系认证和产品质量认证

(1)企业质量体系认证制度

国家根据国际通用的质量管理标准,推行企业质量体系认证制度。企业根据自愿原则可以向国务院市场监督管理部门认可的或者国务院市场监督管理部门授权的部门认可的认证机构申请企业质量体系认证。经认证合格的,由认证机构颁发企业质量体系认证证书。

(2)产品质量认证制度

国家参照国际先进的产品标准和技术要求,推行产品质量认证制度。企业根据自愿原则可以向国务院市场监督管理部门认可的或者国务院市场监督管理部门授权的部门认可的认证机构申请产品质量认证。经认证合格的,由认证机构颁发产品质量认证证书,准许企业在产品或者其包装上使用产品质量认证标志。

3. 国家实行以抽查为主要方式的产品质量监督检查制度

(1)抽查对象

国家对产品质量实行以抽查为主要方式的监督检查制度,对可能危及人体健康和人身、财产安全的产品,影响国计民生的重要工业产品以及消费者、有关组织反映有质量问题的产品进行抽查。抽查的样品应当在市场上或者企业成品仓库内的待销产品中随机抽取。对依法进行的产品质量监督检查,生产者、销售者不得拒绝。

(2)抽查规划和组织

监督抽查工作由国务院市场监督管理部门规划和组织。县级以上地方市场监督管理部门在本行政区域内也可以组织监督抽查。法律对产品质量的监督检查另有规定的,依照有关法律的规定执行。

(3)禁止重复抽查

国家监督抽查的产品,地方不得另行重复抽查;上级监督抽查的产品,下级不得另行重复抽查。

(4)抽查产品的检验

①抽查产品的检验依据和费用列支。根据监督抽查的需要,可以对产品进行检验。检验抽取样品的数量不得超过检验的合理需要,且不得向被检查人收取检验费用。监督抽查所需检验费用按照国务院规定列支。

②抽查产品检验结果的异议处理。生产者、销售者对抽查检验的结果有异议的,可以自收到检验结果之日起十五日内向实施监督抽查的市场监督管理部门或者其上级市场监督管理部门申请复检,由受理复检的市场监督管理部门作出复检结论。

(5)产品质量不合格的处理

依照《产品质量法》的规定进行监督抽查的产品质量不合格的,由实施监督抽查的市场监督管理部门责令其生产者、销售者限期改正。逾期不改正的,由省级以上人民政府市场监督管理部门予以公告;公告后经复查仍不合格的,责令停业,限期整顿;整顿期满后经复查产品质量仍不合格的,吊销营业执照。监督抽查的产品有严重质量问题的,依照《产品质量法》"罚则"的有关规定处罚。

(6)抽查产品质量状况公告

国务院和省、自治区、直辖市人民政府的市场监督管理部门应当定期发布其监督抽查的产品的质量状况公告。

4. 产品质量监督行政主管部门的职权

县级以上市场监督管理部门根据已经取得的违法嫌疑证据或者举报,对涉嫌违反《产品质量法》规定的行为进行查处时,可以行使下列职权:一是对当事人涉嫌从事违反《产品质量法》规定的生产、销售活动的场所实施现场检查;二是向当事人的法定代表人、主要负责人和其他有关人员调查、了解与涉嫌从事违反《产品质量法》的生产、销售活动有关的情况;三是查阅、复制当事人的有关合同、发票、账簿以及其他有关资料;四是对有根据认为不符合保障人体健康和人身、财产安全的国家标准、行业标准的产品或者有其他严重质量问题的产品,以及直接用于生产、销售该项产品的原辅材料、包装物、生产工具,予以查封或者扣押。另外,市场监督管理部门或者其他国家机关不得向社会推荐生产者的产品,不得以对产品进行监制、监销等方式参与产品的经营活动。

5. 产品质量检验机构和认证机构

(1)从业资格

①从业资格的取得。产品质量检验机构必须具备相应的检测条件和能力,经省级以上人

民政府市场监督管理部门或者其授权的部门考核合格后，方可承担产品质量检验工作；法律、行政法规对产品质量检验机构另有规定的，依照有关法律、行政法规的规定执行。

②社会中介机构独立从业。从事产品质量检验、认证的社会中介机构必须依法设立，不得与行政机关和其他国家机关存在隶属关系或者其他利益关系。

(2)从业规则

产品质量检验机构、认证机构必须依法按照有关标准，客观、公正地出具检验结果或者认证证明。产品质量认证机构应当依照国家规定对准许使用认证标志的产品进行认证后的跟踪检查；对不符合认证标准而使用认证标志的，要求其改正；情节严重的，取消其使用认证标志的资格。另外，产品质量检验机构不得向社会推荐生产者的产品，不得以对产品进行监制、监销等方式参与产品的经营活动。

6. 消费者监督

(1)消费者查询、申诉权

消费者有权就产品质量问题向产品的生产者、销售者查询，向市场监督管理部门及有关部门申诉，接受申诉的部门应当负责处理。

(2)消费者组织建议、支持起诉权

保护消费者权益的社会组织可以就消费者反映的产品质量问题建议有关部门负责处理，支持消费者对因产品质量造成的损害向人民法院起诉。

(二)生产者、销售者的产品质量责任和义务

1. 生产者的产品质量责任和义务

生产者应当对其生产的产品质量负责。

(1)产品质量的法定要求

产品质量应当符合下列要求：一是不存在危及人身、财产安全的不合理的危险，有保障人体健康和人身、财产安全的国家标准和行业标准的，应当符合该标准；二是具备产品应当具备的使用性能，但对产品存在使用性能的瑕疵作出说明的除外；三是符合在产品或者其包装上注明采用的产品标准，符合以产品说明、实物样品等方式表明的质量状况。

(2)产品或者其包装上标识的法定要求

产品或者其包装上的标识必须真实并符合下列要求：一是有产品质量检验合格证明；二是有中文标明的产品名称、生产厂厂名和厂址；三是根据产品的特点和使用要求，需要标明产品规格、等级、所含主要成分的名称和含量的，用中文相应予以标明，需要事先让消费者知晓的，应当在外包装上标明，或者预先向消费者提供有关资料；四是限期使用的产品，应当在显著位置清晰地标明生产日期和安全使用期或者失效日期；五是使用不当，容易造成产品本身损坏或者可能危及人身、财产安全的产品，应当有警示标志或者中文警示说明。裸装的食品和其他根据产品的特点难以附加标识的裸装产品，可以不附加产品标识。另外，易碎、易燃、易爆、有毒、有腐蚀性、有放射性等危险物品以及储运中不能倒置和其他有特殊要求的产品，其包装质量必须符合相应要求，依照国家有关规定作出警示标志或者中文警示说明，标明储运注意事项。

(3)禁止义务

第一，不得生产国家明令淘汰的产品。

第二，不得伪造产地，不得伪造或者冒用他人的厂名、厂址，不得伪造或者冒用认证标志等

质量标志。

第三，不得掺杂、掺假，不得以假充真、以次充好，不得以不合格产品冒充合格产品。

2. 销售者的产品质量责任和义务

(1)进货检查验收制度

销售者应当建立并执行进货检查验收制度，验明产品合格证明和其他标识。销售者应当采取措施，保持销售产品的质量。

(2)标识合法

销售者销售的产品的标识应当符合规定(详见"产品或者其包装上标识的法定要求")。

(3)禁止义务

第一，不得销售国家明令淘汰并停止销售的产品和失效、变质的产品。

第二，不得伪造产地，不得伪造或者冒用他人的厂名、厂址，不得伪造或者冒用认证标志等质量标志。

第三，不得掺杂、掺假，不得以假充真、以次充好，不得以不合格产品冒充合格产品。

(三)损害赔偿

1. 销售者承担产品质量的责任

(1)销售者承担产品质量责任的情形

售出的产品有下列情形之一的，销售者应当负责修理、更换、退货；给购买产品的消费者造成损失的，销售者应当赔偿损失：一是不具备产品应当具备的使用性能而事先未作说明的；二是不符合在产品或者其包装上注明采用的产品标准的；三是不符合以产品说明、实物样品等方式表明的质量状况的。针对上述三种情形，销售者承担的法律责任包括修理、更换、退货(物权上的责任)和对消费者损失的赔偿(债权上的责任)。销售者未按照规定给予修理、更换、退货或者赔偿损失的，由市场监督管理部门责令改正。

(2)销售者追偿权

销售者依照上述规定负责修理、更换、退货、赔偿损失后，属于生产者的责任或者属于向销售者提供产品的其他销售者(统称供货者)的责任的，销售者有权向生产者、供货者追偿。

(3)当事人约定产品质量责任

生产者之间、销售者之间、生产者与销售者之间订立的买卖合同、承揽合同有不同约定的，合同当事人按照合同约定执行。

2. 产品存在缺陷的赔偿责任

《产品质量法》所说的缺陷，是指产品存在危及人身、他人财产安全的不合理的危险；产品有保障人体健康和人身、财产安全的国家标准和行业标准的，是指不符合该标准。

(1)生产者承担赔偿责任

因产品存在缺陷造成人身、缺陷产品以外的其他财产(简称他人财产)损害的，生产者应当承担赔偿责任。生产者能够证明有下列情形之一的，不承担赔偿责任：一是未将产品投入流通；二是产品投入流通时，引起损害的缺陷尚不存在；三是将产品投入流通时的科学技术水平尚不能发现缺陷的存在。

(2)销售者承担赔偿责任

由于销售者的过错而使产品存在缺陷，造成人身、他人财产损害的，销售者应当承担赔偿责任。销售者既不能指明缺陷产品的生产者,也不能指明缺陷产品的供货者的,销售者应当承担赔偿责任。

(3)生产者、销售者承担连带责任

因产品存在缺陷而造成人身、他人财产损害的,受害人可以向产品的生产者要求赔偿,也可以向产品的销售者要求赔偿。属于产品生产者的责任而产品销售者赔偿的,产品销售者有权向产品生产者追偿;属于产品销售者的责任而产品生产者赔偿的,产品生产者有权向产品销售者追偿。

(4)赔偿责任的范围

①人身伤害的责任。因产品存在缺陷而造成受害人人身伤害的,侵害人应当赔偿医疗费、治疗期间的护理费、因误工减少的收入等费用;造成残疾的,还应当支付残疾者生活自助具费、生活补助费、残疾赔偿金以及由其扶养的人所必需的生活费等费用;造成受害人死亡的,还应当支付丧葬费、死亡赔偿金以及由死者生前扶养的人所必需的生活费等费用。

②财产损失的责任。因产品存在缺陷而造成受害人财产损失的,侵害人应当恢复原状或者折价赔偿。受害人因此遭受其他重大损失的,侵害人应当赔偿损失。

(5)诉讼时效

因产品存在缺陷而造成损害要求赔偿的诉讼时效期间为两年,自当事人知道或者应当知道其权益受到损害时起计算。因产品存在缺陷而造成损害要求赔偿的请求权,在造成损害的缺陷产品交付最初消费者满十年丧失,但尚未超过明示的安全使用期的除外。

3. 产品质量纠纷的解决方式

因产品质量而发生民事纠纷时,当事人可以通过协商或者调解解决。当事人不愿通过协商、调解解决或者协商、调解不成的,可以根据当事人各方的协议向仲裁机构申请仲裁;当事人各方没有达成仲裁协议或者仲裁协议无效的,可以直接向人民法院起诉。

仲裁机构或者人民法院可以委托规定的产品质量检验机构对有关产品的质量进行检验。

第四节　标准化法律制度

一、标准化与标准化法概述

(一)标准化概述

1. 标准与标准化的含义

(1)标准的含义

标准,一般是指衡量事物的准则,或者本身合乎准则并且可供同类事物比较、核对的事物。标准化法所说的标准(含标准样品),是指农业、工业、服务业以及社会事业等领域需要统一的技术要求。

(2)标准的分类及效力

标准包括国家标准、行业标准、地方标准、团体标准和企业标准。国家标准分为强制性标准和推荐性标准。行业标准和地方标准是推荐性标准。强制性标准必须执行,国家鼓励采用推荐性标准。

(3)标准化的含义

标准化,是指为在一定的范围内获得最佳秩序,对实际的或者潜在的问题制定共同的、重复使用的标准并且监督标准实施的活动。标准化工作的任务是制定标准、组织实施标准以及对标准的制定和实施进行监督。

2. 标准化的对象

凡需要统一的技术要求的领域,都可以成为标准化的对象。具体而言,农业、工业、服务业以及社会事业等领域需要统一的技术要求,是标准化的对象。

(二)标准化法概述

1. 标准化法的含义

标准化法是调整标准化关系的法律规范的总称。标准化法调整的标准化关系属于技术监督关系范畴,主要是指人们从制定标准到贯彻标准,使标准在经济活动中得以实现、收到实效的全部活动过程中所发生的技术监督关系。

标准化关系经标准化法调整成为法律关系,标准从技术要求成为法律规范。当事人生产、销售、进口产品或者提供服务不符合标准化法的规定,依法承担民事责任、行政责任或者刑事责任。

2. 中国的标准化立法

1988 年 12 月 29 日,第七届全国人大常委会第五次会议通过《中华人民共和国标准化法》(以下称《标准化法》),自 1989 年 4 月 1 日起施行。2017 年 11 月 4 日,第十二届全国人大常委会第三十次会议修订《标准化法》,修订后的《标准化法》自 2018 年 1 月 1 日起施行。

3.《标准化法》概况

(1)立法目的

《标准化法》的立法目的是加强标准化工作,提升产品和服务质量,促进科学技术进步,保障人身健康和生命财产安全,维护国家安全、生态环境安全,提高经济社会发展水平。

(2)政府标准化工作的职责及标准化行政主管部门

①政府标准化工作的职责。县级以上人民政府应当将标准化工作纳入本级国民经济和社会发展规划,将标准化工作经费纳入本级预算。国务院建立标准化协调机制,统筹推进标准化重大改革,研究标准化重大政策,对跨部门、跨领域、存在重大争议的标准的制定和实施进行协调;设区的市级以上地方人民政府可以根据工作需要建立标准化协调机制,统筹协调本行政区域内标准化工作的重大事项。

②标准化行政主管部门。国务院标准化行政主管部门统一管理全国标准化工作,国务院有关行政主管部门分工管理本部门、本行业的标准化工作。县级以上地方人民政府标准化行政主管部门统一管理本行政区域内的标准化工作,县级以上地方人民政府有关行政主管部门分工管理本行政区域内本部门、本行业的标准化工作。

(3)国家标准化工作政策

第一,国家鼓励企业、社会团体和教育、科研机构等开展或者参与标准化工作。

第二,国家积极推动参与国际标准化活动,开展标准化对外合作与交流,参与制定国际标准,结合国情采用国际标准,推进中国标准与国外标准之间的转化运用。国家鼓励企业、社会团体和教育、科研机构等参与国际标准化活动。对在标准化工作中作出显著成绩的单位和个人,按照国家有关规定给予表彰和奖励。

二、标准化法律制度的主要内容

(一)标准的制定

1. 强制性国家标准

(1)强制性国家标准的制定对象

对保障人身健康和生命财产安全、国家安全、生态环境安全以及满足经济社会管理基本需要的技术要求,应当制定强制性国家标准。

(2)强制性国家标准的制定权限

①项目提出、组织起草、征求意见和技术审查。国务院有关行政主管部门依据职责负责强制性国家标准的项目提出、组织起草、征求意见和技术审查。

②立项、编号和对外通报。国务院标准化行政主管部门负责强制性国家标准的立项、编号和对外通报。国务院标准化行政主管部门应当对拟制定的强制性国家标准是否符合规定进行立项审查,对符合规定的予以立项。

③立项建议。省、自治区、直辖市人民政府标准化行政主管部门可以向国务院标准化行政主管部门提出强制性国家标准的立项建议,由国务院标准化行政主管部门会同国务院有关行政主管部门决定。社会团体、企事业组织以及公民可以向国务院标准化行政主管部门提出强制性国家标准的立项建议,国务院标准化行政主管部门认为需要立项的,会同国务院有关行政主管部门决定。

④发布。强制性国家标准由国务院批准发布或者授权批准发布。法律、行政法规和国务院决定对强制性标准的制定另有规定的,从其规定。

2. 推荐性国家标准

(1)推荐性国家标准的制定对象

对满足基础通用、与强制性国家标准配套、对各有关行业起引领作用等需要的技术要求,可以制定推荐性国家标准。

(2)推荐性国家标准的制定权限

推荐性国家标准由国务院标准化行政主管部门制定。

3. 行业标准

(1)行业标准的制定对象

对没有推荐性国家标准、需要在全国某个行业范围内统一技术要求的,可以制定行业标准。

(2)行业标准的制定权限

行业标准由国务院有关行政主管部门制定,报国务院标准化行政主管部门备案。

4. 地方标准

(1)地方标准的制定对象

为满足地方自然条件、风俗习惯等特殊技术要求,可以制定地方标准。

(2)地方标准的制定权限

地方标准由省、自治区、直辖市人民政府标准化行政主管部门制定;设区的市级人民政府标准化行政主管部门根据本行政区域的特殊需要，经所在地省、自治区、直辖市人民政府标准化行政主管部门批准，可以制定本行政区域的地方标准。地方标准由省、自治区、直辖市人民政府标准化行政主管部门报国务院标准化行政主管部门备案，由国务院标准化行政主管部门通报国务院有关行政主管部门。

5. 团体标准和企业标准

(1)团体标准

①制定及采用。国家鼓励学会、协会、商会、联合会、产业技术联盟等社会团体协调相关市场主体共同制定满足市场和创新需要的团体标准，由本团体成员约定采用或者按照本团体的规定供社会自愿采用。

②制定原则。制定团体标准应当遵循开放、透明、公平的原则，保证各参与主体获取相关信息，反映各参与主体的共同需求，并应当组织对标准相关事项进行调查、分析、实验和论证。

③行政管理。国务院标准化行政主管部门会同国务院有关行政主管部门对团体标准的制定进行规范、引导和监督。

(2)企业标准

企业可以根据需要自行制定企业标准，或者与其他企业联合制定企业标准。

国家支持在重要行业、战略性新兴产业、关键共性技术等领域利用自主创新技术制定团体标准和企业标准。

6. 标准制定的一般规范

(1)应当优先立项并及时完成的标准

对保障人身健康和生命财产安全、国家安全、生态环境安全以及经济社会发展所急需的标准项目，制定标准的行政主管部门应当优先立项并及时完成。

(2)调查、评估及配套

制定强制性标准、推荐性标准，应当在立项时对有关行政主管部门、企业、社会团体、消费者和教育、科研机构等方面的实际需求进行调查，对制定标准的必要性、可行性进行论证和评估；在制定过程中，应当按照便捷有效的原则采取多种方式征求意见，组织对标准相关事项进行调查、分析、实验和论证，并做到有关标准之间的协调配套。

(3)标准化技术委员会

制定推荐性标准，应当组织由相关方组成的标准化技术委员会承担标准的起草和技术审查工作。制定强制性标准，可以委托相关标准化技术委员会承担标准的起草和技术审查工作；未组成标准化技术委员会的，应当成立专家组承担相关标准的起草和技术审查工作。标准化技术委员会和专家组的组成应当具有广泛代表性。

(4)文本公开

强制性标准文本应当免费向社会公开。国家推动免费向社会公开推荐性标准文本。

(5)标准的技术要求

推荐性国家标准、行业标准、地方标准、团体标准和企业标准的技术要求不得低于强制性国家标准的相关技术要求。国家鼓励社会团体和企业制定高于推荐性标准相关技术要求的团体标准和企业标准。

(6)标准制定的目的

制定标准应当有利于科学、合理利用资源，推广科学技术成果，增强产品的安全性、通用性、可替换性，提高经济效益、社会效益、生态效益，做到技术上先进、经济上合理。禁止利用标准实施妨碍商品、服务自由流通等排除、限制市场竞争的行为。

(7)标准化军民融合和资源共享

国家推进标准化军民融合和资源共享，提升军民标准通用化水平，积极推动在国防和军队建设中采用先进、适用的民用标准，并将先进、适用的军用标准转化为民用标准。军用标准的制定、实施和监督办法由国务院、中央军事委员会另行制定。

(8)标准编号

标准应当按照编号规则进行编号。标准的编号规则由国务院标准化行政主管部门制定并公布。

(二)标准的实施

1. 强制性标准

不符合强制性标准的产品和服务不得生产、销售、进口或者提供。

2. 出口标准

出口产品和服务的技术要求按照合同的约定执行。

3. 团体标准和企业标准

国家实行团体标准、企业标准自我声明公开和监督制度。企业应当公开其执行的强制性标准、推荐性标准、团体标准或者企业标准的编号和名称；企业执行自行制定的企业标准的，还应当公开产品、服务的功能指标和产品的性能指标。国家鼓励团体标准、企业标准通过标准信息公共服务平台向社会公开。

企业应当按照标准组织生产经营活动，其生产的产品、提供的服务应当符合企业公开标准的技术要求。另外，企业研制新产品、改进产品、进行技术改造，应当符合《标准化法》规定的标准化要求。

4. 标准实施情况统计分析报告及标准复审、协调

(1)标准实施情况统计分析及标准复审

国家建立强制性标准实施情况统计分析报告制度。国务院标准化行政主管部门和国务院有关行政主管部门、设区的市级以上地方人民政府标准化行政主管部门应当建立标准实施信息反馈和评估机制，根据反馈和评估情况对其制定的标准进行复审。标准的复审周期一般不超过五年。经过复审，对不适应经济社会发展需要和技术进步的应当及时修订或者废止。

(2)标准协调

国务院标准化行政主管部门根据标准实施的信息反馈、评估、复审情况，对有关标准之间重复交叉或者不衔接配套的，应当会同国务院有关行政主管部门作出处理或者通过国务院标准化协调机制处理。

5. 地方政府的标准化工作

县级以上人民政府应当支持开展标准化试点示范和宣传工作，传播标准化理念，推广标准化经验，推动全社会运用标准化方式组织生产、经营、管理和服务，发挥标准对促进转型升级、引领创新驱动的支撑作用。

（三）监督管理

1. 政府监督管理

（1）地方政府的职责

县级以上人民政府标准化行政主管部门、有关行政主管部门依据法定职责，对标准的制定进行指导和监督，对标准的实施进行监督检查。

（2）国务院标准化行政主管部门的职责

国务院有关行政主管部门在标准制定和实施过程中出现争议的，由国务院标准化行政主管部门组织协商；协商不成的，通过国务院标准化协调机制解决。

国务院有关行政主管部门、设区的市级以上地方人民政府标准化行政主管部门未依照《标准化法》规定对标准进行编号、复审或者备案的，国务院标准化行政主管部门应当要求其说明情况并限期改正。

2. 社会监督

任何单位或者个人都有权向标准化行政主管部门、有关行政主管部门举报、投诉违反《标准化法》规定的行为。标准化行政主管部门、有关行政主管部门应当向社会公开受理举报、投诉的电话、信箱或者电子邮件地址，并安排人员受理举报和投诉。对实名举报人或者投诉人，受理举报、投诉的行政主管部门应当告知处理结果，为举报人保密，并按照国家有关规定对举报人给予奖励。

本章练习

一、名词解释

市场　市场竞争　垄断　不正当竞争　商业秘密　商业广告　产品　标准化

二、单项选择题

1. 市场竞争规则是国家为维护________之间平等交换、公平竞争，根据市场经济的内在规律和要求，依法确立的市场竞争行为规范。

A. 市场主体　　B. 法人　　C. 公民　　D. 其他组织

2. 正当竞争是指________采用符合国家法律、遵守社会公认的商业道德、信守诚实信用原则的商业手段进行竞争的行为。

A. 市场主体　　B. 经营者　　C. 法人、公民　　D. 其他组织

3. 竞争法的宗旨就是维护竞争秩序，保持与增进________。

A. 市场经济　　B. 市场管理　　C. 经济民主　　D. 经济管制

4. 在发达的市场经济国家，反垄断法居于经济法体系的________。

A. 核心地位　　B. 主要地位　　C. 次要地位　　D. 重要地位

5. 行政性垄断行为是指行政机关和法律、法规授权的具有________的组织滥用行政权力，排除、限制竞争的行为。

A. 管理企业事务　　B. 管理公共事务　　C. 管理经济事务　　D. 管理社会事务

6. 国有经济占________的关系国民经济命脉和国家安全的行业以及依法实行专营专卖的行业,国家对其经营者的合法经营活动予以保护,并对经营者的经营行为及其商品和服务的价格依法实施监管和调控,维护消费者利益,促进技术进步。

A. 主要地位　B. 重要地位　C. 控制地位　D. 核心地位

7. 集中是经营者________,更好地参与市场竞争的一种重要手段。

A. 扩大自身规模　B. 加强自身能力　C. 增强自身实力　D. 增加自身资本

8.《反垄断法》规定,具有市场支配地位的经营者不得________市场支配地位排除、限制竞争。

A. 利用　B. 失去　C. 处于　D. 滥用

9. 国务院设立反垄断委员会,负责________工作。

A. 反垄断法的执行　B. 反垄断案件的调查处理

C. 组织、协调、指导反垄断工作　D. 反垄断案件的审理

10. 国务院________根据工作需要,可以授权省、自治区、直辖市人民政府相应的机构,依照规定负责有关反垄断执法工作。

A. 反垄断执法机构　B. 反垄断委员会　C. 有关职能部门　D. 商务部

11.《反垄断法》要求行业协会加强行业________,引导本行业的经营者依法竞争,维护市场竞争秩序。

A. 管理　B. 建设　C. 监督　D. 自律

12. 横向垄断协议是指具有________的经营者之间达成的排除、限制竞争的协议。

A. 横向关系　B. 交易关系　C. 竞争关系　D. 关联关系

13. 没有正当理由,拒绝与交易相对人进行交易,是________的行为。

A. 滥用市场支配地位　B. 垄断协议

C. 经营者集中　D. 不正当竞争

14. 反垄断执法机构应当自收到经营者提交的文件、资料之日起________日内对申报的经营者集中进行初步审查,作出是否实施进一步审查的决定,并书面通知经营者。

A. 十五　B. 三十　C. 四十五　D. 九十

15. 采取专门针对外地商品的行政许可,限制外地商品进入本地市场,是________。

A. 垄断协议　B. 滥用市场支配地位

C. 滥用行政权力排除、限制竞争　D. 经营者集中

16. 擅自使用知名商品特有的名称、包装、装潢,或使用与知名商品近似的名称、包装、装潢,造成与他人的知名商品相混淆,使购买者误认为是该知名商品的,是违反________的行为。

A.《反不正当竞争法》　B.《反垄断法》

C.《商标法》　D.《广告法》

17. 抽奖式的有奖销售,最高奖的金额超过________元人民币的,属于不正当竞争。

A. 30 000　B. 50 000　C. 10 000　D. 100 000

18. 经营者不得采用________或其他手段进行贿赂以销售或购买商品。在账外暗中给予对方单位或个人回扣的,以行贿论处。

A. 非现金　B. 现金　C. 财物　D. 利益

19. 倾销行为也称掠夺性定价，是指经营者以________为目的，以低于成本的价格销售商品的行为。

A. 挤垮竞争对手　　　　B. 摆脱经营困难

C. 战胜竞争对手　　　　D. 占据市场优势

20. ________的工商行政管理部门（市场监督管理部门）对不正当竞争行为进行监督检查。

A. 国务院　　　　B. 省级以上人民政府

C. 县级以上人民政府　　　　D. 乡（镇）以上人民政府

21.《广告法》规定，________可以依法成为广告主、广告经营者，但不得成为广告发布者。

A. 个人　　B. 法人　　C. 组织　　D. 政府部门

22. 禁止在各类等候室、影剧院、会议厅堂、体育比赛场馆等公共场所设置________。

A. 酒类广告　　B. 医疗器械广告　　C. 烟草广告　　D. 药品广告

23. 广告主或者广告经营者在广告中使用他人名义、形象的，应当事先取得他人的________。

A. 书面同意　　B. 授权　　C. 许可　　D. 代理

24. 标准实施后，制定标准的部门应当根据科学技术的发展和经济建设的需要适时进行________。

A. 审查　　B. 修改　　C. 检查　　D. 复审

25. 建设工程使用的建筑材料、建筑构配件和设备列入________范围，适用《产品质量法》的规定。

A. 产品质量　　B. 产品　　C. 产品质量责任　　D. 商品

三、多项选择题

1.《反垄断法》的立法目的是________。

A. 预防和制止垄断行为

B. 保护市场竞争机制，维持正常的竞争环境

C. 维护消费者的合法权益和社会公共利益

D. 促进社会主义市场经济的健康发展

2.《反垄断法》适用的垄断行为包括________。

A. 经营者达成垄断协议

B. 经营者滥用市场支配地位

C. 具有或者可能具有排除、限制竞争效果的经营者集中

D. 行政性垄断

3.《反垄断法》规定，禁止具有竞争关系的经营者达成________的垄断协议。

A. 固定或者变更商品价格　　　　B. 限制商品的生产数量或销售数量

C. 分割销售市场或原材料采购市场　　　　D. 联合抵制交易

4. 经营者滥用市场支配地位的具体情形包括________。

A. 以不公平的高价销售商品或以不公平的低价购买商品

B. 没有正当理由,以低于成本的价格销售商品

C. 没有正当理由,拒绝与交易相对人进行交易

D. 没有正当理由,对条件相同的交易相对人在交易价格等交易条件上实行差别待遇

5. 根据《反垄断法》,下列情形中,可以推定经营者具有市场支配地位的有________。

A. 一个经营者在相关市场的市场份额达到二分之一以上

B. 两个经营者在相关市场的市场份额达到三分之二以上

C. 三个经营者在相关市场的市场份额达到四分之三以上

D. 其他认为在相关市场的市场份额达到一定比例

6. 经营者集中是指________的情形。

A. 经营者合并

B. 经营者通过取得股权或资产的方式取得对其他经营者的控制权

C. 经营者通过合同等方式取得对其他经营者的控制权

D. 经营者通过合同等方式能够对其他经营者施加决定性影响

7. 反垄断执法机构对经营者集中的进一步审查应当________。

A. 将作出的决定书面通知经营者　　B. 对禁止集中的决定说明理由

C. 对允许集中的决定说明理由　　D. 在规定的审查期限内作出决定

8. 国务院反垄断执法机构审查经营者集中,应当考虑________因素。

A. 参与集中的经营者在相关市场的市场份额及其对市场的控制力

B. 相关市场的市场集中度

C. 经营者集中对市场进入、技术进步的影响

D. 经营者集中对消费者和其他有关经营者的影响以及对国民经济发展的影响

9. 行政机关和公共组织被禁止的行政性垄断行为包括________。

A. 滥用行政权力排除、限制竞争

B. 滥用行政权力妨碍商品在地区之间自由流通和充分竞争

C. 滥用行政权力制定歧视性或含有排除、限制竞争内容的规定

D. 滥用行政权力排斥或限制投资、强制经营者实施垄断行为

10. 根据《反垄断法》,下列情形中,反垄断执法机构应当对涉嫌垄断行为恢复调查的有________。

A. 经营者未履行承诺的

B. 作出中止调查决定所依据的事实发生重大变化的

C. 中止调查的决定是基于经营者提供的不完整或不真实的信息作出的

D. 反垄断执法机构认为需要恢复调查的其他情形

11.《反不正当竞争法》规定的经营者的虚假广告、宣传行为,是指经营者利用广告或其他方法,对商品的________等作引人误解的虚假宣传。

A. 质量、制作成分　B. 性能、用途　C. 生产者　D. 有效期限、产地

12. 商业秘密是指________的技术信息和经营信息。

A. 不为公众所知悉　　B. 能为权利人带来经济利益

C. 具有实用性　　D. 经权利人采取保密措施

13. 经营者侵犯商业秘密的手段包括________。

A. 以盗窃、利诱、胁迫或其他不正当手段获取权利人的商业秘密

B. 披露、使用或允许他人使用以盗窃、利诱、胁迫或其他不正当手段获取的权利人的商业秘密

C. 违反约定或违反权利人有关保守商业秘密的要求，披露、使用或允许他人使用其所掌握的商业秘密

D. 毁灭权利人的商业秘密

14. 下列情形中，以低于成本的价格销售商品而不属于倾销的有________。

A. 销售鲜活商品

B. 处理有效期限即将到期的商品或其他积压的商品

C. 季节性降价

D. 因偿债、转产、歇业而降价销售商品

15. 经营者从事的下列有奖销售活动中，属于不正当竞争行为的有________。

A. 以不合格商品作为有奖销售的奖品

B. 采用谎称有奖或故意让内定人员中奖的欺骗方式进行有奖销售

C. 利用有奖销售的手段推销质次价高的商品

D. 抽奖式的有奖销售，最高奖的金额超过 50 000 元人民币

16. 商业广告的内容应当具有________。

A. 有益性　　B. 明示性　　C. 真实性　　D. 确定性

17. 药品、医疗器械广告不得________。

A. 有不科学地表示功效的断言或者保证

B. 说明治愈率或者有效率

C. 与其他药品、医疗器械的功效和安全性相比较

D. 利用医药科研单位、学术机构、医疗机构或者专家、医生、患者的名义和形象作证明

18. ________等特殊药品，不得做广告。

A. 麻醉药品、精神药品　　B. 毒性药品

C. 抗病毒药品　　D. 放射性药品

19. 产品质量的含义中应当包括产品的________。

A. 有用性、适用性　　B. 安全性　　C. 经济性　　D. 可靠性

20.《标准化法》将标准分为________。

A. 国家标准　　B. 行业标准　　C. 地方标准　　D. 企业标准

四、判断题

1. 中国的立法机关将反垄断与反不正当竞争分开，采取了分立式的立法模式建设竞争法律制度。（　）

2. 维护竞争秩序是竞争法的宗旨。（　）

3.《反不正当竞争法》和《反垄断法》都是中国的竞争法。（　）

4.《反垄断法》的立法目的之一是维护个别消费者的具体利益。（　）

5.《反垄断法》既适用于在中国境内发生的垄断行为，也适用于在中国境外发生的、对国内市场竞争产生排除或限制影响的垄断行为。 ( )

6.《反垄断法》规定的经济性垄断行为包括经营者达成垄断协议，经营者滥用市场支配地位，具有或可能具有排除、限制竞争效果的经营者集中，以及行政机关和法律、法规授权的具有管理公共事务职能的组织滥用行政权力排除、限制竞争的行为。 ( )

7.《反垄断法》禁止经营者取得市场支配地位。 ( )

8. 国务院反垄断委员会的职责之一是进行反垄断行政执法工作。 ( )

9. 判断经营者之间是否达成垄断协议，要看是否有书面形式的协议、决定。 ( )

10. 行业协会在会员企业的要求下，以行业"自律"的形式组织会员企业签订价格同盟协议等限制竞争的协议，排除、限制竞争，是为《反垄断法》所禁止的。 ( )

11. 具有支配地位的企业强迫交易对方购买从性质、交易习惯上均与合同无关的产品或服务的行为是滥用市场支配地位的行为。 ( )

12. 由于经营者集中有可能导致排除和限制竞争，因此《反垄断法》规定，经营者集中的，经营者应当事先向反垄断执法机构申报，未申报的不得实施集中。 ( )

13. 反垄断执法机构对经营者集中的审查程序包括初步审查和进一步审查。 ( )

14.《反垄断法》规定，反垄断执法机构依法对涉嫌垄断行为进行调查。 ( )

15. 反垄断执法机构的工作人员可以随时进入被调查的经营者的营业场所或其他有关场所进行检查。 ( )

16.《反垄断法》施行后，《反不正当竞争法》与《反垄断法》有交叉的部分。 ( )

17. 假冒他人注册商标的行为既违反《商标法》，也违反《反不正当竞争法》。 ( )

18. 商业贿赂行为包括经营者销售或购买商品，以明示方式给对方折扣，给中间人佣金。 ( )

19. 经营者因偿债、转产、歇业而降价销售商品的，不属于不正当竞争行为。 ( )

20. 经营者以低于成本的价格销售商品的行为都是倾销行为。 ( )

21.《反不正当竞争法》规定，各级人民政府的工商行政管理部门应当采取措施制止不正当竞争行为，为公平竞争创造良好的条件。 ( )

22. 垄断形成的规模效应有利于生产效率的提高，有利于交易成本的降低，有利于促进相关的研究和开发，促进技术创新。 ( )

23. 经营者采取有奖销售手段推销质次价高的商品，是不正当竞争行为。 ( )

24.《广告法》调整的广告包括商业广告、公益广告和政府广告等类型的广告。 ( )

25. 广告主、广告经营者和广告发布者在中国境内从事广告活动，应当遵守《广告法》。 ( )

26. 食品、酒类、化妆品广告的内容必须符合卫生许可的事项，并可以使用医疗用语或者易与药品混淆的用语。 ( )

27. 产品缺陷和产品瑕疵是同一意思，有缺陷或者瑕疵的产品都可以销售。 ( )

28. 国家监督抽查的产品，地方不得另行重复抽查；上级监督抽查的产品，下级不得另行重复抽查。 ( )

29. 在国民经济的各个领域中，凡具有多次重复使用和需要制定标准的具体产品，以及各

种定额、规划、要求、方法和概念等，都可成为标准化的对象。（　　）

30. 强制性标准必须执行，不符合强制性标准的产品可以生产但禁止销售和进口。

（　　）

五、简答题

1. 简述市场规则的内容。
2. 简述市场竞争的规则。
3. 简述垄断行为的范围。
4. 简述认定经营者具有市场支配地位的因素。
5. 简述不正当竞争行为的表现形式。
6. 简述广告中禁止有的内容。
7. 简述产品质量不合格与产品缺陷、产品瑕疵的区别。
8. 简述应当制定强制性国家标准的范围。

六、综合分析题

1. 自某年7月下旬以来，方便面涨价的消息引起了社会各界的广泛关注。国家发改委初步查明，世界拉面协会中国分会先后三次召集有关企业参加会议，协商方便面涨价事宜：(1)方便面中国分会在北京召开一届八次峰会，研究棕榈油和面粉涨价引起的企业成本增加问题。会议商定高价面（当时价格每包1.5元以上）、中价面（当时价格每包1元以上）和低价面（当时价格每包1元以下）涨价的时间和实施步骤。(2)方便面中国分会在杭州召开一届九次峰会，再次研究方便面调价日程，会议明确了调价幅度和调价时间，高价面从每包1.5元涨到每包1.7元，计划全行业统一上调。(3)方便面中国分会又一次在北京召开价格协调会议，部分企业决定从7月26日起全面提价，7月23日，该会负责人接受媒体采访，公布了涨价消息。对此，社会反响强烈。有关企业按照以上会议的协调安排，从该年6月起相继调高了方便面的价格。

问：根据《反垄断法》，分析世界拉面协会中国分会的一系列做法。

2. 某年9月3日，可口可乐公司和汇源公司高调宣布双方实施要约并购。可口可乐公司宣布计划以现金收购汇源公司。可口可乐公司建议收购要约为每股12.2港元，并等价收购已发行的可转换公司债券及期权。可口可乐公司现已取得汇源公司三个股东签署的接受要约不可撤销承诺，三个股东合计拥有汇源公司66%的股份。

中国商务部于当年11月对可口可乐公司收购汇源公司立案审查。12月5日，可口可乐公司与汇源公司联合对外公布并购案已经进入商务部审批阶段；同时称双方最初签订的收购协议的有效期为200天，若超过200天还没有得到商务部回复，协议将自动解除。

商务部于次年3月18日通报如下：

商务部于某年11月对可口可乐公司收购汇源公司立案后，依据《反垄断法》的相关规定，从市场份额及市场控制力、市场集中度、集中对市场进入和技术进步的影响、集中对消费者和其他有关经营者的影响及品牌对果汁饮料市场竞争产生的影响等几个方面进行了审查。

商务部经审查认定，这起收购案将对竞争产生不利影响。收购完成后，可口可乐公司可能利用其在碳酸软饮料市场的支配地位,搭售、捆绑销售果汁饮料,或者设定其他排他性的交易条件。收购行为将限制果汁饮料市场的竞争,导致消费者被迫接受更高价格、更少种类的产品;同时,由于既有品牌对市场进入的限制作用,潜在竞争难以消除限制竞争效果。此外,收购行为还挤压了国内中小型果汁企业的生存空间,给中国果汁饮料市场的竞争格局造成不良影响。

为了减少收购对竞争产生的不利影响,商务部与可口可乐公司就附加限制性条件进行了商谈,要求申报方提出可行的解决方案,但可口可乐公司应商务部的要求提交的修改方案仍不能有效减少此项收购对竞争产生的不利影响,因此,商务部依法作出禁止此项收购的决定。

问:根据《反垄断法》分析商务部决定的法律依据。

3. 某啤酒厂在其产品的瓶颈上挂一标签,上面印有“获 1900 年柏林国际啤酒博览会金奖”字样和一个带外文的徽章。经调查,此奖项和徽章均属子虚乌有。

问:该啤酒厂的行为应当如何认定?

4. 某药品生产企业与个体广告经营者订立广告合同,要求为其设计、制作和发布一种新开发药品的视频广告。该药品生产企业提出的要求包括:广告必须突出新药的新和奇效,广告中应当有患者痛不欲生及使用该新药后患者药到病除、恢复健康的画面。

问:根据《广告法》,该药品生产企业提出的广告活动要求是否合法?

第九章

会计与审计法律制度

第一节　会计法律制度

一、会计行为与会计法概述

（一）会计行为概述

1. 会计行为的含义

会计行为，是指以货币为主要量度，对经济活动过程中使用财产物资及劳动耗费进行系统计算、记录、分析和检查的活动，以及针对上述活动的监督管理活动。

会计行为就其内容而言，包括以下几个方面：

（1）会计核算

会计核算是以货币为主要计量单位，对单位的经济活动进行连续、系统、完整的反映，提供相应的会计信息的活动。会计核算是对单位的经济活动进行以数据为主要表现形式的反映的过程。

（2）会计监督

会计监督是从内外两个方面对单位的会计核算以及纳入经济核算范围的经济业务事项进行监督的活动。会计监督是单位内部的会计机构及其会计人员，以及国家机关、社会组织对单位经济活动的真实性、准确性和完整性等方面进行的检查和监督的活动。

（3）会计管理

会计管理是对会计工作的管理活动，包括单位内部的管理和国家、社会的外部管理。会计管理涉及单位会计机构设置、会计人员配置和会计制度建立等基础问题。

2. 会计行为的法律意义

对会计行为进行法律规范是因为会计作为会计活动的核心，对社会经济生活具有广泛、持续、基础性的影响。会计核算和会计监督的结果是企业、投资者、债权人和国家机关等作出经营、投资决策和宏观调控决策的重要依据。

（二）会计法概述

1. 会计法的含义

会计法，是指调整会计关系的法律规范的总称。会计关系包括对单位经济活动和财务收支进行核算和监督产生的社会关系，以及单位会计机构设置和会计人员从业资格等方面发生的社会关系等。

广义的会计法包括会计法律、会计行政法规和会计行政规章等。狭义的会计法是指会计法律。本章介绍的会计法律制度以中国的会计法律为依据。

2. 中国的会计立法

(1)会计法律

1985 年 1 月 21 日,第六届全国人大常委会第九次会议通过《中华人民共和国会计法》(以下称《会计法》),自 1985 年 5 月 1 日起施行。该法施行后经几次修订、修正,现在施行的是 1999 年 10 月 31 日第九届全国人大常委会第十二次会议修订的文本。

(2)会计行政法规

国务院制定并发布的会计规范性文件主要有《总会计师条例》和《企业财务会计报告条例》等。

(3)会计行政规章

财政部制定并发布的会计规范性文件较多,如《财政部门实施会计监督办法》《企业会计制度》《会计基础工作规范》《会计从业资格管理办法》和《会计档案管理办法》等。

3.《会计法》概况

(1)立法目的

《会计法》的立法目的是规范会计行为,保证会计资料真实、完整,加强经济管理和财务管理,提高经济效益,维护社会主义市场经济秩序。会计资料包括会计凭证、会计账簿、财务会计报告以及其他需要会计处理的反映经济业务事项的资料。会计资料应当真实、完整。

(2)适用范围

国家机关、社会团体、公司、企业、事业单位和其他组织(统称单位)必须依照《会计法》办理会计事务。据此,《会计法》的适用范围既包括公共会计,也包括商业会计。另外,《会计法》的适用范围不包括个体工商户,个体工商户会计管理的具体办法由国务院财政部门根据《会计法》的原则另行规定。

(3)单位设置会计账簿

设置会计账簿是单位的法定义务,具有强制性;单位必须依法设置会计账簿,保证其真实、完整;单位负责人对本单位的会计工作和会计资料的真实性、完整性负责。单位负责人,是指单位法定代表人或者法律、行政法规规定代表单位行使职权的主要负责人。

(4)会计机构和会计人员的职责及保障

①会计机构和会计人员的职责。会计机构和会计人员依照《会计法》的规定进行会计核算,实行会计监督。

②会计机构和会计人员的履职保障。任何单位或者个人都不得以任何方式授意、指使、强令会计机构、会计人员伪造、变造会计凭证、会计账簿和其他会计资料,提供虚假财务会计报告;任何单位或者个人都不得对依法履行职责、抵制违反《会计法》规定行为的会计人员实行打击报复。另外,对认真执行《会计法》,忠于职守,坚持原则,作出显著成绩的会计人员给予精神的或物质的奖励。

(5)会计工作主管部门

国务院财政部门主管全国的会计工作。县级以上地方各级人民政府财政部门管理本行政区域内的会计工作。

(6)国家实行统一的会计制度

国家统一的会计制度,是指国务院财政部门根据《会计法》制定的关于会计核算、会计监督、会计机构和会计人员以及会计工作管理的制度。国家统一的会计制度由国务院财政部门根据《会计法》制定并公布。另外,国务院有关部门可以依照《会计法》和国家统一的会计制度制定对会计核算和会计监督有特殊要求的行业实施国家统一的会计制度的具体办法或者补充规定,报国务院财政部门审核批准。

二、会计法律制度的主要内容

(一)会计核算

1. 会计核算的真实性要求

(1)以实际发生的经济业务事项为依据

各单位必须根据实际发生的经济业务事项进行会计核算,填制会计凭证,登记会计账簿,编制财务会计报告。这是会计核算的基本要求,即真实性要求。

(2)不得以虚假的经济业务事项或者资料进行会计核算

任何单位都不得以虚假的经济业务事项或者资料进行会计核算。

经济业务事项,是指单位在经营或者执行预算的过程中发生的、引起资金变化的事项,或者虽然没有引起资金变化,但需要在会计账簿中记录和反映的事项。

2. 会计核算的对象和周期

(1)会计核算的对象

下列经济业务事项应当办理会计手续,进行会计核算:一是款项和有价证券的收付;二是财物的收发、增减和使用;三是债权债务的发生和结算;四是资本、基金的增减;五是收入、支出、费用、成本的计算;六是财务成果的计算和处理;七是需要办理会计手续、进行会计核算的其他事项。

(2)会计核算的周期

单位的经济业务是连续不断的,但会计核算需要确定起点和终点,所以,设定会计核算的周期是十分重要的。会计年度是《会计法》设定的会计核算周期。会计年度自公历1月1日起至12月31日。

3. 会计核算的记账本位币

会计核算以人民币为记账本位币。业务收支以人民币以外的货币为主的单位,可以选定其中一种货币作为记账本位币,但编报的财务会计报告应当折算为人民币。

记账本位币,是指日常登记会计账簿和编制财务会计报告时用于计量的货币。

4. 会计资料的基本要求

会计资料包括会计凭证、会计账簿、财务会计报告和其他会计资料。

(1)符合国家统一的会计制度

会计凭证、会计账簿、财务会计报告和其他会计资料必须符合国家统一的会计制度的规定。使用电子计算机进行会计核算的,其软件及其生成的会计凭证、会计账簿、财务会计报告和其他会计资料也必须符合国家统一的会计制度的规定。

会计电算化是指以电子计算机替代人工进行记账、算账、报账以及对会计信息进行处理的过程。

(2)符合真实性

任何单位和个人都不得伪造、变造会计凭证、会计账簿及其他会计资料，不得提供虚假的财务会计报告。

5. 会计凭证的具体要求

会计凭证包括原始凭证和记账凭证。原始凭证是经济业务事项发生或者完成时填写的，可以用于明确经济责任和记账的会计凭证。记账凭证是根据审核后的原始凭证编制的，可以作为登记会计账簿依据的会计凭证。原始凭证记载经济信息，而记账凭证记载的是会计信息。

(1)原始凭证的要求

①获取及送交。办理《会计法》所列的经济业务事项必须填制或者取得原始凭证并及时送交会计机构。

②审核及接受。会计机构和会计人员必须按照国家统一的会计制度的规定对原始凭证进行审核，对不真实、不合法的原始凭证有权不予接受，并向单位负责人报告；对记载不准确、不完整的原始凭证予以退回，并要求按照国家统一的会计制度的规定更正、补充。

③重开及更正。原始凭证记载的各项内容均不得涂改；原始凭证有错误的，应当由出具单位重开或者更正，更正处应当加盖出具单位印章。原始凭证金额有错误的，应当由出具单位重开，不得在原始凭证上更正。

(2)记账凭证的要求

记账凭证应当根据经过审核的原始凭证及有关资料编制。

6. 会计账簿的具体要求

会计账簿是以会计凭证为依据，由具有一定格式且相互联系的账页组成，登记和反映单位全部经济业务的账簿。

(1)依据及分类

会计账簿登记必须以经过审核的会计凭证为依据，并符合有关法律、行政法规和国家统一的会计制度的规定。会计账簿包括总账、明细账、日记账和其他辅助性账簿。

(2)登记及更正

会计账簿应当按照连续编号的页码顺序登记。会计账簿记录发生错误或者隔页、缺号、跳行的，应当按照国家统一的会计制度规定的方法更正，并由会计人员和会计机构负责人(会计主管人员)在更正处盖章。使用电子计算机进行会计核算的，其会计账簿的登记、更正应当符合国家统一的会计制度的规定。

(3)禁止“小金库”

各单位发生的各项经济业务事项应当在依法设置的会计账簿上统一登记、核算，不得违反《会计法》和国家统一的会计制度的规定私设会计账簿登记、核算。

(4)定期对账

各单位应当定期将会计账簿记录与实物、款项及有关资料相互核对，保证会计账簿记录与实物及款项的实有数额相符、会计账簿记录与会计凭证的有关内容相符、会计账簿之间相对应的记录相符、会计账簿记录与会计报表的有关内容相符。

7. 会计处理方法

会计处理方法，是指根据单位经济业务的性质和内容，运用复式记账原理和借贷记账法，以确定会计科目、编制会计分录、反映经济业务内在联系的会计方法。各单位采用的会计处理方法前后各期应当一致，不得随意变更；确有必要变更的，应当按照国家统一的会计制度的规定变更，并将变更的原因、情况及影响在财务会计报告中说明。

8. 财务会计报告的具体要求

财务会计报告是反映单位的财务状况和经营结果的书面文件。

(1)或有事项说明

单位提供的担保、未决诉讼等或有事项应当按照国家统一的会计制度的规定，在财务会计报告中予以说明。

或有事项，是指单位既有状况可能导致其经济利益损益的情况。

(2)编制

①编制依据。财务会计报告应当根据经过审核的会计账簿记录和有关资料编制，并符合《会计法》和国家统一的会计制度关于财务会计报告的编制要求、提供对象和提供期限的规定；其他法律、行政法规另有规定的，从其规定。

②组成。财务会计报告由会计报表、会计报表附注和财务情况说明书组成。向不同的会计资料使用者提供的财务会计报告，其编制依据应当一致。有关法律、行政法规规定会计报表、会计报表附注和财务情况说明书须经注册会计师审计的，注册会计师及其所在的会计师事务所出具的审计报告应当随同财务会计报告一并提供。

(3)签章及质量保证

财务会计报告应当由单位负责人和主管会计工作的负责人、会计机构负责人(会计主管人员)签名并盖章，设置总会计师的单位还须由总会计师签名并盖章。单位负责人应当保证财务会计报告真实、完整。

9. 会计记录文字

会计记录的文字应当使用中文。在民族自治地方，会计记录可以同时使用当地通用的一种民族文字。在中国境内的外商投资企业、外国企业和其他外国组织的会计记录可以同时使用一种外国文字。

10. 会计资料建档保管

各单位对会计凭证、会计账簿、财务会计报告和其他会计资料应当建立档案，妥善保管。会计档案的保管期限和销毁办法由国务院财政部门会同有关部门制定。

11. 企业会计核算的特别规定

企业进行会计核算，除应当遵守《会计法》的上述会计核算规定外，还应当遵守以下规定：

企业必须根据实际发生的经济业务事项，按照国家统一的会计制度的规定确认、计量、记录资产、负债、所有者权益、收入、费用、成本和利润。

企业进行会计核算，不得有下列行为：一是随意改变资产、负债、所有者权益的确认标准或者计量方法，虚列、多列、不列或者少列资产、负债、所有者权益；二是虚列或者隐瞒收入，推迟或者提前确认收入；三是随意改变费用、成本的确认标准或者计量方法，虚列、多列、不列或者少列费用、成本；四是随意调整利润的计算、分配方法，编造虚假利润或者隐瞒利润；五是违反国家统一的会计制度规定的其他行为。

(二)会计监督

1. 内部会计监督

(1)内部会计监督制度

各单位应当建立健全本单位内部会计监督制度。单位内部会计监督制度应当符合下列要求:一是记账人员与经济业务事项和会计事项的审批人员、经办人员、财物保管人员的职责权限应当明确,并相互分离、相互制约;二是重大对外投资、资产处置、资金调度和其他重要经济业务事项的决策和执行的相互监督、相互制约程序应当明确;三是财产清查的范围、期限和组织程序应当明确;四是对会计资料定期进行内部审计的办法和程序应当明确。

(2)会计机构、会计人员履职保障

单位负责人应当保证会计机构和会计人员依法履行职责,不得授意、指使、强令会计机构和会计人员违法办理会计事项。会计机构和会计人员对违反《会计法》和国家统一的会计制度规定的会计事项有权拒绝办理或者按照职权予以纠正。

(3)会计机构和会计人员的职权

会计机构、会计人员发现会计账簿记录与实物、款项及有关资料不相符的,按照国家统一的会计制度的规定有权处理的,应当及时处理;无权处理的,应当立即向单位负责人报告,请求查明原因,作出处理。

2. 社会监督

(1)检举制度

任何单位和个人对违反《会计法》和国家统一的会计制度规定的行为都有权检举。收到检举的部门有权处理的,应当依法按照职责分工及时处理;无权处理的,应当及时移送有权处理的部门处理。收到检举的部门、负责处理的部门应当为检举人保密,不得将检举人姓名和检举材料转给被检举单位和被检举人个人。

(2)社会审计制度

有关法律、行政法规规定,须经注册会计师进行审计的单位,应当向受委托的会计师事务所如实提供会计凭证、会计账簿、财务会计报告和其他会计资料以及有关情况。任何单位或者个人不得以任何方式要求或者示意注册会计师及其所在的会计师事务所出具不实或者不当的审计报告。另外,财政部门有权对会计师事务所出具审计报告的程序和内容进行监督。

3. 政府监督

(1)财政部门专项监督

财政部门对各单位的下列情况实施监督:一是是否依法设置会计账簿;二是会计凭证、会计账簿、财务会计报告和其他会计资料是否真实、完整;三是会计核算是否符合《会计法》和国家统一的会计制度的规定;四是从事会计工作的人员是否具备专业能力、遵守职业道德。在对上述第二项所列事项实施监督,发现重大违法嫌疑时,国务院财政部门及其派出机构可以向与被监督单位有经济业务往来的单位和被监督单位开立账户的金融机构查询有关情况,有关单位和金融机构应当给予支持。

(2)政府部门监督检查

财政、审计、税务、人民银行、证券监管、保险监管等部门应当依照有关法律、行政法规规定的职责，对有关单位的会计资料实施监督检查。上述监督检查部门对有关单位的会计资料依法实施监督检查后，应当出具检查结论。有关监督检查部门已经作出的检查结论能够满足其他监督检查部门履行本部门职责需要的，其他监督检查部门应当加以利用，避免重复查账。

(3)当事人义务

①保密义务。依法对有关单位的会计资料实施监督检查的部门及其工作人员对在监督检查过程中知悉的国家秘密和商业秘密负有保密义务。

②配合义务。各单位必须依照有关法律、行政法规的规定，接受有关监督检查部门依法实施的监督检查，如实提供会计凭证、会计账簿、财务会计报告和其他会计资料以及有关情况，不得拒绝、隐匿、谎报。

(三)会计机构和会计人员

1. 会计机构

会计机构，是指单位内部办理会计业务(会计核算、会计监督和会计管理)的职能部门。

(1)会计机构的设置

各单位应当根据会计业务的需要设置会计机构，或者在有关机构中设置会计人员并指定会计主管人员；不具备设置条件的，应当委托经批准设立从事会计代理记账业务的中介机构代理记账。

(2)国有单位的总会计师

总会计师是国有单位设置的、负责会计业务及其他财务管理的领导职位。国有的和国有资产占控股地位或者主导地位的大中型企业必须设置总会计师。总会计师的任职资格、任免程序、职责权限由国务院规定。

(3)会计机构的内部稽核制度

内部稽核制度是单位会计机构指定专职或者兼职人员对会计资料依法审核的制度。会计机构内部应当建立稽核制度，出纳人员不得兼任稽核、会计档案保管和收入、支出、费用、债权债务账目的登记工作。出纳是负责现金和财务收付的会计岗位。

2. 会计人员

会计人员，通常是指直接从事会计工作的人员，包括会计机构负责人、会计主管人员，以及其他一般会计从业人员。会计人员的范围由国务院财政部门规定。

(1)会计人员从业资格

会计人员应当具备从事会计工作所需要的专业能力。担任单位会计机构负责人(会计主管人员)的，应当具备会计师以上专业技术职务资格或者从事会计工作三年以上经历。另外，因有提供虚假财务会计报告，做假账，隐匿或者故意销毁会计凭证、会计账簿、财务会计报告，贪污，挪用公款，职务侵占等与会计职务有关的违法行为而被依法追究刑事责任的人员，不得再从事会计工作。

(2)会计人员职业道德和业务教育培训

会计人员应当遵守职业道德，提高业务素质。对会计人员的教育和培训工作应当加强。

(3)会计人员工作交接

会计交接是单位会计人员离开工作岗位时与接替人员进行的会计工作交接。会计人员调动工作或者离职必须与接管人员办清交接手续。一般会计人员办理交接手续，由会计机构负责人(会计主管人员)监交;会计机构负责人(会计主管人员)办理交接手续,由单位负责人监交,必要时,主管单位可以派人会同监交。

第二节 审计法律制度

一、审计与审计法概述

(一)审计概述

1. 审计的含义

审计,是指由专设机构依法对国家机关、国有组织等单位的财政收支、财务收支的实际情况和反映这些实际情况的账目进行监督、审查、评价,以确定账目真实性、合法性和效益性的专门监督活动。

2. 审计的特征

审计作为经济监督活动,应当包括以下特征:

(1)独立性

审计在机构、人员、经费及履职等方面应当具有独立性,保障审计结果的公正性。

(2)权威性

在独立性基础上,审计依法进行,审计机构和审计人员的履职受法律保护。

(3)公正性

在独立性和权威性的前提下,审计工作及其结果具有公正性。

3. 审计的分类

按照审计时间的不同,审计可以分为事前审计、事中审计和事后审计。

按照审计机构(主体)的不同,审计可以分为政府审计部门审计(政府审计)、内部审计和社会审计(独立审计)。中国的审计法所说的审计主要是指政府审计。

按照审计内容的不同,审计可以分为财政收支审计、财务收支审计、财经法纪审计和经济效益审计。

按照审计范围的不同,审计可以分为全部审计和局部审计。

(二)审计法概述

1. 审计法的含义

审计法是调整审计关系的法律规范的总称。审计关系是审计机构及其工作人员在审计监督过程中,与国家机关和其他被审计单位等发生的社会关系。

2. 中国的审计立法

1994 年 8 月 31 日,第八届全国人大常委会第九次会议通过《中华人民共和国审计法》(以下称《审计法》),自 1995 年 1 月 1 日起施行。2006 年 2 月 28 日,第十届全国人大常委会第二十次会议通过《关于修改〈中华人民共和国审计法〉的决定》,对《审计法》进行修正。

广义的审计立法还包括国务院制定的审计行政法规、国务院审计机构制定的审计行政规章等。本节以《审计法》为依据介绍审计法律制度。

3.《审计法》概况

(1)立法目的

《审计法》的立法目的是加强国家的审计监督,维护国家财政经济秩序,提高财政资金的使用效益,促进廉政建设,保障国民经济和社会健康发展。

(2)国家实行审计监督制度

国家审计监督制度即政府审计的制度化,包括审计机关、审计对象及其他工作的制度化。

①审计机关。国务院和县级以上地方人民政府设立审计机关。

②审计对象。国务院各部门和地方各级人民政府及其各部门的财政收支,国有的金融机构和企事业组织的财务收支,以及其他依法规定应当接受审计的财政收支、财务收支,依照《审计法》的规定接受审计监督。

③审计目的。审计机关对上述所列财政收支或者财务收支的真实、合法和效益依法进行审计监督。

④职责和职权。审计机关依照法律规定的职权和程序进行审计监督。审计机关依据有关财政收支、财务收支的法律、法规和国家其他有关规定进行审计评价,在法定职权范围内作出审计决定。另外,审计机关依照法律规定独立行使审计监督权,不受其他行政机关、社会团体和个人的干涉。审计机关和审计人员办理审计事项应当客观公正,实事求是,廉洁奉公,保守秘密。

(3)政府审计的监督

国务院和县级以上地方人民政府应当每年向本级人民代表大会常务委员会提出审计机关对预算执行和其他财政收支的审计工作报告。审计工作报告应当重点报告对预算执行的审计情况,必要时,人民代表大会常务委员会可以对审计工作报告作出决议。国务院和县级以上地方人民政府应当将审计工作报告中指出的问题的纠正情况和处理结果向本级人民代表大会常务委员会报告。

二、审计法律制度的主要内容

(一)审计机关和审计人员

1. 审计机关

(1)中央政府审计机关

国务院设立审计署,在国务院总理的领导下,主管全国的审计工作。审计长是审计署的行政首长。审计署是国务院的职能部门。

(2)地方政府审计机关

省、自治区、直辖市、设区的市、自治州、县、自治县、不设区的市、市辖区的人民政府的审计机关,分别在省长、自治区主席、市长、州长、县长、区长和上一级审计机关的领导下负责本行政区域内的审计工作。地方各级审计机关对本级人民政府和上一级审计机关负责并报告工作,审计业务以上级审计机关的领导为主。

(3)审计机关派出机构

审计机关根据工作需要,经本级人民政府批准,可以在其审计的管辖范围内设立派出机构。派出机构根据审计机关的授权,依法从事审计工作。

(4)审计机关的经费保证

审计机关履行职责所必需的经费应当列入财政预算,由本级人民政府予以保证。

2. 审计人员

(1)审计人员从业资格

审计人员应当具备与其所从事的审计工作相适应的专业知识和业务能力。

(2)审计人员工作规范

①回避。审计人员办理审计事项,与被审计单位或者审计事项有利害关系的,应当回避。

②保密。审计人员对其在执行职务过程中知悉的国家秘密和被审计单位的商业秘密负有保密的义务。

(3)审计人员执业保护

①履职保障。审计人员依法执行职务,受法律保护。任何组织和个人不得拒绝、阻碍审计人员依法执行职务,不得打击报复审计人员。

②负责人职务保障。审计机关负责人依照法定程序任免。审计机关负责人没有违法、失职或者其他不符合任职条件的情况的,不得随意撤换。地方各级审计机关负责人的任免应当事先征求上一级审计机关的意见。

(二)审计机关的职责和权限

1. 审计机关的职责

(1)基本职责

审计机关对本级各部门(含直属单位)和下级政府预算的执行情况、决算以及其他财政收支情况进行审计监督。

(2)工作机制

①审计署的工作机制。审计署在国务院总理的领导下,对中央预算的执行情况和其他财政收支情况进行审计监督,向国务院总理提出审计结果报告。审计署对中央银行的财务收支进行审计监督。

②各级审计机关的工作机制。地方各级审计机关分别在省长、自治区主席、市长、州长、县长、区长和上一级审计机关的领导下,对本级预算执行情况和其他财政收支情况进行审计监督,向本级人民政府和上一级审计机关提出审计结果报告。

(3)审计事项

审计署对中央银行的财务收支进行审计监督。

审计机关进行审计监督的事项包括:一是国有金融机构的资产、负债和损益;二是国家的事业组织和使用财政资金的其他事业组织的财务收支;三是国有企业的资产、负债和损益(国有资本占控股地位或者主导地位的企业、金融机构的审计监督由国务院规定);四是政府投资和以政府投资为主的建设项目的预算执行情况和决算;五是政府部门管理的和其他单位受政府委托管理的社会保障基金、社会捐赠资金以及其他有关基金、资金的财务收支;六是国际组织和外国政府援助、贷款项目的财务收支;七是按照国家有关规定,对国家机关和依法属于审计机关审计监督对象的其他单位的主要负责人在任职期间对本地区、本部门或者本单位的财政收支、财务收支以及有关经济活动应负经济责任的履行情况;等等。

除上述《审计法》规定的审计事项外,审计机关对其他法律、行政法规规定应当由审计机关进行审计的事项依照《审计法》和有关法律、行政法规的规定进行审计监督。

另外，审计机关有权对与国家财政收支有关的特定事项向有关地方、部门、单位进行专项审计调查，并向本级人民政府和上一级审计机关报告审计调查结果。

（4）审计管辖

①管辖依据。审计机关根据被审计单位的财政、财务隶属关系或者国有资产监督管理关系，确定审计管辖范围。

②管辖争议。审计机关之间对审计管辖范围有争议的，由其共同的上级审计机关确定。

③授权（指定）审计及直接审计。上级审计机关可以将其审计管辖范围内的上述审计事项授权下级审计机关进行审计；上级审计机关对下级审计机关审计管辖范围内的重大审计事项可以直接进行审计，但应当防止不必要的重复审计。

（5）内部审计的指导和监督

依法属于审计机关审计监督对象的单位，应当按照国家有关规定建立健全内部审计制度。其内部审计工作应当接受审计机关的业务指导和监督。

（6）核查社会审计机构的审计报告

社会审计机构审计的单位依法属于审计机关审计监督对象的，审计机关按照国务院的规定，有权对该社会审计机构出具的相关审计报告进行核查。

2. 审计机关的权限

（1）获取相关资料

审计机关有权要求被审计单位按照审计机关的规定提供预算或者财务收支计划、预算执行情况、决算、财务会计报告，运用电子计算机储存、处理的财政收支、财务收支电子数据和必要的电子计算机技术文档，在金融机构开立账户的情况，社会审计机构出具的审计报告，以及其他与财政收支或者财务收支有关的资料，被审计单位不得拒绝、拖延、谎报。被审计单位负责人对本单位提供的财务会计资料的真实性和完整性负责。

（2）检查会计资料和资产

审计机关进行审计时，有权检查被审计单位的会计凭证、会计账簿、财务会计报告和运用电子计算机管理财政收支、财务收支电子数据的系统，以及其他与财政收支、财务收支有关的资料和资产，被审计单位不得拒绝。

（3）调查取证

①一般规定。审计机关进行审计时，有权就审计事项的有关问题向有关单位和个人进行调查，并取得有关证明材料。有关单位和个人应当支持、协助审计机关的工作，如实向审计机关反映情况，提供有关证明材料。

②查询单位金融账户及存款。审计机关经县级以上人民政府审计机关负责人批准，有权查询被审计单位在金融机构的账户。有证据证明被审计单位以个人名义存储公款的，经县级以上人民政府审计机关主要负责人批准，有权查询被审计单位以个人名义在金融机构的存款。

（4）封存会计资料、制止违规行为

①封存会计资料。审计机关进行审计时，被审计单位不得转移、隐匿、篡改、毁弃会计凭证、会计账簿、财务会计报告以及其他与财政收支或者财务收支有关的资料，不得转移、隐匿所持有的违反国家规定取得的资产。审计机关对被审计单位违反上述规定的行为有权予以制

止;必要时,经县级以上人民政府审计机关负责人批准,有权封存有关资料和违反国家规定取得的资产,对其中在金融机构的有关存款需要予以冻结的,应当向人民法院提出申请。

②制止违规行为。审计机关对被审计单位正在进行的违反国家规定的财政收支、财务收支行为,有权予以制止;制止无效的,经县级以上人民政府审计机关负责人的批准,通知财政部门和有关主管部门暂停拨付与违反国家规定的财政收支、财务收支行为直接有关的款项;已经拨付的,暂停使用。

审计机关采取上述两项措施,不得影响被审计单位合法的业务活动和生产经营活动。

(5)建议纠正、提请处理违规财政、财务收支的规定

审计机关认为被审计单位所执行的上级主管部门有关财政收支、财务收支的规定与法律、行政法规相抵触的,应当建议有关主管部门纠正;有关主管部门不予纠正的,审计机关应当提请有权处理的机关依法处理。

(6)公布审计结果

审计机关可以向政府有关部门通报或者向社会公布审计结果。审计机关通报或者公布审计结果应当依法保守国家秘密和被审计单位的商业秘密,遵守国务院的有关规定。

(7)请求其他职能部门协助

审计机关履行审计监督职责,可以提请公安、监察、财政、税务、海关、工商行政管理(市场监管)等部门予以协助。

(三)审计程序

1. 组成审计组、送达审计通知书

审计机关根据审计项目计划确定的审计事项组成审计组,并应当在实施审计的三日前向被审计单位送达审计通知书;遇有特殊情况,经本级人民政府批准,审计机关可以直接持审计通知书实施审计。被审计单位应当配合审计机关的工作,并提供必要的工作条件。审计机关应当提高审计工作效率。

2. 实施审计

审计人员通过审查会计凭证、会计账簿、财务会计报告,查阅与审计事项有关的文件、资料,检查现金、实物、有价证券,向有关单位和个人调查等方式进行审计,并取得证明材料。审计人员向有关单位和个人进行调查时,应当出示审计人员的工作证件和审计通知书副本。

3. 提出审计组审计报告

审计组对审计事项实施审计后,应当向审计机关提出审计组的审计报告。审计组的审计报告报送审计机关前,应当征求被审计对象的意见。被审计对象应当自接到审计组的审计报告之日起十日内将书面意见送交审计组。审计组应当将被审计对象的书面意见一并报送审计机关。

4. 提出审计机关审计报告、作出审计决定

审计机关按照审计署规定的程序对审计组的审计报告进行审议,并对被审计对象对审计组的审计报告提出的意见一并研究后,提出审计机关的审计报告。对违反国家规定的财政收支、财务收支行为,依法应当给予处理、处罚的,在法定职权范围内作出审计决定或者向有关主管机关提出处理、处罚的意见。

审计机关应当将审计机关的审计报告和审计决定送达被审计单位和有关主管机关、单位。

审计决定自送达之日起生效。

上级审计机关认为下级审计机关作出的审计决定违反国家有关规定的，可以责成下级审计机关予以变更或者撤销，必要时也可以直接作出变更或者撤销的决定。

本章练习

一、名词解释

审计　会计　会计核算　会计监督　会计账簿

二、单项选择题

1. 将审计分为事前审计、事中审计和事后审计的依据是________。

A. 审计时间的不同　　B. 审计主体的不同

C. 审计范围的不同　　D. 审计内容的不同

2. 将审计分为审计部门审计、内部审计和社会审计的依据是________。

A. 审计时间的不同　　B. 审计主体的不同

C. 审计范围的不同　　D. 审计内容的不同

3. 审计部门依法责令被审计单位上缴应当上缴的款项，被审计单位拒不执行的，审计部门应当通报有关部门，有关部门应当依照有关法律、行政法规的规定予以________或者采取其他处理措施。

A. 执行　　B. 扣缴　　C. 配合　　D. 帮助

4. 国务院和________以上地方人民政府设立审计部门。

A. 省级　　B. 市级　　C. 县级　　D. 乡级

5. 国务院和县级以上地方人民政府________向本级人民代表大会常务委员会提出审计部门对预算执行和其他财政收支的审计工作报告。

A. 应当每年　　B. 应当每季度　　C. 可以每年　　D. 可以根据情况

6. 审计部门依照法律规定独立行使________，不受其他行政机关、社会团体或个人干涉。

A. 职权　　B. 审计权　　C. 审计监督权　　D. 监督权

7. 国务院设立审计署，在________的领导下，主管全国的审计工作。

A. 国务院全体会议　　B. 全国人民代表大会常务委员会

C. 财政部　　D. 国务院总理

8. 地方各级审计部门对本级人民政府和上一级审计部门负责并报告工作，________以上级审计部门领导为主。

A. 人事任命　　B. 审计业务　　C. 财政拨款　　D. 机构设置

9. 地方各级审计部门负责人的任免________。

A. 应当事先征求上一级审计部门的意见　　B. 可以事先征求上一级审计部门的意见

C. 应当事后向上一级审计部门通报　　D. 可以事先向上一级审计部门通报

10. 国务院________主管全国的会计工作。

A. 财政部门　　B. 税务部门
C. 审计部门　　D. 工商行政管理部门

11.《企业财务会计报告条例》属于________。

A. 会计法律　　B. 会计行政法规
C. 会计行政规章　　D. 国家统一的会计制度

12. 各单位必须根据________进行会计核算,填制会计凭证,登记会计账簿,编制财务会计报告。

A. 可能发生的经济业务事项　　B. 计划发生的经济业务事项
C. 实际发生的经济业务事项　　D. 将要发生的经济业务事项

13. 原始凭证有错误的,应当由________重开或更正,更正处应当加盖________印章。

A. 出具单位;记账单位　　B. 出具单位;出具单位
C. 记账单位;出具单位　　D. 记账单位;记账单位

14. 记账凭证应当根据经过审核的________及有关资料编制。

A. 原始凭证　　B. 会计凭证
C. 财务会计报告　　D. 实际发生的经济业务事项

15. ________应当保证会计机构、会计人员依法履行职责,不得授意、指使、强令会计机构、会计人员违法办理会计事项。

A. 会计机构负责人　　B. 单位负责人
C. 总会计师　　D. 会计主管人员

16. 单位应当根据会计业务的需要设置________。

A. 代理记账机构　　B. 会计主管人员
C. 会计机构　　D. 会计机构负责人

17. 会计机构内部应当建立稽核制度,________不得兼任稽核、会计档案保管和收入、支出、费用、债权债务账目的登记工作。

A. 出纳人员　　B. 记账人员　　C. 会计机构负责人　　D. 业务人员

18. 因违法违纪行为被吊销会计从业资格证书的人员,自被吊销会计从业资格证书之日起________年内不得重新取得会计从业资格证书。

A. 三　　B. 五　　C. 一　　D. 两

三、多项选择题

1. 审计是对国家机关、国有组织等规定单位的财政收支、财务收支的实际情况与反映这些实际情况的账目进行监督、审查、评价,以确定账目________的专门监督活动。

A. 真实性　　B. 合法性　　C. 效益性　　D. 完整性

2. 按审计内容的不同,审计可以分为________。

A. 财政收支审计　　B. 财务收支审计
C. 财经法纪审计　　D. 经济效益审计

3. 审计部门的审计对象包括________。

A. 国务院各部门和地方各级人民政府及其各部门的财政收支

B. 国有金融机构的财务收支

C. 其他依照《审计法》规定应当接受审计的财政收支和财务收支

D. 国有企事业组织的财务收支

4. 审计部门负责人________，不得随意撤换。

A. 没有违法失职　　B. 没有其他不符合任职条件

C. 没有达到退休年龄　　D. 未经上级审计部门批准

5. 审计部门根据被审计单位的________，确定审计管辖范围。

A. 资产规模　　B. 财政隶属关系

C. 财务隶属关系　　D. 国有资产监督管理关系

6. 审计部门进行审计时，有权检查被审计单位的________和运用电子计算机管理财政收支、财务收支电子数据的系统，以及其他与财政收支、财务收支有关的资料和资产，被审计单位不得拒绝。

A. 会计凭证　　B. 会计账簿

C. 财务会计报告　　D. 生产过程

7. 审计人员向有关单位和个人进行调查时，应当出示________。

A. 审计人员的工作证件　　B. 审计通知书

C. 审计通知书副本　　D. 审计部门的立案通知

8. 审计部门应当将________送达被审计单位和有关主管部门、单位。

A. 立案通知　　B. 审计通知书

C. 审计报告　　D. 审计决定

9. 会计监督是________对单位经济活动的真实性、准确性和完整性等方面进行的检查和监督活动。

A. 单位内部的会计机构和会计人员　　B. 国家机关

C. 社会组织　　D. 单位员工

10. 会计监督是单位内部的会计机构和会计人员，以及国家机关、社会组织对单位经济活动的________等方面进行的检查和监督活动。

A. 效益性　　B. 真实性　　C. 准确性　　D. 完整性

11. 单位负责人对本单位会计工作和会计资料的________负责。

A. 准确性　　B. 合法性　　C. 真实性　　D. 完整性

12. ________必须符合国家统一的会计制度的规定。

A. 会计凭证　　B. 会计账簿

C. 财务会计报告　　D. 其他会计资料

13. 下列经济业务事项中，应当办理会计手续并进行会计核算的有________。

A. 款项和有价证券的收付　　B. 财物的收发、增减和使用

C. 债权债务的发生和结算　　D. 投资计划

14. 会计凭证是具有一定的格式、用以记录经济业务的发生和完成情况的书面证明，包括________。

A. 会计账簿　　B. 原始凭证　　C. 记账凭证　　D. 财务会计报告

15. 财务会计报告由________组成。向不同的会计资料使用者提供的财务会计报告的编制依据应当一致。

A. 会计报表　　B. 会计报表附注

C. 财务情况说明书　　D. 会计凭证

16. 财务会计报告应当由________签名并盖章。

A. 单位负责人　　B. 主管会计工作的负责人

C. 会计人员　　D. 会计机构负责人(会计主管人员)

17. 单位内部的会计监督制度应当符合下列要求:记账人员与经济业务事项和会计事项的________的职责权限应当明确,并相互分离、相互制约。

A. 单位负责人　　B. 审批人员

C. 经办人员　　D. 财物保管人员

18. 财政部门对各单位________实施监督。

A. 是否依法设置会计账簿

B. 会计凭证、会计账簿、财务会计报告和其他会计资料是否真实、完整

C. 会计核算是否符合《会计法》和国家统一的会计制度的规定

D. 从事会计工作的人员是否具备从业资格

19. 因有________等与会计职务有关的违法行为而被依法追究刑事责任的人员,不得取得或重新取得会计从业资格证书。

A. 提供虚假财务会计报告、做假账

B. 隐匿或故意销毁会计凭证、会计账簿、财务会计报告

C. 贪污、挪用公款、职务侵占

D. 故意杀人

20. 担任单位会计机构负责人(会计主管人员)的,应当________。

A. 取得会计从业资格证书

B. 年满三十五周岁

C. 具备会计师以上专业技术职务资格或者从事会计工作三年以上

D. 具备高级会计师以上专业技术职务资格

四、判断题

1. 接受审计监督的财政收支,是指依照《预算法》和国家其他有关规定纳入预算管理的收入和支出,以及预算外资金的收入和支出。(　　)

2. 接受审计监督的财务收支,是指国有金融机构、企事业单位以及国家规定应当接受审计监督的其他有关单位,按照国家有关财务会计制度的规定,办理会计事务、进行会计核算、实行会计监督的各种资金的收入和支出。(　　)

3. 审计部门依法责令被审计单位上缴应当上缴的款项,被审计单位拒不执行的,审计部门应当通报同级人民政府有关部门,同级人民政府有关部门可以依照有关法律、行政法规的规定予以扣缴或者采取其他处理措施,并将结果书面通知审计部门。(　　)

4. 审计部门对所列财政收支或财务收支的真实性、完整性和效益性依法进行审计监督。（　　）

5. 审计工作报告应当重点报告对预算执行的审计情况。（　　）

6. 地方各级审计部门对本级人民政府和上一级审计部门负责并报告工作，审计业务以本级人民政府的领导为主。（　　）

7. 审计部门根据工作需要，经上一级审计部门批准，可以在其审计管辖范围内设立派出机构。（　　）

8. 审计人员办理审计事项，与被审计单位或者审计事项有利害关系的，应当保密。（　　）

9. 审计部门之间对审计管辖范围有争议的，由其共同的上级人民政府确定。（　　）

10. 审计部门根据审计项目计划确定的审计事项组成审计组，并应当在实施审计七日前向被审计单位送达审计通知书。（　　）

11. 会计是以实物为主要计量单位，从数量上反映和监督生产经营过程及其成果的一种方法。（　　）

12. 国家机关、社会团体、公司、企业、事业单位和军队必须依照《会计法》办理会计事务。（　　）

13. 单位负责人对本单位的会计工作和会计资料的真实性与完整性负责。（　　）

14. 国务院财政部门主管全国的会计工作，县级以上地方各级人民政府财政部门管理本行政区域内的会计工作。（　　）

15. 使用电子计算机进行会计核算的，其软件及其生成的会计凭证、会计账簿、财务会计报告和其他会计资料，应该符合国家统一的会计制度的原则性规定。（　　）

16. 业务收支以人民币以外的货币为主的单位，可以选定其中一种货币作为记账本位币，编报的财务会计报告可以使用该记账本位币。（　　）

17. 会计账簿应当按照连续编号的页码顺序登记，会计账簿记录发生错误或者隔页、缺号、跳行的，应当按照国家统一的会计制度规定的方法更正，并由单位负责人和会计机构负责人（会计主管人员）在更正处盖章。（　　）

18. 财政、审计、税务、中国人民银行、证券监管、保险监管等部门应当依照有关法律、行政法规规定的职责，对有关单位的会计资料实施监督检查。（　　）

19. 单位不具备设置会计机构的条件的，应当委托经批准设立从事会计代理记账业务的中介机构代理记账。（　　）

20. 会计人员调动工作或者离职，必须与单位负责人办理交接手续。（　　）

五、简答题

1. 简述审计人员的工作规范。
2. 简述审计部门的权限。
3. 简述会计核算的基本规范。
4. 简述财政部门的会计监督。
5. 简述会计机构的设置。

六、综合分析题

某国有企业 2019 年 4 月有以下事项：

(1)将财务部经理的孩子聘用为出纳人员，由其负责单位员工的工资发放工作(包括编制工资单、提取现金和分发工资)。

(2)会计人员章某辞职，将工作移交给他人时，因为单位负责人出差，没有找人监督移交。

问：上述事项是否违反财经法律法规？

第十章
经济纠纷处理法律制度

第一节 民事诉讼法律制度

一、民事诉讼与民事诉讼法概述

(一)民事诉讼概述

1. 民事诉讼的含义

民事诉讼,是指人民法院在双方当事人和其他诉讼参与人的参加下,审理和解决民事案件的活动,以及由这些活动所产生的诉讼关系的总和。民事诉讼既是指人民法院审理和解决民事案件的司法活动,也是指由这些司法活动所产生的诉讼关系。民事诉讼的具体含义包括:

(1)双方当事人和其他诉讼参与人的诉讼活动在民事诉讼过程中不可缺少

在民事诉讼过程中必须有诉讼参与人的参加并进行各自的诉讼活动,民事诉讼活动才能发生和进行下去。诉讼参与人,特别是双方当事人的诉讼活动,在诉讼过程中起着重要作用。如果没有原告提起诉讼、被告积极应诉,民事案件就不能产生,民事诉讼也无从发生。

(2)人民法院在民事诉讼过程中处于主导地位

在民事诉讼过程中,虽然诉讼当事人和其他诉讼参与人的诉讼活动不可缺少,但人民法院在民事诉讼活动中处于主导地位。人民法院依法有权决定是否受理原告的起诉、有权决定诉讼进程、有权对案件作出裁判。没有人民法院的受理、裁判活动,原告与被告之间就不可能产生法律上的诉讼权利义务关系。

(3)民事诉讼是法律程序

民事诉讼是严密的法律程序,民事诉讼程序的每一阶段前后连接,有各自的中心任务,只有完成前一阶段的任务才能将诉讼推移到下一阶段。民事诉讼通常包括以下几个阶段:起诉与受理、审理前的准备、开庭审理及作出裁判、上诉、执行。虽然不是每个具体民事诉讼都必须经过所有阶段,但各个阶段的先后顺序不能逾越。

(4)民事诉讼由民事诉讼法调整

人民法院、双方当事人及其他诉讼参与人的民事诉讼活动必须依照民事诉讼法的规定进行。人民法院和双方当事人、其他诉讼参与人之间在民事诉讼活动中产生的诉讼关系成为民事诉讼法律关系,受法律的约束和保护。

2. 民事诉讼与其他诉讼

(1)民事诉讼与刑事诉讼、行政诉讼的共同点

这些诉讼的发生都是因为有可以通过诉讼加以解决的某种事实的存在。诉讼必须有当事人,即通常所说的案件的原告和被告,必须有国家司法机关参加、主持进行和对案件作出裁决,诉讼也要有其他诉讼参与人参加,且应当依法进行。

(2)民事诉讼与刑事诉讼、行政诉讼的区别

这些诉讼要解决的实体问题以及依据的实体法不同。刑事诉讼要解决的是犯罪和刑罚,以及是否追究被告人刑事责任的问题;民事诉讼和行政诉讼则不解决这类问题。刑事诉讼所依据的实体法是规定犯罪与刑罚的刑事法律;民事诉讼和行政诉讼要解决的实体问题是自然人、法人和其他社会组织的人身权、财产权的保护问题,依据的实体法是规定人身权利和财产权利方面内容的民事法律和调整行政关系的行政法律。另外,各种诉讼活动采取的基本原则也不同。

(二)民事诉讼法概述

1. 民事诉讼法的含义和特点

民事诉讼法是由国家制定或者认可的,调整民事诉讼活动以及民事诉讼中产生的诉讼关系的法律规范的总称。

民事诉讼法具有以下特点:

第一,民事诉讼法是程序法,与实体法是形式和内容的关系,即程序法是保证实体法的贯彻实施的,没有程序法的保证,实体法的强大生命力就无从表现;反之,没有实体法,程序法也就失去了存在的价值。

第二,民事诉讼法有形式意义与实质意义的区分。形式意义上的民事诉讼法,是指国家最高权力机关以法律形式公布的进行民事诉讼活动的专门性法律,即1991年4月9日第七届全国人民代表大会第四次会议通过并公布的《中华人民共和国民事诉讼法》(以下称《民事诉讼法》)。实质意义上的民事诉讼法,是指《中华人民共和国宪法》(以下称《宪法》)及其他法律、司法解释中有关民事诉讼的规定。如《宪法》规定,人民法院审理案件,除法律规定的特别情况外,一律公开进行。本节以形式意义上的民事诉讼法为主,介绍民事诉讼法律制度。

2.《民事诉讼法》的演变

《民事诉讼法》施行后,经多次修改、修正:2007年10月28日,根据第十届全国人大常委会第三十次会议《关于修改〈中华人民共和国民事诉讼法〉的决定》进行第一次修正;2012年8月31日,根据第十一届全国人大常委会第二十八次会议《关于修改〈中华人民共和国民事诉讼法〉的决定》进行第二次修正;2017年6月27日,根据第十二届全国人大常委会第二十八次会议《关于修改〈中华人民共和国民事诉讼法〉和〈中华人民共和国行政诉讼法〉的决定》进行第三次修正。

3.《民事诉讼法》的基本原则

第一,民事案件的审判权由人民法院行使。

第二,人民法院依照法律规定对民事案件独立进行审判,不受行政机关、社会团体和个人的干涉。

第三,人民法院审理民事案件,必须以事实为根据,以法律为准绳。

第四，民事诉讼应当遵循诚实信用原则，民事诉讼当事人有平等的诉讼权利。人民法院和诉讼当事人等在民事诉讼中应当遵循诚实信用原则。人民法院审理民事案件应当保障和便利当事人行使诉讼权利，对当事人在适用法律上一律平等。

第五，人民法院审理民事案件，应当根据自愿和合法的原则进行调解；调解不成的，应当及时判决。

第六，人民法院审理民事案件，依照法律规定实行合议、回避、公开审判和两审终审制度。

第七，各族人民都有用本民族语言、文字进行民事诉讼的权利。在少数民族聚居或者多民族共同居住的地区，人民法院应当用当地民族通用的语言、文字审理案件和发布法律文书。人民法院应当对不通晓当地民族通用语言、文字的诉讼参与人提供翻译。

第八，人民法院审理民事案件时，当事人有权进行辩论。

第九，当事人有权在法律规定的范围内处分自己的民事权利和诉讼权利。

第十，人民检察院有权对民事诉讼和民事执行活动实行法律监督。

第十一，机关、社会团体、企事业单位对损害国家、集体或者个人民事权益的行为，可以支持受损害的单位或者个人向人民法院起诉。

第十二，涉外民事诉讼的同等、对等原则。外国人、无国籍人、外国企业和组织在人民法院起诉、应诉，与中国公民、法人和其他组织有同等的诉讼权利和义务。外国法院对中国公民、法人和其他组织的民事诉讼权利加以限制的，中国人民法院对该国公民、企业和组织的民事诉讼权利实行对等原则。

第十三，经当事人同意，民事诉讼活动可以通过信息网络在线进行。民事诉讼活动通过信息网络平台在线进行的，与线下诉讼活动具有同等法律效力。

4.《民事诉讼法》的适用范围

(1)对纠纷的适用范围

人民法院受理公民之间、法人之间、其他组织之间以及他们相互之间因财产关系和人身关系提起的民事诉讼，适用《民事诉讼法》的规定。

(2)对人的适用范围

凡在中国领域内进行民事诉讼的人，都必须遵守《民事诉讼法》，包括：一是中国公民和中国的企事业单位、机关、团体；二是居住在中国领域内的外国人、无国籍人，以及外国企事业组织和团体；三是申请在中国进行民事诉讼的外国人、无国籍人，以及外国的企事业组织和团体。

(3)地域上的适用范围

凡在中国领域内进行民事诉讼，都必须遵守《民事诉讼法》。中国领域包括中国的领土、领空、领海，以及领土伸延的范围。凡是在上述范围内发生的民事纠纷，均按《民事诉讼法》办理。

二、民事诉讼的基本制度

(一)管辖

1. 主管与管辖概述

(1)主管的含义

主管，是指当事人之间的纠纷是否由人民法院受理和处理。任何一个案件，首先要确定其是否归人民法院主管，然后才能进一步确定案件属于人民法院组织系统内的哪一级、哪个地区的人民法院管辖,即先明确人民法院主管与否,在人民法院主管的基础上再明确由哪个人民法院管辖。

(2)管辖的含义

管辖,是指人民法院之间受理民事案件的分工和权限。人民法院按照法律规定在其受辖范围内行使审判权,称为管辖权。依据确定管辖的原则,民事审判管辖分为级别管辖、地域管辖、专属管辖、移送管辖和指定管辖等。

2. 级别管辖

(1)级别管辖的含义

级别管辖,是指确定上下级人民法院之间审理第一审民事案件的分工。级别管辖用来解决人民法院内部的纵向分工问题。中国的人民法院组织系统从高到低分为最高人民法院、高级人民法院、中级人民法院和基层人民法院四级。级别管辖要明确具体的民事案件由哪一级人民法院管辖。

(2)级别管辖的确定

基层人民法院管辖第一审民事案件,但《民事诉讼法》另有规定的除外。

中级人民法院管辖下列第一审民事案件:一是重大涉外案件;二是在本辖区有重大影响的案件;三是最高人民法院确定由中级人民法院管辖的案件。

高级人民法院管辖在本辖区有重大影响的第一审民事案件。

最高人民法院管辖下列第一审民事案件:一是在全国有重大影响的案件;二是认为应当由本院审理的案件。

3. 地域管辖

(1)地域管辖的含义

地域管辖,是指同级人民法院之间以辖区为标志受理第一审民事案件的分工。地域管辖主要解决人民法院内部的横向分工问题,又分为一般地域管辖、特殊地域管辖和专属地域管辖。在人民法院组织系统内,同级人民法院很多,一个高级人民法院下辖几个或者十几个中级人民法院,一个中级人民法院下辖几个或者十几个基层人民法院。地域管辖要明确具体的民事案件由同级人民法院中的哪一个管辖。

(2)一般地域管辖

一般地域管辖,是指以当事人与人民法院管辖区域的关系作为划分标准的一种地域管辖。

①一般地域管辖的原则。民事诉讼一般地域管辖的原则是原告就被告,即民事案件应当由被告住所地人民法院受理。对公民提起的民事诉讼,由被告住所地人民法院管辖;被告住所地与经常居住地不一致的,由经常居住地人民法院管辖。对法人或者其他组织提起的民事诉讼,由被告住所地人民法院管辖。同一诉讼的几个被告住所地、经常居住地在两个以上人民法院辖区的,各该人民法院都有管辖权。

②一般地域管辖原则的例外。特殊情况下也允许变通适用“被告就原告”原则。下列民事诉讼由原告住所地人民法院管辖:一是原告住所地与经常居住地不一致的,由原告经常居住地人民法院管辖;二是对不在中国领域内居住的人提起的有关身份关系的诉讼;三是对下落不明或者宣告失踪的人提起的有关身份关系的诉讼;四是对被采取强制性教育措施的人提起的诉讼;五是对被监禁的人提起的诉讼。

(3)特殊地域管辖

特殊地域管辖,是指以当事人之间的诉讼标的与人民法院的关系为标准确定民事案件的管辖法院。特殊地域管辖为解决特殊诉讼中的特殊问题而设立,目的是便于当事人诉讼,也便于法院处理案件。

以下几种诉讼适用特殊地域管辖:一是因合同纠纷提起的诉讼,由被告住所地或者合同履行地人民法院管辖;二是因保险合同纠纷提起的诉讼,由被告住所地或者保险标的物所在地人民法院管辖;三是因票据纠纷提起的诉讼,由票据支付地或者被告住所地人民法院管辖;四是因公司设立、确认股东资格、分配利润、解散等纠纷提起的诉讼,由公司住所地人民法院管辖;五是因铁路、公路、水上、航空运输和联合运输合同纠纷提起的诉讼,由运输始发地、目的地或者被告住所地人民法院管辖;六是因侵权行为提起的诉讼,由侵权行为地或者被告住所地人民法院管辖;七是因铁路、公路、水上和航空事故请求损害赔偿提起的诉讼,由事故发生地或者车辆、船舶最先到达地、航空器最先降落地或者被告住所地人民法院管辖;八是因船舶碰撞或者其他海事损害事故请求损害赔偿提起的诉讼,由碰撞发生地、碰撞船舶最先到达地、加害船舶被扣留地或者被告住所地人民法院管辖;九是因海难救助费用提起的诉讼,由救助地或者被救助船舶最先到达地人民法院管辖;十是因共同海损提起的诉讼,由船舶最先到达地、共同海损理算地或者航程终止地的人民法院管辖。

4. 专属管辖

下列案件由《民事诉讼法》规定的人民法院专属管辖:一是因不动产纠纷提起的诉讼,由不动产所在地人民法院管辖;二是因港口作业中发生纠纷提起的诉讼,由港口所在地人民法院管辖;三是因继承遗产纠纷提起的诉讼,由被继承人死亡时住所地或者主要遗产所在地人民法院管辖。

5. 移送管辖

人民法院发现受理的案件不属于本院管辖的,应当移送有管辖权的人民法院,受移送的人民法院应当受理。受移送的人民法院认为受移送的案件依照规定不属于本院管辖的,应当报请上级人民法院指定管辖,不得再自行移送。

6. 指定管辖

有管辖权的人民法院由于特殊原因不能行使管辖权的,由上级人民法院指定管辖。人民法院之间因管辖权发生争议,由争议双方协商解决;协商解决不了的,报请它们的共同上级人民法院指定管辖。

7. 当事人的选择

(1)当事人选择实际联系地人民法院管辖

合同或者其他财产权益纠纷的当事人可以书面协议选择被告住所地、合同履行地、合同签订地、原告住所地、标的物所在地等与争议有实际联系的地点的人民法院管辖,但不得违反级别管辖和专属管辖的规定。

(2)原告选择人民法院管辖

两个以上人民法院都有管辖权的诉讼,原告可以向其中一个人民法院起诉;原告向两个以上有管辖权的人民法院起诉的,由最先立案的人民法院管辖。

8. 上下级人民法院管辖权的转移

(1)上级人民法院管辖权的转移

上级人民法院有权审理下级人民法院管辖的第一审民事案件;确有必要将本院管辖的第一审民事案件交下级人民法院审理的,应当报请其上级人民法院批准。

(2)下级人民法院管辖权的转移

下级人民法院对它所管辖的第一审民事案件,认为需要由上级人民法院审理的,可以报请上级人民法院审理。

(二)审判组织

1. 审判组织概述

审判组织是人民法院审理民事案件采用的审理机构的形式,包括合议庭审理和独任审理两种。

(1)合议庭审理

合议庭审理即由人民法院组建的合议庭审理民事案件。合议庭是人民法院审理民事案件时由审判人员组建而成的临时审理机构。合议庭可以由审判员或者审判员与陪审员组成,总人数必须是单数。

(2)独任审理

独任审理即由人民法院的审判员一人审理民事案件。

人民法院审理下列民事案件,不得由审判员一人独任审理:一是涉及国家利益、社会公共利益的案件;二是涉及群体性纠纷,可能影响社会稳定的案件;三是人民群众广泛关注或者其他社会影响较大的案件;四是属于新类型或者疑难复杂的案件;五是法律规定应当组成合议庭审理的案件;六是其他不宜由审判员一人独任审理的案件。

人民法院在审理过程中,发现案件不宜由审判员一人独任审理的,应当裁定转由合议庭审理。当事人认为案件由审判员一人独任审理违反法律规定的,可以向人民法院提出异议,人民法院对当事人提出的异议应当审查,异议成立的,裁定转由合议庭审理;异议不成立的,裁定驳回。

审判组织与审判机关不同。审判机关是法律规定的、行使审判权的司法机关,人民法院是我国的审判机关。审判组织是人民法院内部审理具体民事案件时临时组建的审理机构。

2. 第一审民事案件的审判组织

(1)合议庭审理

人民法院审理第一审民事案件,由审判员、陪审员共同组成合议庭或者由审判员组成合议庭。陪审员在执行陪审职务时,与审判员有同等的权利和义务。

(2)独任审理

适用简易程序审理的民事案件由审判员一人独任审理。基层人民法院审理的基本事实清楚、权利义务关系明确的第一审民事案件,可以由审判员一人适用普通程序独任审理。

3. 第二审民事案件的审判组织

(1)合议庭审理

人民法院审理第二审民事案件由审判员组成合议庭。

(2)独任审理

中级人民法院对第一审适用简易程序审结或者不服裁定提起上诉的第二审民事案件,事实清楚、权利义务关系明确的,经双方当事人同意,可以由审判员一人独任审理。

4. 发回重审及再审案件的审判组织

(1)发回重审的审判组织

发回重审的案件,原审人民法院应当按照第一审程序另行组成合议庭。

(2)再审案件的审判组织

审理再审案件,原来是第一审的,按照第一审程序另行组成合议庭;原来是第二审的或者是上级人民法院提审的,按照第二审程序另行组成合议庭。

5. 合议庭组成及审理工作规范

(1)合议庭审判长

合议庭的审判长由院长或者庭长指定审判员一人担任;院长或者庭长参加审判的,由院长或者庭长担任。

(2)合议庭评议案件的规则

合议庭评议案件,实行少数服从多数的原则。评议应当制作笔录,由合议庭成员签名。评议中的不同意见必须如实记入笔录。

(3)审判人员

审判人员应当依法秉公办案。审判人员不得接受当事人及其诉讼代理人的请客、送礼。审判人员有贪污受贿、徇私舞弊、枉法裁判行为的,应当追究法律责任;构成犯罪的,依法追究刑事责任。

(三)回避

回避是为了公正审理民事案件而采取的与案件有关联的人员脱离审理工作的制度。

1. 人员回避的范围

审判人员有下列情形之一的,应当自行回避,当事人有权用口头或者书面方式申请他们回避:一是是本案当事人或者当事人、诉讼代理人的近亲属;二是与本案有利害关系;三是与本案当事人、诉讼代理人有其他关系,可能影响对案件的公正审理。

另外,审判人员接受当事人、诉讼代理人的请客、送礼,或者违反规定会见当事人、诉讼代理人的,当事人有权要求他们回避。审判人员有上述规定的行为的,应当依法追究法律责任。上述所有规定适用于书记员、翻译人员、鉴定人和勘验人。

2. 回避申请

当事人提出回避申请,应当说明理由,在案件开始审理时提出;回避事由在案件开始审理后知道的,也可以在法庭辩论终结前提出。被申请回避的人员在人民法院作出是否回避的决定前,应当暂停参与本案的工作,但案件需要采取紧急措施的除外。

3. 回避决定

(1)决定权

院长担任审判长或审判员时的回避由审判委员会决定,审判人员的回避由院长决定,其他人员的回避由审判长或者独任审判员决定。

(2)决定期限

人民法院对当事人提出的回避申请,应当在申请提出的三日内以口头或者书面形式作出决定。申请人对决定不服的,可以在接到决定时申请复议一次。复议期间,被申请回避的人员不停止参与本案的工作。人民法院对复议申请应当在三日内作出复议决定并通知复议申请人。

(四)诉讼参加人

1. 当事人

(1)当事人的含义

民事诉讼的当事人,是指因民事权利义务关系而发生纠纷,以自己的名义进行诉讼,并受人民法院裁判拘束的利害关系人。公民、法人和其他组织可以作为民事诉讼的当事人。法人由其法定代表人进行诉讼,其他组织由其主要负责人进行诉讼。

诉讼当事人的具体含义包括:

第一,以自己的名义进行诉讼。以他人的名义参与民事诉讼诉讼的人,如诉讼代理人等,不是民事诉讼的当事人。

第二,与案件有着直接的利害关系。当事人为维护自己的民事权益参加诉讼,与案件有直接的利害关系。与案件没有直接利害关系的人,如支持受损害的单位或者个人参与诉讼的企事业单位、机关、团体的代表,不是民事诉讼的当事人。

第三,受人民法院裁判的拘束。人民法院的裁判为解决民事纠纷作出,对当事人具有拘束力。虽然以自己的名义参与诉讼,但不受人民法院的裁判拘束的人,如证人、鉴定人等,不是民事诉讼的当事人。

狭义的当事人,是指民事诉讼关系中的原告和被告;广义的当事人还包括共同诉讼人和第三人。

(2)当事人的基本诉讼权利和义务

当事人在不同的诉讼阶段具有不同的诉讼地位,享有不同的诉讼权利,承担不同的诉讼义务。

①当事人的基本诉讼权利。当事人有权委托代理人,提出回避申请,收集、提供证据,进行辩论,请求调解,提起上诉,申请执行。当事人可以查阅本案有关材料并复制本案有关材料和法律文书。查阅、复制本案有关材料的范围和办法由最高人民法院规定。

②当事人的基本诉讼义务。当事人必须依法行使诉讼权利,遵守诉讼秩序,履行发生法律效力的判决书、裁定书和调解书。

另外,双方当事人可以自行和解。

(3)原告和被告

①原告和被告的含义。原告,是指为保护自己的民事权益,以自己的名义提起民事诉讼,使民事诉讼程序发生的人。被告,是指被原告提起民事诉讼,由人民法院通知其应诉的人。原告和被告是民事案件中互相对立的当事人,他们与案件的解决有着直接的利害关系。人民法院审理民事案件是要解决原告与被告之间的纠纷,不论是调解还是作出裁判,都对原告和被告具有拘束力。

②原告和被告的诉讼权利。原告可以放弃或者变更诉讼请求;被告可以承认或者反驳诉

讼请求，有权提起反诉。

(4)共同诉讼人

当事人一方或者双方为两人以上，其诉讼标的是共同的，或者诉讼标的是同一种类、人民法院认为可以合并审理并经当事人同意的，为共同诉讼。

①必要的共同诉讼。必要的共同诉讼，是指诉讼标的是共同的，人民法院必须合并审理并作出同一裁判的诉讼。共同诉讼的一方当事人对诉讼标的有共同权利和义务的，其中一人的诉讼行为经其他共同诉讼人承认，对其他共同诉讼人发生效力。

②普通的共同诉讼。普通的共同诉讼，是指诉讼标的属同一种类，人民法院认为可以合并审理的诉讼。对诉讼标的没有共同权利和义务的，其中一人的诉讼行为对其他共同诉讼人不发生效力。

(5)代表人诉讼

代表人诉讼是共同诉讼的特殊情况，是指原告或者被告一方人数众多的诉讼，可以由当事人推选代表人进行诉讼。

①当事人推选代表人。当事人一方人数众多的共同诉讼，可以由当事人推选代表人进行诉讼。代表人的诉讼行为对其所代表的当事人发生效力，但代表人变更、放弃诉讼请求或者承认对方当事人的诉讼请求，进行和解，必须经被代表的当事人同意。

②人民法院登记、当事人推选或者商定代表人。诉讼标的是同一种类、当事人一方人数众多且在起诉时人数尚未确定的，人民法院可以发出公告，说明案件情况和诉讼请求，通知权利人在一定期间人民法院登记。向人民法院登记的权利人可以推选代表人进行诉讼；推选不出代表人的，人民法院可以与参加登记的权利人商定代表人。

③代表人的诉讼权利及其效力。代表人的诉讼行为对其所代表的当事人发生效力，但代表人变更、放弃诉讼请求或者承认对方当事人的诉讼请求，进行和解，必须经被代表的当事人同意。人民法院作出的判决、裁定对参加登记的全体权利人发生效力。未参加登记的权利人在诉讼时效期间提起诉讼的，适用该判决、裁定。

代表人诉讼将共同诉讼与诉讼代理结合起来，避免众多当事人一同参加诉讼导致诉讼程序复杂化，达到实现处于相同情况的一大批人的利益的目的。

(6)公益诉讼

①公益诉讼的范围。对污染环境、侵害众多消费者合法权益等损害社会公共利益的行为，法律规定的机关和有关组织可以向人民法院提起诉讼。

②人民检察院公益诉讼的职权。人民检察院在履行职责的过程中发现破坏生态环境和资源保护、食品药品安全领域侵害众多消费者合法权益等损害社会公共利益的行为，在没有上述规定的机关和组织或者规定的机关和组织不提起诉讼的情况下，可以向人民法院提起诉讼。规定的机关或者组织提起诉讼的，人民检察院可以支持起诉。

(7)第三人诉讼

第三人，是指民事诉讼中对他人之间的诉讼标的有独立的请求权，或者虽然没有独立的请求权，但案件的处理结果与第三人有法律上的利害关系，因而参加已经开始的民事诉讼的人。

①有独立请求权的第三人。有独立请求权的第三人，是指对他人之间诉讼标的的全部或者一部分主张权利并参加诉讼的人。有独立请求权的第三人既不同意原告的诉讼主张，也不

同意被告的诉讼主张,无论原告胜诉还是被告胜诉都将损害其权益,为了维护自己的合法权益,对当事人双方的诉讼标的,第三人认为有独立请求权的,有权提起诉讼。其在诉讼中的地位相当于原告,而原来诉讼中的原告和被告则成为其共同被告。人民法院将本诉与第三人提起之诉合并审理。

②无独立请求权的第三人。无独立请求权的第三人,是指对他人之间的诉讼标的不主张独立的实体权利,只是为了维护自己的合法权益而支持当事人一方进行诉讼。对当事人双方的诉讼标的,第三人虽然没有独立请求权,但案件处理结果与其有法律上的利害关系的,可以申请参加诉讼,或者由人民法院通知其参加诉讼。人民法院判决承担民事责任的第三人有当事人的诉讼权利和义务。

另外,上述规定的第三人因不能归责于本人的事由未参加诉讼,但有证据证明发生法律效力的判决、裁定、调解书的部分或者全部内容错误,损害其民事权益的,可以自知道或者应当知道其民事权益受到损害之日起六个月内向作出该判决、裁定、调解书的人民法院提起诉讼。人民法院经审理,诉讼请求成立的,应当改变或者撤销原判决、裁定、调解书;诉讼请求不成立的,驳回诉讼请求。

2. 诉讼代理人

(1)诉讼代理及诉讼代理人的含义

根据人民法院的依法指定或者当事人的委托,代当事人进行诉讼行为,称为诉讼代理。代理当事人进行诉讼行为的权限称为诉讼代理权。诉讼代理人,是指基于诉讼代理权代理一方当事人进行诉讼活动的人。

(2)法定及指定的诉讼代理

无诉讼行为能力人由其监护人作为法定代理人代为诉讼。法定代理人之间互相推诿代理责任的,由人民法院指定其中一人代为诉讼。

(3)委托诉讼代理

①诉讼代理人的人数。当事人、法定代理人可以委托一至两人作为诉讼代理人。

②诉讼代理人的资格。下列人员可以被委托为诉讼代理人:一是律师、基层法律服务工作者;二是当事人的近亲属或者工作人员;三是当事人所在社区、单位以及有关社会团体推荐的公民。

③授权委托书。委托他人代为诉讼,必须向人民法院提交由委托人签名或者盖章的授权委托书。授权委托书必须记明委托事项和权限。诉讼代理人代为承认、放弃、变更诉讼请求,进行和解,提起反诉或者上诉,必须有委托人的特别授权。侨居在国外的中国公民从国外寄交或者托交的授权委托书,必须经中国驻该国的使领馆证明;没有使领馆的,由与中国有外交关系的第三国驻该国的使领馆证明,再转由中国驻该第三国使领馆证明,或者由当地的爱国华侨团体证明。

④诉讼代理权的变更或者撤销。诉讼代理人的权限变更或者解除,当事人应当书面告知人民法院,并由人民法院通知对方当事人。

⑤诉讼代理人的取证权限。代理诉讼的律师和其他诉讼代理人有权调查和收集证据,可以查阅本案有关材料。查阅本案有关材料的范围和办法由最高人民法院规定。离婚案件有诉讼代理人的,本人除不能表达意思的以外,仍应出庭;确因特殊情况无法出庭的,必须向人民法

院提交书面意见。

（五）证据

证据是民事诉讼中能够证明案件客观事实的根据。民事诉讼证据应当具有以下特征：

第一，客观性。民事诉讼证据是客观真实情况的反映，不是任何假定、臆想。

第二，关联性。民事诉讼证据与特定民事案件存在内在联系。

第三，合法性。民事诉讼证据的范围（表现形式）以及收集、调查、保全、采信等应当符合法律规定。

1. 民事诉讼证据和举证责任

（1）民事诉讼证据的范围

民事诉讼证据包括：一是当事人的陈述；二是书证；三是物证；四是视听资料；五是电子数据；六是证人证言；七是鉴定意见；八是勘验笔录。证据必须查证属实，才能作为认定事实的根据。

（2）举证责任

当事人对自己提出的主张有责任提供证据，即“谁主张，谁举证”。当事人及其诉讼代理人因客观原因不能自行收集的证据，或者人民法院认为审理案件需要的证据，人民法院应当调查收集。人民法院应当按照法定程序，全面、客观地审查并核实证据。

2. 举证期限

当事人对自己提出的主张应当及时提供证据。

人民法院根据当事人的主张和案件审理情况，确定当事人应当提供的证据及其期限。当事人在该期限内提供证据确有困难的，可以向人民法院申请延长期限，人民法院根据当事人的申请适当延长。当事人逾期提供证据的，人民法院应当责令其说明理由；拒不说明理由或者理由不成立的，人民法院根据不同情形可以不采纳该证据，或者采纳该证据但予以训诫、罚款。

3. 证据固定

（1）当事人提交

人民法院收到当事人提交的证据材料，应当出具收据，写明证据名称、页数、份数、原件或者复印件以及收到时间等，并由经办人员签名或者盖章。

（2）人民法院调查取证

人民法院有权向有关单位和个人调查取证，有关单位和个人不得拒绝。人民法院对有关单位和个人提出的证明文书应当辨别真伪，审查并确定其效力。

（3）证据采信

证据应当在法庭上出示，并由当事人互相质证。对涉及国家秘密、商业秘密和个人隐私的证据应当保密，需要在法庭出示的，不得在公开开庭时出示。

（4）公证效力

经过法定程序公证证明的法律事实和文书，人民法院应当作为认定事实的根据，但有相反证据足以推翻公证证明的除外。

4. 各种证据规则

（1）当事人的陈述

人民法院对当事人的陈述应当结合本案的其他证据，审查并确定能否作为认定事实的根据;当事人拒绝陈述的,不影响人民法院根据证据认定案件事实。

(2)书证

书证应当提交原件。物证应当提交原物。提交原件或者原物确有困难的,可以提交复制品、照片、副本、节录本。提交外文书证,必须附有中文译本。

(3)视听资料

人民法院对视听资料应当辨别真伪,并结合本案的其他证据,审查并确定能否作为认定事实的根据。

(4)证人证言

①证人作证义务。凡是知道案件情况的单位和个人,都有义务出庭作证。有关单位的负责人应当支持证人作证。不能正确表达意思的人,不能作证。经人民法院通知,证人应当出庭作证。有下列情形之一的,经人民法院许可,可以通过书面证言、视听传输技术或者视听资料等方式作证:一是因健康原因不能出庭;二是因路途遥远,交通不便不能出庭;三是因自然灾害等不可抗力不能出庭;四是其他有正当理由不能出庭的。

②证人利益保障。证人因履行出庭作证义务而支出的交通、住宿、就餐等必要费用以及误工损失由败诉一方当事人负担。当事人申请证人作证的,由该当事人先行垫付;当事人没有申请,人民法院通知证人作证的,由人民法院先行垫付。

(5)鉴定意见

①鉴定申请及鉴定人确定。当事人可以就查明事实的专门性问题向人民法院申请鉴定。当事人申请鉴定的,由双方当事人协商确定具备资格的鉴定人;协商不成的,由人民法院指定。当事人未申请鉴定,人民法院对专门性问题认为需要鉴定的,应当委托具备资格的鉴定人进行鉴定。

②鉴定人的权利和义务。鉴定人有权了解进行鉴定所需要的案件材料,必要时可以询问当事人、证人。鉴定人应当提出书面鉴定意见,在鉴定书上签名或者盖章。

③鉴定人出庭作证。当事人对鉴定意见有异议或者人民法院认为鉴定人有必要出庭的,鉴定人应当出庭作证。经人民法院通知,鉴定人拒不出庭作证的,鉴定意见不得作为认定事实的根据,支付鉴定费用的当事人可以要求返还鉴定费用。另外,当事人可以申请人民法院通知有专门知识的人出庭,就鉴定人作出的鉴定意见或者专业问题提出意见。

(6)勘验笔录

①勘验规则。对于勘验物证或者现场,勘验人必须出示人民法院的证件,并邀请当地基层组织或者当事人所在单位派人参加;当事人或者当事人的成年家属应当到场,拒不到场的,不影响勘验的进行。

②协助勘验。有关单位和个人根据人民法院的通知,有义务保护现场,协助勘验工作。

③勘验笔录。勘验人应当将勘验情况和结果制作笔录,由勘验人、当事人和被邀参加人签名或者盖章。

5. 证据保全

(1)当事人申请及人民法院依职权保全证据

在证据可能灭失或者以后难以取得的情况下,当事人可以在诉讼过程中向人民法院申请保全证据,人民法院也可以主动采取保全措施。

(2)利害关系人申请保全证据

因情况紧急,在证据可能灭失或者以后难以取得的情况下,利害关系人可以在提起诉讼或者申请仲裁前向证据所在地、被申请人住所地或者对案件有管辖权的人民法院申请保全证据。

(六)保全和先予执行

1. 保全

保全也称财产保全、诉讼保全,是人民法院为了保证将来判决生效后得到全部执行,对当事人的财产或者争执的标的物采取的临时性强制措施。

(1)保全的申请、担保、裁定及执行

①保全措施的申请。人民法院对于可能因当事人一方的行为或者其他原因使判决难以执行或者造成当事人其他损害的案件,根据对方当事人的申请,可以裁定对其财产进行保全、责令其作出一定行为或者禁止其作出一定行为;当事人没有提出申请的,人民法院在必要时也可以裁定采取保全措施。据此,人民法院可以依据当事人的申请,或者依据职权,裁定采取保全措施。

②保全措施的担保、裁定及执行。人民法院采取保全措施,可以责令申请人提供担保;申请人不提供担保的,裁定驳回申请。人民法院接受申请后,对情况紧急的,必须在四十八小时内作出裁定;裁定采取保全措施的,应当立即执行。

(2)诉前保全的申请、裁定、执行及解除

①诉前保全措施的申请条件。利害关系人因情况紧急,不立即申请保全将会使其合法权益受到难以弥补的损害的,可以在提起诉讼或者申请仲裁前向被保全财产所在地、被申请人住所地或者对案件有管辖权的人民法院申请采取保全措施。申请人应当提供担保;不提供担保的,裁定驳回申请。

②诉前保全措施的裁定及执行。人民法院接受申请后,必须在四十八小时内作出裁定。裁定采取保全措施的,应当立即执行。

③诉前保全措施的解除。申请人在人民法院采取保全措施后三十日内不依法提起诉讼或者申请仲裁的,人民法院应当解除保全。

(3)保全的范围及方法

保全限于请求的范围,或者与本案有关的财物。财产保全采取查封、扣押、冻结或者法律规定的其他方法。人民法院保全财产后,应当立即通知被保全财产的人。财产已被查封、冻结的,不得重复查封、冻结。

(4)保全的解除及申请错误赔偿责任

财产纠纷案件的被申请人提供担保的,人民法院应当裁定解除保全;申请有错误的,申请人应当赔偿被申请人因保全而遭受的损失。

2. 先予执行

先予执行是人民法院在作出判决并交付执行前,因权利人难以维持生活或者生产,裁定义务人先行给付一定款项或者特定物的措施。

(1)申请先予执行的范围

人民法院对下列案件,根据当事人的申请,可以裁定先予执行:一是追索赡养费、扶养费、抚养费、抚恤金、医疗费用;二是追索劳动报酬;三是因情况紧急而需要先予执行。

(2)裁定先予执行的条件

人民法院裁定先予执行的,应当符合下列条件:一是当事人之间权利义务关系明确,不先予执行将严重影响申请人的生活或者生产经营;二是被申请人有履行能力。人民法院可以责令申请人提供担保,申请人不提供担保的,驳回申请。申请人败诉的,应当赔偿被申请人因先予执行而遭受的财产损失。

3. 保全和先予执行的复议

当事人对保全或先予执行的裁定不服的,可以申请复议一次,复议期间不停止裁定的执行。

三、审判程序

(一)民事审判程序概述

审判程序是审判民事案件需要经过的涉及不同级别人民法院的步骤。民事诉讼法作为程序法,以民事诉讼各个环节的程序制度为基础。审判程序和执行程序是民事诉讼程序的核心,审判程序是执行程序的基础。

中国的民事案件一般实行两审终审的审判制度。将审判程序完整地经历一遍,一般情况下,一个民事案件可能经历第一审程序、第二审程序和审判监督程序(再审)三个阶段。但是,并不是所有民事案件都必须经历以上程序,有些民事案件适用一审终审制度。

(二)第一审程序

第一审程序,是指人民法院审理第一审民事案件所适用的程序。第一审程序,除普通程序外,还有简易程序和特别程序。简易程序是普通程序的简化,是基层人民法院及其派出的法庭审理简单民事案件和简单经济纠纷案件适用的程序。特别程序是第一审人民法院审理特殊类型案件所适用的程序。

1. 第一审普通程序

第一审普通程序是人民法院审理第一审民事案件通常适用的程序。第一审普通程序是诉讼程序中一个十分重要的程序,作为一般的、基本的诉讼程序,除适用简易程序外,第一审人民法院审判民事案件的法定程序是第一审普通程序。第一审普通程序主要有起诉与受理、审理前的准备、开庭审理和宣判等。

(1)起诉与受理

①起诉的条件。起诉是审判程序发生的根据。起诉必须符合下列条件:一是原告是与本案有直接利害关系的公民、法人和其他组织;二是有明确的被告;三是有具体的诉讼请求和事实、理由;四是属于人民法院受理民事诉讼的范围和受诉人民法院管辖。

②起诉状。起诉应当向人民法院递交起诉状,并按照被告人数提出副本。书写起诉状确有困难的,可以口头起诉,由人民法院记入笔录,并告知对方当事人。起诉状应当记明下列事项:一是原告的姓名、性别、年龄、民族、职业、工作单位、住所、联系方式,法人或者其他组织的名称、住所和法定代表人或者主要负责人的姓名、职务、联系方式;二是被告的姓名、性别、工作单位、住所等信息,法人或者其他组织的名称、住所等信息;三是诉讼请求和所根据的事实与理由;四是证据和证据来源,证人姓名和住所。

③先行调解。当事人起诉到人民法院的民事纠纷,适宜调解的,先行调解,但当事人拒绝

调解的除外。

④受理。人民法院应当保障当事人依照法律规定享有的起诉权利。对符合条件的起诉，必须受理。符合起诉条件的，应当在七日内立案并通知当事人；不符合起诉条件的，应当在七日内作出裁定书，不予受理。原告对裁定不服的，可以提起上诉。

(2)审理前的准备

①发送起诉状副本。人民法院应当在立案之日起五日内将起诉状副本发送被告，被告应当在收到之日起十五日内提出答辩状。答辩状应当记明被告的姓名、性别、年龄、民族、职业、工作单位、住所、联系方式，法人或者其他组织的名称、住所和法定代表人或者主要负责人的姓名、职务、联系方式。人民法院应当在收到答辩状之日起五日内将答辩状副本发送原告。被告不提出答辩状的，不影响人民法院的审理。

②确定审判组织。审判人员确定后，应当在三日内告知当事人。

③审核材料、调查收集证据。审判人员必须认真审核诉讼材料，调查并收集必要的证据。

(3)开庭审理和宣判

①审理方式。人民法院审理民事案件，除涉及国家秘密、个人隐私或者法律另有规定的以外，应当公开进行。离婚案件、涉及商业秘密的案件，当事人申请不公开审理的，可以不公开审理。另外，人民法院审理民事案件，根据需要进行巡回审理，就地办案。

②开庭通知。人民法院审理民事案件，应当在开庭三日前通知当事人和其他诉讼参与人。公开审理的，应当公告当事人姓名、案由和开庭的时间、地点。

③查明到庭情况、告知诉讼及回避权利。开庭审理前，书记员应当查明当事人和其他诉讼参与人是否到庭，宣布法庭纪律。开庭审理时，由审判长核对当事人，宣布案由，宣布审判人员、书记员名单，告知当事人有关的诉讼权利义务，询问当事人是否提出回避申请。

④法庭调查。法庭调查按照下列顺序进行：一是当事人陈述；二是告知证人的权利和义务，证人作证，宣读未到庭的证人的证言；三是出示书证、物证、视听资料和电子数据；四是宣读鉴定意见；五是宣读勘验笔录。当事人在法庭上可以提出新的证据。当事人经法庭许可，可以向证人、鉴定人、勘验人发问。当事人要求重新进行调查、鉴定或者勘验的，是否准许由人民法院决定。另外，原告增加诉讼请求，被告提出反诉，第三人提出与本案有关的诉讼请求，可以合并审理。

⑤法庭辩论。法庭辩论按照下列顺序进行：原告及其诉讼代理人发言→被告及其诉讼代理人答辩→第三人及其诉讼代理人发言或者答辩→互相辩论。法庭辩论终结，由审判长按照原告、被告、第三人的先后顺序征询各方最后意见。

⑥判决。法庭辩论终结，应当依法作出判决。判决前能够调解的，可以进行调解；调解不成的，应当及时判决。原告经传票传唤，无正当理由拒不到庭的，或者未经法庭许可中途退庭的，可以按撤诉处理；被告反诉的，可以缺席判决。被告经传票传唤，无正当理由拒不到庭的，或者未经法庭许可中途退庭的，可以缺席判决。判决书的内容包括：一是案由、诉讼请求、争议的事实和理由；二是判决认定的事实和理由、适用的法律和理由；三是判决结果和诉讼费用的负担；四是上诉期间和上诉的法院。判决书由审判人员、书记员署名，加盖人民法院印章。

人民法院适用普通程序审理的案件应当自立案之日起六个月内审结。有特殊情况需要延长的，经本院院长批准，可以延长六个月；还需要延长的，报请上级人民法院批准。

(4)诉讼中止和终结

①诉讼中止。有下列情形之一的,中止诉讼:一是一方当事人死亡,需要等待继承人表明是否参加诉讼;二是一方当事人丧失诉讼行为能力,尚未确定法定代理人;三是作为一方当事人的法人或者其他组织终止,尚未确定权利义务承受人;四是一方当事人因不可抗拒的事由而不能参加诉讼;五是本案必须以另一案的审理结果为依据,而另一案尚未审结;六是其他应当中止诉讼的情形。中止诉讼的原因消除后,恢复诉讼。

②诉讼终结。有下列情形之一的,终结诉讼:一是原告死亡,没有继承人,或者继承人放弃诉讼权利;二是被告死亡,没有遗产,也没有应当承担义务的人;三是离婚案件的一方当事人死亡;四是追索赡养费、扶养费、抚养费以及解除收养关系案件的一方当事人死亡。

2. 简易程序

(1)简易程序的适用

简易程序,是指基层人民法院及其派出法庭审理简单的民事案件及诉讼当事人约定的其他民事案件所运用的一种独立的、简便易行的诉讼程序。

基层人民法院及其派出的法庭审理事实清楚、权利义务关系明确、争议不大的简单民事案件,适用简易程序。基层人民法院及其派出的法庭审理上述规定以外的民事案件,当事人双方也可以约定适用简易程序。

(2)简易程序的特点

与普通程序相比,简易程序在诉讼过程中具有以下特点:

①起诉。对简单的民事案件,原告可以口头起诉。当事人双方可以同时到基层人民法院或其派出的法庭请求解决纠纷。基层人民法院或其派出的法庭可以当即审理,也可以另定日期审理。

②审理。基层人民法院及其派出的法庭审理简单民事案件,可以用简便方式传唤当事人和证人、送达诉讼文书、审理案件,但应当保障当事人陈述意见的权利。

③审判组织。简单民事案件由审判员一人独任审理。

④审理期限。人民法院适用简易程序审理案件,应当在立案之日起三个月内审结。

⑤小额财产争议一审终审。基层人民法院及其派出的法庭审理事实清楚、权利义务关系明确、争议不大的简单金钱给付民事案件,标的额为各省、自治区、直辖市上年度就业人员年平均工资百分之五十以下的,适用小额诉讼的程序审理,实行一审终审。

(3)简易程序中的小额诉讼

①小额诉讼的适用。除了上述基层人民法院及其派出的法庭审理的小额财产争议案件,标的额超过各省、自治区、直辖市上年度就业人员年平均工资百分之五十但在两倍以下的,当事人双方也可以约定适用小额诉讼程序。

②小额诉讼的审理期限。人民法院适用小额诉讼程序审理案件,应当自立案之日起两个月内审结;有特殊情况需要延长的,经本院院长批准,可以延长一个月。人民法院适用小额诉讼程序审理案件,可以一次开庭审结并且当庭宣判。

③不适用小额诉讼程序的民事案件。人民法院审理下列民事案件,不适用小额诉讼的程序:一是人身关系、财产确权案件;二是涉外案件;三是需要评估、鉴定或者对诉前评估、鉴定结果有异议的案件;四是一方当事人下落不明的案件;五是当事人提出反诉的案件;六是其他不

宜适用小额诉讼程序审理的案件。小额诉讼的人民法院在审理过程中，发现案件不宜适用小额诉讼程序的，应当适用简易程序的其他规定审理或者裁定转为普通程序。当事人认为案件适用小额诉讼程序审理违反法律规定的，可以向人民法院提出异议。人民法院对当事人提出的异议应当审查，异议成立的，应当适用简易程序的其他规定审理或者裁定转为普通程序；异议不成立的，裁定驳回。

（三）第二审程序

第二审程序是当事人不服第一审裁判，在上诉期内提出上诉，由上一级人民法院对案件进行审理适用的程序。

1. 上诉

(1)上述期间

当事人不服地方人民法院第一审判决的，有权在判决书送达之日起十五日内向上一级人民法院提起上诉。当事人不服地方人民法院第一审裁定的，有权在裁定书送达之日起十日内向上一级人民法院提起上诉。

(2)上诉状

上诉应当递交上诉状。

①上诉状的内容。上诉状的内容应当包括：一是当事人的姓名，法人的名称及其法定代表人的姓名或者其他组织的名称及其主要负责人的姓名；二是原审人民法院的名称、案件的编号和案由；三是上诉的请求和理由。

②上诉状的提出。上诉状应当通过原审人民法院提出，并按照对方当事人或者代表人的人数提出副本。当事人直接向第二审人民法院上诉的，第二审人民法院应当在五日内将上诉状移交原审人民法院。

③上诉状的送达。原审人民法院收到上诉状，应当在五日内将上诉状副本送达对方当事人，对方当事人在收到之日起十五日内提出答辩状。人民法院应当在收到答辩状之日起五日内将副本送达上诉人。对方当事人不提出答辩状的，不影响人民法院的审理。

④上诉材料的报送。原审人民法院收到上诉状、答辩状，应当在五日内连同全部案卷和证据报送第二审人民法院。

2. 第二审审理

(1)第二审审查的范围

第二审人民法院应当对上诉请求的有关事实和适用法律进行审查。

(2)第二审的审判组织、审理方式和地点

第二审人民法院对上诉案件应当开庭审理。经过阅卷、调查和询问当事人，对没有提出新的事实、证据或者理由，合议庭认为不需要开庭审理的，可以不开庭审理。第二审人民法院审理上诉案件，可以在本院进行，也可以到案件发生地或者原审人民法院所在地进行。

(3)第二审的处理形式

第二审人民法院对上诉案件经过审理，按照下列情形分别处理：一是原判决、裁定认定事实清楚，适用法律正确，以判决、裁定方式驳回上诉，维持原判决、裁定；二是原判决、裁定认定事实错误或者适用法律错误，以判决、裁定方式依法改判、撤销或者变更；三是原判决认定基本事实不清，裁定撤销原判决，发回原审人民法院重审，或者查清事实后改判；四是原判决遗漏当事人或者违法缺席判决等严重违反法定程序，裁定撤销原判决，发回原审人民法院重审。原审人民法院对发回重审的案件作出判决后，当事人提起上诉的，第二审人民法院不得再次发回重审。第二审人民法院的判决、裁定是终审的判决、裁定。另外，第二审人民法院审理上诉案件可以进行调解。调解达成协议应当制作调解书，由审判人员、书记员署名，加盖人民法院印章。调解书送达后，原审人民法院的判决即视为撤销。

(4)第二审的审理期限

人民法院审理判决的上诉案件，应当自第二审立案之日起三个月内审结；有特殊情况需要延长的，经本院院长批准。人民法院审理裁定的上诉案件，应当在第二审立案之日起三十日内作出终审裁定。

(四)特别程序

特别程序是人民法院审理非民事权益争议采用的审判程序。

1. 特别程序的一般规定

(1)适用范围

人民法院审理选民资格案件、宣告失踪或者宣告死亡案件、认定公民无民事行为能力或者限制民事行为能力案件、认定财产无主案件、确认调解协议案件和实现担保物权案件，适用特别程序。

(2)审级和审判组织

依照特别程序审理的案件，实行一审终审。选民资格案件或者重大、疑难的案件，由审判员组成合议庭审理；其他案件由审判员一人独任审理。

(3)终结

人民法院在依照程序审理案件的过程中，发现本案属于民事权益争议的，应当裁定终结特别程序，并告知利害关系人可以另行起诉。

(4)审理期限

人民法院适用特别程序审理的案件应当在立案之日起三十日内或者公告期满后三十日内审结；有特殊情况需要延长的，由本院院长批准；但审理选民资格的案件除外。

2. 适用案件

(1)选民资格案件

①起诉与管辖。公民不服选举委员会对选民资格的申诉所作的处理决定，可以在选举日的五日以前向选区所在地基层人民法院起诉。

②审理期限。人民法院受理选民资格案件后，必须在选举日前审结。

③审理参加人。审理时，起诉人、选举委员会的代表和有关公民必须参加。人民法院的判决书应当在选举日前送达选举委员会和起诉人，并通知有关公民。

(2)宣告失踪、宣告死亡案件

①申请宣告失踪。公民下落不明满两年，利害关系人申请宣告其失踪的，向下落不明人住所地基层人民法院提出。申请书应当写明失踪的事实、时间和请求，并附有公安机关或者其他有关机关关于该公民下落不明的书面证明。

②申请宣告死亡。公民下落不明满四年，或者因意外事件下落不明满两年，或者因意外事件下落不明，经有关机关证明该公民不可能生存，利害关系人申请宣告其死亡的，向下落不明

人住所地基层人民法院提出。申请书应当写明下落不明的事实、时间和请求，并附有公安机关或者其他有关机关关于该公民下落不明的书面证明。

③寻找公告。人民法院受理宣告失踪、宣告死亡案件后，应当发出寻找下落不明人的公告。宣告失踪的公告期间为三个月，宣告死亡的公告期间为一年。因意外事故而下落不明，经有关机关证明该公民不可能生存的，宣告死亡的公告期间为三个月。

④判决及撤销判决。公告期间届满，人民法院应当根据被宣告失踪、被宣告死亡的事实是否得到确认作出宣告失踪、宣告死亡的判决或者驳回申请的判决。被宣告失踪、被宣告死亡的公民重新出现，经本人或者利害关系人申请，人民法院应当作出新判决，撤销原判决。

(3)认定公民无民事行为能力、限制民事行为能力案件

①提出申请及管辖。申请认定公民无民事行为能力或者限制民事行为能力，由利害关系人或者有关组织向该公民住所地基层人民法院提出。申请书应当写明该公民无民事行为能力或者限制民事行为能力的事实和根据。

②鉴定。人民法院受理申请后，必要时应当对被请求认定为无民事行为能力或者限制民事行为能力的公民进行鉴定。申请人已提供鉴定意见的，应当对鉴定意见进行审查。

③指定代理人。人民法院审理认定公民无民事行为能力或者限制民事行为能力的案件，应当由该公民的近亲属为代理人，但申请人除外。近亲属互相推诿的，由人民法院指定其中一人为代理人。该公民健康情况许可的，还应当询问本人的意见。

④判决及撤销判决。人民法院经审理认定申请有事实根据的，判决该公民为无民事行为能力或者限制民事行为能力人；认定申请没有事实根据的，应当判决予以驳回。人民法院根据被认定为无民事行为能力人、限制民事行为能力人本人、利害关系人或者有关组织的申请，证实该公民无民事行为能力或者限制民事行为能力的原因已经消除的，应当作出新判决，撤销原判决。

(4)认定财产无主案件

①提出申请及管辖。申请认定财产无主，由公民、法人或者其他组织向财产所在地基层人民法院提出。申请书应当写明财产的种类、数量以及要求认定财产无主的根据。

②财产认领公告及判决。人民法院受理申请后，经审查核实，应当发出财产认领公告。公告满一年无人认领的，判决认定财产无主，收归国家或者集体所有。

③撤销判决。判决认定财产无主后，原财产所有人或者继承人出现，在规定的诉讼时效期间可以对财产提出请求，人民法院审查属实后，应当作出新判决，撤销原判决。

(5)确认调解协议案件

①提出申请及管辖。经依法设立的调解组织调解达成调解协议，申请司法确认的，由双方当事人自调解协议生效之日起三十日内共同向下列人民法院提出：人民法院邀请调解组织开展先行调解的，向作出邀请的人民法院提出；调解组织自行开展调解的，向当事人住所地、标的物所在地、调解组织所在地的基层人民法院提出；调解协议所涉纠纷应当由中级人民法院管辖的，向相应的中级人民法院提出。

②裁定。人民法院受理申请后，经审查，符合法律规定的，裁定调解协议有效，一方当事人拒绝履行或者未全部履行的，对方当事人可以向人民法院申请执行；不符合法律规定的，裁定驳回申请，当事人可以通过调解方式变更原调解协议或者达成新的调解协议，也可以向人民法

院提起诉讼。

(6)实现担保物权案件

①提出申请及管辖。申请实现担保物权,由担保物权人以及其他有权请求实现担保物权的人依照《民法典》向担保财产所在地或者担保物权登记地基层人民法院提出。

②裁定。人民法院受理申请后,经审查,符合法律规定的,裁定拍卖、变卖担保财产,当事人依据该裁定可以向人民法院申请执行;不符合法律规定的,裁定驳回申请,当事人可以向人民法院提起诉讼。

(五)审判监督程序(再审程序)

审判监督程序是人民法院对已经发生法律效力、确有错误的判决或者裁定依法重新审判时适用的程序。依照审判监督程序审理的案件称为再审案件,审判监督程序称为再审程序。

审判监督程序与第二审程序有性质上的不同。第二审程序是上级人民法院对第一审程序的继续,是上级人民法院对下级人民法院作出的尚未发生法律效力的判决、裁定的审理,是民事案件的终审程序。审判监督程序是对已经发生法律效力的错误判决、裁定的再次审理,不是民事诉讼的必经程序。

1. 审判监督程序的发生

(1)人民法院提起再审

①人民法院院长提起再审。各级人民法院的院长对本院已经发生法律效力的判决、裁定、调解书发现确有错误,认为需要再审的,应当提交审判委员会讨论决定。

②最高人民法院提起再审。最高人民法院对地方各级人民法院已经发生法律效力的判决、裁定、调解书,上级人民法院对下级人民法院已经发生法律效力的判决、裁定、调解书发现确有错误的,有权提起再审或者指令下级人民法院再审。

(2)当事人提起再审

当事人对已经发生法律效力的判决、裁定,认为有错误的,可以向上一级人民法院申请再审。当事人一方人数众多或者当事人双方为公民的案件,也可以向原审人民法院申请再审。当事人申请再审的,不停止判决、裁定的执行。

(3)应当再审的情形

当事人的申请符合下列情形之一的,人民法院应当再审:一是有新的证据足以推翻原判决、裁定;二是原判决、裁定认定的基本事实缺乏证据证明;三是原判决、裁定认定事实的主要证据是伪造的;四是原判决、裁定认定事实的主要证据未经质证;五是对审理案件需要的主要证据,当事人因客观原因不能自行收集,书面申请人民法院调查收集,人民法院未调查收集;六是原判决、裁定适用法律确有错误;七是审判组织的组成不合法或者依法应当回避的审判人员没有回避;八是无诉讼行为能力人未经法定代理人代为诉讼或者应当参加诉讼的当事人因不能归责于本人或者其诉讼代理人的事由而未参加诉讼;九是违反法律规定,剥夺当事人辩论权利;十是未经传票传唤而缺席判决;十一是原判决、裁定遗漏或者超出诉讼请求;十二是据以作出原判决、裁定的法律文书被撤销或者变更;十三是审判人员审理该案件时有贪污受贿,徇私舞弊,枉法裁判的行为。另外,当事人对已经发生法律效力的调解书,提出证据证明调解违反自愿原则或者调解协议的内容违反法律的,可以申请再审;经人民法院审查属实的,应当再审。当事人对已经发生法律效力的解除婚姻关系的判决、调解书不得申请再审。

2. 审判监督程序的审理

(1)当事人申请

①当事人提交申请材料及发送。当事人申请再审的,应当提交再审申请书等材料。人民法院应当自收到再审申请书之日起五日内将再审申请书副本发送对方当事人。对方当事人应当自收到再审申请书副本之日起十五日内提交书面意见;不提交书面意见的,不影响人民法院的审查。人民法院可以要求申请人和对方当事人补充有关材料,询问有关事项。

②当事人申请期限。当事人申请再审,应当在判决、裁定发生法律效力后六个月内提出,或者自知道或者应当知道相关情况之日起六个月内提出。

(2)人民法院再审

①中止原判决、裁定、调解书的执行。按照审判监督程序决定再审的案件,裁定中止原判决、裁定、调解书的执行,但追索赡养费、扶养费、抚养费、抚恤金、医疗费用、劳动报酬等案件,可以不中止执行。

②再审结果。人民法院审理再审案件,应当另行组成合议庭。按照审判监督程序再审的案件,发生法律效力的判决、裁定是由第一审法院作出的,按照第一审程序审理,所作的判决、裁定,当事人可以上诉;发生法律效力的判决、裁定是由第二审法院作出的,按照第二审程序审理,所作的判决、裁定是发生法律效力的判决、裁定。上级人民法院按照审判监督程序提审的,按照第二审程序审理,所作的判决、裁定是发生法律效力的判决、裁定。

3. 人民检察院的抗诉

人民检察院抗诉是人民检察院发现人民法院已经发生法律效力的民事判决、裁定或者调解书确有错误,依法提起抗诉,从而引起审判监督程序开始的司法活动。

(1)人民检察院抗诉

最高人民检察院对各级人民法院已经发生法律效力的判决、裁定,上级人民检察院对下级人民法院已经发生法律效力的判决、裁定,发现有前述应当再审的情形之一的,或者发现调解书损害国家利益、社会公共利益的,应当提出抗诉。地方各级人民检察院对同级人民法院已经发生法律效力的判决、裁定,发现有前述应当再审的情形之一的,或者发现调解书损害国家利益、社会公共利益的,可以向同级人民法院提出检察建议,并报上级人民检察院备案;也可以提请上级人民检察院向同级人民法院提出抗诉。人民检察院决定对人民法院的判决、裁定、调解书提出抗诉的,应当制作抗诉书。

(2)当事人申请检察建议或者抗诉

有下列情形之一的,当事人可以向人民检察院申请检察建议或者抗诉:一是人民法院驳回再审申请;二是人民法院逾期未对再审申请作出裁定;三是再审判决、裁定有明显错误。人民检察院对当事人的申请应当在三个月内进行审查,作出提出或者不予提出检察建议或者抗诉的决定。当事人不得再次向人民检察院申请检察建议或者抗诉。

(3)人民法院对抗诉案件的再审

人民检察院提出抗诉的案件,接受抗诉的人民法院应当自收到抗诉书之日起三十日内作出再审的裁定;有应当再审的一至五项规定情形之一的,可以交下一级人民法院再审,但已经该下一级人民法院再审的除外。人民检察院提出抗诉的案件,人民法院再审时,应当通知人民检察院派员出席法庭。

(六)督促程序和公示催告程序

1. 督促程序

督促程序是人民法院根据债权人的直接申请,向债务人发出要求其支付金钱、有价证券等的支付令的程序。从债权人角度看,督促程序就是向人民法院申请并获得支付令的程序。

(1)债权人申请支付令的条件

债权人请求债务人给付金钱、有价证券,符合下列条件的,可以向有管辖权的基层人民法院申请支付令:一是债权人与债务人没有其他债务纠纷;二是支付令能够送达债务人。申请书应当写明请求给付金钱或者有价证券的数量和所根据的事实、证据。

(2)人民法院发出支付令的程序

①受理债权人的申请。债权人提出申请后,人民法院应当在五日内通知债权人是否受理。

②发出支付令或者裁定驳回申请。人民法院受理申请后,经审查债权人提供的事实、证据,对债权债务关系明确、合法的,应当在受理之日起十五日内向债务人发出支付令;申请不成立的,裁定予以驳回。

③债务人清偿债务或者提出异议。债务人应当自收到支付令之日起十五日内清偿债务,或者向人民法院提出书面异议。债务人在规定的期间不提出异议又不履行支付令的,债权人可以向人民法院申请执行。

④审查异议。人民法院收到债务人提出的书面异议后,经审查,异议成立的,应当裁定终结督促程序,支付令自行失效。支付令失效的,转入诉讼程序,但申请支付令的一方当事人不同意提起诉讼的除外。

2. 公示催告程序

公示催告程序是人民法院根据申请人(票据持有人)的申请,以告示的方法催告利害关系人在法定期间申报权利,对逾期不申报权利的作出除权(票据无效)判决的程序。

(1)申请公示催告的条件

按照规定可以背书转让的票据持有人因票据被盗、遗失或者灭失,可以向票据支付地的基层人民法院申请公示催告。依照法律规定可以申请公示催告的其他事项适用《民事诉讼法》中公示催告的规定。申请人应当向人民法院递交申请书,写明票面金额、发票人、持票人、背书人等票据主要内容和申请的理由、事实。

(2)人民法院催告及除权判决的程序

①受理及通知止付、申报权利。人民法院决定受理申请,应当同时通知支付人停止支付,并在三日内发出公告,催促利害关系人申报权利。公示催告的期间由人民法院根据情况决定,但不得少于六十日。

②止付期限。支付人收到人民法院停止支付的通知,应当停止支付,至公示催告程序终结。公示催告期间,转让票据权利的行为无效。

③利害关系人申报权利及公示催告程序终结。利害关系人应当在公示催告期间向人民法院申报。人民法院收到利害关系人的申报后,应当裁定终结公示催告程序,并通知申请人和支付人。申请人或者申报人可以向人民法院起诉。

④判决票据无效。没有人申报的,人民法院应当根据申请人的申请作出判决,宣告票据无效。判决应当公告并通知支付人。自判决公告之日起,申请人有权向支付人请求支付。

⑤利害关系人不能申报的补救。利害关系人因正当理由不能在判决前向人民法院申报的，自知道或者应当知道判决公告之日起一年内可以向作出判决的人民法院起诉。

四、执行程序

（一）执行程序的一般规定

执行程序是人民法院根据一方当事人的申请或者依职权采取法定措施，强制不履行义务的当事人履行已经生效的判决、裁定及其他法律文书的程序。执行程序不是民事诉讼的必经程序，只在当事人不自动履行已经生效的法定义务时才发生。

1. 执行依据及管辖

发生法律效力的民事判决、裁定，以及刑事判决、裁定中的财产部分，由第一审人民法院或者与第一审人民法院同级的被执行的财产所在地人民法院执行。

法律规定由人民法院执行的其他法律文书，由被执行人住所地或者被执行的财产所在地人民法院执行。

2. 执行异议

（1）当事人、利害关系人的异议

当事人、利害关系人认为执行行为违反法律规定的，可以向负责执行的人民法院提出书面异议。当事人、利害关系人提出书面异议的，人民法院应当自收到书面异议之日起十五日内审查：理由成立的，裁定撤销或者改正；理由不成立的，裁定驳回。当事人、利害关系人对裁定不服的，可以自裁定送达之日起十日内向上一级人民法院申请复议。

（2）申请上一级人民法院执行

人民法院自收到申请执行书之日起超过六个月未执行的，申请执行人可以向上一级人民法院申请执行。上一级人民法院经审查，可以责令原人民法院在一定期限内执行，也可以决定由本院执行或者指令其他人民法院执行。

（3）案外人的异议

执行过程中，案外人对执行标的提出书面异议的，人民法院应当自收到书面异议之日起十五日内审查：理由成立的，裁定中止对该标的的执行；理由不成立的，裁定驳回。案外人、当事人对裁定不服，认为原判决、裁定错误的，依照审判监督程序办理；与原判决、裁定无关的，可以自裁定送达之日起十五日内向人民法院提起诉讼。

3. 执行人员及执行机构

（1）执行人员

执行工作由执行员进行。采取强制执行措施时，执行员应当出示证件。执行完毕后，应当将执行情况制作笔录，由在场的有关人员签名或者盖章。

（2）执行机构

人民法院根据需要可以设立执行机构。

4. 委托执行

（1）委托执行的发生

被执行人或者被执行的财产在外地的，可以委托当地人民法院代为执行。受委托人民法院收到委托函件后，必须在十五日内开始执行，不得拒绝。执行完毕后，应当将执行结果及时函复委托人民法院;在三十日内未执行完毕的,也应当将执行情况函告委托人民法院。

(2)委托执行的指令

受委托人民法院自收到委托函件之日起十五日内不执行的,委托人民法院可以请求受委托人民法院的上级人民法院指令受委托人民法院执行。

5. 和解及恢复执行

(1)当事人和解

在执行中,双方当事人自行和解达成协议的,执行员应当将协议内容记入笔录,由双方当事人签名或者盖章。

(2)恢复执行

申请执行人因受欺诈、胁迫与被执行人达成和解协议,或者当事人不履行和解协议的,人民法院可以根据当事人的申请,恢复对原生效法律文书的执行。

6. 担保及暂缓执行

在执行中,被执行人向人民法院提供担保,并经申请执行人同意的,人民法院可以决定暂缓执行及暂缓执行的期限。被执行人逾期仍不履行的,人民法院有权执行被执行人的担保财产或者担保人的财产。

7. 被执行对象变更

作为被执行人的公民死亡的,以其遗产偿还债务。作为被执行人的法人或者其他组织终止的,由其权利义务承受人履行义务。

8. 裁定返还执行财产

执行完毕后,据以执行的判决、裁定和其他法律文书确有错误,被人民法院撤销的,对已被执行的财产,人民法院应当作出裁定,责令取得财产的人返还;拒不返还的,强制执行。

另外,人民法院制作的调解书的执行适用《民事诉讼法》执行程序的规定。人民检察院有权对民事执行活动实行法律监督。

(二)执行申请和移送

申请或者移送执行是执行程序开始的法律事实。

1. 申请或者移送执行的法律文书

(1)生效民事判决、裁定的执行申请和移送

发生法律效力的民事判决、裁定,当事人必须履行。一方拒绝履行的,对方当事人可以向人民法院申请执行,也可以由审判员移送执行员执行。

(2)调解书的执行申请

调解书和其他应当由人民法院执行的法律文书,当事人必须履行。一方拒绝履行的,对方当事人可以向人民法院申请执行。

(3)仲裁裁决书的执行申请

对依法设立的仲裁机构的裁决,一方当事人不履行的,对方当事人可以向有管辖权的人民法院申请执行,受申请的人民法院应当执行。被申请人提出证据证明仲裁裁决有下列情形之一的,经人民法院组成合议庭审查核实,裁定不予执行:一是当事人在合同中没有订立仲裁条款或者事后没有达成书面仲裁协议;二是裁决的事项不属于仲裁协议的范围或者仲裁机构无权仲裁;三是仲裁庭的组成或者仲裁的程序违反法定程序;四是裁决所根据的证据是伪造的;

五是对方当事人向仲裁机构隐瞒了足以影响公正裁决的证据；六是仲裁员在仲裁该案时有贪污受贿，徇私舞弊，枉法裁决的行为。另外，人民法院认定执行该裁决违背社会公共利益的，裁定不予执行。裁定书应当送达双方当事人和仲裁机构。仲裁裁决被人民法院裁定不予执行的，当事人可以根据双方达成的书面仲裁协议重新申请仲裁，也可以向人民法院起诉。

(4)公证债权文书的执行申请

对公证机关依法赋予强制执行效力的债权文书，一方当事人不履行的，对方当事人可以向有管辖权的人民法院申请执行，受申请的人民法院应当执行。公证债权文书确有错误的，人民法院裁定不予执行，并将裁定书送达双方当事人和公证机关。

2. 执行申请期间

申请执行的期间为两年。申请执行时效的中止、中断适用法律有关诉讼时效中止、中断的规定。上述规定的期间从法律文书规定履行期间的最后一日起计算；法律文书规定分期履行的，从规定的每次履行期间的最后一日起计算；法律文书未规定履行期间的，从法律文书生效之日起计算。

3. 执行通知及执行

执行员接到申请执行书或者移交执行书，应当向被执行人发出执行通知，并可以立即采取强制执行措施。

(三)执行的措施和方法

执行措施是人民法院为了实现执行目的，依法采取的针对被执行人的强制方法和手段。

1. 执行的措施

(1)罚款、拘留

被执行人未按执行通知履行法律文书确定的义务，应当报告当前以及收到执行通知之日前一年的财产情况。被执行人拒绝报告或者虚假报告的，人民法院可以根据情节轻重对被执行人或者其法定代理人、有关单位的主要负责人或者直接责任人员进行罚款、拘留。

(2)裁定扣押、冻结、划拨、变价被执行人的财产

被执行人未按执行通知履行法律文书确定的义务，人民法院有权向有关单位查询被执行人的存款、债券、股票、基金份额等财产情况。人民法院有权根据不同情形扣押、冻结、划拨、变价被执行人的财产。人民法院查询、扣押、冻结、划拨、变价的财产不得超出被执行人应当履行义务的范围。人民法院决定扣押、冻结、划拨、变价财产，应当作出裁定，并发出协助执行通知书，有关单位必须办理。

(3)裁定扣留、提取被执行人应当履行义务部分的收入

被执行人未按执行通知履行法律文书确定的义务，人民法院有权扣留、提取被执行人应当履行义务部分的收入。但应当保留被执行人及其所扶养家属的生活必需费用。人民法院扣留、提取收入时，应当作出裁定，并发出协助执行通知书，被执行人所在单位、银行、信用合作社和其他有储蓄业务的单位必须办理。

(4)裁定查封、扣押、冻结、拍卖、变卖被执行人应当履行义务部分的财产

被执行人未按执行通知履行法律文书确定的义务，人民法院有权查封、扣押、冻结、拍卖、变卖被执行人应当履行义务部分的财产。但应当保留被执行人及其所扶养家属的生活必需品。采取上述措施，人民法院应当作出裁定。

2. 执行的方法

(1)通知被执行人到场及造具清单

①被执行人到场。人民法院查封、扣押财产时,被执行人是公民的,应当通知被执行人或者他的成年家属到场;被执行人是法人或者其他组织的,应当通知其法定代表人或者主要负责人到场。拒不到场的,不影响执行。被执行人是公民的,其工作单位或者财产所在地的基层组织应当派人参加。

②造具清单。对被查封、扣押的财产,执行员必须造具清单,由在场人签名或者盖章后交被执行人一份。被执行人是公民的,也可以交他的成年家属一份。

(2)指定被执行人保管查封财产

被查封的财产,执行员可以指定被执行人负责保管。因被执行人的过错造成的损失由被执行人承担。

(3)责令被执行人履行法律文书确定的义务

财产被查封、扣押后,执行员应当责令被执行人在指定期间履行法律文书确定的义务。被执行人逾期不履行的,人民法院应当拍卖被查封、扣押的财产;不适于拍卖或者当事人双方同意不进行拍卖的,人民法院可以委托有关单位变卖或者自行变卖。国家禁止自由买卖的物品,交有关单位按照国家规定的价格收购。

(4)搜查住所或者财产隐匿地

被执行人不履行法律文书确定的义务,并隐匿财产的,人民法院有权发出搜查令,对被执行人及其住所或者财产隐匿地进行搜查。采取上述措施由人民法院的院长签发搜查令。

(5)当面交付或者转交财物或票证

法律文书指定交付的财物或者票证由执行员传唤双方当事人当面交付,或者由执行员转交并由被交付人签收。有关单位持有该项财物或者票证的,应当根据人民法院的协助执行通知书转交,并由被交付人签收。有关公民持有该项财物或者票证的,人民法院通知其交出;拒不交出的,强制执行。

(6)公告强制迁出房屋或者强制退出土地

强制迁出房屋或者强制退出土地由人民法院的院长签发公告,责令被执行人在指定期间履行。被执行人逾期不履行的,由执行员强制执行。强制执行时,被执行人是公民的,应当通知被执行人或者他的成年家属到场;被执行人是法人或者其他组织的,应当通知其法定代表人或者主要负责人到场。拒不到场的,不影响执行。被执行人是公民的,其工作单位或者房屋、土地所在地的基层组织应当派人参加。执行员应当将强制执行情况记入笔录,由在场人签名或者盖章。强制迁出房屋被搬出的财物由人民法院派人运至指定处所,交给被执行人。被执行人是公民的,也可以交给他的成年家属。因拒绝接收而造成的损失由被执行人承担。

(7)要求协助执行财产权证照转移手续

在执行中,需要办理有关财产权证照转移手续的,人民法院可以向有关单位发出协助执行通知书,有关单位必须办理。

(8)指定行为代为完成

对判决、裁定和其他法律文书指定的行为,被执行人未按执行通知履行的,人民法院可以强制执行或者委托有关单位或者其他人完成,费用由被执行人承担。

(9)金钱义务利息及迟延履行金

被执行人未按判决、裁定和其他法律文书指定的期间履行给付金钱义务的,应当加倍支付迟延履行期间的债务利息。被执行人未按判决、裁定和其他法律文书指定的期间履行其他义务的,应当支付迟延履行金。

(10)继续履行义务

人民法院采取前述执行措施的(2)、(3)、(4)项规定后,被执行人仍不能偿还债务的,应当继续履行义务。债权人发现被执行人有其他财产的,可以随时请求人民法院执行。

(11)限制出境及征信记录

被执行人不履行法律文书确定的义务的,人民法院可以对其采取或者通知有关单位协助采取限制出境、在征信系统记录、通过媒体公布不履行义务信息以及法律规定的其他措施。

(四)执行的中止和终结

1. 执行的中止

有下列情形之一的,人民法院应当裁定中止执行:一是申请人表示可以延期执行;二是案外人对执行标的提出确有理由的异议;三是作为一方当事人的公民死亡,需要等待继承人继承权利或者承担义务;四是作为一方当事人的法人或者其他组织终止,尚未确定权利义务承受人;五是人民法院认为应当中止执行的其他情形。中止的情形消失后,恢复执行。

2. 执行的终结

有下列情形之一的,人民法院裁定终结执行:一是申请人撤销申请;二是据以执行的法律文书被撤销;三是作为被执行人的公民死亡,无遗产可供执行,又无义务承担人;四是追索赡养费、扶养费、抚养费案件的权利人死亡;五是作为被执行人的公民因生活困难而无力偿还借款,无收入来源,又丧失劳动能力;六是人民法院认为应当终结执行的其他情形。

中止和终结执行的裁定送达当事人后立即生效。

五、涉外民事诉讼程序的特别规定

(一)涉外民事诉讼概述

1. 涉外民事诉讼的含义

涉外民事诉讼,是指具有涉外因素的民事诉讼。涉外因素主要包括以下三个方面:

第一,主体涉外。当事人一方或者双方是外国人、无国籍人、外国企业和组织。

第二,争议的财产涉外。涉外诉讼当事人争议的财产涉外。

第三,引起民事法律关系发生、变更、消灭的法律事实涉外。引起民事法律关系发生、变更、消灭的法律事实存在于外国。

具有以上涉外因素之一的诉讼即涉外民事诉讼。另外,涉及港、澳、台人士的,称涉港、澳、台民事诉讼,不是涉外民事诉讼。

2. 涉外民事诉讼程序的含义

涉外民事诉讼程序,是指一国司法机关受理、审判和执行具有涉外因素的民事诉讼的程序。涉及港、澳、台人士的民事诉讼不适用涉外民事诉讼程序。

(二)涉外民事诉讼的一般原则

涉外民事诉讼程序不是独立的诉讼程序,只是考虑涉外民事诉讼的特殊性,针对某些特殊情况规定的一些特别条款。涉外民事诉讼程序与《民事诉讼法》的一般规定是一般与特殊的关系。审理具有涉外因素的民事案件,民事诉讼程序有特别规定的,适用特别规定;没有特别规定的,适用一般规定,并应当遵守《民事诉讼法》的基本原则。

涉外民事诉讼程序的一般原则包括以下几个方面:

1. 适用《民事诉讼法》

在中国领域内进行涉外民事诉讼,适用涉外民事诉讼程序的特别规定;没有特别规定的,适用《民事诉讼法》的有关规定。

2. 适用中国缔结或者参加的国际条约

中国缔结或者参加的国际条约同《民事诉讼法》有不同规定的,适用该国际条约的规定,但中国声明保留的条款除外。

3. 司法豁免权

对享有外交特权与豁免的外国人、外国组织或者国际组织提起的民事诉讼,应当依照中国有关法律和中国缔结或者参加的国际条约的规定办理。

4. 使用中国通用的语言、文字

人民法院审理涉外民事案件,应当使用中国通用的语言、文字。当事人要求提供翻译的,可以提供,费用由当事人承担。

5. 委托中国律师代理诉讼

外国人、无国籍人、外国企业和组织在人民法院起诉、应诉,需要委托律师代理诉讼的,必须委托中国的律师。

(三)管辖

1. 协议选择与争议有实际联系的地点的法院管辖

因合同纠纷或者其他财产权益纠纷,对在中国领域内没有住所的被告提起的诉讼,如果合同在中国领域内签订或者履行,或者诉讼标的物在中国领域内,或者被告在中国领域内有可供扣押的财产,或者被告在中国领域内设有代表机构,就可以由合同签订地、合同履行地、诉讼标的物所在地、可供扣押财产所在地、侵权行为地或者代表机构住所地人民法院管辖。

2. 专属管辖

因在中国履行中外合资经营企业合同、中外合作经营企业合同、中外合作勘探开发自然资源合同而发生纠纷提起的诉讼,由中国人民法院管辖。

(四)送达和期间

1. 送达

送达是人民法院将诉讼文书送交民事诉讼参加人的方式或者途径。

人民法院对在中国领域内没有住所的当事人送达诉讼文书,可以采用下列方式:一是依照受送达人所在国与中国缔结或者共同参加的国际条约中规定的方式送达;二是通过外交途径送达;三是对具有中国国籍的受送达人,可以委托中国驻受送达人所在国的使领馆代为送达;四是向受送达人委托的有权代其接受送达的诉讼代理人送达;五是向受送达人在中国领域内设立的代表机构或者有权接受送达的分支机构、业务代办人送达;六是受送达人所在国的法律允许邮寄送达的,可以邮寄送达,自邮寄之日起满三个月送达回证没有退回,但根据各种情况足以认定已经送达的,期间届满之日视为送达;七是采用传真、电子邮件等能够确认受送达人收悉的方式送达；八是不能用上述方式送达的，公告送达，自公告之日起满三个月即视为送达。

2. 期间

期间是当事人享受诉讼权利、履行诉讼义务的时间，包括法律规定和人民法院指定两种情况。

(1)被告答辩期间

被告在中国领域内没有住所的，人民法院应当将起诉状副本送达被告，并通知被告在收到起诉状副本后三十日内提出答辩状。被告申请延期的，是否准许由人民法院决定。

(2)当事人上诉期间

在中国领域内没有住所的当事人，不服第一审人民法院判决、裁定的，有权在判决书、裁定书送达之日起三十日内提起上诉。被上诉人在收到上诉状副本后，应当在三十日内提出答辩状。当事人不能在法定期间提起上诉或者提出答辩状而申请延期的，是否准许由人民法院决定。

(3)审理期间

人民法院审理涉外民事案件的期间不受第一审普通程序六个月、上诉案件三个月审结及相关延长规定的限制。

第二节　仲裁法律制度

一、仲裁与仲裁法概述

(一)仲裁概述

1. 仲裁的含义

仲裁，是指争议双方当事人在争议发生前或者争议发生后达成协议，自愿将争议提交仲裁机构作出裁决的一种解决争议的方法。

2. 仲裁与其他争议解决方法

仲裁和协商、调解、民事诉讼等都是解决民事、经济争议的方法，但与协商、调解、民事诉讼有很大不同。

(1)仲裁与协商

协商解决争议是双方当事人就争议的有关问题进行协商，作出一定的让步，在自愿的基础上达成彼此都认可的和解协议，从而解决争议。协商的方式具有下列优点：一是解决争议无须经过诉讼或者仲裁程序，节省费用，及时解决纠纷；二是解决争议无法定程序规定，双方当事人可以灵活处理争议。而仲裁必须由仲裁机构主持，双方当事人可以进行协商，在自愿的基础上互谅互让达成调解协议，无法达成调解协议时可以由仲裁机构依法作出仲裁裁决。

(2)仲裁与调解

调解按照调解机构和程序，可以分为人民法院调解、仲裁机构调解及民间调解三种。

①人民法院调解。人民法院调解是双方当事人在人民法院的主持下，对争执问题达成一致意见，并由人民法院对调解协议予以确认，从而解决争议的诉讼制度。

②仲裁机构调解。仲裁机构调解是双方当事人在仲裁机构的主持下，对争议的问题达成

一致意见，并由仲裁机构对调解协议予以确认，从而解决争议。

③民间调解。民间调解即第三人调解，是双方当事人通过第三人或者某一可以信任的机构进行调解，从而解决争议。

三种调解的共同点：一是都在争议处理的机构或者第三人的直接主持下进行；二是都基于双方当事人的完全自愿达成互谅互让的调解协议；三是都是结束争议的方法和手段。仲裁与调解的不同之处：仲裁是在当事人没有调解或者无法达成调解协议的情况下，由仲裁机构根据仲裁规则对争议案件作出仲裁裁决。

(3)仲裁与民事诉讼

民事诉讼是人民法院行使国家审判权来解决争议的一种方法。人民法院具有法定的司法管辖权，向人民法院起诉不需要当事人事前达成协议。仲裁与民事诉讼的不同之处：一是仲裁没有民事诉讼实行的级别管辖和地域管辖；二是仲裁实行协议管辖原则，当事人可以协议选定仲裁委员会，仲裁委员会受理案件的管辖权来自当事人之间的协议，没有仲裁协议就无权受理。

(二)仲裁法概述

1. 仲裁法的含义

仲裁法是由国家制定的，调整仲裁机构与当事人之间的民事、经济仲裁活动和仲裁活动中产生的仲裁关系的法律规范的总和。仲裁法律关系的特点主要表现在以下几个方面：

(1)在仲裁法律关系中，仲裁机构起着决定性作用

仲裁法律关系是仲裁机构在双方当事人的参加下，按照仲裁程序进行仲裁活动形成的法律关系。仲裁法律关系的主体不仅包括双方当事人及其他参加人，而且包括行使仲裁权的仲裁机构。仲裁机构的审理活动在仲裁法律关系中起着决定性作用。

(2)仲裁法律关系是基于仲裁机构的审理活动与当事人的申请活动的结合而发生的

所谓结合，是指仲裁机构的受理符合法律的规定，而当事人又有权申请仲裁，才能发生仲裁机构与当事人之间的法律关系。

2. 中国的仲裁立法

1994 年 8 月 31 日，第八届全国人大常委会第九次会议通过《中华人民共和国仲裁法》(以下称《仲裁法》)，自 1995 年 9 月 1 日起施行。

《仲裁法》有八章共八十条，分别是总则、仲裁委员会和仲裁协会、仲裁协议、仲裁程序、申请撤销裁决、执行、涉外仲裁的特别规定和附则。

二、仲裁范围与仲裁原则

(一)仲裁范围

仲裁范围是采用仲裁方式解决纠纷的案件的范围。

1. 可以仲裁的纠纷

平等主体的公民、法人和其他组织之间发生的合同纠纷和其他财产权益纠纷，可以仲裁。据此，可以仲裁解决的纠纷案件应当符合以下条件：一是纠纷发生在平等主体之间，或者说平等主体之间发生的纠纷才有可能选择仲裁解决；二是纠纷内容是合同纠纷或者其他财产权益纠纷，不是人身权益纠纷。

可以仲裁不是应当仲裁。当事人发生上述纠纷，达成仲裁协议的，可以申请仲裁解决；达不成仲裁协议的，可以向人民法院起诉。

2. 不能仲裁的纠纷

下列纠纷不能仲裁：一是婚姻、收养、监护、扶养、继承纠纷；二是依法应当由行政机关处理的行政争议。

不能仲裁的纠纷是不符合仲裁条件的纠纷案件。

(二)仲裁原则

1. 自愿

当事人采用仲裁方式解决纠纷，应当双方自愿，达成仲裁协议。没有仲裁协议，一方申请仲裁的，仲裁委员会不予受理。

2. 一裁终裁

仲裁实行一裁终局的制度。裁决作出后，当事人就同一纠纷再申请仲裁或者向人民法院起诉的，仲裁委员会或者人民法院不予受理。

3. 或审或裁

当事人达成仲裁协议，一方向人民法院起诉的，人民法院不予受理，但仲裁协议无效的除外。

4. 依法独立进行

仲裁依法独立进行，不受行政机关、社会团体和个人的干涉。

5. 公平合理

仲裁应当根据事实，符合法律规定，公平合理地解决纠纷。

6. 不公开

仲裁不公开进行；当事人协议公开的，可以公开进行，但涉及国家秘密的除外。

7. 接受人民法院监督

人民法院既执行仲裁裁决，又对仲裁进行必要的监督。人民法院对仲裁的监督是事后监督，仲裁裁决作出后方可进行。裁决被人民法院依法裁定撤销或者不予执行的，当事人就该纠纷可以根据双方重新达成的仲裁协议申请仲裁，也可以向人民法院起诉。据此，人民法院对仲裁的监督表现在两个方面：一是撤销违法的仲裁裁决；二是对违法的仲裁裁决不予执行。

8. 适用《民事诉讼法》的有关规定

仲裁法属于民事程序法，《仲裁法》的条文大多是规定仲裁特有的程序，而对一些与民事诉讼相同的程序未加规定或者只作简要规定，如送达、期间、使用语言文字、证据等，对此，仲裁程序可以适用《民事诉讼法》的有关规定。

三、仲裁委员会与仲裁协会

(一)仲裁委员会

仲裁委员会是中国的仲裁机构。

1. 仲裁委员会的设立

(1)仲裁委员会的设立原则

①设立仲裁委员会的城市。仲裁委员会可以在直辖市和省、自治区人民政府所在地的市

设立,也可以根据需要在其他设区的市设立,不按行政区划层层设立。

②仲裁委员会的组建。仲裁委员会由上述城市的人民政府组织有关部门和商会统一组建。

③设立仲裁委员会的登记。设立仲裁委员会,应当经省、自治区、直辖市的司法行政部门登记。

(2)仲裁委员会的设立条件

仲裁委员会应当具备下列条件:一是有自己的名称、住所和章程;二是有必要的财产;三是有该委员会的组成人员;四是有聘任的仲裁员。仲裁委员会的章程应当依照《仲裁法》制定。

2. 仲裁委员会的人员

(1)仲裁委员会的组成人员

仲裁委员会由主任一人、副主任二至四人和委员七至十一人组成。仲裁委员会的主任、副主任和委员由法律、经济贸易专家和有实际工作经验的人员担任。仲裁委员会的组成人员中,法律、经济贸易专家不得少于三分之二。

(2)仲裁委员会的仲裁员

仲裁委员会应当从公道、正派的人员中聘任仲裁员。仲裁员应当符合下列条件之一:一是从事仲裁工作满八年;二是从事律师工作满八年;三是曾任审判员满八年;四是从事法律研究、教学工作并具有高级职称;五是具有法律知识、从事经济贸易等专业工作并具有高级职称或者具有同等专业水平。仲裁委员会按照不同专业设仲裁员名册。

3. 仲裁委员会的法律地位

仲裁委员会独立于行政机关,与行政机关没有隶属关系,仲裁委员会之间也没有隶属关系。

(二)仲裁协会

1. 仲裁协会的性质

仲裁协会是仲裁委员会的自律性组织,根据章程对仲裁委员会及其组成人员、仲裁员的违纪行为进行监督。

第一,仲裁协会不是仲裁机构,而是仲裁机构(仲裁委员会)的自律性组织,仲裁委员会是仲裁协会的会员。

第二,仲裁协会对仲裁委员会及其组成人员、仲裁员的违纪行为进行监督。

第三,仲裁协会依照《仲裁法》和《民事诉讼法》的有关规定制定仲裁规则。

2. 仲裁协会的法律地位

仲裁协会是社会团体法人,其章程由全国仲裁协会会员大会制定。

四、仲裁协议

(一)仲裁协议的含义和内容

1. 仲裁协议的含义

仲裁协议是双方当事人同意把他们之间可能发生或者已经发生的纠纷提交仲裁机构仲裁解决的意思表示。仲裁协议包括合同中订立的仲裁条款,也可以是以其他书面方式在纠纷发生前或者纠纷发生后达成的请求仲裁的协议。

仲裁协议具体有以下几种形式：

第一，仲裁条款，即双方当事人在订立合同时，书面约定将可能发生的纠纷提交仲裁机构仲裁解决。仲裁条款作为合同内容订入合同中。

第二，仲裁协议书，即双方当事人在纠纷发生前或者纠纷发生后，同意将该纠纷提交仲裁机构仲裁解决的专门书面协议。

第三，其他可以说明双方当事人同意将争议提交仲裁的书面文件，如信函、电报、电传等。

2. 仲裁协议的内容

仲裁协议应当具有下列内容：一是请求仲裁的意思表示；二是仲裁事项；三是选定的仲裁委员会。

(二)仲裁协议的法律效力

1. 仲裁协议的效力

仲裁协议是采用仲裁方式解决纠纷的法律前提。仲裁协议既表达了双方当事人以仲裁方式解决纠纷的意愿，也是仲裁机构(仲裁委员会)受理仲裁案件的依据。

(1)仲裁协议排除了人民法院对有关纠纷案件的管辖权

双方当事人达成仲裁协议的，纠纷发生时，只能按照仲裁协议的规定交付仲裁解决，不得向人民法院起诉，人民法院也不得受理具有仲裁协议的纠纷案件。

(2)仲裁协议是仲裁裁决发生强制执行力的依据

双方当事人达成仲裁协议的，仲裁机构作出的仲裁裁决为终局裁决，对当事人具有约束力，一方当事人不履行的，另一方当事人可以依照《民事诉讼法》的规定向人民法院申请执行，受申请的人民法院应当执行。

(3)仲裁协议具有独立性

仲裁协议独立存在，合同的变更、解除、终止或者无效不影响仲裁协议的效力。

2. 仲裁协议效力的确认

(1)无效的仲裁协议

有下列情形之一的仲裁协议无效：一是约定的仲裁事项超出法律规定的仲裁范围；二是无民事行为能力人或者限制民事行为能力人订立仲裁协议；三是一方采取胁迫手段，迫使对方订立仲裁协议。另外，仲裁协议对仲裁事项或者仲裁委员会没有约定或者约定不明确的，当事人可以补充协议；达不成补充协议的，仲裁协议无效。

(2)协议效力的确认

当事人对仲裁协议的效力有异议，应当在仲裁庭首次开庭前提出。当事人对仲裁协议的效力有异议的，可以请求仲裁委员会作出决定或者请求人民法院作出裁定。一方请求仲裁委员会作出决定，另一方请求人民法院作出裁定的，由人民法院裁定。

五、仲裁程序

(一)申请和受理

1. 当事人申请

(1)申请仲裁的条件

当事人申请仲裁应当符合下列条件：一是有仲裁协议；二是有具体的仲裁请求和事实、理由;三是属于仲裁委员会的受理范围。

(2)申请仲裁的文件

当事人申请仲裁,应当向仲裁委员会递交仲裁协议、仲裁申请书及副本。

仲裁申请书应当载明下列事项:一是当事人的姓名、性别、年龄、职业、工作单位和住所,法人或者其他组织的名称、住所和法定代表人或者主要负责人的姓名、职务;二是仲裁请求和所根据的事实、理由;三是证据和证据来源、证人的姓名和住所。

2. 仲裁委员会受理

(1)受理期限

仲裁委员会自收到仲裁申请书之日起五日内认为符合受理条件的,应当受理并通知当事人;认为不符合受理条件的,应当书面通知当事人不予受理并说明理由。

(2)受理后续

①文件送达。仲裁委员会受理仲裁申请后,应当在仲裁规则规定的期限内将仲裁规则和仲裁员名册送达申请人,并将仲裁申请书副本和仲裁规则、仲裁员名册送达被申请人。

②提交答辩书。被申请人收到仲裁申请书副本后,应当在仲裁规则规定的期限内向仲裁委员会提交答辩书。仲裁委员会收到答辩书后,应当在仲裁规则规定的期限内将答辩书副本送达申请人。被申请人未提交答辩书的,不影响仲裁程序的进行。

③放弃、变更仲裁请求或者提出反请求。申请人可以放弃或者变更仲裁请求。被申请人可以承认或者反驳仲裁请求,有权提出反请求。

④申请保全。一方当事人因另一方当事人的行为或者其他原因,可能使裁决不能执行或者难以执行的,可以申请财产保全。仲裁委员会应当将当事人的申请依照《民事诉讼法》的规定提交人民法院。申请有错误的,申请人应当赔偿被申请人因财产保全所遭受的损失。

⑤委托律师和其他代理人。当事人、法定代理人可以委托律师和其他代理人进行仲裁活动。委托律师和其他代理人进行仲裁活动的,应当向仲裁委员会提交授权委托书。

(二)仲裁庭的组成

仲裁庭是仲裁委员会审理纠纷案件的组织。

1. 仲裁庭的形式和组成

仲裁庭可以由三名仲裁员或者一名仲裁员组成。由三名仲裁员组成的,设首席仲裁员。据此,仲裁庭可以是三名仲裁员“合议”的,也可以是一名仲裁员“独任”的。

(1)三名仲裁员的仲裁庭组成

当事人约定由三名仲裁员组成仲裁庭的,应当各自选定或者各自委托仲裁委员会主任指定一名仲裁员,第三名仲裁员由当事人共同选定或者共同委托仲裁委员会主任指定。第三名仲裁员是首席仲裁员。

(2)一名仲裁员的仲裁庭组成

当事人约定由一名仲裁员成立仲裁庭的,应当由当事人共同选定或者共同委托仲裁委员会主任指定仲裁员。

另外,当事人没有在仲裁规则规定的期限内约定仲裁庭的组成方式或者选定仲裁员的,由仲裁委员会主任指定。仲裁庭组成后,仲裁委员会应当将仲裁庭的组成情况书面通知当事人。

2. 仲裁员的回避和法律责任

(1)仲裁员的回避

①回避情形。仲裁员有下列情形之一的,必须回避,当事人有权提出回避申请:一是仲裁员是本案当事人或者当事人、代理人的近亲属;二是与本案有利害关系;三是与本案当事人、代理人有其他关系,可能影响公正仲裁;四是私自会见当事人、代理人,或者接受当事人、代理人的请客送礼的。

②回避申请。当事人提出回避申请,应当说明理由,在首次开庭前提出。回避事由在首次开庭后知道的,可以在最后一次开庭终结前提出。

③回避决定。仲裁员是否回避,由仲裁委员会主任决定;仲裁委员会主任担任仲裁员时,由仲裁委员会集体决定。仲裁员因回避或者其他原因不能履行职责的,应当依照规定重新选定或者指定仲裁员;因回避而重新选定或者指定仲裁员后,当事人可以请求已进行的仲裁程序重新进行,是否准许,由仲裁庭决定;仲裁庭也可以自行决定已进行的仲裁程序是否重新进行。

(2)仲裁员的法律责任

仲裁员私自会见当事人、代理人,或者接受当事人、代理人的请客送礼,情节严重的,或者在仲裁该案时有索贿受贿、徇私舞弊、枉法裁决行为的,应当依法承担法律责任,仲裁委员会应当将其除名。

(三)开庭和裁决

1. 开庭

(1)开庭的一般规则

仲裁应当开庭进行;当事人协议不开庭的,仲裁庭可以根据仲裁申请书、答辩书以及其他材料作出裁决。仲裁不公开进行;当事人协议公开的,可以公开进行,但涉及国家秘密的除外。

(2)通知开庭

仲裁委员会应当在仲裁规则规定的期限内将开庭日期通知双方当事人,当事人有正当理由的,可以在仲裁规则规定的期限内请求延期开庭,是否延期由仲裁庭决定。申请人经书面通知,无正当理由不到庭或者未经仲裁庭许可中途退庭的,视为撤回仲裁申请;被申请人经书面通知,无正当理由不到庭或者未经仲裁庭许可中途退庭的,以缺席裁决。

(3)证据

①举证责任。当事人应当对自己的主张提供证据;仲裁庭认为有必要收集的证据,可以自行收集。

②证据鉴定。仲裁庭对专门性问题认为需要鉴定的,可以交由当事人约定的鉴定部门鉴定,也可以由仲裁庭指定的鉴定部门鉴定;根据当事人的请求或者仲裁庭的要求,鉴定部门应当派鉴定人参加开庭。当事人经仲裁庭许可,可以向鉴定人提问。

③证据出示、质证。证据应当在开庭时出示,当事人可以质证。

④证据保全。在证据可能灭失或者以后难以取得的情况下,当事人可以申请证据保全。当事人申请证据保全的,仲裁委员会应当将当事人的申请提交证据所在地的基层人民法院。

(4)辩论

当事人在仲裁过程中有权进行辩论。辩论终结时,首席仲裁员或者独任仲裁员应当征询当事人的最后意见。

(5)笔录

仲裁庭应当将开庭情况记入笔录。当事人和其他仲裁参与人认为对自己陈述的记录有遗漏或者差错的,有权申请补正;如果不予补正,应当记录该申请。笔录由仲裁员、记录人员、当事人和其他仲裁参与人签名或者盖章。

2. 当事人和解

当事人申请仲裁后,可以自行和解;达成和解协议的,可以请求仲裁庭根据和解协议作出裁决书,也可以撤回仲裁申请。

当事人达成和解协议,撤回仲裁申请后反悔的,可以根据仲裁协议申请仲裁。

3. 裁决

(1)裁决前调解

仲裁庭在作出裁决前,可以先行调解。当事人自愿调解的,仲裁庭应当调解。调解达成协议的,仲裁庭应当制作调解书或者根据协议的结果制作裁决书,调解书经双方当事人签收后,即发生与裁决书同等的法律效力;调解不成或者在调解书签收前当事人反悔的,仲裁庭应当及时作出裁决。

(2)裁决规则

裁决应当按照多数仲裁员的意见作出,少数仲裁员的不同意见可以记入笔录;仲裁庭不能形成多数意见时,裁决应当按照首席仲裁员的意见作出。仲裁庭仲裁纠纷时,其中一部分事实已经清楚,可以就该部分先行裁决。

(3)裁决书的内容

裁决书应当写明仲裁请求、争议事实、裁决理由、裁决结果、仲裁费用的负担和裁决日期。当事人协议不愿写明争议事实和裁决理由的,可以不写。裁决书由仲裁员签名,加盖仲裁委员会印章,对裁决持不同意见的仲裁员可以签名,也可以不签名。

(4)裁决书的补正

对裁决书中的文字、计算错误或者仲裁庭已经裁决但在裁决书中遗漏的事项,仲裁庭应当补正;当事人自收到裁决书之日起三十日内可以请求仲裁补正。

(5)裁决书的生效

裁决书自作出之日起发生法律效力。

六、申请撤销裁决

(一)申请撤销裁决的依据

当事人提出证据证明裁决有下列情形之一的,可以向仲裁委员会所在地的中级人民法院申请撤销裁决:一是没有仲裁协议;二是裁决的事项不属于仲裁协议的范围或者仲裁委员会无权仲裁;三是仲裁庭的组成或者仲裁的程序违反法定程序;四是裁决所依据的证据是伪造;五是对方当事人隐瞒了足以影响公正裁决的证据;六是仲裁员在仲裁该案时有索贿受贿、徇私舞弊、枉法裁决的行为。

(二)申请撤销裁决的程序

1. 申请期限

当事人申请撤销裁决的,应当自收到裁决书之日起六个月内提出。

2. 人民法院答复

人民法院受理撤销裁决的申请后，认为可以由仲裁庭重新仲裁的，通知仲裁庭在一定期限内重新仲裁，并裁定中止撤销程序；仲裁庭拒绝重新仲裁的，人民法院应当裁定恢复撤销程序。人民法院应当在受理撤销裁决申请之日起两个月内作出撤销裁决或者驳回申请的裁定。人民法院经组成合议庭审查核实裁决有前述情形之一的，应当裁定撤销。另外，人民法院认定裁决违背社会公共利益的，应当裁定撤销。

七、执行

（一）申请执行

当事人应当履行裁决。一方当事人不履行的，另一方当事人可以依照《民事诉讼法》的规定向人民法院申请执行，受申请的人民法院应当执行。

（二）人民法院裁定

1. 人民法院裁定不予执行

被申请人提出证据证明裁决的事项不属于仲裁协议的范围或者仲裁机构无权仲裁的，经人民法院组成合议庭审查核实，裁定不予执行。

2. 人民法院裁定中止执行

一方当事人申请执行裁决，另一方当事人申请撤销裁决的，人民法院应当裁定中止执行。

八、涉外仲裁的特别规定

（一）涉外仲裁的含义

涉外仲裁，是指涉外民事纠纷的当事人根据仲裁协议，将已经发生的纠纷提交中国仲裁机构裁决。

（二）特别规定

1. 涉外仲裁程序的适用

（1）适用国际条约

1986 年 12 月 2 日，第六届全国人大常委会第十八次会议决定中国加入《承认及执行外国仲裁裁决公约》。据此，只要是依据中国法律认定为属于契约性和非契约性商事法律关系所引起的争议，并建立在互惠的基础上的仲裁，就应当首先适用国际条约的规定。

（2）适用《仲裁法》的特别规定

《仲裁法》规定，涉外经济贸易、运输和海事活动中发生的纠纷的仲裁适用《仲裁法》中涉外仲裁特别程序的规定，没有规定的，适用《仲裁法》的其他有关规定。

（3）涉外仲裁规则的适用

《仲裁法》规定，中国国际商会可以依照《仲裁法》和《民事诉讼法》的有关规定制定涉外仲裁规则。

2. 涉外仲裁机构

涉外仲裁委员会可以由中国国际商会组织设立。涉外仲裁委员会由主任一人、副主任若干人和委员若干人组成。涉外仲裁委员会的主任、副主任和委员可以由中国国际商会聘任。中国国际商会设立的涉外仲裁委员会包括中国国际经济贸易仲裁委员会和中国海事仲裁委员会。另外,由人民政府设立的仲裁委员会也可以受理涉外民事纠纷。

3. 涉外仲裁规则

涉外仲裁规则可以由中国国际商会依照《仲裁法》和《民事诉讼法》的规定制定。中国国际经济贸易仲裁委员会仲裁涉外纠纷案件,可以由中国国际商会依照《仲裁法》和《民事诉讼法》的规定制定仲裁规则。各市的仲裁委员会仲裁涉外财产权益纠纷案件,可以适用由中国仲裁协会制定的涉外仲裁规则。

4. 外籍仲裁员

涉外仲裁委员会可以聘任外籍仲裁员。外籍仲裁员需具有法律或者经济贸易、科学技术等专门知识,不受工作年限和职称的限制。

5. 证据保全

涉外仲裁的当事人可以向涉外仲裁委员会申请证据保全。涉外仲裁委员会接到当事人证据保全的申请,应当将申请提交证据所在地的中级人民法院,由人民法院保全证据。

6. 笔录

涉外仲裁的仲裁庭可以将开庭情况记入笔录,或者作出笔录要点。笔录要点可以由当事人和其他仲裁参与人签字或者盖章。涉外仲裁的仲裁庭开庭仲裁时,记录人员应当作开庭笔录,还可以录音。开庭笔录和录音只供仲裁庭查用。

7. 裁决撤销

当事人或者被申请人提出证据证明涉外仲裁裁决有下列情况之一的,经人民法院组成合议庭审查核实,裁定撤销或者裁定不予执行:一是当事人在合同中没有订立仲裁条款或者事后没有达成书面仲裁协议;二是被申请人没有得到指定仲裁员或者进行仲裁程序的通知,或者由于其他不属于被申请人负责的原因而未能陈述意见;三是裁决的事项不属于仲裁协议的范围或者仲裁机构无权仲裁。

8. 裁决执行

涉外仲裁委员会作出的发生法律效力的仲裁裁决,当事人请求执行的,如果被执行人或者财产不在中国领域内,就应当由当事人直接向有管辖权的外国法院申请承认和执行。

本章练习

一、名词解释

民事诉讼　管辖　一般地域管辖　简易程序　仲裁　仲裁机构　仲裁协议　涉外仲裁

二、单项选择题

1. 民事诉讼法是________。

A. 程序法　　B. 实体法

C. 程序为主、实体为辅的法律　　D. 实体为主、程序为辅的法律

2. 在民事诉讼过程中,________处于主导地位。

A. 人民法院　　B. 原告和被告　　C. 诉讼当事人　　D. 诉讼参与人

3. 民事诉讼要解决的实体问题是自然人、法人和其他社会组织的人身权和________的保护问题。

A. 诉讼权　　B. 知识产权　　C. 财产权　　D. 债权

4. 在民事诉讼过程中，诉讼当事人有权在法律规定的范围内处分自己的民事权利和________。

A. 民事义务　　B. 财产权利　　C. 人身权利　　D. 诉讼权利

5. 管辖是指人民法院之间受理________民事案件的分工和权限。

A. 第一审　　B. 第二审　　C. 再审　　D. 主管

6. 根据一般地域管辖的原则，民事案件应当由________人民法院受理。

A. 原告住所地　　B. 被告住所地

C. 中级人民法院指定的　　D. 诉讼当事人选择的

7. 海事、海商案件由________管辖。

A. 中级法院　　B. 高级法院　　C. 海事法院　　D. 基层法院

8. 因合同纠纷提起的诉讼由被告住所地或者________人民法院管辖。

A. 原告住所地　　B. 合同订立地　　C. 合同纠纷发生地　　D. 合同履行地

9. 因侵权行为提起的诉讼由________或者被告住所地人民法院管辖。

A. 原告住所地　　B. 侵权行为地　　C. 损害发生地　　D. 处理纠纷所在地

10. 原告向两个有管辖权的人民法院起诉，由________人民法院管辖。

A. 原告住所地　　B. 被告住所地　　C. 最先立案的　　D. 上级法院指定的

11. 因不动产提起的诉讼由不动产所在地人民法院管辖，是________的规定。

A. 特殊地域管辖　　B. 专属管辖　　C. 指定管辖　　D. 地域管辖

12. 原告和被告必须与案件有直接________关系。

A. 利害　　B. 财产　　C. 人身　　D. 法律

13. 诉讼标的是共同的，人民法院必须合并审理并作出同一裁判的诉讼是________。

A. 必要的共同诉讼　　B. 普通的共同诉讼

C. 代表人诉讼　　D. 第三人诉讼

14. 普通的共同诉讼中一人的行为对其他共同诉讼人________。

A. 发生法律效力　　B. 不发生法律效力

C. 不一定发生法律效力　　D. 可以发生法律效力

15. ________审理简单的民事案件和简单的经济纠纷案件可以适用简易程序。

A. 基层人民法院及其派出的法庭　　B. 中级人民法院

C. 高级人民法院　　D. 基层人民法院和中级人民法院

16. 对于符合条件的起诉，人民法院应当自接到起诉状之日起________日内立案；对于不符合条件的起诉，应当自________内裁定通知原告不予受理，并说明理由。

A. 五；五　　B. 七；七　　C. 十；十　　D. 五；七

17. 人民法院适用普通程序审理的第一审民事案件，一般应当自立案之日起________个月内审结。

A. 三　　B. 六　　C. 九　　D. 十二

18. 人民法院应当自立案之日起五日内将起诉状副本发送被告,被告自收到之日起十五日内提出________。

A. 应诉状　B. 辩护状　C. 答辩状　D. 抗诉状

19. 发回原审人民法院重审的案件,应按________程序审理,对于所作的裁判当事人不服的,可以依法提起上诉。

A. 第一审　B. 第二审　C. 审判监督　D. 简易

20. 债务人应当自收到支付令之日起十五日内清偿债务或者向人民法院提出书面异议,债务人提出书面异议、不同意支付令的,人民法院终结________,债权人可以通过起诉的方式保护自己的合法权益。

A. 强制执行程序　B. 特别程序　C. 督促程序　D. 催告程序

21. 下列各项中,不是仲裁法的原则的是________。

A. 公开　B. 自愿　C. 公平合理　D. 一裁终裁

22. 设立仲裁委员会,应当经________的司法行政部门登记。

A. 国务院　B. 省、自治区、直辖市

C. 地级市　D. 县级以上

23. 仲裁委员会________。

A. 按需要设立　B. 按行政区划层层设立

C. 按人民法院层级设立　D. 不按行政区划层层设立

24. 仲裁委员会的组成人员中,法律、经济贸易专家不得少于________。

A. 三分之一　B. 三分之二　C. 二分之一　D. 四分之三

25. 中国仲裁协会是________的自律性组织。

A. 仲裁当事人　B. 仲裁员　C. 仲裁委员会　D. 仲裁组织

26. 仲裁协议排除了________对有关案件的管辖权。

A. 人民法院　B. 仲裁委员会　C. 司法行政部门　D. 行政机关

27. 仲裁委员会自收到仲裁申请书之日起________日内认为符合受理条件的,应当受理并通知当事人;认为不符合受理条件的,应当书面通知当事人不予受理并说明理由。

A. 五　B. 七　C. 十　D. 三

28. 当事人申请撤销仲裁裁决的,应当自收到裁决书之日起________个月内提出。

A. 一　B. 三　C. 六　D. 九

29. ________可以由中国国际商会组织设立。

A. 仲裁委员会　B. 劳动争议仲裁委员会

C. 特殊的仲裁委员会　D. 涉外仲裁委员会

30. ________可以聘任外籍仲裁员。

A. 仲裁委员会　B. 劳动争议仲裁委员会

C. 特殊的仲裁委员会　D. 涉外仲裁委员会

三、多项选择题

1. 关于民事诉讼的特点,下列说法中正确的有________。

A. 诉讼参与人特别是双方当事人的诉讼活动，在民事诉讼过程中不可缺少
B. 人民法院在民事诉讼过程中处于主导地位
C. 民事诉讼是法律程序
D. 民事诉讼是由民事诉讼法律调整的
2. 凡是在中国进行民事诉讼的人，都必须遵守《民事诉讼法》，包括________。
A. 中国公民和中国的企事业单位、机关、团体
B. 居住在中国领域内的外国人、无国籍人，以及外国企事业组织和团体
C. 申请在中国进行民事诉讼的外国人、无国籍人，以及外国的企事业组织和团体
D. 香港居民
3. 依据确定管辖的原则，民事审判管辖分为________。
A. 级别管辖　　B. 地域管辖
C. 专属管辖　　D. 移送管辖和指定管辖
4. 允许变通适用"被告就原告"原则，可由原告住所地人民法院管辖的情况有________。
A. 对不在中国领域内居住的人提起的有关身份关系的诉讼
B. 对下落不明或宣告失踪的人提起的有关身份关系的诉讼
C. 对被劳动教养的人提起的诉讼
D. 对被监禁的人提起的诉讼
5. 下列各项中，属于特殊地域管辖的民事案件有________。
A. 因合同纠纷提起的诉讼　　B. 因票据纠纷提起的诉讼
C. 申请认定无主财产的案件　　D. 因保险合同纠纷提起的诉讼
6. 下列各项中，属于专属管辖的有________。
A. 由不动产提起的诉讼，由不动产所在地人民法院管辖
B. 港口作业中发生的诉讼，由港口所在地人民法院管辖
C. 继承遗产的诉讼，由被继承人死亡时住所地或者主要遗产所在地人民法院管辖
D. 因海难救助费用提起的诉讼，由救助地或者被救助船舶最先到达地人民法院管辖
7. 民事诉讼的当事人具有________的特征。
A. 以自己的名义进行诉讼　　B. 与案件有直接的利害关系
C. 受人民法院裁判的拘束　　D. 人民法院有管辖权
8. 诉讼代理人根据其诉讼代理权的产生，有________。
A. 表见代理人　　B. 法定代理人　　C. 指定代理人　　D. 委托代理人
9. 下列各项中，适用一审终审制的特殊民事案件有________。
A. 适用企业法人破产还债程序审理的案件
B. 适用公示催告程序审理的案件
C. 适用督促程序审理的案件
D. 适用审判监督程序审理的案件
10. 适用简易程序的简单民事案件，一般是指________的案件。
A. 事实清楚　　B. 情节简单　　C. 争议不大　　D. 影响较小
11. 第二审人民法院对上诉案件的裁判的情况有________。

A. 由自己进行第一审

B. 驳回上诉,维持原判

C. 改判

D. 撤销原判,发回原审法院重审或在查清事实后改判

12. 开庭审理民事案件,除涉及________的以外,一律公开进行;但离婚案件、涉及商业秘密的案件,当事人申请不公开审理的,可以不公开审理。

A. 国家机密　　B. 个人隐私　　C. 法律另有规定　　D. 财产纠纷

13. 关于简易程序,下列描述中正确的有________。

A. 原告可以口头起诉　　B. 中级人民法院第一审可以采用

C. 实行独任制审判组织　　D. 应当自立案之日起三个月内审结

14. 仲裁法的原则包括________。

A. 自愿　　B. 一裁终裁

C. 仲裁依法独立进行　　D. 不公开

15. ________纠纷以及依法应当由行政机关处理的行政争议,不能仲裁。

A. 婚姻　　B. 收养　　C. 监护　　D. 扶养、继承

16. 仲裁委员会应当具备的条件包括________。

A. 有自己的名称、住所和章程　　B. 有必要的财产

C. 有该委员会的组成人员　　D. 有聘任的仲裁员

17. 仲裁协议的内容应当包括________。

A. 请求仲裁的意思表示　　B. 仲裁事项

C. 选定的仲裁委员会　　D. 选定的仲裁员

18. 当事人申请仲裁应当符合的条件包括________。

A. 有仲裁协议　　B. 有具体的仲裁请求和事实、理由

C. 属于仲裁委员会的受理范围　　D. 有选定的仲裁委员会

19. 为了保证仲裁的公正,仲裁员必须回避,当事人有权提出回避申请的情形包括________。

A. 是本案当事人或者当事人、代理人的近亲属

B. 与本案有利害关系

C. 与本案当事人、代理人有其他关系,可能影响公正仲裁的

D. 私自会见当事人、代理人,或者接受当事人、代理人的请客送礼的

20. 裁决书应当写明仲裁请求、争议事实、裁决理由、裁决结果、仲裁费用的负担和裁决日期;当事人协议不愿写明________的,可以不写。

A. 仲裁请求　　B. 争议事实　　C. 裁决理由　　D. 裁决结果

四、判断题

1. 民事诉讼法是程序法,也是实体法。　　(　　)

2. 应当由人民法院依照《民事诉讼法》审理的案件,是公民之间、法人之间、其他组织之间以及他们相互之间因财产关系所产生的民事案件。　　(　　)

3. 凡在中国领域内进行的民事诉讼，都必须按照《民事诉讼法》办理。　（　）

4. 管辖权要解决案件由哪个人民法院受理和处理的问题。　（　）

5. 专利纠纷案件由最高人民法院确定的基层人民法院管辖。　（　）

6. 利害关系人要求宣告失踪的案件只能向利害关系人住所地的基层人民法院提出。　（　）

7. 广义的民事诉讼当事人，除原告和被告外，还包括共同诉讼人和第三人。　（　）

8. 第三人是指民事诉讼中对他人之间的诉讼标的有独立请求权的人。　（　）

9. 民事诉讼的第一审判决和裁定的上诉期都是十日。　（　）

10. 仲裁没有民事诉讼实行的级别管辖和地域管辖，仲裁实行协议管辖原则。　（　）

11. 当事人协议不开庭的，仲裁庭可以根据仲裁申请书、答辩书以及其他材料作出裁决。　（　）

12. 仲裁委员会独立于行政机关，与行政机关没有隶属关系，但仲裁委员会之间有隶属关系。　（　）

13. 中国的仲裁机构包括仲裁委员会和仲裁协会。　（　）

14. 仲裁委员会独立于行政机关，与行政机关没有隶属关系，仲裁委员会之间也没有隶属关系。　（　）

15. 仲裁协议必须是合同中订立的仲裁条款。　（　）

16. 仲裁裁决书自作出之日起发生法律效力。　（　）

17. 裁决书由仲裁员签名，加盖仲裁委员会印章。对裁决持不同意见的仲裁员，可以签名，也可以不签名。　（　）

18. 当事人提出证据证明裁决有法定情形的，可以向仲裁委员会所在地的基层人民法院申请撤销裁决。　（　）

19. 当事人约定由三名仲裁员组成仲裁庭的，应当各自选定或者各自委托仲裁委员会主任指定一名仲裁员，第三名仲裁员由当事人共同选定或者共同委托仲裁委员会主任指定。　（　）

20. 涉外仲裁委员会的外籍仲裁员需具有法律或者经济贸易、科学技术等专门知识，并且受工作年限和职称的限制。　（　）

五、简答题

1. 简述民事诉讼法遵循的原则。
2. 简述民事诉讼法的适用范围。
3. 简述特殊地域管辖的范围。
4. 简述起诉的条件。
5. 简述上诉的条件。
6. 简述仲裁遵循的原则。
7. 简述仲裁的适用范围。
8. 简述仲裁协议无效的情形。

六、综合分析题

1. 上海甲酒家与广东乙酒厂签订的购销合同中有仲裁条款的约定:因履行合同发生争议时,由仲裁机构裁决解决。后来双方发生争议,甲酒家作为申诉人向上海仲裁委员会递交仲裁申请书,但乙酒厂拒绝答辩。双方经第三人努力,又订立了一份补充协议,将纠纷交由乙酒厂所在地的广东仲裁委员会裁决解决。但是,甲酒家没有申请仲裁,而是向乙酒厂所在地人民法院提起诉讼,人民法院向乙酒厂发出开庭通知,乙酒厂应诉。后来人民法院判决被告(乙酒厂)胜诉,原告(甲酒家)又以双方有仲裁条款和补充仲裁协议为由,主张判决无效。

问:甲酒家的主张是否有法律依据?为什么?

2. 上海某公司(甲)与江苏某企业(乙)订立一份购销合同,约定乙方应将甲方购买的5 000吨建筑材料运到上海甲方指定的仓库,甲方收货后付款。后来,乙方按约将5 000吨建筑材料运往甲方指定的仓库,甲方没有付清全部货款。乙方准备向自己所在地的人民法院起诉,要求甲方付清全部货款。

问:乙方应到哪个人民法院起诉甲方?为什么?

高等院校经济学管理学应用技能型精品教材

☆《货币金融学》（第二版）
☆《经济学概论》（第二版）
☆《统计学》（第三版）
☆《统计学：数据处理与分析》（第二版）
☆《国际贸易》
☆《金融学》（第三版）
☆《西方经济学》（第四版）
☆《计量经济学》
☆《会计学原理》
☆《市场调查与预测》
☆《市场营销学》
☆《管理学原理》
☆《Excel在财务管理中的应用》
★《新编经济法概论》（第五版）

精品推荐

本系列教材以全新视角和前瞻性理念，充分满足应用技能型人才培养的要求，具有可操作性强、应用性好、立体化程度高、与实践教学有效结合的特色，具体表现在以下几个方面：

★ 反映最新理论与实践的发展，与时俱进，紧跟知识最前沿。

★ 在知识内容安排上，重点突出应用技能型经管人才培养的特色。

★ 力求由浅入深，并以实际业务为依托，理论与实践相结合、知识与能力相结合、实践与实务相结合，培养学生的自学能力和解决问题能力。

★ 配有大量练习题，便于学生自主练习并巩固所学知识。

★ 配有教学课件等配套资源，便于教师根据教学实际情况参考使用，有利于提高教学效果。

ISBN 978-7-5642-3934-3

9 787564 239343 >

定价：59.00元